Birgül Demirtaş, Adelheid Schmitz, Derya Gür-Şeker, Çağrı Kahveci (Hg.)
Solingen, 30 Jahre nach dem Brandanschlag

Edition Politik | Band 142

Birgül Demirtaş, Zeitzeugin des Solinger Brandanschlags, studierte Sozialpädagogik/Soziale Arbeit sowie Empowerment Studies. Ihre Schwerpunkte sind u.a. Rassismus(-kritik), rechte sowie rassistische Gewalt aus der Betroffenenperspektive und antimuslimischer Rassismus. Im Rahmen von Re_Struct (IDA-NRW) veröffentlichte sie rassismuskritische schulische und außerschulische Bildungsmaterialien zum Solinger Brandanschlag und publiziert zu rassismuskritischen Themen, insbesondere zum Solinger Brandanschlag.

Adelheid Schmitz ist Diplom-Sozialpädagogin und wissenschaftliche Mitarbeiterin am Forschungsschwerpunkt Rechtsextremismus/Neonazismus sowie des Erinnerungsortes Alter Schlachthof der Hochschule Düsseldorf. Ihre Arbeitsschwerpunkte sind rassismuskritische Weiterbildung von Multiplikator*innen sowie historisch-politische Bildungsarbeit.

Derya Gür-Şeker (PD Dr. phil.), geb. 1981, ist Diskurs- und Medienlinguistin. Sie lehrt und forscht in der Germanistischen Linguistik an der Universität Duisburg-Essen. Ihre Schwerpunkte sind Sprache in den (Online-)Medien, Praktiken des Ein- und Ausschließens und Sprache des Rechtspopulismus. Ihre Habilitationsschrift befasst sich mit linguistischen Zugängen vom Medientext zu Social Media im Kontext von Rechtsextremismus, Rechtspopulismus, Gender und Arbeit.

Çağrı Kahveci (Dr. phil.), geb. 1979, ist Sozialwissenschaftler, lehrte Soziologie und war bei Allmende e.V. engagiert. Seine Arbeitsschwerpunkte sind kritische Migrationsforschung, Rassismus/Antirassismus, transnationale Mobilität und Affektforschung.

Birgül Demirtaş, Adelheid Schmitz, Derya Gür-Şeker, Çağrı Kahveci (Hg.)
Solingen, 30 Jahre nach dem Brandanschlag

Rassismus, extrem rechte Gewalt und die Narben einer vernachlässigten Aufarbeitung

[transcript]

Sonderausgabe der Zentralen für politische Bildung Nordrhein-Westfalen und Berlin

Die frei zugängliche Open-Access-Publikation des vorliegenden Titels wurde mit Mitteln des Publikationsfonds der Universitätsbibliothek Duisburg-Essen ermöglicht.

Bibliografische Information der Deutschen Nationalbibliothek
Die Deutsche Nationalbibliothek verzeichnet diese Publikation in der Deutschen Nationalbibliografie; detaillierte bibliografische Daten sind im Internet über http://dnb.d-nb.de abrufbar.

Dieses Werk ist lizenziert unter der Creative Commons Attribution 4.0 Lizenz (BY). Diese Lizenz erlaubt unter Voraussetzung der Namensnennung des Urhebers die Bearbeitung, Vervielfältigung und Verbreitung des Materials in jedem Format oder Medium für beliebige Zwecke, auch kommerziell.
(Lizenztext: https://creativecommons.org/licenses/by/4.0/deed.de)
Die Bedingungen der Creative-Commons-Lizenz gelten nur für Originalmaterial. Die Wiederverwendung von Material aus anderen Quellen (gekennzeichnet mit Quellenangabe) wie z.B. Schaubilder, Abbildungen, Fotos und Textauszüge erfordert ggf. weitere Nutzungsgenehmigungen durch den jeweiligen Rechteinhaber.

Erschienen 2023 im transcript Verlag, Bielefeld
© Birgül Demirtaş, Adelheid Schmitz, Derya Gür-Şeker, Çağrı Kahveci (Hg.)

Umschlaggestaltung: Maria Arndt, Bielefeld
Lektorat: Media-Agentur Gaby Hoffmann
Lektorat türkischer Interviews und Übersetzung ins Deutsche: Zuhal Babalar
Druck: Friedrich Pustet GmbH & Co. KG, Regensburg
Print-ISBN 978-3-8376-6497-3
PDF-ISBN 978-3-8394-6497-7
https://doi.org/10.14361/9783839464977
Buchreihen-ISSN: 2702-9050
Buchreihen-eISSN: 2702-9069

Gedruckt auf alterungsbeständigem Papier mit chlorfrei gebleichtem Zellstoff.
Besuchen Sie uns im Internet: https://www.transcript-verlag.de
Unsere aktuelle Vorschau finden Sie unter www.transcript-verlag.de/vorschau-download

Inhalt

Der Solinger Brandanschlag
Multiperspektivischer Rückblick, offene Fragen und Folgen bis in die Gegenwart
Birgül Demirtaş, Adelheid Schmitz, Çağrı Kahveci, Derya Gür-Şeker 13

Schmerzliche Verluste. Die Perspektive der Überlebenden und Angehörigen des Anschlags

»Keine Sprache der Welt kann unsere Verluste und die Folgen des rassistischen und extrem rechten Brandanschlags von Solingen 1993 beschreiben.«
Hatice Genç im Gespräch mit B. Demirtaş 37

»1993'te Solingen'deki ırkçı ve aşırı sağcı kundaklama saldırısının etkilerini ve kayıplarımızı hiçbir dil doğru dürüst tarif edemez.«
(Türkisch)
Hatice Genç'in B. Demirtaş ile görüşmesi 53

»Der Brandanschlag hat unser Leben stark geprägt, wir hätten alle sterben können.«
Kâmil Genç im Gespräch mit B. Demirtaş 67

»Kundaklama saldırısı hayatımızı çok etkiledi, hepimiz ölebilirdik.«
(Türkisch)
Kâmil Genç'in B. Demirtaş ile görüşmesi 81

»Meine Schwestern lernte ich nicht kennen.«
Cihat Genç im Gespräch mit A. Schmitz 93

Betroffene und Zeitzeug*innen zu Kontinuitäten rassistischer und extrem rechter Gewalt und deren Folgen

»Was der Möllner Anschlag mit uns machte.«
Auswirkungen und Folgen des Brandanschlags auf die Familie Arslan und die Bedeutung der Solidarität von Betroffenen
Faruk Arslan und İbrahim Arslan im Gespräch mit B. Demirtaş 107

»Vielleicht hätte der Solinger Brandanschlag verhindert werden können.«
Eine Erinnerung an Şahin Çalışır und kritische Gedanken zu einem fragwürdigen Prozess
Orhan Çalışır 119

»Wir waren geschockt, tieftraurig und wütend!«
Fatma und Neşe im Gespräch mit B. Demirtaş 127

»Ich wurde wie ein Täter behandelt!«
Der rassistische und extrem rechte Nagelbombenanschlag in der Kölner Keupstraße
Abdulla Özkan im Gespräch mit B. Demirtaş 147

»Erste Hilfe« für Betroffene nach rassistischer und extrem rechter Gewalt
Was läuft schief und welche institutionellen Herausforderungen gibt es?
Sibel İ., Abdulla Özkan und Olivia Sarma im Gespräch mit B. Demirtaş 155

Wissenschaftliche Einordnung, Reflexion und Diskussion

Ein kurzer Überblick über Rassismus und Antirassismus in Deutschland im Kontext türkeistämmiger Migrant*innen
Çağrı Kahveci 171

Rassismus, extrem rechte Gewalt und restriktive Verdrängungspolitik in der Dekade vor dem Solinger Brandanschlag
Adelheid Schmitz 183

Der Solinger Brandanschlag – eine biografische und gesellschaftspolitische Annäherung aus der Perspektive einer deutsch-türkischen Solingerin
Birgül Demirtaş 197

Der V-Mann und der Brandanschlag
Hendrik Puls 211

Rechte Ideologie der Täter aus Solingen, ein überzeugendes Urteil und kein Grund für Zweifel an der Täterschaft!
Eberhard Reinecke 223

»Wir hatten dann wirklich die Nase voll«
Proteste gegen die rassistische Gewalt im Anschluss an die Morde in Solingen
Fabian Virchow 235

Rechtsextremismus hat viele Gesichter
Perspektivierungen auf den »deutschen« und »türkischen« Rechtsextremismus nach dem Brandanschlag in Solingen 1993
Kemal Bozay 245

Der Solinger Brandanschlag im Spiegel der Presse
Eine linguistische Analyse der Zeitungsberichterstattung mit Fokus auf Betroffene
Derya Gür-Şeker 257

Opfer-Täter*innen-Umkehrungen, enteignete Verletzbarkeit und andere Affizierungsweisen
Çiğdem İnan 271

Was bedeutet ein Strafverfahren für Betroffene, Angehörige und Überlebende?
Antonia von der Behrens 287

Das kollektive Gedächtnis vergisst nicht
Transgenerational vererbte Traumata
Ali Kemal Gün 303

Weiße Flecken, selektive Solidarität und selbstbestimmte Erinnerungspraxen

Von der rechten Gewalt, die es nicht geben durfte
Gedenken als solidarische Praxis
Katharina Rhein 317

»Der Auftrag, der sich daraus ergibt ...«
Von der Notwendigkeit eines interventionistischen Erinnerns an den Solinger Brandanschlag
Tanja Thomas 329

Erinnerung, Gedenken und die Sinfonie der Solidarität aus der kritischen Perspektive eines Zeitzeugen
İbrahim Arslan 343

Warum wir erinnern müssen
»Unsere« Kämpfe ...
Bengü Kocatürk-Schuster und Kutlu Yurtseven im Gespräch mit A. Schmitz 353

Solingen hat uns verändert – literarisch-künstlerische Erinnerungen

türken, feuer
Özlem Özgül Dündar 373

»Tägliche Angst« – Ballade zum Solinger Brandanschlag /
»*Günlük korku*« – Solingen kundaklamasına dair Balad
Ballade in Deutsch und Türkisch
Kübra Gamze D. 381

Niemals vergessen
Heinz Siering 385

»Die Kastanienbäume in der Unteren Wernerstraße 81« / »Untere Werner Caddesi 81'deki kestane ağaçları«
Gedicht in Deutsch und Türkisch
Levent Kesik 389

Es ist nie vorbei: Erinnerungen und Forderungen von Betroffenen und Angehörigen

»Kampf für Aufklärung und Gerechtigkeit in Hanau – und darüber hinaus«
Offener Brief an die Bundesregierung
Serpil Temiz Unvar 397

»Ich führe so viele Kämpfe ...«
Kommentar von Niculescu Păun 399

»Muss man erst sterben, damit sich die Mehrheitsgesellschaft interessiert?«
Rede vom 27.12.2021 anlässlich der Gedenkkundgebung für Şahin Çalışır in Solingen
Sibel İ. 401

Erinnerung an Şahin Çalışır am 27. Dezember 2021 in Solingen
Rede von Orhan Çalışır 403

Anhang

Autor*innenverzeichnis 409

In Erinnerung an die fünf ermordeten Menschen des rassistischen und extrem rechten Brandanschlags am 29. Mai 1993 in Solingen.

Mevlüde Genç (geb. 05.02.1943), Mutter, Großmutter und Tante der Verstorbenen, setzte sich unmittelbar nach dem Brandanschlag für das friedliche Zusammenleben ein. Sie verstarb am 30.10.2022 im Alter von 79 Jahren in Solingen.

Wir danken Hatice und Kâmil Genç für die Portraits.

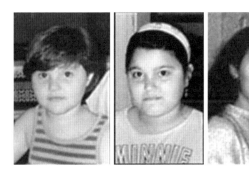

Saime Genç (4)   Hülya Genç (9)   Hatice Genç (18)

Gürsün İnce (27)   Gülüstan Öztürk (12)

Der Solinger Brandanschlag
Multiperspektivischer Rückblick, offene Fragen und Folgen bis in die Gegenwart

Birgül Demirtaş, Adelheid Schmitz, Çağrı Kahveci, Derya Gür-Şeker

I. Hintergrund

Am 29. Mai 2023 jährt sich der rassistische und extrem rechte Brandanschlag in Solingen zum 30. Mal. Kurz vor dem Opferfest, dem höchsten Feiertag der Muslim*innen, verübten vier junge *weiße*[1] Solinger einen Brandanschlag auf das Haus der Familie Genç in der Unteren Wernerstraße 81 in Solingen. Bei dem Brandanschlag verloren die Schwestern Saime (4) und Hülya Genç (9), die Schwestern Hatice Genç (18) und Gürsün İnce (27) sowie deren Cousine Gülüstan Öztürk (12) qualvoll ihr Leben. Gülüstan Öztürk war aus der Türkei zu Besuch bei Familie Genç, um unter anderem mit ihnen gemeinsam das Opferfest ›Kurban Bayramı‹ zu feiern. Dazu ist es nicht gekommen. Den Familien Genç, Duran, İnce, Saygın und Öztürk wurde schwerstes Leid zugefügt. Weitere 14 Familienmitglieder erlitten schwere Verletzungen, Bekir Genç wurde dabei lebensbedrohlich verletzt, lange Krankenhausaufenthalte begleiteten sein weiteres Leben. Die physischen und insbesondere die psychischen Folgen sind bis heute zu spüren. Alle Überlebenden sind durch den Anschlag traumatisiert.

Eine gesellschaftliche, politische und wissenschaftliche Auseinandersetzung mit diesem für die ganze Gesellschaft bedeutsamen rassistisch motivierten Anschlag, der für zwei junge Frauen und drei Kinder tödlich war, hat bisher nur am Rande stattgefunden. Wenn sie stattgefunden hat, dominierten hauptsächlich die Perspektiven der Solinger Lokalpolitiker*innen und der *weißen* deutschen Einwohner*innen Solingens. Die Perspektive der Angehörigen und Überlebenden des Anschlags wurde in den Medien, der Wissenschaft und der Literatur hingegen kaum beachtet. Nach 30 Jahren ist es endlich Zeit, sich mit der Geschichte des Anschlags aus der Perspektive der Betroffenen auseinanderzusetzen. Wir betrachten

---

[1] Der Terminus *weiß* wird in öffentlichen Diskursen in Wechselwirkung mit dem Begriff PoC, BIPoC oder Schwarze verwendet. Der Begriff *weiß* unterstreicht die gesamtgesellschaftliche Machtposition (Privilegien) und meint nicht, dass die Hautfarbe wirklich *weiß* ist. Deshalb wird er auch kursiv geschrieben.

diesen Sammelband deshalb auch als ein Instrument, um die Gefühle, die Wut, Enttäuschung, Regression, Anklage, aber auch den Widerstand und die Hoffnung der Familienangehörigen und anderer Betroffener auf eine »bessere« Gesellschaft sichtbar zu machen. Die Hoffnung auf eine Gesellschaft, die ihren Rassismus ernst nimmt, die um die Opfer rassistischer und extrem rechter Gewalt angemessen trauert, die aus ihrem Leid und Schmerz lernt und die dafür sorgt, dass Vielfalt und Solidarität gegen Hass und Ausgrenzung gedeihen und institutionalisiert werden können.

Der vorliegende Sammelband wurde durch eine Idee von Hatice Genç[2] angestoßen. 2019 bemerkte sie auf der Gedenkveranstaltung in Solingen gegenüber Birgül Demirtaş, dass die Thematisierung des Solinger Brandanschlags nur marginal stattfindet. Sie äußerte den Bedarf, das Thema müsse insbesondere in Form von Bildungsmaterialien für Kinder und Jugendliche zugänglich gemacht werden, damit diese über das Ereignis, dessen Hintergründe und Folgen informiert und so sensibilisiert werden. Denn sie ist der Auffassung, dass Kinder und Jugendliche in Solingen nichts oder kaum etwas über den Brandanschlag mit fünf Toten wissen. Dies müsse verändert werden, wenn gegen Rassismus und extrem rechte Gewalt vorgegangen werden soll.[3] Im Jahr 2021 konzipierte Birgül Demirtaş im Rahmen ihrer Tätigkeit beim Informations- und Dokumentationszentrum für Antirassismusarbeit NRW (IDA-NRW) rassismuskritische schulische und außerschulische Bildungsmaterialien zum Solinger Brandanschlag, die inzwischen veröffentlicht sind.[4] Hierbei kooperierte sie mit dem Stadtdienst Integration in Solingen. Um das sensible Thema rund um den Brandanschlag weiter publik zu machen, ist dann die Idee zu diesem Sammelband entstanden. Das Vorhaben wird auch von Familie Genç begrüßt – dies zeigt auch die Mitwirkung einiger Familienmitglieder bei den Interviews.[5] Gemeinsam mit Familie Genç sind wir als Herausgeber*innen der Meinung, dass die Erinnerung an extrem rechte und rassistische Gewalt eine große Herausforderung für unsere Gesellschaft ist, die mit Schmerz, Leid, aber auch mit Verdrängung und dem Wunsch nach Vergessen einhergeht – und dass damit auch Konflikte und innere Kämpfe verbunden sind. An diesen Kämpfen führt jedoch kein Weg vorbei, wenn das Ziel ein plurales und solidarisches Leben in einer Gesellschaft ist, in der Vielfalt und Gleichberechtigung selbstverständlich sind und in der auch die selbstbestimmte Erinnerung an die Opfer rassistischer Gewalt einen angemessenen Platz hat.[6] Diesen

---

2   Hatice Genç überlebte den Brandanschlag schwer traumatisiert, ihre zwei Töchter starben in den Flammen. Ihre Schwägerin gleichen Namens überlebte den Anschlag nicht.
3   Siehe Beitrag von Hatice Genç in diesem Band.
4   Siehe umfangreiche schulische und außerschulische Bildungsmaterialien zum rassistischen und extrem rechten Brandanschlag in Solingen (IDA-NRW). https://www.da-war-doch-was.de [17.06.2022].
5   Vgl. hierzu die Gespräche mit Hatice, Kâmil und Cihat Genç in diesem Band.
6   Siehe auch den Beitrag von Bengü Kocatürk-Schuster und Kutlu Yurtseven in diesem Band.

Sammelband verstehen wir als einen Beitrag zu diesem Kampf um Erinnerung und gegen Rassismus in all seinen Dimensionen.

II. Kurzer historischer Rückblick

Das gesellschaftliche Klima Ende der 1980er-Jahre in der BRD war von einer rechtskonservativen Hegemonie geprägt, die sich sowohl in der migrationsfeindlichen Politik der Regierungskoalition CDU/CSU und FDP unter dem ehemaligen Kanzler Kohl als auch in offenen Übergriffen organisierter und nicht organisierter Neonazis gegen sogenannte Migranten*innen und BIPoC/Schwarze (aber auch gegen Linke, Punks, Menschen mit Behinderung, Obdachlose etc.) manifestierte. Bereits zu Beginn der 1980er-Jahre wurde diese Entwicklung erkennbar.[7] Im Zuge der Wiedervereinigung Deutschlands wurde in den Medien und der Gesellschaft (erneut) über Fragen einer gesamtdeutschen Identität, Migration und Aufnahme von geflüchteten Menschen sowie der Zugehörigkeit von Menschen mit Migrationsgeschichte, Schwarzen Menschen, People of Color heftig debattiert. Zugleich gab es Anfang der 1990er-Jahre einen Anstieg der Zuwanderung nach Deutschland, vor allem im Zuge der Migration von sogenannten Spätaussiedler*innen und Menschen, die vor dem Krieg in Jugoslawien fliehen mussten (vgl. Statistisches Bundesamt o.J.).

Die Zuwanderung nach Deutschland und die Pluralisierung der Gesellschaft wurde zu einem biopolitischen Konflikt stilisiert. Das Schicksal des deutschen Kollektivs stünde infrage: Entweder wird das Asylrecht abgeschafft oder Deutschland geht zugrunde (Jäger 1992; Prantl 1994; Kahveci 2017). Gegen Geflüchtete und Migrant*innen wurden Hetzkampagnen gestartet, die bis weit in die Mitte der Gesellschaft hineinreichten. Die Boulevardpresse und extrem rechte Parteien heizten dieses Klima kräftig an.[8] Rassistische Slogans wie »Das Boot ist voll! Schluss mit Asylbetrug«, »Sozialschmarotzer«, »Scheinasylanten« oder »Asylantenschwemme« kursierten nicht nur an deutschen Stammtischen, sondern auch Politiker*innen im Bundestag, politische Eliten und Medien nutzten sie (vgl. Jäger 1992). Die Debatten wurden zunehmend rassistisch aufgeladen (vgl. Pagenstecher 2008).

Die Zunahme sowie die Abfolge zahlreicher Brandanschläge mit ihren tödlichen Höhepunkten in Mölln und Solingen 1992/93 ist im Zusammenhang mit dieser angeheizten, rassistisch konnotierten Asyldebatte zu sehen.[9] Vor allem extrem rechte

---

7 Vgl. hierzu die Aufsätze von Adelheid Schmitz und Katharina Rhein in diesem Band.
8 Der Slogan »Das Boot ist voll! Schluss mit Asylbetrug« wurde z.B. von der 1983 gegründeten extrem rechten Partei »Die Republikaner« (REP) 1990 als Wahlplakat genutzt; 1991 erschien das Bild mit dem Slogan »Das Boot ist voll« auf der Titelseite des Magazins ›Der Spiegel‹.
9 Am 26. Mai 1993 – drei Tage vor dem Solinger Brandanschlag – war der Höhepunkt dieser Debatte mit der Verabschiedung einer Änderung des Grundgesetzes, durch die das Asylrecht massiv eingeschränkt wurde. Der Slogan »Erst stirbt das Recht, dann der Mensch« ist wäh-

Gruppen und ihre Sympathisant*innen griffen diese Stimmung auf und konnten sich als »Vollstrecker« des sogenannten »Volkswillens« sehen (Dischereit 2022). Ihr Ziel: ein »Volk« ohne sogenannte »Fremde«, seien es Geflüchtete oder Migrant*innen. Die eigene Aggression erschien als Selbstverteidigung, als Widerstand gegen die vermeintlichen Eindringlinge. Die tagelang andauernden rassistischen und extrem rechten Pogrome auf Heime für Asylbewerber*innen, aber auch Unterkünfte für ehemalige vietnamesische Vertragsarbeiter*innen der früheren DDR in Hoyerswerda 1991 und in Rostock-Lichtenhagen 1992 wurden von Bürger*innen aus der sogenannten Mitte der Gesellschaft beklatscht – für die Gewalttäter*innen ein Zeichen der Zustimmung. Auch die lange Zurückhaltung seitens der Polizei konnte so verstanden werden. Dies verweist auf ein weiteres Problem: das Versagen von Polizei und Politik bei der Beendigung der pogromartigen Angriffe, der Verfolgung und Festnahme der Gewalttäter*innen sowie ihrer angemessenen Bestrafung. Anstatt die angegriffenen Geflüchteten zu schützen und die Täter*innen zu verhaften, haben Politik und Sicherheitsorgane des Staates die geflüchteten Menschen aus der Stadt evakuiert. Damit kapitulierte der Staat vor dem rassistischen Straßenterror. Neonazis und gewaltbereite Bürger*innen, die sie unterstützten, erlebten, dass die Polizei sich ihnen gegenüber zurückhielt und dass sie letztlich ihr Ziel erreicht hatten – die geflüchteten Menschen wurden weggebracht.[10] Nur wenige Gewalttäter*innen wurden nach dem Pogrom in Rostock-Lichtenhagen festgenommen und vor Gericht gestellt. Bei drei von ihnen, die wegen versuchten Mordes und schwerer Brandstiftung angeklagt waren, verwies der Staatsanwalt sogar auf die rassistische Stimmung, die Sprüche von Politiker*innen und Slogans im Vorfeld des Pogroms. Er machte diese mitverantwortlich für die Straftaten, allerdings im Sinne von mildernden Umständen, denn die Täter hätten sich ja »nur« als »Vollstrecker eines Volkswillens« gefühlt (vgl. Kleffner 2002). Deshalb wurden auch relativ niedrige Strafen verhängt und es wurde nach dem Jugendstrafrecht geurteilt, obwohl die Straftäter zwischen 27 und 28 Jahre alt waren (ebd. 2002).[11]

Am 26. Mai 1993 – drei Tage vor dem Brandanschlag in Solingen – schränkte die Regierungskoalition mit Zustimmung der großen Mehrheit der SPD-Abgeordneten im Deutschen Bundestag das Grundrecht auf Asyl massiv ein. Die öffentlichen Dis-

---

rend der Proteste in Solingen an der Schlagbaumer Kreuzung nach dem Anschlag geschrieben worden. Dieser Slogan war sichtbar auf einem Gebäude auf der Kuller Straße unweit des Brandanschlagsortes zu lesen.

10 Vgl. Monheim, Gert (1993) »Wer Gewalt sät... Von Biedermännern und Brandstiftern« – Die Pogrome von Rostock 1992. Dokumentarfilm. https://www.youtube.com/watch?v=RP4uIQ61Qmc.

11 Siehe hierzu auch die Literatur von Frank Neubacher (1998): »Fremdenfeindliche Brandanschläge. Eine kriminologisch-empirische Untersuchung von Tätern, Tathintergründen und gerichtlicher Verarbeitung in Jugendstrafverfahren«.

kussionen und insbesondere die Debatten im Bundestag[12] bestärkten auch die vier *weißen* Solinger Täter in ihrer Auffassung, es gäbe zu viele »Ausländer«, insbesondere zu viele Türk*innen, in Deutschland (Urteil des OLG Düsseldorf 1995).

Der Anschlag in Solingen hat verdeutlicht, dass den rassistischen »Brandsätzen« diverser Politiker*innen, den »Schlagzeilen« und der Hetze in vielen Medien sowie der rassistischen Grundstimmung in der Gesellschaft ihre tödliche Umsetzung auch vor unserer eigenen Haustür folgte. Debatten über Migration und Zugehörigkeit gab es bereits in den 1980er-Jahren und davor. Sie wurden auch von zahlreichen rassistischen und extrem rechten Gewalttaten begleitet, die jedoch in der *weißen* Dominanzgesellschaft relativ wenig Beachtung fanden und bisher kaum aufgearbeitet wurden.[13] Die Geschichte der mehr als 40-jährigen Kontinuität rassistischer und extrem rechter Gewalt einschließlich der terroristischen Strukturen ist bis heute nicht ausreichend erforscht und dokumentiert (Billstein 2020; Manthe 2020). Der NSU-Komplex, der antisemitische Angriff in Halle 2019, der Mord an Walter Lübcke 2019 und die Ermordung von Gökhan Gültekin, Sedat Gürbüz, Said Nesar Hashemi, Mercedes Kierpacz, Hamza Kurtović, Vili Viorel Păun, Fatih Saraçoğlu, Ferhat Unvar und Kaloyan Velkov in Hanau 2020 stehen für die ungebrochene Kontinuität rassistischer und extrem rechter Gewalt.

III. Offene Fragen zum Brandanschlag im Kontext extrem rechter Aktivitäten in Solingen

Im Zusammenhang mit dem Solinger Brandanschlag spielt die Kampfsportschule »Hak Pao« in Solingen-Gräfrath eine besondere Rolle. Die Kampfsportschule »Hak Pao« Sportclub Solingen e. V. wurde 1987 als Verein in Solingen gegründet und hatte ca. 450 Mitglieder. »Hak Pao« war allerdings kein Sportverein wie viele andere, sondern eine Kampfsportschule, in der organisierte Rechtsextremist*innen und Neonazis trainierten und auch in Nahkampftechniken ausgebildet wurden. Darüber hinaus war »Hak Pao« ein Treffpunkt der extrem rechten Szene von Solinger*innen, aber auch über Solingen hinaus bekannt und mit der überregionalen Neonazi-Szene vernetzt. Die Mitglieder hatten unter anderem Kontakt zur »Nationalistischen Front« (NF)[14], zur »Deutschen Liga für Volk und Heimat e. V.« sowie anderen extrem rechten Parteien und Organisationen in Deutschland. Bernd Schmitt war damals Leiter dieser extrem rechten Sportschule und zudem

---

12 Das Plenarprotokoll 12/160 des Deutschen Bundestags vom 26. Mai 1993 kann hier nachgelesen werden. https://dserver.bundestag.de/btp/12/12160.pdf#P.13502 [28.02.2022].
13 Vgl. hierzu die Aufsätze von Katharina Rhein und Adelheid Schmitz in diesem Band.
14 Trotz des Verbots der Nationalistischen Front am 26. November 1992, also nur drei Tage nach dem tödlichen Brandanschlag in Mölln, waren ihre Mitglieder weiter aktiv.

V-Mann des nordrhein-westfälischen Verfassungsschutzes. Dieser beobachtete die Aktivitäten der extrem rechten Szene in der Kampfsportschule und war auch informiert über die freitags stattfindenden Trainings in der Disziplin »Special Forces Combat Karate«, an denen regelmäßig organisierte extrem Rechte und Neonazis teilnahmen (Bericht des Innenministeriums Nordrhein-Westfalen vom 9. Juni 1994: 8).[15]

Drei der vier Solinger Täter waren zu der Zeit der Brandlegung in dieser Kampfsportschule eingeschrieben und nahmen an den Trainingseinheiten teil. Der vierte Täter, Christian R., ein Nachbar der Familie Genç, wurde nicht mit der Kampfsportschule in Verbindung gebracht. Er stand aber in Kontakt mit Mitgliedern der extrem rechten Szene in Solingen (Landtag Nordrhein-Westfalen, Ausschussprotokoll 11/918, 07.06.1993: 10) und hatte den Brandanschlag auf das Haus der Familie Genç einige Stunden vorher bereits angekündigt.[16] Bezüge zur Kampfsportschule gab es allerdings in seinem Umfeld, denn Harry R., der Lebensgefährte der Mutter des jungen Täters, war Mitglied in der Kampfsportschule »Hak Pao«. Harry R. war als Rechtsextremist in Solingen bekannt, hatte Verbindungen zu verschiedenen extrem rechten Menschen und stand auch im Kontakt mit Bernd Schmitt, dem Leiter der extrem rechten Kampfsportschule »Hak Pao« (vgl. Bericht des Innenministeriums, 09.06.1994: 9).

Bezüge zur Kampfsportschule »Hak Pao« gab es auch bei einem anderen rassistisch motivierten Verbrechen, nur ein halbes Jahr vor dem Brandanschlag. Am 27.12.1992 verfolgten extrem rechte Solinger mit ihrem Auto den Duisburger Şahin Çalışır und seine Freunde auf der Autobahn bei Neuss und rammten deren Wagen. Şahin Çalışır, gerade 20 Jahre alt, und zwei Freunde gerieten durch die Verfolgung in Panik und flüchteten auf die Straße. Dabei wurde Şahin Çalışır von einem vorbeifahrenden Auto erfasst und verstarb kurz danach. Der Fahrer, Klaus E., ein mehrfach einschlägig vorbestrafter rechter Hooligan, wurde im Oktober 1993 wegen fahrlässiger Tötung und fahrlässiger Straßenverkehrsgefährdung zu 15 Monaten Haft verurteilt. Der Beifahrer Lars Sch., ein polizeibekannter Neonazi aus Solingen, war Mitglied in der extrem rechten Kampfsportschule »Hak Pao« und als Ordner für die

---

15 Anfang 1992 entwickelte sich neben »Hak Pao« der Deutsche Hochleistungs-Kampfkunstverband (DHKKV).

16 Christian R. erwähnte einige Stunden vor dem Anschlag gegenüber seinen Freunden, dass er das Pogrom in Rostock-Lichtenhagen und den Brandanschlag in Mölln »gar nicht mal so schlecht finde«. Er stellte sich an das Fenster und zeigte auf das Haus der Familie Genç und sagte, dass das Haus bald brennen werde. Christian R. hatte sich auch schon früher mit der Durchführung eines Brandanschlags auf das Haus der Familie Genç beschäftigt. Bereits um den Jahreswechsel 1992/93 hatte er Silvesterknaller am Hauseingang geworfen, später fragte er sogar einen Schulfreund, ob er nicht Lust habe, das Haus von allen vier Seiten anzuzünden oder mit Mollis zu bewerfen, damit keiner mehr rauskommt (Urteil des Oberlandesgerichts Düsseldorf, S. 71–80).

extrem rechte »Deutsche Liga für Volk und Heimat« tätig. Das Amtsgericht in Neuss erkannte jedoch kein rassistisches und extrem rechtes Motiv für die Verfolgung an.[17] Hier stellt sich die Frage, ob der Solinger Brandanschlag mit fünf Toten hätte verhindert werden können, wenn der Zusammenhang zu Aktivitäten in der rechten Kampfsportschule ernst genommen worden wäre. Denn dort trainierten auch die drei Täter, die nur ein halbes Jahr später das Haus der Familie Genç anzündeten. Dies führt weiter zu der Frage, ob der Verfassungsschutz hier versagt hat, weil er all diese Anzeichen nicht gesehen/nicht ernst genommen hat.[18]

Möglicherweise haben die Verantwortlichen des Verfassungsschutzes dies alles bewusst in Kauf genommen und eine weitere Eskalation der Gewalt nicht verhindert, schließlich ging es dem Verfassungsschutz um größere Ziele, nämlich die Beobachtung der Aktivitäten strategischer Anführer der überregionalen militanten Neonazi-Szene. Besonderes Interesse gab es laut Fritz-Achim Baumann, dem damaligen Leiter des Verfassungsschutzes NRW, an den Aktivitäten der verbotenen »Nationalistischen Front«[19] (Spiegel-TV 1994). Deren strategischer Kopf, der militante Neonazi und Holocaustleugner Meinolf Schönborn,[20] »Generalsekretär« der »Nationalistischen Front« (apabiz 1996), aber auch die Solinger Neonazis Wolfgang Schlösser und Bernd Koch nutzten die Kampfsportschule für politische Schulungen und Rekrutierungen (Lotta 2014). Für den Verfassungsschutz lag es deshalb nahe, diese von V-Mann Schmitt geschaffenen Strukturen sowie strategische Köpfe der überregionalen Neonazi-Szene wie Schönborn, aber auch Akteure der lokalen Neonazi-Szene wie Koch und Schlösser weiter beobachten zu können.

Der in Solingen aktive Rechtsextremist, bekennende Nationalsozialist und einschlägig vorbestrafte Bernd Koch, ebenfalls Mitglied von »Hak Pao«, hatte bereits am 9. September 1992 den Solinger Ratsparteien via Brief ein zweites Rostock angedroht (SOS-Rassismus Solingen 2001: 8).[21] Im Nachhinein kann dies auch als eine Art Ankündigung für den Solinger Brandanschlag interpretiert werden. Aber auch

---

17   Siehe hierzu den Beitrag von Orhan Çalışır in diesem Band.
18   Diese Frage stellt auch Orhan Çalışır, der Cousin von Şahin Çalışır, in seinem Beitrag.
19   Am 26. November 1992, also kurz nach dem rassistischen Brandanschlag in Mölln, hatte der damalige Innenminister Rudolf Seiters (CDU) die »Nationalistische Front« wegen ihrer »Wesensverwandtschaft mit dem Nationalsozialismus« und ihrer »aggressiv-kämpferischen« Agitation verboten.
20   Ausführliche Informationen zu Meinolf Schönborn und der von ihm mitgegründeten »Nationalistischen Front« (NF) hat das Antifaschistische Infoblatt zusammengetragen: https://www.antifainfoblatt.de/artikel/die-%E2%80%9Enationalistische-front%E2%80%9C [29.06.2022].
21   Hinweise auf extrem rechte und rassistische Aktivitäten in Solingen gab es viele. Umso unverständlicher, dass der damalige Solinger Bürgermeister Krebs nach dem Brandanschlag noch behauptete: »Rechtsextreme gibt es hier nicht.« (vgl. Focus Magazin (1993), Nr. 24. https://www.focus.de/politik/deutschland/ihr-werdet-brennen-brandanschlag-solingen_id_1820539.html).

vor dieser Ankündigung und nach dem Brandanschlag wurde in Solingen rassistische sowie extrem rechte Gewalt verübt (Deutscher Bundestag 1993/Drucksache 12/5586).[22] Um den Brandanschlag in Solingen gibt es viele offene Fragen, zu denen es bis heute von den involvierten Institutionen sowie Behörden keine Antworten gibt; die Akten dazu wurden mit einer 30-jährigen Sperrfrist versehen.[23]

Klar ist: Der NRW-Verfassungsschutz beobachtete die Aktivitäten in der rechten Kampfsportschule »Hak Pao« (Bericht des Innenministeriums Nordrhein-Westfalen vom 9. Juni 1994). Gleichwohl ist bis heute die Frage immer noch nicht geklärt, welche Rolle der V-Mann Bernd Schmitt im Kontext des Anschlags hatte. Welche Beziehungen hatte er zu den vier Tätern? Warum hat Herbert Schnoor, der ehemalige Innenminister, Bernd Schmitt damals verteidigt?[24] Mussten Herbert Schnoor und Fritz-Achim Baumann, der Leiter des Verfassungsschutzes NRW, Bernd Schmitt verteidigen, weil sie verhindern wollten, dass ansonsten die fragwürdige Arbeit und Involviertheit des Verfassungsschutzes hätte offengelegt werden müssen?[25] Dies hätte zwangsläufig den Rücktritt des verantwortlichen Innenministers erfordert.

Als fragwürdig und kritisch zugleich erscheint auch ein »inoffizieller« Besuch eines damaligen Mitarbeiters des NRW-Verfassungsschutzes, Herr Büren, im Gemeinderaum der evangelischen Kirche auf der Bertholdstraße in Solingen-Wald. Nach dem Solinger Brandanschlag trafen sich hier Solinger*innen des Kreises »Menschen für Verständigung und Recht« mit Herrn Büren. Nach Informationen von Anwesenden soll er dort die Arbeit und die Rolle des Verfassungsschutzes vorgestellt haben.[26] Den Kreis »Menschen für Verständigung und Recht« hat die Familie von Felix K. nach dem Brandanschlag ins Leben gerufen, auch Freund*innen, Bekannte und Mitglieder der Familie K. waren da aktiv. Der damals 16--jährige Felix K. galt als mutmaßlicher Mittäter und wurde dafür später auch mit Haft bestraft. Nach der Urteilsverkündung im Oktober 1995 durch das Oberlandesgericht

---

22 Seit dem 1. Januar 1986 führt das Bundeskriminalamt eine Statistik über rassistische und extrem rechte Straftaten und Aktivitäten extrem rechter Organisationen und Einzelpersonen in Solingen durch. Eine Auswahl dazu vom 01.01.1986 bis 28.06.1993 ist zu finden in: Deutscher Bundestag: Antwort der Kleinen Anfrage der Abgeordneten Ulla Jelpke und der Gruppe der PDS/Linke Liste. Der neofaschistische Brandanschlag von Solingen und der Zuständigkeitsbereich der Bundesregierung. Drucksache: 12/5586, 26.08.1993. https://dserver.bundestag.de/btd/12/055/1205586.pdf [17.02.2022].

23 Siehe hierzu auch den Beitrag von Hendrik Puls in diesem Band.

24 Vgl. Spiegel-TV (2013): Vor 20 Jahren: Der V-Mann von Solingen. https://www.youtube.com/watch?v=5K3DVpWHHjM [29.06.2022].

25 Hendrik Puls beschäftigt sich in diesem Band detaillierter mit Fragen zum Umgang des Innenministeriums und dessen untergeordneter Verfassungsschutz-Abteilung mit dem durch die Enttarnung entstandenen V-Mann-Skandal.

26 Die Quelle dieser Information ist der Autorin Birgül Demirtaş bekannt.

Düsseldorf hat der Kreis »Menschen für Verständigung und Recht« Flugblätter[27] in Solingen verteilt, in denen sie das Urteil hinterfragten. Mit dem Flugblatt wurde dazu aufgefordert, anzurufen, wenn Leser*innen Fragen oder Zweifel am Urteil hätten, sich dem Kreis anschließen wollten, und/oder sich melden sollten, wenn sie weitere Informationen wünschten. Bis heute ist unklar, was der Verfassungsschützer Büren mit Familienmitgliedern der Täter zu tun hatte.

Die Zweifel an der Tatbeteiligung der verurteilten Solinger Täter begannen nicht mit dem Urteil, sondern unmittelbar nach dem Brandanschlag.[28] Das Strafverfahren vor dem Oberlandesgericht Düsseldorf war eine große Herausforderung für alle Verfahrensbeteiligten. Nicht nur aufgrund der Schwere der Tatfolgen, sondern auch aufgrund des nationalen und internationalen Medieninteresses sowie der schwierigen Beweissituation besaß das Verfahren von Beginn an Ausnahmecharakter (Neubauer 1998: 292).

Denn die damals Angeklagten Christian R. und Markus G. änderten im Laufe des Prozesses mehrmals ihre Geständnisse. Christian R. gab an, er allein habe den Anschlag verübt, und versuchte so, die anderen drei Angeklagten zu entlasten (Urteil des Oberlandesgerichts Düsseldorf 1995: 129–146). Markus G. widerrief ebenfalls sein Geständnis (ebd.: 161–188). Die Widerrufe der beiden Angeklagten führten im Prozess zu einem Durcheinander und die notwendigen Klärungen nahmen viel Zeit in Anspruch.

Dies kam insbesondere der Familie B. und der Familie K. entgegen, die an der Täterschaft ihrer Angehörigen gezweifelt haben. Sie taten sich mit einigen *weißen* Journalist*innen zusammen, um die Täter als Unschuldige darzustellen.[29] Einige *weiße* deutsche Journalist*innen konnten den Verlauf des Prozesses stark beeinflus-

---

27 Das Flugblatt mit dem Titel »Urteil zum Solinger Brandanschlag – Unrecht durch ›Recht‹ gesühnt? Wir stellen Fragen!« ist der Autorin Birgül Demirtaş bekannt.
28 Siehe hierzu den Artikel von Eberhard Reinecke in diesem Band.
29 Siehe dazu den Beitrag von Hatice Genç in diesem Band, die über die Täter*innen-Opfer-Umkehrung und das Zusammenspiel von einigen *weißen* Journalist*innen und den Täterfamilien spricht.

sen, somit wurde der Solinger Brandstiftungsprozess zu einem »Medienprozess«. Dies bestimmte direkt und indirekt den Verlauf des Verfahrens mit.[30,31,32]

Während sich die meisten Medien im Wesentlichen auf die Täter und ihre Unschuld konzentrierten, wurde die Familie Genç von Rechtsextremist*innen und auch einigen *weißen* Journalist*innen beschuldigt, die Tat selbst verursacht zu haben. Sie wurden während des Prozesses kriminalisiert. Die Verdrängung der Wahrheit war teilweise erfolgreich: Viele Menschen in Solingen fragen sich bis heute, ob »die richtigen Leute« verurteilt wurden.[33] Bis heute gehen die Eltern von Felix K. von seiner Unschuld aus.[34,35]

Zahlreiche Menschen nutzen die kursierenden Gerüchte, um die Stadt unter anderem von einem gewissen Stigma zu befreien. Es liegt wohl jenseits der Vorstellungskraft vieler Menschen, *weiße* deutsche Solinger*innen als Täter zu sehen und zu erkennen, nach dem Motto: »Es kann nicht sein, was nicht sein darf.« Auch fällt es vielen Menschen in der Solinger Stadtgesellschaft schwer, sich der Tatsache zu

---

30 Siehe hierzu folgende Videos: ARD-Brennpunkt: https://m.youtube.com/watch?v=1yaFl9aE DDk; Kennzeichen D: Brandanschlag Solingen 1993 – Verfolgt die Justiz die Falschen?, https://m.youtube.com/watch?v=ocq4oihUCyo; ZDF Frontal: Faschistischer Brandanschlag in Solingen 1993, https://www.youtube.com/watch?v=BzyHq3S1VoQ.

31 Siehe dazu den Beitrag von Hatice Genç in diesem Band. Dort spricht Hatice Genç davon, wie ein *weiß* deutscher Journalist eine Woche lang bei der Familie Genç gelebt hat und sogar mit ihnen in die Türkei gereist ist, um über das Leben der Familie nach dem Anschlag zu berichten. Kurze Zeit später interviewte der gleiche Journalist die Familie des Täters Christian B. und stand auf deren Seite.

32 Siehe zur Beeinflussung der Medien durch einige Journalist*innen und Angehörige der Täter während des Prozesses: www.blog-rechtsanwael.de; siehe auch Gür, Metin/Turhan, Alaverdi (1996): Die Solingen-Akte, Düsseldorf: Patmos Verlag; vgl. auch Neubauer, Frank (1998): Fremdenfeindliche Brandanschläge: Eine kriminologisch-empirische Untersuchung von Tätern, Tathintergründen und gerichtlicher Verarbeitung in Jugendstrafverfahren. Mönchengladbach: Forum Verlag Godesberg.

33 Siehe auch Beitrag von Eberhard Reinecke in diesem Band, der Familienmitglieder der Familie Genç in der Nebenklage zum Solinger Prozess vertrat.

34 Ernst K., der Vater des Täters Felix K., schrieb am 31. Mai 2018, zwei Tage nach dem Gedenken an den Brandanschlag in Solingen, einen offenen Brief via E-Mail an den Oberbürgermeister Solingens. Dort heißt es: »[...] Auch wenn es schwerfällt zu begreifen: unter den vier ›Tätern‹ gibt es drei schwer traumatisierte, unschuldige Opfer, deren es zu gedenken gilt. Zu guter Letzt: dass die AfD die einzige Partei ist, die das Urteil öffentlich infrage stellt, ist ein Armutszeugnis für die CDU, die SPD und die FDP. Von den in dieser Frage Scheuklappen tragenden und zu jeder Differenzierung unfähigen Parteien der ›Grünen‹ und der ›Linken‹ ist nichts Anderes zu erwarten.« Signiert von Dr. Ernst K., 42657 Solingen (E-Mail ist der Autorin Birgül Demirtaş- bekannt).

35 Verschwörungsmythen der AfD in Solingen zum Solinger Brandanschlag, https://www.afd-solingen.de/wp-content/uploads/2020/04/1993-Der-Brandanschlag-in-Solingen.pdf.

stellen, dass Rassismus und Rechtsextremismus bei dem Brandanschlag eine große Rolle gespielt haben.

29 Jahre nach dem Anschlag wurde 2022 in den Medien ein Interview von Jan Pietsche, einem ehemaligen V-Mann, verbreitet. Demnach war er in den 1990er-Jahren zunächst in Wuppertal auf die linksautonome Szene und nach dem Brandanschlag in Solingen auf den V-Mann und Leiter der Kampfsportschule »Hak Pao«, Bernd Schmitt, angesetzt. In diesem Interview erzählt Jan Pietsche, er werde den Verdacht nicht los, dass er 1993 vom Verfassungsschutz eingesetzt wurde, um die Aufklärung des Solinger Brandanschlags zu verhindern.[36]

IV. Gesellschaftlicher Umgang, Reaktionen und Gedenken

Der Brandanschlag in Solingen war nicht der erste, aber zu dieser Zeit mit fünf Toten der folgenschwerste rassistische Anschlag in der Geschichte der Bundesrepublik Deutschland. Ein halbes Jahr vorher gab es den rassistischen Brandanschlag auf die Familie Arslan in Mölln, bei dem Yeliz Arslan, Bahide Arslan und Ayşe Yılmaz ums Leben kamen.[37] Dieser Schock war noch frisch und saß tief. Der Anschlag in Mölln hat eine kollektive Erschütterung im Bewusstsein der Türkeistämmigen verursacht. Die beiden Anschläge innerhalb so kurzer Zeit haben im Bewusstsein vieler Menschen deutsch-türkeistämmiger Herkunft einen kollektiven Schock ausgelöst. Solingen wurde – neben einigen anderen Städtenamen – zu einem traurigen Synonym für die tödliche Gefahr, die von Rassismus und extrem rechten Aktivitäten ausgeht. Er hat sich tief in die Albträume, die Gefühle, das Bewusstsein der deutsch-türkeistämmigen Bevölkerung, insbesondere aber der Solinger Bevölkerung, eingeschrieben.[38]

Der rassistische Brandanschlag in Solingen führte zu mehrtägigen gewalttätigen Protesten, die zum größten Teil von türkischstämmigen Migrant*innen in mehreren deutschen Städten angeführt wurden. Türkischstämmige Migrant*innen erkannten den Anschlag eindeutig als gegen sie gerichtet.[39] Sie wurden in ihren Häusern und Wohnungen angegriffen. Häuser sind für rassifizierte Menschen und Gruppen oft Rückzugsorte vor Alltagsrassismus, Ausbeutung, Schikane

---

36 Vgl. auch https://www1.wdr.de/nachrichten/rheinland/brandanschlag-in-solingen-ex-verfassungsschuetzer-erhebt-schwere-vorwuerfe-100.html.
37 Zum Möllner Anschlag, seinen Auswirkungen und Kämpfen siehe Beitrag von İbrahim und Faruk Arslan in diesem Band.
38 Die Beiträge von Betroffenen sowie die Beiträge von Angehörigen der Familie Genç in diesem Band verdeutlichen die erste kollektive Erschütterung im Bewusstsein vieler deutsch-türkeistämmiger Menschen.
39 Siehe hierzu auch den Beitrag von Neşe/Fatma, Kâmil Genç und Birgül Demirtaş in diesem Band.

und Demütigung. Ein Ort der Sicherheit und Geborgenheit. Das Zentrum der intimen Privatsphäre wurde plötzlich zu einem Ort des rassistischen Terrors. Diese Erkenntnis war für viele türkeistämmigen Migrant*innen schockierend. Die Mischung aus Wut über die Morde, über die jahrzehntelang erlittene ungerechte Behandlung sowie ein Gefühl der Ohnmacht, des Alleingelassenseins und das Empfinden, dass auf die Morde ein Aufschrei folgen müsse, trugen Menschen auf die Straße.[40]

Bundesweit kam es zu vielen unterschiedlichen Protestaktionen, an den sich diverse Menschen mit unterschiedlichen ethnischen Hintergründen beteiligten. Sie stellten sich gegen die rassistische und extrem rechte Gewalt, bekundeten ihre Solidarität mit Betroffenen, forderten Aufklärung und eine plurale, demokratische Gesellschaft. Die Trauerkundgebungen und friedlichen Demonstrationen eskalierten kurz darauf,[41] als die überwiegend türkeistämmigen Migrant*innen ihren kollektiven Schmerz, ihre Trauer und auch ihre Wut auf sehr emotionale und auch gewalttätige Weise zum Ausdruck brachten.[42] Es kam ebenfalls zu Konflikten zwischen ultranationalistischen und extrem rechten türkischen, kurdischen und deutschen autonomen Gruppen, die die Proteste für eigene Zwecke instrumentalisierten.[43] Die Proteste spitzten sich zu, als bekannt wurde, dass der damalige Bundeskanzler Helmut Kohl sich geweigert hatte, nach Solingen zu kommen, um seine Solidarität zu bekunden. Sein Regierungssprecher Dieter Vogel begründete die Absage damit, dass man nicht in einen »Beileidstourismus« verfallen wolle (Deutscher Bundestag, Drucksache 12/4045). Auch an der Trauerfeier in Mölln hatte Helmut Kohl nicht teilgenommen. Die internationale Presse berichtete ausführlich über den Brandanschlag, aber auch über die Weigerung des Bundeskanzlers, an Trauerfeiern teilzunehmen. Nach einer Radiokampagne in den Niederlanden wurden 1,2 Millionen Postkarten mit dem Slogan »Ik ben woedend!« (»Ich bin wütend!«) aus Protest an den deutschen Bundeskanzler geschickt (Madeja 1993). Demonstrant*innen zeigten am Anschlagsort in der Unteren Wernerstraße in Solingen Transparente, die an die Politiker*innen gerichtet waren, und forderten die Anwesenheit des Bundeskanzlers: »Herr Kohl – wo sind Sie?« (Fischer 1993).

Neben Kundgebungen gab es Streiks deutsch-türkeistämmiger Eltern in Solingen, die ihre Kinder nicht zur Schule schickten, Mahnwachen, Arbeitsverweigerun-

---

40 Siehe auch den Artikel von Neşe/Fatma, Kâmil Genç, Kemal Bozay und Birgül Demirtaş in diesem Band.

41 Durch die zum Teil gewalttätigen Proteste und Ausschreitungen entstand vor allem in der Klingenstadt Solingen ein Sachschaden in Höhe von zehn Millionen DM (o. V., Stern 1993: 28).

42 Siehe den Aufsatz von Bengü Kocatürk-Schuster und Kutlu Yurtseven, Neşe/Fatma sowie Birgül Demirtaş in diesem Band.

43 Siehe auch den Artikel von Kemal Bozay in diesem Band, der über die Instrumentalisierung der Solinger Proteste durch extrem rechte türkische Gruppen berichtet.

gen nicht nur in Solingen, sondern bundesweit (Plarre 1993: 35), Kündigungen von Bankkonten vor allem in Solingen, Autobahnblockaden[44] (z. B. wurde die Zufahrt zum Flughafen Köln-Bonn durch Sit-ins blockiert). Viele Unternehmen haben Sach- und Geldspenden geleistet. Das Kinder- und Jugendzentrum »InterJu« in Solingen wurde durch Spenden eingerichtet.

Die Medienberichterstattung über den Brandanschlag und die gesellschaftspolitischen Reaktionen darauf waren durch eine Mischung aus mangelnder Empathie, gespielter Betroffenheit, sensationslüsterner Berichterstattung und fehlendem Verantwortungsbewusstsein gekennzeichnet.[45] Vor allem die gewalttätigen Proteste beherrschten die Schlagzeilen, während die fünf Morde in den Hintergrund rückten. Es wurden nur wenige Verbindungen zwischen den rassistischen Morden als Auslöser und den Protesten als Reaktion darauf hergestellt. Vielmehr wurde einseitig berichtet, dass die gewalttätigen Proteste insbesondere in Solingen nationalistische und extrem rechte Türkeistämmige zu verantworten haben. Rassistische Stereotype wurden aktualisiert, mancherorts wurden Täter*innen-Opfer-Umkehrungen vorgenommen und über die »kriminellen Türken« berichtet.[46]

Erinnern und Gedenken – heterogen und kontrovers

Für die Stadt Solingen sind der Brandanschlag und der Umgang damit bis heute ein höchst emotionales Thema. Einerseits will die Stadt nicht nur über den Brandanschlag wahrgenommen werden. Andererseits organisiert sie kommunale Gedenkveranstaltungen, an Jahrestagen auch in Anwesenheit von Vertreter*innen der Landes- und Bundespolitik.

Das erste Mahnmal wurde 1994 am ersten Jahrestag aus einer privaten Initiative geschaffen und gestaltet.[47] Seitdem wird die Erinnerung in Solingen an den Brandanschlag am Jahrestag von offizieller Seite der Stadt Solingen an der Mildred-Scheel-Schule in Solingen aufrechterhalten und ist ritualisiert. Erst 2012 wurde nach langen Auseinandersetzungen in Solingen der Mercimek-Platz[48] eingeweiht,

---

44 Siehe den Beitrag von Bengü Kocatürk-Schuster und Kutlu Yurtseven in diesem Band.
45 Mit der unkritischen medialen Berichterstattung haben sich u.a. Jäger (1992), Prantl (1994) und Sarp (2016) auseinandergesetzt.
46 Die Lokalzeitung »Solinger Tageblatt« thematisierte die Proteste vom 01.06.–07.06.1993 ausgiebig.
47 Siehe hierfür den Auszug von Heinz Siering in diesem Band.
48 Nach dem Tod von Mevlüde Genç am 30.10.2022 fordern Familienmitglieder der Familie Genç zum 30. Jahrestag eine Straße/Ort nach der Verstorbenen zu benennen. Die Stadt Solingen will, dass der Mercimek-Platz nach der Verstorbenen Mevlüde Genç umbenannt wird. Eine Beschlussvorlage liege vor. Ob die Forderung der Familienangehörigen umgesetzt wird zeigt sich im Mai 2023.

benannt nach der türkischen Heimatstadt der Familie Genç.[49] Auch die Familie Genç erinnert parallel seit 1994 am Jahrestag auf der Unteren Wernerstraße 81 in Solingen an den Brandanschlag – direkt am Anschlagsort.[50] Zwar nehmen an dieser Gedenkveranstaltung auch Vertreter*innen der Stadtverwaltung teil, jedoch wird diese Gedenkveranstaltung nicht in dem Programm der Stadt Solingen aufgeführt. Nach Ansicht der Betroffenen ist der eigentliche Erinnerungsort dort, wo der Anschlag stattgefunden hat, und nicht der Ort, den die Stadt Solingen dazu erklärt.[51]

An den offiziellen Gedenkveranstaltungen der Stadt zu den Jahrestagen an der Mildred-Scheel-Schule in Solingen nehmen in der Regel Mitglieder der Mehrheitsgesellschaft und des lokalen politischen Establishments etc. teil. Bei diesen öffentlichen Veranstaltungen betonen offizielle Vertreter*innen der Stadt, dass Solingen und die gesamte Bevölkerung aus dieser Geschichte gelernt haben und deshalb für ein friedliches Zusammenleben eintreten. In der Mehrheitsbevölkerung werden jedoch immer wieder Stimmen gegen solche Gedenkveranstaltungen laut.[52] Es werden Meinungen geäußert wie: »Ist es nicht irgendwann mal gut?« oder »Wären das Deutsche, die da gestorben sind, dann würde heute kein Hahn mehr danach krähen. Aber wenn Ausländer umkommen, dann wird jedes Jahr ein Riesentrara gemacht« (zitiert nach Artun 2021: 11). Dies zeigt, dass ein Teil der Bevölkerung sich nicht weiter mit dem Thema Rassismus und dessen Konsequenzen auseinandersetzen will und meint, schon genug erinnert worden zu sein. Bereits nach dem Anschlag in Solingen versuchten sich einige damit zu trösten, dass in Solingen – anders als in Rostock-Lichtenhagen und Hoyerswerda – niemand applaudiert habe.[53]

Schon kurz nach dem Anschlag und auch während des Gerichtsverfahrens wurden Verleumdungen gegen die Familie Genç verbreitet. Es kursierten Behauptungen, dass Familienmitglieder das Haus selbst angezündet hätten, um die Versicherungsgelder zu kassieren, oder dass die Familie angeblich von dem Anschlag »profitiert« habe (vgl. Jakobs 1995).[54]

Im Gegensatz zur Mehrheitsgesellschaft ist der Brandanschlag im kollektiven Gedächtnis der türkeistämmigen Bevölkerung Solingens als gemeinsame und äu-

---

49 Im Solinger Tageblatt vom 24.09.2014 wird betont, dass viele Mitglieder der Familie Genç bei der Einweihung des Platzes vor einem Mehrgenerationenhaus anwesend waren, https://www.solinger-tageblatt.de/solingen/erinnerung-brandanschlag-3914697.html [26.01.2022].
50 Über Erinnerungen und Konflikte zum Brandanschlag in Solingen siehe die Beiträge von Kâmil und Hatice Genç in diesem Band.
51 Hatice und Kâmil Genç sprechen in ihren Beiträgen über die Konflikte der Erinnerung und deren Bedeutung.
52 Siehe auch den Beitrag von Hatice Genç in diesem Band.
53 O. V. (2013): Erinnerung an Solinger Brandanschlag. In: Deutsche Welle 29.05.2013, https://www.dw.com/de/erinnerung-an-solinger-brandanschlag/a-16845515 [11.10.2018].
54 Vgl. das Gespräch mit Hatice Genç, die hier über die schmerzhaften Verleumdungen und Kolportagen über ihre Familie spricht.

ßerst leidvolle Erfahrung tief verankert. Der Schmerz und die Folgen wirken bis heute nach, auch in den nachfolgenden Generationen der deutsch-türkeistämmigen Solinger*innen und darüber hinaus (vgl. Demirtaş 2016). Vor allem sind die antizipierten Ängste insbesondere nach dem zweiten Brandanschlag am 20. Oktober 2021 auf ein Wohnhaus einer deutsch-türkeistämmigen Familie in Solingen erneut erwacht.[55] Die Erinnerungspraktiken in Solingen werden von verschiedenen Akteur*innen unterschiedlich wahrgenommen und bewertet. Hier wird deutlich, dass die jeweiligen Erinnerungspraktiken und Gedenken nicht harmonisch, sondern heterogen und auch konfliktbeladen sind.[56]

In Solingen werden jährlich zwar Erinnerungsveranstaltungen durchgeführt, dennoch gibt es nach wie vor große Wissenslücken. Nur wenige wissen, wie es den Betroffenen und ihren Angehörigen heute geht, welche physischen und psychischen Folgen der Anschlag für die Betroffenen hatte und noch immer hat, wie sehr sie unter Verleumdungen litten und leiden, wie sie erinnern und was ihnen dabei wichtig ist. Auch bezüglich der Täter, deren rassistische Motive und die extrem rechten Hintergründe im Kontext der Kampfsportschule »Hak Pao« gibt es noch immer Wissenslücken;[57] in Hinblick auf den Verfassungsschutz und seine Involviertheit über V-Leute gibt es noch viele offene Fragen.[58] Einige dieser Wissenslücken versuchen wir mit diesem Band zu schließen. Zur Beantwortung der offenen Fragen im Kontext der Kampfsportschule »Hak Pao« und den Aktivitäten des Verfassungsschutzes braucht es noch einen langen Atem und die politische Bereitschaft, bisher gesperrte Quellen und Dokumente zugänglich zu machen.

V. Zentrale Fragen des Bandes

Auf der Grundlage von Interviews mit Überlebenden, Betroffenen, Zeitzeug*innen, Familienmitgliedern der Familie Genç und Aktivist*innen sowie wissenschaftlichen und künstlerischen Beiträgen greifen wir hier viele – auch bisher wenig gestellte – Fragen auf, die den Brandanschlag in Solingen, aber auch den Themenkomplex Rassismuskritik und Erinnerungsarbeit betreffen, justieren sie neu und leuchten sie aus. Aufgrund fehlender Ressourcen mussten wir als Herausgeber*innen bei der Auswahl der Themen schmerzhafte Einschränkungen vornehmen. Im Fokus unserer Aufmerksamkeit stehen folgende Fragenkomplexe, die wir für analytische Zwecke voneinander getrennt folgendermaßen formulieren:

---

55 Siehe den Beitrag von Fatma/Neşe sowie Birgül Demirtaş in diesem Band.
56 Hatice und Kâmil Genç berichten über die Konflikte und Kämpfe der Erinnerungspraktiken. Siehe hierzu ihre Beiträge in diesem Band.
57 Siehe hierzu den Artikel von Eberhard Reinecke in diesem Band.
58 Siehe auch den Aufsatz von Hendrik Puls in diesem Band.

- Welche Folgen und Auswirkungen hat der Brandanschlag für die Überlebenden und Betroffenen des Brandanschlags? Wie gehen die von Rassismus Betroffenen damit um? Welche Erinnerungsnarrative gibt es in der zivilen Stadtgesellschaft gegenwärtig?
- Wie wurde in den Medien über den rassistischen und extrem rechten Brandanschlag berichtet? Wie werden die Betroffenen und ihre Angehörigen vor, während und nach dem Prozess dargestellt? Was wird/wurde thematisiert, was nicht?
- Welche gesellschaftlichen und politischen Reaktionen gab oder gibt es? Wie hat der politische Apparat mit seiner Polizei, Justiz, Kommunalpolitik etc. reagiert? Welche gesellschaftlichen Debatten wurden ausgelöst? Wie hat die Zivilgesellschaft einschließlich der Migrant*innenorganisationen reagiert?
- Wie werden die Betroffenen, Überlebenden und ihre Angehörigen behandelt? Haben sie Anerkennung erfahren? Werden ihr Leid, ihre Wünsche und ihre Perspektiven bei der gesellschaftlichen Aufarbeitung des Brandanschlags berücksichtigt?
- Wie wird an den rassistischen Brandanschlag von 1993 in Solingen erinnert? Gibt es unterschiedliche Erinnerungspraktiken bei den Angehörigen der Opfer, der deutsch-türkeistämmigen Community Solingens und der Stadtgesellschaft? Wer hält die Erinnerung wach?
- Wurden die Betroffenen/Angehörigen/Überlebenden verdächtigt (Täter*innen-Opfer-Umkehr)? Wurde infrage gestellt, dass sie hier die Opfer sind? Wer hat das in die Welt gesetzt? Was wollte man dadurch erreichen?
- Welche Gerüchte werden verbreitet/publiziert? Von wem werden sie verbreitet? Warum? Wem sind die Thesen zuzuordnen?

Nicht zuletzt geht es auch um Fragen im Kontext eines erneuten Brandanschlags, der 28 Jahre später, am 20.10.2021, auf die Wohnung einer deutsch-türkischen Familie in Solingen verübt wurde. Wir gehen von einem rassistischen Motiv aus, weil einen Tag nach dem Brandanschlag eine medizinische Maske mit zwei aufgezeichneten Hakenkreuzen und SS-Runen unmittelbar in der Nähe des Hauses gefunden wurde.[59] Der Anschlag ist in der Öffentlichkeit fast völlig unbekannt. Wir fragen uns: Warum interessiert sich die Öffentlichkeit, insbesondere in Solingen, nicht für einen erneuten Angriff? Liegt es an der Berichterstattung? Ist die Mehrheitsgesellschaft desinteressiert und ignorant? Was macht das mit den Betroffenen?

Uns ist bewusst, dass wir hier sicher nicht alle Fragen beantworten können. Es wird noch viele Wissenslücken geben. Wir wissen aber, dass die Aufarbeitung von

---

[59] Siehe hierzu Beitrag von Neşe/Fatma, Birgül Demirtaş und Abdulla Özkan/Sibel İ. und Olivia Sarma.

rassistischer und rechter Gewalt nur gelingen kann, wenn die Rolle von Politik, Polizei, Wissenschaft und Medien gezielt untersucht und kritisch hinterfragt wird, und dass dies nur in Zusammenarbeit mit Betroffenen funktionieren kann. Wir legen großen Wert darauf, die Perspektive der Betroffenen in den Mittelpunkt der kritischen Auseinandersetzung mit rassistischer und extrem rechter Gewalt zu stellen.

VI. Aufbau der Publikation

Der erste Teil befasst sich mit der bisher kaum beachteten Perspektive von Überlebenden und Angehörigen sowie anderen Betroffenen von Rassismus und Zeitzeug*innen. Mit ihnen wurden Interviews geführt, um ihre Erinnerungen, Erfahrungen und Gefühle zumindest teilweise nachvollziehbar zu machen. Sie beschreiben aus unterschiedlichen Perspektiven, wie sie den Brandanschlag erlebt haben, wie sie den gesellschaftlichen Umgang damit und die Reaktionen wahrgenommen haben und wie sie 30 Jahre später darauf zurückblicken. Darüber hinaus geht es auch um die Protestaktionen nach dem Brandanschlag. Die Interviews geben Einblicke in die Motive und Hintergründe für die Proteste und die teilweise gewalttätigen Ausschreitungen, die bisher wenig Beachtung gefunden haben.

Anhand konkreter Erfahrungen wird so das migrantisch situierte Wissen über den Solinger Brandanschlag aus der Perspektive der Betroffenen einer breiten Bevölkerungsschicht, insbesondere migrantisch rassifizierten Menschen und Communities, zugänglich gemacht. Da Menschen mit Migrationsgeschichte in solchen Publikationen in der Regel nicht berücksichtigt und angesprochen werden, ist es uns als Herausgeber*innen wichtig, sie mit ihren Perspektiven einzubeziehen und sie auch als Zielgruppe anzusprechen.

Im zweiten Teil des Bandes geht es um eine wissenschaftliche Einordnung des Themas und die Förderung von Reflexionen sowie Diskussionen aus unterschiedlichen Perspektiven. Es war relevant, insbesondere Expert*innen einzubeziehen, die neben ihrer fachlichen Kompetenz das Problem des Rassismus aus eigener Erfahrung kennen und sozialpolitisch einordnen können. İbrahim Arslan, Überlebender des Anschlags in Mölln, und Cihat Genç, Sohn der Überlebenden Hatice und Kâmil Genç, fordern beispielsweise, dass bei jeder kritischen Auseinandersetzung mit extrem rechter Gewalt, Rassismus und Erinnerungsarbeit immer auch die Betroffenen zu involvieren sind. Die Thematisierung und Konzeptualisierung sollten nicht über ihre Köpfe hinweg erfolgen. Deshalb war es uns wichtig, schon vor der Konzeption dieses Buchprojekts mit Mitgliedern der Familie Genç in Kontakt zu treten und ihre Ideen einfließen zu lassen.

Der dritte Teil des Bandes ist dem Thema Erinnerung gewidmet. Zum einen wird dieses Thema aus wissenschaftlicher Perspektive mit kritischen Analysen beleuchtet. Zum anderen kommen erneut Betroffene und Akteur*innen zu Wort, die ihre Kämpfe, Hoffnungen und Wünsche für eine angemessene Erinnerungskultur im Kontext rassistischer und extrem rechter Gewalt darstellen.

VII. Zeitzeug*innen-Gespräche und damit verbundene Herausforderungen

Für diesen Band haben wir Interviews mit Familienangehörigen der Familie Genç und Betroffenen aus Solingen, dem Nagelbombenanschlag in der Kölner Keupstraße und Überlebenden des Brandanschlags in Mölln geführt. Wir haben auch mit Aktivist*innen gesprochen – über ihre Kämpfe, selbstbestimmte Erinnerungsarbeit und Solidarität. Die Schwerpunkte der Gespräche wurden in Vorgesprächen mit den Gesprächspartner*innen erörtert. In einigen Fällen gab es mehrere Vorgespräche, um das Vertrauen zu vertiefen. Anschließend wurde gemeinsam mit den Gesprächspartner*innen ein Leitfaden erstellt. Die Interviews dauerten zwischen eineinhalb und zwei Stunden, wobei die Gesprächspartner*innen selbst entschieden, ob und wann sie das Interview unterbrechen und welche Fragen sie beantworten wollten. Die Interviews mit Hatice und Kâmil Genç wurden auf Türkisch geführt und übersetzt. Die transkribierten Beiträge in diesem Band sind in beiden Sprachen zu finden.

Nicht alle Herausgeber*innen hatten Zugang zu den Betroffenen und Zeitzeug*innen, sodass nicht alle an der Durchführung der Interviews beteiligt waren. Zum einen spielte die örtliche Distanz und zum anderen die Positionierung eine Rolle für ein vertrauensvolles Gespräch. Birgül Demirtaş stand seit vielen Jahren in engem Kontakt mit Überlebenden und Familienmitgliedern der Familie Genç und auch anderen Betroffenen rassistischer Anschläge. Dadurch gab es bereits eine gewisse Vertrauensbasis, die den Zugang zu ihnen erleichterte.

Obwohl die inhaltlichen Schwerpunkte der Interviews gemeinsam besprochen wurden und mehrere intensive Vorgespräche in der gewohnten Umgebung stattfanden, waren die Gespräche sehr intensiv und emotional. Die Gespräche mit Überlebenden und Betroffenen bargen die Gefahr einer Re-Traumatisierung,[60] insbesondere für die Befragten, aber auch für die Interviewerin angesichts ihrer eigenen Rassismuserfahrungen. Betroffene aus Solingen begrüßten die Möglichkeit, ihre Erfahrungen und Wahrnehmung des Brandanschlags schildern zu können, da bisher das öffentliche Interesse an der Betroffenenperspektive fehle. Gemeinsam waren ihnen allen die Traumatisierung infolge des Anschlags sowie die permanent antizipierte Angst, dass es zu einem erneuten Anschlag kommen könnte. In der Tat, der zweite Anschlag in Solingen vom 20. Oktober 2021 jagte ihnen Angst ein. In den Gesprächen fiel auf, dass Solinger*innen aus der türkeistämmigen Community, die sekundär

---

60 Siehe hierzu den Aufsatz von Ali Kemal Gün, der u.a. Traumata und ihre Folgen thematisiert.

vom Anschlag auf das Haus der Familie Genç betroffen sind, aufgrund der spezifischen Erfahrungen und Belastungen hingegen ganz unterschiedlich mit dem rassistischen und extrem rechten Brandanschlag umgehen.

Die Gespräche mit Überlebenden des Solinger Brandanschlags erforderten besondere Sensibilität. Für die Überlebenden und Angehörigen der Familie Genç sind der Anschlag und seine Folgen ein hoch emotionales Thema. Dies war in vielen Gesprächen zu spüren. Insbesondere Hatice Genç, die als Erste den Knall der Molotowcocktail-Explosion gehört hat und direkt intervenierte, indem sie die anderen Familienmitglieder weckte und damit vielen das Leben rettete, war im Gespräch sehr emotional. Sie sprach oft im Präsens, wenn sie von der Tatnacht erzählte. Das Gespräch wurde mehrmals unterbrochen und konnte erst nach Pausen fortgesetzt werden. Für die Zeitzeugin kam ein Abbruch und/oder Verschiebung des Interviews jedoch nicht infrage, weil sie hofft, dass mit dem Buchprojekt den Lügen über die Familie Genç und der Diffamierung im öffentlichen Diskurs etwas entgegengesetzt werden kann und ihre eigene Sichtweise dabei bedeutsam ist. Nicht nur während des Interviews, sondern auch bei der Nachbereitung war es häufig schwierig, die Erinnerungen im Transkript zu lesen und zu redigieren, insbesondere, wenn die Bearbeiter*innen selbst von rassistischer und/oder extrem rechter Gewalt betroffen sind. Dies führte oft zu einer Vergegenwärtigung eigener Erfahrungen als Betroffene und durch den Brandanschlag politisierte Solingerin.

Anmerkung: Benennung der Namen von Tätern

Abschließend möchten wir darauf hinweisen, dass wir uns als Herausgeber*innen entschieden haben, die vollständigen Namen der verurteilten *weißen* Täter des Brandanschlags in Solingen in diesem Band nicht abzudrucken. Die Entscheidung ist uns nicht leichtgefallen, denn die Praxis, die persönlichen Daten der Täter*innen aufgrund von Persönlichkeitsrechten in vielen Veröffentlichungen zu anonymisieren, führt aus unserer Sicht dazu, dass es eher einen Täterschutz statt eines Schutzes der Opfer gibt. Die Täter des Solinger Brandanschlags, Christian R., Felix K., Christian B. und Markus G., haben den Familien Genç, Duran, Saygın, İnce und Öztürk großes Leid zugefügt, das sich kaum in Worte fassen lässt.

Die öffentlichen Debatten und auch die Forschung zu Rechtsextremismus und extrem rechter sowie rassistischer Gewalt waren lange Zeit von der Sicht auf extrem rechte Organisationen, Akteur*innen und Täter*innen, ihre Motive, Strategien und persönlichen Biografien geprägt. Die von rassistischer und rechter Gewalt Betroffenen wurden und werden meistens ausgegrenzt. Wir wollen den Betroffenen von rassistischer und extrem rechter Gewalt höchste Anerkennung zollen und an dieser Stelle noch einmal die Namen der bei dem Brandanschlag Verstorbenen aufführen. Wir erinnern an die Schwestern Saime Genç (4), Hülya Genç (9), Hatice Genç (18) sowie an Gürsün İnce (27) und ihre Cousine Gülüstan Öztürk (12), die den rassistischen und extrem rechten Brandanschlag in Solingen am 29. Mai 1993 nicht überlebten.

Danksagungen

Unser Dank richtet sich zunächst an Hatice Genç, ohne ihre Idee wäre der Sammelband so nicht zustande gekommen. Wir bedanken uns herzlich auch bei Kâmil und Cihat Genç sowie İbrahim und Faruk Arslan sowie bei allen Betroffenen, die selbst Rassismus überlebt oder erlebt haben und noch erleben, bei Zeitzeug*innen und Aktivist*innen, die sich tagtäglich in Initiativen um Aufklärung, Erinnerung und solidarische Unterstützung der Betroffenen kümmern und dafür kämpfen. Wir danken allen für ihre Offenheit, wertschätzende und konstruktive Mitwirkung und für ihre Expertisen, von denen wir viel lernen können.

Vielen Dank an Boran Şahin für die Transkriptionen der Interviews.

Ein großes Dankeschön geht an Zuhal Babalar für ihre großartigen und sensiblen Übersetzungen vom Türkischen ins Deutsche sowie das Lektorieren der türkischen Interviews.

Besonderer Dank geht an Gaby Hoffmann, die mit ihren Mitarbeiter*innen der Media-Agentur das Gesamtlektorat kompetent durchgeführt hat.

Trotz einiger Bemühungen hatten wir für das Projekt nur relativ geringe finanzielle Mittel zur Verfügung und vieles konnte nicht wie ursprünglich geplant umgesetzt werden. Auch wurde ein großer Teil der Arbeit ehrenamtlich umgesetzt. Letztlich konnten wir die Publikation mit Teilfinanzierungen realisieren. Dafür bedanken wir uns beim Fachbereich Sozial- und Kulturwissenschaften der Hochschule Düsseldorf, der Otto-Brenner-Stiftung und dem Förderverein Universität Duisburg-Essen e. V. Mit finanzieller Unterstützung der Universitätsbibliothek Duisburg-Essen kann der Sammelband als Open-Access-Version publiziert werden.

Literatur

Apabiz (1996): Profil: Schönborn, Meinolf. https://www.apabiz.de/archiv/material/Profile/Schoenborn,%20Meinolf.htm [26.05.2022].

Artun, Lale (2021): »Bei lebendigem Leibe: Mord durch Brandstiftung«, in: Zeit Verbrechen Nr. 12/21.

Bericht des Innenministeriums Nordrhein-Westfalen (1994): Bericht des Innenministeriums über die Enttarnung des V-Mannes des nordrhein-westfälischen Verfassungsschutzes, 09.06.1994.

Billstein, Thomas (2020): Kein Vergessen – Todesopfer rechter Gewalt in Deutschland nach 1945. Münster: Unrast.

Demirtaş, Birgül (2016): Der Brandanschlag in Solingen und seine Wahrnehmung durch die zweite Generation von türkischstämmigen Migranten. Landesintegrationsrat Nordrhein-Westfalen (Hg.), https://landesintegrationsrat.nrw/wp-content/uploads/2016/06/Landesintegrationsrat_Demirtas_Solingen_Internet.pdf [09.02.2022].

Deutscher Bundestag (1992): Antwort der Bundesregierung auf die Kleine Anfrage der Abgeordneten Ulla Jelpke und der Gruppe der PDS/Linke Liste: Der Sprecher der Bundesregierung und der »Beileidstourismus«. Drucksache 12/4045. 28.12.1992.

Deutscher Bundestag (1993): Antwort der Kleinen Anfrage der Abgeordneten Ulla Jelpke und der Gruppe der PDS/Linke Liste. Der neofaschistische Brandanschlag von Solingen und der Zuständigkeitsbereich der Bundesregierung. Drucksache: 12/5586, 26.08.1993.

Dischereit, Esther, zus. mit Kleffner Heike (2022): Vor aller Augen: Pogrome und der untätige Staat. https://www.bpb.de/themen/deutschlandarchiv/505377/vor-aller-augen-pogrome-und-der-untaetige-staat/ [29.06.2022].

Fischer, Wolfgang (1993): »Millionen Menschen ins soziale Abseits gedrängt«, in: Solinger Tageblatt vom 02.06.1993, S. 2.

Jäger, Siegfried (1992): Brandsätze: Rassismus im Alltag. 2. Auflage. Duisburger Institut für Sprach- und Sozialforschung (DISS).

Jakobs, Walter (1995): »Ans Gedenken will keiner denken«, in: taz vom 30.05.1995, htps://taz.de/Ans-Gedenken-will-keiner-denken/!1506894/ [02.02.2022].

Kahveci, Çağrı (2017): Migrantische Selbstorganisierung im Kampf gegen Rassismus. Münster: Unrast.

Kleffner, Heike (2002): »›Nur‹ Vollstrecker des Volkswillens«, in: taz vom 04.06.2002, S. 7.

Landtag Nordrhein-Westfalen: Ausschussprotokoll 11/918, 7.06.1993.

LOTTA – Antifaschistische Zeitung aus NRW, Rheinland-Pfalz und Hessen (2014): SG: Heute vor 21 Jahren: Mörderischer Brandanschlag in Solingen. https://www.lotta-magazin.de/nrwrex/2014/05/sg-heute-vor-21-jahren-m-rderischer-brandanschlag-solingen [21.06.2022].

Madeja, Falk (1993): »Helmut Kohl darf sich auf Post aus den Niederlanden freuen: Massenprotest aus Holland«, in: taz. Die Tageszeitung vom 16.06.1993, S. 16.

Manthe, Barbara (2020): Rassistische Gewalt in der alten Bundesrepublik. Wer schreibt ihre Geschichte? https://lisa.gerda-henkel-stiftung.de/rassismus_und_geschichtswissenschaft_manthe [26.01.2022].

Monheim, Gert (1993): Wer Gewalt sät – Von Brandstiftern und Biedermännern – die Pogrome von Rostock 1992. Dokumentarfilm. https://www.youtube.com/watch?v=RP4ulQ61Qmc [21.05.2022].

Neubauer, Frank (1998): Fremdenfeindliche Brandanschläge: Eine kriminologisch-empirische Untersuchung von Tätern, Tathintergründen und gerichtlicher Verarbeitung in Jugendstrafverfahren. Mönchengladbach: Forum Verlag Godesberg.

O. V. (1993): »Solingen – sechs Monate danach. Verbrannt, verdrängt, vergessen«, in: Stern 1993, Nr. 48, S. 21–30.

O. V. (2013): Erinnerung an Solinger Brandanschlag. https://www.dw.com/de/erinnerung-an-solinger-brandanschlag/a-16845515 [11.10.2018].

O. V. (2013): Vor 20 Jahren: Der V-Mann von Solingen. https://www.youtube.com/watch?v=5K3DVpWHHjM [29.06.2022].

O. V. (2022): Brandanschlag in Solingen: Innenministerium reagiert auf Vorwürfe. https://www1.wdr.de/nachrichten/rheinland/brandanschlag-in-solingen-ex-verfassungsschuetzer-erhebt-schwere-vorwuerfe-100.html [04.05.2022].

Pagenstecher, Cord (2008): »Das Boot ist voll«. Schreckensvision des vereinten Deutschlands, in: Paul, Gerhard (Hg.): Das Jahrhundert der Bilder. Bildatlas Bd. 2: 1949 bis heute. Göttingen: Vandenhoeck & Ruprecht, S. 606–613.

Plarre, Plutonia (1993): »Selbst der Döner-Spieß stand am Ende still. Aus Protest gegen Solinger Morde blieben gestern mehrere tausend Geschäfte und Restaurants geschlossen«, in: taz Berlin vom 12.06.1993, S. 35.

Plenarprotokoll 12/160 des Deutschen Bundestags (26. Mai 1993). https://dserver.bundestag.de/btp/12/12160.pdf#P.13502 [28.02.2022].

Prantl, Heribert (1994): Deutschland – leicht entflammbar. Ermittlungen gegen die Bonner Politik. München/Wien: Carl Hanser.

Sarp, Özge Pınar (2016): »Trauer und Wut, aber mehr noch die Entschlossenheit. Wir bleiben hier!«, in: Bozay, Kemal/Aslan, Bahar/Mangıtay, Orhan/Özfırat Funda (Hg.), Die haben gedacht, wir waren das. MigrantInnen über rechten Terror und Rassismus, Köln: Papy Rossa Verlag, S. 179–190.

SOS-Rassismus Solingen (2001): Der Brandanschlag von Solingen. Auswirkungen und Konsequenzen. Gemeinnütziger Verein zur Förderung der Völkerverständig e. V. (Hg.) Solingen: Selbstverlag SOS-Rassismus.

Spiegel TV (1994): Der V-Mann von Solingen, in: Spiegel TV Magazin, ausgestrahlt am 12.6.1994 bei RTL, online 2014 auf YouTube eingestellt unter dem Titel »Vor 20 Jahren: Der V-Mann von Solingen«. https://www.youtube.com/watch?v=5K3DVpWHHjM [04.07.2022].

Statistisches Bundesamt (o.J.): Anzahl der Zuwanderer nach Deutschland von 1991 bis 2020. https://de.statista.com/statistik/daten/studie/28347/umfrage/zuwanderung-nach-deutschland/ [17.06.2022].

Urteil des Oberlandesgerichts Düsseldorf (1995) (unveröffent.).

Schmerzliche Verluste. Die Perspektive
der Überlebenden und Angehörigen
des Anschlags

»Keine Sprache der Welt kann unsere Verluste und die Folgen des rassistischen und extrem rechten Brandanschlags von Solingen 1993 beschreiben.«

Hatice Genç[1] im Gespräch mit B. Demirtaş

> Hatice Genç verlor bei dem rassistischen und extrem rechten Brandanschlag vom 29. Mai ihre beiden Töchter, Saime (4) und Hülya (9). Hatice Genç war damals 25 Jahre alt und hatte als Erste den Knall des Molotowcocktails gehört. Sie weckte die restlichen 18 Familienmitglieder und rettete somit das Leben von mehreren Menschen. Bei diesem Brandanschlag kamen Hülya, Saime und Hatice Genç, Gürsün İnce und Gülüstan Öztürk ums Leben. 14 Menschen wurden verletzt, davon waren zwei schwerverletzt und erlitten schwere Brandverletzungen.

Moderation und Redaktion: Birgül Demirtaş

Birgül Demirtaş: *Abla[2], als der Brandanschlag auf euer Haus verübt wurde, war ich neunzehn Jahre alt. Der Solinger Brandanschlag hat mich politisiert, denn ich bin in Solingen geboren, aufgewachsen und hier zu Hause. Der Vorfall hat mich und meine Familie daher sehr getroffen. Nach dem Brandanschlag waren die in Solingen lebenden deutsch-türkeistämmigen Migranten in Angst und Schrecken versetzt. Fast alle hatten Angst davor, dass nun die Türken die Zielscheibe der extrem Rechten würden. Dies wurde unter Migranten propagiert und hat folglich alle beunruhigt. Abla, wie sind deine Erinnerungen an den 29. Mai 1993?*

---

1 Hatice Genç verlor bei dem Brandanschlag ihre damals einzigen beiden Kinder. Ihre Schwägerin, die den gleichen Namen trug, überlebte den Angriff nicht.

2 »Abla« (türkisch) steht für die informelle und wertschätzende Anrede für Frauen*, die älter sind als die adressierende Person. Für die Interviewerin, die diese Anrede in ihren Interviews benutzt hat, aber vor allem auch für die Interviewten, bedeutet diese Anrede ein Zeichen von Wertschätzung, Nähe und Empathie. Sie eröffnet einen Zugang zu einer vertrauensvollen Gesprächsebene bei einem für alle emotional schwierigen Thema, sie kann zudem auch als Ausdruck von Augenhöhe und des Zugehörigkeitsgefühls mit den Betroffenen und Zeitzeug*innen verstanden werden. Die informelle Anrede ist somit mehr als nur eine informelle Bezeichnung, sie vermittelt eine Verbundenheit mit emotional nahestehenden Personen und ist in diesem Fall weniger ein Symbol einer klaren Rollenverteilung, die einen Status oder das Verwandtschaftsverhältnis definiert.

Das Trauma vom 29. Mai 1993

Hatice Genç: Als ich nach Deutschland kam, war ich fünfzehn. Am 29. Mai 1993, als Rechtsextreme den Brandanschlag auf unser Haus verübten, war ich fünfundzwanzig. Der Brandanschlag geschah drei Tage vor dem Opferfest. Ich machte mich daher an den Großputz im Haus. Ich nahm die Vorhänge ab und fing an, sie zu waschen. Und genau in diesem Augenblick hörte ich diesen Knall. Ich rannte dann sofort zur Tür und schaute durchs Schlüsselloch. Durch unser Schlüsselloch konnte man genau auf die Eingangstür gucken. Und dann sah ich diese feuerrote Flamme. Ich hatte nicht gedacht, dass die Flamme so groß war. Ich dachte, ich könnte sie mit einem Eimer Wasser löschen. Ich lief dann sofort los, holte einen Eimer voller Wasser und schüttete es gegen die brennende Tür. Unsere Eingangstür hatte Glasscheiben. Als das Wasser auf die heißen Scheiben traf, knallte es so dermaßen, als wäre eine zweite Bombe eingeschlagen. Die oberen Etagen brannten schon. Es brannte überall. Als ich realisierte, dass ich dieses Feuer allein nicht löschen konnte, rannte ich los und weckte meine Mutter[3]. Dann rannte ich weiter und weckte die Kinder. Mein Mann kam uns hinterher. Ich dachte, dass auch meine Kinder uns sofort nachgekommen wären, und half zuerst meiner Mutter aus dem Fenster, anschließend folgte ich ihr. Alle anderen wollten wir auch über das Fenster retten. Als wir gesehen hatten, dass die Kinder nicht nachgekommen waren und wir auch keinen Ton von ihnen hörten, fingen meine Mutter und ich an zu schreien: »Kinder, kommt raus!« Ich hielt es nicht aus und stürzte mich erneut in das brennende Haus, um die Kinder zu retten. Im Haus schrie ich weiterhin: »Kinder, kommt!« Ich wollte zu den Kindern und öffnete die Tür, die zum Kinderzimmer führte, aber die Flammen waren verheerend und schlugen mir ins Gesicht. Ich schloss sofort die Tür. Die Flammen hatten mir den Weg zu den Kindern versperrt, es brannte überall. Ich schlug mit all meiner Kraft gegen alle Wände um das Kinderzimmer herum, wollte sie durchbrechen und schrie mit aller Kraft, damit die Kinder mich hören konnten ... aber es kam kein einziger Schrei zurück. Die Flammen hatten alles umzingelt und waren bereits an dem Fenster angekommen, durch das ich ins Haus gestiegen war. Ich schaffte es nur mit großer Mühe hinaus. In kurzer Zeit hatten sich die Flammen überall ausgebreitet. Alles passierte binnen Sekunden. Ich sah draußen, wie Bekir sich aus dem Fenster des zweiten Stockwerks warf und rannte zu ihm. Er hatte ein Auge geöffnet, das andere war geschlossen. Ich schrie: »Bekir! Bekir!«, aber er blieb stumm. In dem Moment dachte ich: »Er ist tot.« Im nächsten Moment hörte ich Schreie, dieses Mal vom oberen Stockwerk aus. Ich spannte reflexartig meinen Rock, damit sie die Kinder runterwerfen konnten. Zu meiner Mutter rief ich: »Spann deinen Rock!« Von der oberen Etage warfen sie Burhan, damals ein sechs Monate altes Baby, in den Rock meiner Mutter. Er rutschte aber durch den Rockgummi hindurch und schlug

---

3   Mit »Mutter« ist in diesem Kontext Mevlüde Genç gemeint.

hart auf den Boden auf und wurde daher verletzt. Er fiel genau in den Betonschacht unter dem Fenster, in diesen Kanal. Ich hob ihn sofort hoch, gab ihn meiner Mutter und rannte im gleichen Moment zu den anderen Schreienden. Ich sah, dass meine Schwägerin Gürsün und ihr Mann am Fenster des dritten Stocks schrien. Ich rief wieder: »Werft das Kind runter!« Sie warfen Güldane runter, aber ich konnte Güldane nicht halten. Das Kind rutschte mir durch die Hände. Wir hatten einen Platz für Autoreparaturen, dort fiel sie hin. Ich rannte gleich los, nahm das Kind und reichte es jemandem weiter. Wer das war, weiß ich nicht. Dann sprang Güldanes Vater, mein Schwager Ahmet, aus dem Fenster. Gürsün sprang auch, aber sie schlug auf den Beton auf und starb an Ort und Stelle. Ich dachte, dass auch Gülüstan springen würde. Aber sie konnte nicht, die Flammen hatten sie bereits umzingelt. In der Zwischenzeit hatte mein Mann Bekir nach oben an den Straßenrand gebracht. Ich konnte nur sehen, wie er versuchte, Bekir mit einer Herzmassage wiederzubeleben. Bekir hatte es sehr schlimm erwischt, sein ganzer Körper war verbrannt. Aber mein Mann hat ihn mit der Herzmassage gerettet. Wir dachten schon, Bekir sei gestorben. Nachdem ich Güldane gerettet und einer Person in Obhut gegeben hatte, kam die Feuerwehr. Unser Auto stand vor dem Haus. Mein Mann Kâmil versuchte noch, bevor die Feuerwehr eintraf, mit bloßen Händen das Fenster unseres Autos einzuschlagen und wollte das Auto wegfahren, um der Feuerwehr Platz zu schaffen. Nachdem die Feuerwehr eintraf, rannte ich sofort zu ihnen und sagte: »Wenn Sie dort an das Zimmer eine Leiter aufstellen und das Fenster einschlagen, können Sie die Kinder retten.« Das Bett meiner jüngeren Tochter Saime stand im hinteren Zimmer gleich vor dem Fenster, meine Tochter lag also direkt vor dem Fenster. Die Flammen hatten sich dort noch nicht ausgebreitet. Der eine Feuerwehrmann sagte zu mir: »Wir können nicht so vorgehen, wie Sie uns das sagen. Wir richten uns nach den Vorschriften.« Das Kinderzimmer lag hinten und war an die Küche angegliedert. Aus der Küche loderten die Flammen nach draußen und die Feuerwehr hielt das Wasser gegen das Küchenfenster, aber in diesem Raum war kein Mensch; also, dort schlief niemand, dort hielt sich niemand auf. Ich glaube, dass wenn die Feuerwehrleute auf mich gehört hätten, hätte man wenigstens meine kleine Tochter Saime retten können, denn die Flammen waren noch nicht im Hinterzimmer angelangt. Mir kam es vor, als wenn ich neben diesem Feuerwehrmann zugesehen habe, wie meine Tochter bei lebendigem Leibe verbrennt. Das ist ein verheerendes Gefühl, es ist wirklich nicht auszuhalten. Weil ich den Feuerwehrleuten das gesagt und mich in ihre Arbeit eingemischt habe, haben sie mich sofort in einen Krankenwagen gesteckt. Die Feuerwehr kam sowieso erst, nachdem wir alle gerettet hatten. Sie selbst haben dort niemanden lebend rausgeholt. Das waren wir, wir haben alle gerettet. Die Feuerwehr schaffte lediglich die Leichen aus dem Haus.

Man brachte uns in verschiedene Krankenhäuser. – Keiner wusste über den anderen Bescheid

Hatice Genç: Wir liefen in alle Richtungen, zu jedem, der Hilfe brauchte, und versuchten, alle zu retten, die noch im Haus waren. Nevin, Fadime, mein Schwager Ahmet und mein anderer Schwager sprangen nach und nach aus den Fenstern und die Rettungswägen kam auch schon angefahren und fuhren uns sofort ins Krankenhaus. Man brachte uns in verschiedene Krankenhäuser, keiner wusste über den anderen Bescheid. Wir waren alle allein. Mein Vater[4] war in dieser Nacht arbeiten, er hatte Nachtschicht. Er wusste von nichts. Ich weiß nicht, wie sehr meine Nerven bei diesem schweren Ereignis angespannt waren, aber meine Hände und Füße hatten sich zusammengeballt und verkrampft. Eine sehr gute Freundin und Arbeitskollegin waren bei mir im Krankenhaus. Sie massierten meine Hände und versuchten, sie zu öffnen. Ich kann mich nicht erinnern, ob sie mir Medikamente gaben oder nicht. Aber ich zwang mich, keine Medizin zu nehmen. Ich schrie verzweifelt: »Ich will nicht schlafen! Ich will meine Kinder retten! Warum habt ihr mich hierhergebracht? Wie geht es meinen Kindern? Sind sie raus? Haben sie die Kinder auch ins Krankenhaus gebracht, wohin haben sie sie gebracht? In welches Krankenhaus haben sie sie gebracht?« Zu diesem Zeitpunkt wusste ich noch nicht, dass meine Kinder gestorben waren. Ich dachte die ganze Zeit, dass man sie auch in ein Krankenhaus gebracht hat. Man sagte zu mir: »Ihnen geht es gut, mach dir keine Sorgen. Du musst jetzt an dich denken!« Anschließend brachte uns die Stadt in eine Notunterkunft. Dort blieben wir ein oder zwei Nächte. Danach brachten sie uns in eine andere Unterkunft in der gleichen Straße und wir blieben dort für ungefähr zwei Jahre. Jeder, der von dem Brandanschlag hörte, kam dort hin. Ich weiß es noch wie heute; jemand versuchte, mir ein Beruhigungsmittel zu geben. Als ich nach der Entlassung aus dem Krankenhaus noch weiterschrie: »Ich will meine Kinder! Ich will meine Kinder!«, sagte meine Schwägerin später zu mir: »Du warst wie von Sinnen.« Vom Konsulat wäre Herr Bozkurt Alan gekommen und ich hätte mir ein Messer aus der Küche geschnappt und wäre auf ihn losgegangen. Ich kann mich nicht daran erinnern. Aber ich weiß, dass dieser Mann sagte: »Lasst sie, lasst sie. Sie ist jetzt sehr traurig und weiß nicht, was sie tut.« Dann kam dieser Mann zu mir und umarmte mich. Er versuchte, mich zu trösten, und sagte: »Ruhig, mein Kind, ruhig.«

---

4   Mit »Vater« ist in diesem Kontext Durmuş Genç gemeint.

Ich sah, dass alles ausgebrannt war und in Schutt und Asche lag. Es war zu spät. – Dass es Opfer gab, erfuhr ich erst später

Hatice Genç: Tagelang wusste niemand in unserer Familie, was mit den anderen passiert war, in welchem Krankenhaus sie waren, wer verletzt war, wer tot war und wer es geschafft hatte. Ich soll immerzu gefragt haben: »Wo sind meine Kinder? Ich will meine Kinder! Bringt mir meine Kinder!« Man erzählte mir später, dass ich einen Nervenzusammenbruch hatte und eingeschlafen sei. Doch nachdem ich aufgewacht sei, soll ich wiederum kein einziges Wort mehr gesprochen haben. Am nächsten Tag wollte ich zu unserem Haus und es mir ansehen. Auf dem Weg dorthin habe ich lauthals geweint. Dort angekommen sah ich eine Menschenmasse. Alles war sehr voll. Dann sah ich, dass alles ausgebrannt war und in Schutt und Asche lag. Es war zu spät. Nachdem ich das Haus mit eigenen Augen gesehen hatte und auch meine Kinder nicht finden konnte, wusste ich nun: Meine Kinder konnten den Flammen nicht entkommen. Man wollte uns nicht ins Haus lassen, aus Sicherheitsgründen, das Haus könne einstürzen. Ich ließ nicht locker und ging hinein. In dem Moment kamen mir die Fotoalben meiner Kinder in den Sinn. Ich eilte zum Schlafzimmer zu dem Schrank, in dem ich sie verstaut hatte und öffnete ihn. Die Innenbretter des Schrankes waren heruntergefallen und lagen quer. Dann sah ich die Alben! Sie lagen in einer Ecke unter den Brettern und waren nicht verbrannt! Ich schnappte sie sofort und rannte raus. Damals hatte ich viele Nervenzusammenbrüche, ich habe viel geschrien. Ich schrie immer wieder: »Bring mich nach Hause!« Obwohl ich dort war und es gesehen hatte, ging ich noch einmal hin. Am nächsten Tag ging ich wieder hin, immer wieder; bis wir unsere Verstorbenen in die Türkei überführten.

Birgül Demirtaş: *Hatice Abla, du hast deine beiden Töchter Saime und Hülya, deine Schwägerinnen und eine Nichte bei dem rassistischen und extrem rechten Brandanschlag verloren. Ihr hattet außer Saime und Hülya keine weiteren Kinder. Du hast einen großen Verlust erlitten, nochmals mein Beileid. Ich habe gerade das Foto von Saime und Hülya im Wohnzimmer gesehen. Wie sind deine Erinnerungen an deine beiden Töchter?*

Hatice Genç: Ich trage sie immer in meinem Herzen. Ich habe ihre Bilder vor mir im Wohnzimmer aufgestellt, damit ich sie immer bei mir habe. So behalte ich sie in meinem Herzen lebendig. Meine Kinder waren sehr süße und liebevolle Kinder, sie waren wunderbar und friedvoll. Meine jetzigen Jungs sind auch so. Eines Tages wollte meine ältere Tochter ein Eis, aber ich konnte es meiner Hülya nicht geben. Heute bereue ich es und das ist mir in Erinnerung geblieben. Manchmal, zu Lebzeiten, denkt man nicht viel drüber nach. Man sagt sich: »Wenn es heute nicht geht, dann geht's halt morgen.« Aber das ist etwas, was du heute nicht mehr geben kannst … nach dem Tod kommt die Reue und man denkt sich: »Hätte ich nur …« Manchmal sind kleine Kinder doch aktiver. Ich glaube, gerade deshalb war Saime etwas Besonderes. Saime war sehr ruhig. Sie spielte friedvoll mit den Kindern, die bei uns zu Besuch waren. Sie sagte: »Schau, da sind Spielsachen, lass uns damit spielen.« Manche Kinder knallen Schranktüren auf und zu oder machen Radau ... aber meine Mädchen waren sehr ruhig. Sie verstanden sich gut. Sie spielten auch gern mit anderen Kindern. Nachdem ich bei dem Brandanschlag meine beiden Kinder verloren hatte, bekam ich zwei Jungs. Als sie noch klein waren, sagte ich sogar einmal zu ihnen: »Jungs, hüpft doch mal auf den Sofas rum! Ich möchte endlich mal erleben, dass ihr Quatsch macht!« Alle beschwerten sich, dass ihre Kinder Unfug trieben, aber ich wollte, dass meine auch mal übermütig wurden. An Saime und Hülya habe ich nur gute Erinnerungen, aber das Glück, ein langes Leben zusammen mit meinen Kindern zu haben, hat man mir leider genommen. Als Kâmil 1989 in der Türkei seinen Wehrdienst antrat, ging ich mit. Ich ließ meine Tochter Hülya in Deutschland zurück. Ich war zwei Monate lang getrennt von meiner Tochter in der Türkei. Als ich zurückkam, war es so, als hätte mich meine Tochter vergessen, und sie klebte am Rockzipfel ihrer Oma. Außer diesem Vorfall war alles sehr schön, alles war in bester Ordnung. Unsere Familie, die Familie Genç, hatte ein schönes Leben. Wir waren eine große Familie und wir waren glücklich. Alle waren zusammen mit ihren Kindern. Ich spielte auch mit meinen Kindern; zum Beispiel Fünf Steine, Seilspringen oder Stockspiel. Wir gingen auch zum Spielplatz und turnten dort auf den Seilen herum. Hülya hatte es nicht geschafft, auf diese Seile zu klettern. Ich kletterte dann selbst rauf und zeigte ihr, wie es geht. Ich war immer mit meinen Kindern zusammen und hab alles getan, damit sie ein glückliches Leben hatten. Ich kam 1981 nach Deutschland. Am 29. Mai 1993 lebten wir mit fünf Familien in der Unteren Wernerstraße 81. Jeder hatte seine eigene Wohnung, aber wir waren immer zusammen. Wir hatten eine tolle Zeit. Unser Leben war schön. Wir sprechen in der Familie nicht ständig über den Brandanschlag, da es ein sehr schweres und sehr trauriges Thema ist. Ich rede auch nicht immer mit meinen Söhnen darüber, weil ich nicht möchte, dass meine Kinder deshalb traurig werden. Keiner von uns konnte den Brandanschlag je verkraften, wir sind alle noch immer traumatisiert. Solange meine Söhne nicht von selbst fragen, erzähle ich nicht, was uns widerfahren ist. Ab und zu stellen sie Fragen, dann erzähle ich etwas. Sonst verinnerlichen sie vielleicht noch etwas und machen sich das Leben schwer. Das würde ich nie wollen. Auch sie sind durch dieses Ereignis bereits traumatisiert. Ich möchte sie nicht noch mehr verletzen. Es ist nichts, was man so leicht verkraften kann. Es war nicht ein Mensch, nicht drei Menschen, sondern fünf Menschen haben bei diesem extrem rechten Brandanschlag auf eine fürchterliche Art und Weise ihr Leben verloren.

Wie uns der Solinger Brandanschlag geprägt hat

Birgül Demirtaş: *Nach diesem Anschlag von 1993 hatte auch mein Vater eine Strickleiter gekauft, damit wir uns im Falle eines Brandanschlags auf unser Haus aus dem Fenster retten konnten. Türkeistämmige Migranten, die in Solingen lebten, sahen diese Strickleiter als eine Notwendigkeit an. Denn sie wussten nun, dass die Angriffe nach den Brandanschlägen von Mölln und Solingen gegen Türkeistämmige gerichtet waren. Die Folgen des Brandanschlages sind noch heute für viele spürbar. In einem unserer Gespräche sagtest du: »Meine Nächte gleichen meinen Tagen.« Der Brandanschlag war vor dreißig Jahren. Wie gehst du heute damit um?*

Hatice Genç: Dreißig Jahre sind jetzt seit dem Brandanschlag vergangen, ich habe sogar noch Kinder bekommen, aber schlafen kann ich immer noch nicht. Ich warte, bis es hell wird, und kann erst nach sieben Uhr morgens nur für ein paar Stunden schlafen. Ich schlafe meistens tagsüber. Dieses Trauma wird nie enden, erst mein Tod wird mich davon erlösen. Eines Tages war ich im Kinderzimmer, es war Tag, ich hatte die Kinder schlafen gelegt und schaute aus dem Fenster des Kinderzimmers. Ich weiß nicht mehr, was mir durch den Kopf ging oder woran ich in dem Moment gedacht hatte. Plötzlich sah ich, wie Flammen aus der entgegengesetzten Richtung direkt auf unser Haus zukamen. Ich sackte auf der Stelle zusammen und dachte: »O mein Gott! Jetzt brennen sie auch dieses Haus nieder!« Nach einer Weile schüttelte ich mich und kam zur Besinnung und schaute noch mal nach. Da war aber nichts dergleichen. Jedoch für diesen Moment kam es mir so vor, als würde ich wieder Flammen sehen, so wie bei unserem alten Haus, das niedergebrannt wurde.

Neben meinem Schmerz wurde ich durch das Gerede der Leute und die Journalisten noch einmal vernichtet

Hatice Genç: Die Menschen, alle verfolgen sie ihre eigenen Interessen. Ich habe meine beiden Kinder verloren, es starben insgesamt fünf Menschen in einer Nacht. Besucher gingen ein und aus. Viele haben mich auch in diesem Zustand gesehen. Dennoch hörte ich, wie manche lästerten: »Was ist das für eine Braut[5]? Sie rauft sich nicht die Haare und tobt nicht herum.« Bringe ich denn meine Trauer zum Ausdruck, wenn ich mir die Haare raufe, mich zu Boden werfe und mich zerfleddere? Glaub mir, mit diesen Worten haben sie mich ein zweites Mal vernichtet. Die Journalisten haben uns das Leben zur Hölle gemacht, indem sie immer verzerrt über uns berichtet haben. Vor dem Brandanschlag züchteten wir verschiedene Gemüsesorten in unserem Garten. In diesem Jahr hatten wir Kohl gepflanzt. Nach dem

---

5   Gebräuchlicher Sprachgebrauch für Schwiegertochter.

Anschlag gingen wir immer zu unserem Haus, weil wir uns ständig fragten: »Wie sieht es dort aus? Was ist passiert? Sind die Kinder denn wirklich tot?« Unser Haus lag zwar in Schutt und Asche, wir hatten Tote, hatten diese überführt und begraben, waren auch wieder zurück, aber ... wir konnten es immer noch nicht glauben. Unsere Gedanken waren immer noch bei unserem alten Haus. Eines Tages ging ich in den Garten hinunter, um zu sehen, was rund um das Haus noch übrig war. Dabei musste ich gezwungenermaßen durch das Gemüsebeet hindurch. Die Kohlköpfe waren auch ziemlich gewachsen in diesem Jahr. Dann war da noch ein deutscher Journalist vom ZDF vor Ort und filmte mich, während ich im Garten war. Eines Tages sah ich mich im Fernsehen. Es sah aus, als wäre ich in einem riesigen Kohlgarten. Ich konnte mich nicht erinnern, in einem Feld gewesen zu sein, und überlegte, wo das aufgenommen wurde. Es stellte sich heraus, dass es unser Garten war. Dazu kam der Bericht: »Sie hat alles vergessen und ist wieder vergnügt.« Die Journalisten dachten an ihre eigenen Interessen und brachten solche Meldungen. Ich war sehr traurig darüber und es hat mich sehr tief getroffen. Ja, und die Leser glauben dann natürlich solche Sachen.

Gerüchte ...

Hatice Genç: Ich habe auch selbst gehört, dass Leute hinter unserem Rücken lästerten und sagten: »Es geschieht ihnen recht!« Manche meinten sogar, wir hätten es selbst gemacht. Viele behaupteten auch, dass wir nach dem Brandanschlag ein luxuriöses Leben führen und nicht mehr arbeiten würden. Wir würden Geld verdienen, ohne zu arbeiten, und der Staat käme für all unsere Kosten auf. Die erste Zeit hat mich das sehr verletzt und ich konnte nachts nicht schlafen, weil ich mir immerzu Gedanken darüber machte. Ich litt ohnehin schon unter Schlafstörungen und das alles gab mir noch den Rest. Wir hörten oft, dass unser »Hausbau durch Spendengelder finanziert« worden wäre. Das haben sogar einige unserer engsten Vertrauten gesagt. Alle dachten, dass unser Haus durch Spendengelder finanziert wurde, aber das ist nicht wahr. Unser Haus war versichert und wurde mit der Schadenzahlung der Versicherung gebaut. Dieses Geld reichte aber nicht mehr für die Dacharbeiten aus. Die Dacharbeiten hat dann die türkische Firma ENKA übernommen und so konnte das Haus erst fertiggestellt werden. Eigentlich hätte der deutsche Staat oder die Stadt Solingen den Rest übernehmen können, aber sie haben es nicht gemacht. Es gab sogar Leute, die kamen, um sich dieses Haus anzusehen. Sie sagten: »Oh, wie schön, toll! Das hat der Staat gebaut. Die Türken haben in runtergekommenen Häusern gewohnt. Jetzt haben sie sich hier ein Luxushaus bauen lassen.« Sie spazierten sogar bis ins oberste Stockwerk hinauf, um zu gucken. Stell dir das mal vor! Ich begreife immer noch nicht, wie die Leute so etwas sagen können. Mein Leben in der Unteren Wernerstraße war doch schon schön. Ich war damals zusammen mit meinen Kindern glücklich. Ich war tausendmal glücklicher als jetzt. Wir hatten keine Probleme, keine Sorgen. Für uns war alles perfekt. Alle hatten gearbeitet, wir hatten auch keine Geldprobleme. Aber so denken die Leute eben nicht. Diese Gerüchte waren wirklich nicht auszuhalten. Wir haben uns gegenseitig getröstet. Aber zu verantworten haben das größtenteils die Medien. Irgendwann schrieb die Presse, dass wir in unserem neuen Haus einen Swimmingpool und einen Hubschrauber hätten und berichteten über Sachen, die gar nicht existierten. Angeblich würden wir beim Einkauf in den Geschäften unsere Körbe füllen und an der Kasse behaupten: »Ich bin von der Familie Genç. Ich werde den Einkauf nicht bezahlen. Den zahlt die Stadt.« Es gab das Gerücht, dass die Stadt den Einkauf der Familie Genç bezahlte. Sogar der Gedanke daran ist absurd. Die Bertelsmann-Stiftung erklärte in der Presse: »Wir spenden der Familie Genç eine Million Mark.« Aber diese eine Million hat uns nie erreicht. Der Staat hat mit diesem Geld in Solingen-Ohligs ein Jugendzentrum namens »InterJu« errichtet. Man bediente sich unseres Namens und alle dachten: »Die Familie Genç hat eine Million Mark erhalten.« Da wir aber nicht viel Rückendeckung hatten und unsere Deutschkenntnisse nicht ausreichten, haben wir aufgegeben, uns weiter zu erklären. Journalisten schrieben, die Medien veröffentlichten und die Gesellschaft glaubte diese Lügen. Die Menschen gönnen sich gegenseitig nichts. Ich kann mir nur das leisten, was ich mir selbst erarbeitet habe. Diese willkürlichen Behauptungen und Gerüchte, die die Leute verbreiten, verletzen uns sehr.

Die Gerichtsverhandlungen waren für uns sehr schmerzvoll. Nicht die Täter, sondern ich wurde zur Ruhe aufgefordert

Birgül Demirtaş: *Die vier deutschen Täter, die euer Haus in Brand gesetzt hatten, stammen alle aus Solingen. Einer von ihnen wohnte sogar euch gegenüber und war euer Nachbar. Er soll ein paar Stunden vor dem Brandanschlag seinen Freunden die Tat angekündigt haben. Was ging dir durch den Kopf, als du das erfahren hast, Abla?*

Hatice Genç: Ich dachte: »Wie kann ein Mensch seinem Nachbarn so etwas antun?« Für uns war es immer wichtig, eine gute Beziehung zu unseren Nachbarn zu haben. Es kam uns nie in den Sinn, ja, wir dachten nicht einmal daran, dass unser Nachbar einen Brandanschlag auf uns verüben würde. Damals meinten die Nachbarn, dass wir viel Besuch bekommen würden, aber wir haben nie daran gedacht, dass sie einen Anschlag aus einem rassistischen und extrem rechten Motiv verüben würden. Wir hörten zwar von einigen Freunden: »Nazis haben einen Brief in unseren Briefkasten geworfen und ein Nazi-Zeichen drauf gemalt.« Aber vor dem 29. Mai dachten wir: »Unmöglich. Nein, so etwas kann kein Mensch machen.« Aber, wie man sieht ... er kann es doch. Ich kannte den Nachbarsjungen, diesen Täter nicht einmal. Ich sah ihn das erste Mal vor Gericht, als er uns gegenüberstand. Nicht einmal in der Nachbarschaft bin ich ihm begegnet. Wir erfuhren später vor Gericht, dass er den Brandanschlag geplant hat. Dieser Täter soll, bevor er unser Haus in Brand gesetzt hat, noch ein Kind verletzt haben, indem er ein brennendes Zündholz auf ihn geworfen hat. Dass er den Anschlag geplant hat und einen Hass gegen Türken hegt, erfuhren wir bei der Verhandlung. Wir sind niemandem mit schlechten Absichten begegnet, im Gegenteil, wir waren immer hilfsbereit. Als ich erfuhr, dass der Nachbarsjunge diese schreckliche Tat begangen hat und vor allem, dass es unser Nachbar ist, dachte ich: »Unmöglich! Das kann nicht sein! Es kann unmöglich unser Nachbar sein!« Christian B. machte auch vor Gericht hasserfüllte Bemerkungen uns gegenüber. Ich verlor im Gerichtssaal daraufhin plötzlich die Beherrschung und ging auf ihn los. Mich hat man sofort aufgehalten, ihn nicht. Ihn hat man nicht ermahnt und gesagt: »Hören Sie auf, so dürfen Sie nicht sprechen!«, aber ich sollte ruhig bleiben. Und das tut am meisten weh. Der Prozess war ohnehin schon sehr schmerzvoll für uns, wir waren nicht wir selbst. Jedoch griff niemand ein, als der Täter in dieser Art und Weise sprach. Die Täter und ihre Familien taten sich keinen Zwang an und brachten in unserem Beisein ihren Hass zum Ausdruck. Dennoch versuchten wir immer, die Fassung zu bewahren. Bei einer Verhandlung verließ meine Mutter vor uns den Gerichtssaal. Ich sah, wie Christian B.‹ Mutter meiner Mutter die Hand entgegenstreckte und versuchte, meiner Mutter die Hand zu schütteln. Ich rannte daraufhin sofort zu ihr. Sonst hätte sie dort noch mit dieser Frau gesprochen. Meine Mutter kann sowieso kein Deutsch und den Namen der Frau hatte sie auch nicht ganz verstanden. Bei diesen Gerichtsterminen durchlebten wir unser Trauma ohnehin immer wieder aufs Neue und waren am Ende unserer Kräfte. Die Mutter des Täters nahm diesen Zustand zum Anlass und bedrängte meine Mutter. Mit ausgestreckter »Friedenshand« versuchte sie, Mitleid zu erregen, nach dem Motto: »Mein Sohn ist unschuldig!« Es waren ja auch unzählige Journalisten vor Ort. Wäre ich nicht herbeigeeilt, hätte sie den Journalisten erzählt: »Seht her, ich habe mit Mevlüde Genç gesprochen. Sie ist ein guter Mensch und verständnisvoll.« Gott weiß, was man dann alles veröffentlicht hätte. Dass meine Mutter ein weiches Herz hat, war eh allgemein bekannt. Diese Frau wollte das ausnutzen. Aber ich schickte sie weg und sagte: »Auf gar keinen Fall! Bleib fern von uns!«

Die Journalisten Hand in Hand mit den Familien der Täter

Hatice Genç: Die Journalisten machten gemeinsame Sache mit den Familien der Täter. Einmal kam ein ZDF-Reporter zu uns. Er kam sogar bis in die Türkei zu unserem Haus im Dorf. Er hat eine Woche lang gemeinsam mit uns dort gewohnt, gegessen, gelebt. Er hat beobachtet, wie wir leben. Das alles wollte er dokumentieren. Er hat uns beobachtet und alle Informationen gesammelt, die er brauchte. Dann eines Tages sehe ich diesen Reporter auf einem anderen Sender, wie er der Familie des Täters beisteht, Desinformationen verbreitet und sagt: »Diese Familie ist nicht so, wie Sie denken. Sie lachen, sind vergnügt und genießen das Leben.« Als ich das im Fernsehen sah, war ich so dermaßen am Boden zerstört, ich konnte es nicht glauben. Die deutschen Reporter standen nicht den Opfern bei, sondern verteidigten die Familien der Täter. Das beruht darauf, dass wir »Muslime« und »Türken« sind. Uns stand niemand bei, wir waren die ganze Zeit allein. Deren Ziel war es, uns zu provozieren und uns zu demütigen. Und als dann meine Mutter immer wieder sagte: »Meine Feinde sind vier Personen«, dachten die Deutschen, wir würden alles nicht so ernst nehmen und seien verständnisvolle, nachsichtige Menschen. Die Absicht des Reporters war ganz offensichtlich. Er wollte uns ein falsches Image verpassen, nämlich: »Es sind Menschen gestorben, dennoch lachen sie, vergnügen sich und genießen das Leben.« Man wollte uns als die Täter darstellen, die Schuldigen jedoch als Opfer.

Wurde der Gerechtigkeit Genüge getan?

Birgül Demirtaş: *Hatice Abla, am Ende des Prozesses wurden die vier Täter aus Solingen zu Haftstrafen verurteilt. Drei Personen wurden zu zehn Jahren und einer zu fünfzehn Jahren Haft verurteilt. Was hast du gefühlt, als das Urteil verkündet und die vier Täter schuldig gesprochen wurden? Konntest du wenigstens ein bisschen aufatmen und warst erleichtert?*

Hatice Genç: Nein, ganz im Gegenteil. Ich konnte überhaupt nicht erleichtert aufatmen. Ich habe lange darüber nachgedacht und mich gefragt: »Sie haben fünf Menschen aus rassistischen und extrem rechten Motiven heraus ermordet. Warum fiel ihr Urteil so milde aus?« In keinster Weise wurde der Gerechtigkeit Genüge getan. Ist ein Menschenleben denn so wertlos? Drei Täter wurden zu zehn Jahren und einer zu fünfzehn Jahren verurteilt. Aber alle wurden wegen guter Führung vorzeitig entlassen. Meiner Meinung nach hätten sie noch längere Haftstrafen bekommen müssen. Fünf Menschen sind gestorben. Ob Muslime oder Christen, das spielt keine Rolle. Es waren Menschen, die gestorben sind. Sie waren doch noch kleine Kinder ... winzige Knospen waren sie ... die ihre Blütezeit nicht erleben durften. Sie haben ihre Leben einfach ausgelöscht. Du sitzt zehn Jahre ein und spazierst anschließend heraus, als wenn nichts wäre. Ist das beruhigend? Niemals! Gut, dich entlässt man zurück ins freie Leben. Kommen denn meine Kinder auch zurück? Meine Kinder sind doch nicht an einem Ort, von dem sie wiederkehren können! Es regt mich auf, wenn man vom »Jugendgesetz[6]« spricht. Denn unsere Kinder waren auch »jung«.

---

6   Gemeint ist hier das Jugendgerichtsgesetz (JGG), das die Straftaten und Umstände der jungen und jungerwachsenen Straftäter in der Bundesrepublik Deutschland regelt.

Sie waren erst vier und neun Jahre alt, das älteste war siebenundzwanzig. Waren sie etwa nicht jung? Was ist mit deren Leben? Du löschst fünf Menschenleben aus; bekommst zehn Jahre, weil du jung bist, und kommst raus. Und dann? Du lebst dein Leben weiter. Die Täter haben meine Mädchen und unsere anderen jungen Mädchen für alle Ewigkeit eingesperrt. Sie liegen unter der Erde. Ihr Leben ist vorbei! Aber die Täter sind nach zehn, fünfzehn Jahren wieder auf freiem Fuß und machen da weiter, wo sie aufgehört haben, sind frei und genießen ihr Leben.

Viele sagen: »Muss es denn jedes Jahr sein? Es reicht doch!«

Birgül Demirtaş: *In Solingen gedenkt man jedes Jahr den Opfern des rassistischen und extrem rechten Brandanschlags. Was bedeuten diese Gedenkfeiern für dich?*

Hatice Genç: Es ist ein sehr wichtiger Tag für uns. Aber für die Stadt Solingen nimmt seine Bedeutung ab und sie möchten »dieses Kapitel allmählich schließen«. Vor zwei Jahren gab es zwischen den Mitarbeitern der Stadt Solingen und dem türkischen Konsul rege Diskussionen über die Gedenkfeiern. Man hat lange darüber diskutiert, »warum die Gedenkfeiern denn jedes Jahr stattfinden müssten«. Die Gedenkfeiern würden dem Image schaden. Die Stadtverwaltung veranstaltet die Gedenkfeiern nur, weil wir es wollen, sonst wäre es ihnen egal. Eigentlich möchten sie ja das Kapitel abschließen und zu einem normalen Leben übergehen, so, »als wäre es nie passiert«. Wir möchten, dass es nicht in Vergessenheit gerät. Es gibt viele Deutsche, die sagen: »Muss es denn jedes Jahr sein? Es reicht doch.« Es sind nicht nur die Deutschen, sondern sogar Türken meinen: »Wozu denn? Ihr seid doch am Ende die Leidtragenden.« Meine beiden Kinder werden ermordet, insgesamt werden fünf unschuldige Menschen von Rechtsextremen ermordet, werden bei lebendigem Leibe verbrannt und ich soll noch an das Image der Stadt Solingen denken? Wer denkt denn an mich? Die Tage der Gedenkfeiern sind für mich sehr schmerzvoll, denn diesen Brandanschlag habe *ich* erlebt und solch ein Ereignis kann man niemals vergessen. Daher möchte ich, dass auch meine Kinder und die anderen Opfer nicht vergessen werden. Würden wir nicht an sie denken, würde es niemand von sich aus machen. Wenn die Deutschen, allen voran die Stadt, sagen: »Die Gedenkfeiern sollten nicht mehr stattfinden. Es macht sie doch nur noch traurig«, ist das nicht aus Mitgefühl uns gegenüber, sondern viel mehr möchten sie die Sache begraben und denken dabei an ihr Image. Dass am 29. Mai in Solingen fünf Menschen umgekommen sind, wissen die Jugendlichen und Schüler gar nicht, die meisten kennen nicht einmal den Grund. Der deutsche Staat sollte seine Jugendlichen über diesen Brandanschlag mit extrem rechtem Motiv erst einmal aufklären, damit sie die Wahrheit erfahren und nicht auf die falsche Spur geraten. Es müssten alle aufgeklärt werden, damit kein anderer Mensch noch einmal solch einen Schmerz erleiden muss. Deshalb hatte ich dir auch gesagt, dass das Thema in die Unterrichtsmaterialien aufgenommen werden müsste. Die jungen Leute müssen im Unterricht über Rassismus und Rechtsextremismus aufgeklärt werden. Wenn man die Kinder über die Geschehnisse von Solingen und Mölln nicht unterrichtet, woher sollen sie es denn erfahren? Woran können sie sich ein Beispiel nehmen? Durch Hörensagen und falsche Informationen wird ihr Hass auf Türken noch größer werden. Solange man das nicht macht, werden sich Nazis und das rechtsextremistische Gedankengut verbreiten. Denn die Kinder kennen die Wahrheit nicht.

Sie sagten: »Ich hätte das Haus nicht abreißen lassen.«

Hatice Genç: Dann gibt es noch die Aussage der Türkeistämmigen: »Ich hätte das Haus, auf das der Brandanschlag verübt wurde, als Symbol für die Deutschen stehen gelassen.« Es gab viele, die das sagten. Jedes Mal, wenn ich an diesen Ort gehe und dieses Haus in seinem abgebrannten Zustand sehen würde, würde ich das gleiche Trauma erneut durchleben. Obwohl das Haus dort nicht mehr steht, erscheint mir immer wieder all das vor Augen, was ich durchlebt habe. Diese Gerüchte haben sich innerhalb von zweieinhalb Monaten verbreitet. Das Haus an der Unteren Wernerstraße hatte man schon zu dieser Zeit komplett abgerissen. Es war also nicht mehr viel übrig. Die Gerüchte gingen in dieser Zeit los. Ab dann fragten sie uns immer: »Warum wurde das Haus so schnell abgerissen?« Irgendwann hätte man es sowieso abgerissen, aber wir wollten selbst, dass man es abreißt. Jedes Mal, wenn ich dieses Haus in dem Zustand sah, war ich am Boden zerstört. Ich muss dort doch immer wieder hin, sei es zu den Gedenkfeiern oder auch, wenn ich selbst einfach mal hingehen möchte. Ich stehe da und erinnere mich an mein altes Leben, an meine ganze Vergangenheit. Ich gehe hin, um nicht zu vergessen. Ich schaue mich überall um. Wieder und wieder lasse ich die Erinnerungen, eine nach der anderen, wie einen Film vor meinen Augen abspielen: »Dort hatten wir dieses Spiel gespielt, hier hatten wir jenes gemacht, da hatten wir das entdeckt ...« Dann sehe ich meine Kinder, was sie machten, wie sie waren und unsere Vergangenheit. Wenn ich dieses abgebrannte Haus jedes Mal sehen würde, würde mich es noch mehr verletzen. Deshalb wollten wir selbst, dass es abgerissen wird. Aber die Gerüchte sind kaum auszuhalten. Es wurde sogar noch behauptet, dass man daraus ein »Museum« machen wolle, aber dieses Museum und dessen Gerücht waren Erfindungen der deutschen Zeitungen. Eigentlich hatte die Stadt überhaupt nicht die Absicht. Man hat es gelesen, geglaubt und weitererzählt. Die Stadt hat uns lediglich gefragt, ob das Haus abgerissen werden oder stehen bleiben soll. Und wir haben gesagt: »Reißt es ab!« Wir hatten den Wunsch, dass die Untere Wernerstraße in Genç-Straße umbenannt werden sollte. Aber die Stadt Solingen hat es abgelehnt und überhört. Außerdem wollten wir, dass das Mahnmal, das vor der Mildred-Scheel-Schule steht, an dem Ort aufgestellt werden sollte, wo der Brandanschlag auch stattfand. Man sagte uns, dass es dort keinen Platz gäbe, und ging nicht näher darauf ein. Die Stadt überhörte einfach unser Anliegen. Wir wollten nicht, dass das Mahnmal 1994 vor der Mildred-Scheel-Schule aufgestellt wird. Wir haben mit diesem Ort keinerlei Verbindung. Angeblich hätte »Hatice Genç diese Schule besucht«. Unsere Hatice war niemals auf dieser Schule. Wir haben vor zwei Jahren, als sogar noch Frau Şule[7] im Konsulat war, zusammen mit dem Moscheevorsitzenden gesagt: »Dieses Mahnmal sollte an die Untere Wernerstraße, an den Ort, wo das Haus stand, dorthin, wo auch der Brandanschlag verübt wurde, gebracht werden.« Wir haben es zwar gesagt, gehört hat uns aber niemand. Die Stadt hat das nicht interessiert. Ihre Antwort war: »Wenn es vor der Schule steht, verstehen es auch die jungen Leute.« Wenn dem so ist, warum wissen denn die Schüler, die Schülerinnen und jungen Leute in Solingen nichts von diesem Brandanschlag? Dieses Mahnmal wird einmal im Jahr besucht. An dem Tag wird eben gebetet und man hält Ansprachen, als wenn alles in bester Ordnung wäre. Den Schmerz, den ich empfinde, kann dort niemand beschreiben. Sie machen sich auch noch die Mühe und verleihen die Auszeichnung »Silberner Schuh«[8], und alles ist perfekt. Und als ob das nicht genug wäre, hat man dort noch Musik gespielt. Deutsche können bei ihren Begräbnissen, in ihren Kirchen gern Musik spielen, dazu habe ich nichts zu sagen, aber nach meiner Religion wird bei solchen Ereignissen, an solchen Tagen niemals Musik gespielt. Mir war bei jedem Mal sehr unwohl dabei. Wir hatten das zwar mitgeteilt, aber von der Stadt fühlte sich niemand angesprochen. Eines Tages, bei einem Gespräch mit dem Oberbürgermeister, dem Moscheevorsitzenden und einigen Angestellten der Stadt habe ich mein Anliegen letztendlich offen ausgesprochen. Ich sagte: »Diese Musik und die Auszeichnung mit dem ›Silbernen Schuh‹ möchte ich nicht an unseren Gedenkfeiern haben. Wenn Sie weiterhin Musik spielen, werde ich an der Gedenkfeier nicht teilnehmen.« Daraufhin wurde dies aus dem Programm gestrichen. Zwar können sie uns gegenüber nicht Nein sagen, aber ihre Gesten sagen es aus und wir bemerken das. Unsere Anliegen erledigen sie nur oberflächlich. Je beharrlicher wir sind, desto desinteressierter reagiert die Stadt.

Birgül Demirtaş: *Nach dem Brandanschlag auf euer Haus kehrten einige aus Solingen und Umgebung aus Angst in die Türkei zurück. Mein Onkel und mein Vater kamen 1968 als Gastarbeiter nach Solingen. Einige Monate nach dem Brandanschlag wanderte mein Onkel mit seiner Familie in die Türkei aus und kehrte nie wieder nach Deutschland zurück. Meine Familie zog eine Rückkehr aufgrund rassistischer und extrem rechter Gewalt auf keinen Fall in*

---

7   Formelle türkische Anrede; erfolgt im Türkischen mit Vornamen und dem nachgestellten Zusatz »Hanım« (Frau). Im Deutschen wird der Zusatz »Frau« dem Nachnamen vorangestellt.
8   Der Silberne Schuh zeichnet mutiges Eintreten gegen Rassismus und Diskriminierung aus. Er wurde 2004 vom Solinger Bündnis für Toleranz und Zivilcourage ins Leben gerufen und wird seither einmal im Jahr in Solingen verliehen.

Betracht. Hatice Abla, hast du nach dem Brandanschlag je daran gedacht, in die Türkei zurückzukehren?

Hatice Genç: Ich hatte keinerlei solche Gedanken und wollte nie zurückkehren. Ich bin nicht in Deutschland geboren, aber ich habe meine Jugend, meine Ehezeit hier verbracht, meine Kinder sind hier geboren. Außerdem wollte ich den Tätern und anderen Rechtsextremisten keinen Gefallen tun. Deshalb sagte meine Mutter: »Wir gehen nicht, mein Kind«, und war auch meiner Meinung. Warum sollten wir denn den Tätern und extrem Rechten einen Gefallen tun? Damit sie sich entspannt zurücklehnen und behaupten: »Wir haben sie verjagt.« Ich wäre doch wieder die Leidtragende gewesen. Ich sagte: »Nein, wir gehen nicht und das werde ich auch niemals, ich bleibe bis zum Ende meines Lebens hier, bis ich sterbe.« Das war ja auch die Absicht der Rechtsextremisten. Sie wollten mit solchen Brandanschlägen Türken nach und nach vertreiben. Sie wollten Türken, die aus der Türkei immigrierten Menschen und insbesondere die Muslime auf diese Art und Weise verängstigen und vertreiben. Nein, auch wenn ich Angst habe, werde ich nicht gehen. Meine Angst habe ich mir nie anmerken lassen. Als wir erfuhren, dass das Haus von Frau Sibel in Solingen in Brand gesetzt wurde, hatten Kâmil und ich sie besucht. Sie sagte zu mir: »Abla, ich habe große Angst. Ich mache mir sehr viele Gedanken darüber, ob ich denn nicht zurückkehren sollte.« Ich ermutigte sie mit den Worten: »Bloß nicht! Wenn du das machst, lachen sich die Nazis ins Fäustchen. Du wirst nicht mit deinen Kindern zurückkehren.«

Birgül Demirtaş: *Hatice Abla, was ging dir durch den Sinn, als du erfahren hast, dass in Solingen auf das Haus von Frau Sibel am 20. Oktober 2021 ein Brandanschlag verübt wurde?*

Hatice Genç: Als ich das hörte, war ich sehr betroffen und ich dachte nur: »Hoffentlich ist niemand gestorben! Hoffentlich ist ihren Kindern nichts passiert!« Diese Gedanken gingen mir ständig durch den Kopf. Ich hatte nur gehört, dass es ein Haus war, in dem Türken leben. Ich dachte: »Schon wieder Solingen?«, und konnte es nicht fassen. Es war wie ein Schlag und ich musste an all das denken, was ich selbst durchlebt hatte. Und dann kamen wieder die gleichen Fragen auf: »Wer hat es getan? Warum ist das passiert? Was war der Grund?« »Muslim.« Ja, das ist die Antwort. Weil wir Muslime sind. Die meisten Deutschen mögen die Türken nicht. Als wir von dem Ereignis erfuhren, nahmen wir sofort Kontakt mit Frau Sibel auf und haben ihr einen Besuch abgestattet. Sie wohnte in unserer Nähe. Die arme Familie, sie waren so verängstigt. Frau Sibel beklagte sich auch sehr über Stadtverwaltung Solingen. Wenn du hörst, »in Solingen wurde ein Brandanschlag auf ein Haus verübt«, denkst du unwillkürlich an das, was du selbst erlebt hast. Es geht uns ja eh nie aus dem Sinn. Wenn ich so etwas höre oder im Fernsehen einen Brand sehe, sei es auch nur eine Filmszene, kann ich nicht hinsehen. Wir schalten dann sofort ab. Solche Szenen halte ich nicht aus. Ich habe dann sofort wieder alles vor Augen. Es wühlt mich jedes Mal so sehr auf, dass ich tagelang keinen einzigen klaren Gedanken mehr fassen kann.

Birgül Demirtaş: *Es werden weiterhin Brandanschläge von extrem Rechten in Deutschland verübt. Was sollte man deiner Meinung nach dagegen tun?*

Hatice Genç: Es gibt zwar das »Grundgesetz« und die »Menschenrechte«, aber diese Rechte gelten nicht für alle in Deutschland. Sie gelten nicht für Migranten, die aus Nicht-EU-Ländern kommen, insbesondere bei Türken und Muslimen werden sie nicht angewandt. Wenn der Staat das Grundgesetz und Menschenrechte nicht achtet, sie nicht als oberstes Gut betrachtet, diese Gesetze nicht umsetzt und die Menschen nicht beschützt, wie soll es denn dann weitergehen? Solange der Staat und die Politiker keine Verantwortung übernehmen und das alles nicht verhindern, werden diese Angriffe nicht aufhören. Der Staat lässt die Täter gleich wieder frei und vertuscht sofort. Er sorgt nicht für richtige Aufklärung, indem er nach dem Kern, nach dem Ursprung sucht. Er will ihn ja gar nicht finden. Denn die Rassisten sind im Staat zu Hause und es werden immer mehr. Ich sehe hier ein Defizit des Staates und der Gesetze. Denn wenn man bei solchen Brandanschlägen die Täter nur zu Strafen von drei oder fünf Jahren Haft verurteilt, kommt es den anderen Nazis gelegen. Dann vermehren sie sich auch. Diese Rassisten und extrem Rechten sollten so eine Strafe bekommen, dass sie sich nicht mal trauen, daran zu denken, anderen Menschen Schaden zuzufügen. Solange der Staat diese Lücken nicht schließt, werden sie auch bei jeder Gelegenheit versuchen, diese Lücken zu füllen. Sogar innerhalb der Polizei gibt es Rassisten und sie verhalten sich auch rassistisch. Wem sollen wir denn noch vertrauen? Existiert denn noch ein Vertrauen? Nein! Man muss jeden einzelnen dieser Rassisten innerhalb der Politiker und der Polizisten finden und aussondern. Ihr müsst sie für euren Staat, euer eigenes Volk und euer eigenes Wohlergehen ausfindig machen! Solange sich daran nichts ändert, werden sich die Rechtsgesinnten und Rassisten vermehren, nicht verringern. Rassismus ist keine Krankheit, sondern eine diskriminierende Ideologie! Gegen diese Ideologie und den Rassismus müssen insbesondere der Staat und die Politiker viel mehr unternehmen. Nur zu behaupten: »Wir sind keine Rassisten!«, reicht nicht aus.

»1993'te Solingen'deki ırkçı ve aşırı sağcı kundaklama saldırısının etkilerini ve kayıplarımızı hiçbir dil doğru dürüst tarif edemez.«
(Türkisch)

Hatice Genç'in[1] B. Demirtaş ile görüşmesi

> Hatice Genç, 29 Mayıs 1993'te Solingen'deki ırkçı ve aşırı sağcı kundaklamada iki kızını, Saime (4) ve Hülya'yı (9), kaybetti. Hatice Genç o zaman 25 yaşındaydı. Evinin kapısının önündeki molotofkokteylin patlamasını duyan ilk kişiydi. Evdeki diğer 18 aile üyesini uyandırarak birçok insanın hayatını kurtardı. Bu saldırıda Hülya, Saime ve Hatice Genç, Gürsün İnce ve Gülüstan Öztürk hayatlarını kaybetti. 2'si ağır olmak üzere 14 kişi yaralandı, ağır yanıklara maruz kaldı.

Moderatör ve Editör: Birgül Demirtaş

Birgül Demirtaş: *Abla sizin eviniz kundaklandığında ben on dokuz yaşındaydım. Solingen kundaklama saldırısı beni politize etti, çünkü ben de Solingen'de doğdum, büyüdüm, buralıyım. Bu sebeple bu konu beni ve ailemi de çok etkilemişti. Kundaklamadan hemen sonra »Naziler şimdi Türkleri hedef alıyorlar« diye Solingen'de yaşayan Türk kökenli, hemen hemen herkes korku içindeydi. Göçmenler arasında propaganda yapılıyordu ve dolayısıyla bu herkesi tedirgin etti. Abla, sen 29 Mayıs 1993 gününü nasıl hatırlıyorsun?*

29 Mayıs 1993'te yaşanan travma

Hatice Genç: Ben Almanya'ya geldiğimde on beş yaşlarındaydım. 29 Mayıs 1993'te evimiz aşırı sağcılar tarafından kundaklandığında ise yirmi beş yaşındaydım. Kundaklama Kurban Bayramı'ndan üç gün önceydi. O gece işten geldim, akşam oldu ve herkes yattı, çoluk çocuğu da yatırdım. Kurban Bayramı yaklaştığı için bayram temizliğine başladım. Perdeleri indirdim ve yıkamaya giriştim. Ve tam o anda o sesi duydum. O patlama sesini duyunca koştum ve anahtar deliğinden baktım. Bizim

---

1 Aynı adı taşıyan görümcesi saldırıdan sağ kurtulamadı.

anahtar deliğinden tam dış kapı görünüyordu. Bir baktım ki, kıpkırmızı alev. Ben alevin o kadar büyük olduğunu düşünmedim, bir kova suyla söndürürüm sandım. Hemen koştum bir kova su aldım ve serptim alev alan kapıya doğru. Dış kapımız cam kapıydı ve alevden kızmış olan camlar, suyu yiyince sanki bir bomba daha patladı. Üst yer yanıyordu o kısımda. Ben bu alevi kendi başıma söndüremeyeceğimi anladım ve koşup annemi[2] uyandırdım. Sonra çocukları uyandırmaya gittim. Eşim geldi arkamızdan. Ben çocuklarımın da hemen geldiğini düşünerek ilk önce annemi pencereden dışarıya çıkardım, sonra kendim çıktım. Arkamızdan gelenleri de pencereden çıkartırız düşüncesiyle çıktık. Çocuklardan ses seda gelmedi ve çocukların gelmediğini görünce ben ve annem bağırdık, »Çocuklar gelin!« diye. Ben dayanamadım ve yine pencereden yanan evin içine girdim, çocukları kurtarırım diye. Evin içinde yine çocuklara bağırarak seslendim »Gelin!« diye. Çocukların odasına doğru giden kapıyı açtım onlara ulaşmak için ama alevler felaketti ve yüzüme doğru geliyorlardı, hemen kapıyı kapattım. Alevler yüzünden çocukların odasına geçemedim, alevler her yeri sarmıştı. Çocukların odasını bağlayan duvarlara vura vura delmeye başladım, var gücümle bağırdım sesimi duysunlar diye, ama çocuklardan hiçbir şekilde ses gelmedi. Annem de hiçbir şekilde sesini duyuramadı. Alevler evin her yerini sarmıştı ve içeriye girdiğim pencereyi de alevler sarmaya başlamıştı ve zor çıktım. Kısa bir zaman içinde alevler evin her yerini sardı. Her şey saniyeler içinde oldu. Dışarıda Bekir'in kendini ikinci katın penceresinden attığını gördüm ve yanına koştum, ona yaklaştım. Gözünün biri açık, biri kapalıydı. »Bekir, Bekir!« diye bağırdım ama hiç ses yoktu. »Ölmüş« diye düşündüm. O anda çığlık sesleri duyuyorum, bu sefer yukarıdaki pencereden. Refleks halinde eteğimi açtım, çocukları atsınlar diye. Anneme de »Eteğini aç!« diye bağırıyordum. Burhan'ı, altı aylık bebeği, üst kattan annemin eteğine attılar. Çocuk etek lastiğinin arasından kayıp düştüğünden, sert bir şekilde yere düştü ve yaralandı. Direkt pencerenin önündeki o boşluğa, kanalın üstüne düştü. Hemen oradan kaptığım gibi anneme verdim çocuğu ve hemen öbür çığlık atana koştum. Baktım üçüncü katta görümcem Gürsün ve eşi pencereden bağırıyorlar. »Atın aşağıya çocuğu!« diye bağırdım. Güldane'yi attılar. Ama ben Güldane'yi tutamadım. Çocuk sıyrılıp düştü elimden. Orada bizim araba tamir yeri vardı, onun içine düştü. Ben hemen oraya hopladım, çocuğu aldım, dışarıdan birisine verdim. Kime verdim, bilmiyorum. Sonra peşinden Güldane'nin babası Ahmet eniște atladı. Gürsün atladı ama betonun üstüne düştü, hemen oracıkta can verdi. Ben sandım, Gülüstan da atlayacak. O atlayamadı, çünkü alevler sarmıştı onu. O arada eşim, Bekir'i yukarıya, yol tarafına çıkarmış. Onu Bekir'e kalp masajı yaparken gördüm. Bekir'in hali çok kötüydü, bütün vücudu yanmıştı. Ama eşim, Bekir'i kalp masajıyla canlandırdı. Ölmüş zannetmiştik biz Bekir'i. Güldane'yi kurtardıktan ve birinin eline verdikten sonra itfaiye geldi. Eşim Kâmil zaten itfaiyeciler gelmeden

---

2 Bu bağlamda Mevlüde Genç kastedilmektedir.

Hatice Genç'in B. Demirtaş ile görüşmesi: »[...] kayıplarımızı hiçbir dil doğru dürüst tarif edemez«

önce onlara yer açmak için evin önünde duran arabamızın penceresini yumruklarıyla kırmaya ve arabayı oradan çekmeye uğraştı. İtfaiyeciler geldikten sonra ben hemen onların yanına koştum ve çocukların arka odada yattığını söyledim. »O pencereye bir merdiven koyup, pencereyi kırıp çocukları kurtarabilirsiniz.« dedim. Benim küçük kızım Saime'nin yatağı arka odada hemen pencerenin önündeydi, yani kızım pencerenin dibinde yatıyordu. Alevler orayı daha sarmamıştı. İtfaiyecinin biri bana, »Senin dediğin gibi biz hareket edemeyiz, biz kılavuzdaki talimatlara göre hareket ediyoruz.« dedi. Çocuk odası, mutfağa bağlanan arka odaydı. Mutfaktan alevler dışarıya doğru yayılmıştı ve itfaiyeciler suyu mutfağın penceresine doğru tutuyordu, ama o odada kimse yoktu ki, yani kimse yatmıyordu veya kalmıyordu. İtfaiyeciler benim dediğimi yapsalardı, en azından benim küçük kızım Saime kurtulabilirdi diye düşünüyorum, çünkü alevler henüz arka odalara geçmemişti. Ben itfaiyecilerin yanında çocuğumun orada canlı canlı yanmasını seyretmiş gibi oldum. Bu çok kötü bir his, gerçekten dayanılmaz bir duygu. Ben itfaiyecilere bunları söylediğim ve çalışmalarına müdahale ettiğim için bana kızdılar ve beni apar topar ambulans arabasına bindirdiler. İtfaiyeciler zaten biz herkesi kurtardıktan sonra olay yerine geldi ve kimseyi canlı, sağ olarak kurtarmadı. Biz kurtardık herkesi. İtfaiyeciler sadece ölüleri yanan evden çıkardı.

Herkesi ayrı ayrı hastanelere götürdüler – kimsenin kimseden haberi yok

Hatice Genç: Sağa sola, kime ihtiyaç var diye koştuk ve evdekileri kurtarmaya çalıştık. Nevin, Fadime, Ahmet, öbür enişte atladı derken, ambulans geldi ve apar topar ambulansa alarak bizleri hemen hastaneye götürdüler o gece. Herkesi ayrı ayrı hastanelere götürdüler, kimsenin kimseden haberi yok. Hiçbirimiz birbirimizin yanında değiliz. Babam[3] işteydi o gece, gececi çalışıyordu. Onun hiçbir şeyden haberi yok zaten. Beni Solingen Hastanesi'ne getirmişler, ne kadar orada kaldığımı bilmiyorum. Bu ağır olayda sinirlerim nasıl gerildiyse, elim ayağım top topak olmuştu. Hastanede en yakın bir arkadaşım ve bir de iş arkadaşım vardı. Onlar benim ellerimi ovuşturup açmaya çalışıyorlardı. Bana ilaç verdiler mi, vermediler mi, ben hatırlamıyorum. Ama »İlaç almayacağım.« diye zorladım kendimi. »Beni uyutmayın! Ben gidip çocuklarımı kurtaracağım! Beni niye buraya getirdiniz? Çocuklar nasıl? Çocuklar da çıktı mı? Çocukları da mı götürdüler hastaneye, nereye götürdüler? Hangi hastaneye götürdüler?« diye bas bas bağırıyordum hastanede. O zaman çocuklarımın vefat ettiğini bilmiyordum. Ben hâlâ çocukları da hastanelere, bir yerlere götürdüler diye düşünüyordum. »Onlar iyiler, onları düşünme sen, önce kendini düşün!« diyorlardı bana. Sonra belediye bizi bir sığınma evine götürdü. Orada kaldık, bir veya iki gece. Sonra aynı caddede bir başka sığınma evine koydular bizleri ve orada

---

3 Bu bağlamda Durmuş Genç kastedilmektedir.

yaklaşık iki sene kaldık. Kundaklamayı duyan oraya geliyordu. Birisi, bugün gibi hatırlıyorum; bana sakinleştirici ilaç vermeye çalışıyor. Hastaneden çıktığım halde »Ben çocuklarımı istiyorum, ben çocuklarımı istiyorum!« diye bağırınca, yengem sonradan: »Sen delirmiş gibiydin.« dedi. Konsolosluktan Bozkurt Alan Bey gelmiş bizim yanımıza ve ben mutfaktan bir bıçak kapıp konsolosun üstüne yürümüşüm. O adamın üstüne yürüdüğümü hatırlamıyorum. Ama o adam dedi ki; »Bırakın, bırakın. Şu anda o çok üzgün olduğundan ne yaptığının farkında değil.« Sonra adam geldi yanıma ve sarıldı bana. »Sakin ol yavrum, sakin ol.« diyerek beni teselli etmeye çalıştı.

Baktım ki her şey yanmış bitmiş, kül olmuş, iş işten geçmiş – Kurbanlar olduğunu sonradan öğrendim

Hatice Genç: Ailemiz içinde günlerce hiç kimse, kimin ne yaptığını, kim hastanede, hangi hastanede, kim yaralı, kim öldü, kim kaldı bilmiyorduk. Devamlı, »Benim çocuklarım nerede, onları istiyorum! Çocuklarım gelsin yanıma.« diyormuşum. Sonra sinir krizi geçirip uyuduğumu söylediler bana. Uyuyup kalktıktan sonra, bu sefer susmuş, hiçbir kelime konuşmamışım. Ertesi gün eve gidip görmek istedim. Bağıra çağıra gittim. Oraya bir gittim ki; insan kaynıyor, çok kalabalıktı oralar. Baktım ki; her şey yanmış, bitmiş, kül olmuş, iş işten geçmiş. Evi gözümle gördükten sonra, çocuklarımı da bulamayınca artık anladım... »Çocuklarım kurtulamadılar ateşin içinden.« Bizi evin içine almak istemediler, yıkılır da zarar görürüz diye. Ben inat ettim, girdim içeri. O anda aklıma çocukların albümü geldi. Bir baktım, albüm bizim yatak odasında o dolabın içindeydi. Tahtalar böyle eğilip düşmüş. Bir arada köşede kalmış albümler, yanmamış. Hemen onları kaptığım gibi çıktım dışarı. Çok bağırdım, çok sinir krizleri geçirdim ben o zamanlar. Sık sık »Beni eve götürün!« diye bağırıyordum. Gittiğim gördüğüm halde, tekrar gittim. Ertesi gün bir daha gittim. Ta ki Türkiye'ye cenazeleri götürene kadar.

Birgül Demirtaş: *Hatice Abla, sen ırkçılar ve aşırı sağcılar tarafından gerçekleştirilen kundaklama saldırısında iki kızını; Saime'yi ve Hülya'yı, görümcelerini ve bir de yeğenini kaybettin. Senin o zaman Saime ile Hülya'dan başka çocukların yoktu. Çok büyük bir kayıp yaşadın, tekrar başın sağ olsun. Az evvel oturma odasında Saime ile Hülya'nın fotoğrafını gördüm. Sen iki kızını nasıl anıyorsun?*

Hatice Genç: Hiç kalbimden çıkarmıyorum. Zaten fotoğraflarını oturma odasında karşıma koydum, devamlı yanımdalarmış gibi, kalbimde yaşatıyorum yani. Benim çocuklarım çok sevimli ve sevecen çocuklardı, güzel, sakindiler. Benim şimdiki oğullarım da öyle. Bir defasında büyük kızım dondurma istedi, ama veremedim ben o dondurmayı Hülya'ya. »Onu niye vermedim?« diye bin pişmanım bugün ve o ak-

Hatice Genç'in B. Demirtaş ile görüşmesi: »[...] kayıplarımızı hiçbir dil doğru dürüst tarif edemez«

lımda kaldı. Hani bazen... şimdi hayattayken insan pek düşünmüyor. Yani; »Bugün yemezse yemesin, yarın yer.« diye düşünürsün. Ama şimdi veremediğim bir şey..., öldükten sonra keşkeler geliyor arkasından. Özellikle de Saime küçük olduğundan galiba. Hani bazen küçük çocuklar hareketli olur ya, Saime daha da sakindi. Misafir çocuklarla sakin ve güzel oynardı. »Bak, orada oyuncak var, onlarla oynayalım.« derdi. Bazı çocuklar dolapları açıp kapatır, döker, saçar ... ama benimkiler sakinlerdi. Beraber güzel geçinirlerdi. Başka çocuklarla da güzel oyun oynarlardı. İki çocuğumu da kundaklamada kaybettikten sonra, iki oğlum oldu. Hatta onlara küçükken bazen derdim: »Oğlum, çıkın koltukların tepesine, bir yaramazlığınızı göreyim!« Herkes çocuğunun yaramazlığından şikayetçiydi. Ben de tam tersine, yapsalar diye bekliyordum. Saime ve Hülya'dan yana hatıralarım çok güzel, maalesef kısa bir süre beraber olduk. Kâmil 1989 senesinde Türkiye'ye askere gittiğinde, ben de onunla beraber gittim. Kızım Hülya'yı Almanya'da bırakıp gittim. İki ay Türkiye'de kızımdan ayrı kaldım. Geri döndüğümde kızım beni unutmuş gibiydi ve babaannesinin bacağına yapıştı. Bunun haricinde her şeyimiz çok güzeldi, her şey gayet iyiydi. Bizim Genç ailesinin iyi bir yaşantısı vardı. Kalabalıktık, mutluyduk. Herkes çocuklarıyla beraberdi. Ben de çocuklarla oynuyordum. Mesela onlarla beş taş oynardık, ip atlardık, çelik çomak oynardık, parka giderdik, parklarda o iplere sarılırdık. Büyük kızım Hülya, bir gün parktayken iplere çıkmaya zorlanıyordu. »Bak kızım« diyordum, iplerin tepesine ben kendim çıkıyordum, gösteriyordum, »Böyle yap.« Devamlı çocuklarla birlikteydim, onlar ne isterse yaptım, ben hep onların peşinden gittim, mutlu hayatları olsun diye. 1981'de geldim ben Almanya'ya. 29 Mayıs 1993'e kadar Untere Werner Caddesi 81 numarada beş aile beraber kaldık. Her ailenin apartmanı ayrıydı, ama hep de beraberdik. Çok güzel zamanımız oldu birlikte, yaşantımız güzeldi. Biz aile içinde sürekli kundaklama hakkında konuşmuyoruz, »Çok ağır ve çok üzücü konu« diye. Ben oğullarımla sürekli bu konuyu konuşmuyorum, çünkü çocuklarımın üzülmesini istemiyorum. Hiçbirimiz bu olan kundaklamayı kaldıramadı, herkes travma yaşıyor hâlen. Oğullarım kendiliğinden sormadığı sürece, hiçbir şey anlatmadım ben başımıza gelenler hakkında. Ara sıra bir şeyler soruyorlar, o zaman anlatıyorum. Sonra içinde bir şey kalacak ve kendi yaşantısını zora sokacak bu sefer, bunu asla istemem. Zaten travma yaşıyorlar bu konu yüzünden, bir de ben üzmek istemem. İnsanın kolay kaldıracağı bir olay değil. Bir kişi değil, üç kişi değil, beş kişi feci halde can verdi bu aşırı sağcı kundaklamada.

Solingen'deki kundaklama saldırısının üzerimdeki etkileri

Birgül Demirtaş: *1993'te bu saldırıdan sonra benim babam da ipli tahta merdiven almıştı, evimiz kundaklanırsa pencereden kendimizi kurtarırız diye. Bu ipli merdiveni, Solingen'de yaşayan Türk göçmenleri ihtiyaç gibi gördü. Çünkü Türk göçmenler, saldırının Türklere karşı olduğunu Mölln ve Solingen kundaklamasından sonra anladılar. Kundaklamanın sonuçları* bugün hâlâ birçok insan tarafından hissediliyor. Bir konuşmamızda »*Gecem gündüz oldu.*« diyordun Abla. Kundaklama otuz yıl önceydi. Bugün onunla nasıl başa çıkıyorsun?

Hatice Genç: Kundaklamanın üstünden otuz sene geçti, çocuklarım dahi oldu ama ben hâlâ uyuyamıyorum. Aydınlığı bekliyorum ve sabah saat yediden sonra birkaç saat uyuyabiliyorum. Çoğu zaman gündüz uyuyorum. Travma bitmez, bu benim içimden ancak ölürsem çıkar. Bir gün ben çocuk odasındaydım, gündüzdü, çocukları uyuttum ve çocukların penceresinden dışarıya bakıyorum. Aklımdan ne geçti, ne düşündüm bilmiyorum. O anda direkt karşıdan alevler geliyor bizim eve doğru. Hemen oraya yıkılıverdim.»Eyvah! Burayı da yakacaklar!« dedim. Bir ara sonra silkindim, kendime geldim. Bir baktım, hiç öyle bir şey yok. O anda dışarı bakınca nasıl kundaklanan evimizde alevleri gördüysem, gözüme öyle göründü işte dışarıya bakınca.

Kendi acımın içinde insanların lafları ve gazeteciler beni ikinci kez öldürdü

Hatice Genç: İnsanlar, herkes kendi menfaatinin peşinde. Ben iki evladımı kaybetmişim, toplam beş insan öldü bir gecenin içinde. Gelen gidenler de çok oldu. Benim o halimi görenler de oldu. Bunun üstüne bir de, »Bu nasıl gelin? Saç baş yolmuyor, kendini yerden yere atmıyor.« diye laf duyuyordum. Sanki ben saç baş yolunca, yerden yere kendimi vurunca, kendimi parçalamışım, o zaman üzüntümü göstermiş mi oluyorum? İnan beni ikinci kez tekrar öldürdüler bu laflarla. Gazeteciler de bize gün yüzü göstermediler, hep yanlış haber yansıtıyorlardı. Biz, evimiz kundaklanmadan önce bahçemize çeşitli sebze türleri ekerdik. O sene de lahana ekmiştik. Kundaklamadan sonra biz devamlı »Ne var ne yok, ne oldu, gerçekten öldü mü çocuklar?« diyerek evimizi görmeye giderdik. Çünkü hâlâ aklımız evde, evimiz yanmış kül olmuş, ölüler var, götürdük, gömdük, geldik ama... hâlâ inanamıyoruz. Bir gün bahçeye indim, hani bir bakayım »Evin etrafında ne döküldü, ne kaldı?« diye. Bu arada ister istemez lahanaların içine girdim. Lahanalar da o sene çok büyümüş. ZDF'den Alman bir gazeteci vardı orada. O arada beni çekiyor. Bir gün televizyonda kendimi gördüm, koca lahana bahçesinin içindeymişim gibi. Ben bir tarlanın içine girdiğimi hatırlamıyorum ve ne zaman çekilmiş diye düşündüm. Meğerse bizim bahçeymiş. »Her şeyi unuttu, zevk-i sefaya daldı.« diye yazılmış. Gazeteciler kendi menfaatini düşünerek böyle yayın yaptılar, çok üzüldüm ve çok zoruma gitti. Okuyan da tabii inanıyor böyle şeylere.

Söylentiler ...

Hatice Genç: Böyle arkamızdan atıp tutup da, »İyi oldu.« diyenleri de kulaklarımla duydum. »Siz kendiniz yapmışsınız.« diyenler de oldu icabında. Biz kundaklamadan sonra lüks hayat yaşıyormuşuz ve artık çalışmıyormuşuz, para kazanıyormuşuz ve her şeyi devlet karşılıyormuş diyenler çok oldu. İlk zamanlar çok koyuyordu bana, onun için gece düşüncelerden uykularım kaçıyordu. Zaten uykum yok, olan da kaçıyordu bunları düşünmekten. »Evimiz bağış paralarıyla yapılmış« diye çok duyduk. Hatta en yakınlarımızdan bile bunu söyleyenler oldu. Herkes evimizi bağış paralarıyla yapıldığını düşünüyordu ama doğru değil. Bizim evimiz sigortalıydı ve sigortadan gelen parayla yapıldı. Ama bizim o sigortadan gelen paralar, çatıyı kapatma çalışmalarına yetmedi. Çatıyı da Türk »ENKA« firması tamamladı. O şekilde ev tamamlanmış oldu. Aslında Alman Devleti veya Solingen Belediyesi tamamlayabilirdi, yapmadılar ama. Hatta bu eve bakmaya gelenler bile oldu. »Oh! Yaşasın, ne güzel, devlet yaptı. Kötü kötü evlerde oturuyorlardı Türkler. Geldiler, burada lüks ev yaptırdılar kendilerine.« dediler. İnsanlar gelip bizim ta yukarı katları bile dolaşıyorlardı, düşün! Hâlâ insanlara, böyle konuşanlara şaşıyorum. Benim Untere Werner Caddesi'nde yaşadığım hayat zaten güzeldi. O zaman çocuklarımla mutluydum ben. Şu andaki mutluluğumdan bin kat mutluydum ben. Hiçbir sorunumuz, şikâyetimiz yoktu. Her şey dört dörtlüktü bizim için. Herkes çalışıyordu, bizim para ile de sorunumuz da yoktu hiç. Ama öyle düşünmüyor insanlar işte. Söylentiler gerçekten kaldırılacak gibi değildi. Teselli ediyoruz kendi kendimizi. Ama bunun sorumlusu da fazlasıyla medya. Bir ara medya, yeni evimizde havuzumuz ve helikopterimiz olduğuna dair yayın yaptı ve hiç olmayan şeyleri yazdılar. Güya mağazalarda alışverişimizi yapıyormuşuz, sepetimizi dolduruyormuşuz ve kasaya gelince »Ben Genç ailesindenim, ben ödemeyeceğim, bunu belediye ödeyecek.« diyormuşuz. »Genç ailesine alışveriş parasını belediye veriyormuş!« diye söylentiler var. Düşüncesi bile çok saçma. Bertelsmann Vakfı, »Genç ailesine bir milyon mark bağışlıyorum.« diyerek gazetelere yayın yapmıştı. Ama o bir milyon mark bize ulaşmadı. Devlet, o parayla Solingen-Ohligs merkezinde »InterJu« isminde bir gençlik merkezi kurdu. Bizim adımızı kullandılar ve herkes, »Genç ailesi bir milyon mark para aldı.« diye düşündü. Ama bizim arkamızda fazla duran olmayınca, Almancamız yeterli olmadığından bu işin arkasını bıraktık. Gazeteciler yazdı, medya yayınladı ve toplum da yalanlara inandı. Çekememezlik var insanlarda. Ben kendim çalışıp kazanıp da kendi istediğimi alabiliyorum ancak. Böyle insanların ileri geri atıp tutmaları ve konuşmaları çok zorumuza gidiyor.

Mahkeme sırasında çok acı yaşadık – Failleri değil, beni susturmaya çalıştılar

Birgül Demirtaş: *Sizin evinizi kundaklayan dört Alman failin hepsi Solingenli. Hatta biri sizin evin karşısında oturuyordu, komşunuzdu ve kundaklamayı birkaç saat önce arkadaşlarına duyurmuş. Bunu öğrendiğinizde aklınızdan ne geçti Abla?*

Hatice Genç: »Bir insan bunu komşusuna nasıl yapar?« diye düşündüm. Çünkü biz komşularımızla hep iyi geçinmeye çalışıyorduk. Komşumuz tarafından bir kundaklama saldırısına uğrayacağımız asla aklımızdan geçmedi ve düşünmedik bile. O sıralar komşular, »Size çok misafir geliyor.« dediler, ama hiçbir zaman ırkçı ve aşırı sağ motifli bir saldırıda bulunacaklarını aklımıza getirmedik. O sıralar bazı arkadaşlardan, »Naziler bizim posta kutusuna mektup atmış ve Nazi işareti yapmışlar« diye duyuyorduk. Ama 29 Mayıs'tan önce »İmkânsız bir şey. Olmaz, insan yapmaz öyle bir şey.« diyorduk. Ama gördüğümüz gibi ... oluyormuş. Komşumuzun çocuğunu, o faili bile tanımıyordum ben. Mahkemeye, karşımıza çıktığında kim olduğunu gördüm. Ben mahallede bile hiçbir zaman görmedim o çocuğu. Sonradan mahkemede duyduk, kundaklamayı planlamış. Bu fail, bizim evimizi kundaklamadan önce de bir çocuğun üstüne kibrit atıp yakmış. Kundaklamayı planladığını, Türklerden nefret ettiğini biz de mahkemede duyduk. Biz hiçbir zaman öyle kötü niyetle insanlara yaklaşmadık, devamlı insancıl yaklaştık. Böyle korkunç bir şeyi komşu çocuğunun yaptığını ve komşumuz olduğunu duyunca, »İmkânsız, olamaz! Komşumuz olamaz!« dedim. Zaten Christian B. mahkemede de kinli konuştu bize karşı. O anda ben birden kendimi kaybettim ve mahkemede çocuğun üstüne yürüdüm. Hemen beni tuttular, ama onu susturmadılar. Ona, »Sen sus, böyle konuşamazsın.« demiyorlar, beni tutuyorlar. En çok da bu beni zedeliyor, incitiyor. Biz duruşma sırası zaten çok acı yaşadık, kendimizde değildik. Yine de hiçbir kimse böyle konuştuğu için müdahale etmedi faile. Suçlular ve aileleri hep bildiğini okudu ve failler hâlâ oradan nefret kustular karşımızda. Yine de her zaman metanetimizi korumaya çalıştık. Bir de duruşmanın birinde annem bizden önce dışarı çıkmıştı. Bir baktım Christian B.'nin annesi, anneme elini uzatmış, annemle tokalaşmaya çalışıyor. Onu görünce hemen anneme koştum. Eğer gitmeseydim, o kadınla konuşacaktı orada. Annemin zaten Almancası yok, bir de kadının adını tam anlamamış. Duruşmalarda zaten travmamız tazeleniyor, acılarımızın ağırlığı altında eziliyorduk. Failin annesi de bu fırsatı değerlendirip annemi sıkıştırmış. »Benim oğlum suçsuz!« diyerek, barış ellini uzattı ve kendini acındırmaya başladı. Gazeteci kaynıyordu orada zaten. Ben orada yetişmeseydim, »Bak, ben Mevlüde Genç ile görüştüm. O hiç öyle kötü niyetli değil, o normal karşılıyor.« diyeceklerdi gazetede. Kim bilir neler yayınlanacaktı ondan sonra. Annemin yufka yürekli olduğunu herkes biliyordu zaten. Kadın fırsat bulup yaklaştı o sıra. Ben de kadını kovdum ve »Asla olmaz! Bizim yanımıza yaklaşma!« dedim.

Gazeteciler, faillerin aileleriyle el ele

Hatice Genç: Gazeteciler faillerin aileleriyle el ele tutuştular. Bir seferinde ZDF için çalışan gazeteci önce bize geldi. Bizim Türkiye'de köydeki evimize bile geldi ve bizimle beraber bir hafta yattı, kalktı, bizim yaşantımızı izledi. Onun hepsini dokümantasyona geçirmek istedi. Bizim hayatımızı izledi, bütün bilgileri aldı. Sonra bir kanalda aynı gazeteci, failin ailesini tuttu ve onların tarafına geçip, »Sizin düşündüğünüz gibi bir aile değil. Onlar gülüyor, oynuyor, keyfine bakıyor.« diye yanlış bilgi verdi. O anda fırsatı değerlendirip karşıya yanlış bilgi veriyor. Ben bunu televizyonda izlediğimde çok yıkıldım, inanamadım. Alman gazeteciler mağdurları değil, Alman faillerin ailelerini savundular. Bu, »Biz Müslümanız, Türk'üz« diye oluyor. Bizim tarafımızda hiç kimse yoktu, yalnızdık her zaman. Maksatları bizi kışkırtıp bizi bir şekilde ezmeye çalışmaktı. Annem de her fırsatta »Benim düşmanım dört kişi.« diye tutturunca, Almanlar da bizi olayları hafife alan, anlayışlı, küslük bilmez insanlar bildiler. Gazetecinin maksadı resmen, »Ölen insanlar var ve bunlar yine de gülüyorlar, oynuyorlar, keyiflerine bakıyorlar.« imajı vermekmiş. Niyetleri bizi suçlayıp, suçluları suçsuz çıkarmaktı.

Adalet yerini buldu mu?

Birgül Demirtaş: *Hatice Abla, bu dava bittikten sonra dört Solingenli fail hapis cezası aldı. Üç kişi on sene, biri de on beş sene hapis cezasına çarptırıldı. Karar açıklandığında ve dört fail suçlu bulunduğunda ne hissettin? Az da olsa rahatladın mı?*

Hatice Genç: Hayır, tam tersine hiç rahatlamadım. »Beş insanı ırkçı ve aşırı sağcı motifle öldürdüler. Neden bu kadar az ceza aldılar?« diye çok düşündüm. Kesinlikle adalet yerini bulmadı. Bu kadar mı değersiz insanın hayatı? Üç fail on sene, birisi de on beş sene ceza aldı ama faillerin hepsi iyi halden erken tahliye edildi. Bana göre daha uzun ceza almaları lazımdı. Beş tane can gitmiş. Yani Müslüman, Hıristiyan fark etmez, kim olursa olsun. Bu ölen bir insan, daha küçük yavrucuk. Tomurcuk gül bunlar, açmamış gül bunlar. Onların hayatlarını söndürdüler. Sen on yıl yatmışsın, ondan sonra elini kolunu sallayarak geziyorsun. Bu insanı rahatlatır mı? Asla! Hadi sen çıktın hapisten, benim çocuklar geri geliyor mu? Benimkiler gelecek yere gitmediler ki! Ben, »Gençlik Yasası«[4] denilince çok kızıyorum. Çünkü benimkiler de gençti daha, dört ve dokuz yaşındaydılar, en büyüğü yirmi yedi yaşındaydı. Bizimki genç olmuyor mu? Peki bunların hayatı ne olacak? Beş insanın hayatını söndürdün, gençsin diye on sene yattın, çıktın. Sonra? Normal hayatı yaşayacaklar bundan sonra. Failler

---

4 Gençlik Mahkeme Kanunu: Almanya Federal Cumhuriyeti'nde genç ve genç-yetişkin suçluların durumunu ve cezalandırılmalarını kapsamına alan kanun.

benim kızlarımı ve öbür gençlerimizi ömür boyu mahkûm etti. Biz toprağa gömdük onları, bitti onların hayatı. Ama failler on, on beş sene yattıktan sonra hapisten çıktılar ve hayatlarını sürdürüyorlar, geziyorlar ve keyiflerine bakıyorlar.

»Ne gerek var her sene? Yeter artık!« diyenler çok

Birgül Demirtaş: *Solingen'de ırkçı ve aşırı sağcı kundaklamanın kurbanları her yıl anılıyor. Anma törenleri senin için ne ifade ediyor?*

Hatice Genç: Bizim için çok önemli bir gün. Ama Solingen Belediyesi için önemi azalıyor ve »Artık bu işin üstünü kapatalım.« diye düşünüyor. İki sene önce Solingen Belediyesi çalışanları ve Türk Konsolosu arasında »Neden her sene anma töreni yapılıyor?« diye bayağı tartışmalar oldu. Anma töreni yapılınca onların imajı zedeleniyormuş. Biz istiyoruz da yapıyorlar, yoksa biz istemesek belediyenin umurunda bile değil. Aslında her şeyin üstünü kapatıp, her şey normalleşsin istiyorlar, yani »olmamış« gibi yaşamak istiyorlar. Biz de bunu unutturmak istemiyoruz. Almanlar arasında, »Ne gerek var her sene? Yeter artık!« diyenler çok. Bunu söyleyen tek Alman değil. Türkler bile, »Ne lüzum var, eziyetini siz çekiyorsunuz.« kelimelerini kullanıyorlar. Benim iki yavrum öldürülsün, toplam beş masum insan aşırı sağcılar tarafından öldürülsün, yakılsın; bir de »Solingen'in imajı kötüleniyor« diye ben onları mı düşüneyim? Beni kim düşünüyor? Anma törenleri benim için çok üzücü bir gün, çünkü kundaklamayı *ben* yaşadım ve yaşanmışlık asla unutulmaz. Benim çocuklarımın ve öbür mağdurların da unutulmasını istemiyorum. Biz anmasak, kimse kendiliğinden anmaz zaten. Almanların, hele ki Belediyenin, »Anma töreni artık yapılmasın, aslında siz üzülüyorsunuz.« demeleri bizi düşündüklerinden değil, daha çok imaj yüzünden üstünü kapatmak istiyorlar. Solingen'de 29 Mayıs'ta beş insanın vefat ettiğini, gençler ve öğrenciler hiçbir şekilde bilmiyor; çoğu neden kaynaklandığını da bilmiyor. Alman Devleti, gençlerine aşırı sağ motifli kundaklamayı bir anlatsın ki; insanlar öğrensin, doğru yola gelsinler. Herkesin bilmesi lazım bunu, bir daha kimse bunu yaşamasın diye. Ben onun için demiştim sana, bu olayın okul kitaplarına geçmesi lazım. Gençlerin ırkçılığı ve aşırı sağcılığı ders olarak görmesi lazım. Solingen'de, Mölln'de olanları ders olarak görmediği sürece bu çocuklar nereden öğrenecek, nereden örnek alacaklar? Kulaktan duyma, yalan yanlış bilgilerle daha çok kinlenecekler Türklere. Bunları yapmadıkları sürece, işte orada burada Naziler ve aşırı sağcılık çoğalıyor. Çünkü gerçeği bilmiyor çocuklar.

Hatice Genç'in B. Demirtaş ile görüşmesi: »[...] kayıplarımızı hiçbir dil doğru dürüst tarif edemez«

»Ben olsaydım, kundaklanan evi yıktırmazdım!« dediler

Hatice Genç: Bir de Türklerin şu lafı var; »Ben olsaydım, Almanlara sembol olsun diye kundaklanan evi yıktırmazdım!« Bunu söyleyenler çok oldu. Ben kundaklanan o yere gittiğimde o evi devamlı aynı şekilde görsem, aynı travmayı yaşayacağım. Zaten ev yıkıldığı halde ben oraya gittiğimde gözümün önünde her şey yeniden canlanıyor. Bu dedikodunun çıkması iki buçuk ayın içinde oldu. Zaten Untere Werner Caddesi'ndeki evi komple yerle bir etmişlerdi, yani fazla bir şey kalmamıştı orada. Zaten o zaman o konuşmalar başlamıştı. O andan itibaren hep soruyorlardı, »Ev, niye o kadar çabuk yıkıldı?« diye. Bir gün yıkacaklar bir şekilde, ama biz kendimiz istedik yıkılmasını. Ben o evi öyle yanmış halde orada gördükçe yıkılıyordum. Benim oraya devamlı gitmem gerekiyor. Yıldönümlerinde olsun, bazen kendim de gezerek gidiyorum. Orada durup eski hayatımı, tüm geçmişimi hatırlıyorum. Unutmamak için gidiyorum, oralara bakıyorum. »İşte şurada şunu oynadıydık, burada bunu yaptıydık, burada bunu gördüydük.« diye devamlı geçmişi, o çocukların yaptıkları hareketleri, devamlı gözümün önünden geçiriyorum bir bir. O kundaklanmış evi her zaman öyle görsem, daha da kötü olacağım. Onun için oradan kalkmasını biz kendimiz istedik. Ama söylentiler dayanılacak gibi değil. Bir de »Müze olacak.« dendi, ama o müzeyi de, bu dedikoduyu da Alman gazeteler çıkardı. Aslında belediyenin hiç öyle bir fikri yoktu. Onu gazeteden okuyanlar, gerçek zannedip başkalarına aktardı. Sadece bize sordukları, »Biz bu evi yıkalım mı, yoksa böyle kalsın mı?« Biz de »Yıkın!« dedik. Biz Untere Werner Caddesi'nin adının değiştirilmesini ve »Genç Caddesi« olmasını istedik. Ama Solingen Belediyesi bunu onaylamadı, duymamazlıktan geldiler. Hatta ve hatta Mildred Scheel Okulu'nun önündeki anıtı, kundaklanan evin oraya; yani Untere Werner Caddesi'ne konulmasını istedik. Orada koyacak yer olmadığını söylediler ve üstünkörü geçtiler. Belediye bizim isteğimizi duymazlıktan geldi. Biz 1994 yılında Mildred Scheel Okulu'nun önündeki anıtı orada istemedik. Orası ile bizim hiçbir alakamız yok. Güya, »Hatice Genç o okula gitmiş.« dediler. Bizim Hatice asla o okula gitmedi. Biz iki sene önce, hatta konsoloslukta Şule Hanım varken, cami başkanıyla beraber »Bu okulun önündeki bu anıtı Untere Werner Caddesi'ne, kundaklanan evin önüne taşıtmamız lazım.« dedik. Söyledik ama belediyenin, hiç kimsenin umurunda bile olmadı. Cevapları, »Okulun önünde gençler görürse anlar« oldu. Madem öyle, şimdiye kadar Solingen'deki öğrencilerin, gençlerin neden o kundaklamadan haberleri yok? O anıtın önüne yılda bir kez gidiliyor. Onda da işte dua ediyoruz, konuşmalar yapılıyor, her şey güllük gülistanlıkmış gibi. Benim acımın tarifini kimse yapamaz orada. Bir de orada her şey dört dörtlükmüş gibi, sonradan bir de »Gümüş Ayakkabı Ödülü«[5] verme derdine girdiler. Bir de orada

---

5   Gümüş Ayakkabı Medeni Cesaret *Ödülü:* 2004 yılından bu yana »Solingen Hoşgörü ve Medeni Cesaret Birliği« tarafından ırkçılığa ve ayrımcılığa karşı cesur eylemlerde bulunan kişilere tören eşliğinde verilen ödül.

üstüne üstelik yetmez gibi müzik çaldılar. Almanlar kendi ölülerinde, kilisede müzik çalabilir, bir şey diyemem, ama benim dinime göre böyle bir durumda, böyle bir günde müzik asla dinlenmez. Ben çok rahatsız oluyordum her seferinde. Söyledik ama belediyeden hiç oralı olan olmadı. Bir toplantı sırasında belediye başkanı, cami başkanı ve belediyede bazı çalışanlar varken isteğimi özlü söyledim artık: »O müziği ve ›Gümüş Ayakkabı Ödülü‹nü bizim anma törenimizde istemiyorum. Eğer müzik çalacaksınız, biz anma törenine katılmayacağız.« Ondan sonra kaldırıldı. Bize karşı »Hayır« diyemiyorlar, ama tavırlarından belli ve biz tavırlarından anlıyoruz. Üstünkörü bizim dediklerimizi yerine getiriyorlar. Biz bastırdıkça belediye biraz umursamaz davranıyor.

Birgül Demirtaş: *Sizin eviniz kundaklandıktan sonra, Solingenliler olsun, çevresinden olsun, korkudan Türkiye'ye dönenler vardı. Benim amcam ve babam 1968 yılında misafir işçi olarak Solingen'e geldiler. Amcam ailesiyle beraber kundaklamadan birkaç ay sonra Türkiye'ye temeli dönüş yaptı ve bir daha da Almanya'ya geri dönmedi. Benim ailem için ırkçı ve aşırı sağ şiddet sebebiyle dönüş yapmak söz konusu bile değildi. Hatice Abla, kundaklama saldırısından sonra hiç Türkiye'ye gitmeyi düşündünüz mü?*

Hatice Genç: Hiçbir şekilde düşünmedim ve asla da gitmek istemedim. Ben Almanya'da doğmadım, ama gençliğim, evliliğim burada geçti, çocuklarım burada doğdu. Bir de failleri, başka aşırı sağcıları sevindirmek istemedim. O yüzden annem de, »Gitmeyeceğiz kızım.« dedi. Annem de o konuda benimle aynı fikirdeydi. Failleri ve aşırı sağcıları neden sevindirelim ki? »Biz bunları gönderdik.« deyip rahat edecekler. Olan yine bana olacaktı. »Hayır, gitmeyeceğiz ve hiçbir zaman da gitmeyeceğim, ömür boyu buradayım, ölene kadar.« dedim. Zaten aşırı sağcıların istediği şey, bu tür kundaklama saldırılarıyla Türkleri yavaş yavaş kovmaktı. Türkleri, Türkiye'den gelen göçmenleri, daha çok da Müslümanları böyle korkutup göndermekti niyetleri. Hayır, korksam da gitmeyeceğim. Ben dışarıya korkumu hiçbir zaman yansıtmadım. Sibel Hanım'ın Solingen'de evi kundaklandığını öğrendiğimizde Kâmil'le beraber oraya gittik. »Abla, ben korkuyorum, acaba dönsem mi, diye çok düşünüyorum.« dedi. Ben de, »Sakın dönüyorum deyip de Nazileri sevindirme arkandan. Çocuklarını alıp da gitmeyeceksin.« diyerek cesaret verdim.

Birgül Demirtaş: *Hatice Abla, Solingen'de 20 Ekim 2021'de Sibel Hanım'ın evinin kundaklandığını duyduğunda senin aklından geçen neydi?*

Hatice Genç: Duyunca çok üzüldüm ve »İnşallah can kaybı yoktur, inşallah çoluğuna çocuğuna bir şey olmamıştır.« dedim. Hep aklımdan öyle geçti. Bir Türkün evi olduğunu duymuştum sadece. »Yine mi Solingen'de?« dedim, inanamadım. Kendi yaşadıklarım gözümün önüne geldi. Sonrada yine »Kim yaptı? Niçin oldu? Neden oldu?« gibi aynı sorular geçti aklımdan. »Müslümanlık«. İşte cevabı bu,

Müslüman oluşumuz! Almanların çoğu Türkleri sevmez. Duyduğumuzda zaten hemen Sibel Hanım'la iletişime girdik ve Kâmil'le »Geçmiş olsun« ziyaretine gittik. Bizim evimize yakın oturuyorlar. Yazık, aile korku içindeydi. Kendisi Solingen Belediyesi'nden çok şikâyetçiydi. »Solingen'de ev kundaklanmış!« diye duyunca, ister istemez kendi yaşadıklarını hatırlıyorsun. Zaten hatırımızdan hiç çıkmıyor. Öyle bir şey duyduğumda ya da televizyonda yangın gösterdiklerinde, film dahi olsa; bakamıyorum, hemen televizyonu kapatıyoruz. Çok etkileniyorum ve görmek bile istemiyorum öyle bir sahneyi. Anında gözümde canlanıyor her şey. Günlerce kendime gelemiyorum sonradan.

Birgül Demirtaş: *Almanya'da aşırı sağcılar tarafından yapılan kundaklamalar devam ediyor. Sence ne yapmak gerek bu konuda?*

Hatice Genç: »Anayasa« ve »İnsan Hakları« diye bir şey var, ama bu haklar, Almanya'da herkesi kapsamıyor. Avrupa dışından gelen göçmenlere, özellikle Türklere, Müslümanlara geçmiyor ve uygulanmıyor. Devlet, anayasaya, insan haklarına saygı göstermez, onları en üstte tutup da kanunları yerine getirmezse, insanlara sahip çıkmazsa ne olacak? Devlet ve politikacılar sorumluluk almadığı ve yapanlara engel koymadığı sürece bu saldırılar devam eder. Devlet, saldırı yapanları çabucak serbest bırakıyor ve üstünü kapatıyor anında. Üstüne gidip de onun kökünü araştırıp bulmuyor. Bulmak da istemiyor. Çünkü ırkçılar devletin içinde, azalacağına çoğalıyor hâlâ. Ben burada devletin ve kanunun eksikliğini görüyorum. Çünkü yapılan kundaklamalarda faillere böyle üç veya beş sene ceza verilirse, öbür Nazilere de hoş gelir ve böylece çoğalır. Irkçılara ve aşırı sağcılara gerçek bir ceza verin ki; bir daha başka insanlara zarar vermeyi akıllarına bile getirmesinler. Devlet böyle boş bıraktıkça onlar da o boşluğu doldurmaya çalışıyor, fırsat kolluyor yani. Polisin içinde bile ırkçı var ve ırkçılık yapıyor. Biz kime güveneceğiz? Güven kaldı mı? Hayır! Bu politikacıların içindeki, polisin içindekileri bulup tek tek temizlemeleri lazım. Siz kendi devletiniz için, kendi milletiniz için, kendi refahınız için bunları temizlemeniz lazım. Bu böyle olduğu sürece sağcılık ve ırkçılık çoğalacak, eksilmeyecek. Irkçılık bir hastalık değil, ayrımcı bir ideolojidir! Bu ideolojiye ve ırkçılığa karşı özellikle devlet ve siyasetçiler daha fazlasını yapmalı. »Irkçı değiliz!« demek, yetmez.

»Der Brandanschlag hat unser Leben stark geprägt, wir hätten alle sterben können.«

Kâmil Genç im Gespräch mit B. Demirtaş

Als in Solingen am 29. Mai 1993 der rassistische und extrem rechts motivierte Brandanschlag verübt wurde, war Kâmil Genç 29 Jahre alt. Bei dem Anschlag verlor er seine zwei Töchter Saime (4) und Hülya (9), zwei Schwestern, Hatice[1] (18) und Gürsün (27), sowie seine Nichte Gülüstan (12). Seinem Bruder Bekir Genç rettete er mit einer Herzdruckmassage am Ort des Geschehens das Leben. Die restlichen Familienmitglieder konnten gerettet werden. »Wäre meine Frau Hatice nicht gewesen, hätte sie nicht sofort meine Mutter geweckt und hätten beide am 29. Mai 1993 nicht sofort gehandelt, wären wir alle verbrannt. Unser Verlust wäre noch größer gewesen. Mit Ausnahme meines Vaters wäre unsere gesamte Familie mit einem Schlag erloschen.«

Moderation und Redaktion: Birgül Demirtaş

Vor dem Brandanschlag waren wir eine sehr fröhliche Familie

Birgül Demirtaş: *Deine Trauer ist mit keinem Wort zu beschreiben. Nochmals mein herzlichstes Beileid, Ağabey[2]. Bei dem Brandanschlag vom 29. Mai 1993 haben du und Hatice Abla[3]*

---

1   Kâmil Genç‹ verstorbene Schwester und seine Frau heißen Hatice.
2   »Ağabey« (türkisch) steht für die informelle Anrede für Männer*, die älter sind als die adressierende Person. Für die Interviewerin, die diese Anrede in ihren Interviews benutzt hat, aber vor allem auch für die Interviewten, bedeutet diese Anrede ein Zeichen von Nähe und Wärme. Sie eröffnet nicht nur einen Zugang zu einer vertrauensvollen Gesprächsebene für ein emotional schwieriges Thema, sondern kann auch als Ausdruck von Augenhöhe und Ausdruck des Zugehörigkeitsgefühls mit den Betroffenen und Zeitzeug*innen verstanden werden. Die informelle Anrede ist mehr als nur eine informelle Bezeichnung, sie vermittelt eine Verbundenheit mit emotional nahestehenden Personen und ist weniger ein Symbol einer klaren Rollenverteilung, die einen Status oder das Verwandtschaftsverhältnis definiert.
3   »Abla« (türkisch) steht für die informelle Anrede für Frauen*, die älter sind als die adressierende Person.

und auch die Familien Genç, Duran, Saygın, İnce und Öztürk schwere Verluste erlitten. Ağabey, du hattest auch vor dem Brandanschlag vom 29. Mai 1993 ein Leben. Wie würdest du dein Leben davor beschreiben?

Kâmil Genç: Unser vorheriges Leben war sehr schön, wir waren immer fröhlich und guter Laune. Unser Haus, das dem Brandanschlag zum Opfer fiel, hatten wir im Jahr 1981 zusammen mit meinem Onkel gekauft und vier Jahre mit dessen Renovierung verbracht. Wir waren sehr glücklich darüber, dass wir in unser neues Heim ziehen würden. Jedoch konnten wir darin nur acht Jahre lang wohnen. 1993 passierte der Brandanschlag. Als wir das Haus gekauft hatten, gehörte die Hälfte der Anteile meinem Onkel und die andere Hälfte meinem Vater. Als mein Onkel im Jahr 1991 für immer in die Türkei zurückkehren wollte, hat er seinen Anteil an mich verkauft. Das Haus gehörte also meinem Vater und mir. Zusammen mit meinen Eltern lebten wir glücklich zusammen. Mein Schwager Ahmet und meine Schwester Nevin wohnten mit ihrem sechs Monate alten Sohn Burhan im oberen Stockwerk des Haupthauses. Mein Schwager İrfan und meine andere Schwester Sündüz, ihre drei und zwei Jahre alten Söhne Engin und Eren wohnten im Erdgeschoss im hinteren Teil. Die mittlere Etage des Hinterhauses war leer. Meine Schwester Hatice, die bei dem Brandanschlag ums Leben gekommen ist, sollte dort wohnen. Hatice war verlobt. Im unteren Stockwerk des Haupthauses wohnten wir, meine Frau Hatice, ich, unsere Töchter Saime und Hülya, meine Eltern und meine Geschwister Bekir, Hatice und Fadime. Die Zimmer von Bekir, Hatice und meinen Töchtern befanden sich von der Straßenseite aus betrachtet auf der Höhe des Erdgeschosses, aber von der Rückseite aus war es das oberste Stockwerk des Anbaus. In diese Zimmer konnte man nur durch die Vordertür gelangen. Hinten gab es keine Tür, aus der man herausgekonnt hätte. Das Zimmer meiner Eltern lag an der Straßenseite. Das Zimmer von meiner Frau Hatice und mir befand sich zwar im gleichen Stock, lag aber hinten an der Gartenseite. Es war also von hinten gesehen das dritte Stockwerk. Im Dachgeschoss wohnte die Familie İnce, also meine Schwester Gürsün, mein Schwager Ahmet und meine Nichte Güldane. Wir waren eine große und glückliche Familie. Zusammen mit unseren Kindern waren meine Frau und ich sehr glücklich. Das Glück, ein langes Leben zusammen mit meinen Kindern zu haben, hat man mir aber leider genommen.

Am 29. Mai 1993 versuchten wir, alle zu retten

Zu jener Nacht waren es noch drei Tage zum Opferfest. Deshalb fing meine Frau Hatice nachts mit dem Hausputz an. Ich war bereits zu Bett gegangen, weil ich am nächsten Tag meine Taxitour hatte. Plötzlich rief meine Mutter: »Das Haus brennt! Steh auf!« In dem Moment dachte ich noch benommen vom Schlaf an die Stromsicherungen. Da es ein altes Haus war, waren die Sicherungen im unteren Stockwerk.

Ein Brandanschlag kam mir überhaupt nicht in den Sinn. Erst als meine Frau Hatice mir sagte, dass sie einen Knall gehört hat, wurde mir bewusst, dass es ein Brandanschlag war. Ich ging nach unten und schaltete die Sicherungen aus. Ich hatte keine Gelegenheit mehr, nach oben zu gehen. Der mittlere Flur, das Wohnzimmer stand in Flammen. Ich gelangte durch die Außentür nach draußen. Meine Mutter und meine Frau Hatice konnten sich durch das Fenster an der Straßenseite nach draußen retten. Nachdem wir draußen waren, konnten wir nicht wieder in das Haus hinein, die Flammen hatten alles umzingelt. Meine Geschwister schliefen im Hinterteil des Hauses. Der hintere Teil des Hauses wurde an der Gartenseite durch den Hang zum dritten Stockwerk. An der Straßenseite sprangen mein Schwager Ahmet, meine Schwester Nevin und Burhan aus dem Fenster. Mein Neffe Burhan war damals noch ein kleines Baby. Zuerst warfen sie das Kind aus dem Fenster. Mein Vater war während des Brandanschlages auf der Arbeit, er hatte Nachtschicht. Ich glaube, dass meine beiden Töchter, Gott habe sie selig, nicht richtig wach werden konnten, meine Schwester Hatice ebenso. Doch mein Bruder Bekir wachte auf und schrie aus dem Fenster: »Ağabey, ich verbrenne!« Ich schrie zurück: »Bekir, spring in den Garten des Nachbarn! Ich fang dich auf!« Ich konnte ihn leider nicht auffangen, er fiel zu Boden. Da er hart aufschlug, dachte ich, dass wir Bekir verloren hätten, denn er zeigte keinerlei Lebenszeichen. Mit einer Herzmassage versuchte ich, ihn wiederzubeleben. Daraufhin kam er zu sich. Um ihn zu beruhigen, sagte ich: »Mein Bruder, du hast überhaupt nichts abbekommen.« Er hatte aber überall Brandwunden. Ich nahm Bekir auf meinen Schoß und trug ihn nach oben an die Straße. In dem Moment kam auch schon der Krankenwagen und fuhr ihn ins Krankenhaus. Ich erfuhr dann erst später, dass man ihn nach Aachen in ein Krankenhaus gebracht hat. Zur gleichen Zeit kam auch die Feuerwehr. Ich sagte zu den Feuerwehrleuten: »Im hinteren Teil sind noch Menschen, die schlafen. Rettet sie!« Die Feuerwehrleute antworteten: »Wir wissen schon über alles Bescheid. Sie brauchen uns nichts zu sagen.« Obwohl ich sie darauf hingewiesen hatte, konnten sie meine Schwester und meine Töchter, die im hinteren Teil schliefen, nicht retten. Sie sind leider gestorben. Als man meine schwerverletzte Nichte Güldane vom dritten Stock nach unten warf, fiel sie in den Betonschacht. Sie brach sich ihr Bein, ihre Hüfte und noch andere Stellen. So war auch sie gerettet. Nach Güldane stürzte sich mein Schwager Ahmet nach unten. Er erlitt zwar einen Lendenwirbelbruch, aber er kam davon. Als meine Schwester Gürsün İnce aus dem dritten Stock sprang, fiel auch sie in den Betonschacht und kam an Ort und Stelle ums Leben. Alles, also, dass die Flammen sich überall ausbreiteten, die Schreie der Menschen, ihre Rettung, alles passierte in Sekunden, in Minuten. Leider konnten nicht alle gerettet werden. Man brachte uns in verschiedene Krankenhäuser. So gegen morgens um fünf Uhr holte uns die Polizei vom Krankenhaus ab und brachte uns zur Polizeiwache. Bis morgens um acht Uhr haben wir dort ausgesagt.

Wäre meine Frau Hatice nicht wach gewesen, wären wir vielleicht alle gestorben

Am nächsten Tag war in Solingen das Chaos ausgebrochen. Wir haben all das aber nicht mitbekommen. Es gab Demonstrationen, alles wurde kurz und klein geschlagen, die Autobahnen wurden besetzt. Am zweiten, dritten und vierten Tag kamen ununterbrochen Leute zur Beileidsbekundung. Auch Journalisten kamen und gingen. Überall im Haus waren Menschen. Weinende, vor Leid Schreiende, ich habe das alles gesehen und erlebt. Unser Verlust war sehr groß. Ich erinnere mich, wie meine Mutter sagte, um uns ruhig zu halten: »Mein Sohn, uns ist ein furchtbares Leid widerfahren. Sei närrisch bei Hochzeiten, aber vernünftig bei Beerdigungen.« Ich versuchte, Ruhe zu bewahren. Allah liebte unsere Kinder also, denn er hatte sie ja frühzeitig zu sich geholt. So tröstete ich mich meinem Glauben nach. Am vierten Tag fragte uns die Stadtverwaltung, wo wir unsere Verstorbenen, die beim Brandanschlag ums Leben gekommen waren, beerdigen möchten. Wir wollten, dass sie in der Türkei beigesetzt werden. Inzwischen kam der Sohn des damaligen Ministerpräsidenten, Ahmet Özal, aus der Türkei nach Köln zur Trauerfeier in der DİTİB Zentralmoschee. Es kamen noch andere Minister aus der Türkei angereist. Zusammen mit diesen Ministern haben wir die Verstorbenen in unser Dorf in der Türkei gebracht. Auch ein paar Mitarbeiter des Solinger Rathauses begleiteten uns. Nach der Beerdigung blieben wir ein bis zwei Wochen in der Türkei und kehrten anschließend nach Solingen zurück. Nach circa fünf bis sechs Wochen reisten wir noch einmal in die Türkei und blieben dann für eine längere Zeit. Das Allerschlimmste für mich ist natürlich ..., dass ich meine beiden Mädchen nicht noch ein letztes Mal sehen konnte. Ich erinnere mich daran, wie wir uns zusammen in ein Bett gekuschelt haben. Ja, und den Moment, an dem mein Bruder Bekir starb und wieder ins Leben zurückgekehrt ist, habe ich vor Augen. Wenn ich mich so zurückerinnere, sind diese Verluste sehr große Verluste für mich, für uns. Fünf Menschen wurden auf einen Schlag ermordet, an ein und demselben Tag. Wäre meine Frau Hatice nicht gewesen, hätte sie nicht sofort meine Mutter geweckt und hätten beide am 29. Mai 1993 nicht sofort gehandelt, wären wir alle verbrannt. Mit Ausnahme meines Vaters wäre unsere gesamte Familie mit einem Schlag erloschen. Mein Vater war arbeiten. Außer ihm waren wir in dieser Nacht neunzehn Personen in diesem Haus. Von neunzehn Menschen wäre nur mein Vater übriggeblieben. Es dauerte nur Sekunden, bis die Flammen alles verschlangen. Es war binnen von Sekunden, dass ich nach unten eilte und die Sicherungen abschaltete. Doch nach oben zurück konnte ich nicht mehr, denn die Flammen waren überall. Da unser Haus ein altes Fachwerkhaus war, breiteten sich die Flammen über die Holztreppe sehr schnell aus. Ich habe von dem Tod meiner Kinder erst am nächsten Morgen zwischen acht und neun Uhr erfahren. Schon alleine der Gedanke daran ist sehr schlimm, aber man bekommt so eine Art Vorahnung. Ich ahnte es. Denn ich hatte nicht gesehen, dass meine Töchter das

Haus verließen. Ich dachte, dass sie bestimmt eine Rauchvergiftung erlitten haben müssten. Ich glaube, sie sind gestorben, bevor die Flammen sie umzingelt haben. Denn es brannte überall, die Flammen waren überall. Daraus unversehrt herauszukommen, wäre ein Wunder gewesen.

Ich empfand große Trauer wegen der Verstorbenen und Freude für die Überlebenden – beides gleichzeitig

Birgül Demirtaş: *Kâmil Ağabey, du hast am 29. Mai 1993 deine beiden Töchter verloren. Sie waren noch klein und die einzigen Kinder von dir und Hatice Abla. Du hast zwei Schwestern, Hatice und Gürsün und auch deine Nichte Gülüstan bei dem Brandanschlag verloren. Dein Verlust ist sehr groß. Ağabey, der Brandanschlag war vor dreißig Jahren. Wie konntest du als Vater und als älterer Bruder diese Verluste deiner bei dem Brandanschlag ums Leben gekommenen Kinder und Geschwister verarbeiten? Wenn du daran denkst, was fühlst du?*

Kâmil Genç: Der Brandanschlag liegt nun dreißig Jahre zurück. Meine ältere Tochter war damals neun und die jüngere vier Jahre alt. Jetzt wären sie vierunddreißig und neununddreißig Jahre alt. Wären sie jetzt noch am Leben, dann hätten wir vielleicht Enkelkinder. Es wäre alles anders. Wenn ich zurückblicke, träume ich von solchen Szenen. Wir tragen so viel Schmerz und Verlust in uns. Meine Frau und ich denken sowieso die ganze Zeit an sie. Wenn wir nicht an einem Tag über unsere verstorbenen Kinder sprechen, dann tun wir es ganz bestimmt am nächsten Tag. Vor zwei Tagen war der Geburtstag meiner Tochter Hülya. Wir erinnerten uns gemeinsam an sie, wie sie damals gespielt hat, zur Schule gegangen ist oder wie sie gegessen hat. Nachdem Bekir aus dem Fenster sprang, lief ich sofort zu ihm. Doch er zeigte keinerlei Lebenszeichen. Daraufhin habe ich versucht, ihn mit einer Herzmassage wiederzubeleben, und er kam wieder zu sich. Meine Frau dachte schon, Bekir sei gestorben. Meinen Bruder dort so liegen zu sehen, war für mich sehr schrecklich. In dem Moment dachte ich: »Mein Bruder lebt noch.« Doch sein ganzer Körper war verbrannt und Bekir sah schrecklich aus. Dennoch empfand ich für diesen einen Moment Freude. Meine anderen Geschwister, meine Nichte und meine Töchter konnten nicht gerettet werden. Ich dachte: »Zumindest hat es mein Bruder geschafft.« Ich empfinde Trauer und Freude gleichzeitig. Bekirs Wohnung und meine liegen übereinander. Auch wenn wir uns nicht jeden Tag sehen, sehen wir uns doch sehr oft. Bekir ist auch eines der am schwersten verletzten Opfer. Wenn ich nach dreißig Jahren die Wunden meines Bruders sehe, denke ich als sein älterer Bruder wieder an diese Nacht von 1993. Ich denke an das, was in dieser Nacht passiert ist, wie er ohnmächtig wurde, starb und wieder erwachte. Eben diese Augenblicke habe ich dann vor Augen. Doch manchmal sage ich mir: »Mein Bruder lebt!« Es ist Trauer und Freude gleichzeitig, die ich im selben Moment empfinde. Ja, und manchmal scherze ich mit Bekir rum und rufe ihm zu: »Meine Liebe!« So vergeht die Zeit ... Mittlerweile sind dreißig Jahre vergangen. Doch es geht ihm jetzt besser, Gott sei Dank. Das beruhigt mich. Sonst wäre es nicht zu ertragen. Ich habe keinen anderen Bruder. Er ist unser Jüngster, ich bin der Älteste und wir haben ein sehr inniges Verhältnis.

Meine Frau Hatice kann diese Nacht nicht vergessen

Birgül Demirtaş: *Wenn du zurück an den Brandanschlag vom 29. Mai 1993 denkst, wie hast du deine Frau, Hatice Abla, heute in Erinnerung?*

Kâmil Genç: Ich versuche, Hatice so gut ich kann seelisch zu unterstützen. Hatice denkt natürlich immer an unsere beiden Töchter. Wenn ihre Gedanken wieder mal bei unseren Mädchen sind, versuche ich, das Thema zu wechseln und sie abzulenken. Ich frage zum Beispiel, ob es etwas zu erledigen gibt und wechsle das Thema. Auch wenn es nichts zu tun gibt, erfinde ich irgendwelche Sachen. Wenn Hatice sagt, das könne sie selbst erledigen, sage ich zu ihr: »Nein, ich muss mich auch bewegen, sonst nehme ich noch zu.« Aber was auch immer ich tue, sie denkt trotzdem an unsere Mädchen. Manchmal denkt sie auch an die beste Freundin meiner verstorbenen älteren Tochter. Hülya und sie waren im selben Alter und ihr Name war auch Hülya. Sie besuchte uns sogar im Jahr 2021, zwei Monate, bevor sie starb. Meine Tochter soll ihr, als sie noch klein waren, eine Puppe geschenkt haben und sie hätte diese Puppe die ganze Zeit als Andenken aufbewahrt. Das hatte sie uns sogar erst einige Tage vor ihrem Tod erzählt. Ja, wir pflegten familiären Kontakt und schrieben uns regelmäßig. Auch sie ist verstorben und hat uns verlassen. Beide Hülyas sind fort und beide Hülyas sind wieder vereint. Wir haben zwei Hülyas und beide haben wir verloren. Es trifft Hatice sehr, weil wir sie genauso geliebt haben wie unsere eigene Tochter. In der letzten Zeit grübelt Hatice nun auch darüber nach und bringt sich um ihren Schlaf. Nachts kann sie ohnehin nicht schlafen. Ich versuche, sie ein wenig abzulenken, aber es gelingt mir nicht immer. Hatice kann erst einschlafen, wenn sie die Uhrzeit des Brandanschlags überbrückt hat und ein oder zwei Stunden vergangen sind. Sonst kann sie aus Angst, es könne etwas passieren, nicht einschlafen, jedenfalls nicht tief und fest.

Die Proteste und Demonstrationen haben wir aufgrund unserer Trauer nicht wahrgenommen

Birgül Demirtaş: *Ağabey, du hast eben von Protesten gesprochen. Nach dem Solinger Brandanschlag kam es zu Protesten und Demonstrationen. Konntest du diese in dieser schweren Zeit überhaupt wahrnehmen?*

Kâmil Genç: Von diesen Protesten habe ich lediglich nur gehört, selbst gesehen habe ich sie nicht. Die Leute, die zur Beileidsbekundung kamen, berichteten uns davon. Man habe die Scheiben des Matratzenladens an der Kreuzung Schlagbaumer Straße eingeschlagen, die Matratzen auf die Straße geschleppt und dort in Brand gesetzt. Auch habe man Autoreifen in dieser Straße angezündet. Die Leute hätten dort die Türen und Fenster der Geschäfte eingeschlagen. Es soll Demonstrationen gegeben haben. Später erzählte man uns, dass türkische Rechte und Linke aufeinanderprallten. Aber ich und meine Familie, wir haben in unserer schmerzhaften Zeit nichts von dem gesehen. Ich kann nur erzählen, was mir erzählt wurde. Da wir das Haus ohnehin nicht verlassen durften, haben wir von diesen Märschen und Protesten nichts mitbekommen. Die Stadtverwaltung ließ uns damals nicht aus dem Haus. Die Mitarbeiter der Stadt waren immer bei uns. Auch die Polizei war nach dem Brandanschlag bei uns. Es war alles noch sehr frisch und Zivilpolizisten bewachten vorsichtshalber das Gebäude, in dem wir uns befanden. Mit der Absicht, »die Familie Genç vor weiteren Schäden zu bewahren«, hatte uns die Stadtverwaltung unter Quarantäne gestellt. Aber ich denke, die Proteste hatten auch etwas mit dem Anschlag in Mölln zu tun. Nachdem auf die Familie Arslan in Mölln ein Brandanschlag verübt wurde – das war sechs Monate vor dem Brandanschlag auf unser Haus – und bei diesem Brandanschlag drei Menschen ums Leben kamen und es von der Möllner Bevölkerung nicht allzu viel Proteste gab, glaube ich, dass die Menschen wohl hier in Solingen ihre Stimme erheben wollten. Nun begriffen die deutsch-türkischen Migranten, dass die Türkeistämmigen zur Zielscheibe der Angriffe wurden. Diskriminierung und Rassismus standen den in Deutschland lebenden Türkeistämmigen inzwischen bis zum Hals. Ich glaube, nach dem Anschlag auf unser Haus hat sich das Bewusstsein entwickelt: »Dieses Schweigen muss ein Ende haben! Wenn nicht wir unsere Stimme erheben, wird sich nichts ändern.«

Bekir kannte den Täter, der uns gegenüber wohnte, nur flüchtig

Kâmil Genç: Ich hatte den jungen Täter, der den Anschlag auf unser Haus verübte und der in unserer Straße sogar gegenüber von uns wohnte, einige Male auf dem Weg zur Schule gesehen. Mein Bruder Bekir soll ihn gekannt haben, aber sie redeten nicht viel miteinander. Sie waren etwa gleich alt. Der junge Täter, der in unserer Straße wohnte, war mit den anderen drei Tätern befreundet. Sie trafen sich zusammen bei »Hak Pao«, dieser extrem rechten Kampfsportschule. Sie waren dort Mitglieder und haben wohl untereinander solch eine Entscheidung getroffen. In dieser Sportschule hat man die Täter wahrscheinlich einer Gehirnwäsche unterzogen. Wie man sie manipuliert, wie man sie überredet und was man ihnen erzählt hat, weiß ich nicht. Erst viel später erfuhr ich, dass dieser Christian R., der uns gegenüber wohnte, einer von denjenigen war, die unser Haus in Brand gesetzt hatten. Er hat natürlich den anderen Tätern erzählt, dass in seiner Straße das Haus einer türkischen Familie steht. Sie heckten einen Plan aus und dann verübten sie den Anschlag. Dass die Täter die Kampfsportschule dieser Rechtsextremen besuchten, stellte sich während des Prozesses heraus. Ich habe vor Gericht erfahren, dass Bernd Schmitt der Leiter dieser Sportschule war und für den Verfassungsschutz arbeitete. Anschließend stellte sich heraus, dass diese drei Täter dort Mitglied waren. Bernd Schmitt kam drei- oder viermal zu Gerichtsverhandlungen. Da habe ich ihn gesehen und dann auch nicht mehr. Die Täter sah ich sowieso zweimal die Woche vor Gericht. Sie saßen uns gegenüber.

Birgül Demirtaş: *Ağabey, die Ehefrau von Bernd Schmitt soll seit 1995 am gleichen Arbeitsplatz gearbeitet haben wie du. Was hast du empfunden, als du erfahren hast, dass sie Bernd Schmitts Ehefrau ist?*

Kâmil Genç: Nachdem die Gerichtsverhandlungen im Oktober 1995 zu Ende waren, fing ich wieder an zu arbeiten. Es waren vier oder fünf Monate vergangen. Mein Schwager, Ahmet Duran, erzählte mir, dass die Frau von Bernd Schmitt in der Kantine arbeitet. Sie soll ein Jahr vor mir angefangen haben. Ein paar Tage vergingen und ich traf Bernd Schmitts Frau irgendwo im unteren Stockwerk. Ich habe sie keines Blickes gewürdigt. Es vergingen paar Monate und eines Tages wollte Schmitts Frau mit mir reden. Ich sagte zu ihr auf Deutsch: »Lass mich in Ruhe. Ich will nicht mit dir reden.« Ich wollte sie nicht mal sehen, geschweige denn mit ihr reden. Sie sagte daraufhin auch gar nichts mehr. Sonst habe ich mit ihr auch keinen weiteren Dialog geführt. Ich bin ihr zwar ab und zu begegnet, aber weder sie noch ich wechselten ein Wort. Ich hörte zwar, dass Bernd Schmitt verstorben sei. Bernd Schmitt und seine Frau lebten zuvor zusammen. Wo seine Frau aber jetzt ist, weiß ich nicht. Allerdings habe ich sie in der letzten Zeit wegen dieser Pandemie seit sieben Monaten nicht mehr gesehen. So habe ich diese Frau kennengelernt. Dass sie Schmitts Ehefrau ist und mit mir am gleichen Arbeitsplatz arbeitet, hatte für mich nicht so viel Bedeutung. Viel bedeutungsvoller war für mich ehrlich gesagt ihr Mann, der Trainer in dieser Sportschule war und dort die Täter unterrichtet hat. Schmitts Frau interessiert mich nicht. Aber sie wusste durch die Presse sicherlich, wer ich bin. Zumindest muss sie mich auf Bildern gesehen haben, weil wir damals oft in den Zeitungen waren.

Die Gerichtsverhandlungen waren für uns die Hölle

Birgül Demirtaş: *Ağabey, wenn du zurückblickst auf die Verhandlungen am Oberlandesgericht Düsseldorf, die im April 1994 begannen und an denen ihr zwei Tage in der Woche teilgenommen habt, wie sind deine Erinnerungen daran?*

Kâmil Genç: Ja, wir waren zwei Tage die Woche in Düsseldorf vor Gericht. Gegen sieben Uhr morgens holte man uns von der Stadtverwaltung Solingen ab und brachte uns, also meine Mutter, meinen Vater, mich, Hatice und Fadime mit dem Auto zur Verhandlung. Bekir konnte an den Verhandlungen nicht teilnehmen, da er noch im Krankenhaus lag. Bekir lag anderthalb Jahre im Krankenhaus, er war sehr schwer verletzt. Man brachte uns mit einem großen Fahrzeug hin. Um nicht aufzufallen und um einem eventuellen Angriff der Rechten vorzubeugen, fuhren sie uns jedes Mal über eine andere Strecke. In den ersten Monaten ergriff die Stadtverwaltung solche Maßnahmen. Mal fuhren sie über Langenfeld, mal über Solingen-Gräfrath nach Düsseldorf. Ein paar Monate später nahmen sie den normalen Weg und wir fuhren immer die gleiche Strecke zum Gericht. Meine Familie und ich waren bei jeder Verhandlung dabei, ohne Ausnahme. Unsere Anwälte kamen und die der Gegenseite auch. Zuerst haben sie natürlich uns angehört und dann die Gegenseite. Zuerst sagte meine Mutter aus, dann meine Frau Hatice. Anschließend habe ich ausgesagt und dann waren meine Geschwister an der Reihe, zuletzt mein Vater. Nach uns wurden die engeren Kreise der Gegenseite befragt. Das Ganze dauerte lange, anderthalb Jahre. Unser Anwalt hat uns sehr geholfen. Er hat uns die ganze Zeit beruhigt und sagte ständig: »Bleibt ruhig, bleibt ruhig. Solange Sie Ruhe bewahren, läuft alles zu unseren Gunsten.« Das taten wir dann auch. Die schwierigste Zeit bei dieser Verhandlung war für mich, als meine Frau Hatice ihre Aussage machte. Sie war psychisch am Ende. Ich ging zu ihr, um sie ein wenig zu beruhigen, stellte mich neben sie und hielt ihre Hand. Ich sagte ihr die ganze Zeit: »Hatice, bitte beruhige dich.« Nach meiner Frau sagte ich aus. Während meiner Aussage blieb ich sehr ruhig, denn ich erinnerte mich an die Worte unseres Anwalts. Er sagte, wenn wir die Fassung verlieren, könne der Prozess möglicherweise nicht zu unseren Gunsten ausgehen. Die Staatsanwälte bedrängten uns auch nicht sehr, denn unsere Aussagen waren nicht widersprüchlich. Woran ich mich auch gut erinnere, ist das unangebrachte Verhalten vom Vater des Täters, Dr. K. während der Gerichtsverhandlung uns gegenüber. Wir saßen im Gerichtssaal den Tätern und ihren Familien gegenüber. Dr. K. ging zu seinem Sohn, liebkoste und streichelte ihn. Das ist falsch. Wir würden so etwas nicht machen. Denn dort auf der anderen Seite sitzt eine trauernde Familie. Wir waren ohnehin schon alle am Boden zerstört, unsere Verluste waren noch frisch, wir waren in Trauer und selbst fühlten wir uns auch halb tot während diesen Verhandlungen. Und dann geht dieser Mann noch zu seinem Kind und liebkost es vor den Augen dieser trauernden Familie. Das ist vollkommen unakzeptabel und falsch.

Es hat uns sehr verletzt. Ich weiß noch, wie meine Mutter sich zu Wort meldete und sagte: »So etwas will ich hier nicht noch einmal sehen.« Der Richter sagte daraufhin zum Vater des Täters: »Bitte, machen Sie das nicht noch einmal.« Die Eltern von Felix K. glaubten bis zur Inhaftierung ihres Sohnes an seine Unschuld, bis zur letzten Minute. Bis zur Bekanntgabe des Urteils waren seine Eltern davon überzeugt, dass sie ihren Sohn wieder nach Hause mitnehmen können. Es wartete sogar draußen ein Taxi auf sie. Sie wollten nach der Verhandlung gemeinsam in den Urlaub fahren. Wir erfuhren erst später von dem Wagen, der draußen wartete.

Die Täter arbeiten nicht, um den Opfern kein Schmerzensgeld zahlen zu müssen

Birgül Demirtaş: *Nach dem Prozess wurden die vier Täter aus Solingen zu Haftstrafen verurteilt. Drei der Täter wurden nach dem Jugendgesetz zu zehn Jahren Haft und der 23-jährige Tatverdächtige hingegen zu 15 Jahren verurteilt. Die Täter wurden wegen guter Führung vorzeitig aus der Haft entlassen. Glaubst du, dass mit diesen Strafen der Gerechtigkeit Genüge getan hat, Ağabey?*

Kâmil Genç: Diesen Tätern zehn bis fünfzehn Jahre zu geben, ist zu wenig. Meine ganze Familie denkt so. Das Gericht sagte »lebenslänglich«. Für mich bedeutet »lebenslänglich« lebenslänglich. Aber sie saßen ja keine zehn Jahre ab, sondern waren nach sechs oder sieben Jahren später wieder auf freiem Fuß. Ehrlich gesagt, fand ich die Strafen in dieser Hinsicht überhaupt nicht verhältnismäßig. Ich weiß nicht, was sie gemacht haben, nachdem sie rauskamen. Eines weiß ich, nämlich, dass alle vier Täter nicht arbeiten. Wenn sie arbeiten würden, müssten sie Schmerzensgeld zahlen. Um das nicht zahlen zu müssen, arbeiten sie natürlich nicht. Würden sie arbeiteten, müssten sie zuerst meinem Bruder Bekir Schmerzensgeld zahlen. Ich glaube auch nicht, dass sie arbeiten werden. Bislang hat Bekir von diesen vier Tätern keinen Cent Schmerzensgeld erhalten, weder Bekir, noch wir. Am Ende haben wir doch auch zwei Kinder verloren. Lediglich der deutsche Staat leistet die Zahlung für eine Opferentschädigung. Sonst kommt nichts. Würden sie jetzt arbeiten, müssten sie zumindest Bekir entschädigen, denn er war am schwersten verletzt. Deshalb ergibt »lebenslänglich« für mich mehr Sinn. Sie gehen für ein paar Jahre in den Knast und kommen anschließend wieder einfach herausspaziert. Vielleicht machen sie es morgen wieder. Es passiert doch bereits. Wir hören doch von Brandanschlägen oder rechtsextremistischen Angriffen an unterschiedlichen Orten wie zuletzt in Hanau.

Die Handlungen der Täter werden als »Dumme-Jungen-Streich« abgetan!

Birgül Demirtaş: *Am 20. Oktober 2021 wurde auf das Haus von Frau Sibel[4] in Solingen ein Brandanschlag mit zwei Brandsätzen verübt. Die Medien nannten den Brandanschlag von 1993 auf euer Haus einen »Dumme-Jungen-Streich«. 2021 las ich in den Zeitungen, dass die Staatsanwaltschaft den Brandanschlag diesmal mit den gleichen Worten, nämlich als »Dumme-Jungen-Streich« bewertete. Es wurde gesagt, dass die Kinder, die das Haus in Brand steckten, zwischen dreizehn und vierzehn Jahre alt waren. So wurde der Angriff in den Medien verharmlost und bagatellisiert. Du und Hatice Abla habt Frau Sibel besucht, um ihr beizustehen und euer Mitgefühl auszudrücken. Wie siehst du eine solche Aussage eines Staatsanwalts, Ağabey?*

Kâmil Genç: Ja, meine Frau und ich haben Frau Sibel besucht. Ich hatte über die sozialen Medien erfahren, dass Frau Sibels Haus in Brand gesteckt wurde und ich überlegte, wie wir diese Familie erreichen könnten. Ihre Telefonnummer haben wir über dich erhalten und so haben wir Frau Sibel einen Besuch abgestattet. Ich glaube natürlich nicht, dass es sich um einen »Dumme-Jungen-Streich« handelt. Bestimmt gibt es jemanden, der die Kinder steuert. Ich denke nicht, dass Kinder im Alter von dreizehn und vierzehn Jahren so etwas alleine schaffen können. Sie haben rassistische Anführer, die sie leiten, hundertprozentig. Ich bin mir sicher, dass sie zu den Kindern sagen: »Mach es, du bist sowieso jung, du kommst nicht in den Knast.« Dahinter stecken definitiv größere Fische. Hinter allen vier Tätern, die unser Haus in Brand gesteckt haben, stecken auch größere Fische. Zum Beispiel Bernd Schmitt. Er wurde in die Brandstiftung unseres Hauses verwickelt, weil er die Nazis an seiner extrem rechten Sportschule unterrichtete und er arbeitete für den deutschen Verfassungsschutz. Und ich denke, hinter ihm stecken sogar noch größere Haie. Da aber der Staat nicht wollte, dass dies aufgedeckt wird, blieb es dabei. In unserem Fall hieß es, dass es neben vier Tätern sogar noch einen fünften gegeben habe. Da man den fünften Täter jedoch nicht vollständig identifizieren konnte, konnte man nichts tun. Bernd Schmitt kam vor Gericht und sagte aus. Die fünfte Person konnte man jedoch nicht festnehmen, da die Beweise nicht ausreichend waren. Diese fünfte Person bekam eine Vorladung zum Gericht. Er sagte auch aus, aber man konnte aus Mangel an Beweisen nichts tun. Diese vier hat man dann natürlich eingesperrt. Markus G. war zwar die längste Zeit inhaftiert, ich erfuhr jedoch von unserem Anwalt, dass Christian R. eine längere Haftstrafe bekam, weil er sagte: »Wenn ich rauskomme, brenn ich es wieder ab.« Deshalb bekam er noch ein paar Jahre zusätzlich.

---

4   Formelle türkische Anrede; erfolgt im Türkischen mit Vornamen und dem nachgestellten Zusatz »Hanım« (Frau). Im Deutschen wird der Zusatz »Frau« dem Nachnamen vorangestellt.

Der zweite Brandanschlag in Solingen vom 20. Oktober 2021 hat auch mich getroffen

Birgül Demirtaş: *Nach 1993 hatten deutsch-türkeistämmige Migranten, die in Solingen lebten, ständig Angst vor einer weiteren Brandstiftung. Ich zum Beispiel erlaube meinen Kindern im Sommer immer noch nicht, die Fenster offen zu lassen, auch wenn es sehr heiß ist. Aus Angst, jemand könnte einen Molotowcocktail hineinwerfen, sage ich immer: »Schließt abends und nachts die Fenster.« Vielleicht schade ich ihrer Psyche, indem ich meine Kinder immerzu dazu auffordere, aber ich weiß keinen anderen Weg, um uns zu schützen. Ob das richtig ist oder nicht, ist eine andere Sache. Doch solche Ängste sind immer präsent. Auch andere in Solingen lebende Freunde oder Bekannte haben ähnlich Angst. Als wir achtundzwanzig Jahre später von dem Brandanschlag am 20. Oktober 2021 in Solingen hörten, waren wir schockiert und sehr ergriffen. Ağabey, wie hast du dich gefühlt, als du von diesem Brandanschlag gehört hast?*

Kâmil Genç: Ehrlich gesagt, als ich achtundzwanzig Jahre später von einem Brandanschlag in Solingen hörte, hat mich das auch sehr mitgenommen. Egal wer sie sind, aus welchem Land sie kommen, es ist eine Familie in Solingen betroffen, egal ob türkisch oder nicht. Tatsächlich gibt es bei uns in Solingen etwas mehr Nazis und Rechtsextreme. Ehrlich gesagt beunruhigt mich dieses Städtedreieck Solingen-Wuppertal-Remscheid. Es muss zwar nicht in den nächsten Jahren sein, aber ich denke, dass es eines Tages wieder passieren wird. Es ist ja auch wieder passiert. Natürlich bleibt die Angst, dass es jeden Moment zu einem weiteren Anschlag kommen könnte. Ich bete immer, dass es nicht passiert, aber ich habe immer noch diese Angst, dieses Unbehagen in mir. Denn Nordrhein-Westfalen ist eine Hochburg der Rechtsextremisten. In diesen drei Städten ist ihre Zahl sehr hoch. Obwohl es zurzeit ruhig erscheint, habe ich immer noch das Gefühl, dass es irgendwo wieder zum Ausbruch kommen wird. Wie du auch weißt, Birgül, hat der Stadtteil Solingen-Gräfrath den niedrigsten Migrantenanteil. Die meisten dort lebenden Menschen sind Deutsche. Auch dieser extrem rechte Sportverein »Hak Pao« war in dieser Gegend. Wuppertal, Remscheid und Solingen sind keine sicheren Orte. Egal, was der Oberbürgermeister sagt, in Solingen gibt es viele Nazis. Es zeigt sich auch an den Wahlen. Rund um unser Haus gibt es Kameras. Die Kameras beruhigen uns zwar ein bisschen, aber man weiß nie. Viele kennen unsere Familie. Du gehst spazieren, aber du hast keine Garantie. Du kannst dein Gegenüber nicht einschätzen, du kannst nicht wissen, was in ihm vorgeht. Dieser Rassismus und Rechtsextremismus werden nicht so einfach aus Deutschland verschwinden, denn Deutschland hat seine Geschichte. Diese Angriffe gehen weiter und ich glaube nicht, dass sie aufhören werden. Rassisten und Rechtsextremisten werden nicht stillhalten.

Dieser Vorfall ereignete sich in Solingen, aber am Gedenktag nehmen nur wenige Solinger teil

Birgül Demirtaş: *Was sollte deiner Meinung nach getan werden, um diese rassistischen und extrem rechte Angriffe zu stoppen, Ağabey?*

Kâmil Genç: Türkische Familien und sogar alle in Deutschland lebenden Migranten müssen zusammenhalten. Diese Gleichgültigkeit wie »Ach, mir ist nichts passiert, ich bin nicht betroffen« darf es nicht geben. Lass mich ein Beispiel geben. Zu den jährlichen Gedenktagen kommen die Moschee-Imame und Leiter von anderen Organisationen. Es ist sehr selten, dass Familien teilnehmen und uns beistehen. Die Teilnehmerzahl der Bevölkerung ist gering. Sonst kommt niemand und gedenkt mit uns unserer Opfer. Tatsächlich verkündet der Imam jedes Jahr in der Moschee: »Am 29.5. um 16 Uhr gedenken wir beim alten Haus der Opfer und rezitieren aus dem Koran. Jeder ist eingeladen.« Von den Konsulaten zum Beispiel aus Düsseldorf, Köln, Essen und Münster kommen fünf, sechs Autos angefahren. Die meisten der dort Versammelten sind Mitarbeiter des Konsulats oder deren Freunde. Wir stehen sowieso jedes Jahr mit der ganzen Familie an der Stelle unseres alten Hauses, auf das der Brandanschlag verübt wurde. Einige kommen von der Stadtverwaltung, zum Beispiel der Oberbürgermeister, die Integrationsbeauftragte und einige städtische Mitarbeiter. Es kommen ein paar unserer Freunde aus der Moschee. Die versammelten Menschen an der Unteren Wernerstraße sind Teilnehmer von außerhalb Solingens, überwiegend Türkeistämmige. Aus Solingen sind es etwa zehn oder fünfzehn Leute. Diese Veranstaltung findet in Solingen statt, aber aus Solingen nehmen wenige teil. Die meisten Teilnehmer der Gedenkfeier an der Mildred-Scheel-Schule sind Deutsche. Dort gibt es nur eine kleine türkeistämmige Gruppe. Der Oberbürgermeister von Solingen, die Integrationsbeauftragte und einige städtische Mitarbeiter nehmen daran teil, auch das Konsulat ist vertreten. Nur selten gibt es Teilnehmer aus deutschen politischen Parteien und Verbänden. Sonst ist da niemand. Die meisten davon sind mir vertraut, neue Gesichter sind nicht dabei. Ich meine, so etwas wie »Zusammenhalt« gibt es weder bei Deutschen noch bei Migranten. Die Migranten denken: »Mir passiert so etwas nicht.«

Birgül Demirtaş: *Ağabey, die Gedenkfeier vor eurem in Brand gesetzten Haus in der Unteren Wernerstraße steht nicht im Veranstaltungskalender der Solinger Stadtverwaltung, aber die Gedenkfeier der Mildred-Scheel-Schule schon. Ich fände es sehr gut, wenn beide Gedenkfeiern im selben Veranstaltungskalender aufgeführt wären. Denn die meisten in Solingen lebenden Deutschen wissen nicht, dass eine Trauerfeier in der Unteren Wernerstraße stattfindet. Warum, glaubst du, steht eure Trauerfeier nicht in diesem Kalender?*

Kâmil Genç: Ja, sie steht nicht drin. Denn die Stadt Solingen sagt: »Die Gedenkstätte der Stadt ist die Mildred-Scheel-Schule. Ihr Gedenkort ist das alte Haus, nämlich die Untere Wernerstraße. Das war Ihr Haus, Sie können dort an dem Ort des Brandanschlages gedenken. Daran nehmen wir auch teil, aber damit haben wir nichts zu tun. Das ist Ihre Gedenkstätte.« Und wir haben es so akzeptiert. Schließlich ist es unsere Gedenkstätte, der Ort, an dem es passierte, dort, wo man fünf Menschen ermordet hat. Meine beiden Töchter, meine zwei Schwestern und meine Nichte starben dort. Die Stadt sagt: »Ja, wir werden kommen und unsere Rede halten, wir werden dort sein. Aber in unserem Programm führen wir die Mildred-Scheel-Schule auf.« Die Stadtverwaltung möchte sich und Solingen positiv präsentieren. Um Aufregungen zu vermeiden, und um des guten Images willen soll demnach jeder seine eigene Trauerfeier machen können.

Birgül Demirtaş: *In Solingen findet jedes Jahr eine Gedenkfeier statt. Ağabey, welche Bedeutung hat diese Gedenkfeier für dich?*

Kâmil Genç: Die deutsche Bevölkerung Solingens versucht anzudeuten, dass diese Gedenkveranstaltungen nicht mehr nötig seien. Doch wir entgegnen dem und sagen: »Sie müssen es nicht machen. Wir zwingen Sie nicht dazu.« Wir gehen dorthin und werden beten. Wir wollen es. Ich gehe hin und spreche dort zumindest meine Gebete. Beten kannst du überall, auch während des Namaz[5]. Aber dort zu beten, wo dieses Ereignis stattfand, ist etwas anderes. Wir sollten wenigstens am Ort des Geschehens etwas Zusammenhalt zeigen. Ob Türkeistämmige oder Migranten anderer Nationalitäten, wir sollten dort wenigstens einmal im Jahr zusammenkommen. Denn, Gott bewahre, ein Brandanschlag kann jeden treffen. Überhaupt sollten wir von dort aus die Botschaft senden: »Wir sind nicht allein!« Das ist mein eigentliches Anliegen. Ich kann auch jetzt dorthin gehen und beten, dafür muss ich nicht auf den Gedenktag warten. Alles was ich will, in aller Bescheidenheit, ist ein Gebet für diejenigen, die wir bei diesem extrem rechten und rassistischen Angriff verloren haben und dass wir den Deutschen damit zeigen, dass wir in diesem Moment zusammenhalten. Vielleicht können wir so die Rechtsgesinnten und Rassisten von Angriffen abhalten.

---

5   Übersetzung (türkisch): täglich fünfmal zu verrichtendes Gebet der Muslim*innen

»Kundaklama saldırısı hayatımızı çok etkiledi, hepimiz ölebilirdik.«
(Türkisch)

Kâmil Genç'in B. Demirtaş ile görüşmesi

> 29 Mayıs 1993'te Solingen'de ırkçı ve aşırı sağcı kundaklama saldırısı gerçekleştiğinde Kâmil Genç 29 yaşındaydı. Saldırıda iki kızını Saime (4) ve Hülya'yı (9), iki kız kardeşi Hatice (18) ve Gürsün'ü (27) ve yeğeni Gülüstan'ı (12) kaybetti. Kardeşi Bekir Genç'in hayatını, saldırı mahallinde kalp masajı yaparak kurtardı. Diğer aile bireyleri kurtarıldı.»Eşim Hatice[1] uyanık olmasaydı, hemen annemi uyandırmasaydı ve ikisi 29 Mayıs 1993'te anında müdahale etmeseydiler, hepimiz yanardık. Kaybımız daha da çok olabilirdi ve babam hariç, biz ailece sönerdik.« diyor.

Moderatör ve Editör: Birgül Demirtaş

Kundaklama saldırısına uğramadan önce çok neşeli bir aileydik

Birgül Demirtaş: *Senin acını hiçbir kelime tarif edemez. Tekrar başın sağ olsun Ağabey. 29 Mayıs 1993'teki kundaklama saldırısında sen ve Hatice Abla, Genç ailesi, Duran, Saygın, İnce ve Öztürk ailesi büyük kayıplar yaşadınız. Ağabey, senin 29 Mayıs 1993'ten, yani kundaklama saldırısından önce de bir hayatın vardı. Önceki hayatını nasıl tarif edersin?*

Kâmil Genç: Önceki hayatımız çok güzel ve neşeliydi. Kundaklanan evimizi 1981 senesinde amcam ile birlikte satın almıştık ve dört sene evin tamiratı ile uğraştık. Yeni evimize taşınacağız diye çok mutluyduk. Ancak orada sadece sekiz sene oturabildik. 1993'te de kundaklama saldırısına uğradık. Evi satın aldığımızda evin yüzde ellisi amcamın, diğer yüzde ellisi ise babamındı. Amcam, 1991'de Türkiye'ye kesin dönüş yapmak istedi ve evin kendi payını bana sattı. Yani ev babamın ve benimdi. Babamlarla birlikte böyle mutlu oturuyorduk ailece. Ahmet eniştem ve kız kardeşim Nevin, altı aylık oğlu Burhan'la ana binanın üst katında yaşıyordu. İrfan eniştem ve öbür kız

---

1 Kâmil Genç'in eşi ve kundaklama saldırısında vefat eden kız kardeşi aynı ismi taşıyorlar.

kardeşim Sündüz, üç ve iki yaşındaki oğulları Engin ve Eren ile arka kısımda alt katta oturuyorlardı. Orta kat boştu. Kundaklama saldırısında vefat eden kız kardeşim Hatice oturacaktı orada. Hatice nişanlıydı. Ana binanın alt katında bizler oturuyorduk, eşim Hatice, ben, kızlarım Saime ve Hülya, annemler, kardeşlerim Bekir, Hatice ve Fadime. Bekir'in, Hatice'nin ve kızlarımın odaları evin ön cephesinden bakıldığında alt katın seviyesindeydi, ama arka cephede ek binanın üst katındaydı. O odalara da sadece ön kapıdan giriliyordu. Arkada kapı yoktu çıkmak için. Annemlerin odası yol tarafındaydı. Eşim Hatice'yle benim odam aynı kattaydı ama bahçe tarafına doğru, arka tarafta üçüncü kat oluyor böylece. Çatı katta da kız kardeşim Gürsün, Ahmet enişte ve yeğenim Güldane İnce oturuyordu. Büyük, mutlu bir aileydik. Hep beraberdik, neşeliydik. Çocuklarımla, eşimle çok mutluyduk. Maalesef çocuklarımla uzun zaman birlikte yaşayamadım.

29 Mayıs 1993'te herkesi kurtarmaya çalıştık

Olay gecesi, Kurban Bayramı'ndan üç gün önceydi zaten. Eşim Hatice bayram dolayısıyla gece temizlik yapmaya başladı. Ben de ertesi gün taksiye çıkacaktım, yatmıştım. Annem, »Ev yanıyor, kalk!« dedi. O an »Ev yanıyor!« deyince, uyku sarhoşluğunda benim aklıma sigortalar geldi. Bina eski olduğu için bizim sigortalar bir kat aşağıdaydı. Kundaklama olacağı aklımın ucundan bile geçmedi. Eşim Hatice patlama sesi duyduğunu söylediğinde, kundaklamaya maruz kaldığımızı anladım. Aşağıya indikten sonra sigortaları kapattım. Yukarı çıkmama fırsat kalmadı. Orta hol, salon alevler içerisindeydi. Dış kapıdan dışarıya çıktım. Annem ve eşim Hatice de yol tarafındaki pencereden dışarıya çıkmışlardı. Biz dışarıya çıktıktan sonra bir daha da eve giremedik, alevler her yeri sarmıştı. Kardeşlerim evin arka tarafında yatıyordu. Alt katın arka tarafı yerin eğiliminden dolayı bahçe tarafında üçüncü kat oluyor. Yoldan tarafta Ahmet enişte, kız kardeşim Nevin ve Burhan pencereden atlıyorlar. Yeğenim Burhan o zaman daha ufak bebekti. İlk önce onu dışarıya attılar. Babam işteydi o kundaklama sırasında, gececiydi. Benim rahmetli kızlarım ..., ikisi de tahminime göre tam uyanamadı. Kız kardeşim Hatice de öyle sanırım. Kardeşim Bekir uyanıyor ve »Ağabey ben yanıyorum!« diye pencereden bağırıyordu. »Bekir, sen komşunun bahçe tarafına doğru kendini at! Ben seni tutarım!« dedim. Maalesef tutamadım, yere düştü. Sert düştüğü için Bekir'i kaybettiğimizi düşündüm, çünkü ses vermiyordu. Ben kardeşim Bekir'e kalp masajı yaptım, onu ayılttım. Korkmasın diye »Kardeşim, sende hiçbir şey yok.« dedim. Her yeri yanıktı ama. Bekir'i kucağıma aldım ve ana yola çıkarttım. O ara zaten ambulans geldi, onu hastaneye götürdü. Sonra öğrendim ki, Aachen'de bir hastaneye götürmüşler. O ara itfaiye geldi. İtfaiyecilere, »Arka tarafta uyuyanlar var, onları kurtarın!« dedim. İtfaiyeciler, »Biz her şeyi biliyoruz, sizin söylemenize gerek yok.« dediler. Onlara söylediğim halde arka taraftaki kız kardeşimi ve kızlarımı kurtaramadılar, maalesef vefat ettiler. Ağır yaralı yeğenim Güldane'yi üçüncü kattan aşağıya atınca, boşluğa denk geldi. Bacağı, kalçası ve başka yerleri de kırıldı. O da öyle kurtuluyor. Güldane'nin arkasından Ahmet eniştem kendini atıyor. Beli kırılıyor ama kurtuldu. Kız kardeşim Gürsün İnce üçüncü kattan atlayınca boşluğa düştü, düştüğü yerde vefat etti. Her şey, yani alevlerin her yeri sarması, insanların bağırması ve kurtulması saniyeler, dakikalar içinde oldu. Maalesef herkes kurtulamadı. Bizi hastanelere götürdüler. Sabah saat beş gibi polisler bizi hastaneden alıp karakola götürdüler ve saat sekize kadar ifademizi aldılar.

Eşim Hatice uyanık olmasaydı hepimiz ölebilirdik

Ertesi gün Solingen'de her taraf karışmış, bizim haberimiz yok. Yürüyüşler olmuş, her tarafı kırıp geçirmişler, otobanlarda yollar kesilmiş. İkinci, üçüncü, dördüncü gün devamlı baş sağlığına geliyorlardı. Gazeteciler de gelip gidiyorlardı. Evin her yeri insanlarla doluydu. Ağlayanı, üzüntüden bağıranı, her şeyi gördüm ve yaşadım. Kaybımız çok büyüktü. Sakin olalım diye annemin,»Oğlum, başımıza çok kötü felaket geldi. Düğününde deli, ölüde de akıllı olacaksın.« dediğini hatırlıyorum. Sakin kalmaya çalışıyordum.»Allah demek ki çocukları seviyordu ki, bizden önce alıp götürdü.« diyerek İnancıma göre öyle avunuyordum. Dördüncü gün Belediye bize,»Kundaklama saldırısında vefat edenleri nereye defnetmek istersiniz?« diye sordu. Türkiye'ye defnedilmelerini istedik. O arada eski Cumhurbaşkanı Turgut Özal'ın oğlu Ahmet Özal Türkiye'den Köln'e DİTİB Merkez Camisi'ne, cenaze törenine geldi. Türkiye'den gelen başka bakanlar da oldu. Gelen bakanlarla beraber cenazeleri Türkiye'ye, köye götürdük. Solingen Belediyesi'nden birkaç görevli de bizimle geldi. Defnettikten sonra bir iki hafta Türkiye'de kaldık ve sonra Solingen'e geri döndük. Beş altı hafta sonra tekrar Türkiye'ye gittik ve uzun bir süre kaldık. Beni tabii ki en çok o iki evladımı göremeyişim yıkıyor. Bir yatakta beraber yattığımızı hatırlıyorum. Bir de kardeşim Bekir'in olay günü ölüp tekrar canlanması gözümün önünde. Öyle geriye doğru bakınca ..., bu kayıplar çok büyük kayıp benim için, bizim için. Beş kişi birden aynı günde can verdi. Eşim Hatice uyanık olmasaydı, hemen annemi uyandırmasaydı ve ikisi 29 Mayıs 1993'te anında müdahale etmeseydiler, hepimiz yanardık. Kaybımız daha da çok olabilirdi. Biz ailecek sönerdik, babam hariç. Babam işteydi çünkü. Onun haricinde biz o evde on dokuz kişiydik o gece. On dokuz kişiden bir tek babam kalabilirdi. Çünkü alevlerin her yeri sarması saniyeler içinde oldu. Benim bir kat aşağıya inmem, sigortaları kapatmam saniyeler sürdü, ama yukarıya geri dönemedim, çünkü alevler her yerdeydi. Evimiz ahşap bina olduğundan, tahta merdivenlerden alevler çok çabuk bulaştı. Ben çocuklarımın vefatını aynı gün sabah saat sekiz, dokuz gibi öğrendim. Düşüncesi bile çok kötü ama insanın kalbine doğuyor. Benim kalbime doğmuştu, çünkü kızlarımın evden çıktığını görmedim. »Bunlar muhakkak dumandan zehirlendiler.« dedim. Yanmadan önce vefat etmişlerdir diye tahmin ediyorum. Çünkü her yer yanıyordu, alevler her yeri kaplamıştı. Oradan sağ selamet çıkmak, mucize olurdu.

Kayıplar için büyük üzüntü, kurtulanlar için sevinç yaşadım – İki duygu bir arada

Birgül Demirtaş: *Kâmil Ağabey, sen 29 Mayıs 1993'te iki kızını kaybettin. Küçüklerdi ve senin ve Hatice Ablayla başka çocuklarınız yoktu. İki kız kardeşini, Hatice'yi ve Gürsün'ü bir de yeğenin Gülüstan'ı kundaklama saldırısında kaybettin. Senin kaybın çok büyük. Ağabey, kundaklama otuz yıl önceydi. Sen bu kayıplarla baba olarak ve vefat eden kardeşlerinin Ağabeyleri olarak bu zamana kadar nasıl baş ettin? Bunları düşünürsen, o hislerin nelerdir?*

Kâmil Genç: Kundaklama saldırısı otuz seneyi doldurdu. Büyük kızım dokuz, küçük kızım dört yaşındaydı o zaman. Şu anda otuz dört ve otuz dokuz yaşlarında olacaklardı. Yaşıyor olsalardı en azından torunumuz olurdu, daha bir başka olurdu. Geriye bakarak bunları hayal ediyorum. İçimizde çok büyük acı ve kayıp var. Zaten sürekli eşimle onların hayalini kuruyoruz. Bir gün olmazsa, ikinci gün muhakkak vefat eden çocuklarımızı konuşuyoruz. İki gün önce rahmetli kızım Hülya'nın doğum günüydü. Onu hatırladık hep beraber. O zamanki oynamaları, okula gidişleri ve yemek yemeleri aklımıza geliyor. Bekir pencereden atladıktan sonra hemen Bekir'i kurtarayım diye yanına koşmuştum ama hiçbir yaşam belirtisi göstermedi. Ona kalp masajı yaptım ve öylece hayata geri döndü. Eşim Hatice, Bekir'i orada öylece görünce vefat ettiğini düşündü. Ben kardeşimi öyle yerde yatarken gördüğümde çok kötü oldum. O an »Kardeşim yaşıyor.« dedim ama bütün vücudu yanıktı ve Bekir çok kötü görünüyordu. Yine de o an için tekrar bir sevinç geldi. Öbür kardeşlerim, yeğenim ve iki kızım kurtulamadılar. »En azından kardeşim Bekir belki yaşıyor.« düşüncesi vardı. Üzüntü ve sevinç, ikisi bir arada, o sahneleri yaşıyorum. Bekir'le altlı üstlü oturuyoruz. Her gün olmazsa bile, sık sık görüşüyoruz. Bekir de mağdurlar arasında en çok yaralanan kişilerden birisi. Kardeşimin böyle otuz sene sonra yara izlerini görünce, Ağabey olarak aklımdan 1993'teki o gece geçiyor. O gece yaşananlar aklıma geliyor; bayıldı, vefat etti yeniden canlandı …, işte onlar gözümün önüne geliyor. Bazen de diyorum ki kendi kendime, »Kardeşim yaşıyor.« Hem hüzün hem sevinç var. İki duyguyu bir arada yaşıyorum onu gördüğüm zaman. Bazen de takılıyorum Bekir'e, »Aşkım benim!« diyorum. Böyle gelip geçiyor zaman, otuz sene oldu. Ama Allah'a şükür iyi. Onu öyle gördükçe, tabii moralim de düzeliyor. Başka türlüsü dayanılacak gibi değil. Benim başka erkek kardeşim yok. En küçüğümüz o bizim, büyük olarak ben varım ve çok bağlıyız birbirimize.

Eşim Hatice olay gününü unutamıyor

Birgül Demirtaş: *29 Mayıs 1993'teki kundaklama saldırısına geri döndüğünde, eşini Hatice Ablayı bugün nasıl hatırlıyorsun?*

Kâmil Genç: Ben Hatice'ye manevi olarak elimden geldiği kadar çok destek olmaya çalışıyorum. Hatice de tabii ki iki kızımızı sürekli hatırlıyor. Kızlarımızı hatırladığında konuyu değiştirmek ve Hatice'nin dikkatini dağıtmak için farklı konularla ilgisini çekmeye çalışıyorum. Örneğin »Yapılacak işler var mı?« diye sorup, konuyu değiştiriyorum. Yapılacak iş yoksa da akla gelmeyecek konular buluyorum. Hatice, »Kendim yaparım.« derse, ben de ona »Yok, ben de hareket edeyim, yoksa kilo alırım.« gibi sözlerle dikkatini dağıtmaya çalışırım. Ama ne yapsam yine de kızlarımızı aklına getiriyor. Bazen de benim rahmetli büyük kızımın en samimi ve en yakın can arkadaşını hatırlıyor. Hülya'yla yaşıtlardı ve onun da adı Hülya'ydı. Hatta 2021'de vefat etmeden iki ay önce bize gelmişti. Benim rahmetli kızım ona küçükken bebek hediye etmiş. O bebeği daha düne kadar hatıra olarak saklarmış. Hatta bunu bize vefat etmeden önceki günlerde anlatmıştı. İşte, sürekli ailece onunla yazışırdık. O da vefat etti gitti. İki Hülya gitti, iki Hülya buluştular. Bizim iki Hülyamız vardı, ikisini de kaybettik. Hatice'yi bir hayli etkiliyor, çünkü aynı kızımız gibi severdik. Şimdi bu aralar Hatice onu da kafasına takıyor ve uykusu kaçıyor. Geceleri zaten uyuyamıyor. Düşüncelerini biraz da olsa dağıtmaya çalışıyorum ama her zaman başaramıyorum. Hatice o kundaklamanın saatini geçirecek, muhakkak üzerinden bir iki saat geçmesi gerekiyor ki, ancak sonra biraz uyuyabilsin. Yoksa bir şey olacak korkusu ile uyuyamıyor, derin uykuya geçemiyor.

Acımızdan protestoları ve demonstrasyonları algılayamadık

Birgül Demirtaş: *Ağabey, sen az önce protestolardan söz etmiştin. Solingen'deki kundaklama saldırısından sonra protesto ve demonstrasyonlar meydana geldi. Onları o acılı dönemde hiç algılayabildin mi?*

Kâmil Genç: O protestoların yapıldığını ben sadece işittim. Kendi gözümle görmüş değilim. Bize baş sağlığına gelenler anlattılar. Örneğin bildiğim Schlagbaumer Caddesi'ndeki dört yol ağzındaki yatak mağazasının camlarını kırıp, bazaları sokak ortasına getirip yakmışlar. O sokakta araba lastiklerini de yakmışlar. Oradaki mağazaların kapılarını ve camlarını kırmış insanlar. Yürüyüşler oldu. Daha sonra Türk sağcılarla solcuların birbirlerine girdiklerini anlattılar bize. Ama ben ve ailem, bizler o acılı dönemimizde hiçbir şey görmedik, tek duyduklarımı anlatabiliyorum. Biz zaten evden dışarı çıkmadığımız için o yürüyüşlere veya protestolara tanık olamadık. Belediye bizi o zamanlar dışarıya çıkartmadı. Belediyede çalışanlar sürekli yanımızda bulundular. Hatta kundaklama saldırısından sonra polisler yanımızdaydı. Her şey çok tazeydi ve her ihtimale karşı sivil polisler sürekli bizim bulunduğumuz binanın etrafında nöbet tuttular. Genç ailesine bir zarar daha gelmesin diye Solingen Belediyesi bizi orada karantina içerisine aldı. Ama bence protestoların Mölln'deki saldırıyla da ilgisi vardı. Bizim kundaklama saldırısından altı ay önce Mölln'de Arslan ailesi kundaklama saldırısına uğrayınca ve o kundaklamada üç insan vefat edince, Mölln halkından da fazla ses çıkmayınca, benim tahminime göre insanlar herhalde seslerini burada çıkarmak istediler. Artık Almanya'daki Türk göçmenleri bu saldırıların Türklere karşı yapıldığını anladı. Ayrımcılık veya ırkçılık artık Almanya'da yaşayan Türklerin gırtlağına kadar geldi. Bizim evimiz kundaklandıktan sonra »Artık bu sessizlik devam edemez! Biz ses çıkartmazsak bir şey değişmeyecek!« fikrinin oluştuğunu tahmin ediyorum.

Bekir karşımızda oturan faili uzaktan tanıyordu

Kâmil Genç: Bizim evimizi kundaklayan ve bizim sokakta, hemen evimizin karşısında oturan fail genci, ben okula gidip gelirken birkaç defa gördüm. Kardeşim Bekir, o faili tanıyormuş ama fazla konuşmuşlukları yok. Aşağı yukarı aynı yaştaydılar. Bizim sokakta oturan genç fail, diğer üç fail ile arkadaşmış ve beraber bu aşırı sağcıların dövüş spor okulu »Hak Pao« da görüşüyorlarmış, oraya üyelermiş. Orada kendi aralarında böyle bir karar almışlar. O spor okulunda faillerin beyinlerini yıkamışlar herhalde. Artık nasıl yıkıyorlar, nasıl anlatıyorlar, nasıl kandırıyorlar onu bilemiyorum. Çok sonra öğrendim ki, o karşımızda oturan Christian R. bizim evimizi kundaklayanlardan biriymiş. Tabii öbür faillere oturduğu sokakta bir Türk ailesinin evi olduğunu anlatmış. Kendi aralarında anlaşmışlar ve kundaklama saldırısını yapmışlar. Faillerin bu aşırı sağcıların dövüş spor okuluna gittikleri, duruşma sırasında ortaya çıktı. Bernd Schmitt'in o spor okulun müdürü olduğunu ve istihbarat için çalıştığını mahkemede öğrendim. Sonra bu üç failin oraya kayıtlı oldukları ortaya çıktı. Bernd Schmitt, üç veya dört kez mahkemeye geldi. Orada gördüm ve bir daha da görmedim. Failleri zaten haftanın iki günü sürekli mahkemede görüyordum, karşımızda oturuyorlardı.

Birgül Demirtaş: *Ağabey, Bernd Schmitt'in eşi 1995'ten beri senin çalıştığın işyerinde çalışıyormuş. Bernd Schmitt'in eşi olduğunu duyduğunda bu seni etkiledi mi?*

Kâmil Genç: Duruşmalar Ekim 1995'te sona erdikten sonra ben artık yine çalışmaya başladım. Aradan dört, beş ay geçmişti. Eniştem Ahmet Duran bana Bernd Schmitt'in eşinin kafeteryada çalıştığını anlattı. Benden bir sene önce işe başlamış. Aradan birkaç gün geçti ve Bernd Schmitt'in eşine alt katta bir yerde rastladım. Ama ben o kadının hiç yüzüne bakmadım. Birkaç ay geçti aradan, Schmitt'in eşi benimle konuşmak istedi. Ben ona Almanca »Beni rahat bırak. Seninle konuşmak istemiyorum.« dedim. Konuşmayı bırak, görmek de istemiyorum. Sonra sesini kesti zaten. Kadınla hiç konuşmadım başka. Yine görüyorum ara sıra ama ne o benimle konuşuyor ne ben onunla. Gerçi Bernd Schmitt'in vefat ettiğini duydum. Önceden Bernd Schmitt ve eşi beraber yaşıyorlarmış. Eşinin şimdi nerede yaşadığını bilmiyorum. Ama onu son zamanlarda bu pandemiden dolayı yedi aydır görmüyorum. O kadını işte böyle tanımış oldum. O kadının Schmitt'in eşi olması ve benimle aynı iş yerinde çalışıyor olması beni fazla etkilemedi. Beni daha çok etkileyen o spor okulunda hocalık yapan ve o faillere ve gençlere ders veren kocası oldu açıkçası. Schmitt'in eşi ilgim dışında. Ama o muhakkak basından benim kim olduğumu biliyordur. En azından resimlerde görmüştür, çünkü o zamanlar gazetelere çok çıktık.

Duruşmalara katlanmak bizim için çok zordu

Birgül Demirtaş: *Ağabey, haftada iki gün katıldığınız Düsseldorf Yüksek Bölge Mahkemesi'nde Nisan 1994'te başlayan duruşmalara geri dönersen, duruşmayı nasıl hatırlıyorsun?*

Kâmil Genç: Evet, haftada iki gün Düsseldorf'da mahkemeye giderdik. Sabahları saat yedi gibi Solingen Belediyesi bizi alıp bir araç ile duruşmaya götürürdü. Annem, babam, ben, Hatice, Fadime beraber giderdik. Bekir duruşmalara katılamıyordu, zira halen hastanedeydi. Bekir bir buçuk sene hastanede yattı, çok ağır yaralıydı. Bizi büyük bir arabayla alıp götürüyorlardı. Sağcılar belki saldırır ve araba fazla dikkat çekmesin diye, her seferinde değişik yollardan götürürlerdi. Belediye ilk aylarda böyle önlemler aldı. Bazen Langenfeld, bazen Solingen-Gräfrath üzerinden Düsseldorf'a götürüyorlardı. Birkaç ay sonra normal yol aldılar ve mahkemeye hep aynı yoldan gittik. Ailem ve ben her duruşmada bulunduk, hiç eksiksiz. Bizim avukatlar geldi, karşı tarafınkiler de. Önce tabii bizleri dinlemeye aldılar sonra da karşı tarafı. Önce annem tanıklık etti, sonra da eşim Hatice. Sonra ben tanıklık ettim ve ardından da kardeşlerime sıra geldi, en son babam. Bizden sonra karşı tarafların yakın çevreleri sorgulandı. Böyle epey bir buçuk sene sürdü. Bizim avukatımız bize çok yardımcı oldu. Bizi devamlı sakinleştirdi ve sürekli »Sakin olun, sakin olun.« derdi. »Sakin oldukça her şey bizim lehimize işler« derdi. Mahkemede biz sakin durduk. O duruşmada benim için en zor zaman, eşim Hatice ifadesini verirken idi. Kendisi çok kötü olmuştu. Biraz sakinleştirmek için yanına gittim, yanında durdum, elini tuttum. Sürekli »Hatice, ne olursun sakin ol.« dedim. Eşimden sonra ben ifade verdim. Kendim ifade verirken çok sakin ifade verdim, çünkü avukatın sözleri hep aklımdaydı. »Sakin olmazsak duruşma bizim lehimize çıkamayabilir.« demişti. Savcılar bizim üzerimize fazla gelmedi zaten. Çünkü bizim ifadelerimizde çelişki yoktu. Bir de iyi hatırladığım ve aklımda kalan; failin babası Dr. K.'nın mahkemede bize karşı yanlış bir hareketi oldu. Biz mahkemede failerle ve onların aileleri ile karşılıklı oturuyorduk. Mahkemede Dr. K. gidip çocuğunu seviyor ve okşuyordu. Yanlış bir hareket bu. Böyle bir hareketi biz yapmazdık. Çünkü karşı taraftaki, acılı bir aile. Biz yıkılmışız zaten, kayıplarımız çok taze, boynumuz bükük, ölmüş gibiydik duruşmalarda. Sen git, o acılı ailenin karşısında çocuğunu sev. Olacak bir şey değil ve çok yanlış bir hareket. Bu bize çok dokundu. O anda annemin söz hakkı istediğini ve »Bir daha böyle bir şeyi burada görmek istemiyorum.« dediğini hatırlıyorum. Hâkim bey de failin babasına, »Lütfen bir daha böyle yapmayın.« dedi. Felix K.'nın annesi babası, oğulları hapse girene kadar onun suçsuz olduğuna inanıyorlardı. Son dakikaya kadar. O mahkeme kararı açıklanıncaya kadar annesi ve babası, oğullarını yine eve geri götürebileceklerine eminlerdi. Hatta mahkemeden çıkınca beraber tatile gitmek için dışarıda taksi bekliyordu. Biz taksinin dışarıda beklediğini sonradan öğrendik.

Mağdurlara manevi tazminat ödememek için failler çalışmıyorlar

Birgül Demirtaş: *Solingenli bu dört fail, yargılamanın ardından hapis cezasına çarptırıldı. Üç fail, Gençlik Yasası uyarınca onar yıl, yirmi üç yaşındaki suçlu ise on beş yıl hapis cezasına çarptırıldı. Failler, iyi hal nedeniyle cezaevinden erken çıktı. Sence bu cezalarla adalet sağlanabildi mi Ağabey?*

Kâmil Genç: Bu faillere zaten on, on beş sene vermeleri biraz az. Onu az bulduk biz ailece. Mahkeme »ömür boyu« diyor. Benim bildiğim »ömür boyu«, ömür boyudur. Ama bunlar on sene değil, iyi halden altı veya yedi sene içinde dışarı çıktılar. O yönden cezaları hiç iyi bulmadım açıkçası. Bunlar dışarı çıktıktan sonra ne yaptılar, ne ettiler, onu bilmiyorum. Bildiğim tek bir şey var, dört fail de çalışmıyor. Çalışsalar manevi tazminat ödemek zorundalar, tabii ki onu ödememek için bunlar çalışmıyorlar. Çalışmış olsalar, en azından ilk önce kardeşim Bekir'e manevi tazminat ödemeleri gerekiyor. Onu ödememek için çalışacaklarını tahmin etmiyorum. Bekir hâlen, bu dört failden bir kuruş manevi tazminat alamadı. Ne Bekir alabildi, ne de biz. Biz de iki evlat kaybettik neticede. Sadece Alman devleti mağduriyet tazminatını karşılıyor. Onun haricinde yok. Şimdi onlar çalışmış olsalardı, para ödemeleri gerekecekti. En azından Bekir'e; çünkü en ağır o yaralandı. O yüzden »ömür boyu« bana daha mantıklı geliyor. Birkaç sene yatıp çıkıyorlar ellerini sallayarak. Yarın bir gün yine bir şey yapacaklar belki. Zaten oluyor. Sağda solda kundaklama veya aşırı sağ saldırıları yaşanıyor, en son Hanau'da mesela.

Faillerin yaptıklarına »aptal çocuk şakası« deyip geçiştiriyorlar!

Birgül Demirtaş: *20 Ekim 2021'de Sibel Hanım'ın Solingen'deki evine iki yakıcı cihaz ile kundaklama saldırısı düzenlendi. Medya, 1993 yılında evinize yapılan kundaklama saldırısını »aptal çocuk şakası« olarak adlandırmıştı. 2021 yılında ise gazetelerden bu kez de savcının, kundaklama saldırısını yine aynı kelimelerle, yani »aptal çocuk şakası« olarak değerlendirdiğini okudum. »Evi kundaklayan çocuklar on üç ve on dört yaşlarındaymış« dendi. Böylelikle medyada saldırı küçümsendi ve önemsizleştirildi. Sen ve Hatice Abla, Sibel Hanım'ın evine geçmiş olsun ziyaretine gitmiştiniz. Bir savcının böyle bir ifadesini nasıl görüyorsun Ağabey?*

Kâmil Genç: Evet, eşimle geçmiş olsun ziyaretine gittik. Ben Sibel Hanım'ın evinin kundaklandığını sosyal medyadan duydum ve »Bu aileye nasıl ulaşabiliriz?« diye düşündüm. Senin üzerinden telefon numarasına ulaştık ve böylelikle eşimle ziyaretine gittik. Ben »aptal çocuk şakası« olduğuna inanmıyorum tabii. Çocukları yönlendiren birileri vardır muhakkak. »On üç, ön dört yaşında çocuklar kendi kendilerine yapmazlar.« diye düşünüyorum. Onları yönlendiren ırkçı başları vardır, yüzde yüz. Eminim ki; »Sen yap, nasıl olsa yaşın küçük, içeri girmezsin.« demişlerdir. Arkasında muhakkak büyük balıklar vardır. Mesela bizim evimizi kundaklayan dört failin de arkasında büyük balıklar vardı. Örneğin Bernd Schmitt. Nazilere aşırı sağcı spor okulunda eğitim verdiği için bizim evin kundaklama olayına karışmıştı ve Alman İstihbaratı için çalışıyordu. Ve bence onun da arkasında muhakkak başka birileri olmalı. Ama bunun ortaya çıkmasını devlet istemediği için bu kadarda kaldı. Bizim olayda dört failin yanı sıra, hatta beşinci bir failin de bulunduğu söylendi. Ancak beşinci faili tam olarak teşhis edemedikleri için bir şey yapamadılar. Bernd Schmitt mahkemeye geldi ve ifade verdi. Ancak tam bir delil olmadığı için beşinci kişiyi tutuklayamadılar. O beşinci kişiyi de mahkemeye çağırdılar. O da ifade verdi ama delil yetersizliğinden bir şey yapamadılar. Bu dördünü tabii ki içeri attılar. En fazla yatan Markus G. oldu. »Çıkarsam bir daha yakacağım.« dediği için Christian R'nin de fazla yattığını avukatımızdan duydum. O sebeple bir iki sene daha fazla yatmış.

Solingen'de 20 Ekim 2021'de yapılan ikinci kundaklama saldırısı beni de etkiledi

Birgül Demirtaş: *1993'ten sonra Solingen'de yaşayan Alman-Türk göçmenleri bir daha kundaklama olabileceği endişesi ile sürekli büyük korku içerisindeydiler. Örneğin ben de çocuklarıma hâla yazın hava çok sıcak olsa bile, pencereleri açık bıraktırmıyorum. Biri içeriye Molotofkokteyli atabilir korkusu ile »Akşamları ve geceleri pencereleri kapatın.« derim. Çocuklarıma hep böyle tembih ede ede belki psikolojilerini zedelemişimdir. Fakat kendimizi korumak için de başka bir yöntem bilmiyorum. Doğru mu yanlış mı yapıyorum, o başka bir* konu. Hep böyle tedirginlik var ama. Solingen'de yaşayan diğer arkadaşlarımın veya tanıdıklarımın da tedirginlikleri var. Yirmi sekiz yıl sonra, Solingen'deki 20 Ekim 2021'deki kundaklama saldırısını duyduğumuzda şok olduk ve bizi büyük ölçüde etkiledi. Ağabey, sen bu kundaklama saldırısını duyunca ne hissettin?

Kâmil Genç: Doğrusunu istersen, yirmi sekiz sene sonra yine Solingen'de yaşanan bir kundaklama saldırasını duyunca ben de etkiledim. Kim olursa olsun, hangi vatanın insanı olursa olsun, Türk olsun olmasın, sonuçta Solingen'de yaşayan bir aile etkileniyor. Aslına bakarsan bizim Solingen'de biraz daha fazla Naziler ve aşırı sağcılar var. Solingen, Wuppertal, Remscheid, bu üç şehirden biraz tedirginim açıkçası. »Bu sene olmaz, seneye olmaz, ama ben bir gün yine olur.« düşüncesindeyim açıkçası. Oldu da. Tabii ki her an başka bir saldırının gerçekleşebileceği korkusu devam ediyor. »İnşallah olmaz.« diye her zaman dua ediyorum. Ama yine de o korku, o tedirginlik içimde var. Çünkü Kuzey Ren Westfalya, sağcıların yeri. Bu üç şehirde sayıları fazla. Gerçi saldırılar uyur vaziyette gibi, ama bir yerden patlak verebilir hissi içimde hâlen durur. Sen de bilirsin Birgül, Solingen-Gräfrath yabancıların en az olduğu semt. Orada yaşayanların çoğu Alman. Bir de bu aşırı sağcı spor kulübü »Hak Pao« o semtteydi. Wuppertal, Remscheid ve bizim burası Solingen, korkulacak yer. Onun için belediye başkanı ne söylerse söylesin; Solingen'de Naziler fazla. Seçimlerden belli zaten. Bizim bu evin sağı solu kamera. Kameralar var diye içerimizde biraz hafiflik var ama yine de bilemiyorsun. Bizleri aile olarak az buçuk tanıyanlar var. Gezmeye çıkıyorsun ama garantin yok ki. Karşındakini bilemiyorsun ki. İçinden, kalbinden ne geçtiğini bilemezsin. Zaten kolay kolay da Almanya'dan çıkmaz bu ırkçılık ve sağcılık. Almanya'nın bir hikayesi var çünkü. Bu saldırılar devam ediyor ve duracağını da tahmin etmiyorum. Irkçılar ve aşırı sağcılar rahat durmazlar.

O olay Solingen'de oldu. Ama Solingen'den fazla kimse anma törenine katılmıyor

Birgül Demirtaş: *Bu ırkçı ve aşırı saldırıları durdurmak için ne yapmak gerekir sence Ağabey?*

Kâmil Genç: Almanya'da yaşayan Türk ailelerin ve hatta tüm göçmenlerin daha da birlik olması gerekiyor. Nasıl desem; »Benim başıma gelmedi, boş ver. Her şeye boş ver.« mantığı olmaması lazım. Örnek vereyim; bizim bu anma yıldönümlerinde camiden, cami imamları ve başka kuruluşlardan başkanlar gelir. Mesela şöyle normal sıradan bir aile gelip de bizim yanımızda bulunanlar pek nadirdir. Halktan gelenlerin sayısı azdır. Onun haricinde kimse gelip de bizimle beraber mağdurlarımızı anmaz. Hatta camide hoca her sene duyuruyor; »Beşinci ayın 29'unda saat 16.00'da eski evin olduğu yerde anılacak, Kuran okunacak. Herkes davetlidir.« diye. Bizim kundaklanan eski evin olduğu yere beş altı araba ile konsolosluktan gelirler. Mesela

Düsseldorf, Köln, Essen, Münster Konsolosluğu'ndan gelirler. Orada toplananların çoğu konsolosluk çalışanları ya da arkadaşları. Biz ailecek zaten her sene kundaklanan evin önündeyiz. Belediyeden geliyorlar birazcık. Örneğin belediye başkanı, entegrasyon görevlisi ve bazı belediye çalışanları katılır. Camideki birkaç görevli arkadaşlarımız gelir. Untere Werner Caddesi'nde kundaklanan evin önündeki kalabalık, Solingen dışından gelenlerden ibarettir ve çoğu Türk'tür. Solingen'den saysan on onbeş kişi vardır. O olay Solingen'de yaşandı ama Solingen'den fazla kimse gelmiyor. Mildred Scheel Okulu'nun yanındaki anma törenine katılanların çoğu Alman. Orada sadece bir Türk grubu vardır. Solingen Belediye Başkanı, entegrasyon görevlisi ve bazı belediyede çalışanları katılır. Tabii ki konsolosluktan da insanlar var. Alman siyasi partilerden ve derneklerden katılanlar var ama nadir. Onun haricinde kimse yoktur. Oraya gelenleri şahsen tanıdığım için, yabancı değiller. Yani demek istediğim; ne Almanda ne göçmende »birlik« diye bir şey yok. »Benim başıma gelmez.« diye düşünüyor göçmenler.

Birgül Demirtaş: *Ağabey, Untere Werner Caddesi'ndeki kundaklanan evinizin önünde yapılan anma töreni, Solingen şehir yönetiminin etkinlik takviminde yer almıyor. Ama Mildred Scheel Okulu'nun anma töreni yer alıyor. »İki anma töreni de aynı takvimde yer alsa çok iyi olur.« diye düşünüyorum. Çünkü Solingen'de yaşayan çoğu Alman, Untere Werner Caddesi'nde anma töreni yapıldığını bilmiyor. Sence sizin anma töreni niçin o takvimde yer almıyor?*

Kâmil Genç: Evet, yazmıyor. Çünkü Solingen Belediyesi diyor ki; »Belediye'nin anma yeri, Mildred Scheel Okulu'nun orası. Sizin anma yeriniz de eski evin orası, yani Untere Werner Caddesi. Sizin eviniz orasıydı. Yanan yerde siz anmanızı yapabilirsiniz. Biz de orada bulunuruz, ama bizim orayla alakamız yok. Oradaki anıt sizinki.« Biz de kabullendik. Nasıl olsa bizim anma yerimiz orası, olayın olduğu yer. Beş insanı öldürdükleri yer. Benim orada iki kızım, iki kız kardeşim ve yeğenim vefat etti. Belediye, »Tamam, biz de oraya gelir konuşmamızı yaparız, orada bulunuruz. Ama bizim planımızda ve programımızda Mildred Scheel Okulu yer alır.« diyor. Belediye de kendini, Solingen'i daha iyi gösterme çabasında. Fazla olay olmasın, iyi imaj yaratmak için, herkes kendi anma törenini yapabilmeli düşüncesinde.

Birgül Demirtaş: *Solingen'de her yıl anma töreni yapılıyor. Ağabey, senin için bu anma töreninin anlamı nedir?*

Kâmil Genç: Solingen'deki Alman kesimi, bu anma törenine artık gerek kalmadığını ima etmeye çalışıyor. Ama biz de »Siz yapmayın. Biz sizi zorlamıyoruz.« diyoruz. Biz gidip orada duamızı edeceğiz, biz yapmak istiyoruz. Ben kendimce en azından gidip orada duamı ediyorum. Duanı her namazda da edebilirsin. Ama orada, o olayın olduğu yerde dua etmek başka oluyor. Olay yerinde en azından bir birlik gösterelim. Türk olsun, başka uyruklu göçmenler olsun, en azından senede bir tek gün orada buluşalım. Çünkü Allah göstermesin, kundaklama saldırısı herkesi bulabilir. Aslında »Yalnız değiliz!« mesajı vererek kendimizi orada göstermemiz gerekiyor. Asıl derdim bu. Yoksa ben gider orada bugün duamı ederim, anma gününü beklemem. O aşırı sağ ve ırkçı saldırıda kaybettiklerimiz için insanlardan istediğim, bir tek dua ve de Almanlara o anda birlik içerisinde olduğumuzu göstermek. Belki böylelikle sağcıları ve ırkçıları saldırı yapmaktan caydırabiliriz. Naçizane düşüncem bu.

»Meine Schwestern lernte ich nicht kennen.«

Cihat Genç im Gespräch mit A. Schmitz

> Cihat Genç wurde 1997 in Solingen geboren. Seine Eltern, Hatice und Kâmil Genç, überlebten den rassistischen Brandanschlag auf das Haus seiner Familie. Sie verloren zwei Töchter durch den Brand: Hülya war neun und Saime vier Jahre alt. Seine Tanten Hatice Genç und Gürsün İnce sowie seine Cousine Gülüstan Öztürk starben ebenfalls in der Brandnacht. 14 weitere Familienmitglieder erlitten zum Teil lebensgefährliche Verletzungen. Cihat berichtet aus der Perspektive eines Nachgeborenen über die Auswirkungen des Brandanschlags auf ihn und seine Familie.

Moderation und Redaktion: Adelheid Schmitz

Auswirkungen des Brandanschlags aus der Perspektive eines Nachgeborenen

Adelheid Schmitz: *Cihat, zunächst einmal vielen Dank, dass du dich zu diesem Gespräch bereit erklärt hast. Du erlebst die Folgen des Brandanschlags auf deine Familie fast täglich. Warum ist dir die Mitwirkung an dem Buchprojekt wichtig?*

Cihat Genç: Mir ist wichtig, dass die Menschen der Mehrheitsgesellschaft mitbekommen, dass es einen Brandanschlag hier in Solingen gab und sie mehr darüber erfahren.

Adelheid Schmitz: *Wie hast du von dem Brandanschlag erfahren? Woran erinnerst du dich?*

Cihat Genç: Ich war noch in der Grundschule und ich erinnere mich, dass jedes Jahr zu einer bestimmten Jahreszeit ein Ereignis stattfand, es kamen viele Menschen zusammen. Erst nach und nach habe ich mitbekommen, dass es um einen Brandanschlag ging. Meine Eltern oder andere Familienmitglieder haben nicht direkt mit mir darüber gesprochen. Ich habe mich selbst reinlesen oder auch reinhören müssen, indem ich z.B. bei Gesprächen neugierig und aktiv zugehört habe – auch bei der Gedenkveranstaltung an der Unteren Wernerstraße.

Adelheid Schmitz: *Wusstest du, dass es dabei um deine Familie ging, und was löste dies bei dir aus?*

Cihat Genç: Das habe ich erst später alles realisiert. Ich wurde hineingeboren und es ist einfach so. Also, diese Tatsache löste nichts in mir aus – außer natürlich Trauer, jedes Jahr beim Erinnern.

Adelheid Schmitz: *Du hast eben gesagt, dass es sehr schwierig war, direkt mit deinen Eltern, deiner Familie darüber zu sprechen.*

Cihat Genç: Also, das ist ein bisschen kompliziert. So einfach darüber zu reden, das hat nie stattgefunden. Da gibt es einfach den Alltag, den man miteinander zu bereden hat, und wie es einem geht. Manchmal habe ich nur kurz Fragen gestellt. Ich wusste und weiß ja genau, wie sehr das Thema meine Eltern und die ganze Familie belastet. Nur an den Jahrestagen sprechen wir kurz darüber.

Adelheid Schmitz: *Der Brandanschlag wirkt sich bis heute auf deine Familie aus. Du hast zum Beispiel deinen Onkel Bekir täglich erlebt, du hast als Kind seine Brandnarben gesehen und die ständigen Arztbesuche, Aufenthalte im Krankenhaus etc. mitbekommen. Hast du gewusst, dass dies alles Folgen des Brandanschlags waren? Wie bist du als Kind oder Jugendlicher mit den sichtbaren Folgen, den Narben oder Verletzungen durch den Brandanschlag umgegangen?*

Cihat Genç: Irgendwann war mir klar, okay, das sind die Folgen des Brandanschlags. Und man hat auch darüber geredet. Aber es ist ein Stück Normalität im Familienalltag. Als Kind nimmt man dies einfach hin, hinterfragt es nicht wirklich und geht ganz normal damit um. Klar, das sind die Folgen, klar, das ist scheiße. Aber was will man machen? Das ist halt so.

(De-)Thematisierung in der Schule und im Freundeskreis

Adelheid Schmitz: *In deiner Jugendphase, als du schon mehr über den Brandanschlag und seine Folgen wusstest, habt ihr in der Schule darüber gesprochen?*

Cihat Genç: Indirekt, also es wurde nie gesagt: »Ja, der Mitschüler Cihat Genç ist einer aus der Familie Genç.« Immer wenn es die Gedenkveranstaltungen gab, wurde in den Zeitungen berichtet, es gab Fotos, auf denen auch ich zu sehen war. Irgendein Mitschüler sagte mal: »Ah, guck mal, du bist in der Zeitung.« Dann habe ich in einem kleinen Kreis kurz darüber gesprochen. Die meisten in meinem Alter haben das entweder nur am Rande mitbekommen oder gar nicht. Die können damit sowieso nichts anfangen. Dementsprechend war das Gespräch auch immer relativ kurz und eher uninteressant. Mit meinen Lehrern habe ich nie darüber gesprochen.

Adelheid Schmitz: *Für dich war das sicherlich etwas seltsam, denn du musstest ja mit deinem Wissen, deinen Gedanken und Gefühlen klarkommen. Hattest du bei Gesprächen denn das Gefühl, dass ein wirkliches Interesse bestand? Gab es Nachfragen?*

Cihat Genç: Also, Interesse ja, auch Nachfragen gab es. Aber die Gespräche dauerten nicht lange, weil meine Mitschüler auch unsicher waren und mich nicht belasten wollten. Dies vermute ich jedenfalls. Als Kind oder Jugendlicher ist es einfach schwierig, mit diesen Gefühlen umzugehen.

Adelheid Schmitz: *Dein Leben bestand ja auch aus mehr, du warst ein ganz normaler Jugendlicher und es ist nachvollziehbar, dass du deshalb nicht im Mittelpunkt stehen und schon gar nicht auf diese Situation reduziert werden wolltest. Du hast dich aber selbst häufiger mit dem Thema beschäftigt und viel gelesen. Wie ist es dir dabei ergangen?*

Cihat Genç: Also, wenn ich Misstrauen hatte, ob die Informationen wirklich stimmen, dann habe ich natürlich die erste Quelle abgefragt: »Hey, stimmt das so, Mama, Papa?« Und ansonsten habe ich das relativ neutral wahrgenommen. Im Hinterkopf wusste ich aber immer, es geht um das, was meiner Familie passiert ist. Das macht natürlich etwas mit einem. Und was es genau macht, weiß ich selber nicht, aber es ist ein komisches Gefühl. Aber wenn man sich Wissen aneignen möchte, dann zieht man das halt durch.

Umgang mit Schmerz, Lügen und Verleumdungen

Adelheid Schmitz: *Das Nachfragen war und ist sicherlich eine große Herausforderung für dich, denn diese Informationen sind in deiner Familie immer mit Trauer und Schmerz verbunden und du wolltest sensibel damit umgehen. Außerdem hast du später mitbekommen, wie deine Familie verleumdet wurde. In der Öffentlichkeit wurden bereits kurz nach dem Brandanschlag Verleumdungen und Lügen über deine Familie verbreitet. In einer Phase, in der deine Familie den tiefsten Schmerz durchlebte und trauerte, gab es schon Verleumdungen z. B. gegen deinen Vater und auch andere Familienangehörige. Es wurde behauptet, sie hätten das Haus selbst angezündet, um die Versicherungssumme zu kassieren. Dein Vater und auch deine Familie wurden damit kriminalisiert. Ähnliche Erfahrungen machen auch andere Opfer rassistischer Anschläge und Angehörige, die im Zuge der Ermittlungen kriminalisiert und verleumdet wurden und werden. Während des Gerichtsprozesses zum Brandanschlag auf euer Haus hat der Richter einen Brief mit Verleumdungen gegen deinen Vater vorgelesen. Später stellte sich heraus, dass Neonazis diesen Brief verfasst und den Briefkopf gefälscht hatten. Die Krimina-*

lisierung der Opfer und ihrer Angehörigen ist ein durchgehendes Muster und strukturell. In Analysen wird dies Täter-Opfer-Umkehr bezeichnet. Du kennst die Auswirkungen auf die Betroffenen. Wie ist es dir ergangen, als du das gelesen oder gehört hast?

Cihat Genç: Also früher, im Alter zwischen 17 und 19, da war ich relativ aggressiv drauf und war auch sehr wütend. Damals habe ich z.B. auf Facebook versucht, auf die Lügen und Verleumdungen zu reagieren. Ich habe jeden persönlich angeschrieben: »Hey, so was kannst du doch nicht machen. Wenn es Redebedarf gibt, komm, rede mit mir.« Niemand hat das Angebot angenommen und mit mir gesprochen. Irgendwann habe ich das dann ignoriert. Die Menschen, die so was verbreiten, sind meist eh unter sich. Der Rest der Gesellschaft nimmt diese Verleumdungen nicht wirklich wahr. Und außerdem, wenn ich wütend oder mit Hass reagiere, dann bin ich kein bisschen besser. Ich weiß nicht, wie meine Eltern damals mit den Verleumdungen umgegangen sind. Wahrscheinlich tat es denen einfach nur weh. Mir tut es weh, mir tut es einfach nur leid für meine Eltern.

Adelheid Schmitz: *Die Kriminalisierung und Verleumdung erleben die meisten Opfer und ihre Angehörigen als einen zweiten Anschlag und benennen dies auch so. Auch in der heutigen Stadtgesellschaft in Solingen gibt es Behauptungen, deine Familie habe von dem Brandanschlag profitiert. Deine Eltern, Großeltern und Verwandten bekommen das sicher auch mit. Wie nehmen sie das wahr und sprecht ihr über diese Form der Verletzung?*

Cihat Genç: Natürlich ist das verletzend, aber so was kommt gar nicht mehr an uns dran. Ich habe noch nie wahrgenommen, dass meine Eltern darüber geredet haben. Also, sorry für den Ausdruck, aber solche Verleumdungen und Lügen sind große Scheiße. Sie tun jedoch nicht mehr wirklich weh, um ehrlich zu sein. Zum Profitieren: Das »Beste«, was ich mal gelesen habe, ist die Behauptung, dass meine Oma beim Einkaufen nicht mehr anstehen muss, sondern sich immer vordrängelt und dann auch alles geschenkt bekommt. Sorry, da muss ich wirklich lachen. So was lasse ich nicht mehr an mich ran. Das ist so ein Schwachsinn. Menschen, die solche Lügen verbreiten, tun einem echt einfach nur noch leid.

Auswirkungen des Anschlags auf das eigene Bewusstsein

Adelheid Schmitz: *Du sagtest mal in einem Interview, dass du selbst kaum Rassismus erlebt hast und dass du dich in Solingen zu Hause fühlst. Deine Bereitschaft zu sprechen und dies öffentlich zu machen zeigt, wie wichtig dir als Teil der Familie das Thema ist. Wie wirkt sich dies denn auf dich als Nachgeborener, auf deine Gefühle und dein Bewusstsein heute aus?*

Cihat Genç: Also ich glaube, dadurch, dass ich Schmerz erkenne, einfach nur alleine durch den Gesichtsausdruck, kann ich sagen, dass ich mit Trauer relativ gut umgehen kann. Wenn ich selbst trauere, dann wahrscheinlich eher weniger. Ich bin ein emotionaler Mensch und kann mit meiner eigenen Trauer nicht gut umgehen. Aber wenn es darum geht, jemand anderen zu trösten oder einfach mit Trauer umzugehen, dann kann ich das relativ gut mit 26 Jahren. Ich glaube, dass ich deshalb viel Verständnis und Mitgefühl zeigen kann. Ich versuche auch, besser zu verstehen, was der Hintergrund für die Trauer sein kann.

Adelheid Schmitz: *Diese besondere Sensibilität ist anscheinend fester Bestandteil deiner Lebenserfahrung. Du hast schon früh die Trauer und den Schmerz deiner Eltern, Großeltern und Familienangehörigen erlebt. Kannst du dich erinnern, dass du – so wie Kinder oder auch Jugendliche es oft tun – eine Art Beschützer für deine Eltern sein wolltest, um ihren Schmerz nicht noch zu vergrößern?*

Cihat Genç: Ja, auf jeden Fall. Mir ist es sehr wichtig, Sorgen von meinen Eltern fernzuhalten, z.B. wenn ich verletzende Gerüchte oder Lügen über meine Familie höre. Ich versuche auch, meine Eltern zu unterstützen und ihnen Mut zu machen, ihre Meinung und ihre Vorstellungen zu sagen, wenn es z.B. um die Vorbereitung und Organisation der offiziellen Gedenkveranstaltung durch die Stadt geht. Ich glaube, dass ich schwierige Situationen ganz gut erkenne und dabei auch eine Schutzfunktion biete, indem ich das inzwischen bei meinen Eltern anspreche. Das passiert gelegentlich.

Adelheid Schmitz: *Es gibt einerseits die offizielle Gedenkveranstaltung der Solinger Stadtgesellschaft am Mahnmal vor dem Mildred-Scheel-Berufskolleg mit Reden des Bürgermeisters, aber auch von wichtigen Personen des öffentlichen Lebens aus Solingen, an besonderen Gedenktagen kommen auch prominente Personen aus der Landes- oder Bundespolitik. Was denkst du von den offiziellen Gedenkveranstaltungen?*

Cihat Genç: Also, zum Offiziellen: Ich finde es gut, dass es eine offizielle Gedenkveranstaltung gibt, bei der man als Stadtgesellschaft gedenkt und dass die Stadt Solingen sich dabei Mühe gibt. Was ich aber nicht mag, ist, wenn diese Veranstaltungen politisch instrumentalisiert werden. Ich erinnere mich an ein Jahr, da wurde die Gedenkveranstaltung schon im Vorfeld sehr von politischen Diskussionen dominiert. Das konnte ich nicht verstehen. Es geht hier gerade um einen Brandanschlag und die sprechen über die Politik. Das hat mich dann irgendwann so sehr aufgeregt, dass ich das auch laut gesagt habe. Ich weiß nicht, ob das wirklich was gebracht hat, aber ich nehme eine Veränderung wahr. Die Reden sind natürlich immer noch politisch. Und deswegen meine ich, dass die Politik sich da einfach raushalten soll. Bei den Gedenkveranstaltungen sollte besser nur gedacht und getrauert werden. Und das, was dabei gesagt wird, sollte wirklich vom Herzen kommen und nicht einfach nur abgelesen werden. Ich finde es auch relativ sinnlos, wenn Menschen im Rahmen der offiziellen Gedenkveranstaltung gezwungen sind, irgendwas zu sagen, um die Zeit auszufüllen.

Adelheid Schmitz: *Würdest du dich denn bei solchen Situationen auch äußern wollen, sozusagen stellvertretend für deine Familie, oder würdest du lieber nicht öffentlich sprechen?*

Cihat Genç: Öffentlich zu reden mag ich nicht. Deswegen würde ich das eher ungern machen. Mir ist aber wichtig, dass die Gedenkveranstaltung auch zukünftig fortgeführt wird, und ich möchte mich auch stellvertretend für meine Eltern dafür einsetzen. Denn ich weiß, für die ist es sehr, sehr wichtig.

Adelheid Schmitz: *Neben der offiziellen Gedenkveranstaltung der Stadt Solingen gibt es auch die Trauerfeier und das Gedenken an der Unteren Wernerstraße, direkt vor dem Platz, wo euer Haus stand. Hier stehen jetzt fünf Kastanien und ein Gedenkstein mit den Namen deiner zwei Schwestern, deiner Cousine und Tanten. Hier trauert deine Familie und alle, die ihr verbunden sind. Hier wird eine andere Form des Gedenkens und Mitgefühls spürbar. Welche Bedeutung hat dieser Ort der Erinnerung und des Trauerns für deine Familie?*

Cihat Genç: Hier ist der Ort des Gedenkens, der Trauer und des Gebets. Für Muslime ist es sehr wichtig, dass der Koran rezitiert wird. Auch am Mahnmal des Mildred-Scheel-Berufskollegs wird der Koran rezitiert. Aber den Koran zu rezitieren an dem Ort, wo meine Angehörigen getötet oder verletzt wurden, ist auf der Gefühlsebene noch mal etwas ganz anderes. Dementsprechend fühlt es sich für meine Familie, aber auch für viele Angehörige der muslimischen Community hier »richtiger« an, wenn an diesem bedeutsamen Ort der Trauer, des Schmerzes und des Mitgefühls der Koran rezitiert wird. Hier ist es mit ganz anderen Gefühlen verbunden. Dementsprechend ist alles herzlicher, alles wärmer vor Ort.

Adelheid Schmitz: *An diesem Ort kommen auch die Menschen aus der deutsch-türkeistämmigen Community Solingens zusammen, die hier gedenken und deiner Familie ihr Mitgefühl zeigen wollen. Von deiner Familie wird dies sicher auch so wahrgenommen?*

Cihat Genç: Ja, aber es sind nicht nur deutsch-türkische Mitmenschen, sondern da kommen auch ganz normale Deutsche, also ohne migrantischen Hintergrund hin und fühlen wahrscheinlich genau das Gleiche. Und das ist einfach nur schön zu sehen. Und die trauern da wirklich mit. Das ist meiner Familie sehr wichtig.

Mitspracherecht der Betroffenen

Adelheid Schmitz: *Du beschreibst gerade, wie wichtig Mitgefühl und Solidarität als Teil des Erinnerns sind. Ein halbes Jahr vor dem Brandanschlag auf eure Familie gab es den Brandanschlag in Mölln gegen Familie Arslan. İbrahim Arslan engagiert sich seit einigen Jahren schon intensiv in der Erinnerungsarbeit und er fordert immer wieder, dass die Betroffenen selbst sagen sollten, was ihnen bei Gedenkveranstaltungen wichtig ist und wer dort sprechen soll. Wie siehst du das?*

Cihat Genç: Ich bin da auf jeden Fall der gleichen Meinung. Wir brauchen ein Mitspracherecht. Tatsächlich entscheidet die Stadt größtenteils, wie die Gedenkveranstaltung durchgeführt wird. Das regt mich auf. Insofern hat Herr Arslan recht und ich finde das, was er macht, sehr richtig. Dass er sich dafür engagiert und vor allem auch, dass es ihm wichtig ist, wer zu entscheiden hat, wie so was stattfindet. Denn es geht immer noch darum zu trauern, und dass dies die eigene Familie betrifft. Ich kann mir auch sehr gut vorstellen, dass es große Hürden gibt, auch bei Herrn Arslan. Man sieht es an den Berichterstattungen, an der ganzen Organisation, an dem, was davor gesagt und gesprochen wird, dass es hier um behördliches Handeln geht, bei dem etwas genehmigt oder sogar abgelehnt werden muss. Und wenn es da zu einem Missverständnis kommt, dann stehst du als Betroffener da und fragst: »Hallo, geht's noch?« Also, es ist immer noch ein Thema, das mich und meine Familie betrifft, und warum entscheidet XY darüber, wer kommen kann, wer sprechen darf? Und das ist nicht leicht. Und ich wünsche Herrn Arslan viel Erfolg, denn ich kann mir sehr gut vorstellen, dass es schwierig ist.

Adelheid Schmitz: *İbrahim Arslan und seine Familienangehörigen haben die »Möllner Rede im Exil« initiiert. Sie findet bundesweit jedes Jahr an einem anderen Ort statt und Menschen zeigen an diesen Orten ihre Solidarität. Hierbei steht die Perspektive der Betroffenen im Mittelpunkt. Wie siehst du das und welche Botschaft sollte deiner Meinung nach bei Gedenkveranstaltungen stärker in den Vordergrund kommen?*

Cihat Genç: Bei den offiziellen Reden wird immer betont: Rassismus ist gefährlich und so was darf nicht noch einmal passieren. Das ist richtig und wichtig. Aber es müsste auch anhand von Zahlen, Daten und Fakten offengelegt werden, dass Rassismus immer noch Teil dieser Gesellschaft ist, dass täglich Menschen Rassismus erleben und bedroht sind. Auch die Hintergründe und Motive müssen offengelegt werden und was dagegen getan werden müsste. An dem Ort des Gedenkens kann man wahrscheinlich nicht konkret auf Prävention eingehen. Denkbar wäre auch, dass dort vielleicht Info-Materialien oder eine Broschüre ausliegen, die die Menschen mit nach Hause mitnehmen und selbst aufarbeiten können.

Blick auf den Umgang der Stadt mit Erinnern und Gedenken

Adelheid Schmitz: *Deine Familie hat sich direkt nach dem Anschlag gewünscht, dass ein Denkmal an einem zentralen Platz in Solingen entstehen soll. Doch dieser Wunsch ist lange unerfüllt geblieben. Erst 2012 wurde ein Platz vor einer interkulturellen Begegnungsstätte nach dem türkischen Heimatort deiner Familie benannt: Mercimek-Platz. Zur Einweihung war auch deine Familie eingeladen und du bist auf einigen Fotos zu sehen. Kannst du dich erinnern, wie du das damals erlebt hast als Jugendlicher?*

Cihat Genç: Ich glaube, ich war damals 15 Jahre alt. Als Jugendlicher versteht man das noch nicht so wirklich. Damals habe ich mir auch nie die Frage gestellt, warum so was erst sehr, sehr spät gekommen ist. Als Jugendlicher habe ich das einfach so hingenommen und war dankbar. Auch heute bin ich noch dankbar. Aber klar ist: Nur weil *wir* uns das wünschen, ist es halt noch lange nicht selbstverständlich, dass ein Platz in Solingen mit einem türkischen Namen benannt wird. Ich erinnere mich auch, dass der Tag ganz gut war. Also, ich habe mich einfach gefreut und war irgendwie stolz, ich weiß gar nicht, warum. Aber da einfach Mercimek-Platz zu lesen war halt was ganz Neues. Ich habe den Tag positiv in Erinnerung.

Adelheid Schmitz: *Du kanntest ja auch nicht den langen Vorlauf, die Hürden, die es gab. Dies ist an vielen Orten ähnlich, in Köln gab es eine lange Diskussion um das Mahnmal »Herkesin Meydanı — Platz für Alle« auf der Keupstraße. In Solingen wurde 1994 schon das Mahnmal vor dem Mildred-Scheel-Berufskolleg eingeweiht. Der damalige Leiter der Jugendwerkstatt, Heinz Siering, hatte die Idee für dieses Mahnmal zusammen mit der Künstlerin Sabine Mertens entwickelt und mit Jugendlichen aus der Jugendwerkstatt umgesetzt. Es war eine private Initiative, die Heinz Siering sehr wichtig war.[1] Für ihn war und ist die beständige Fortsetzung des Mahnmals auch ein Präventionsprojekt, in das weiterhin Jugendliche einbezogen werden. Im besten Sinne des Wortes ist dies eine partizipative Bildungsarbeit. Es wurde zum ersten Jahrestag installiert und wird beständig fortgesetzt. Das heißt, es ist ein lebendiges Denkmal. Inzwischen haben ca. 4.000 Menschen dort einen Ring mit ihrem Namen eingraviert und auch angebracht, um ihr Mitgefühl zu dokumentieren und ihre Solidarität. Wie siehst du eine solche Art von Denkmal oder genau dieses?*

Cihat Genç: Ich finde das sehr gut, weil es nicht nur dasteht, sondern es ist wirklich lebendig. Manchmal sieht man da auch Blumen, die abgelegt wurden. Man rechnet gar nicht damit, wenn man zufällig dort vorbeifährt und sieht, da ist eine Blume. Und vor allem auch wegen der Größe fällt es sofort auf. Die Idee mit den Ringen ist großartig und auch das Symbol der beiden Menschen, die ein Hakenkreuz zerstören. In meinen Augen ist es ein sehr, sehr erfolgreiches, ein gutes Projekt. Ich bin

---

1 Vgl. den Beitrag von Heinz Siering in diesem Band.

wirklich dankbar, dass es das gibt und ich mag diese Art von Denkmal sehr. Es freut mich, dass es an diesem Ort existiert.

Adelheid Schmitz: *Der Anstoß dafür kam von einem Menschen aus der Mehrheitsgesellschaft. Seine Betroffenheit, sein Mitgefühl und auch sein privates Vorgehen haben auch die schnelle Realisierung ermöglicht. Als das Denkmal am 1. Jahrestag des Brandanschlags eingeweiht wurde, waren immerhin 10.000 Menschen da, um zu trauern, ihre Solidarität zu zeigen und gegen Rassismus zu demonstrieren. Was denkst du, wenn du solche Bilder siehst, Berichte dazu liest oder aktuell – zwar mit weniger Menschen – dies an den Jahrestagen miterlebst?*

Cihat Genç: Ich sehe das natürlich sehr positiv, insbesondere wenn so viele Menschen einfach da sind. Das zeigt Mitgefühl, das zeigt Stärke, Gemeinsamkeit. Das bedeutet mir und auch der ganzen Familie sehr viel.

Bildungsarbeit und Prävention

Adelheid Schmitz: *Dir ist aber noch ein Gedanke sehr wichtig, der weit über die Sichtbarkeit für einen Tag hinausgeht. Du hast eben schon deine eigenen Erfahrungen während der Schulzeit angesprochen und dass der Brandanschlag im Unterricht kein Thema war. Inzwischen hat Birgül Demirtaş Bildungsmaterialien zum Solinger Brandanschlag entwickelt, die altersgerechte Zugänge zum Thema ermöglichen.*[2] *Du hast dich ja auch im Rahmen eines Interviews daran beteiligt. Denkst du, mit diesen Bildungsmaterialien könnten Lehrkräfte unterstützt werden, um in der Schule konkret mit Kindern und Jugendlichen über den Brandanschlag, dessen Hintergründe und Folgen zu sprechen?*

Cihat Genç: Auch wenn ich nicht genau sagen kann, ob aktuell in der Schule darüber gesprochen wird, vielen lieben Dank für die Erstellung der Homepage sowie an die Lehrpersonen, die das Thema im Unterricht aufgreifen. Ich hoffe sehr, dass Lehrkräfte mit diesen Bildungsmaterialien auch wirklich arbeiten, denn Prävention ist einfach das A und O. Es ist wichtig, Kindern und Jugendlichen möglichst früh deutlich zu machen, welche Folgen Rassismus haben kann. Der Ort für Prävention ist vor allem in der Schule, allerdings noch nicht in der Grundschule. Das halte ich für zu früh. Besser ist es in einer Phase, in der Jugendliche anfangen, genauer wahrzunehmen und ihre Wahrnehmungen einordnen wollen. Dies setzt voraus, dass Jugendliche in der Lage sind, Informationen zu verstehen und zu verarbeiten. Wenn

---

2   Auf der Homepage »Da war doch was« können Fachkräfte und Multiplikator*innen Informationen, Hintergrundwissen und altersgerechte Bausteine für die Bildungsarbeit zum Solinger Brandanschlag abrufen. Re_Struct/IDA-NRW (2022): https://brandanschlag-solingen-1993.de [31.05.2022].

das Thema Rassismus angesprochen wird, ist es wichtig, auch die Folgen für die davon betroffenen Menschen deutlich zu machen. Das muss natürlich altersgerecht sein – aber im Erste-Hilfe-Kurs werden ja auch Unfallfolgen gezeigt. Es muss alles transparent, wahrheitsgemäß und so echt wie möglich gezeigt werden. Was ist Rassismus? Was sind die Folgen? Und dass Rassismus im schlimmsten Fall tötet. Nicht nur die Familie Genç ist betroffen, nicht nur Solingen, sondern Mölln, Hanau, es gab ja auch die Anschläge in Neuseeland oder in Norwegen, wo der Neonazi Breivik so viele junge Menschen tötete. Fakten müssen offengelegt werden. Das kann auch abschreckend wirken, so hoffe ich. Und das fängt in der Schule an. Ich wünsche mir sehr, dass das in der Schule bearbeitet wird. Ich weiß nicht, ob dieser Wunsch jemals in Erfüllung geht, aber ich hoffe schon.

Adelheid Schmitz: *Und wie siehst du das mit Blick auf die Perspektive der Betroffenen? Welche Bedeutung sollten ihr Blick, ihre Erfahrungen und Wünsche grundsätzlich, aber auch im Rahmen der Präventionsarbeit haben?*

Cihat Genç: Ich kann absolut verstehen, wenn Betroffene sagen: »Nee, ich möchte nicht, dass Bilder gezeigt werden von der Tat, weil man meinen Sohn, meine Tochter oder meine Frau erkennt.« Klar, da muss man auch Rücksicht nehmen. Hierbei geht es um das Persönlichkeitsrecht anderer. Im Zusammenhang mit der Tat im Allgemeinen gibt es jedoch viele Bilder, die zeigen, was dort passiert ist. Die können auch so gezeigt werden, dass man keinem Betroffenen irgendwie noch weiter wehtut. Vielleicht sogar so, dass die Betroffenen sagen: »Ja, okay, das ist gut, dass darüber aufgeklärt wird.«

Adelheid Schmitz: *Inzwischen engagieren sich bei öffentlichen Veranstaltungen oder in Schulen Menschen, die wie z. B. İbrahim Arslan oder Angehörige der Initiative 19. Februar in Hanau aus ihrer Perspektive berichten. Wie siehst du das und kannst du dir vorstellen, dass gerade auch junge Menschen wie du aus betroffenen Familien eingeladen werden, um zum Beispiel die Folgen des Rassismus auch für die nachfolgende Generation deutlich zu machen?*

Cihat Genç: Es ist eine Möglichkeit, ich bin mir aber nicht sicher, ob da wirklich Menschen genug zusammenkommen, weil eben einfach so wenig darüber gesprochen wird. Das darf aber auch nicht als einmalige Veranstaltung durchgeführt werden nach dem Motto: »Das ist passiert, jetzt haben wir darüber gesprochen und können es abhaken.« Grundsätzlich ist es ein guter Ansatz, über die Perspektive der Betroffenen und die Folgen aufzuklären. Ich habe aber Bedenken, dass wirklich genügend Menschen vor Ort sind und dass dies meist eher in einem kleinen Kreis geschieht.

Wahrnehmung, Solidarität und Mitgefühl

Adelheid Schmitz: *Im Oktober 2021 gab es einen Anschlag auf die Wohnung einer türkeistämmigen Familie in Solingen, vermutlich rassistisch motiviert. Dieser Anschlag wurde in der Öffentlichkeit kaum wahrgenommen, aber unter türkeistämmigen Menschen sehr wohl und intensiv diskutiert, denn plötzlich war die Erinnerung wieder präsent und die Angst bei vielen Familien war sehr groß. Einige türkeistämmige Menschen, auch deine Mama, Hatice Genç, haben die betroffene Familie besucht und sich solidarisch gezeigt. Wie siehst du die Bedeutung der Solidarität in solchen Situationen?*

Cihat Genç: Das ist vollkommen verständlich, weil meine Mama auch sehr viel Solidarität und Mitgefühl bekommen hat. Sie hat dies in diesem Moment gegenüber der anderen Familie selbst gefühlt und wollte dies auch zeigen. Meine Mama weiß, welche Ängste und Sorgen die Familie hat. Sie wollte einfach sagen: »Hey, ich bin da, wir sind da. Wir helfen und wir zeigen uns solidarisch.« Ich glaube und hoffe, dass dies der Familie dann auch etwas Sicherheit gegeben hat, die in einem solchen Moment komplett erloschen ist.

Adelheid Schmitz: *Hast du mit deiner Mama darüber gesprochen, wie sie selbst die Solidarität damals erlebt hat?*

Cihat Genç: Thematisiert haben wir das schon, aber immer nur ganz kurz. Meist eher zwischendurch sagte sie sinngemäß: Ja, damals das war schrecklich. Gott möge alle Personen schützen, die für uns mitgekämpft haben. Und Gott beschütze die Leute, die positiv und gut eingestellt sind, die uns immer geholfen haben. Ein klares Zeichen von Dankbarkeit.

Adelheid Schmitz: *Zum Abschluss möchte ich noch mit dir über deine Oma Mevlüde Genç sprechen. Sie ist schon kurz nach dem Brandanschlag als versöhnliche Person im öffentlichen Bewusstsein wahrgenommen worden. Als die Proteste nach dem Anschlag eskalierten, hat sie sehr schnell zur Versöhnung aufgerufen. Sicher hast du die Presseberichte mitbekommen. Du hast deine Oma erlebt, mit ihrem ganzen Schmerz, der Trauer. Du hast sie weinen gesehen. Wenn du als Kind nachts wach geworden bist, hast du auch gehört, dass deine Mama weinte. Für ein Kind ist das sehr schwierig, denn eigentlich will man seine Liebsten gerne trösten, aber weiß nicht, warum sie weinen und wie man trösten kann. Kannst du heute nachvollziehen, dass sich deine Oma so versöhnlich geäußert hat?*

Cihat Genç: Meine Oma konnte und kann das. Ich hätte wahrscheinlich ganz anders reagiert. Und dazu stehe ich heute immer noch. Ich wüsste nicht, was ich in einer solchen Situation tun würde oder welche Emotionen einfach hochkommen. Ob es Hass ist, ob es vielleicht sogar ein Rachegefühl ist, weiß ich nicht. Ich habe so was noch nie durchleben müssen. Aber ich kann mir vorstellen, dass ich definitiv nicht sagen könnte: »Komm, alles ist gut und wir müssen Freunde bleiben.« Würde ich wahrscheinlich niemals, sondern ich hätte dann eher wieder mal aggressiv reagiert und hätte gesagt: »Was für Freunde, jetzt sind wir mal richtig verfeindet.« Ja, so würde ich wahrscheinlich reagieren.

Adelheid Schmitz: *Das ist absolut nachvollziehbar. Deswegen ist es so bemerkenswert, dass deine Oma sich so versöhnlich geäußert hat. Direkt nach dem Brandanschlag waren viele Menschen geschockt, zeigten ihren Schmerz, ihre Trauer und auch die Wut z.B. auch darüber, dass Bundeskanzler Kohl sich weigerte, nach Solingen zu kommen, um deiner Familie sein Beileid auszusprechen. Er wolle keinen »Beileidstourismus« unterstützen, sagte sein Regierungssprecher. Hast du das mitbekommen?*

Cihat Genç: Ja, habe ich, natürlich im Nachhinein. Auch, dass es relativ harte Demonstrationen gab. Ja, aber was soll ich dazu groß sagen? Dazu, dass der Bundeskanzler dann »Beileidstourismus« sagt, dazu kann ich nicht wirklich was sagen, da fehlen mir die Worte.

Adelheid Schmitz: *Nach deinen Großeltern und Eltern gehörst du zur dritten Generation und hast deine eigene Perspektive. Du hast den Anschlag in Hanau am 19.2.2020 mitbekommen. Ferhat Unvar, Hamza Kurtović, Said Nesar Hashemi, Vili Viorel Păun, Mercedes Kierpacz, Kaloyan Velkov, Fatih Saraçoğlu, Sedat Gürbüz und Gökhan Gültekin wurden dort aus rassistischen Motiven von einem Neonazi erschossen, einige von ihnen waren in deinem Alter. Wie hast du diesen rassistischen Anschlag wahrgenommen und was hat dies in dir ausgelöst?*

Cihat Genç: Es hat mich nicht schockiert. Das ist eine Frage der Zeit gewesen. Solange man so etwas nicht aktiv verhindern möchte, wird es immer wieder geschehen. Und dann tut es mir immer sehr leid für die betroffenen Personen. Ich bin mir bewusst, dass ich nie sicher sein kann, dass es morgen mir passieren könnte. Es ist eine tickende Zeitbombe und es ist absehbar, leider. Und es tut mir fürchterlich leid für die ganzen betroffenen Menschen in Hanau, aber auch an den anderen Orten. Das tut einem einfach nur leid. Ich war traurig, wütend und frustriert. Ja, damit habe ich gerechnet, aber es ist traurig, es ist einfach nur traurig. Und meine Gebete sind bei den Verstorbenen und bei den Hinterbliebenen.

Adelheid Schmitz: *Mit diesen Gedanken des Mitgefühls bedanke ich mich ganz herzlich für das Gespräch und deine Offenheit.*

Betroffene und Zeitzeug*innen zu Kontinuitäten
rassistischer und extrem rechter Gewalt
und deren Folgen

»Was der Möllner Anschlag mit uns machte.«
Auswirkungen und Folgen des Brandanschlags auf die Familie Arslan und die Bedeutung der Solidarität von Betroffenen

Faruk Arslan und İbrahim Arslan im Gespräch mit B. Demirtaş

> Am 23. November 1992 sterben beim rassistischen und extrem rechten Anschlag in Mölln in Schleswig-Holstein drei Menschen: Yeliz Arslan, zehn Jahre, Ayşe Yılmaz, 14 Jahre und Bahide Arslan, 51 Jahre. Neun weitere Personen werden schwer verletzt. Beim Brandanschlag verliert Faruk Arslan seine Mutter Bahide, seine Tochter Yeliz und Nichte Ayşe. Im Interview gibt er Einblick in das Leben seiner engagierten, beliebten Mutter, Bahide Arslan, und seiner Familie vor und nach dem rassistischen Brandanschlag in Mölln. İbrahim Arslan, Faruk Arslans Sohn, war sieben Jahre alt, als seine Großmutter, Schwester und Cousine aus dem Leben gerissen wurden. Heute kämpft İbrahim Arslan dafür, Zeitzeug*innen und Betroffenen eine Stimme zu geben, und klärt als Bildungsaktivist in Schulen auf.

Moderation: Birgül Demirtaş; Redaktion: Derya Gür-Şeker

Über das Leben in Mölln und Kritik an den Verantwortlichen

Birgül Demirtaş: *Wie habt ihr vor dem Brandanschlag als Familie gelebt?*

Faruk Arslan: Wir haben wie eine ganz normale türkische Gastarbeiterfamilie gelebt, die für jeden da war und mit jedem immer etwas unternommen hat. Mölln war unsere Heimat, von der wir gedacht haben, wir würden für immer dort glücklich leben. Aber diese Liebe für Mölln wurde mit dem Tod meiner Mutter Bahide Arslan zunichtegemacht. Diesen Tod hat sie nicht verdient. Ob deutsch, türkisch, polnisch, egal, wer es gewesen war, sie war für jeden da. Und sie wollte nicht nur für uns etwas Gutes tun, sondern auch für alle anderen Menschen. Genau das hat Mölln ausgemacht. Wir hätten uns niemals vorstellen können, dass uns in Mölln ein rassistischer und extrem rechter Brandanschlag treffen würde. Mit den beiden Rechtsextremen, die unser Haus angezündet haben, sind wir in Mölln zusammen aufgewachsen. Der eine ist mit meiner Schwester zusammen in einer Klasse gewesen. Er ist auch einer von vielen gewesen, die jeden Morgen von meiner Mutter etwas zu essen bekommen haben. Meine Mutter war die erste Person, die in Mölln einen türkischen Lebensmittelladen eröffnet hatte. Und sie ist auch eine der ersten türkischen Frauen gewesen, die ein Imbiss-Restaurant hatte. Dort war die Küche von morgens 9 bis 11 Uhr für Menschen geöffnet, die obdachlos waren, keine Unterstützung hatten und dort kostenlos essen durften. Einer der Täter hat dort immer Unterstützung und Essen bekommen.

İbrahim Arslan: Es gibt zum Beispiel ein Bild, auf dem meine Oma mit einer sehr guten deutschen Freundin zu sehen ist. Es zeigt, wie alle vor einem Tannenbaum sitzen, meine Oma mit Kopftuch. Es gab extrem viele Integrationsbemühungen von meiner Oma, auch von meiner Familie. Es stimmt also überhaupt nicht, wenn man sagt, Türken und Deutsche sind nicht aufeinander zugegangen. Dieses eine Bild entkräftet für mich diese Vorurteile. Wir haben zusammen draußen gegrillt, wir haben an Weihnachten zusammengesessen. Das Bild zeigt, dass nicht nur meine Familie versucht hat, sich zu integrieren, sondern sie haben extrem viele Bemühungen gestartet, um ein soziales Umfeld in Mölln aufzubauen.

Faruk Arslan: Bereits mit sechs oder sieben Jahren war ich auf Jahrmärkten und habe dort Freundschaften fürs Leben geknüpft. Seit 51 Jahren bin ich mit Schaustellern befreundet. Einer meiner besten Freunde ist Heiko, mit dem ich aufgewachsen bin. Meine Mutter ist eine der ersten türkischstämmigen Personen gewesen, die nach Mölln gekommen ist und in einer Textilfabrik gearbeitet hat. Sie hat viel versucht, um zu zeigen, dass sie ein Teil von Deutschland ist. Und das Bild, das İbrahim gerade beschrieben hat, zeigt uns mit Tante Elisabeth, die damals in der Schulstraße in Mölln neben uns gewohnt hat. Sie hat uns das Fahrradfahren, das Schreiben und Lesen gelehrt. Sie hat uns gezeigt, dass Mölln eine Kleinstadt ist, die nur voller Liebe ist. Und daran haben wir geglaubt. Deswegen kann ich nicht alle Möllner als rechtsradikal hinstellen, denn das wäre nicht richtig. Mein Antrieb ist, den Menschen zu zeigen, dass wir zusammengehören und zusammenleben müssen, dass man uns nicht einfach wegschaffen kann und wir Teil dieser Geschichte sind. Ich bin ein Opfer, das zeigt: Ihr kriegt mich nicht weg von hier, bis ich klare Ergebnisse habe. Nicht, um die Menschen schlecht zu machen. Man muss die Politiker bzw. die in der Verantwortung stehenden Menschen aufklären und deutlich machen, dass damals Fehler gemacht wurden, als unsere Familie in die Sache reingezogen wurde, obwohl wir gar nichts damit zu tun hatten. Man hätte die Familie auch mehr unterstützen müssen u.a. mit psychologischer Hilfe. Auch sollten die Familien eingebunden werden, wenn Veranstaltungen organisiert werden. Ein Beispiel: In den ersten drei Jahren nach dem Anschlag habe ich nicht an den offiziellen Gedenkveranstaltungen teilgenommen. Zwar habe ich vor dem Haus Mahnwache gehalten, war aber auf keiner offiziellen Veranstaltung der Stadt Mölln. Wenn ich Bürgermeister der Stadt Mölln wäre, dann würde ich immer versuchen, die Familie in die Organisation der Gedenkveranstaltung einzubinden, sie mitzunehmen und zu zeigen: Ich tue etwas für euch – aber mit euch. Ich werde niemals sagen können, dass diejenigen, die meine Familie ermordet haben, diese zwei Rechtsradikalen, ein Teil unserer Gesellschaft sind. Das geht nicht. Ich kämpfe aber weiter und zeige den Menschen, dass ich da bin, dass ich mich nicht unterkriegen lasse. Und ich glaube, man hört das auch in meiner Sprache, dass ich ein Teil von Deutschland bin. Unser Engagement soll etwas Gutes für die Opfer, aber auch für diese Gesellschaft bewirken. Und zeigen, dass wir als Opfer da und aktiv sind.

30 Jahre nach dem Möllner Brandanschlag. Erinnerungen und Erfahrungen

Birgül Demirtaş: *Im November 2022 jährt sich der Möllner Brandanschlag zum dreißigsten Mal. Faruk Ağabey[1], wenn du zurückdenkst an 1992, an was erinnerst du dich?*

Faruk Arslan: Nach dem Brandanschlag haben viele Menschen, Politiker und Medien den rassistischen Brandanschlag in der Öffentlichkeit instrumentalisiert und damit sich selber nur bereichert. Viele Politiker, die da waren, haben leere Versprechungen gemacht. Nach dem Tod meiner Mutter Bahide Arslan habe ich gesehen, dass Mölln sich unheimlich verändert hat. Mölln war nicht mehr das Mölln, das ich kannte. Bahide Arslan war ein Begriff in Mölln. Viele haben sie als türkische Bürgermeisterin angesehen, weil sie für jeden ein offenes Ohr hatte. In Mölln sind zu viele Versprechungen gemacht worden. Die Verantwortlichen der Stadt Mölln haben uns damals nach dem Brand wie einen Koffer mal dahin und mal dorthin gebracht. Sie haben uns nicht wie Opfer behandelt, sondern wie einen Gegenstand. Niemand hat sich Gedanken darüber gemacht, dass wir als Familie viel mehr Hilfe benötigt hätten, stattdessen wurde die Verantwortung einfach abgegeben.

---

1 »Ağabey« (türkisch) steht für die informelle Anrede für Männer*, die älter sind als die adressierende Person. Für die Interviewerin, die diese Anreden in ihren Interviews benutzt hat, aber vor allem auch für die Interviewten, bedeutet diese Anrede ein Zeichen von Nähe und Wärme. Sie eröffnet nicht nur einen Zugang zu einer vertrauensvollen Gesprächsebene für ein emotional schwieriges Thema, sondern kann auch als Ausdruck von Augenhöhe und Ausdruck des Zugehörigkeitsgefühls mit den Betroffenen und Zeitzeug*innen verstanden werden. Die informelle Anrede ist mehr als nur eine informelle Bezeichnung, sie vermittelt eine Verbundenheit mit emotional nahestehenden Personen und ist weniger ein Symbol einer klaren Rollenverteilung, die einen Status oder das Verwandtschaftsverhältnis definiert.

Umzüge der Familie innerhalb Möllns

Birgül Demirtaş: *Faruk Ağabey, du hast gerade erwähnt, dass die Verantwortlichen der Stadt Mölln euch Betroffene nach dem Anschlag an verschiedenen Orten untergebracht haben. Ihr wurdet quasi wie ein Koffer mal zu einem, dann zu einem anderen Ort gebracht. Kannst du mehr darüber erzählen?*

Faruk Arslan: Nach dem Brandanschlag sind wir innerhalb Möllns dreimal umgesiedelt worden. Zunächst in ein Haus in der Hauptstraße, einige Zeit später in die Bergstraße und schließlich wurden wir seitens der Stadt vor die Wahl gestellt: Wir sollten entweder in das Brandhaus in der Mühlenstraße 9 oder in einen Container, wo Geflüchtete lebten, ziehen. Also zogen wir wieder in das Haus ein, wo meine Mutter, meine Tochter und Nichte getötet wurden. Das mussten wir acht Jahre lang aushalten und trotzdem in diesem Haus weiterleben. Wenn wir in einen dieser Container gezogen wären, wären wir vielleicht heute auch schon tot. Denn damals wurden viele Container als Asylunterkünfte genutzt. Meist in abgelegenen Gegenden. An dem Tag, als wir in einen dieser Container einziehen sollten, haben wir uns doch umentschieden und sind in das Brandhaus gezogen. Abends wurde dann einer dieser Container angezündet.

İbrahim Arslan: In den Protokollen der Stadt Mölln ist zu lesen, dass wir ganz am Anfang in das Gästezimmer der Stadt Mölln eingezogen sind. Anschließend sind ganz viele Bemühungen unternommen worden, um für uns eine vernünftige Unterkunft zu finden. Allerdings hat die Stadt Mölln es nicht geschafft, einen angemessenen Wohnraum zu finden. Den Protokollen ist zu entnehmen, dass es zwei Möglichkeiten gab, entweder in das Brandhaus oder in ein Fertighaus zu ziehen. Die Stadt Mölln hat uns ein Konzept eines Fertighauses präsentiert, wobei die Bezeichnung »Fertighaus« für eine Unterkunft für Geflüchtete steht. Diese Fertighäuser bzw. Container standen permanent unter dem Angriff der rechtsradikalen Szene, also der neofaschistischen Szene in Mölln und Umgebung. Man kann den Polizeiberichten von 1992 bis 1993 entnehmen, dass damals fast täglich Unterkünfte für Geflüchtete angegriffen wurden. Wie kann man in dieser Lage auf die Idee kommen, eine Familie, die von Rechtsextremismus betroffen ist und drei Familienangehörige durch diese Anschläge verloren hat, in ein Fertighaus einziehen zu lassen? Wir hatten im Grunde überhaupt keine Wahl und mussten in das Brandhaus zurück, wo wir so viel Leid erfahren haben.

Die Rückkehr in das Brandhaus

Birgül Demirtaş: *Faruk Ağabey, ihr habt euch entschieden, wieder in das Brandhaus zu gehen. Wie war das für euch?*

Faruk Arslan: Weißt du, was das für ein Gefühl ist, acht Jahre lang nicht vernünftig schlafen zu können? Acht Jahre lang Wache für die Familie zu halten, damit sich so etwas nicht noch mal wiederholt? Acht Jahre lang vor dem Fenster zu stehen und bis in die Morgenstunden nicht zu schlafen? Und wenn du merkst, die Kinder sind aufgestanden oder in die Schule gegangen, dass du dich jetzt endlich hinlegen kannst, um ein wenig zu schlafen. Meiner Frau und mir war klar: Entweder wir nehmen unsere Kinder und gehen in die Türkei, oder wir ziehen in das Brandhaus zurück und fangen ein neues Leben an. Aber dieses neue Leben hätte in einem anderen Haus, in einer anderen Wohnung beginnen sollen. Leider war die Realität eine andere. Meine Frau ist damals aus dem Krankenhaus entlassen worden und konnte sich um die drei bis vier Jahre fast gar nicht bewegen. Sie hat sehr gelitten. Damals habe ich ihr versprochen, dass ein Tag kommen wird, an dem sie wieder lachen und sich wieder wie früher fühlen wird. Ich habe alles versucht, damit wir nicht wieder in dieses Haus einziehen müssen. Ich glaube, dieses Haus würde Geschichten darüber erzählen, wie viel ich damals geweint, gelitten und gefühlt habe. Es war nicht leicht. Und es ist immer noch nicht leicht, darüber nachzudenken.

İbrahim Arslan: Eigentlich müssen wir diese Ausgangsfrage umstellen und ganz konkret die Stadt Mölln fragen, was sie sich dabei gedacht hat, Betroffene wieder in ein Haus einziehen zu lassen, in dem sie so viel Leid erfahren haben. Es wäre ja wirklich verstörend, wenn wir als betroffene Familie antworten würden:»Na ja, uns ging es gut in diesem Haus.« Es ist doch klar, dass ein Mensch, der so etwas in einem Haus erlebt hat, dort überhaupt keinen Frieden mehr finden kann. Vielleicht sollte man tatsächlich überlegen, den Verantwortlichen diese Frage zu stellen:»Was fällt euch eigentlich ein, Betroffene in so eine Lage zu bringen, sie erneut in ihr Trauma hineinzuwerfen, die Betroffenen nochmals – wie zuvor – allein und schutzlos zu lassen, die komplette Verantwortung abzugeben und sich damit gleichzeitig ›am zweiten Anschlag‹ zu beteiligen?« Verantwortliche der Stadt Mölln würden höchstwahrscheinlich antworten, das ist jetzt nur meine Annahme, sie würden sagen:»Die Familie hatte ja eine Wahl. Die Familie hätte sich auch anders entscheiden können; zum Beispiel hätte sie in eine Unterkunft ziehen können.« Was ja aus bekannten Gründen noch verstörender gewesen wäre für uns alle. Wir hatten also keine echte, richtige Wahl. Wir hatten nur die Wahl zwischen sehr viel Angst, dass sich die Geschehnisse wiederholen könnten, oder Leid und Retraumatisierung ausgesetzt zu sein. Und wir haben uns für das Zweite entscheiden müssen, was natürlich gleichzeitig auch die Angst mit reproduziert hat.

Diskriminierungserfahrungen nach dem Brandanschlag

Birgül Demirtaş: *İbrahim, wenn du hörst, was dein Vater gerade berichtet, was geht dir da durch den Kopf?*

İbrahim Arslan: Wir haben ja zusammen gelebt in dem Haus. Dabei hat mein Vater immer versucht, dass wir als Kinder so wenig wie möglich von den Geschehnissen um uns rum mitbekommen. Er hat immer versucht, die Familie zu schützen. Damit nicht noch mal so was passiert, damit wir uns auch nicht immer wieder an die Tatnacht erinnern. Aber mein Vater hatte auch keine Möglichkeiten bzw. nicht so viele Möglichkeiten, wie andere Väter sie gehabt hätten, um seine Familie zu schützen. Er war permanent unter Beobachtung. Er wurde sehr oft festgenommen, ohne Gründe wurde mein Vater mitgenommen, hin und wieder vor unseren Augen. Die Polizei ist in unsere Wohnung eingedrungen und hat nach Waffen gesucht. Neben dem Anschlag, der unsere Familie getroffen hat, leben wir ja mit der Realität, dass wir PoCs sind und in dieser Gesellschaft weiterhin Repressionen ausgesetzt sind. Aus diesem Grund sind wir auch einem alltäglichen und institutionellen Rassismus ausgesetzt. Und dass unserer Familie Kriminalität eher zugeschrieben wird als einer *weißen* Person, die die deutsche Mehrheitsgesellschaft vertritt, ist wenig überraschend. Wir wurden durch den Anschlag zum Schandfleck von Mölln und somit zugleich gleichbedeutend mit dem Ausruf: »Das sind die, die uns so viel Leid zugefügt haben.« Es gab eine typische Täter-Opfer-Umkehr und die Bemühung, unsere Familie zu kriminalisieren. Es wurden permanent irgendwelche Gründe gesucht, um uns noch mal Leid zuzufügen. Damit wir auswandern, damit wir weggehen, damit wir von der Bildfläche verschwinden. Und all das habe ich als Kind auch gespürt.

Faruk Arslan: Ich habe ja von meiner Mutter erzählt. Meine Mutter hat als Erste in Mölln einen türkischen Laden eröffnet. Sie ist aber auch eine der Ersten gewesen, die sich für Geflüchtete bei uns vor Ort eingesetzt hat. Wir hatten damals einen kleinen Bus und meine Mutter rief mir immer wieder zu: »Oğlum², setz dich ins Auto und bring das den Leuten.« Diese Hilfsleistungen und Unterstützung waren mit ein Grund, glaube ich, warum es ausgerechnet uns traf. Deswegen hat unsere Familie gelitten, weil wir gegen Rechtsextremismus gekämpft haben. Weil wir uns für geflüchtete Menschen eingesetzt haben. Meine Mutter ist eine sehr hilfsbereite Person gewesen. Michael Peters, einer der Täter, war kein Fremder. Wir waren zusammen, wenn in Mölln Veranstaltungen stattfanden, er war immer mit uns. Der Rechtsradikalismus war da, nur war er unsichtbar. Sie alle hätten das machen können, was meine Mutter, Bahide Arslan, gemacht hat. Sie war für jeden Menschen da, für jeden. Das war das Lebenselixier meiner Mutter.

---

2   Dt.: »Mein Sohn«.

Solidarität mit den Betroffenen, sie sichtbar machen und ihnen eine Stimme geben

Birgül Demirtaş: *Faruk Ağabey, auf verschiedenen Gedenkveranstaltungen konnte ich beobachten, dass Betroffene zwar da waren oder eingeladen wurden, aber im Unterschied zu politischen Akteuren oft keine Bühne hatten oder nicht im Fokus standen. Was läuft da schief in unserer Gesellschaft?*

Faruk Arslan: Erinnerst du dich an Hanau? Ich war einen Tag nach dem Anschlag sofort in Hanau. Ich bin hingefahren, habe dagestanden und gesagt: »Das, was ihr macht, ist nicht gerecht. Hier da vorne zu stehen.« Auch den türkischen Politikern, die von Istanbul eingereist sind. Ihr solltet nicht diejenigen sein, die im Vordergrund stehen, sondern die Familien. Weißt du, was sie mit mir gemacht haben? Sie haben mich von der Bühne geholt und haben mich nach ganz hinten gebracht. Das ist das, was ich sage: Opfer werden immer nach hinten gestellt. Die Opfer müssen Stellung beziehen und zeigen, dass sie da sind. Und das habe ich den Familien an dem Tag versucht zu verdeutlichen.

Birgül Demirtaş: *Faruk Ağabey, du bist in Solingen gewesen, als der Brandanschlag 1993 in Solingen verübt wurde, also fast sechs Monate nach dem Brandanschlag in Mölln. Kannst du uns deine Gedanken schildern, was war für dich an dem Tag wichtig?*

Faruk Arslan: Ich habe als Vater gehandelt und als Mensch mit Herz. Ich wollte für die Familie Genç da sein, als Opfer mit den Opfern zusammen sein und den Schmerz teilen. Ich wollte den Opfern zeigen: Ich als Opfer stehe auch neben euch. Das, was sie mit uns gemacht haben, das wird nicht mehr passieren, wenn wir zusammenhalten. Ich bin nicht nach Solingen gefahren, um mich vor die Medien zu stellen. Mein Ziel war es, für die Familie Genç da zu sein. Und diese Kraft wollte ich der Familie weitergeben. So, wie ich vorhin auch gesagt habe, ich muss nicht mit Politikern auftreten, um mein Recht einzufordern. Mein größter Fehler war, mich jedes Jahr vor die Fernsehkameras zu stellen und Reden zu halten. Viel wichtiger ist es, Gesicht zu zeigen und den Menschen deutlich zu machen, dass wir uns nicht unterkriegen lassen. Dass wir als Opfer da sind, eine Stimme haben und wir nicht aufhören werden, überall da zu sein, wo Rechtsextremismus passiert. Das ist und war mein Antrieb – nichts anderes.

Birgül Demirtaş: *İbrahim hat gerade das Thema Täter-Opfer-Umkehr angesprochen. Wie hast du dich gefühlt, Faruk Ağabey, als solche Diskurse in der Öffentlichkeit, in den Medien über dich geschrieben wurden? Was hat das mit dir gemacht?*

Faruk Arslan: Mich hat das stärker gemacht. Sie haben mich ja nicht nur als Täter, sondern auch als Mafia-König oder als Drogenhändler hingestellt. Was nicht alles versucht wurde, um die Schuld oder die Verantwortung unter den Tisch zu kehren.

Aufklärungsarbeit und der Weg in die Öffentlichkeit

Birgül Demirtaş: *İbrahim, wenn du das so von deinem Vater hörst, bestärkt dich das noch mehr, in deiner Arbeit weiterzumachen?*

İbrahim Arslan: Ja, selbstverständlich bestärkt mich das. Wir sehen die von uns erlebten und beschriebenen gesellschaftlichen Mechanismen ja auch in anderen Kontexten, aber auch bei anderen Menschen, die immer für Gerechtigkeit kämpfen. Dies lerne ich aber nicht nur durch meinen Vater, sondern auch durch das, was ich selbst erlebe. Ich bin zwar den gleichen Ismen ausgesetzt, habe aber – im Unterschied zu meinem Vater früher – heute viel mehr Möglichkeiten, in der Öffentlichkeit zu sprechen. Außerdem kann ich auch meine wissenschaftlichen Perspektiven und meine Expertisen aus dem Erlebten einbringen. Rassismus ist eine im mitteleuropäischen Raum erfundene Diskriminierungsmaschinerie gegenüber Menschen, die in der Minderheit sind. Und es ist klar, dass diejenigen Menschen, die das dann reproduzieren, das nicht als Rassismus anerkennen oder Rassismus auch nicht als solchen bezeichnen, zumal sie selbst mit diesen Werkzeugen arbeiten und davon nicht betroffen sind. Zugleich sind wir eben diesen Repressionen fortwährend ausgesetzt und versuchen immer wieder, dagegen Widerstand zu leisten. Es werden immer Ismen eingesetzt, um Machtpositionen zu vertreten. Bei meiner Aufklärungsarbeit versuche ich gezielt, die Perspektive der betroffenen Menschen in den Vordergrund zu rücken. Für mich ist es aber auch sehr wichtig, verschiedene Generationen und ihren Umgang mit Rassismus zu beobachten. Wie sollte damit umgegangen werden, wie können wir Betroffene stärken, wie können wir uns, aber auch gleichzeitig sie empowern? All dies sind Fragen, die ich beantworte, und meine Aufgaben, die ich für mich in dieser Gesellschaft definiert habe.

Birgül Demirtaş: *İbrahim, seit wann engagierst du dich in dieser Form?*

İbrahim Arslan: Dass ich meine Stimme erheben musste, kam aus einer Notwendigkeit. Während der offiziellen Gedenkveranstaltungen der Stadt Mölln war unsere Familie nur durch ihre Anwesenheit präsent. Wir wurden wie Statisten behandelt. Es gab eine Zeit, wo keiner von uns auf der Bühne stand und reden durfte, weil wir nicht gefragt wurden. Wir waren als Gäste dort. Auf einer Gedenkveranstaltung habe ich dann aber das Mikrofon in die Hand genommen und gesagt: »Ich bin auch hier. Ich bin İbrahim Arslan und ich habe den Brandanschlag überlebt. Ich bin schon jedes Jahr hier gewesen. Ich bin nicht unsichtbar. Ich bin hier und möchte mit euch sprechen, denn ich möchte als Opfer anerkannt werden.« Das müsste 2007 gewesen sein. Seit dem Tag hat sich mein Engagement stetig weiterentwickelt. Gleichzeitig habe ich aber auch die Notwendigkeit gesehen, mit dem Thema in die Schulen zu gehen. Deswegen habe ich mich für ein Projekt des Vereins »Gegen Vergessen – Für Demokratie« beworben und bin nach Berlin gefahren. In meiner Tasche war unser Film »Nach dem Brand«, den wir gemeinsam mit der Regisseurin Malou Berlin aus Berlin über unsere Familie gedreht hatten. Diesen Film und meine Ideen habe ich in Berlin mit Erfolg vorgestellt. Seitdem bin ich aktiv und besuche bundesweit Schulen. Erst habe ich mit einem Zeitzeugengespräch angefangen. Mittlerweile spreche ich über Kontinuitäten von Rassismus, weil ich den Brandanschlag überlebt habe. Mich selbst, meinen Vater und alle anderen Betroffenen sehe ich als Experten. Ich suche dabei auch gezielt das Gespräch mit Schülerinnen und Schülern, wobei es nicht nur darum geht, was ich selbst erlebt habe, sondern auch darum, wie sich Alltagsrassismus, Mobbing, Sexismus und Diskriminierung in Schule und Gesellschaft gegenwärtig zeigt und wie junge Menschen damit umgehen.

Warum es wichtig ist, sich zu solidarisieren

Birgül Demirtaş: İbrahim, du hast vom Brandanschlag von Solingen am 20. Oktober 2021 erfahren und dich direkt mit der betroffenen Person Sibel İ. solidarisiert. Warum ist Solidarisierung deiner Meinung nach wichtig?

İbrahim Arslan: Das bestätigt ja genau das, worüber ich gerade gesprochen habe: Diese Arbeit ist notwendig und essenziell. Ich möchte dennoch betonen, dass es nicht meine Aufgabe sein sollte, Betroffene in dieser Form zu unterstützen. Denn das ist die Aufgabe eines Staates, Betroffene zu rehabilitieren, sie wieder in die Gesellschaft zu holen und sie zu schützen. Denn die Würde des Menschen ist unantastbar. Das steht doch so im Grundgesetz in Artikel eins, oder? Aber hier sieht man doch, dass die Würde der Migrantinnen und Migranten nicht geschützt wird. Deswegen ist es umso wichtiger, dass WIR uns gegenseitig schützen, uns solidarisieren, uns gegenseitig unterstützen, um Allianzen zu bauen und natürlich zu empowern. Diese Notwendigkeit habe ich immer wieder in unterschiedlichen Kontexten gesehen und eingefordert. Also das, was mein Vater in Solingen 1993 versucht hat zu machen, ist exakt das Gleiche, was ich jetzt in Solingen 2022 mit der betroffenen Person Sibel İ., mit der betroffenen Familie versuche. Wir bemühen uns, sie aus unseren Erfahrungen heraus zu unterstützen. Wir unterstützen, indem wir sie vertrauenswürdigen Personen vorstellen. Und genau das war in diesem Fall wichtig. Ich kann mich erinnern, dass die betroffene Person zu mir am Telefon gesagt hat, ihr erstes Bedürfnis war, sich mit uns zu vernetzen. Da habe ich Gänsehaut bekommen und habe gesagt: Okay, die Arbeit, die wir jahrelang betrieben haben, trägt nun Früchte. Durch diese Solidarisierung können wir dann letztendlich zusammen Entscheidungen treffen: Wen kontaktiert man als Nächstes? Welcher Anwalt ist vertrauenswürdig? Welche Beratungsstelle sollte man ansprechen? Und das versuchen wir gerade für diese betroffenen Personen in Solingen aufzubauen. Vertrauen ist der erste Baustein nach so einem Anschlag. Wir machen das ehrenamtlich, weil wir die Notwendigkeit erkannt haben, dies selbst zu tun, und bedanken uns bei denen, die uns dabei vertrauen.

Der Mangel an Unterstützung

Birgül Demirtaş: *Welche Unterstützungsmöglichkeiten habt ihr damals bekommen? Ist jemand seitens der Stadt Mölln an euch herangetreten und hat versucht, euch in der schweren Zeit zu unterstützen?*

Faruk Arslan: In Mölln hat man sich nicht ausreichend um uns gekümmert. So gab es keine Möglichkeiten, beispielsweise mit Blick auf notwendige psychologische Hilfe für meine Frau oder meine Kinder. Unter anderem deswegen sind wir 1999 nach Hamburg gezogen. Die Stadt Mölln hat viele Fehler gemacht. Acht Jahre lang in diesem Haus zu leben, Tag und Nacht Wache zu halten und vor dem Fenster zu stehen, um zu sehen, ob jemand kommt und wieder Molotowcocktails wirft. Wir brauchten psychologische Hilfe, die wir aber nicht bekommen haben. Deswegen sind wir nach Hamburg gezogen, um ein neues Leben aufzubauen. Ich glaube, das haben wir gut hingekriegt dank unserer Freunde und guter Ärzte. Es ging einfach nicht mehr, denn meine Kinder und meine Frau haben gelitten. Die Entscheidung, nach Hamburg zu ziehen, ist uns aber nicht leichtgefallen und wir haben lange überlegt.

Zur Überwindung von Rassismus

Birgül Demirtaş: *Es ist ja leider immer noch alltäglich, dass marginalisierte und rassifizierte Menschen durch rassistische und extrem rechte Gewalt verletzt und/oder umgebracht werden. Was muss sich eurer Meinung nach ändern in unserer Gesellschaft, damit das aufhört?*

Faruk Arslan: Ich meine, das wird man sicherlich niemals schaffen. Aber wenn wir etwas verändern wollen, dann sollten wir Menschen zusammenbringen und zeigen, dass wir alle zusammengehören.

İbrahim Arslan: Damit es Rassismus nicht mehr gibt, müssten heranwachsende Kinder und Jugendliche in Richtung einer antifaschistischen Gesellschaft ausgebildet werden. Wie aber können wir das schaffen? Es gibt hierfür wichtige Bausteine. Ein Baustein wäre, dass blinde Flecken im Bildungssystem geschlossen werden, denn in Schulbüchern fehlen beispielsweise die Geschichten der Migrationsgesellschaft und die der Gastarbeitergeneration, so auch meine und die Geschichte meiner Eltern. Und dann geht es darum, dass in den Köpfen der Menschen Rassismus anerkannt wird. Dass es die Tatsache gibt, dass Rassismus überhaupt existiert. Auch wenn wir in diesem Bereich eine radikale Veränderung schaffen und von heute auf morgen alle Schulbücher umschreiben, dann braucht es mindestens 20 Jahre, bis diese Jugendlichen herangewachsen sind, sich entscheiden, sich zu politisieren, dabei die Positionen übernehmen und unsere Gesellschaft schließlich verändern. Deswegen müsste es jetzt eine radikale Veränderung geben, um eine radikale Vielfalt von Menschen zu aktivieren, damit wir in 20 Jahren Rassismus effektiv bekämpfen können. Diese für manch einen utopische These habe ich für mich als Ziel definiert. Ich glaube allerdings, dass dies über einen ganz langen Zeitraum nicht passieren wird, aber realistisch zu erreichen ist. Dafür müssen wir weitermachen und dies immer wieder einfordern. Wir werden Schritt für Schritt, langsam, aber sehr sicher in Richtung einer antifaschistischen Gesellschaft voranschreiten. Dabei werden wir immer die Betroffenen und Angehörigen in die vorderste Reihe stellen, denn: »Opfer und Überlebende sind keine Statisten, sie sind die Hauptzeugen des Geschehenen.«

»Vielleicht hätte der Solinger Brandanschlag verhindert werden können.«
Eine Erinnerung an Şahin Çalışır und kritische Gedanken zu einem fragwürdigen Prozess

Orhan Çalışır

Abb. 1: Şahin Çalışır (1992)
© privat

Am frühen Morgen des 27. Dezember 1992 wurde mein Cousin, der aus der Türkei stammende 20-jährige Şahin Çalışır, auf der Autobahn bei Meerbusch (Nordrhein-Westfalen) getötet. Er war das erste Opfer, für dessen Tod rechtsextreme Täter aus dem Umfeld der Solinger Kampfsportschule »Hak Pao« verantwortlich waren.

Şahin Çalışır lebte mit seiner Familie in Duisburg-Marxloh, machte gerade seine Lehre als Industrieschlosser bei Thyssen und stand kurz vor seinem Abschluss. Er war ein ruhiger, ehrgeiziger und sportlicher junger Mann, der regelmäßig in einem Duisburger Verein trainierte. Şahin hatte noch das ganze Leben vor sich. Für seine Familie und seine Freunde war sein Tod unfassbar. Wir wollten, dass beim Prozess der rechtsextreme Hintergrund der Tat offengelegt wird. Vielleicht hätte damit der rassistische Brandanschlag in Solingen mit fünf toten jungen Frauen und Mädchen verhindert werden können.

Eine rassistisch motivierte Tat und ein fragwürdiger Umgang damit

Klaus E., ein polizeibekannter rechter Hooligan, sein Beifahrer, der Solinger Neonazi Lars Gerhard Sch., und ein weiterer Mitfahrer hatten mit ihrem Wagen das Auto von Şahin und seinen Freunden aus rassistischen Motiven auf der Autobahn 57 verfolgt und gerammt.[1] Aufgrund der bedrohlichen Situation befürchteten mein Cousin und seine Freunde Schlimmeres und versuchten, aus ihrem Auto zu flüchten. Dabei geriet Şahin Çalışır auf die Fahrbahn, wurde von einem Auto erfasst und getötet. Fast ein Jahr später fand vor dem Neusser Amtsgericht der Prozess statt. Amtsrichter Bott stufte den Fall aufgrund des Tathergangs als Totschlag ein und übergab das Verfahren deshalb an das Landgericht Düsseldorf. Dieses folgte der Einschätzung des Amtsrichters jedoch nicht und verwies den Fall zurück an das Schöffengericht Neuss (vgl. Jakobs 1993). Dort wurde nur der damals 23-jährige Klaus E., ein mehrfach einschlägig vorbestrafter rechtsextremer Hooligan, als Fahrer des Wagens angeklagt. Sein Beifahrer, der Solinger Neonazi Lars Gerhard Sch., ein Mitglied der Kampfsportschule »Hak Pao« und augenscheinlich Kopf des Täter-Trios, sowie Marco H. wurden lediglich als Zeugen befragt. Der Staatsanwalt war sich mit dem Anwalt von Klaus E. einig, dass es für die Tat keine politischen Hintergründe und keine rassistischen Motive gebe und es sich um eine »reine Verkehrssache« handele (ebd.). Aufgrund angeblich fehlender Beweise für eine rassistisch motivierte Tat

---

[1] Die Nachnamen der Täter sind aus juristischen Gründen abgekürzt. Die gängige Praxis, persönliche Daten der Täter*innen aufgrund von Persönlichkeitsrechten in vielen Veröffentlichungen zu anonymisieren, führt aus unserer Sicht allerdings auch dazu, dass es eher einen Täterschutz statt eines Schutzes der Opfer gibt. Die Täter, die für den Tod von Şahin Çalışır verantwortlich sind, haben Namen und Gesichter, sie haben seiner Familie und seinen Freunden großes Leid zugefügt, das diese auch 30 Jahre später noch spüren.

wurde E. wegen fahrlässiger Tötung und fahrlässiger Straßenverkehrsgefährdung zu 15 Monaten Haft verurteilt. Seine Gesinnung hatte er schon vor dem Prozess offenbart. Aus dem Gefängnis schrieb er in einem Brief über meinen getöteten Cousin Şahin: »Das mit dem Rumlaufen hat sich für ihn erledigt.« Auch dies war dem Gericht bekannt (vgl. Jakobs 1993 und Müller-Münch 1993).

Die rechtsextremen Aktivitäten in der Solinger Kampfsportschule »Hak Pao« unter den Augen des Verfassungsschutzes[2] blieben ungestört bis nach dem rassistischen Brandanschlag auf das Haus von Familie Genç am 29. Mai 1993 mit fünf toten jungen Frauen und Mädchen sowie 14 zum Teil schwer verletzten Familienangehörigen. Bei den Tätern des Brandanschlags war der Bezug zur Kampfsportschule »Hak Pao« sehr schnell klar, denn drei von ihnen hatten dort trainiert, zusammen mit Lars Gerhard Sch. sowie unter Anleitung von Bernd Schmitt, einem V-Mann des Verfassungsschutzes NRW.

Vor diesem Hintergrund wage ich die These, dass der Brandanschlag auf das Haus von Familie Genç hätte verhindert werden können, wenn die Verantwortlichen bei den Ermittlungen und während des anschließenden Prozesses zum Tod meines Cousins Şahin die rechtsextremen und rassistischen Einstellungen sowie Aktivitäten seiner Verfolger und auch den Kontext zur Solinger Kampfsportschule wahr- und ernst genommen hätten. Schließlich war das Täter-Trio verantwortlich für den Tod eines Menschen.

Aufgrund meiner Erfahrungen während des Prozesses sehe ich das Gericht als einen »zweiten Tatort«. Dies habe ich bereits bei der ersten öffentlichen Gedenkveranstaltung zur Erinnerung an Şahin Çalışır am 27. Dezember 2020 betont. Sie fand vor dem Gebäude des Amtsgerichts Neuss statt. Dort hatten Aktivist*innen verschiedener Initiativen zur Erinnerung an Opfer rechtsextremer und rassistischer Gewalt erstmals eine Gedenkveranstaltung zum 28. Todestag meines Cousins organisiert. Bis zu diesem Zeitpunkt war Şahin eines der vielen »vergessenen Opfer« rassistischer Gewalt. Auch am 27. Dezember 2021 haben wir wieder an meinen Cousin erinnert, dieses Mal auf dem Marktplatz in Solingen-Gräfrath. Die Organisator*innen der Veranstaltung haben diesen Ort gewählt, um auf die rechtsextremen Aktivitäten der ehemaligen Kampfsportschule »Hak Pao« aufmerksam zu machen, die sich bis kurz nach dem Solinger Brandanschlag hier befand. In meiner Rede habe ich nicht nur an Şahin erinnert, sondern auch über die Verhandlung beim Amtsgericht Neuss informiert, denn beim Prozess 1993 wurden die Verbindungen der Täter mit der Solinger Kampfsportschule, den dortigen rechtsextremen Aktivitäten sowie den daraus erwachsenden Gefahren ausgeblendet bzw. nicht ernst genommen – ähnlich wie beim Verfassungsschutz oder bei vielen Verantwortlichen in Politik und Medien.

---

2   Siehe hierzu den Beitrag von Hendrik Puls in diesem Band.

Für Şahins Freunde und mich waren damals die rechtsextreme Haltung und das rassistische Motiv für die Verfolgungsjagd bei E., Sch. und H. offensichtlich. Dies sah auch der Nebenklageanwalt Wolfgang Schwab so. Doch der Staatsanwalt und der Verteidiger von E. sahen keinen politischen Hintergrund, sie waren ähnlicher Meinung und reduzierten die todbringende Tat auf einen Verkehrsunfall. Rechtsanwalt Klaus Kirchner, der Verteidiger von Klaus E., erklärte mehrfach: »Einen politischen Hintergrund hat das Geschehen hier nicht. Ich seh das hier rein als Verkehrsunfall an« (Müller-Münch 1993: 4).[3] Zudem habe ich während des Prozesses selbst erlebt, dass wir Angehörigen und Freunde von Şahin eher wie Täter behandelt wurden. Die tatsächlichen Täter hingegen konnten sich sicher sein, dass sie vonseiten des Staatsanwalts nichts zu befürchten hatten. Aufgrund seiner Äußerungen und seiner Haltung war er für den Angeklagten eher ein weiterer Verteidiger. Mich hat dies damals sehr frustriert und wütend gemacht. Wir, die Angehörigen und Freunde des getöteten Şahin, fühlten uns alle ohnmächtig. Dem wollte ich etwas entgegensetzen und habe meine Eindrücke und Erfahrungen damals aufgeschrieben. Die folgende kurze Reportage über einen Prozesstag in Neuss ist eine leicht überarbeitete Version meines ursprünglichen Textes.

Ein Verhandlungstag beim Amtsgericht Neuss

Ein sonniger, aber kalter Oktobertag. Ich bin mit meinem Onkel und mit einem gleichaltrigen Cousin im Auto unterwegs nach Neuss zur Gerichtsverhandlung. Es handelt sich um den Prozess gegen einen rechtsextremen Hooligan aus Solingen, der zusammen mit zwei weiteren Neonazis am 27. Dezember 1992 meinen Cousin Şahin Çalışır auf der Autobahn bei Neuss zu Tode jagten. Auch Şahins Vater, ein anderer Onkel von mir, und sein älterer Sohn sowie drei bis vier Freunde und Verwandte sind auch auf dem Weg zur Gerichtsverhandlung. Insgesamt sind wir etwa neun oder zehn Personen. Der Verhandlungsraum befindet sich im ersten Stock. Vor dem Eingang des Saals stoppen uns schon Polizisten in Uniform mit einem Schäferhund. Warum der Hund dabei ist, werden wir gleich erfahren. Sie tasten uns ab und lassen uns von dem Hund beschnüffeln. Wir empfinden dies als eine bewusste Erniedrigung gleich vor dem Gerichtssaal. Ich habe nicht gesehen, dass die zwei Neonazis, die als Zeugen zum Gerichtssaal kamen, ähnlich behandelt wurden. Der Staat, die

---

3   Die Journalistin und Prozessbeobachterin Ingrid Müller-Münch weist darauf hin, dass Kirchner fast zeitgleich auch als Nebenklagevertreter für Angehörige von Familie Genç tätig war und der Nachweis eines rassistischen Hintergrunds der Hetzjagd hätte zu einer brisanten Mandatskonstellation geführt, denn Kirchner hätte gleichzeitig mit Familie Genç die Opfer des rassistischen Brandanschlags in Solingen vertreten und einen rechtsextremen Täter – ebenfalls aus Solingen.

Polizei wollte die Neonazis vor uns schützen! Sie waren nicht verdächtig, wir aber schon.

Es ist der zweite Verhandlungstag. Zum ersten konnte ich nicht kommen. Heute wird auch eine Entscheidung fallen. Es sind noch mehrere Journalisten anwesend. Ich habe die Berichte über den Fall gesammelt. Fast durchgehend gute journalistische Arbeit. Kommt nicht immer vor, wenn ich zum Beispiel an die NSU-Morde denke. Vielleicht, weil fünf Wochen vor dem Tod meines Cousins in Mölln eine türkische Frau und zwei Mädchen bei einem Brandanschlag ermordet wurden. Dieser Brandanschlag hatte großes internationales Aufsehen erregt.

Die beiden Freunde von Şahin, die mit im Auto saßen, habe ich nach dem 27.12.1992 gesprochen. Sie hatten noch immer Angst und waren erschüttert von den Ereignissen und von Şahins Tod. Sie erzählten, genauso wie bei deren Vernehmung und vor dem Gericht, dass sie Angst hatten, dass die Typen in dem Wagen bewaffnete Neonazis sind, und deshalb in Panik gerieten und vom Tatort flüchteten.

In der rassistisch aufgeheizten Atmosphäre Anfang der 1990er-Jahre konnte man als Migrant ja nur Angst haben. Fast jeden Tag wurden Angriffe und Anschläge vor allem auf Türken und Türkinnen verübt. Hoyerswerda, Rostock-Lichtenhagen, Mölln und unzählige andere Anschläge fanden 1991 und 1992 statt. Nicht nur die organisierten Neonazis, sondern auch viele »Mitläufer« griffen nachts Menschen an, die sie aufgrund ihres Aussehens für Migranten hielten oder die nicht in ihr Weltbild passten, warfen Brandsätze auf Häuser, in denen Migranten lebten, und auf Heime für Geflüchtete.

In vielen Städten und vor allem in den Stadtteilen, wo viele Migranten wohnten, wurden Wachen organisiert. Manche dieser Wachen habe ich selbst unterstützt. Junge Migranten und Mitglieder der örtlichen Antifa-Gruppen bewachten, mit kleinen Walkie-Talkies ausgestattet, die Wohnblocks.

Die beiden Freunde von Şahin hatten als Zeugen schon am ersten Verhandlungstag ausgesagt und waren an diesem Tag nicht anwesend.

Ich will die Gesichter der drei Neonazis sehen, die meinen Cousin auf ihrem Gewissen haben. Ich versuche, sie im Saal zu erkennen. Zivilbeamte der Polizei lassen uns nur auf der einen Seite des Saals sitzen. Hier wird ein Freund von Şahin wieder von einem der Polizisten abgetastet. Klaus E., der einzige Angeklagte des Neonazi-Trios, wird von Wärtern in den Saal gebracht. Er nimmt neben seinem Anwalt Platz. Wir alle gucken ihn an; er vermeidet jeden Blickkontakt mit uns.

Der Jüngste des Solinger Neonazi-Trios, Marco H., wird heute als Zeuge aussagen. Er sagt so gut wie nichts. Auch kaum ein Wort davon, was er den Polizisten nach der Tat zu Protokoll gegeben hatte. Dabei fällt mir auf, dass ein Typ mit kurzen Haaren bei den Zuhörern steht und den H. fest im Blick hat. Ich erfahre, dass dies Lars Gerhard Sch. ist, ein organisierter Neonazi und scheinbar der Kopf des Trios. In einem deutschen Gerichtssaal, wo es eine klare Ordnung gibt, wird er von niemandem aufgefordert, sich hinzusetzen. Weder die Gerichtsdiener noch die Polizisten und auch nicht der Richter sagen etwas. Es ist offensichtlich, dass er darauf aufpasst, dass die anderen beiden nichts »Falsches« sagen.

Lars Gerhard Sch. ist ein bekannter Neonazi in Solingen. Er trainierte in der Kampfsportschule »Hak Pao« unter der Leitung von Bernd Schmitt, der als V-Mann für den Verfassungsschutz NRW tätig war. In Schmitts Verein trainierten auch drei der vier Neonazis, die das Haus der Familie Genç am 29. Mai 1993 in Solingen angezündet haben. Sch. war Saalschützer bei einer Veranstaltung der »Deutschen Liga für Volk und Heimat« in Köln. Es wird dem Gericht ein Foto vorgelegt, auf dem er am Tag dieser Veranstaltung mit anderen Neonazis in einer Reihe zu sehen ist. Außerdem soll er kurz nach der Tat im Beisein von Polizisten mehrmals Klaus E. aufgefordert haben, »bloß den Mund zu halten« (vgl. Jakobs 1993). Eigentlich ein halbes Geständnis! Aber weder den Staatsanwalt noch den Richter kümmert es. Er wird nicht mal aufgefordert, sich im Gerichtssaal hinzusetzen.

Das Gericht vernimmt ihn nicht, weil er als Geschädigter der Tat gilt, erfahre ich.

Klaus Kirchner, der Anwalt von E., interveniert jedes Mal, wenn Wolfgang Schwab, der Anwalt der Nebenklage, die extrem rechte und rassistische Motivation der Täter darlegt. Mit den Worten »Wir rutschen auf eine politische Schiene« blendet Kirchner Zusammenhänge aus und betont, dass es »nur« ein Verkehrsunfall gewesen sei. Kirchner soll auch beim Prozess zum Solinger Brandanschlag mit fünf toten Türkinnen die Nebenklage vertreten haben. In diesem Fall habe er allerdings Familie Genç vertreten.

Es ist jedoch nicht nur Rechtsanwalt Kirchner, der die rechtsextremen und rassistischen Zusammenhänge ausblendet. Auch Staatsanwalt Schaidl hat kein Interesse, diese Zusammenhänge wahr- und ernst zu nehmen. Uns Angehörigen von Şahin fällt sein Grinsen während des gesamten Prozesses sehr unangenehm auf.

Wir sind gespannt und hoffen, dass er das eine oder andere vorgelegte Beweismaterial aufgreift. Mitnichten! Aus unserer Sicht zieht er eine Show ab. Er kritisiert einen nicht anwesenden BILD-Reporter, weil dieser ihn nach dem ersten Verhandlungstag nicht richtig zitiert haben soll. Und meint, er soll mit seinem Blatt seine Ohren wischen. Diesen ersten Auftritt am zweiten Verhandlungstag kommentierte mein Cousin N. flüsternd mit den Worten: »Was ist das für einen Staatsanwalt? Der grinst die ganze Zeit – und jetzt das. Was hat das mit Şahins Tod zu tun?«

Nach der Mittagspause hält dann Staatsanwalt Schaidl sein Plädoyer. Für ihn ist alles ein unglücklicher Verkehrsunfall und hat keinen politischen Hintergrund. Seiner Meinung nach sind die Jungs keine Typen, die sich ein Auto nehmen, ganz nach dem Motto: »Jetzt wollen wir mal sehen, bis ein Ausländer uns vor den Kühler kommt.« Wieder wundern wir uns. Woher hat ein Staatsanwalt diese Sprache? Und wir Angehörigen und Freunde sehen das ganz anders. Genau solche Typen sind sie. E., der einzige Angeklagte, ist genau dieser Typ. Ein bekannter Hooligan aus dem Umfeld des Fußballclubs Fortuna Düsseldorf, mehrfach vorbestraft unter anderem wegen vorsätzlicher Körperverletzung, Diebstahl, Urkundenfälschung. Zuletzt wurde gegen ihn wegen der Beteiligung an der Entführung eines Busses ermittelt. Er ist ein Fan der Rechtsrockband »Böhse Onkelz« und seine beiden Begleiter sind genau die Typen, die sich mit Neonazi-Rockmusik mit rassistischem und türkenfeindlichem Inhalt aufgeilen und auf »Türkenjagd« gehen. Die geschilderten Ereignisse auf der Autobahn: Verfolgen, Auflauern, Bedrängen, Rammen des Wagens, in dem mein Cousin mit seinen Freunden saß.

Staatsanwalt Schaidl fordert für Klaus E. ein Jahr Gefängnis auf Bewährung. Die anderen beiden Neonazis werden nicht mal erwähnt. Rechtsanwalt Klaus Kirchner hätte sich für seinen Klienten nichts Besseres wünschen können. Wir können unseren Ohren nicht trauen.

Für Richter Röttger, der bis jetzt nur durch seine Zurückhaltung auffällt, scheint dies alles sehr peinlich zu sein. Er entscheidet für 15 Monate Gefängnis ohne Bewährung wegen »fahrlässiger Tötung und wegen fahrlässiger Straßenverkehrsgefährdung«!

Wir gehen aus dem Saal und verlassen das Gerichtsgebäude. Wir fühlen uns seelisch wie körperlich leer und müde. Ein Gefühl der Ohnmacht macht sich breit. Keiner weiß, was er den anderen sagen soll. Wir sprechen nicht. Es ist alles offensichtlich, aber es passiert gar nichts. Staatsanwalt und Richter verhalten sich wie »die drei Affen«: Nichts sehen – nichts hören – nichts sagen! Das Leben von Şahin, eines türkischen jungen Mannes, war nichts wert. Wir glauben, dass E. noch nicht einmal angeklagt worden wäre, wenn er nicht mehrfach vorbestraft gewesen wäre.

Wir laufen zu den Autos, die wir etwa hundert Meter vom Gerichtsgebäude entfernt auf einem Autoparkplatz geparkt haben. Ich merke, dass ein junger Typ uns begleitet. Wir sind fast bei den Autos, er läuft mit. Ich sehe nach rechts und links, er scheint nicht allein zu sein. Ich mache meinen Cousin darauf aufmerksam und gehe auf ihn zu. Ich frage ihn, ob er mit uns nach Hause kommen wolle. Er ist irritiert, hat wohl eine solche Frage nicht erwartet. »Wieso, ich gehe hier nur spazieren«, murmelt er. Als wir in die Autos einsteigen, will er anscheinend nicht mehr spazieren gehen und wendet sich von uns ab und steigt in einen Wagen ein.

Der Staat zeigt auch ohne Grund seine Zähne. Sie wollen uns einschüchtern. Heute waren alle Polizisten im und um das Gerichtsgebäude, in Zivil oder in Uniform, und – nicht zu vergessen – deren Schäferhund nur auf uns fixiert. Im Ruhrgebiet geht die Sonne unter. Wir fahren in Richtung Duisburg, fahren an dem Sportverein vorbei, wo Şahin trainierte. Von ihm bleiben nur Erinnerungen. Und uns das Schuldgefühl der Ohnmacht.

Literatur

Jakobs, Walter (1993): »Tödliche Hetzjagd als schlichte ›Verkehrssache‹. Der Tod eines Türken auf der Autobahn war kein Unfall/Von Hooligans verfolgt«, in: taz vom 02.10.1993.

Müller-Münch, Ingrid (1993): »Nur Verkehrsunfall oder Mord?«, in: Frankfurter Rundschau vom 02.10.1993, S. 4.

»Wir waren geschockt, tieftraurig und wütend!«

Fatma und Neşe[1] im Gespräch mit B. Demirtaş

> Fatma war 20, Neşe 16 Jahre alt, als am 29. Mai 1993 der Brandanschlag auf das Haus der Familie Genç verübt wurde. Beide sind Solinger*innen und engagieren sich gegen rassistische und extrem rechte Gewalt. Um sich mit der Familie Genç zu solidarisieren, nahmen beide an den Solinger Demonstrationen und Protesten teil. Der Brandanschlag auf das Haus der Familie Genç in der Unteren Wernerstraße 81 hat beide traumatisiert, weil sowohl Fatma und als auch Neşe die Familie Genç kannten. Insbesondere Neşe war mit der ermordeten Hatice Genç damals eng befreundet. Der Brandanschlag am 20. Oktober 2021 in Solingen weckte noch einmal die antizipierten Ängste von damals auf. Die Betroffene Sibel İ. ist eine Freundin von Neşe.

Moderation: Birgül Demirtaş; Redaktion: Çağrı Kahveci und Birgül Demirtaş

Erinnerungen an den rassistischen und extrem rechten Brandanschlag 1993

Birgül Demirtaş: *Wir drei kennen uns aus verschiedenen Kontexten. Fatma, du hast im Kontext einer Veranstaltungsreihe zu rechter und rassistischer Gewalt an einer Podiumsdiskussion zum Solinger Brandanschlag an der Hochschule Düsseldorf teilgenommen. Außerdem hast du auch mehrere Interviews als Betroffene zu ähnlichen Themenfeldern durchgeführt. Du bist aktiv, was den Solinger Brandanschlag angeht. Neşe, wir haben uns vor ca. anderthalb Jahren in Solingen kennengelernt, genauer gesagt im Kontext, als am 20. Oktober 2021 ein Brandanschlag auf Sibel İ.s Wohnung in Solingen verübt wurde. Ihr beide seid wie ich Solingerinnen und nehmt regelmäßig auch an den Gedenkveranstaltungen zum Brandanschlag in Solingen teil. Wenn ihr noch mal an den rassistischen und extrem rechten Brandanschlag von 1993 zurückdenkt, welche Erinnerungen kommen euch spontan in den Sinn?*

Neşe: Mir geht spontan die Menschenmasse durch den Kopf, die demonstriert hat, und natürlich das, was der Familie Genç passiert ist. Es war schrecklich, als wir

---

1 Aus Persönlichkeitsgründen wurden die Namen der Zeitzeug*innen anonymisiert.

1993 hörten, dass bei dem Brandanschlag fünf Menschen aus rassistischen und extrem rechten Motiven ermordet wurden. Ich wünsche so ein Schicksal wirklich keinem und die Erinnerungen sind kaum in Worte zu fassen. Eins, woran ich mich gut erinnern kann, ist, dass damals schon der Gedanke aufkam, dass wir migrantisierten und rassifizierten Menschen alle zusammenhalten und gegen den mörderischen Anschlag angehen müssen. Von dem Brandanschlag am 29. Mai 1993 erfuhr ich durch einen Anruf meiner Mutter auf der Arbeit. Ich habe dann direkt die Arbeit liegen gelassen und bin zum Ort des Geschehens hingelaufen. Ich war sehr eng mit der Familie Genç und wollte ihnen beistehen. Mit der verstorbenen Tochter von Mevlüde und Durmuş Genç, Hatice Genç, war ich sehr gut befreundet, wir waren richtige Kanka[2], die durch dick und dünn gegangen sind. Wir haben nach der Schule immer viel unternommen und waren auch viel unterwegs. Unsere Familien kannten sich auch und besuchten sich damals auch untereinander. Deswegen ging mir auch der Brandanschlag sehr nahe und ich war unglaublich wütend, was damals passierte. Es ist nicht in Worte zu fassen, was wir damals gefühlt haben. Auch heute fehlen mir oftmals die richtigen Worte für die Beschreibung. Viele deutsch-türkeistämmige Menschen in Solingen, aber auch außerhalb Solingens, waren fassungslos, wütend und der Ohnmacht nahe. Wir konnten es nicht glauben, was passiert ist. Deswegen habe ich mich nach dem Anruf meiner Mutter direkt auf den Weg in die Innenstadt gemacht. Mein erster Gedanke war: Ich will zu Familie Genç gehen und einfach bei denen sein, um mich zu solidarisieren und sie zu unterstützen. Es waren richtig harte Zeiten, die ich erlebt habe. Es gibt keine Worte für die Schmerzen und Trauer der Familie Genç und der anderen Familienmitglieder, die Verluste erlitten haben.

Fatma: Von dem Brandanschlag habe ich zunächst durch die türkischen Medien erfahren. Es war plötzlich große Angst und Panik in Solingen zu spüren, dass uns auch ein rassistischer und extrem rechter Anschlag widerfahren kann. Aber nicht nur ich und meine Familie, sondern wirklich sehr viele migrantisierte Menschen, insbesondere in Solingen, waren plötzlich sekundär betroffen und ergriffen Sicherheitsmaßnahmen in den Häusern und Wohnungen. Mir kamen damals auch schon die Bilder und die Berichterstattungen zum Möllner Brandanschlag, sechs Monate vor Solingen, ins Gedächtnis. Meine Familie, meine Freunde und Freundinnen, Bekannte und Verwandte, wir alle haben uns damals intensiv über die gesellschaftspolitischen Probleme in Deutschland ausgetauscht und haben lange, kontroverse Diskussionen dazu geführt. Wir haben damals in den Medien intensiv mitverfolgen können, was in Mölln passiert ist. Dort sind drei deutsch-türkeistämmige Menschen umgebracht worden. Anfang der 90er-Jahre sind fast täglich Asylunterkünfte

---

2   »Kanka« (türkisch): enge Freund*in.

Fatma und Neşe im Gespräch mit B. Demirtaş: »Wir waren geschockt, tieftraurig und wütend!«

in Brand gesteckt worden, das war Alltag damals, heute passieren ähnlich schreckliche Dinge. Auch in Solingen hörten wir vor dem Anschlag auf das Haus der Familie Genç von anderen Anschlägen, wie z.b. auf türkische und arabische Moscheen und Lebensmittelgeschäfte in Solingen, die von migrantisierten Menschen betrieben wurden. Es gab auch verletzte Menschen bei den Anschlägen, aber bis dato keine Toten, zumindest hatte ich von keinen Toten erfahren. Aber als der Brandanschlag am 29. Mai 1993 mit fünf Toten in Solingen verübt wurde, war das örtlich sehr nah und sehr schmerzhaft, weil wir auch die Familie Genç kennen. In dem Moment, als der Brandanschlag in Solingen verübt wurde, als die Nazis direkt Türken anvisiert haben, haben wir als türkeistämmige Menschen verstanden, was los ist. Erst Türkeistämmige in Mölln mit drei Toten, dann Solingen mit fünf Toten. Das war der Moment, wo wir Angst hatten und verstanden haben, jetzt wird Jagd auf Türken gemacht. Mölln war die erste kollektive Erschütterung im Gedächtnis von türkeistämmigen Migranten. Meine Familie war auch stark betroffen, wütend und fassungslos, deswegen sind wir nach dem Brandanschlag zwei Tage später zu der Familie Genç gefahren, um ihr Beistand zu leisten in der sehr schweren Zeit und uns mit ihnen zu solidarisieren. Die Familie Genç hat neben den fünf Toten bei dem Anschlag auch ihr ganzes Hab und Gut verloren. Alles ist beim Brand vernichtet worden, aus diesem Grund war es uns wichtig, die Familie auch diesbezüglich zu unterstützen.

Neşe: Wir, damit meine ich deutsch-türkeistämmige Solinger und Solingerinnen, dachten unmittelbar nach dem Anschlag, dass der Anschlag uns alle betreffen würde. Deshalb habe ich mich mit vielen Solingern zusammengeschlossen, wir wollten alle auf die Straße gehen und zeigen »Ihr kriegt uns nicht unter«, das haben wir dann auch gemacht. Wir müssen also dagegen kämpfen und zeigen, dass es so nicht weitergeht mit den Anschlägen auf uns. Wir haben auf den Straßen Solingens, insbesondere in der Innenstadt alles getan, um auf uns aufmerksam zu machen. Wir waren alle extrem laut und haben »Nazis raus!«, »Wo ist der Staat?« und »Ihr kriegt uns hier nicht raus« gerufen. Wir hatten wirklich alle nur Angst und wir mussten uns wehren gegen die, die uns mit den Morden und Anschlägen aus Deutschland rausbekommen wollten. Mein Vater hatte damals immer die Jalousien unten. Ich kann mich daran erinnern, dass nach dem Anschlag die Jalousien bei uns Tag und Nacht nicht hochgezogen wurden, damit kein Anschlag auf unser Haus verübt werden konnte. Die Jugendlichen in Solingen hatten alle Pfefferspray in der Tasche, Gaspistolen waren keine Seltenheit, damit sich die Menschen wehren konnten, falls etwas passiert. Wir hatten verdammt viel Angst und dachten: »Mein Gott, was ist, wenn uns das auch passiert?« Und daraus sind dann die ganzen Proteste und Demonstrationen entstanden. Wir wollten den verübten Brandanschlag mit fünf Toten nicht einfach so hinnehmen. Den Möllner Anschlag habe ich damals auch wahrgenommen, aber nicht so intensiv wahrgenommen wie Fatma. Ich muss aber sagen, dass der Möllner Anschlag auf die Familie Arslan auch was mit mir machte. Die

Angst, angegriffen zu werden, war da und dieser Anschlag in Mölln mit drei ermordeten Menschen erschütterte viele Migranten, auch mich und meine Familie. In den Medien gab es diverse Berichterstattungen dazu, es hat uns auch sehr leidgetan, was passierte. Als 16-Jährige nahm ich die Bedrohung durch das, was in Mölln geschah, schon wahr. Ich empfand die kollektive Bedrohung aber in Solingen intensiver, weil es näher dran war. Mölln war so gesehen eine andere Stadt. Eine Stadt, die weit weg ist von Solingen. Da wir nicht unmittelbar in der Nähe zu Mölln wohnten, haben viele Menschen gedacht, vielleicht steckt da etwas anderes dahinter. Die Medien waren damals noch unkritischer als heute und damals wurde die Familie Arslan in Mölln beschuldigt, mit der Tat etwas zu tun zu haben, und viele Menschen wussten halt nicht, was war Wahrheit, was gelogen. Nachdem hier in Solingen ca. 6 Monate später dann der Brandanschlag verübt wurde, haben wir alle gedacht: »Okay, jetzt ist es klar. Das ist gegen uns Migranten, gegen uns Türkeistämmige.« Das zeigen ja auch u.a. die NSU-Morde und nicht zuletzt der Terroranschlag in Hanau, bei denen Migranten auf brutalste Art und Weise ermordet wurden. Wenn ich so zurückdenke an die 90er-Jahre, waren unsere Instinkte richtig, und es war richtig und wichtig, dass wir uns gewehrt und protestiert haben, auch wenn es gewaltvoll war.

Die Auswirkungen und Folgen des Anschlags spüren wir gegenwärtig noch

Birgül Demirtaş: *Ich war, als der Anschlag verübt wurde, gerade 19 Jahre alt und habe durch einen Anruf meiner Tante aus der Türkei davon erfahren, obwohl wir in Solingen wohnen. Sie sagte:* »*Wir haben Angst um euch, kommt zurück, das kann euch genauso passieren.*« *Für meine Eltern war das keine Option, nach dem Brandanschlag zurückkehren. Ich kann mich auch sehr gut an den 29. Mai 1993 erinnern. Meine Geschwister und ich durften damals nach dem Anschlag die Wohnung nicht verlassen, weil meine Eltern auch Angst hatten, dass uns das auch widerfahren kann. Mein ältester Bruder und ich sind heimlich durch das Fenster gestiegen, als meine Eltern nicht zu Hause waren, und haben die Proteste auch miterlebt und mitgemacht. Ihr habt eben erwähnt, dass der Möllner Anschlag die erste kollektive Erschütterung in eurem Bewusstsein, aber auch in dem vieler deutsch-türkeistämmiger Menschen verursacht hat. Welche Auswirkungen hatte der Brandanschlag 1993 auf euch und euer Umfeld?*

Fatma: Ich spürte, dass der Solinger Brandanschlag gegen uns Türkeistämmige gerichtet war. Unmittelbar nach dem Anschlag bekamen auch wir Anrufe von meiner Großmutter aus der Türkei, in denen sie uns strikt verbot, in die Häuser von Deutschen zu gehen und keine Deutschen in unser Haus zu lassen. Das waren total paranoide Gedanken, wir haben niemandem mehr vertraut. Damals wohnten wir im Parterre, wir brauchten keine Strickleiter, um schnell in einem Falle eines Brandanschlags nach draußen zu flüchten. Viele türkeistämmige Menschen haben sich damals solche Strickleitern besorgt, fast jede Familie hatte eine im Haushalt in Solingen, zumindest die Menschen, die ich kenne. Ich erinnere mich, dass einmal eine leere Flasche vor unserer Haustür lag. Mein Vater ging davon aus, dass die Flasche ein Molotowcocktail war. Meine erste Reaktion darauf war, an der Flasche zu riechen, aber es war eine normale Alkoholflasche. Wir haben immer gedacht: Jeden Moment sind wir dran. Dieses Gefühl, zu jeder Zeit Zielscheibe eines Anschlags werden zu können, kenne ich von vielen. Wir haben auch damals unsere Namen an der Klingel abgemacht, damit Nazis nicht erkennen, dass in dem Haus Türken wohnen. Meine Geschwister und ich durften auch eine Weile nicht das Haus verlassen, weil meine Eltern die Angst hatten, dass Nazis uns draußen kriegen und uns etwas antun können. Ich habe viele Verwandte hier in Solingen, die ähnliche Maßnahmen durchgeführt haben. Einige Eltern schickten auch ihre Kinder nicht zur Schule, aus Protest. Manche haben ihre Arbeit somit niedergelegt, um sich zu solidarisieren. Einige Solinger Türkeistämmige haben Allianzen gebildet und sogar bei der Stadtsparkasse ihre Konten gekündigt, auch aus Protest, damit Deutsche wahrnehmen, dass man mit denen nicht alles machen kann. Ich habe auch an den Demonstrationen und Protesten in Solingen teilgenommen. Ich bin nicht extrem rechts oder nationalistisch eingestellt, ganz im Gegenteil. Der Glaube der *weißen* Mehrheitsgesellschaft, dass nur extrem rechte und linke Türken an den z.T. gewaltbereiten Protesten beteiligt waren, stimmt natürlich nicht. Ich und viele Freunde, Bekannte, Verwandte haben uns an den Protesten beteiligt. Am Anfang waren wir alle friedlich. Erst als wir merkten, dass die hochrangigen Politiker uns nicht ernst nehmen und sich nicht die Mühe gemacht haben, unmittelbar nach dem Anschlag nach Solingen zu kommen, sind die Proteste so gesehen eskaliert. In den Medien kursierten damals zum Möllner Anschlag Gerüchte, dass der Anschlag aufgrund eines Versicherungsbetruges selbst von der Familie Arslan verursacht wurde, und das rassistische und extrem rechte Motiv wurde heruntergespielt und kaum medial thematisiert. Als dann in Solingen der Anschlag verübt wurde, wollten wir solche Gerüchte nicht zulassen, in diesem Fall wollten wir, dass alles richtig aufgeklärt wird, dass sie es nicht in eine Schublade stecken und das Motiv relativieren. Das ist ein Motiv von vielen für die ausgearteten Proteste.

Neşe: Wir haben auch Anrufe aus der Türkei erhalten, aber erst, nachdem ich den Anschlag von meiner Mutter mitgeteilt bekommen hatte. Meine Mutter hatte es von Bekannten in Solingen erfahren, die auch befreundet waren mit der Familie Genç. Meine Eltern waren sehr eng mit der Familie Genç befreundet. Auch meine Onkel, meine Tanten, mein Opa haben angerufen, haben uns gebeten, dass wir zurückkommen. Mein Vater war standhaft und hat immer gesagt: »Nein, wir werden hierbleiben, weil durch solche Anschläge die Nazis ihr Ziel erreichen.« Er hatte ja nicht unrecht, die Nazis wollten, dass wir Migranten, insbesondere Türken, alle aus Deutschland zurückgehen. Ich kann mich noch an die Worte meines Vaters damals sehr gut erinnern: »Nein, wir werden nicht zurück in die Türkei gehen. Wir werden dagegen angehen«, sagte er oft. Wir wohnten damals in einem Einfamilienhaus, unser Kinderzimmer war in der oberen Etage. Aus Angst, dass ein Anschlag auf unser Haus verübt wird, hat mein Vater unter unser Fenster seinen Transit-Bus geparkt und ein Seil von innen ans Fenster gebunden, und hat gesagt: »Kinder, wenn irgendwas sein sollte, Fenster auf, Matratze auf das Auto und runterspringen.« Wir hatten Alarmanlagen und Sirenen ans Haus montiert, die man 2 bis 3 Straßen weiter hören konnte. Namensschilder haben wir auch an den Klingeln geändert. Ich glaube, wir hießen damals sogar »Hans«. Hauptsache, kein türkisch klingender Name, dachten meine Eltern. Auf dem Briefkasten war unser Nachname ziemlich klein geschrieben, damit wir noch Briefe erhalten konnten. Ansonsten hatten wir Angst, aber wir haben uns nicht gescheut, bei den Protesten mitzumachen. Das fand ich richtig und wichtig, weil es tatsächlich so war, wie mein Vater damals gesagt hat: Die Nazis wollten uns aus dem Land haben. Wir wollten nicht, dass das Ziel der Nazis mit der Abwanderung erreicht wird. Also blieben wir hier in Solingen. Die Auswirkungen des Solinger Anschlags sitzen tief in mir. Oftmals verdränge ich meine Gefühle, weil sie unerträglich sind. In meinem Umfeld gab es nach dem Anschlag auch unterschiedliche Reaktionen drauf. Meine Eltern erzählen von Abwanderungen einiger Familien, weil sie den Schmerz nicht ertragen konnten. Viele Väter und Männer schickten ihre Familien aus Solingen für eine Zeit weg in eine andere Stadt zu Bekannten oder Verwandten. Keiner wusste ja, was als Nächstes kommt. Wir hatten fast schon das Vertrauen zu unseren deutschen Nachbarn verloren. Wir merkten, dass ein Riss zu ihnen entstand, weil Türkeistämmige davon ausgingen, dass jetzt alle Türken nach und nach ermordet werden. Nach dem Anschlag dachten wir eine Zeit lang, dass deutsche Nachbarn uns an Nazis verpfeifen und wir dann abtransportiert oder umgebracht werden. Wir wussten nicht mehr, wem wir vertrauen konnten. So verging die Zeit, nun sind 30 Jahre um und die Folgen sind immer noch spürbar. Die Ängste bleiben ...

Solidarisierung mit der Familie Genç

Birgül Demirtaş: *Mein Onkel ist tatsächlich kurze Zeit später nach dem Brandanschlag mit seiner Familie aus Solingen in die Türkei abgereist. Er ist nie wieder nach Deutschland zurückgekehrt. Mittlerweile ist er jetzt 88 Jahre alt. Er sagt, dass der Brandanschlag in Solingen der schrecklichste Höhepunkt seines Lebens war. In einem Gespräch erzählte er auch, dass er nicht zusehen wollte, wie seine Familie durch einen Brandanschlag durch Nazis umkommt. Mein Onkel hatte damals Angst, dass er plötzlich wie Durmuş Genç einen Anruf auf der Arbeit erhält und ihm eine schlechte Nachricht übermittelt wird. Als der Anschlag auf das Haus der Familie Genç verübt wurde, war Durmuş Genç auf der Arbeit, er hatte Nachtschicht. Genau davor hatte mein Onkel Angst und migrierte wieder in die Türkei. Neşe, du hast erwähnt, dass* du nicht nur Hatice Genç, sondern auch die Familie Genç kanntest. Ihr habt die Familie auch nach dem Anschlag besucht und euer Beileid bekundet. Fatma, du bist mit deiner Familie auch die Familie besuchen gegangen. Es gibt für mich auch keine richtigen Worte, die den Schmerz und die Trauer der Familie Genç, Saygın, Öztürk, Duran und İnce beschreiben. Wie habt ihr die Familien nach dem Brandanschlag erlebt, als ihr sie besucht habt?

Neşe: Wir haben die Familie Genç unmittelbar danach als Familie besucht, um unser Beileid auszusprechen und uns zu solidarisieren. Ich erinnere mich sehr gut daran, wie voll das Haus war. Sehr viele türkeistämmige Menschen aus Solingen haben sich mit der Familie solidarisiert, es war einfach unglaublich. Menschen gingen in der schmerzvollen Zeit der Familie ein und aus und wollten der Familie Genç beistehen. Auch für alle dort anwesenden Besucher war es schlimm, dort zu sein, weil auch wir Besucher kaum mit dem Schmerz der Familie umzugehen wussten. Alle Anwesenden in den Räumen weinten, wimmerten vor sich hin und saßen erstarrt auf den Stühlen oder saßen einfach auf dem Boden, weil für die Menschenmenge im Haus kein anderer Platz zur Verfügung war. Um vor Trauer und Schmerz nicht die sogenannte Besinnung zu verlieren, sagte Mevlüde Genç zu uns jungen Menschen in dem Raum damals ganz tapfer und weinend: »Verhaltet euch ruhig. Reagiert nicht mit Gewalt auf Gewalt.« Sie hat dabei schrecklich geweint und dennoch die Kraft gehabt, uns junge Menschen zu ermahnen, auf den Brandanschlag nicht mit Gegengewalt zu reagieren. Mir zeigte das eigentlich nur, wie stark Mevlüde Genç war. Ich wüsste nicht, ob ich solche Worte benutzen würde, wenn mir das widerfahren wäre. Mir kam es zu der Zeit so vor, dass die Familie Genç davon überzeugt ist, dass das schreckliche Ereignis seinen rechten Weg finden wird. Ich glaube, zu der Zeit wussten nicht alle Familienmitglieder, dass es bei dem rassistischen Anschlag Tote gegeben hat. Einige Familienmitglieder hat man etwas später über die Verluste informiert, weil sie in einem sehr schlechten seelischen Zustand waren. Der Anschlag selbst war schon schrecklich und traumatisierend genug. Man wollte den nächsten unerträglichen Schmerz nicht direkt mitteilen. Obwohl Mevlüde Genç versucht hat, mich dazu anzuhalten, in meiner Wut und Empörung über die Tat auf den Demonstrationen nicht mit Gegengewalt zu reagieren, habe ich mich nicht davon abhalten lassen. Heute würde ich sagen: »Unser Blut kochte vor Wut, wir waren fassungslos, wir haben gekocht, innerlich und äußerlich.« Wir haben zu Mevlüde Genç gesagt: »Okay, wir werden uns ruhig verhalten«, aber wir haben bei den ganzen Ausschreitungen in Solingen mitgemacht.

Fatma: Die Wohnung der Familie Genç war voller solidarischer Menschen gewesen. Alle dort anwesenden Menschen weinten vor Entsetzen, Trauer und Schmerz. Es war wirklich kaum auszuhalten, dies mitzuerleben. Wenn sekundär betroffene Besucher wie ich die Trauer so schmerzhaft empfinden, was haben wohl die Überlebenden empfunden? Ich glaube, es gibt keine Worte, die das richtig beschreiben können. Woran ich mich sehr gut erinnere und was mir im Gedächtnis hängen geblieben ist, ist Gülüstan Öztürk, die zu Besuch bei der Familie Genç war. Sie sollte eine kurze Zeit später wieder zurück zu ihrer Familie in die Türkei reisen. Sie war gerade 12 Jahre alt und sie verbrannte auf schreckliche Weise in dem Haus, wie die anderen ermordeten Mädchen und Frauen auch. Für mich war und ist sehr schmerzhaft zu wissen, dass Gülüstan nur für paar Wochen bei ihrer Tante Mevlüde Genç in Deutschland zu Besuch war, und dann erfahren die Eltern von Gülüstan in der Türkei, dass ihr Kind bei einem rassistischen Angriff ums Leben kommt, auf brutalste Art und Weise ermordet wurde und im Haus verbrannt ist. Ihr Sarg wurde wie die anderen auch in die Türkei überführt. Bis heute geht Gülüstan Öztürk mir nicht aus dem Kopf, wenn ich darüber spreche, bekomme ich immer noch Gänsehaut. Ich bin auch eine Mutter und habe Kinder. Ich frage mich diesbezüglich oft, was wohl Gülüstans Eltern durch den Kopf gegangen ist … Wenn ich darüber nachdenke, ich schicke meine Tochter unbekümmert für paar Wochen nach England zu meiner Schwester, und dann kommt sie in einem Sarg zurück … Das sind wirklich schmerzhafte Gedanken. Selbst ich, als völlig fremde Person, die Gülüstan und ihre Eltern nicht persönlich kannte, habe das bis heute nicht verarbeiten können.»Wie sind dann die Eltern mit dem Schmerz und Trauer der ermordeten Tochter in Solingen umgegangen?«, frage ich mich hin und wieder. Auch Familienmitglieder der Familie Genç thematisierten dies damals weinend. Einige Familienmitglieder, die ihre Kinder verloren haben, schrien und weinten vor Schmerz. Hatice Abla[3] verlor ihre beiden Töchter bei dem Anschlag. Kâmil Genç, ihr Mann, ist nicht von ihrer Seite gewichen und hat die ganze Zeit versucht, sie zu beruhigen, obwohl er selber nervlich zerstört war. Hatice Abla war wirklich in einem sehr schlechten Zustand. Besucher wussten nicht, wie man in einem solchen Moment damit umgeht. Man hat Hatice Abla permanent Wasser zum Trinken angeboten und Kolonya[4] in ihre Hände geträufelt und in den Gesichtspartien zur Erfrischung und Kühlung verteilt. Die Gedanken, sich daran wieder zurückzuerinnern, das alles ist schmerzhaft.

---

3   »Abla« (türkisch) steht für die informelle und wertschätzende Anrede für Frauen*, die älter sind als die adressierende Person. Für die Interviewerin, die diese Anreden in ihren Interviews benutzt hat, aber vor allem auch für die Interviewten, bedeutet diese Anrede ein Zeichen von Wertschätzung, Nähe und Empathie. Sie eröffnet einen Zugang für eine vertrauensvolle Gesprächsebene bei einem für alle emotional schwierigen Thema, sie kann zudem auch als Ausdruck von Augenhöhe und des Zugehörigkeitsgefühls mit den Betroffenen und Zeitzeug*innen verstanden werden. Die informelle Anrede ist somit mehr als nur eine informelle Bezeichnung, sie vermittelt eine Verbundenheit mit emotional nahestehenden Personen und ist in diesem Fall weniger ein Symbol einer klaren Rollenverteilung, die einen Status oder das Verwandtschaftsverhältnis definiert.

4   »Kolonya« ist ein Duftwasser, das zur Erfrischung und zur Kühlung des Gesichtes sowie zur Desinfizierung genutzt wird.

Proteste und Reaktionen auf die Morde in Solingen – und die Schieflage der Medienberichte über die Proteste

Birgül Demirtaş: *Ihr beide habt an den Demonstrationen sowie Protesten unmittelbar nach dem Anschlag als Solingerinnen teilgenommen. Wie habt ihr die z.t. gewalttätigen Proteste in den Solinger Straßen und die Medienberichterstattung über den Brandanschlag in Erinnerung?*

Neşe: Wir, einige Freunde von mir, Ayşe, Sevda, Süleyman und noch weitere, waren sehr laut und haben Parolen skandiert. Wir wollten uns gegenüber dem nicht handelnden und nicht reagierenden Staat, der Stadt Solingen und all den Politikern bemerkbar machen. Wir sind dann irgendwann in der Solinger Innenstadt alle bis auf die Laternenspitzen geklettert und haben lautstark unsere Stimmen erhoben und Parolen gerufen wie »Nazis raus« und »Nazis bringen uns um und der Staat schweigt«. Es gibt sogar ein Bild von mir in einer Zeitung, wie ich damals lauthals rufend auf eine Laterne geklettert bin und dort oben hänge. Viele Türkeistämmige, ich inbegriffen, haben an der Kreuzung Schlagbaum Protestfeuer gelegt, paar Straßen entfernt vom abgebrannten Haus der Familie Genç. Das Matratzengeschäft an der Kreuzung haben wir so gesehen geplündert und die Matratzen mitten auf die Kreuzung getragen und angezündet. Wir haben auch Autoreifen und alle möglichen Dinge auf die Kreuzung getragen und haben ein riesiges Protestfeuer gemacht, demonstriert, protestiert und auf den Solinger Brandanschlag reagiert und somit darauf aufmerksam gemacht. Wir wollten die Kreuzung damit lahmlegen, was wir auch erreicht haben. Dabei skandierten wir »Die Nazis bringen uns um«, »Wo bleibt Kohl?«. Vorher haben wir an verschiedenen friedlichen Demonstrationen mit Lichterketten teilgenommen, das hat aber niemand wahrgenommen. Wir waren an einen Punkt gekommen, wo wir gesehen haben, Lichterketten reichen nicht aus, damit es zu Veränderungen kommt. Unsere und die Absicht der heftig protestierenden Menschen in Solingen war ja, dass uns der Staat und die Politiker wahrnehmen und etwas gegen rassistische und extrem rechte Gewalt unternehmen. Sie sollten sehen, dass wir die Morde nicht einfach so hinnehmen. An den Protesten haben auch andere Communities teilgenommen. Es haben sich nicht nur Türken aus Solingen eingebracht, es waren auch viele linke Deutsche, Italiener und Menschen aus der griechischen Community dabei. Sogar während der Proteste waren Gruppen von Nazis in Solingen unterwegs, die insbesondere Türken anvisierten und auf sie einschlugen. Die Nazis wurden dann aber auch von uns vermöbelt. Ich habe sogar noch in Erinnerung, dass an einer Bushaltestelle in Solingen ein griechisches Mädchen von Nazis angegriffen wurde, weil die Nazis gedacht haben, dass sie eine Türkin ist. Die Nazis haben sie erst in Ruhe gelassen, als sie sich mit ihrem Ausweis identifiziert hatte, erst dann ließen sie von ihr ab. Unser Nachbar war damals italienischer Herkunft, ich war gut befreundet mit deren Tochter Diana. Sogar ihr Vater karrte mich, Diana und weitere Freunde mit dem Auto in die Innenstadt, damit wir gemeinsam protestieren konnten.

Neben diesen Demonstrationen und Protesten in Solingen, an denen ich teilgenommen habe, kam die mediale Diffamierung der Menschen, die an den Protesten teilgenommen haben, also die Diffamierung der Türkeistämmigen. Die Medien haben die protestierenden Türken in eine Schublade gesteckt und medial als »kriminelle Türken« benannt. Auch ich bin der Meinung, dass die Perspektiven auf die Hintergründe und Motive der Solinger Proteste in den Medien viel zu kurz kamen. Der Fokus der Berichterstattung lag eher auf den Organisationen der türkischen Nationalisten und extrem rechten Türken, die für die Ausschreitungen in Solingen verantwortlich gemacht wurden. Alle Akteure wurden über einen Kamm geschoren. Ich hatte das Gefühl, dass es einfacher ist, eine bestimmte Community und eine bestimmte Organisation in den Medien schlechtzumachen und dadurch den mörderischen Anschlag zu relativieren. Denn die Berichterstattung über die Proteste in Solingen hatten die Folge, dass kaum über den Brandanschlag geschrieben und daran erinnert wurde, obwohl er ein, zwei Tage vorher in Solingen stattgefunden hatte. Der Fokus der Medien waren eher extrem rechte Türken, die dort eine Bühne für ihre Gewaltausübung gesucht haben. Türkeistämmige Nationalisten und Menschen, die den Grauen Wölfen angehörten, waren aber nur ein kleiner Teil der Teilnehmer dort. Die Perspektiven der Mehrheit, also anderer Akteure, wurden komplett ausgeblendet. Hier kann ich mich direkt auf mich beziehen: Ich war damals schon links und antirassistisch eingestellt und bin es immer noch, dennoch habe ich an den Solinger Protesten teilgenommen. Menschen, die eine ähnliche Haltung hatten und rassismuskritisch waren wie ich, haben ungebremst an den zum Teil heftigen Protesten teilgenommen, weil wir sekundär Betroffene waren. Wir hätten genauso das Ziel eines Anschlages werden können. Die Stadtverwaltung Solingen und die Politiker wollten wahrscheinlich nicht, dass man über den Anschlag redet. Deswegen war es einfacher für die Stadt Solingen sowie die Journalisten, schlichtweg alle Akteure der Proteste medial als türkeistämmige Nationalisten und türkische extrem Rechte zu benennen. Sie wollten uns Migranten, vor allen Dingen Türken, schlechtmachen, was sie so gesehen auch erreicht haben. Wir waren anschließend wieder Zielscheibe von Rassismus und Diskriminierungen. In den ersten Wochen nach dem Anschlag hat das Solinger Tageblatt permanent über diese Gruppen negativ berichtet. *Weiße* Solinger sprechen heute noch schlecht über die Proteste, dabei kommen die Motive und die Hintergründe der Proteste und Demonstrationen zu kurz oder werden in Gesprächen gar nicht erwähnt. Das sind dann die Narrative, die die Medien kurz nach dem Anschlag aufgebaut haben.

Fatma: Das Motiv des rassistischen und extrem rechten Brandanschlags in Mölln wurde anfänglich irgendwie vertuscht und verdeckt. Eine kritische Auseinandersetzung hat damals nicht stattgefunden, so wie ich das wahrgenommen habe. Bis zur Selbstenttarnung des NSU wurden die Opfer und Betroffenen beschuldigt und kriminalisiert, so war es leider. Damals war in den Medien oft zu lesen oder zu hören, dass »Versicherungsbetrug« oder »Schwarzgeldwäsche« hinter dem Möllner Anschlag stecken könnte. Die Ermittlungen zum Möllner Anschlag gingen in verschiedene Richtungen, deswegen waren wir uns damals nicht sicher, was da überhaupt los war. Wir konnten uns ja auch damals keine Informationen über die sozialen Medien einholen, deswegen glaubte man den Medien, wenn auch nicht zu 100 %, dass das Motiv vielleicht auch was anderes sein könnte. Leider gingen auch meine Gedanken in diese Richtung ... Aber als dann am 29. Mai 1993 der Brandanschlag in Solingen verübt wurde, war die Wahrnehmung eine andere. Solingen war »unser Standort«. Der Brandanschlag wurde direkt unmittelbar in meiner Nähe, sieben Kilometer von mir entfernt, verübt. Erst nach dem Anschlag in Solingen haben wir deutlich gemerkt, dass die Nazis türkeistämmige Menschen in den Blick genommen hatten und auslöschen wollten, was in Mölln und Solingen mit insgesamt acht ermordeten Menschen der Fall war. Das waren zwei rassistische und extrem rechte Anschläge gegen türkischstämmige Familien. Viele deutschtürkeistämmige Menschen, insbesondere in Solingen, haben auch die Medienberichterstattung intensiv verfolgt. Der damalige Bundeskanzler Helmut Kohl gab sich nicht die Ehre, nicht in Mölln und auch nicht in Solingen, sich mit den betroffenen Familien zu solidarisieren und an den Trauerfeiern teilzunehmen. Der damalige Regierungssprecher Dieter Vogel sagte die Anteilnahme des Bundeskanzlers mit der Begründung ab, man solle »nicht in Beileidstourismus verfallen«. Die türkeistämmigen Menschen in Solingen haben natürlich die Teilnahmslosigkeit und die Entsolidarisierung von Helmut Kohl und anderen hochkarätigen Politikern in Solingen wahrgenommen. Wenn ich mit einem rassismuskritischen Blick heute darauf schaue, wurde der Anschlag in Solingen mit fünf Toten nicht so hoch bewertet wie zum Beispiel ein Attentat oder ein Anschlag auf eine andere ethnische Gruppe mit z.B. *weißen* Betroffenen. Ich habe mit meinem Bekanntenkreis an den Proteste in Solingen teilgenommen und dagegen protestiert. Ich war damals so wütend über die ganze verzerrte, unkritische Medienberichterstattung. Unmittelbar nach dem Solinger Brandanschlag habe ich die Medien intensiv verfolgt. Leider hatte ich damals nicht die Gelegenheit, mit ZDF oder ARD über die unkritische Berichterstattung zu reden. Die beiden Sender, aber auch andere, haben über die heftigen Proteste berichtet und Türkeistämmige als böse und kriminell dargestellt. Es gab Schlagzeilen wie »Türkische Jugendliche randalieren wieder und machen Schaufenster kaputt« oder »Die Türken sind wieder unterwegs«. Die deutschen Ladenbesitzer, deren Schaufenster in Solingen zerschlagen wurden, wurden als Opfer dargestellt mit Schlagzeilen wie »Der arme Ladenbesitzer. Heute Nacht haben wir Angst, dass die Türken wieder kommen«. Nicht der Brandanschlag oder die Opfer bzw. Betroffenen wurden in den Vordergrund gerückt, sondern eher *weiße* Ladenbesitzer, die als die »armen Opfer« dargestellt wurden. Ich will die ganzen gewaltvollen Proteste in Solingen nicht beschönigen, aber ich hätte von den deutschen Medien schon erwartet, dass sie mal auf einen Protestierenden zugehen und nachfragen, was die Motive dieser zum Teil heftigen Proteste sind. Die kollektive Gewalt nach dem rassistischen und extrem rechten Anschlag in Solingen war insbesondere in Solingen massiv. Berichterstattungen nahmen dies zum Anlass, wenig über die fünf Morde, sondern breit über die kollektive Gewalt zu berichten. Es wurden kaum Verbindungen zwischen den rassistischen Morden als Auslöser und den Protesten als Reaktion gezogen. So wurden die Motive für die heftigen Proteste in der medialen Berichterstattung kaum wahrgenommen und thematisiert. Es ging hauptsächlich um das Schlechtmachen und die Diffamierung von Türken. In den Medien kursierten Berichterstattungen, dass linke und extrem rechte Türken die Ausschreitungen bzw. brutalen Proteste ausgelöst und das Feld für eigene Zwecke instrumentalisiert hätten. Ein Teil davon stimmt. Es ist wahr, dass linke und rechte türkeistämmige Gruppen in Solingen zusammenkamen und eine Bühne der Gewalt für ihre eigenen Zwecke genutzt haben. Diese fehlerhafte Berichterstattung von damals, dass nur diese Gruppen in Solingen aktiv waren und Gewalt ausgeübt haben, ist nicht ganz richtig, und diese undifferenzierte und verzerrte Berichterstattung wird gegenwärtig immer noch geglaubt und medial berichtet. So eine Berichterstattung zeigt, dass Journalisten ziemlich kurzsichtig denken und schreiben. Denn als der Anschlag in Solingen verübt wurde, haben nicht nur Nationalisten und extrem rechte türkische Gruppierungen Gewalt ausgeübt. Ich und wirklich sehr viele Bekannte, Freunde und Verwandte, die nicht politisch rechts stehen, haben an den Protesten teilgenommen und haben mitgemacht. Über diese verzerrte Berichterstattung habe ich mich am meisten aufgeregt, natürlich hatten wir unsere Gründe für unsere Wut. Es gab vielleicht vereinzelt Personen, die aus »Jux und Tollerei« die Schaufenster von Geschäften beschädigt haben, das will ich gar nicht ausschließen. Aber viele waren so wütend, was in Solingen passiert ist. Viele Menschen waren in einem Schockzustand, der lange anhielt. Ein wichtiger Aspekt ist auch, dass nicht nur Deutsch-Türkeistämmige aus Solingen sich mit der Familie Genç solidarisiert haben, einige meiner Bekannten kamen auch von außerhalb angereist. Auch sie waren wütend auf die Stadt Solingen, die Regierung, auf den Staat, der als Brandstifter erkannt wurde. Es ging nicht darum: Oh, lasst uns hier ein bisschen Krawall machen ... Fünf Menschen sind auf brutalste Art und Weise in dem Haus umgebracht worden, sie verbrannten lebendigen Leibes. Wir wollten nicht, dass sie in Solingen auch eine Täter-Opfer-Umkehrung machen wie in Mölln. Zum Schluss haben sie in Mölln anerkannt, dass es ein rassistischer Anschlag war. Aber in den Medien wurde insbesondere der Familienvater Faruk Arslan als Täter aufgeführt. Darüber waren wir sehr sauer, wir wollten dies in Solingen vermeiden. Leider hat es auch beim Solinger Brandanschlag zu einer Täter-Opfer-Umkehr geführt ... Die Familie Genç wurde auch anfänglich beschuldigt, das Haus selber angesteckt zu haben. Die hässlichen Gerüchte haften noch in vielen Köpfen der Menschen in Solingen und das ist wirklich schmerzhaft.

Birgül Demirtaş: *Diese Fehlinformation der Medienberichterstattung gibt es tatsächlich gegenwärtig noch. Das Problem ist, dass es bisher keine fachliche, also politische, gesellschaftliche und wissenschaftliche Aufarbeitung des Solinger Brandanschlags gibt. Natürlich stimmt es, nicht wenige türkische Ultra-Nationalisten und extrem rechte Türkeistämmige sind nach Solingen gereist und haben die Proteste für sich instrumentalisiert und in diesem Zusammenhang Gewalt ausgeübt. Aber auch ich weiß als Solingerin, dass nicht nur diese Gruppierungen für die z.T. gewalttätigen Proteste in Solingen verantwortlich sind. Die Perspektiven von anderen Akteuren werden außer Acht gelassen. Nicht nur türkische Nationalisten und extrem rechte Türken haben Schaufenster eingeschlagen, Ladengeschäfte geplündert, Protestfeuer gelegt. Aus vielen Interviews und als Solinger Zeitzeugin weiß ich, dass auch z.B. ältere Menschen, 40-jährige, 45-jährige Solinger an den Protesten teilgenommen haben, auch sie haben Schaufenster eingeschmissen, haben Feuer gelegt und haben ihre kollektive Wut auf die Morde deutlich gezeigt. Einige kannte ich sogar, weil sie Bekannte waren. Ich habe mich damals auch an den Protesten beteiligt.*

Täter*innen-Opfer-Umkehr

Birgül Demirtaş: *Was belastet euch im Kontext des Solinger Brandanschlages am meisten?*

Fatma: Tatsächlich gibt es zwei Aspekte, die mich enorm belasten. Zum einen sind es die üblen Gerüchte, die über die Familie Genç immer noch in Solingen verbreitet werden. Sogar nach 30 Jahren hört man, wenn sich Menschen über den Anschlag unterhalten, Verleumdungen über die Familie Genç. In Solingen kursieren leider immer noch Gerüchte, dass Mitglieder der Familie Genç kein Geld zu bezahlen brauchen, wenn sie einkaufen gehen, oder der Staat unterstütze sie komplett und deswegen bräuchten Familienmitglieder nicht arbeiten zu gehen. Das ist natürlich alles völliger Quatsch. Ich weiß, dass alle Familienmitglieder einer Tätigkeit nachgehen, jüngere Menschen studieren oder machen eine Ausbildung, und die, die das schon hinter sich gebracht haben, arbeiten, so wie normale Menschen es eben tun. Kurz vor dem 29. Jahrestag des Brandanschlags in Solingen hörte ich, wie zwei *weiße* Deutsche sich über die großzügigen Spendengelder, die die Familie Genç angeblich erhalten haben soll, aufregten. Sie diskutierten darüber, dass die Familie Genç ein Luxus-Haus vom Staat erhalten habe, was vollkommener Unsinn ist. Diese Gerüchte sind so fest in den Köpfen der Solinger Stadtgesellschaft verankert, dass sie kaum zu durchbrechen sind, auch wenn ich dagegen argumentiere und das verneine oder versuche, das richtigzustellen. Tatsächlich muss ich Angst haben, wenn ein

Anschlag auch auf mein Haus verübt wird, dass andere Menschen ebenfalls üble Gerüchte in Richtung Täter-Opfer-Umkehr über mich und meine Familie verbreiten.

Zum anderen belastet mich die Ungleichbehandlung von Betroffenen, die von rassistischer und extrem rechter Gewalt und von einem islamistischen Anschlag betroffen sind. *Weiße* Amokläufer werden in den Medien immer als psychisch krank benannt, dagegen migrantische Täter immer als kriminell, da spielen psychische Probleme überhaupt keine Rolle. *Weiße* Betroffene und Opfer von Amokläufen wie z. B. in Trier und Betroffene eines islamistischen Anschlags werden definitiv anders behandelt als Betroffene, die von Anschlägen betroffen sind, die rassistisch motiviert sind. Es geht hierbei darum, wer betroffen ist. Sind Betroffene *weiße* Menschen, dann ist die Empathie und Anteilnahme der *weißen* Mehrheitsgesellschaft viel höher, wahrscheinlich weil *weiße* Menschen sich eher mit dieser Betroffenengruppe identifizieren und mit ihnen sympathisieren. Ich finde es selbstverständlich, dass Familien der Opfer und Betroffenen durch den Staat entschädigt werden, egal, ob das jetzt ein islamistischer oder rassistisch motivierter Anschlag war. Das wird nie den Verlust von einem Kind oder einem Familienangehörigen ersetzen, das wissen wir alle. Die Medien brauchen nicht explizit die Entschädigungssummen von rassistisch motivierten Anschlägen zu benennen. Wenn ich so was höre, dann kriege ich die Wut. Ich habe im Internet recherchiert, ob nur bei einem rassistischen Anschlag Betroffene und Familienmitglieder Entschädigungen erhalten: Nein, auch bei dem Amoklauf in Trier und bei dem islamistischen Anschlag auf dem Breitscheidplatz in Berlin haben Betroffene und Familienangehörige Entschädigungen erhalten. Ich frage mich als türkischstämmige Solingerin, wieso in einer Kommunikation über die islamistischen Anschläge nicht über die Entschädigungen der Opfer gesprochen wird. Da kräht kein Hahn danach, weil bei islamistischen Anschlägen *weiße* Menschen betroffen sind und die Empathie mit dieser ethnischen Gruppe in der Mehrheitsgesellschaft höher ist als mit muslimisch gelesenen Menschen, und das ist wirklich sehr traurig und schmerzhaft. Da sehe ich deutlich eine Ungleichbehandlung, wie Betroffene anerkannt werden. Wir, also migrantisierte Menschen, müssen für die Anerkennung der Betroffenen eines rassistischen Anschlags kämpfen, und das seit Jahrzehnten. Wenn es aber um den Brandanschlag hier in Solingen geht, dann muss ich mir so etwas wie die Entschädigungssummen von *weißen* Menschen anhören. Ich will das nicht hören. Es wird türkeistämmigen Menschen gegenüber Hass geschürt und das spaltet die Gesellschaft. Muslimisch gelesene Menschen stehen auf der einen Seite und die anderen Communities auf der anderen Seite. Diese Spaltung und diese Art der Kommunikation erzeugen natürlich Hass. Das wird niemals ein Miteinander geben, was wir alle uns wünschen, weil der Rassismus in den Köpfen festsitzt und ziemlich tief verankert ist in Deutschland. Es gibt den in Solingen, in Schulen, in Kitas, in den Universitäten, also institutionell und strukturell bedingt. Es gibt immer wieder rassistische Vorfälle, bei denen Türkeistämmige erneut bestätigt bekommen, dass wir Bürger dritter Klasse sind.

So habe ich mich nach dem Brandanschlag gefühlt und so fühle ich mich auch heute noch, nach 30 Jahren. Innerhalb von zehn bis fünfzehn Jahren hat sich im Parlament ein rechter Flügel aufgebaut, der ja nicht aus dem Nichts entstanden ist. Sogar im Parlament fallen in den Reden von Politikern aus demokratischen Parteien rassistische Äußerungen, an erster Stelle steht hier die AfD. An diese Äußerungen der politischen Eliten hat sich die Gesellschaft schon gewöhnt, unternommen wird kaum was dagegen, sie sind dann aber erschrocken und empört, wenn der rechte Flügel größer wird. Das ist total widersprüchlich.

Neşe: Mich belasten hauptsächlich die Gerüchte, die über die Familie Genç verbreitet werden. Das ist wirklich sehr schmerzhaft und die Familie hat das überhaupt nicht verdient, kein Mensch verdient das. Mich beschäftigt auch seit dem 20. Oktober 2021 der Brandanschlag auf die Wohnung meiner Freundin Sibel İ., die ich sehr lange kenne.

Der zweite Brandanschlag in Solingen, über den kaum gesprochen wird!

Birgül Demirtaş: *Neşe, du hast das gerade angesprochen. Am 20. Oktober 2021 soll der im Jahr 2007 geborene weiße M. K. aus Solingen einen Brandanschlag auf das Haus deiner Freundin Sibel İ. in Solingen verübt haben. Wegen der medizinischen Maske, die unmittelbar in der Nähe ihrer Wohnung aufgefunden wurde und auf die zwei Hakenkreuze und SS-Runen gezeichnet waren, gehe ich stark von einem rassistischen und rechten Motiv aus. Die Indizien zeigen in diese Richtung. Ich würde gerne mehr darüber erfahren, was euch durch den Kopf gegangen ist, als ihr von dem Anschlag auf Sibels Wohnung gehört habt?*

Neşe: Sibel ist eine sehr gute Freundin von mir, wir kennen uns schon fast 30 Jahre. Ich war am gleichen Tag unmittelbar nach dem Anschlag direkt bei ihr. Der Anschlag war ein Schock für uns, insbesondere für Sibel und ihre Kinder. Es ist wirklich schlimm, was die Betroffenen erlebt haben. Sibel und ihre Kinder können immer noch nicht in ihren Zimmern schlafen. Seit dem Anschlag schlafen sie alle zusammen in einem Zimmer. Die Kinder haben immer noch Angst, dass ihnen was zustoßen kann, insbesondere sorgen sich auch die Kinder um die Mutter, die den Anschlag hautnah erlebt, die Kinder geweckt und direkt interveniert hat und zu löschen begann. Sie sahen diese Rußflecken täglich an der Wand. Kein Mensch und keine Institution hat sich darum gekümmert, die Rußflecken wegzumachen. Erst acht Monate später wurden diese Rußflecken mit Farbe überstrichen. Auch am 31. Oktober 2021, an Halloween, elf Tage nach dem Anschlag, wurde erneut Sibels Balkon anvisiert, aber dieses Mal mit Eiern beworfen. Und da hieß es vonseiten der Polizei, es sei nur ein «Dumme-Jungen-Streich», es sei Halloween. Auch hier wurde keine andere Wohnung angepeilt als Sibels, denn über, unter, links und rechts von ihr wohnen auch Menschen. Meine Schwester und ich waren zufällig an diesem Halloween-Abend bei Sibel. Ich habe ganz deutlich von draußen gehört, wie »Scheiß-Ausländer, verpisst euch aus unserem Land« gerufen wurde und gleichzeitig zig Eier auf den Balkon flogen. Wir konnten das deutlich hören, weil die Balkontür einen Spalt offenstand. Das waren mindestens 20 Eier, die ihren Balkon getroffen haben. Wir haben sofort die Polizei angerufen und dies mitgeteilt, aber es wurde relativiert und wir wurden gefragt, ob wir uns nicht verhört hätten. Ein Jahr später flogen erneut Eier auf Sibels Balkon. Das kann doch kein Zufall sein, dass nach dem Anschlag zwei Mal Sibels Balkon anvisiert wurde und die Nachbarn verschont blieben. Ich weiß nicht, wohin das führen soll. Sibel hatte schon in ihrer früheren Wohnung das Problem mit dem Hakenkreuz an ihrem Briefkasten gehabt. Sie hat niemandem etwas getan. Mir sind die ganzen Gefühle und Erinnerungen, die 1993 schon da waren, wieder hochgekommen. Als ich von dem Anschlag auf Sibels Wohnung gehört habe, habe ich bitterlich geweint, bevor ich zu Sibel gefahren bin. Ich habe lange darüber nachgedacht. Warum? Wieso trifft das diese Familie? Darüber habe ich erst mal nachgedacht. Der allererste Gedanke war natürlich: Sind sie alle noch am Leben? Ich habe sofort angerufen und gefragt, ob es ihnen gut geht. Sibel hatte sich bei der Löschaktion des Brandanschlags ganz übel eine Hand verbrannt. Sie ist selbst ins Krankenhaus gefahren, weil die Sanitäter vor Ort keine Brandsalbe hatten. Es war wirklich wie in einem schlechten Film. Hat ein Rettungswagen keine Brandsalbe? Warum musste Sibel, die Ziel eines Brandanschlags war, in der gleichen Nacht selbst ein Krankenhaus aufsuchen und sich versorgen lassen? Sie wurde doch kurz vorher durch den Anschlag traumatisiert und muss sich dennoch um die Versorgung selbst kümmern. Der Umgang mit Betroffenen ist wirklich nicht zu ertragen. »Wären die auch mit *weißen* Betroffenen so umgegangen?«, frage ich mich. Sibel hat wegen der Verbrennung an der Hand vom Krankenhaus ein Attest eingefordert und auch ausgehändigt bekommen. Dort steht auch, dass sie keine Rauchvergiftung abbekommen hat, obwohl sie gar nicht hierzu untersucht wurde. »Warum passiert uns Türken das?«, fragte ich mich in diesem Moment, als ich davon hörte. Das waren halt meine Fragen, warum?

Fatma: Ich habe von dem Anschlag im Oktober 2021 von dir damals erfahren, Birgül. Obwohl ich täglich mehrmals Radio RSG höre, habe ich es nicht durch das Radio oder durch die Medien erfahren. Bei mir in der Nachbarschaft wohnt auch einer, der in der Stadtverwaltung arbeitet, von ihm habe ich auch nichts gehört. Bis heute habe ich aus den Medien bis auf zwei Artikel nichts erfahren können. Der Umgang mit dem Anschlag auf Sibels Haus hat mir noch einmal deutlich gemacht, dass sich in Solingen diesbezüglich nichts geändert hat. Bei Politikern und hochrangigen politischen Eliten in Solingen müssten eigentlich mit dem zweiten Brandanschlag auf eine deutsch-türkeistämmige Familie alle Alarmglocken läuten und sie müssten dementsprechend handeln. Vor dem Anschlag auf Sibels Haus gab es 28

Jahre vorher den mörderischen Anschlag auf die Familie Genç, bei dem fünf Menschen ermordet wurden, das sind zwei Anschläge, die in Solingen verübt wurden. Ich glaube, dass das Image der Stadt Solingen wichtiger ist als die Menschenleben der Türkeistämmigen in Solingen. Es besteht ein Indiz, dass der Anschlag auf Sibels Haus ein rassistisches und extrem rechtes Motiv hat, weil in der Nähe ihres Hauses am nächsten Tag diese medizinische Maske mit Hakenkreuzen und SS-Runen gefunden wurde. Sogar von Sibels Kindern und dem jungen Türkeistämmigen, der die Maske gefunden hat, wurden DNA-Proben genommen. Wir aus der deutsch-türkischen Community in Solingen haben Solidarität zumindest von den Solinger politischen Eliten und dem Oberbürgermeister erwartet. Es ist doch so gesehen erst mal nicht so wichtig, ob der Anschlag rassistisch motiviert ist oder nicht, Fakt ist, ein Brandanschlag wurde verübt und das zeigt Kontinuität in Solingen. Die türkischen Bürger Solingens hatten verdammt große Angst und alle Erinnerungen an 1993 sind dadurch wieder in die Gedächtnisse zurückgerufen worden. Aus diesem Grund schon müsste die Stadt Solingen sensibler damit umgehen, Solidarität und Empathie zeigen, damit sich Türkeistämmige in Solingen zugehörig fühlen. Der Umgang der Stadt mit dem zweiten Anschlag ist damit nach hinten losgegangen. Das Vertrauen der türkischen Community in Solingen ist erneut erschüttert worden, anders kann ich das nicht ausdrücken. 1993 verweigerte der damalige Bundeskanzler Helmut Kohl schon die Solidarität mit der Familie Genç mit der Begründung (laut Regierungssprecher), man solle »nicht in Beileidstourismus verfallen«. Und 28 Jahre später meldet sich der Oberbürgermeister nicht bei Sibel, um sich mit ihr und der Familie zu solidarisieren. Es gab wohl ein einziges Telefongespräch zwischen dem Oberbürgermeister und Sibel. Dieses Gespräch wurde aber von der türkischen Generalkonsulin initiiert, als sie bei der Betroffenen zu Hause war. Tim Kurzbach hat nicht von sich aus Sibel İ. angerufen und sich solidarisiert. Das ist wirklich eine Schande für Solingen. Das Problem hier heißt tatsächlich Rassismus. Mir hat der Umgang in Solingen auch gezeigt, dass sich hier in Solingen bezüglich rassismusrelevantem Wissen und Handeln nichts geändert hat. Es wäre für Sibel von Bedeutung gewesen, wenn der Oberherr Solingens sich von sich aus bei ihr gemeldet hätte. Die Generalkonsulin hat in Anwesenheit von Sibel den Oberbürgermeister angerufen und ihn gefragt, warum er sich nicht bei Sibel gemeldet hat. So ist das Gespräch zwischen dem Oberbürgermeister und Sibel zustande gekommen. Er war zu diesem Zeitpunkt tatsächlich im Urlaub, aber nach seinem Urlaub hat er es immer noch nicht für wichtig gehalten Kontakt zu Sibel aufzunehmen und sich mit ihr zu solidarisieren. Stattdessen sagte der Oberbürgermeister zu Sibel am Telefon – als sie ihm sagte, dass es ihr nicht gut gehe und sie Angst habe –, dass sie spazieren gehen und frische Luft schnappen solle, um sich abzulenken. Anlässlich der Gedenkveranstaltung der Familie Genç am 29. Mai 2022, an der Sibel und ich auch teilgenommen haben, sagte der Oberbürgermeister zu Sibel sogar, dass er denkt, dass der Anschlag auf ihren Balkon ein Zufall gewesen sei. Ich war richtig erschrocken, als ich das hörte. Wie kann das behauptet werden, wenn zu diesem Zeitpunkt die Ermittlungen noch nicht abgeschlossen sind, frage ich mich. Das zeigt doch nur, wie Solingens Oberherr den Anschlag auf Sibels Haus relativiert und einen rassistischen Hintergrund im Vorhinein schon ausschließt, bevor die Ermittlungen abgeschlossen wurden. Mir hat das noch mal deutlich gezeigt, dass das Image einer Stadt wichtiger ist als ein Menschenleben. Muss man erst sterben, damit sich der Oberbürgermeister interessiert? Das war noch eine Frage, die ich mir stellte.

Neşe: Der Staatsanwalt schrieb unmittelbar nach dem Anschlag in einer Presseerklärung, dass der Anschlag auf Sibels Haus wohl ein »Dumme-Jungen-Streich« war. Der 14-jährige Junge hätte ein paar Tage vor der Tat eine Straße weiter eine Mülltonne angezündet. Der hätte wohl eine Krankheit, gerne mit Feuer zu spielen. Vor Sibels Balkon, direkt gegenüber, ist ein Kindergarten mit einem großen Parkplatz. Wenn der Junge doch so gerne zündelt, warum hat er dann nicht dort oder auf der Korkenzieherstraße ein Feuer gemacht? Ich gehe davon aus, dass dieser Anschlag mit zwei Molotowcocktails gezielt gegen Sibel war. Das ist kein Zufall. Wenn der Junge doch so gerne zündelt, warum hatte M. K. dann Molotowcocktails im Gepäck? Wer und warum hat nachts gegen zwei Uhr zwei Flaschen Molotowcocktails im Rucksack? Ich kann das nicht verstehen. Es war ja nachts um zwei, als die beiden Brandsätze auf ihren Balkon geschmissen wurden. Über ihr und unter ihr schliefen die Nachbarn und deren Licht war aus. Nur Sibel hatte Licht im Haus an und ihre Balkontür stand auf. Zwei Tage später sollen zwei Jugendliche im Alter von 13 und 14 Jahren geschnappt worden sein, einer hätte die Tat zugegeben. Der angeklagte 14-Jährige wohnt in dem Kinder- und Jugendheim »Halfeshof« in Solingen. Nach der Tat soll er in das Sana-Klinikum Remscheid gebracht worden sein, mehr hat man uns nicht gesagt. Ich vermute, dass sie dem *weißen* Jungen M. K. aus Solingen psychische Labilität bescheinigen wollen, wie so oft, wenn *weiße* Menschen als Täter offenkundig werden. Die beiden Jungs wollten explizit mit den Molotowcocktails die offene Balkontür treffen, davon gehe ich aus. Denn eine Flasche schlug direkt auf dem Balkon auf. Die andere Flasche prallte anderthalb Meter neben dem Balkon auf die Fassade des Gebäudes. Stell dir mal vor, was passiert wäre, wenn Sibel nicht wach gewesen wäre. Sibel wollte eigentlich in die Türkei reisen, weil ihr Vater erkrankt war. Die Kinder waren alt genug, um sie allein hier in Deutschland zu lassen. Ich will mir das gar nicht ausmalen, was alles hätte passieren können ... Das sind schreckliche Gedanken. Ein anderer Punkt ist, dass Sibel in einem Mehrfamilienhaus wohnt, wo über 80 % Menschen mit Behinderungen wohnen. Unter ihr wohnt ein Mann, der nicht hören kann. Er hat von dem Ereignis an dem besagten Tag deshalb auch nichts mitbekommen. Über Sibel wohnt eine Familie, die auch verschiedene Erkrankungen haben und im Haushalt Unterstützung bekommen. Im Haus wohnen auch blinde Menschen, Menschen im Rollstuhl, die nicht so agil sind. Sibel kann so gesehen als Heldin angesehen werden, weil sie sofort handelte. Sie hat praktisch gesehen vielen Menschen das Leben gerettet. Und jetzt stellen wir uns mal vor, wie es sich für Sibel anfühlen muss, wenn dann auch noch die Solidarität des Oberbürgermeisters usw. ausbleibt. Nur die türkische Community, die war bei ihr. Wenigstens ein Dankeschön, das hätte ich erwartet. »Danke, Frau Sibel İ., dass Sie den ganzen Leuten hier das Leben gerettet haben.« Es ging auch nicht nur um sie. Im Haus wohnten viele Menschen, aber Sibel ist die einzige Türkin.

»Ich wurde wie ein Täter behandelt!«
Der rassistische und extrem rechte Nagelbombenanschlag in der Kölner Keupstraße

Abdulla Özkan im Gespräch mit B. Demirtaş

> Abdulla Özkan, geboren 1974 in Köln, ist Betroffener des Kölner Nagelbombenanschlags vom 9. Juni 2004 in der Keupstraße. Bei der Explosion, ausgeübt durch den rechtsextremen Nationalsozialistischen Untergrund (NSU), erlitt er schwere Verletzungen. Unmittelbar vor Abdullas Stammfriseur »Coiffeur Özcan« explodierte ein auf einem Fahrrad angebrachter Sprengsatz. Erst am 4. November 2011, sieben Jahre nach dem Bombenanschlag, wurde mit der Selbstenttarnung des NSU klar, dass dieser hinter dem Anschlag steckte und die Explosion mit unzähligen Verletzten verantwortete. Im Interview beschreibt Abdulla Özkan den Tag, der mit einem Friseurbesuch begann und blutüberströmt endete, aber auch den Umgang der Polizei sowie der Politik mit den Betroffenen, die Zeit der Aufarbeitung und seine Erfahrungen vor und nach der Selbstenttarnung des rechtsextremen Netzwerks.

Moderation: Birgül Demirtaş; Redaktion: Derya Gür-Şeker

Der Nagelbombenanschlag – »Ich habe nichts, kümmert euch um die anderen«

Birgül Demirtaş: *Du warst an dem besagten Tag am 9. Juni 2004 auf der Kölner Keupstraße. Du bist einer der Betroffenen, kannst du mir erzählen, was an diesem Tag dort passiert ist?*

Abdulla Özkan: Es war ein schöner, sonniger Mittwoch. Wir waren auf dem Weg nach München, deswegen bin ich mit meinem Freund Atilla Özer zu unserem Stammfriseur »Coiffeur Özcan« zur Keupstraße gefahren. Wir haben uns in den Laden gesetzt und kamen relativ schnell dran. Als wir fertig waren, sind wir aufgestanden und nach dem Bezahlen Richtung Tür gegangen. Auf dem Weg aus dem Laden habe ich mich noch mal umgedreht und mich verabschiedet. Dann, kurz bevor ich mich wieder umgedreht habe, explodierte in diesem Moment die Fahrradbombe, das Fahrrad, auf dem die Bombe platziert war mit dem Hartschalenkoffer. Wir sind mit der Wucht der Detonation in den Laden reingeflogen. Ich habe nur noch Pulvergeschmack im Mund gehabt. Überall war Rauch. Es war eine heftige Detonation, die uns den Boden unter den Füßen weggerissen hat. Wir haben nach Luft gerungen und es waren Schreie zu hören. Verletzte Menschen. Angstschreie überall. Jemand schrie: »Ich spüre meine Arme nicht mehr, ich blute!« Und dann kamen erste Passanten aus dem Außenbereich, von der Straße, denn von vorne konnte niemand mehr rein, weil es Nachexplosionen gab. Viele sind vom Nebeneingang reingesprungen, die Türe zum Hof war immer auf. Dann hat man uns aus dem Laden rausgeholt und uns zum Hinterhof geführt. Erst dann konnten wir das ganze Ausmaß sehen: die Verletzungen, das Blut und Menschen, die immer noch nach Luft gerungen haben. Wir sind auf die Straße geführt worden und einige haben sich auf die Bordsteinkante gesetzt. Mir sagte man, ich hätte etwas im Hals stecken. Man kann die Narbe noch sehen. Dann habe ich die Stelle abgetastet, den Gegenstand rausgezogen und weggeschmissen. Mit dem Entfernen fing die Stelle plötzlich an zu bluten. Leute kamen panisch zu mir, gaben mir Tücher. Die Erstversorger waren Passanten in der Keupstraße, also Geschäftsleute und Kunden. Erst später kamen die Sanitäter. Ich habe gesagt: »Ich habe nichts, kümmert euch um die anderen«, weil ich wahrscheinlich unter Schock stand. Aber ich merkte, dass etwas nicht in Ordnung war. Zusammen mit Atilla Özer wurde ich ins Krankenhaus gefahren und versorgt. Die Blutungen haben aufgehört und die Schwestern, die in der Notaufnahme waren, haben uns gefragt, ob wir uns geprügelt hätten. Ich sagte: »Nein, es ist etwas in dem Friseurladen explodiert.« Bis zu diesem Zeitpunkt wussten wir nicht, was passiert war. Nachdem wir genäht wurden, haben uns Freunde aufgesucht und gesagt: »Die Polizei sucht euch. Die wollen euch vernehmen.« Ich sagte: »Kein Problem, fahren wir dahin.«

Das Verhör im Polizeipräsidium und DNA-Proben

Abdulla Özkan: Dann sind wir zum Polizeipräsidium gefahren, wo wir bis etwa Mitternacht, ungefähr 7 bis 7,5 Stunden, verhört wurden. Wir mussten uns komplett ausziehen, weil unsere Anziehsachen nach Spuren untersucht werden sollten. Wir haben uns dabei nichts gedacht. Nach einer halben Stunde hieß es schließlich: »Wir müssen noch DNA-Proben nehmen.« Nach einem Hin und Her stimmte ich der Probe doch zu, weil ich ja nichts zu befürchten hatte. Gegen halb eins kam dann meine Frau mit Anziehsachen und wir fuhren nach Hause. Dort angekommen, ging auch prompt das Telefon. Atilla rief an und sagte »Hier sind irgendwelche Leute, die uns wieder vernehmen wollen.« Ich wies Atilla an, dem Beamten das Telefon zu geben, und sagte diesem, dass wir bereits vernommen wurden und er das Polizeipräsidium Kalk kontaktieren solle. Atilla wollte dann aber trotzdem, dass ich bei ihm vorbeikomme. Auf dem Weg dorthin habe ich in meiner Straße wieder zwei Leute im Auto sitzen sehen. In der Straße danach, die nach links führte, saßen wieder zwei Leute im Auto. Und dann fing es bei mir an zu rattern. Ich dachte mir, was damit jetzt bewirkt werden sollte. Denn ich kenne meine Straßen. Um diese Zeit ist die Straße menschenleer und ruhig. In Atillas Wohngegend angekommen, sah ich vorne ein Auto, in der Mitte ein Auto mit Personen, und ganz vorne an der Haustüre waren auch wieder Personen. Auch dort machte ich den Polizeibeamten deutlich, wo und wie lange wir bereits verhört worden waren. Als die Polizei dann endlich weg war, ging es Atilla und mir nicht gut. Wir sind dann erneut ins Krankenhaus gefahren und wurden weiter versorgt wegen Tinnitus im linken Ohr usw. Nach ca. sieben bis zehn Tagen sind wir dann entlassen worden.

Täter*innen-Opfer-Umkehr und Auswirkungen des Anschlags auf die Community, auf Körper und Geist

Birgül Demirtaş: *Kannst du dich daran erinnern, welche Fragen dir gestellt wurden, als du verhört wurdest? Mich würde interessieren, ob du schon wahrgenommen hast, dass du als Täter anvisiert wurdest, oder hast du zu dem Zeitpunkt gedacht, dass dies normale Fragen sind, die Polizisten oder Ermittler stellen?*

Abdulla Özkan: Nein, ich habe komplett das, was ich dir jetzt geschildert habe, wie die Straße aussah, wer wo und wie stand, all das habe ich skizziert und beschrieben. Nach der DNA-Probe wurde ich langsam stutzig und am nächsten Tag hat man ja die Aussage von Otto Schily gehört. Man hat Verletzungen, man hat Schmerzen, und jetzt beweis mal, wer das war. Die Fragen, die gestellt wurden, waren sehr gezielt, wie beispielsweise: »Was machst du da, wieso gehst du dahin, wieso warst du da? Und woher kennst du ihn?« Natürlich, die ganz normalen Fangfragen. Da ich ja nichts zu befürchten hatte und die anderen auch nicht, haben wir diese Fragen beantwortet. Gefragt wurde natürlich, woher man sich kennt und so weiter. Dabei gab es auch Kontexte, die sich um Türsteher, Rotlichtmilieu usw. gedreht haben. Es wurden aber auch Fragen gestellt wie: »Komm, gib jetzt zu, dass ihr das wart.« Abgesehen von den Fragen aber war es insgesamt nicht diese harmonische Begegnung mit der Polizei. Nicht mal Wasser wurde uns angeboten. Ja, wenn man im Nachhinein über alles nachdenkt, ist man immer schlauer, nicht wahr?

Birgül Demirtaş: *Du hast gerade Otto Schily erwähnt. Tatsächlich hat Otto Schily am nächsten Tag ein rassistisches und ein rechtsterroristisches Motiv ausgeschlossen. Wie habt ihr das damals in der türkischen Community und auch auf der Keupstraße wahrgenommen?*

Abdulla Özkan: Wir waren schockiert, wieso Otto Schily so eine Aussage trifft. Er war scheinbar ja viel weiter als alle anderen, wenn er bereits zu diesem Zeitpunkt ein mögliches Tätermilieu ausschließen konnte. Ich kann doch nicht etwas behaupten, wenn ich es nicht nachweisen kann. Mein Gott, weißt du, was uns das für Kopfschmerzen bereitet hat? Durch diese Aussage sind wir noch stärker in den Fokus gerückt und viele Menschen haben sich von uns distanziert, haben Abstand gehalten. Als wir aus dem Krankenhaus entlassen wurden, egal in welchen Laden wir reingingen, haben die Menschen uns gesehen, weil wir jeden Tag in der Zeitung waren, weil unser Bild durch die Welt ging. Von Atilla und von mir. Die Leute sind zum Teil panisch rausgelaufen. Einige haben gesagt: »Bitte tut uns einen Gefallen und geht. Momentan bitte nicht.« Deswegen haben wir dann natürlich auch Läden vermieden.

Birgül Demirtaş: *Also auch auf der Keupstraße?*

Abdulla Özkan: Nein, auf der Keupstraße waren wir dann erst mal lange nicht. Nicht, weil wir Angst hatten, sondern weil sich das einfach nicht ergeben hat. Denn nach dem Anschlag fing ja die Lauferei zu den Anwälten und Psychologen an. Dabei musste man ja erst mal die richtigen Psychologen überhaupt finden. Ich musste mir meine Psychologin selbst suchen. Nur einer bin ich empfohlen worden, und das war die Katastrophe meines Lebens. Ich glaube, ich war nur ein- oder zweimal bei ihr, weil sie mir sagte: »Stellt euch nicht so an« oder »Stell dich nicht an. Das ist normal. Das passiert in meinem Land jeden Tag. Was sollen die Menschen machen?« Ich erwiderte ihr: »Was habe ich denn mit Ihrem Land zu tun? Ich lebe in einem Land, wo sozial alles geregelt ist, wenn man sich dranhält.« Oder ich musste mir Aussagen anhören wie »Stellen Sie sich nicht an, das geht vorbei«. Im Anschluss musste ich mir natürlich eine neue Hilfe suchen und bin dann auch fündig geworden. Dort aber stand plötzlich meine Gewichtszunahme im Fokus, statt dass meine Schlafstörungen und posttraumatischen Belastungsstörungen betrachtet wurden.

Birgül Demirtaş: *Bedeutet das, dass der Psychologe die Auswirkungen, die Symptome, die du dort genannt hast, auf dein Gewicht übertragen hat?*

Abdulla Özkan: Das Problem war, dass es nur sehr wenige Psychologen gab, die sich auf solche Traumata, wie wir sie mit dem Nagelbombenanschlag erlebt hatten, spezialisiert hatten. Schließlich kam ich zur Kur und habe dort gute Psychologen gefunden, die mich begleitet haben. Das hat mir wirklich sehr geholfen, um das, was passiert ist, aus einer Vogelperspektive betrachten zu können. Es gibt Tage, an denen ich mich fit fühle, und nachdem ich fünf oder sechs Stunden gearbeitet habe, denke ich, mein rechtes Bein hält immer noch nicht. Links fängt alles an zu bröckeln. Das sind alles Stresssituationen, die man nach außen nicht zeigt. Außenstehende können nur mittrauern, ihr Mitleid, ihre Solidarität, ihr Beileid zeigen, aber niemand fühlt diesen Schmerz, den ich gerade empfinde, den ich habe.

Folgen des Anschlags auf Kinder und Familie

Birgül Demirtaş: *Welche Erfahrungen hat deine Familie, haben deine Kinder gemacht, als du kriminalisiert wurdest?*

Abdulla Özkan: Die Kinder haben die Folgen des Anschlags ja erst mal nicht richtig realisiert. Man muss ja bedenken, zu dem Zeitpunkt waren meine Kinder 10 und 6 Jahre alt. Sie konnten nicht richtig nachvollziehen, was mit ihrem Vater oder mit den Freunden passiert ist. Aber dann haben sie mir irgendwann berichtet, dass in der Schule Kinder nicht mehr mit ihnen gespielt haben. Und dass sie Kinder auch nicht mehr besuchen dürften oder diese zu uns kommen, weil der Papa »ein böser Mensch« sei. Eben das haben meine Kinder nicht verstanden, sie waren traurig und haben auch geweint. Meine Kinder haben also schon sehr früh verstanden und gespürt, dass sie diskriminiert wurden durch Menschen, die keine Ahnung hatten. Man verurteilt sehr schnell. Aber die Nachbarn und die Leute, die mich wirklich kannten und die wussten, dass ich ein gradliniger und ehrlicher Mensch bin, die haben zu mir gehalten. Dann hat man aber gemerkt, wie sich einige Menschen von Tag zu Tag geändert haben. Die engsten, wir reden von Verwandten, Bekannten, standen nicht zu einem. Sie haben ihre Genesungswünsche geäußert und dabei blieb es. Der Rest, das waren nur Atilla und ich und zwei, drei Freunde. Der Rest hat sich distanziert.

Birgül Demirtaş: *Das heißt, diese Täter-Opfer-Umkehr hast du nicht nur von der weißen Gesellschaft erlebt, sondern auch aus der deutsch-türkeistämmigen Community?*

Abdulla Özkan: Von jedem. Einige haben mich tatsächlich gefragt, wie viel Geld ich bekäme, dass ich reich werden würde und nicht mehr arbeiten müsste. Die haben nicht gefragt: »Wie geht es dir?« Das ist traurig. Ich musste niemanden etwas beweisen, weil ich kein Täter war. Ich musste aber ruhig bleiben, um den Leuten, die mich als Täter oder uns als Täter gesehen haben, zu zeigen, dass es nicht so ist. Wenn ich vom ersten Tag an losgelegt und mich verbal gewehrt hätte, dann hätte man gesagt: »Ah, der Schily hat recht. Das sind die untereinander.« Nein, die Betroffenen haben sich alle korrekt verhalten. Wir haben immer offen und ehrlich über das, was uns passiert ist, geredet. Wir haben aber auch immer wieder verdeutlicht, dass wir uns für das Miteinander einsetzen und gegen Ausgrenzung sind. Denn kein Mensch kommt als Rassist auf die Welt. Man wird zum Rassisten gemacht, indem man durch falsche Menschen oder Freunde dorthin geführt wird.

»Das ist der zweite Anschlag« – Die Selbstenttarnung des NSU und die Folgen für Betroffene

Birgül Demirtaş: *Nachdem der NSU sich enttarnt hat bzw. enttarnt wurde, sprachst du einmal davon, dass die Solidarität explodierte. Was genau meinst du damit?*

Abdulla Özkan: Vor dem November 2011 hat ja alles gegen uns gesprochen. Mit der Selbstenttarnung des NSU am 4. November 2011 und der Festnahme von Beate Zschäpe kamen schließlich langsam erste Erkenntnisse zum Vorschein. Es wurden Materialien und CDs gefunden. Auch wenn einem Schlechtes widerfährt, sollte man wirklich warten, denn die Wahrheit kommt immer ans Tageslicht. Dann kamen die ersten Briefe und Einladungen aus Berlin zu Hause an. Medien, die uns vorher kriminalisiert hatten, berichteten jetzt, wer die eigentlichen Verantwortlichen des Anschlags waren. Viele Menschen, die sich von uns abgewandt hatten, kamen plötzlich auf mich zu. Ich bin nicht nachtragend, aber auch heute noch höre ich von einigen Leuten entschuldigend: »Ja, das haben wir so gedacht und es tut uns leid. Es war falsch.« Dass aber eigene Freunde, die mit einem an einem Tisch gegessen und getrunken haben, sich so verhalten haben, das tut natürlich weh. Das ist für mich der sogenannte zweite Anschlag, wenn du als Betroffener all das erleben musst.

Birgül Demirtaş: *Wie war das für dich, als du erfahren hast, dass der Anschlag vom NSU verübt wurde?*

Abdulla Özkan: Über Arbeitskollegen habe ich erfahren, dass im Radio etwas über die Keupstraße und den Bombenanschlag berichtet wurde. Dann wurde mir klar, dass man jetzt endlich die eigentlichen Verantwortlichen ausgemacht hatte. Ich ließ alles Revue passieren. All diejenigen Menschen, die uns beschuldigt hatten, Aussagen von Otto Schily oder Psychologen, die sich nicht in meine Lage hineinversetzt hatten, kamen mir in Erinnerung. Wie werden sich diese Menschen jetzt mir gegenüber äußern? Wie werden sie sich zu mir stellen und sich entschuldigen? Eine Entschuldigung habe ich bis heute nicht erhalten. Ich habe aber viele Anrufe von Menschen erhalten, die mir gutgetan haben. Es gab Menschen, auch viele Fremde, die uns wirklich unterstützt haben. Man muss aber auch deutlich machen, dass viele Betroffene Angst hatten und viel zurückstecken mussten in dieser Zeit. Dazu haben auch die Medien mit ihrer Berichterstattung beigetragen. Man hat diese Menschen krank gemacht. Auch mich hat man krank gemacht, aber ich habe dagegen etwas getan. Ich kann aber auch nicht sagen, dass ich genau derselbe Mensch wie vor dem Tag des Anschlags bin. Nach dem Anschlag wurde ich dreimal am rechten Knie operiert. Wegen meines Rückens bin ich immer noch in Behandlung. Ich hatte bisher bestimmt 25 bis 30 MRT-Untersuchungen an Körper, Knochen und Gelenken. Aber das interessiert keinen, denn ich lebe ja. Ich bin aber auch nicht der Einzige – viele

Betroffene leiden bis heute. Es gibt aber auch noch viele Menschen vor mir, die ähnliche Gewalttaten oder Übergriffe erlebt haben. Man darf die Propsteigasse nicht vergessen, man darf die Anschläge in Solingen, in Mölln oder in Hoyerswerda nicht vergessen. Über diese Menschen redet keiner mehr, dabei brauchen auch die Unterstützung und Schutz.

Birgül Demirtaş: *Im Juni 2022 jährte sich der Nagelbombenanschlag zum 18. Mal. Wie gehst du heute, nach 18 Jahren, mit dem Nagelbombenanschlag um?*

Abdulla Özkan: Ich gehe bewusst in die Öffentlichkeit. Mein Ziel ist es, unter anderem über Rassismus aufzuklären, denn meiner Meinung nach wird in Deutschland zu wenig darüber geredet, was Rassismus heißt und wie Rassismus wirkt. Man muss dieses Thema öfter thematisieren und gezielt vermitteln. Dabei müssen wir in der heutigen Lage das Miteinander stärker fördern und zeigen, dass Nationalität keine Rolle spielt, aber der gegenseitige Respekt eine wichtige Ausgangsbasis für eine funktionierende Gesellschaft ist.

»Erste Hilfe« für Betroffene nach rassistischer und extrem rechter Gewalt
Was läuft schief und welche institutionellen Herausforderungen gibt es?

Sibel İ., Abdulla Özkan und Olivia Sarma im Gespräch mit B. Demirtaş

> Während Abdulla Özkan 2004 beim Nagelbombenanschlag des NSU in der Kölner Keupstraße schwer verletzt wurde, wurde im Oktober 2021 auf Sibel İ.s[1] Solinger Wohnung ein Brandanschlag verübt. Nur mit Mühe löschten sie und ihre Kinder das Feuer. Beide Betroffene haben nach den Anschlägen eigene Erfahrungen mit Polizei und Opferberatung gemacht, von denen sie berichten. Olivia Sarma hat fünf Jahre die Opferberatungsstelle »response« in der Bildungsstätte Anne Frank in Hessen geleitet und ist jetzt aktiv im Vorstand des VBRG, dem Dachverband der Opferberatungsstellen für Betroffene von rechter, rassistischer und antisemitischer Gewalt. Mit Abdulla Özkan, Sibel İ. und Olivia Sarma treffen im Gespräch Perspektiven von Betroffenen und der Opferberatung aufeinander, zwischen denen eine Zeitspanne von über 17 Jahren liegt.

Moderation: Birgül Demirtaş; Redaktion: Derya Gür-Şeker

Rekapitulation des 20. Oktober 2021: Brandanschlag in Solingen

Birgül Demirtaş: *Sibel, wir haben uns an dem gleichen Tag kennengelernt, als auf deine Wohnung ein Brandanschlag verübt wurde. Kannst du erzählen, was am 20. Oktober 2021 passiert ist?*

Sibel İ.: Am 20. Oktober saß ich genau an der Balkontür, die offen stand. Kurz vor zwei Uhr nachts hörte ich in Richtung Balkon den Knall einer Flasche. Ich konnte

---

1 Die Informationen hier von Sibel İ. sind vom Stand März 2022. Der Prozess hatte zu diesem Zeitpunkt noch nicht begonnen.

den Balkon nicht mehr richtig sehen, weil das Licht des Feuers meine Augen blendete. Anschließend war ein Verpuffen und dann gab es plötzlich einen Feuerball. Es war wie in einem Traum. In dem Moment konnte ich nicht direkt einordnen, was gerade passiert ist. Ich warf mich auf den Boden, um dann sofort die Kinder aufzuwecken. Ich schrie nur noch: »Raus, Feuer!« Mit einem Molotowcocktail habe ich nicht gerechnet. Einen kurzen Moment dachte ich an einen Kurzschluss draußen. Nachdem ich die Kinder aufgeweckt hatte und alle im Treppenhaus waren, hat mein ältester Sohn angefangen, die verschiedenen Feuerstellen auf dem Balkon zu löschen. Mit Mühe und Not haben wir gemeinsam das Feuer, das immer wieder aufflammte, schließlich selbst löschen können. Erst danach haben wir die Polizei gerufen. Als die Polizei da war, wurde direkt gesagt: »Ja, das kann sein, letztens wurde hier in der Nähe auch ein Molotowcocktail in die Mülltonne geworfen.« Daraufhin erwiderte ich, wie man die Mülltonne mit meiner Wohnung vergleichen könne? Das sei doch nicht das Gleiche. Kriminalpolizei und Polizisten gingen in den Tagen danach bei uns ein und aus. Überall roch es nach Petroleum, die Polizei bestätigte dies auch, als sie in die Wohnung reinkam. Die Wuppertaler Polizisten haben den Anschlag hochgestuft als einen Mordversuch. Von den anderen Polizisten hieß es hingegen: »Nein, das ist bestimmt nicht gegen Sie gerichtet gewesen, das kann reiner Zufall gewesen sein.« Am nächsten Tag war die Polizei wieder da und hat den Angriff als Mordversuch eingestuft. Obwohl die Polizisten sagten, dass es in der Wohnung nach Petroleum roch, wurde die Feuerwehr nicht alarmiert. Das Petroleum soll bis zum Keller runtergelaufen sein, so die Polizei, die vor Ort war. Ich habe das Ausbleiben der Feuerwehr nicht ganz verstanden. Eigentlich müsste doch die Feuerwehr sofort anrücken, wenn Petroleum in den Keller läuft. Mir kam es so vor, als ob das Auslaufen des Petroleums bis in den Keller nicht relevant war. Die in der Wohnung anwesenden Polizisten gingen davon aus, dass zwei Molotowcocktails geworfen wurden, weil an zwei verschiedenen Stellen auf der Fassade des Gebäudes Petroleum und Ruß festgestellt wurden. Das Ziel war mein Balkon. Als wir später zur Aussage zu der Polizei eingeladen wurden, sagte man uns, dass es jemand mit »dicker Akte« gewesen sei. Später war aber in den Medien von einem 14-Jährigen die Rede, der es liebte, mit Feuer zu spielen. Dies bestätigte mir auch die Polizei. Sowohl ich als auch mein Anwalt haben die Akte nicht einsehen können. Aktuell sind noch viele Fragen zur Täterschaft offen. Ich weiß bis heute nicht, was der genaue Tathintergrund ist. Ich mache mir Sorgen und habe natürlich immer noch Angst, hier zu wohnen. Für mich ist dieser Anschlag ein Brandanschlag mit einem Mordversuch, weil die Brandsätze gezielt auf meinen Balkon geschmissen wurden. Nur bei mir brannte nachts um zwei Uhr das Licht und meine Balkontür stand offen. Alle anderen Nachbarn schliefen zu dieser Zeit. Dass ein 14-Jähriger ganz allein um zwei Uhr nachts Molotowcocktails auf meinen Balkon schmeißt und dies ein Zufall sein soll, kann ich mir nicht vorstellen. Denn auf dem Weg von seinem Wohnheim zu mir hätte er auch genug andere Gelegenheiten gehabt zu zündeln. Gegenüber meinem Balkon befinden sich ein Kindergarten mit einem großen Parkplatz und ein Fahrradstandhaus. Wenn der Angeklagte doch so gerne zündelt, wie es die Polizei gesagt hat, und er nicht wollte, dass Menschen durch seine Tat zu Schaden kommen, hätte er auch diese Orte als Zielscheibe nehmen können. Auch die Täter-Opfer-Umkehr fing direkt am ersten Tag an, als die Polizisten mich fragten, ob ich Beziehungsstress hätte.

Meine Kinder und ich waren zutiefst geschockt und traumatisiert nach der Tat. Nach dem Anschlag hätte ich erwartet, dass die Stadt Solingen schneller und aktiver gehandelt und sich mit uns solidarisiert hätte. Schon wegen des Brandanschlags vor 30 Jahren auf das Haus der Familie Genç, bei dem fünf Menschen gestorben sind. Dort waren vier Solinger Jugendliche die Täter, die für die Tat auch verurteilt wurden. Als die Anteilnahme der Stadt Solingen ausblieb, fragte ich mich: »Muss es erst ein Todesopfer geben, damit sich die Stadt Solingen bei uns meldet?«

Die Generalkonsulin und Beamte der türkischen Regierung haben mich unmittelbar nach dem Anschlag via Telefon kontaktiert und vor Ort aufgesucht und mir Unterstützung angeboten. Die Generalkonsulin hat ein Gespräch zwischen mir und dem Oberbürgermeister initiiert. Er war zu diesem Zeitpunkt im Urlaub und wollte sich nach seinem Urlaub bei mir melden, was aber ausblieb. Ich habe keinen Blumenstrauß von ihm erwartet, sondern nur Solidarität. Was mich ärgert, ist, dass der Oberbürgermeister zu fast jeder Eröffnung, Feierlichkeit und zu Geburtstagen in der Öffentlichkeit Präsenz zeigt. Bei dem Brandanschlag geht es ja nicht nur um mich und um meine Familie, sondern in dem Haus wohnen überwiegend Menschen mit Schwerbehinderungen, die aus Angst nicht mehr schlafen konnten. Eine Bewohnerin hat, nachdem sie von dem Anschlag erfahren hat, unter panischer Angst gelitten und rief mich ständig an. Sie konnte ihren blinden Sohn nicht mehr allein lassen. Der Sohn zog dann zu der Mutter. Ich habe von dem Oberbürgermeister mehr Empathie und Betroffenheit erwartet. Die Stadt Solingen handelte erst nach dem Gespräch mit mir und dem Oberbürgermeister, was die Generalkonsulin initiierte. Erst zwei Tage nach dem Anschlag kamen dann zwei Angestellte der Verwaltung zu mir. Ein Angestellter sollte mir bei der Wohnungssuche helfen, weil ich und meine Familie nach dem Anschlag sehr viel Angst hatten und uns in der Wohnung nicht mehr sicher gefühlt haben. Ich wohne immer noch in der gleichen Wohnung.

Erfahrungen nach den Anschlägen – von Bürokratie bis hin zu überforderten Institutionen

Birgül Demirtaş: *Sibel, nach dem Brandanschlag hast du unterschiedliche Erfahrungen mit diversen Institutionen gemacht. Einige Erfahrungen von dir habe ich auch hautnah miterlebt. Kannst du erzählen, welche Erfahrungen du nach dem Brandanschlag mit Blick auf die Kriminalpolizei, die Opferberatung oder die Opferschutzstelle gemacht hast?*

Sibel I.: Die Polizei hat mir einen Papierstapel gegeben, wo Adressen von verschiedenen Institutionen aufgeführt waren, die ich als Betroffene als Anlaufstelle in Anspruch nehmen könnte. Insbesondere in der Anfangszeit war ich als primär Betroffene total fertig mit den Nerven, es war alles noch so frisch und ich war kaum handlungsfähig, mir diesen Stapel der Polizei durchzulesen und selber Hilfe einzuholen. Ich als Betroffene musste mich um die Hilfen und Unterstützung für mich und meine Kinder selbst kümmern. Allein, wenn ich mir den Papierstapel angeschaut habe, habe ich bereits Panik bekommen. Es ist total unzumutbar für Betroffene, sie mit solchen Angelegenheiten alleine zu lassen. Dieser Papierstapel war mehr Bürokratie als Hilfe. Zusätzlich stand ich noch in Kontakt mit der Opferberatung. Die versuchen auch zu helfen, aber leider ist diese Hilfe meiner Meinung nach nicht ausreichend. Es laufen Anträge, beispielsweise für eine Wohnungssuche. Nur, es sind jetzt schon viele Monate vergangen und ich habe immer noch keine Hilfe erhalten. Der Weiße Ring ist katastrophal, sie waren auch nur einmal bei mir. In dem Gespräch ging es darum, dass die uns bei der Wohnungssuche und Therapeutensuche unterstützen. Sie haben sich anschließend nicht mehr bei mir gemeldet, das ist nun ein halbes Jahr her.

Es tut mir leid, dass ich das so negativ darstelle, aber als Opfer und Betroffene stehen diese Institutionen einem überhaupt nicht bei. Der einzige Vorteil der Opferberatung war, dass ich meine Traumatherapie-Ambulanz gefunden habe. Erwartet habe ich von diesen Institutionen insgesamt etwas anderes, nämlich, dass am ersten Tag die Polizei oder andere für uns als Betroffene beispielsweise eine Seelsorge organisieren und nicht wir überall rumtelefonieren müssen, um Hilfe und Unterstützung zu finden. Ich habe der Polizei gesagt: »Wenn irgendwas ist, wen soll ich anrufen?« Ich habe kein Vertrauen mehr in diese Institutionen. Auch die fehlende Akteneinsicht erzeugt viele Fragezeichen bei mir. Warum hat mein Anwalt keine Akteneinsicht? Warum gibt es verschiedene Aussagen der Polizei? Ich habe der Polizei auch deutlich gemacht: »Der eine weiß über den anderen nicht Bescheid. Ihr schickt hier noch nicht mal Polizisten hin, die Erfahrungen mit Opfern und Betroffenen haben.« Ich muss auch sagen, dass ich kein Vertrauen mehr in die Polizei habe. Ich will mal ein Beispiel nennen: Ein paar Tage nach dem Brandanschlag rief mich nachts um ca. zwei Uhr panisch meine Nachbarin an und teilte mir mit, dass es unter meinem Badezimmerfenster eine Ansammlung von ca. sieben Leuten gäbe, die sie nicht einordnen konnte. Meine Tochter und ich hatten panische Angst und haben auf den Knien kriechend die Fenster in der Wohnung und die Balkontür geschlossen. Daraufhin habe ich die Polizei angerufen und geschildert, was gerade hier passiert. Ich habe mich überhaupt nicht ernst genommen gefühlt, weil die Polizei schon genervt klang, weil ich darum bat, dass jemand vorbeikommen soll. Das Einfühlvermögen der Polizei gegenüber uns Betroffenen, dass wir kurz vorher einen Brandanschlag erlebt haben, fehlt komplett. Es ist doch total offensichtlich, dass meine Kinder und ich Angst bekommen, wenn unbekannte Personen sich unter meinem Badezimmer sammeln, zumal kurz vorher ein Brandanschlag auf meinen Balkon verübt wurde. Von der Polizei wurde meine Argumentation als übertrieben wahrgenommen. Auch wenn die Polizei öfter bei mir war, wenn ich angerufen habe, insgesamt war keine Institution wirklich richtig hilfreich. Denn insgesamt steht man als Betroffene mit seinen Problemen alleine da. Es war so, dass ich mich um alles kümmern, Institutionen nachtelefonieren und E--Mails schreiben musste. Das ist wirklich sehr überfordernd und unzumutbar für Betroffene in einer Zeit, in der ich und meine Familie am Boden zerstört waren.

Bei der Löschaktion habe ich Verbrennungen 2. Grades an der Hand erlitten. Die anwesenden Polizisten fragten mich, ob sie einen Krankenwagen rufen sollen. Der Rettungswagen kam dann auf meine Anforderung. Der Rettungswagen hatte aber keine Brandsalben zur Verfügung. Ich bin dann mit der verbrannten Hand selber ins Krankenhaus gefahren. Dort angekommen sollte ich in die Apotheke fahren und mir eine Brandsalbe besorgen. Mein Sohn und ich haben uns entsetzt angeschaut, weil das Krankenhaus meine Hand nicht behandeln wollte. Ist das nicht irrsinnig? Ich fahre ins Krankenhaus, zeige in der Notaufnahme meine Hand, erzähle von dem Anschlag und soll dann auch noch in die Apotheke fahren und mir eine Salbe kaufen, obwohl ich aufgrund Schmerzen an der Hand nicht fahrfähig war. Nachdem ich dann energisch eine Behandlung gefordert habe, hat eine Ärztin meine Hand versorgt. Ich habe von der Notaufnahme ein Schreiben ausgehändigt bekommen, dort stand u.a., dass ich keine Rauchvergiftung habe, obwohl ich diesbezüglich gar nicht untersucht wurde. Ich wurde lediglich an der Hand versorgt.

Die Polizei sagte uns, obwohl am nächsten Tag eine medizinische Maske mit aufgemalten Hakenkreuzen und SS-Runen unmittelbar in der Nähe meiner Wohnung gefunden wurde, dass die davon ausgehen, dass der Anschlag kein rassistisches Motiv hat. Die Maske könne auch ein Zufall sein. Es hieß, ich müsse das nicht auf mich beziehen. Wenn eine Maske mit aufgemalten Hakenkreuzen und SS-Runen unmittelbar in der Nähe meiner Tür liegt und zwei Tage vorher Molotowcocktails auf meinen Balkon geschmissen werden, was soll ich da denken? Soll ich denken, ich war nicht das Ziel, sondern all das war Zufall? Die Menschen, die in diesen wichtigen Institutionen arbeiten, gehen wirklich sehr unsensibel mit dem Thema um. Insgesamt wurden wir als Betroffene allein gelassen. Ich habe bereits drei Mal Kontakt mit dem türkischen Konsulat aufgenommen, weil ich hier keine Hilfe bekomme, obwohl ich hier geboren und aufgewachsen bin.

Die Vertretung des Oberbürgermeisters rief mich an und fragte mich, wie es mir geht. Ich habe ihr geschildert, dass ich und meine Kinder Angst haben, weil wir nicht wissen, was hinter der Tat steckt. Der Brandanschlag war zu dieser Zeit sehr frisch und wir alle waren und sind immer noch zutiefst traumatisiert. Daraufhin fragte sie, ob ich nicht zu Verwandten gehen könne? Ich war fassungslos über die Aussage. All die ganzen Beispiele, die ich aufgeführt habe, zeigen eigentlich das Versagen der

Institutionen und den unsolidarischen und empathielosen Umgang mit Opfern und Betroffenen.

Birgül Demirtaş: *Abdulla, du hast nach dem Nagelbombenanschlag 2004 auch Erfahrungen mit unterschiedlichen Institutionen gemacht. Kannst du uns deine Erfahrungen mit den Institutionen schildern?*

Abdulla Özkan: Das, was Sibel gerade beschrieben hat, sind ähnliche Erfahrungen, die ich auch gemacht habe. Sibel bestätigt im Grunde meine Erfahrungen, über die ich seit Jahren spreche. Nach dem Nagelbombenanschlag haben wir uns unseren Rechtsanwalt selbst gesucht. Dann hat sich der Weiße Ring gemeldet, hat alle Formalitäten aufgenommen und gesagt, sie werden sich wieder melden. Seit fast 20 Jahren warte ich immer noch darauf, dass sie sich melden. Die Beratungsstellen und Institutionen sind überfordert. Man ist auf sich selbst gestellt, man muss selbst suchen und sich selbst helfen. Daher kann ich Sibel sehr gut verstehen. Sowohl die Opferberatung als auch der Weiße Ring konnten mir nicht weiterhelfen. Deswegen habe ich mir eigenständig Beratung gesucht – von der psychologischen Hilfe bis hin zu Rechtsanwälten, um mein Recht einzufordern. Sibel durchläuft jetzt genau denselben Prozess. Ich kann Sibel sehr gut verstehen, die sich selbst darum kümmern muss. Der Staatsschutz und die Polizei sind natürlich damit überfordert, wie Sibel auch gerade beschrieben hat, dass sie dann nur Auszubildende schicken, die überfordert sind, die nicht mal Lebens- und Rassismuserfahrung haben und die mir dann als Anschlagsopfer oder Betroffenem einer Gräueltat helfen wollen. Es ist so beschämend, dass sich das im Prinzip wiederholt. Als Sibel erzählt hat, hatte ich meine ganzen Erlebnisse vor Augen. Das, was ich durchgemacht habe. Die Institutionen, die eigentlich Betroffenen helfen und sie unterstützen sollen, waren mir keine Hilfe. Auch mit den Unterstützungsangeboten der Opferberatung und des Weißen Rings bin ich sehr unzufrieden. Da nehme ich lieber alles selbst in die Hand und suche mir meine Psychologen selbst. Das habe ich auch alles getan. Ich bin einer der wenigen Betroffenen des Nagelbombenanschlags, der sich komplett abgeschottet hat, sich beraten lassen hat, sich Hilfe gesucht und auch den Staat verklagt hat. Sibel bestätigt alles, was ich durchgemacht habe. Das ist erst der Anfang für Sibel. Sibel hat leider noch einen langen frustrierenden Erfahrungsweg vor sich.

Sibel İ.: Ich überlege mir daher schon, ob ich mir einen eigenen Anwalt nehme, statt mich auf die Beratungsstellen zu verlassen. Wenn ich mir die Leute von der Opferschutzstelle anschaue, wirken sie sehr zerbrechlich in ihrem Handeln und Sprechen und auch darin, unser Recht auch wirklich konsequent einfordern zu können. Die Menschen, die in solchen Institutionen tätig sind, so meine Erfahrung, waren selbst total verunsichert und überfordert, als sie meine Geschichte gehört haben. Ich musste auf meine Wortwahl und Emotionen während der Beratung achten und meine Emotionen zurückstecken, weil ich das Gefühl hatte, die zerbrechen gleich. Muss ich als Anschlagsopfer auf meine Emotionen achten und sie zurückstecken, damit Beratende sich nicht überfordert fühlen?

Abdulla Özkan: Die Bestätigung, die Anerkennung als Betroffener existiert in Deutschland nicht. Wir wurden ab der ersten Minute als Täter abgestempelt und allein gelassen. Die Behörden, aber auch Ärzte, die ich aufgesucht habe, waren überfordert. Ich war eine kurze Zeit bei einem Psychologen in Köln, der meine körperlichen Symptome auf mein Körpergewicht zurückführte und mit mir nicht über den Bombenanschlag geredet hat. Er hat hauptsächlich über mein Übergewicht gesprochen. Aber wie mein Gewicht zustande kam, das hat ihn nicht interessiert. Anstatt den Fokus auf mich als Menschen zu legen, der etwas Schreckliches erlebt hat und alles in sich hineinfrisst, um zu vergessen, wurde ich mit »Du bist zu dick« konfrontiert, was seiner Meinung das eigentliche Problem gewesen sei. Nicht das, was mir passiert ist, war wichtig, darüber hat keiner geredet. Ich glaube heute, dass das eine Taktik ist, weil viele mit dem Thema nicht klarkommen, weil sie überfordert sind und versuchen, keine Fehler zu machen. Das ist das ganze Problem. Sie wissen nicht, wie mit Anschlagsopfern umgegangen werden muss. Was Therapieplätze mit Blick auf Betroffene rechter Gewalt angeht, haben wir in Deutschland erheblichen Nachholbedarf und Defizite. Wir haben kaum gut ausgebildete Menschen in Deutschland, die Betroffene von Anschlägen ausreichend gut therapieren können.

Baustellen und Funktionen der Opferberatung in kritischer Selbstreflexion

Birgül Demirtaş: *Olivia, wenn du diese beiden Betroffenenperspektiven, die ja eine Zeitspanne von 17 Jahren widerspiegeln, hörst, was sind deine Gedanken dazu?*

Olivia Sarma: Das macht mich natürlich sehr betroffen, wobei diese Schilderungen uns nicht unbekannt sind. Und es geht ja nicht nur um diese Zeitspanne zwischen 2004 oder den NSU-Morden und Anschlägen und dem, was Sibel 2021 erleben musste, sondern es fängt ja vorher an. Während der rassistischen Pogrome in den 1990er-Jahren haben die Sicherheitsbehörden rechten und rassistischen Terror nicht nur nicht ernst genommen, sondern aktiv bagatellisiert und gleichzeitig zivilgesellschaftliche Kämpfe dagegen kriminalisiert. In der jüngsten Vergangenheit haben wir den rassistischen Terroranschlag in Hanau erlebt, davor in Halle den antisemitischen und rassistischen Terroranschlag. Es gibt eine Kontinuität rechter und rassistischer Gewalt, die bis heute nicht die angemessene Beachtung erfährt – weder in der Politik, noch in Behörden oder Medien. Neben der Kontinuität an Anschlägen, an rassistischer Gewalt gibt es also auch eine Kontinuität der Reaktion der Öffentlichkeit. Das haben Sibel und Abdulla beide erzählt. Sie wurden nicht ernst genommen, ihr Leid wird nicht anerkannt. Rechte, rassistische und antisemitische Angriffe hinterlassen Traumata. Die Erschütterung, die viele erleben, verändert den Alltag massiv. Betroffene erzählen, dass sie sich nicht mehr sicher fühlen, Sibel schildert, dass sie sich nicht mehr sicher fühlt in ihrem eigenen Zuhause. Öffentliche Plätze werden gemieden, das Vertrauen in die Polizei schwindet. Auch körperliche Folgen werden oft berichtet: Schlaflosigkeit, Schmerzen, Konzentrationsschwäche, Nervosität, Reizbarkeit. Hilfsstrukturen wie Krankenhäuser, psychologische Anlaufstellen oder Hausärzte sind nicht sensibel, glauben den Betroffenen nicht oder spielen die Beschwerden herunter. Das ist ein großes Problem. Es fehlt tatsächlich immer noch eine alle Institutionen übergreifende Sensibilisierung, Kompetenz und Wissen um die Folgen rechter Gewalt.

Abdulla, du hattest gesagt, dass man wie ein Täter behandelt wurde. Das ist ja etwas, was eigentlich alle Betroffenen, alle Angehörigen der Opfer des sogenannten NSU berichtet haben, und was auch die Angehörigen und Betroffenen des Hanauer Anschlags berichten. Es gibt auch eine Kontinuität in dem, was die Menschen eben erzählen, was nach so einem Anschlag passiert, dass nämlich die Institutionen nicht funktionieren, dass sich niemand zuständig fühlt, dass man allein gelassen ist. Also das, was du erzählt hast, Sibel, mit dieser Bürokratie, die man plötzlich auf dem Tisch hat. Das ist eine Realität für die Menschen, die so ein lebensbedrohliches und traumatisierendes Erlebnis hatten. Sie müssen nicht nur das Erlebte irgendwie verarbeiten, sondern auch mit lauter Behörden, Anträgen, Polizei umgehen. Diese Erfahrung verbindet die Betroffenen über die vielen Jahrzehnte. Bitter ist, dass Betroffene das Gefühl haben, dass sich in den letzten 20 Jahren gar nichts verändert hat. Denn zumindest wurden seit den NSU-Untersuchungsausschüssen Maßnahmen entwickelt und auch Strukturen geschaffen. Trotzdem sehen wir, dass im Falle einer Person wie Sibel, die jetzt einen Anschlag erlebt, diese Strukturen offenbar nicht wirksam werden. Es ergeben sich viele Fragen und es zeigt, dass noch viel Handlungsbedarf besteht.

Abdulla Özkan: Das wird sich leider auch in 500 Jahren nicht ändern. Das ist leider so. Es wird immer Rassismus geben, auch in den eigenen Reihen. Auch die Leute, die »Das tut mir leid für dich« sagen, haben immer Rassismus in sich. Das ist das Problem. Die Solidarität der Menschen gegenüber anderen Menschen muss von innen kommen. Das aber ist bei den meisten nicht so. Kaum ist das Thema erledigt, dominieren im Alltag andere Themen. Die Solidarität ist dann da, wenn die Presse da ist oder wenn man zusammen ist. Die Solidarität lässt nach, wenn man sich umgedreht und verabschiedet hat. Nach jeder Kundgebung, nach jeder Demonstration sind wir alle solidarisch miteinander, die ersten zwei Stunden. Und wenn die Demonstration vorbei ist, weil alle ihrer Wege gehen, dominiert der Alltag. Das Thema Rassismus wird nicht dramatisiert. Rassistische Sprache ist in den Medien Alltag.

Das sage ich bereits seit fast zwei Jahrzehnten. Wenn nichts dagegen getan wird, dann können wir hier viel reden, passieren wird aber nicht viel. Rassismus muss überall in Deutschland, auf der Welt, thematisiert und angegangen werden.

Birgül Demirtaş: Olivia, du hast gerade erwähnt, dass sich die Strukturen geändert hätten. Kannst du uns konkret sagen, was sich geändert hat?

Olivia Sarma: An den Opferberatungsstrukturen kann man konkret machen, was in den letzten Jahren bundesweit passiert ist. Es gab Bundesprogramme, die ausgebaut und zur Gründung und zum Aufbau von Opferberatungsstellen in allen Bundesländern führten. Auch response ist in diesem Zuge entstanden und in kurzer Zeit von zwei Personen auf ein Team an zwei Standorten gewachsen. Das heißt, dass es in Hessen, wo es bis 2015 im Prinzip keine professionelle Beratungsstelle für Betroffene rechter Gewalt gab, mittlerweile ein landesweites Angebot gibt. Damit erreicht man immer noch nicht alle Betroffenen, aber es ist ein Anfang. Über den Dachverband VBRG findet seit ein paar Jahren eine Professionalisierung durch Vernetzung, Fortbildung und Austausch statt. Das Berufsfeld ist noch jung und muss ausgebaut und verstetigt werden. Es gibt mittlerweile auch Weiterbildungsangebote an Universitäten, die die Spezifika rechter Gewalt im Beratungskontext in den Blick nehmen. Die Opferberatungsstellen betreiben auch ein jährliches Monitoring, das heißt, sie erfassen und veröffentlichen jedes Jahr ihre Zahlen über rechte, rassistische und antisemitische Angriffe. Unsere Zahlen werden seit einiger Zeit auf der Bundespressekonferenz veröffentlicht und stehen damit als zivilgesellschaftliche Perspektive neben den Zahlen der Polizeibehörden. Das schafft Sichtbarkeit und macht Diskussionsräume auf. Denn es ist jedes Jahr so, dass die Zahlen der Opferberatungsstellen die polizeiliche Statistik weit übersteigen. Es hat sich auch etwas im Strafrecht bewegt. Zum Beispiel hat bei der Aufnahme der Tatumstände durch die Polizei die Perspektive der Betroffenen mehr Gewicht bekommen. Rassistische oder andere menschenfeindliche Tatmotivationen werden in der Strafzumessung strafverschärfend gewertet. Das sind Fortschritte, die sich allerdings in der Praxis nicht immer materialisieren. Da kommt es nämlich sehr auf die Kompetenz aller Akteure in Polizei und Justiz an. Mit Reem Alabadi-Radovan haben wir jetzt auch erstmals eine Rassismusbeauftragte in der Bundesregierung. Das sind wichtige Strukturen, die entstanden sind. Die andere Frage ist, was verändern diese Strukturen konkret und wie hilfreich sind sie? Ich glaube, Sibel und Abdullas geschilderte Erfahrungen machen deutlich, dass wir in einem großen Lernprozess sind. Es gibt eine große Lücke zwischen dem, welche Wirkung die bestehenden Strukturen erzielen wollen und welche sie tatsächlich erzielen. Und dann müssen wir auf die Opferberatungsstellen schauen: Wie arbeiten diese und was ist notwendig, damit sie wirklich die Hilfe leisten, die die Betroffenen nach Gewaltvorfällen benötigen? Da sind diese Erfahrungsberichte natürlich hilfreich.

Birgül Demirtaş: *Wie erfahren Beratungsstellen davon, wenn eine Gewalttat passiert?*

Olivia Sarma: Das ist eine wichtige Frage. Vernetzung, Öffentlichkeitsarbeit, Multiplikatorennetzwerke, Austausch mit Communitys – all das sind Tools, mit denen Betroffene erreicht werden sollen. Viele Beratungsstellen haben eine Komm-Struktur, suchen Betroffene aber auch aktiv auf. In Hessen funktioniert das System so: Es gibt eine Website, auf der man Vorfälle melden und um einen Beratungstermin bitten kann. Für den Erstkontakt gibt es auch eine Telefonnummer und eine E-Mail-Adresse. response hat auch alle Polizeistationen in Hessen mit Flyern und Informationen zur Beratungsarbeit informiert. Weil Polizeibeamte die Ersten sind, die an einem Tatort sind und Kontakt mit den Opfern haben, können diese darüber informieren, dass es unser Angebot gibt. Man muss allerdings anmerken, dass zu meiner Zeit bei response meines Wissens nach, keine Person über die Polizei zu uns kam. Der andere Weg ist, dass die Berater zum Beispiel über die Presse von einem Vorfall erfahren. response beschäftigt eine Person, die ein Pressemonitoring online und offline macht und die Kollegen über potenzielle Vorfälle informiert. In solchen Fällen wird im Team überlegt, wie sie an die Betroffenen herantreten, um sie über die Möglichkeit der Unterstützung durch die Opferberatungsstellen in Kenntnis zu setzen. Auch zwischen den Opferberatungsstellen und dem VBRG gibt es Austausch, manchmal werden Betroffene weiterverwiesen.

Handeln statt Fragen

Sibel İ.: Die Berater müssen relevante Aufgaben strukturierter, direkter abarbeiten und erledigen. Fragen wie »Was können wir für dich machen?« helfen mir als Betroffene nicht weiter. Und das belastet mich. Ich muss mich ständig wiederholen, das bringt mir nichts, außer, dass ich retraumatisiert werde. Ich muss bei Anwälten auf den Tisch klopfen, damit die sich mit dem Staatsanwalt juristisch auseinandersetzen. Ohne diese juristische Auseinandersetzung kommt man nicht weiter. Man muss streiten. Was soll ich da reden und immer die gleiche Geschichte erzählen? Auch bei der Polizei habe ich gesagt: »Sie haben doch schon mal nachgefragt. Ich kann doch nicht zehn Mal das Gleiche erzählen.« Ich denke, dass Täter es besser haben als Betroffene. Täter können sich nach einer Tat zurücklehnen und einfach den Prozess abwarten. Betroffene müssen sich jede Unterstützung hart erkämpfen. Ich habe mich mittlerweile gegen eine Beratungsstelle entschieden, weil ich versuche, für jede Angelegenheit einen Anwalt zu finden. Sonst kommt man nicht voran und kann nur Papierstapel abarbeiten oder bekommt nur Mitleid wie »Oh, du Arme«. Über sechs Monate sind seit dem Anschlag vergangen, aber bisher ist nichts passiert. Ich lebe immer noch mit den Rußflecken in derselben Wohnung. Das belastet mich und meine Kinder sehr, weil wir permanent an den Brandanschlag erinnert werden. Nach dem Anschlag habe ich Schlafstörungen und Panikattacken bekommen, die immer noch anhalten. Meine Tochter ist nach dem Anschlag ausgezogen und stellt mir fortwährend die Frage, wie ich immer noch dort wohnen könne. Der Brandanschlag am 20. Oktober 2021 und die Folgen haben mir mein ganzes Familienleben zerstört.

Bereits am ersten Tag habe ich der Polizei meine Vermutung eines rassistischen Motivs mitgeteilt. Die Polizei schloss aber bereits anfangs schon ein rassistisches Motiv aus. »Wie können Sie Rassismus ausschließen? Das müssen Sie mir beweisen!«, war meine Antwort darauf. Trotz der medizinischen Maske, auf der Hakenkreuze und SS-Runen gezeichnet waren und die unmittelbar in der Nähe meines Hauses gefunden wurde, wurde dies als ein rassistisches Tatmotiv ausgeschlossen und als Zufall deklariert.

Einbezug von Betroffenen in Beratungsstrukturen

Abdulla Özkan: Sibel, was du gerade durchmachst, tut mir total leid. Das ist frustrierend, aber du musst weitermachen, um dein Recht einzufordern.

Sibel İ.: Ich habe das Gefühl, dass viele den Brandanschlag verharmlosen. »Ja, das ist ja nicht schlimm.« Als wäre »nur« ein Kieselstein bei mir in die Wohnung geflogen und kein Molotowcocktail. Ich frage mich wirklich: »Muss erst ein Mensch sterben, damit das anerkannt wird?«

Abdulla Özkan: Ich habe das Gefühl, die Polizei versucht, dich mit diesen Argumenten von sich fernzuhalten, weil sie überfordert und auf dem rechten Auge blind sind. Olivia hat eben schon was zu den Beratungsstrukturen gesagt. Aus dem Gespräch wird deutlich, Olivia macht ihre Arbeit aus Leidenschaft. Olivia, du hast erwähnt, dass sich einige Strukturen positiv verändert haben in Deutschland. Meine Frage ist, wer unterstützt diese Einrichtungen, werden sie staatlich gefördert? Ich frage nur aus dem Grund, weil wir bereits auch angesprochen haben, dass Berater oftmals überfordert sind, wenn sie uns Opfern und Betroffenen gegenüberstehen. Warum binden diese Stellen eigentlich nicht betroffene Menschen wie mich ein? Ich verstehe das nicht. Kannst du mir das erklären?

Olivia Sarma: Ja, sie werden gefördert durch das Bundesfamilienministerium, und dann jeweils unterschiedlich in den Ländern von einem Landesministerium. Du sprichst einen wichtigen Punkt an. Bei response war uns von Anfang an wichtig, dass wir Berater in unserer Beratungsstelle beschäftigen, die auch von Rassismus betroffen sind. Denn es gibt eine Schieflage zwischen Menschen, die aus sehr privilegierter Position sprechen, also *weiße* Personen, die eben keinen Rassismus oder

Antisemitismus erfahren und die häufig in den machtvollen Positionen sitzen und z. B. den Migranten, den anderen sozusagen, helfen. Das ist ein Problem – nicht nur in der Opferberatung, sondern in Hilfsstrukturen insgesamt. Für die Personalpolitik der Opferberatungsstellen ist es absolut wichtig, dass unsere Teams divers und diskriminierungssensibel aufgestellt sind, dass die Berater wissen, was es bedeutet, in dieser Gesellschaft marginalisiert zu sein. Es gibt Hilfesuchende, die dezidiert darum bitten, nicht von einer *weißen* Person beraten zu werden. Sie erleben die Beratung dann eher als einen sicheren Raum, in dem sie nicht so viel erklären müssen. Das muss möglich sein. Wir machen auch die Erfahrung, dass offener gesprochen wird, wenn Beratungsnehmende in ihrem Gegenüber eine gemeinsame Erfahrung sehen. Das muss aber nicht so sein. Die professionelle Beratung (übrigens nicht nur in der Opferberatung) erfordert von ihren Beratern – egal wie positioniert – immer eine Reflexion über die Beziehung zum Beratungsnehmenden und über die eigenen Brillen und Perspektiven auf den Prozess. Die parteiliche Beratung verpflichtet sich dazu, ausschließlich nach den Bedürfnissen der Beratungsnehmenden zu agieren und immer zu überprüfen, ob man eigentlich das tut, was die Betroffenen gerade als hilfreich empfinden. Ich verstehe den Frust darüber, dass Erwartungen nicht erfüllt werden, oder dass das Gefühl aufkommt, Prozesse laufen zu langsam. Aber es ist tatsächlich so, dass Betroffene nicht immer die gleiche Unterstützung suchen, und somit ist es ein wesentlicher Teil der Beratung zu klären, was genau in der Beratung passieren soll.

Darüber hinaus ist es wichtig, die Selbstorganisationen zu stärken: In Hanau haben sich zum Beispiel die Initiative 19. Februar oder die Bildungsinitiative Ferhat Unvar gegründet, die erkämpft haben, dass heute die Betroffenen selbst auf der Bundespressekonferenz sprechen, dass Sichtbarkeit da ist und politische Forderungen verhandelt werden. Diese Betroffenen-Netzwerke und solidarische Beratungen existieren also und finden unmittelbar statt. Sie haben aber eine andere Funktion als die Opferberatungsstellen. Mittlerweile gibt es auch eine bundesweite Vernetzung von Betroffenen, die sich regelmäßig treffen und die Forderungen stellen. Hierfür braucht es Mittel, die diese Strukturen finanzieren, damit die aktiven Menschen nicht ehrenamtlich arbeiten müssen.

Abdulla Özkan: Komischerweise sind viele Beratungsstellen nicht in der Lage, sich zu vernetzen. Es gibt viele Betroffene rechter Gewalt wie İbrahim Arslan, Enver Şimşeks Kinder oder die Familie Kubaşık. In Köln meine Wenigkeit. Warum bezieht man diesen Personenkreis direkt Betroffener nicht ein, wenn es um Aufklärung oder Beratung geht? Ich habe solche Beratungen selbst erlebt. Händchen halten nützt nichts – das ist Zeitverschwendung. Aber Leute, die Erfahrung haben, können ihre Erfahrungen weitergeben. Warum bindet man uns nicht ein?

Sibel İ.: Anschläge dieser Art müssen sehr ernst genommen werden. Jedem Kind, das in solchen Zusammenhängen relativierende Zeitungsüberschriften wie »Jugendliche Dummheit« liest, wird doch vermittelt, dass es keine Konsequenzen für solche Taten gäbe. Ich habe leider insgesamt das Gefühl, dass wir nichts erreichen werden können.

Abdulla Özkan: Sibel, ich kann das nur bestätigen. Es geht nicht weiter. Deswegen gehe ich in die Öffentlichkeit.

Sibel İ.: Klar, an manchen Veranstaltungen werde ich teilnehmen und in der Öffentlichkeit erzählen, wie sich Betroffene fühlen und was für sie hilfreich an Unterstützung wäre. Zum Schutz meiner Kinder kann ich leider nicht überall auftreten, weil ich das Motiv und die Hintergründe der Tat noch nicht weiß. Ich als Betroffene werde nicht ernst genommen und das macht mich traurig. Ich hätte in der Türkei sein können, meine drei Kinder wären verbrannt. Was wäre dann gewesen? Ich habe immer diese Gedanken. Es geht um meine Kinder und ich rede als Mutter. Ich möchte Gerechtigkeit und Recht zugesprochen bekommen.

Abdulla Özkan: Du sprichst gerade über Gerechtigkeit, die ist aber leider sehr unwahrscheinlich zu finden. Beispielsweise versuche ich seit 17 Jahren, Einsicht in meine Akte zu erhalten, die immer noch verschlossen ist.

Kontinuitäten der Ohnmacht – »Als Betroffene fühlt man sich Willkür ausgesetzt«

Sibel İ.: Den Brandanschlag habe ich immer noch nicht verkraftet. Mir schwirren so viele offene Fragen durch den Kopf, auf die ich keine Antworten erhalte. Mein Anwalt und ich haben aktuell auch keine Akteneinsicht. Ich habe der Polizei gesagt: »Wenn das ein 14-Jähriger ist, sich alles erledigt hat und es ein einfacher Fall ist, warum liegt dann noch eine Aktensperre vor? Warum erhält mein Anwalt keine Akteneinsicht?«

Birgül Demirtaş: *Olivia, kannst du sagen, warum die Akten von Betroffenen unter Verschluss gehalten werden?*

Olivia Sarma: Ich glaube, ich würde mich zu weit aus dem Fenster lehnen, wenn ich das pauschal beantworten würde, denn es können unterschiedliche Kontexte und Gründe vorliegen. Aus meiner Beratungstätigkeit ist mir das Problem aber durchaus bekannt. Insbesondere beim Umgang mit Polizeibeamten und auch anderen Strafverfolgungsbehörden, Gerichten und Staatsanwaltschaften haben die Betroffenen das Gefühl, dass es keine Transparenz gäbe, dass es überhaupt keine Kommunikation gäbe und man keine Informationen erhalte. Das ist ein riesengroßes Problem, weil es natürlich, und das haben hier beide Betroffene ja bereits deutlich gemacht, das Vertrauen in die Sicherheitsbehörden oder in die Gerichte massiv erschüttert. Gerade die Sicherheitsbehörden und Gerichte müssten ja auch im Dienst der Betroffenen von Rassismus und rechtsextremer Gewalt agieren. Es sollte ihre Aufgabe sein, die Bürger zu informieren und ihnen das Gefühl zu geben, es kümmert sich jemand und ihr werdet von uns geschützt. Als Betroffene fühlt man sich Willkür ausgesetzt, man fühlt sich auch nicht ernst genommen. Gleichzeitig haben die Ermittlungsverfahren aber auch eine eigene Logik. In dem strafrechtlichen Sprechen wird von Opferzeugen gesprochen, die im Strafrecht eine spezifische Rolle spielen. Denn den Ermittlungsbehörden geht es darum, Beweise, Indizien zu sammeln, um einer Person eine Straftat nachzuweisen. Das Opfer dient nur als Zeuge, um diese Straftat zu beweisen. Das wirkt dann im Umgang mit den Betroffenen vor den Gerichten und bei der Polizei retraumatisierend und reviktimisierend. Aber auch die Art und Weise, wie ermittelt wird, und hier hat Abdulla natürlich vollkommen recht, ist relevant. Der Rassismus, der in der Gesellschaft verbreitet ist, der ist natürlich auch in der Polizei verbreitet und führt zu Verdächtigungen, rassistischen Zuschreibungen und Täter-Opfer-Umkehr. Ich glaube, in der strafrechtlichen Logik erhält das Opfer in der Straftat überhaupt nicht die Anerkennung, die notwendig wäre. Wenn man nur Opferzeuge ist, dann hat man eingeschränkte Möglichkeiten und ein Gefühl der Ohnmacht. All das sind Perspektiven und Mechanismen, die dieses Gefühl der Opferwerdung dann auch reproduzieren, mit dem Umstand, dass es kaum oder zu wenig Sensibilität gibt bei den einzelnen Akteuren, die in einem Strafprozess aktiv sind. In bestimmten Fällen können Opfer als Nebenkläger in den Prozess gehen. Das muss man aber wissen und die richtigen Anwälte finden. An dieser Stelle sind die Opferberatungsstellen dafür zuständig, die Betroffenen zu informieren und zu begleiten, damit die Betroffenen über ihre Handlungsmöglichkeiten Bescheid wissen und gute Entscheidungen treffen können.

ёё # Wissenschaftliche Einordnung, Reflexion und Diskussion

Ein kurzer Überblick über Rassismus und Antirassismus in Deutschland im Kontext türkeistämmiger Migrant*innen

Çağrı Kahveci

I. Erleben des Schocks des rechten Terrors

Der Tag, an dem sich der Nationalsozialistische Untergrund (NSU) enttarnte und damit seine Mordserie an Migrant*innen 2011 zu Ende ging, war ein Meilenstein in der deutschen Erinnerungsgeschichte, so Aleida Assmann, eine Koryphäe für Erinnerungs- und Gedächtnisforschung. Denn die NSU-Morde stellten laut Assmann einen gesellschaftlichen Schock dar (vgl. Assmann 2020). Die Mehrheitsgesellschaft hat endlich verstanden, dass rechtsextreme Kreise seit Jahrzehnten gut vernetzt sind, sich rassistischer Raster bedienen und so ungestört zahlreiche Terroranschläge auf Migrant*innen und ihre Geschäfte inmitten der Gesellschaft verüben konnten. Menschen wurden ermordet, nur weil sie eine mit rassistischen Zuschreibungen und Affekten unterlegte Differenz verkörperten.

Assmanns Datierung des sozialen Schocks erst im Kontext des NSU in den Nullerjahren ist etwas verwirrend. Genauer gesagt ist es ein lehrreiches Beispiel dafür, wie unterschiedliche gesellschaftliche Gruppen soziale Ereignisse unterschiedlich wahrnehmen bzw. deuten. Für liberale Angehörige der Mehrheitsgesellschaft war die Aufdeckung der NSU-Mordserie zweifellos eine Erschütterung. Mit den rassistischen, antisemitischen und rechtsextremen Anschlägen in Halle (2019), Kassel (2019) und Hanau (2020) wurde die Gefahr von Rassismus und Rechtsterrorismus erneut bestätigt. Der Schock und die Bestürzung für rassifizierte soziale Gruppen waren aber auch schon lange vor dem NSU-Komplex schmerzhafte Alltagserfahrungen. Sie erlebten Trauma, Hilflosigkeit, Angst und Handlungsunfähigkeit auch schon früher.

Assmann vertritt zudem die These, dass jedes Geschehen, um ein Ereignis zu werden, zunächst sprachlich verarbeitet und mit Sinn unterlegt werden muss. Auf diese Weise werden Ereignisse kollektiv gedeutet und durch Kommunikation zu einem Diskurs verwoben. Die NSU-Morde beispielsweise wurden zunächst durch eine rassistische Deutung der staatlichen Ermittlungsbehörden gerahmt, die dann nahtlos von den Medien übernommen und in die Gesellschaft getragen wurde. Erst der Aufschrei der Betroffenen sowie migrantischer und antirassistischer Gruppen konnte diesen Deutungsrahmen verändern und alternative Interpretationen ermöglichen (vgl. Kleffner 2013; Burschel et al. 2014; Karakayalı et al. 2017). So wurde es möglich, von institutionellem Rassismus zu sprechen, um die Verstrickung staatlicher Organe sowie der V-Männer zu thematisieren, von rassistischem Wissen zu sprechen, um die Logik der Ermittlungsbehörden zu erfassen, von der Rolle der Sprache zu sprechen, um das entmenschlichende Muster der öffentlichen Kommunikation zu skandalisieren.

Die Gewaltereignisse vor dem NSU wurden jedoch von der Mehrheitsgesellschaft nicht als solche erkannt und benannt. Gleichgültigkeit, staatliche Vertuschung und teilweise Rechtlosigkeit verhinderten, dass die rassistischen Verbrechen sprachlich zu einem Ereignis verarbeitet, kommuniziert, Teil einer Erzählung und Gegenstand staatlicher Erinnerungspolitik wurden. Dennoch waren sie emotional da, sie werden affektiv verarbeitet, sie blieben für die Betroffenen nicht als bizarres Geschehnis, sondern als rassistische Gewalt mit Namen, Verlauf und Folgen.

Die Familien, deren Angehörige von rassistischer, antisemitischer und rechter Gewalt und sozialer Ignoranz betroffen waren, haben solche Schocks in der Nachkriegszeit immer wieder erlebt und leben weiterhin damit. Allein 1980 wurden 17 Menschen getötet.[1] Die Opfer wurden ausgewählt, weil sie jüdische Verleger*innen, türkische Gastarbeiter*innen, vietnamesische Vertragsarbeiter*innen, osteuropäische Geflüchtete, Schwarz waren, das heißt, weil sie nicht als Teil der Gesellschaft anerkannt waren. Die Gesellschaft und der Staat hatten ihre elementare Aufgabe, Leben zu schützen, nicht erfüllt, weil sie das Leben dieser Menschen nicht als lebenswert und schützenswert ansahen. Ihr Tod galt als nicht betrauerbar und erinnerungspolitisch nicht wertvoll – sogar in den 1990er – Jahren, als Deutschland sich als Weltmeister der Erinnerungspolitik feierte (vgl. ebd.). Sie galten als Teil einer wertlosen Masse, die nicht zum »Volk«, nicht zu den politischen Kollektiven gehörte. Sie wurden zu »Anderen« gemacht, um deren Leben und sogar Tod man sich nicht kümmerte. Ich habe nur einige der Merkmale genannt, die zur Objektivierung und Entmenschlichung von Menschen aus rechtem Hass verwendet werden, obwohl die Liste sehr lang und historisch kontingent ist. Im Folgenden werde ich versuchen, einen kursorischen Blick darauf zu werfen, wie rassistisch motivierte tödliche Gewalt immer wieder Gefühle der Bestürzung und antirassistische Reaktionen ausgelöst

---

[1] Zwei vietnamesische Geflüchtete, Nguyễn Ngọc Châu und Đỗ Anh Lân, wurden durch den Brandanschlag einer rechtsterroristischen Aktionsgruppe ermordet. Bei dem Anschlag auf dem Oktoberfest wurden 13 Menschen getötet. Der jüdische Verleger Shlomo Lewin und seine Lebensgefährtin Frida Poeschke wurden im Dezember 1980 erschossen.

hat. Aufgrund des Überblickscharakters des Aufsatzes werden viele Aspekte der kritischen Auseinandersetzung mit Rassismus lediglich angerissen. Ziel des Aufsatzes ist es, die Konjunkturen rassistischer Gewalt, gesellschaftspolitischer Debatten und die Dynamiken des Antirassismus aufzuzeigen.

II. Der Rassismus-Antirassismus-Nexus

Rassismusforscher*innen tun sich schwer, eine allgemein akzeptierte Definition des Rassismus zu finden, da es nicht den *einen* Rassismus mit kohärenten Mechanismen, klaren Funktionen und Erscheinungsformen gibt. Rassismus als soziale Beziehung ist dynamisch und hängt von vielen Faktoren ab. Menschen werden nach biologischen, physischen, kulturellen, religiösen, zivilisatorischen usw. Merkmalen aufgeteilt und ihnen werden »unveränderliche« Attribute zugewiesen. Eine naturalisierende und hierarchische Klassifizierung ist mit Vorurteilen und Stigmatisierungen verbunden und führt zu einer unterschiedlichen Verteilung von materiellen und symbolischen Gütern, Privilegien und Strafen, Gewinnen und Gefahren. Die Herrschenden eignen sich soziale und materielle Ressourcen an (Stratifizierung), während die rassifizierten Menschen diskriminiert und in das System der »Racial«-Herrschaft eingeschlossen werden, aber als Objekt der Unterwerfung, Disziplinierung und sozialer Kontrolle. Wie bei allen Machtverhältnissen hängen jedoch die Gestaltung und Veränderung des Rassismus hauptsächlich von den sozialen, antirassistischen Kämpfen ab.

Der Antirassismus ist allerdings auch schwer zu definieren (vgl. Bonnet 2000), da er sich aus sehr unterschiedlichen und manchmal widersprüchlichen Gefühlen, Einstellungen und Handlungen zusammensetzt. Es existiert noch keine vollständig entwickelte Typologie des Antirassismus, weder auf intellektueller und ideologischer Ebene noch auf Ebene der politischen Praxis (Elias et al. 2021). Antirassismus kann allgemein definiert werden als eine Denkweise und/oder Praxis, die auf die Bekämpfung und Beseitigung von Rassismus abzielt. Diese Definition bezieht sich indes nur auf den defensiven Aspekt des Antirassismus und impliziert eine Negation. Antirassismus kann auch affirmativ ausgedrückt werden als Bedingung oder Ziel, »eine gerechtere und menschlichere Welt zu schaffen, in der Menschen in Harmonie und gegenseitigem Respekt zusammenleben können« (Essed 2013).

Auf individueller Ebene liegt der Schwerpunkt des Antirassismus auf der Bekämpfung diskriminierenden Verhaltens zwischen Einzelpersonen, oft in den banalen Begegnungen des Alltags, während er sich auf kollektiver Ebene auf soziale Bewegungen mit dem Ziel konzentriert, ungleiche Machtverhältnisse und materielle Benachteiligung zu bekämpfen. Antirassismus beinhaltet jedoch auch Interventionen in Bezug auf dominante Repräsentationen sowie Diskurse, um stereotypische Repräsentationen rassifizierter Menschen auf den Kopf zu stellen (vgl. Hall

1994). Der Antirassismus führt nun zur Entstehung neuer Subjektivitäten und transversaler Solidaritäten zwischen verschiedenen sozialen Gruppen, die die nationale Matrix von Zugehörigkeit, Kollektivität und Souveränität infrage stellen. Antirassistische Kämpfe treiben also die Demokratisierung voran, indem die ausgegrenzten sozialen Gruppen ihren Anteil einfordern (vgl. Balibar 1996; Rancière 2002).

Zur Veranschaulichung dieser kursorischen Erläuterung lassen sich viele empirische Fakten aus der Geschichte der Migrationskämpfe und/oder der rassismuskritischen Praxis im Nachkriegsdeutschland anführen. Aus der »Peripherie« und aus ehemaligen Kolonien[2] kamen ab den 1950er-Jahren Menschen nach Deutschland. Ihr Kampf mit den ausgrenzenden Rahmenbedingungen begann, bevor sie sich auf die Suche nach einem besseren Leben in die Mobilität begaben, das heißt, bevor sie Migrant*innen wurden. Sie organisierten (dies ist derzeit noch stärker so) ihre Mobilität häufig autonom, indem sie sich auf ihre Familie stützten, unterwegs neue Solidaritätsnetze schufen, Unterstützung erhielten, ankamen, ankommen, wenn sie Glück hatten, und der Lotterie des Passes in einer Weltgesellschaft trotzten, die eine kumulative Geschichte des Kolonialismus, der Ausplünderung, der Ausbeutung und der planetarischen Ungleichheit war und ist.

Sie beweg(t)en nicht nur ihre Körper als Quelle billiger Arbeit, ihre Wünsche als Quelle einer neuen Sozialität, sondern auch (un-)absichtlich die Grammatik der sozialen Ordnung. Sie waren/sind bewusst oder unbewusst Katalysatoren der sozialen Transformation. Sie kamen/kommen am »untersten Ende aller Skalen« (Berger 2020) – arbeitsbezogen, sozialräumlich, kulturell, politisch usw. – an, leist(et)en aber Widerstand gegen die sozialen Ungleichheiten. Die wilden Streiks in den 1970er-Jahren, die Kampagnen für Kindergeld, die Hausbesetzungen in den frühen 1980er-Jahren sind bekannte Beispiele der Kämpfe der Arbeitsmigrant*innen für eine gleichberechtigte Teilhabe (vgl. Bojadžijev 2008).

In den frühen 1980er-Jahren wurden als Reaktion auf die zahlreichen rassistisch motivierten Angriffe mit tödlichen Folgen auch andere Formen antirassistischer Aktionen in die sozialen Proteste einbezogen. An anderer Stelle haben wir beispielhaft einige Geschichten von Menschen türkischer Herkunft aufgegriffen, die durch rassistische Gewalt ums Leben kamen, und erläuterten, wie die Gesellschaft darauf (nicht) reagiert hat (vgl. Kahveci/Sarp 2017). Wir hatten kurz den Suizid von Selma Ertans in Hamburg mit einer offiziellen Ankündigung im Jahr 1982 beschrieben, um zu zeigen, wie der Druck der rassistischen Diskriminierung Menschen in den Tod treibt.[3] 1981 war der 45-jährige Seydi Battal Koparan das »erste« türkeistämmige Op-

---

2   Terkessidis zufolge hatten die deutschen Expansionsbestrebungen nach Osten (bspw. Polen) sowie nach Südosteuropa und in das Osmanische Reich eine koloniale oder imperiale Dimension (vgl. Terkessidis 2019).
3   Semra Ertans Werk wurde 2020 in türkischer und deutscher Sprache unter dem Titel »Mein Name ist Ausländer« veröffentlicht.

fer eines rassistisch motivierten Mordes. Im Juni 1982 wurde Tevfik Gürel in Hamburg von Nazis ermordet. Der Brandanschlag von 1984 in Duisburg-Wanheimerort, der erst fast 35 Jahre später auf Druck einer migrantischen Initiative als rassistisch motiviert anerkannt wurde, spricht Bände über den jahrzehntelangen Umgang mit rassistischer Gewalt in diesem Land. Sieben türkeistämmige Migrant*innen starben bei dem Anschlag. Der Angriff wurde trotz der Proteste und umfangreicher Beweise nicht als rassistisch erkannt und untersucht, denn schließlich, so der gesellschaftliche Konsens, gibt es in Deutschland keinen Rassismus, genauso wenig, wie es Rechtsextremismus gibt (vgl. Türkmen 2020). Um diese Lüge aufrechtzuerhalten, stellten die Ermittlungsbehörden und die Justiz den Vorfall als einen kriminellen Konflikt zwischen Migrant*innen dar. Ein jugoslawischer Nachbar der Opfer wurde zu Unrecht monatelang inhaftiert. Auf diese Weise wurden viele Fliegen mit einer Klappe geschlagen. Die Täter wurden nicht ermittelt und blieben von der Strafe verschont. Ohne den Vorwurf des Rassismus konnte sich die deutsche Mehrheitsgesellschaft als liberale, demokratische Gesellschaft imaginieren, was für die Repräsentation des Staates äußerst wichtig war. Gleichzeitig wurden rassistische Stereotypen über Migrant*innen verstärkt: Sie seien kriminell, in Banden organisiert, unzivilisiert, archaisch usw. Eine beispielhafte Täter*innen-Opfer- Umkehr.

Die ersten großen explizit antirassistischen Demonstrationen türkeistämmiger Migrant*innen richteten sich gegen ihre prekäre rechtliche Situation in der BRD, die migrantische Jugendliche und Frauen mit Abschiebung bedrohte (vgl. Gürsel/Kahveci, im Druck). Die Proteste signalisierten den Wechsel von der Exilpolitik zur Migrations-/Antirassismuspolitik (vgl. Özcan 1992). Die Zunahme neonazistischer Übergriffe war ein weiterer Katalysator für die Ausrichtung migrantischer Selbstorganisationen auf antirassistische Politik. So sehen einige die Ermordung von Mehmet Kaymakçı und Ramazan Avcı in Hamburg 1985 sowie die anschließende spontane Mobilisierung verschiedener migrantischer Communities als Beginn eines Zyklus einer neuen antirassistischen Bewegung (vgl. Köxüz 1997). Rund 15.000 Menschen mit und ohne Migrationshintergrund nahmen an den Protesten in Hamburg teil. Aus den Protesten ist die »Türkische Gemeinde Hamburg«, eine Interessenvertretung türkeistämmiger Menschen, hervorgegangen. In den Großstädten organisierten sich Migrant*innenjugendliche in Jugendbanden, um den Herausforderungen der Entrechtung, der sozialen Ausgrenzung und der kulturellen Suche aufgrund rassistischer Verhältnisse zu begegnen (vgl. Klaus/Seidel 1992).

III. Die deutsche Einheit: »Der deutsche Tumor ist wieder ausgebrochen«

»Der deutsche Tumor ist wieder ausgebrochen«, stellte Prantl fest, als er den Zusammenhang zwischen der deutschen Einheit und dem antisemitischen, rechtsextremen, rassistischen Terror Anfang der 1990er Jahre in scharfen Worten kritisierte (Prantl 1995: 17). Wie die Trauerkartei der oben genannten Fälle deutlich macht, hatte es in den 1980er Jahren zwar immer wieder Ausschreitungen gegeben, aber die Themen des rechtsextremen politischen Randes wie Patriotismus, Geschichtsrevisionismus, Nationalismus, Heimat usw. eroberten nun die Tagesordnung der parlamentarischen Debatten. Der Wahlerfolg der Republikaner mit fast 8 % bei den Berliner Wahlen 1989 hatte die Eskalation rassistischer Gewalt kurz vor der Wende beschleunigt; die »Entstigmatisierung der rechtsextremen Ideologie« (ebd.: 18) vollzog sich in den folgenden Jahren.

Asylbewerber*innen – damals eine generische Bezeichnung für alle rassifizierten Menschen – galten in der Wendezeit als Störenfriede, gegen die Deutschland seine Grenzen, sei es geografisch, kulturell, politisch etc., verteidigen sollte. Politiker*innen und Medien hetzten in den Debatten und zeichneten ein Bild, in dem Migration, Flucht, kulturelle Heterogenität und Pluralismus eine Quelle der Gefahr und Bedrohung darstellten. Der Vorsitzender der CSU, Edmund Stoiber, warnte vor »Durchrassen des deutschen Volkes« durch Ausländer und wollte, dass Deutschland den Deutschen gehört (ebd.). Zur Legitimierung des deutschen Ethnonationalismus wurden wichtige soziale Probleme, zum Beispiel die Wohnungsnot, auf die Existenz der Asylbewerber*innen zurückgeführt. Die sogenannte Asyldebatte war also einer der zentralen politischen Rahmen, in dem um die Zugehörigkeit, kulturelle Identität, die Grenzen der Nation usw. heftig gerungen wurde. Die Zahl der Brandstiftungen mit rassistischen Motiven explodierte. Fast täglich starben Menschen durch rechten Terror nach der Wende. Die Liste der Toten ist zu lang, ihre Geschichten zu vielfältig, ihr Leid zu tief, um es hier im Detail zu beschreiben.

Der Umgang des Staates, der Justiz[4] und des Polizeiapparates sowie der Mehrheitsgesellschaft mit dem Rechtsterrorismus lässt sich durch Abwehrhaltung, Zynismus und Täter*innen-Opfer-Umkehr charakterisieren, je nachdem, was funktionierte. Die Politik bemühte sich stets darum, die Bedeutung des rassistischen Terrors herunterzuspielen, wenn es nicht mehr geleugnet werden konnte. Die kollektive Verantwortung wurden wahlweise auf Einzelne abgewälzt, auch wenn die Gewalt kollektiv geplant und organisiert wurde. Die rassistischen Pogrome und Brandstiftungen wurden indes als spontaner Jugendstreich bagatellisiert und trivialisiert, obwohl sie tagelang andauerten und unter aktiver oder passiver Beteiligung der »normalen, durchschnittlichen« Bevölkerung ausgeübt wurden. Selbst wenn die Täter*innen vorbereitet ein Asylheim in Brand setzten, wurden ihre rassistischen oder rechtsextremen Motive nicht anerkannt. Das friedliche deutsche

---

4   »Erst seit Frühjahr 1994 versucht der Bundesgerichtshof gegenzusteuern: Wenn Brandflaschen durch das Fenster eines Wohnhauses geworfen werden, so heißt es in einem Urteil des Bundesgerichtshofes vom 28. April 1994, dann sei von einer lebensbedrohlichen Gewalthandlung, also von einem versuchten Mord auszugehen« (ebd.: 31).

Volk sei überfordert, hieß es oft – es reagiere affektiv. Die Gewalt des deutschen Volks sei auf die Provokation der Geflüchteten zurückzuführen. Schließlich hätten die Asylbewerber*innen nicht kommen dürfen. Es ist nicht übertrieben, zu behaupten, dass die Verharmlosung rassistischer Gewalt und die Einzeltäterthese, gepaart mit der Täter*innen-Opfer-Umkehr, eine Art berüchtigtes Diskursdreieck gebildet haben, das die deutsche Nachkriegsgeschichte geprägt hat und bis heute begleitet und widerspiegelt.

Während die Flammen der Brandstiftungen die Landschaft internationaler Politik erreichten, bedachten die Politiker*innen hierzulande die Empfindlichkeiten der Rechtsradikalen und Mehrheitsgesellschaft. Man sollte alles tun, um sie nicht zu provozieren. »Mit diesem Argument stellte sich der Außenminister und FDP-Vorsitzende Klaus Kinkel nach dem fünffachen Mord an der türkischen Familie Genç allen Ernstes gegen die Einführung der doppelten Staatsbürgerschaft und gegen ein allgemeines Ausländerwahlrecht« (Prantl 1995: 26). Der Ministerpräsident der mecklenburgischen Landesregierung sagte nach dem tagelangen Pogrom in Rostock-Lichtenhagen, es sei ja niemand zu Schaden gekommen. Die Verharmlosung, ja fast Legitimierung war so pointiert, dass sich Politiker*innen bei der Mehrheitsgesellschaft für den Imageschaden entschuldigten. Als in Rostock die Angegriffenen aus der Stadt vertrieben wurden und die rassistischen Täter*innen als Sieger*innen triumphierten, war die Tatsache besiegelt, dass der Rechtsstaat seine souveräne Macht zugunsten von Straßendruck und rechtem Terror aufgegeben hatte.

Der sogenannte Kompromiss zwischen SPD und CDU/CSU sowie FDP, der das Asylrecht de facto abschaffte, ist in Flammen rassistischer Brandsätze entstanden (vgl. Jäger 1992). Zur Beschönigung des Kompromisses argumentierten Politiker*innen, er habe den Rechten das Wasser abgegraben und der rechten Wut ein Ende gesetzt. Endlich sei Ruhe eingekehrt. Die Zunahme der Anschläge im Laufe des Jahres 1993, das heißt nach dem Asylkompromiss vom 6. Dezember 1992, bestrafte diesen scheinheiligen Unsinn jedoch. Drei Tage nach der faktischen Abschaffung des Asylrechts am 26. Mai 1993 kam es zum Brandanschlag auf das Haus von Familie Genç in Solingen mit fünf Toten und zahlreichen Schwerverletzten.

Die beiden Anschläge in Mölln (1992) und in Solingen (1993) fanden in dieser Pogromstimmung statt, die zu einer biopolitischen Dramatik des Schicksals des Kollektivs des deutschen Volkes überspitzt wurde: Entweder wird die (Flucht-)Migration abgewehrt oder Deutschland geht zugrunde. Als Notwehr, als Widerstand erscheint so die eigene Aggression (vgl. Baumann 2016). Nach dem Anschlag von Mölln legte Bundeskanzler Kohl einen bösen Zynismus an den Tag, was den Umgang der Politik mit den Betroffenen und Opfern rassistischer Gewalt angeht. Für ihn war dieser Anschlag ein Zeichen der allgemeinen Zunahme von Gewalt, aber nichts mehr. Er hatte sich auch geweigert, die betroffenen Familien zu besuchen, um sogenannten Beileidstourismus nicht zu fördern. Fast kaum jemand redete davon, dass der Rechtsstaat Maßnahmen ergreifen sollte, um die Täter*innen zu bestrafen und die Opfer zu schützen.«»Vor den Morden von Mölln und Solingen schien es oft so zu sein, als gelte es für die Politik, mit väterlichem Verständnis über pubertäre Streiche hinwegzusehen« (Prantl 1995: 23).

Die Brandanschläge in Mölln und Solingen bleiben im kollektiven Gedächtnis der türkeistämmigen Migrant*innen präsent. Jeder denkt sofort an Solingen, wenn von tödlichen Anschlägen die Rede ist. Wenn irgendwo, irgendwann ein von Migrant*innen bewohntes Haus in Flammen aufgeht, wenn Geschäfte von Migrant*innen angegriffen werden, die Ermittler*innen keine rassistischen Motive erkennen und die Fälle unaufgeklärt bleiben, dann beunruhigt das die türkischstämmigen Migrant*innen. Solingen ist nicht nur eine deprimierende Erinnerung, sondern auch die am längsten überlebende.[5] »Nach dem Brandanschlag in Solingen stand fest, dass man gezielt türkeistämmige Menschen angreift. Die Mordserie des NSU zeigte, dass hauptsächlich diese die Zielscheibe sind. Das löste einen kollektiven Gefühlszustand aus, der dadurch charakterisiert war, dass jeder, der aus der Türkei stammte, Angst hatte, selbst Opfer zu werden. Die persönliche Identifikation mit diesem Ereignis als Türkeistämmige ist umso intensiver und emotionaler«, so Dr. Ali Kemal Gün, der damals als Psychotherapeut Opfer des Solinger Brandanschlags behandelte (Gün 2014: 100).

IV. Antirassismus nach der Wende

Als Reaktion auf die Bekanntgabe des Asylkompromisses am 6. Dezember 1992 gab es in München eine Lichterkette mit ca. 4.000 Teilnehmer*innen – die größte ihrer Art. Migrant*innen, Antifaschist*innen, Demokrat*innen, Linke, Punks etc. gingen auch andernorts auf die Barrikaden. Doch mit der Verabschiedung der Grundrechtseinschränkung von Artikel 16 Grundgesetz erlitt die antirassistische Bewegung eine herbe Niederlage. Allerdings wurden bereits zu Beginn und in der ersten Hälfte der 1990er-Jahre viele antirassistische Initiativen gegründet, in denen türkischstämmige Migrant*innen eine führende oder relevante Rolle spielen und auch militante Aktionsformen an den Tag legen, zum Beispiel Antifa Gençlik, Köxüz, Cafe Morgenland, Femigra. Diese Gruppen waren Selbstorganisationen von Migrant*innen der zweiten Generation, die sich eher auf ihr Leben in Deutschland als auf Exilpolitik konzentrierten (vgl. Kahveci 2017). Empowerment, Selbstrepräsentation und Resilienz prägten ihre politische Orientierung, ähnlich wie die Black-Power-Bewegung in den Vereinigten Staaten (vgl. Schwiertz 2019). Die in Westberlin 1988 gegründete Antifa Gençlik (Antifaschistische Jugend) beispielsweise

---

5 Solingen hatte sogar kulturelle Einflüsse im deutsch-türkischen transnationalen Kontext. Die bekannteste deutsch-türkische Hip-Hop-Band Cartel hat bspw. Bilder und Zeitungsartikel im Zusammenhang mit dem Solinger Anschlag in ihr Musikvideo eingebaut.

versuchte, den Kampf gegen Rassismus mit Faschismus in Verbindung zu bringen, und betrachtete sich als eine Selbstverteidigungsorganisation (z.B. antifaschistischer Squadrismus) gegen rechtsextreme Angriffe. Ihre militante Rhetorik und politische Praxis (physische Konfrontation mit der Rechten) verschafften ihr Popularität unter migrantischen Jugendliche. Sie war in der Westberliner »Antifa-Szene« gut verankert, kritisierte aber gleichzeitig deren paternalistische und ignorante Haltung.

Die Konfrontation um die Frage der Bevormundung und der Repräsentation war ein wichtiges Konfliktthema zwischen den Migrant*innen und den *weißen* linken deutschen Gruppen (vgl. Kalpaka/Räthzel 1990). Migrant*innen warfen der deutschen Linken vor, ihre Selbstorganisation nicht zu respektieren und anzuerkennen. Die rassifizierte Arbeitsteilung zwischen der deutschen Linken und den Migranten*innen reproduzierte auch die Aufteilung in »Wir, die Deutschen« und »Ihr, die Migrant*innen«, indem sie physische Tätigkeiten wie authentische Verpflegung, kulturelle Unterhaltung und Tapferkeit den Migranten*innen und intellektuelle Tätigkeiten den deutschen Aktivist*innen zuordneten (vgl. ak wantoc 2010; Räthzel 2012). Die deutsche Linke degradierte den Antirassismus der Migrant*innen überwiegend zu einer reinen Identitätspolitik (vgl. Rostock 2013).[6]

Dies mag ein Grund dafür sein, dass die NSU-Morde von der breiten antirassistischen Öffentlichkeit nicht wahrgenommen wurden. Selbst die Demonstrationen der Angehörigen der Opfer 2006, die die Motive der Täter*innen klar benannten und die Ermittlungsbehörden aufforderten, gegen diese zu ermitteln und nicht gegen die Familien, wurden nicht ernst genommen. Ihr Schmerz, ihr Leiden, ihr situiertes Wissen und ihre Proteste konnten nicht den Charakter eines »Ereignisses«, wie Assmann es nennt, annehmen, sondern blieben bloße »Geschehnisse«. Eine der grundlegendsten Voraussetzungen, um ein politisches Subjekt zu sein, ist die Fähigkeit, die eigenen Interessen auf die politische Bühne zu bringen und an öffentlichen Debatten teilzunehmen. Aber nicht gehört zu werden, ist ein anderes Wort für nicht sprechen zu können. Die Mehrheitsgesellschaft bestrafte die Migrant*innen weiterhin, indem sie ihnen nicht zuhörte und ihr die Anerkennung verweigerte.

Mit dem Bekanntwerden der skandalösen Umstände staatlicher Verstrickungen, rassistischer Ermittlungen und Täter*innen-Opfer-Umkehr im Kontext des NSUs begann sich das Blatt zumindest für die antirassistische Öffentlichkeit zu

---

6   Ende der 1990er-Jahre traten die Selbstorganisationen von Geflüchteten und die Kämpfe von Migrant*innen ohne Papiere mit einer neuen Dynamik in die politische Arena des Antirassismus ein, mit zahlreichen Aktionsformen, auf die hier aus Platzgründen nicht im Detail eingegangen werden kann (Jakob 2016). Zusammenfassend lässt sich festhalten, dass sie sich dank ihrer militanten und kollektiven Aktionen aus der Unsichtbarkeit befreit haben, auch wenn die Ambivalenzen von Sichtbarkeit und Unsichtbarkeit schon lange diskutiert werden (vgl. Papadopoulos et al. 2008).

wenden. Im Zuge der politischen Mobilisierung zur Aufklärung des NSU gab es eine Tendenz zur transversalen Politik (vgl. Kahveci 2021). Die kategorische Trennung zwischen einzelnen Akteur*innen oder Feldern wie migrantisch/nichtmigrantisch, antirassistisch/antifaschistisch, *weiß*/*nichtweiß* und akademisch/aktivistisch scheint im Kampf gegen Rassismus und Rechtsextremismus etwa in den Hintergrund getreten zu sein (vgl. Lierky/Perinelli 2020). Ein zentraler Punkt im Kampf gegen den NSU war die Aufdeckung der »Wahrheit«, die Bestrafung der Täter*innen und der Prozess gegen Rassismus. Zahlreiche lokale Initiativen (bestehend aus Migrant*innen und Nicht-Migrant*innen) versuchten, eine aktive Rolle in diesem Strafprozess zu spielen. Die »Initiative 6. April« in Kassel, die Initiative »Keupstraße ist überall« in Köln, Dostluk Sineması usw. wollten die Öffentlichkeit informieren, die Opfer und Betroffenen stärken und politischen Druck ausüben. Sie wollten aufklären, das Leid der Überlebenden und ihrer Communities sichtbar machen und eine Gegenerzählung zum offiziellen Narrativ aufbauen, damit Rassismus nicht bagatellisiert, individualisiert und die staatliche Verantwortung abgetan wird (vgl. NSU-Watch 2020). Zahlreiche Familien, Initiativen mit Opferanwält*innen und Journalist*innen tragen die politische Mobilisierung mit Informations-, Gedenkveranstaltungen, Dokumentationen, Demonstrationen etc. weiter (vgl. Daimagüler 2017; Von der Behrens et al. 2018). Daraus haben sich weitere Formen antirassistischer Initiativen und Netzwerke entwickelt, etwa »Unteilbar« und »Seebrücke«. Als Reaktion auf die antisemitischen und rassistischen Übergriffe in Halle (2019) und Hanau (2020) wurde beispielsweise die Initiative »Migrantifa« gegründet. Inspiriert von der Antifa Gençlik, mobilisiert die Migrantifa die junge Generation gegen Polizeigewalt sowie Racial Profiling und beweist, dass rassifizierte Menschen ihre Stimme erheben und sich als politische Akteur*innen zeigen können. In diesem Zusammenhang sind auch die »Black Lives Matter«-Mobilisierungen zu erwähnen, die landesweit Tausende von Menschen (vor allem Jugendliche) auf die Straße brachten. Die Einmischung in den Diskurs und der Druck auf die Politiker*innen haben dazu geführt, dass die Regierung im Jahr 2020 einen Kabinettsausschuss »zur Bekämpfung von Rechtsextremismus und Rassismus« unter dem Vorsitz von Bundeskanzlerin Merkel einberufen hat.

Literatur

ak wantoc (Hg.) (2010): Perspektiven autonomer Politik. Münster: Unrast
Assmann, Aleida (2020): Das neue Unbehagen an der Erinnerungskultur, 3. Auflage. München: C. H. Beck.
Balibar, Etienne (1996): »What We Owe to the Sans-papiers« http://eipcp.net/transversal/0313/balibar/en [10.01.2022].

Baumann, Zygmunt (2016): Die Angst vor den Anderen. Ein Essay über Migration und Panikmache, Frankfurt: Suhrkamp.

Berger, John/Mohr, Jean (2016): Der siebte Mensch: Eine Geschichte über Migration und Arbeit in Europa, Hamburg: Fischer.

Bojadžijev, Manuela (2008): Die windige Internationale. Rassismus und Kämpfe der Migration, Münster: Westfälisches Dampfboot.

Bonnett, Alastair (2000): Anti-racism. Key Ideas, London/New York: Routledge.

Burschel, Friedrich/Schubert, Uwe/Wiegel, Gerd (2014). »Der Sommer ist vorbei …«. Vom »Aufstand der Anständigen« zur »Extremismusklausel«, Berlin: Edition Assemblage.

Daimagüler, Mehmet (2017): Empörung reicht nicht!: Unser Staat hat versagt. Jetzt sind wir dran. Mein Plädoyer im NSU-Prozess, Köln: Bastei Lübbe.

Dostluk Sineması (Hg.) (2014): Von Mauerfall bis Nagelbombe: der NSU-Anschlag auf die Kölner Keupstraße im Kontext der Pogrome und Anschläge der neunziger Jahre: Interviews, Statements, Filme. Amadeu Antonio Stiftung.

Elias, Amanuel/Mansouri, Fethi/Paradies, Yin (2021). Countering racism: Challenges and progress in anti-racism efforts, in: Racism in Australia today, S. 319–351.

Essed, Philomena (2013): Women social justice scholars: Risks and rewards of committing to anti-racism, in: Ethnic and Racial Studies, 36(9), S. 1393–1410.

Farin, Klaus/Seidel-Pielen, Eberhard (1992): Krieg in den Städten. Jugendgangs in Deutschland, 4. Auflage, Berlin: Rotbuch Verlag.

Goeke, Simon (2020): »Wir sind alle Fremdarbeiter!« Gewerkschaften, migrantische Kämpfe und soziale Bewegungen in Westdeutschland 1960–1980, Paderborn: Ferdinand Schöningh.

Gür, Metin/Turhan, Alaverdi (1996): Solingen Dosyası. Istanbul: Saypa.

Gürsel, Duygu/Kahveci, Çağrı (im Druck): Self-organize Struggles Against Racism. Expertise »Nationaler Diskriminierungs- und Rassismusmonitor (NaDiRa)«. Teilexpertise zum Themenfeld »Antirassistische Selbstorganisationen, Formate der Selbstorganisation und des Empowerments«.

Hall, Stuart (1994): Rassismus und kulturelle Identität. Ausgewählte Schriften 2., Hamburg: Argument-Verl.

Jäger, Siegfried (1992): Brandsätze. Rassismus im Alltag, Duisburg: Diss.-Studien.

Jakob, Christian (2016): Die Bleibenden. Wie Flüchtlinge Deutschland seit 20 Jahren verändern, Bonn: Bundeszentrale für politische Bildung.

Kahveci, Çağrı/Sarp, Özge Pınar (2017): Von Solingen zum NSU. Rassistische Gewalt im kollektiven Gedächtnis von Migrant*innen türkischer Herkunft, in: Karakayalı, Juliane/Kahveci, Çağrı/Liebscher, Doris/Melchers, Carl (Hg.): Den NSU-Komplex analysieren. Aktuelle Perspektiven aus der Wissenschaft, Bielefeld: transcript, S. 37–57.

Kahveci, Çağrı (2017): Migrantische Selbstorganisierung im Kampf gegen Rassismus, Münster: Unrast.

Kalpaka, Annita/Räthzel, Nora (1990): Die Schwierigkeit, nicht rassistisch zu sein. 2. Auflage, Berlin: Mundo-Verlag.

Karakayalı, Juliane/Kahveci, Çağrı/Liebscher, Doris/Melchers, Carl (Hg.). (2017): Den NSU-Komplex analysieren: aktuelle Perspektiven aus der Wissenschaft, Bielefeld: transcript.

Köxüz (1997): »MigrantInnenbewegung Passe«. Nr. 7.

Lierky, Lydia/Perinelli, Massimo (2020): Erinnern stören. Der Mauerfall aus migrantischer und jüdischer Perspektive, Berlin: Verbrecher Verlag.

NSU-Watch (Hg.) (2018): Aufklären und Einmischen. Der NSU-Komplex und der Münchner Prozess, Berlin: Verbrecher Verlag.

Özcan, Ertekin (1992): Türkische Immigrantenorganisationen in der Bundesrepublik Deutschland: die Entwicklung politischer Organisationen und politischer Orientierung unter türkischen Arbeitsimmigranten in der Bundesrepublik Deutschland und Berlin West, 2. Auflage, Berlin: Hitit.

Papadopoulos, Dimitris/Stephenson, Niamh/Tsianos, Vassilis (2008): Escape routes. Control and Subversion in the twenty-first century, London: Pluto Press.

Prantl, Heribert (1995): Deutschland leicht entflammbar: Ermittlungen gegen die Bonner Politik, München: Hanser.

Rancière, Jacques (2002): Das Unvernehmen, Politik und Philosophie, Frankfurt: Suhrkamp.

Räthzel, Nora (2012): 30 Jahre Rassismusforschung. Begriffe, Erklärungen, Methoden, Perspektiven, in: Kauffmann, Heiko/Jäger, Margarete (Hg.): Skandal und doch normal: Impulse für eine antirassistische Praxis, Münster: Unrast Verlag, S. 190–220.

Rostock, Petra (2014): Subjects that Matter? Nonidentitarian Strategies of Pro-»Migrant« and »Migrant« Protest in Germany, in: Katarzyna Marciniak/Tyler Imogen (Hg.): Immigrant Protest. Politics, Aesthetics and Everyday Dissent, Albany: SUNY Press, S. 209–224.

Schwiertz, Helge (2019): Migration und radikale Demokratie: Politische Selbstorganisierung von migrantischen Jugendlichen in Deutschland und den USA, Bielefeld: transcript.

Terkessidis, Mark (2019): Wessen Erinnerung zählt?: Koloniale Vergangenheit und Rassismus heute. Hamburg: Hoffmann und Campe.

Tertilt, Hermann (1996): Turkish Power Boys. Ethnographie einer Jugendbande. Frankfurt a.M.: Suhrkamp.

von der Behrens, Antonia (Hg.) (2018): Kein Schlusswort. Nazi-Terror, Sicherheitsbehörden, Unterstützernetzwerk. Plädoyers im NSU-Prozess, Hamburg: VSA Verlag.

Rassismus, extrem rechte Gewalt und restriktive Verdrängungspolitik in der Dekade vor dem Solinger Brandanschlag

Adelheid Schmitz

Einleitung

Der mörderische rassistische Brandanschlag auf das Haus von Familie Genç am 29. Mai 1993 ist Teil einer langen Tradition rassistischer und extrem rechter Gewalt mit einer Kontinuität bis in die Gegenwart. Im kollektiven Gedächtnis von Menschen mit Migrationsgeschichte sind der Solinger und der Möllner Anschlag nur sechs Monate zuvor mit acht toten Frauen und Mädchen schmerzvoll verankert, insbesondere bei denjenigen, die sich als deutsch-türkeistämmig verorten. Ihre Erfahrungen von Rassismus und Diskriminierung, die sie im Alltag, am Arbeitsplatz, auf der Straße etc. erlebten und noch immer erleben, haben sich in sichtbar gewordener tödlicher rassistischer Gewalt manifestiert. Die beiden Anschläge waren in dieser Zeit eine Art »symbolischer Knotenpunkt« (Kahveci/Sarp 2017: 40). Die Folge: kollektiver Schmerz, aber auch Wut und Enttäuschung, die bis heute weiterwirken, auch in den nachfolgenden Generationen.[1] Der NSU-Komplex, die Ermordung von Walter Lübcke, der antisemitische und rassistische Anschlag in Halle, die rassistisch motivierte Ermordung von Gökhan Gültekin, Sedat Gürbüz, Said Nesar Hashemi, Mercedes Kierpacz, Hamza Kurtović, Vili Viorel Păun, Fatih Saraçoğlu, Ferhat Unvar und Kaloyan Velkov in Hanau sowie alle Toten und Verletzten im Zusammenhang mit extrem rechter, antisemitischer und rassistischer Gewalt machen die bis heute ungebrochene Kontinuität seit 1945 sichtbar.[2]

Thomas Billstein hat die Fälle getöteter Menschen von 1970–2020 recherchiert und listet 274 Todesopfer und weitere 41 Verdachtsfälle auf, die vonseiten staatlicher Stellen nur zum Teil als rassistisch und extrem rechts motiviert anerkannt sind

---

[1] Siehe hierzu die Beiträge der Überlebenden und Betroffenen rassistischer und extrem rechter Gewalt im ersten Kapitel dieses Bandes sowie Bengü Kocatürk-Schuster und Kutlu Yurtseven, Birgül Demirtaş und Kübra Gamze D. in diesem Band.

[2] Siehe hierzu auch Katharina Rhein in diesem Band.

(vgl. Billstein 2020: 20). Allein seit 1990 zählt die Amadeu Antonio Stiftung mindestens 219 getötete Menschen sowie 16 Verdachtsfälle (Brausam 2021). Unzählige Menschen wurden seitdem verletzt, die Angehörigen der getöteten Menschen und die Verletzten sind traumatisiert – ihr ganzes Leben lang. Zudem wurden bei den Ermittlungen viele von ihnen selbst oder ihr soziales Umfeld verdächtigt und kriminalisiert, so wie beispielsweise bereits 1980 bei dem jüdischen Verleger Shlomo Lewin und seiner Lebensgefährtin Frida Poeschke, die beide am 19. Dezember in Erlangen von einem Neonazi erschossen wurden. Ermittelt wurde schon damals vor allem im Umfeld der Ermordeten, obwohl die Spur sehr schnell zur rechtsterroristischen »Wehrsportgruppe Hoffmann« geführt hatte (Steinke 2020). Die Geschichte dieser gewaltvollen Tradition bis hin zu terroristischen Dimensionen und ihr Umgang damit sind bis heute nur ansatzweise erforscht und dokumentiert (NSU Watch 2012; Billstein 2020; Manthe 2020; Virchow 2020). Inzwischen bemühen sich zahlreiche bundesweite und lokale Initiativen um Aufklärung und Erinnerung.

Vor diesem Hintergrund konzentriere ich mich auf die Dekade vor dem Solinger Brandanschlag, skizziere einige konkrete rassistisch motivierte Anschläge und kontextualisiere sie mit migrationspolitischen Debatten der damaligen Zeit, um zu zeigen, dass diese mit dazu beigetragen haben, den Nährboden für die Eskalation extrem rechter und rassistischer Gewalt im Zuge der Wiedervereinigung zu schaffen.

Zunehmende Militanz in den 1980er-Jahren mit Folgen bis in die Gegenwart

Bereits in den 1970er- und vor allem zu Beginn der 1980er-Jahre nahm extrem rechte, rassistische und antisemitische Gewalt zu (Arndt 1984; NSU Watch 2012). Ehemalige Alt-Nazis und Mitglieder des extrem rechten Spektrums verstärkten ihre Aktivitäten, insbesondere Jüngere entwickelten eine größere Bereitschaft zu militanten Aktionen (Hennig 1983; Chaussy 1984). Die Gewalt richtete sich zunehmend gegen geflüchtete und migrantisierte Menschen sowie deren Unterkünfte und Häuser (Arndt 1984). Nur einige Beispiele sollen dies hier verdeutlichen. Mitglieder militanter sogenannter neonazistischer Aktionsgruppen wie etwa die »Aktionsfront Nationaler Sozialisten« (ANS/NA), die »Wehrsportgruppe Hoffmann« oder die »Deutschen Aktionsgruppen« (DA) agierten damals ähnlich wie die Mörder der späteren Terrorgruppe des »NSU«. Aktivist*innen der »Deutschen Aktionsgruppen« verübten 1980 zahlreiche Sprengstoff- und Brandanschläge unter anderem auf die zentrale Unterkunft für Geflüchtete in Zirndorf, aber auch auf regionale Unterkünfte und Sammelstellen für geflüchtete Menschen. Anschläge gab es auch auf eine Ausstellung zum Vernichtungslager Auschwitz in Esslingen, das Wohnhaus des dortigen Landrats sowie eine jüdische Schule in Hamburg (vgl. Arndt 1984: 280f.). Bei einem Brandanschlag auf die Sammelunterkunft für Geflüchtete in der Halskestraße in Hamburg am 22. August 1980 starben die zwei jungen Vietnamesen Nguyễn Ngọc Châu und Đỗ Anh Lân, zahlreiche Menschen wurden verletzt. In der Unterkunft lebten überwiegend sogenannte *Boat-People*, die aus Vietnam geflohen waren. Anders als der NSU hatten die Täter*innen ihr rassistisches Motiv »Ausländer raus« damals noch an die Wand des Wohnheims gesprüht (Weber 2020).³

Manfred Roeder, einem Alt-Nazi, Holocaustleugner und Rechtsanwalt, der 1980 die »Deutschen Aktionsgruppen« gegründet hatte, konnte damals keine direkte Tatbeteiligung nachgewiesen werden. 1982 erhielt er wegen »Rädelsführerschaft in einer terroristischen Vereinigung« 13 Jahre Haft, 1990 wurde er jedoch wegen »guter Führung« bereits entlassen (Belltower.News 2008). Auffallend sind auch direkte persönliche Verbindungen zwischen Manfred Roeder und Mitgliedern des späteren NSU (Röpke 2012).⁴ Als Roeder 1996 wegen Sachbeschädigung an der Wehrmachtsausstellung in Erfurt wieder einmal vor Gericht stand, zeigten Neonazis öffentlich ihre Verbundenheit mit dem Alt-Nazi und Mitglieder des späteren NSU versuchten, den Prozess zu stören (Gensing 2012; Röpke 2012; Christophersen 2022). Dass die Existenz terroristischer Strukturen noch in den 1990er- und 2000er-Jahren von Verfassungsschutzbehörden und Nachrichtendiensten regelmäßig verneint wurde (vgl. Virchow 2020: 6), ist ein Beleg für die lange Tradition der Verharmlosung des Problems seitens der zuständigen Behörden.

Ein weiteres Beispiel für die zunehmenden Anschläge auf Wohnhäuser von migrantisierten Menschen ist auch der Brandanschlag auf ein Mehrfamilienhaus in Duisburg-Wanheimerort am 26. August 1984, dessen mutmaßlich rassistischer Hintergrund damals nicht ernst genommen wurde und dessen Aufklärung bis heute noch aussteht (Türkmen 2020). Ähnlich wie in Solingen und auch Mölln war es ein Haus, in dem überwiegend migrantisierte Menschen lebten. Durch das Feuer starben vier Kinder und drei Erwachsene: Çiğdem (7), Ümit (5) und Songül Satır (4), ihre Mutter Ferdane Satır (40) sowie das junge Elternpaar Zeliha und Rasim Turhan (beide 18) und ihr sieben Wochen alter Sohn Tarık. Zahlreiche Bewohner*innen wurden verletzt. Überlebende und Familienangehörige sind bis heute traumatisiert und kämpfen für Aufklärung und Erinnerung.⁵ Bei einem mutmaßlich extrem rechten Brandanschlag auf ein Mehrfamilienhaus in Kempten in der Nacht zum 17.

---

3   Seit 2014 engagiert sich die Initiative Halskestraße für ein öffentliches Gedenken an die Tat und setzt sich für die Umbenennung zumindest von Teilen dieser Straße ein. https://inihalskestrasse.blackblogs.org [16.03.2022].

4   Die Mitglieder des NSU ermordeten von September 2000 bis April 2007 mindestens neun Menschen aus rassistischen Motiven sowie eine Polizistin und verübten mehrere Anschläge, bei denen zahlreiche migrantisierte Menschen verletzt wurden.

5   Aktuell bemüht sich die »Initiative Duisburg 1984« um Aufklärung und kämpft zusammen mit Überlebenden des damaligen Anschlags für eine angemessene Erinnerung. https://www.inidu84.de [14.03.2022].

November 1990 wurde die Spur eines mutmaßlich rassistischen Motivs ebenfalls nicht ernstgenommen.⁶ In dem Haus lebten nur türkeistämmige Menschen. Der fünfjährige Ercan wurde dabei getötet und mindestens fünf Menschen wurden schwer verletzt. Kurze Zeit nach dem Anschlag ging bei einer Lokalzeitung sogar ein Bekennerschreiben ein, das mit »Anti-Kanaken-Front-Kempten« unterschrieben war. Der Hinweis war eindeutig, dennoch wurde diese Spur nicht verfolgt. Stattdessen vermuteten die Ermittler*innen als Ursache einen Streit innerhalb der türkeistämmigen Community. Mehr als 30 Jahre später wird von einem rassistisch motivierten Mordanschlag ausgegangen, die Generalstaatsanwaltschaft München ermittelt wegen Mordes und sucht Zeug*innen (vgl. o. V. 2022).

Auch gewaltvolle Überfälle auf einzelne migrantisierte Menschen oder Gruppen nahmen in dieser Zeit zu. Der brutale Angriff auf den aus der Türkei stammenden Ramazan Avcı, seinen Bruder und Freunde in Hamburg löste vor allem bei Menschen aus türkeistämmigen Communities Entsetzen, aber auch Angst vor einer wachsenden Bedrohung auf offener Straße aus. Am 21. Dezember 1985 hatten Neonazis aus rassistischen Motiven so massiv auf die Freundesgruppe eingeschlagen, dass Ramazan Avcı drei Tage später an den Folgen starb. Danach gingen über 10.000 Menschen aus den türkeistämmigen Communities sowie ihre Unterstützer*innen in Hamburg und auch anderen Orten auf die Straße, organisierten Proteste gegen die zunehmende rassistische Gewalt und gründeten Organisationen, um sich stärker vernetzen und selbst schützen zu können (Çalışır 2021).⁷

Traditionsreich: Verharmlosende Reaktionen auf extrem rechte und rassistische Gewalt

In der deutschen Mehrheitsgesellschaft, in Politik und Medien wurden die Zunahme und Verjüngung im extrem rechten und militanten Spektrum oftmals verharmlost, Straf- und Gewalttaten als Aktionen Einzelner heruntergespielt und der politische Kontext ausgeblendet, ähnlich wie schon in der frühen Nachkriegszeit.⁸ Für die Bundesrepublik sieht Katharina Rhein die Gründe für die Verharmlosung oder Leugnung des Problems im Kontext der NS-Geschichte und dem Umgang damit.

---

6   Lena Kampf und Heike Kleffner haben den Fall und seine Folgen für die Betroffenen in dem zweiteiligen Feature »Das Bekennerschreiben« 2022 dokumentiert: https://www1.wdr.de/mediathek/audio/wdr5/wdr5-neugier-genuegt-das-feature/audio-das-bekennerschreiben--100.html [27.09.2022]

7   Zusammen mit Gülüstan Ayaz-Avcı, der Witwe, sowie Angehörigen und Freund*innen erinnert die Initiative Ramazan Avcı (RAI) an den Ermordeten und die Tat. Aufgrund dieses Engagements konnte 2012 der Tatort am SBahnhof Landwehr in Ramazan-Avcı--Platz umbenannt werden: http://netzwerk-erinnerungsarbeit.de/?p=429 [06.07.2022].

8   Siehe hierzu den Beitrag von Katharina Rhein in diesem Band.

Von den politisch Verantwortlichen wurde befürchtet, dass extrem rechte Gewalt vor allem im Ausland als ein Beleg für das Fortwirken des Nationalsozialismus gedeutet werden würde. Diesen Eindruck galt es unbedingt zu verhindern. Rhein spricht deshalb von der »rechten Gewalt, die es nicht geben durfte« (vgl. Rhein in diesem Band). Der NSU-Komplex hat deutlich gemacht, dass es im Kontext des Rechtsterrorismus noch viele offene Fragen gibt, insbesondere auch zu den Verbindungen zwischen Geheimdiensten und der extrem rechten Szene, zum Einsatz und der Finanzierung von V-Leuten usw. Diese sind bisher nur ansatzweise ausgeleuchtet (Manthe 2020; Virchow 2020; Schedler 2021). Ähnliches gilt auch mit Blick auf den Solinger Brandanschlag, den Einsatz eines V-Manns in Solingen, seine Rolle bei Aktivitäten militanter Neonazis in der von ihm geleiteten Kampfsportschule »Hak Pao« sowie zum behördlichen Umgang damit.[9]

Auch dass Polizei und Justiz die zunehmende extrem rechte und rassistische Gewalt oftmals verharmlosten, verweist auf ein weiteres strukturelles Problem mit langer Geschichte. Der Journalist Bernd Siegler hat zahlreiche konkrete Straf- und Gewalttaten untersucht. Viele davon wurden noch vor den Anschlägen von Mölln und Solingen begangen. Bei der Auswertung der Polizeieinsätze sowie der anschließenden Prozesse zeigte sich, dass bei extrem rechten und rassistischen Gewalttaten häufig nicht angemessen ermittelt und der politische Kontext ausgeblendet wurde, vielfach wurde am unteren Level des Strafrahmens geurteilt und – im Unterschied zu anderen Straftaten – kamen mildernde Umstände zum Tragen. Darüberhinaus wurde nicht selten nach Straftatbeständen angeklagt und verurteilt, die der Schwere der Tat nicht angemessen waren. Viele Ermittlungsverfahren gegen extrem rechte Gewalttäter wurden wegen fehlender Täternachweise wieder eingestellt und organisatorische Zusammenhänge systematisch ausgeklammert (vgl. Siegler 1993: 116).

Die Erfahrungen mit dem NSU-Komplex und der behördliche Umgang mit extrem rechter Gewalt und Rassismus in institutionellen Kontexten veranschaulichen, wie wichtig ein kritischer Blick auf den behördlichen Umgang mit dem Problem ist, denn die Ausblendung systematischer organisatorischer Zusammenhänge hat tödliche Folgen (Karakayalı et al. 2017).

Erhöhung des Drucks auf migrantisierte Menschen

Statt angemessen auf die extrem rechte und rassistische Gewalt zu reagieren, wurden bereits in den 1980er-Jahren die öffentlichen Debatten über Zuwanderung und die sogenannte Ausländerpolitik zunehmend rassistisch aufgeladen (Alexopoulou 2018). Schon durch den Begriff »Ausländer« konnte tradiertes rassistisches Wissen bei den Veränderungsprozessen hin zu einer Migrationsgesellschaft weiterwirken

---

9 Siehe hierzu den Beitrag von Hendrik Puls in diesem Band.

(vgl. ebd.). Die öffentlichen Debatten sowie zahlreiche gesetzliche Verschärfungen, die seit der Regierungsübernahme der CDU/CSU gemeinsam mit der FDP unter dem damaligen Bundeskanzler Kohl ab Oktober 1982 initiiert wurden, verdeutlichen den restriktiven Umgang mit migrationspolitischen Fragen. Als zentrale Ziele galten: Integration, Beibehaltung des Anwerbestopps, Begrenzung des Familiennachzugs sowie Förderung der Rückkehrbereitschaft (vgl. Regierungserklärung 1982). Doch bereits diese Auflistung offenbart die Gewichtung. Vor allem für migrantisierte Menschen aus Nicht-EU-Ländern und Geflüchtete wurde der Zuzug massiv eingeschränkt, die Aufenthaltsbedingungen wurden verschärft und ihre Rückkehr wurde forciert (Knolle 1984). Bei der Frage der »Integration« wurde definiert, wer als integrationsfähig und -bereit galt. Die größte migrantisierte Gruppe, die türkischen Arbeitsmigrant*innen und ihre Familien, wurden als besonderes Problem eingestuft. Als Gründe dafür nannte der damalige CDU-Fraktionsvorsitzende Alfred Dregger in einer Bundestagsdebatte am 4. Februar 1982 die große Zahl sowie die weitere Zunahme trotz bestehenden Anwerbestopps, die islamische Orientierung sowie den »ausgeprägten Nationalstolz«. In seiner Rede betonte er:

> »Türken sind [...] nicht nur nicht zu assimilieren, sie sind auch nur schwer zu integrieren. Sie wollen trotzdem bleiben, und zwar wegen der materiellen Vorteile, die unser Land bietet. [...] Da die Türken in Kultur und Mentalität anders sind als die Deutschen, ist es nur natürlich, dass sie in Deutschland Nachbarschaft mit ihresgleichen suchen. Das heißt, dass in unseren Großstädten Türkenviertel entstehen, auch Ghettos genannt. Das könnte nur durch Zwang verhindert werden, nicht durch Sozialhilfe oder Ermahnungen.« (Deutscher Bundestag 1982: 4893)

Im Oktober 1982 kündigte Bundeskanzler Kohl während seines Antrittsbesuchs bei Premierministerin Thatcher in Großbritannien an, er wolle die Zahl der in Deutschland lebenden Türk*innen um die Hälfte reduzieren. Nachzulesen ist dies in einem Gesprächsprotokoll, das erstmals 2013 vom Spiegel veröffentlicht wurde. Demnach bezweifelte Kohl, dass es möglich sei, »die Türken in ihrer gegenwärtigen Zahl zu assimilieren«, denn sie kämen aus einer »andersartigen Kultur« (vgl. Hecking 2013: o. S.). Diese Aussagen aus dem Büro des ehemaligen Kanzlers wurden 2013 nachträglich legitimiert. Als Begründung hieß es, dies sei damals »bereits Teil einer hinreichend und breit geführten Debatte zur Ausländerpolitik« gewesen (O. V. 2013).[10]

Solche Debatten waren nicht neu, sie wurden allerdings weiter zugespitzt. Restriktive Maßnahmen zur sogenannten Ausländerbeschäftigung waren bereits in den 1970er-Jahren von der damaligen sozialliberalen Koalition infolge der wirtschaftlichen Rezession umgesetzt worden (Dohse/Groth 1983). Dabei ging es

---

10 Auch in den 1980er-Jahren gab es schon Forderungen zur Einschränkung des Grundrechts auf Asyl (Münch 1994).

allerdings nicht allein um ökonomische Herausforderungen im Zuge der wirtschaftlichen Rezession, sondern auch um Fragen der soziokulturellen Akzeptanz der migrantischen Pluralisierung (vgl. Bojadžijev 2008). Hierbei spielten auch die damals von Migrant*innen geführten sozialen und politischen Kämpfe für bessere Lebens- und Arbeitsbedingungen eine besondere Rolle. In öffentlichen Diskursen, von der Politik und den Unternehmen wurden diese nämlich als »eine politische und soziale Gefahr angesehen« (ebd.: 242).[11] Noch unter der sozialliberalen Koalition wurde der Familiennachzug eingeschränkt, indem beispielsweise 1981 das Zuzugsalter der Jugendlichen von 18 auf 16 Jahre gesenkt und der Nachzug von Familienangehörigen und Kindern migrantisierter Familien erschwert wurde. Nach dem Regierungswechsel konnte die CDU/CSU in einer Koalition mit der FDP daran anknüpfen. 1983, kurz vor der Bundestagswahl, sollte das Zuzugsalter für Kinder noch weiter auf sechs Jahre gesenkt werden (Kommission Ausländerpolitik 1983). Diese Einschränkung lehnte die FDP jedoch ab. Allerdings wurden die Regelungen für die Erteilung einer unbefristeten Aufenthaltserlaubnis sowie einer Aufenthaltsberechtigung weiter verschärft (Dohse/Groth 1983). Diese Verschärfungen des Ausländerrechts bezeichneten Dohse/Groth als eine Strategie der »Ausländerverdrängung« (ebd.: 231). 1983 wurde schließlich das sogenannte Rückkehrhilfegesetz verabschiedet. Mit einer »Geldprämie« von 10.500 DM sollten vor allem türkeistämmige und arbeitslose Migrant*innen und ihre Familien dazu gebracht werden, Deutschland zu verlassen und dabei auf ihre Rentenansprüche zu verzichten. Der damalige Innenminister Zimmermann betonte: »Wir müssen die Zahl der Ausländer vermindern. Wir tun es nicht mit Zwang, [...] wir geben Rückkehrhilfen« (vgl. Spiegel 1983, Nr. 28: 27).

Insbesondere türkeistämmige Arbeitsmigrant*innen und ihre Familien, aber auch geflüchtete Menschen, erlebten diese Verschärfungen und das sogenannte Rückkehrhilfegesetz als Zeichen, in der Bundesrepublik nicht erwünscht zu sein. Zu den vielfältigen Diskriminierungserfahrungen sowie den sozialen und politischen Kämpfen für bessere Lebens-, Wohn- und Arbeitsbedingungen kam noch der Druck zur Entscheidung »bleiben oder gehen« (Bojadžijev 2008; Kahveci/Sarp 2017). Vor diesem Hintergrund bezeichneten türkeistämmige Migrant*innen Deutschland auch als »bittere Heimat« (vgl. Kahveci/Sarp 2017: 40).

---

11 Diese frühen Kämpfe der Migrant*innen, ihre Streiks, Demonstrationen und Blockaden werden in der rassismuskritischen Forschung inzwischen im Kontext mit Widerständen gegen Rassismus und Diskriminierung betrachtet und analysiert. Vgl. hierzu den Beitrag von Çağrı Kahveci in diesem Band und Bojadžijev 2008.

Ganz im Sinne eines extrem rechten und völkischen Pamphlets

Mit diesen restriktiven migrationspolitischen Weichenstellungen befand sich die damalige Bundesregierung auf einem Kurs, der schon 1981 von extrem rechten und rechtskonservativen Hochschulprofessoren gefordert worden war, allerdings mit einer kulturrassistischen und zum Teil völkischen Begründung. Am 17. Juni 1981 hatten 15 Hochschulprofessoren das sogenannte Heidelberger Manifest veröffentlicht (Burgkart 1984). Die Verfasser, darunter auch einige mit NS-Vergangenheit, riefen in einer eindeutig rassistischen und völkischen Sprache dazu auf, der angeblichen »Unterwanderung des deutschen Volkes« und der »Überfremdung der deutschen Sprache, der Kultur und des Volkstums« durch »Zuzug von Millionen von Ausländern und ihren Familien« zu stoppen.[12] Zwar gab es auch Kritik an diesem »völkisch-rassistischen Traktat« (Sturm 2021), aber die Inhalte wurden weit über das extrem rechte Lager hinaus lanciert. Führende Köpfe der Gruppe wie der Bochumer Bevölkerungswissenschaftler Professor Theodor Schmidt-Kaler wurden zu Vorträgen eingeladen und erhielten Foren in öffentlich-rechtlichen Medien (Burgkart 1984: 149).[13] Schmidt-Kahler war nicht nur CDU-Mitglied, sondern hat auch dem nordrheinwestfälischen Landtag und der Bundesregierung als »Berater« gedient (ebd.: 149). 1981 sprach er vor der renommierten Wirtschaftsvereinigung »Rhein-Ruhr-Klub« in Düsseldorf zum Thema »Was kostet es, ein Volk zu zerstören?«. Seine Prophezeiung, es käme zu »Rassenkrawallen« und »bürgerkriegsähnlichen Zuständen«, wenn der Zuzug von »Ausländern« weiter anhalte, rief großes Medieninteresse hervor (ebd.: 149).

Von ehemaligen Anhänger*innen des Nationalsozialismus und der erstarkenden Neonazi-Szene wurde das sogenannte Heidelberger Manifest als Steilvorlage herangezogen, in extrem rechten Publikationen wie der »Deutschen Wochenzeitung« abgedruckt und weiter in der Bevölkerung verbreitet. In Bonn etwa wurden ohne Angabe der Quelle massenweise Kopien aus der extrem rechten »Deutschen Wochenzeitung« in Telefonzellen ausgelegt (Burgkart 1984: 141). Erstmals nach 1945 propagierte und legitimierte eine Gruppe von Wissenschaftlern – es waren nur Männer – wieder offen Rassismus und völkischen Nationalismus (vgl. Schönwälder 1996: 166). Burgkart bezeichnete dies als »Volksverhetzung im Namen der Wissenschaft«, die eine ganz andere Wirksamkeit erreichte als die Positionen der NPD oder anderer extrem rechter Gruppierungen (vgl. Burgkart 1984: 141). Im ›Manifest‹

---

12 »Heidelberger Manifest«, abgedruckt auf der Homepage des antifaschistischen pressearchivs und bildungszentrums berlin e. V. https://www.apabiz.de/archiv/material/Profile/Heidelberger %20Kreis.htm [24.01.2022].

13 2010 konnte Thilo Sarrazin mit seinen rassistischen Thesen in seinem Buch »Deutschland schafft sich ab« daran anknüpfen und erhielt ebenfalls große Aufmerksamkeit in den Medien sowie bei öffentlichen Debatten.

wurde vor einer weiteren Aufnahme von »Ausländern« gewarnt und dabei explizit von »Türken« gesprochen. Gefordert wurde die »Gründung eines breiten Bündnisses zur Erhaltung des christlich-abendländischen Erbes«.[14] Nach der ersten Version mit eindeutigen NS-Begrifflichkeiten wurde das Pamphlet mit Blick auf diese Begriffe kritisiert und die Verfasser veröffentlichten eine zweite Version, in der lediglich eindeutig völkische Begrifflichkeiten umformuliert wurden – die zentralen Aussagen blieben jedoch ethnopluralistisch und rassistisch (Wagner 2010).

Hier zeigt sich ein denkwürdiger Zusammenhang: Die »geistige Munition« lieferte Anfang der 1980er-Jahre also eine Gruppe von Hochschulprofessoren. Militante Neonazis und ihre Anhänger*innen töteten oder verletzten Menschen – ebenfalls aus rassistischen Motiven, wie zum Beispiel am 24. Juni 1982 in einer Diskothek in Nürnberg. Dort erschoss ein Rechtsterrorist und Mitglied der militanten Wehrsportgruppe Hoffmann den Schwarzen US-Amerikaner William Schenck, den amerikanischen Sergeanten Rufus Surles sowie den Ägypter Mohamed Ehap. Es gab mehrere Verletzte, darunter drei Schwerverletzte. Auch hier offenbarte der Täter beim Schusswechsel mit der Polizei seine rassistischen Motive und rief: »Ich schieße nur auf Türken« (vgl. Brock 2018: o. S.).[15]

Nur zwei Wochen nach dem rassistischen Anschlag in Nürnberg konnte sich Schmidt-Kaler während der Fernsehsendung »Schlag auf Schlag« des Bayerischen Rundfunks bei bester Sendezeit wiederum rassistisch äußern und warnte vor einem »aggressiven Islam« (Friedrich 1984: 164). Barbara Friedrich, Journalistin und Zuschauerin im Publikum, versetzte Schmidt-Kahler daraufhin eine Ohrfeige, laut Strafbefehl mit den Worten: »Sie sind mitschuld an den Nürnberger Morden. Da gibt's keine Diskussion mehr. In Nürnberg wird gemordet, und Sie sind der geistige Ziehvater. Sie mit Ihren faschistischen Theorien« (Friedrich 1984: 165). Barbara Friedrich wurde zu einer Geldstrafe von 6.000 DM wegen Körperverletzung und Beleidigung verurteilt. Selbst der Wortlaut im Strafbefehl war rassistisch. Hier hieß es: »Die Veranstaltung hatte das ›Ausländerproblem in der Bundesrepublik‹ zum Thema« (ebd.: 165). Barbara Friedrich resümierte damals treffend:

> »Würde dieser Staat seine eigenen Gesetze einhalten, dann würde Schmidt-Kaler nicht im Abendprogramm des Fernsehens, sondern hinter Gitter sitzen, denn auf Volksverhetzung stehen nach unserem Strafgesetz 3 Monate bis 5 Jahre Gefängnis.

---

14 Die rassistische PEGIDA-Bewegung, Teile der AfD und andere extrem rechte und rechtskonservative Personen und Gruppierungen konnten mit ihren Forderungen zum »Schutze des christlich-abendländischen Erbes« problemlos hier anknüpfen.

15 Fast 40 Jahre später bemüht sich das »Memorium Nürnberger Prozesse« im Rahmen der Vorbereitung auf die entstehende Wechselausstellung »Rechtsterrorismus. Verschwörung und Selbstmächtigung – 1945 bis heute« um Aufklärung, angemessene Dokumentation und Erinnerung an die Opfer. Mithilfe der Stadt Nürnberg werden Zeitzeug*innen dieses terroristischen Verbrechens gesucht (Stadt Nürnberg, Pressemitteilung 14.2.2022).

Dann wäre so etwas wie die Ohrfeige nicht mehr notwendig. Aber solange wir das nicht erreicht haben, muss jeder von uns durch sein eigenes Handeln mithelfen, dass Volksverhetzung unterbunden wird« (ebd.: 167).

Konsequentes Handeln gegen Volksverhetzung, gegen Rassismus, Antisemitismus und Antiziganismus stand damals nicht auf der Agenda. Stattdessen spielten die öffentlichen rassistisch aufgeladenen Diskurse sowie die gesetzlichen migrationspolitischen Verschärfungen den extrem rechten Gruppierungen und Parteien in die Hände. Bei der Hamburger Wahl zur Bürgerschaft 1982 trat erstmals die rassistische »Hamburger Liste für Ausländerstopp« (HLA) an und in Schleswig-Holstein die »Kieler Liste für Ausländerbegrenzung«, deren einziges Ziel die Hetze gegen migrantisierte Menschen war. Zahlreiche solcher vor allem lokal und regional aktiven Gruppen und Initiativen aus dem Umfeld der NPD oder anderer extrem rechter Organisationen heizten mit rassistischen Parolen die Stimmung auf (vgl. o. V. 1982).[16] Ab 1986 startete die CDU/CSU eine dauerhafte Kampagne gegen das bestehende Grundrecht auf Asyl und ging damit auch in den Bundestagswahlkampf 1987. Es gab allerdings auch Warnungen aus den eigenen Reihen, das Thema »Asyl« aus wahltaktischen Gründen zu nutzen. Nach der Bundestagswahl 1987 kritisierten einige Mitglieder die eigene Partei in einem Positionspapier mit dem Titel »Christlich-Soziale Positionen für eine rationale und ethisch verantwortbare Asylpolitik« (Bade 1994: 102f.). Die Warnungen dieser Gruppe blieben ungehört, die Folgen waren fatal, denn die rassistische und extrem rechte Gewalt eskalierte im Zuge der Wiedervereinigung.

Resümee

Extrem rechte, rassistische und antisemitische Gewalt muss auch im Kontext migrationspolitischer Debatten wahrgenommen und analysiert werden. Die bereits in den 1980er-Jahren zum Teil rassistisch aufgeladenen migrationspolitischen Diskurse sowie restriktive gesetzliche Maßnahmen wurden begleitet von rassistisch motivierten gewalttätigen Angriffen und Morden, die in der Mehrheitsgesellschaft kaum wahrgenommen oder verharmlost wurden. Die Verharmlosung, oft auch Leugnung extrem rechter und rassistisch motivierter Gewalt mit vielen Todesopfern in den 1980er-Jahren haben den Boden für die Eskalation der Gewalt im Zuge der Wiedervereinigung bereitet. Die Zuspitzung der Asyldebatte Ende der 1980er-Jahre und die zunehmend rassistische Sprache in öffentlichen Diskursen lieferten schließlich

---

16   Auch in Solingen hatten die beiden Neonazis Bernd Koch und Wolfgang Schlösser in den 1980er-Jahren eine lokale »Bürgerinitiative für Ausländerstopp« gegründet. Beide waren später auch im Kontext der extrem rechten Aktivitäten in der Kampfsportschule »Hak Pao« noch aktiv. Siehe hierzu den Beitrag von Hendrik Puls in diesem Band.

den geistigen Zündstoff und die Legitimation für die weitere Eskalation der Gewalt. Letztere wiederum wurde funktionalisiert, um die Einschränkung von Artikel 16 des Asylrechts zu forcieren und zu legitimieren. Nach dem viertägigen rassistischen Pogrom in Rostock-Lichtenhagen im August 1992 betonte der damalige Kanzleramtsminister Bohl, die Einschränkung des Asylrechts sei »ein ganz wesentlicher Beitrag«, um den »Nährboden für Gewalttaten gegen Ausländer und Asylbewerber auszutrocknen« (o. V. 1992). Rassistische Gewalttäter – es waren überwiegend junge Männer – konnten sich aufgrund solcher Positionen bestätigt fühlen, auch die Täter der Brandanschläge in Mölln und Solingen.

1992 hatte die Soziologin Michaela von Freyhold vor rassistisch aufgeladenen Diskursen gewarnt und schrieb: »Es ist gerade der Rassismus der öffentlichen Meinung, aus dem die Alltagsrassisten und die Gewalttäter sich ihre Vorstellungen von den Fremden und die moralische Legitimation für ihr Handeln holen« (Freyhold von 1992: 51). Taktisches Verhalten und Zugeständnisse hielt sie für gefährlich. Ihr damaliges Resümee hat bis heute Gültigkeit: »Taktik und Zurückhaltung ist sozialpsychologisch unangebracht: Rassisten blühen auf und vermehren sich, wenn man ihnen auch nur ein bisschen Recht gibt und wenn man nicht laut und deutlich für einen anderen gesellschaftlichen Entwurf steht« (ebd.: 54).

Literatur

Alexopoulou, Maria (2018): Rassismus als Kontinuitätslinie in der Geschichte der Bundesrepublik Deutschland, in: Bundeszentrale für politische Bildung: Aus Politik und Zeitgeschichte, Nr. 38–39/2018, S. 18–24.

apabiz (antifaschistisches pressearchiv und bildungszentrum e. V.): https://www.apabiz.de/archiv/material/Profile/Heidelberger%20Kreis.htm [01.03.2022].

Arndt, Ino (1984): Zur Chronologie des Rechtsradikalismus. Daten und Zahlen 1946–1983, in: Benz, Wolfgang (Hg.) (1984): Rechtsextremismus in der Bundesrepublik. Voraussetzungen, Zusammenhänge, Wirkungen, Frankfurt: Fischer, S. 255–294.

Bade, Klaus J. (1994): Ausländer, Aussiedler, Asyl, München: C. H. Beck.

Belltower.News (2008): https://www.belltower.news/roeder-manfred-51188/ [10.05.2022].

Billstein, Thomas (2020): Kein Vergeben – Kein Vergessen. Todesopfer rechter Gewalt in Deutschland nach 1945, Münster: Unrast.

Bojadžijev, Manuela (2008): Die windige Internationale. Rassismus und Kämpfe der Migration, Münster: Verlag Westfälisches Dampfboot.

Brausam, Anna (2021): https://www.amadeu-antonio-stiftung.de/todesopfer-rechter-gewalt/ [17.11.2022].

Brock, Alexander (2018): https://www.nordbayern.de/region/nuernberg/tatort-nur nberg-todliche-schusse-im-twenty-five-1.8449820 [19.05.2022].

Burgkart, Claus (1984): »Das ›Heidelberger Manifest‹ – Grundlage staatlicher Ausländerpolitik?«, in: Meinhardt, Rolf: Türken raus? Oder verteidigt den sozialen Frieden, Reinbek: Rowohlt, S. 141–161.

Çalışır, Orhan (2021): 31. Dezember 1985: Trauerdemonstration zum Tod von Ramazan Avcı, in: Langebach, Martin (2021) (Hg.): Protest. Deutschland 1949–2020, Bonn: Bundeszentrale für politische Bildung (bpb), S. 276–278.

Chaussy, Ulrich (1984): »Eine Nazi-Operette wird ernst. Vom Rechtsextremismus zum Rechtsterrorismus«, in: Benz, Wolfgang (1984) (Hg.): Rechtsextremismus in der Bundesrepublik. Voraussetzungen, Zusammenhänge, Wirkungen, Frankfurt: Fischer, S. 138–154.

Christophersen, Claas (2022): »Der ewige Faschist«. NDR-Podcast, Folge 4: Die Gespenster der Vergangenheit. https://www.ndr.de/nachrichten/info/podcasts/p odcast5324.html#items [21.03.2022].

Deutscher Bundestag (1982): Stenografischer Bericht vom 04.02.1982. https://dserv er.bundestag.de/btp/09/09083.pdf [26.07.2022].

Dohse, Knuth/Groth, Klaus (1983): Ausländerverdrängung. Zur Verschärfung des Ausländerrechts, in: Kritische Justiz, H.3, S. 231–249. https://www.jstor.org/s table/23996535 [16.02.2022].

Freyhold von, Michaela (1992): Überlegungen zur rassistischen Mobilisierung im wiedervereinigten Deutschland und zu möglichen Gegenstrategien, in: »Kommune« – Forum für Politik, Ökonomie und Kultur, Nr. 1/1992, S. 47–56.

Friedrich, Barbara (1984): »Warum ich Schmidt-Kahler eine Ohrfeige verpasste«, in: Meinhardt, Rolf (1984) (Hg.): Türken raus? oder verteidigt den sozialen Frieden, Reinbek: Rowohlt, S. 164–167.

Gensing, Patrick (2012): »Der Ex-Parteifunktionär als Strippenzieher«. https://ww w.tagesschau.de/inland/nsuanklagehelfer100.html [02.03.2022].

Hecking, Claus (2013): »Kohl wollte offenbar jeden zweiten Türken loswerden«, in: Spiegel online 01.08.2013. https://www.spiegel.de/politik/deutschland/k ohl-wollte-jeden-zweiten-tuerken-in-deutschland-loswerden-a-914318.html [09.02.2022]

Hennig, Eike (1982): Neonazistische Militanz und Rechtsextremismus unter Jugendlichen, Stuttgart: Kohlhammer.

Kahveci, Çağrı/Sarp, Özge Pınar (2017): Von Solingen zum NSU. Rassistische Gewalt im kollektiven Gedächtnis von Migrant*innen türkischer Herkunft, in: Karakayalı, Juliane/Kahveci, Çağrı/Liebscher, Doris/Melchers, Carl (Hg.), Den NSU-Komplex analysieren. Aktuelle Perspektiven aus der Wissenschaft, Bielefeld: transcript, S. 37–57.

Kampf, Lena/Kleffner, Heike (2022): »Das Bekennerschreiben«, zweiteiliges Feature des WDR. https://www1.wdr.de/mediathek/audio/wdr5/wdr5-neugier-genuegt-das-feature/audio-das-bekennerschreiben--100.html [27.09.2022]

Karakayalı, Juliane/Kahveci, Çağrı/Liebscher, Doris/Melchers, Carl (Hg.) (2017): Den NSU-Komplex analysieren. Aktuelle Perspektiven aus der Wissenschaft, Bielefeld: transcript.

Knolle, Konrad (1984): Migration und Rassismus, in: Meinhardt, Rolf (Hg.): Türken raus? oder verteidigt den sozialen Frieden, Reinbek: Rowohlt, S. 80–99.

NSU-Watch (2012): https://www.nsu-watch.info/2012/03/terroristische-einzeltater-vereinigungen-der-neonazi-terror-der-achtziger-jahre-in-der-alten-bundesrepublik/ [03.02.2022].

O. V. (1982): »Ausländer: Das Volk hat es satt«, in: DER SPIEGEL 18/1982.

O. V. (1992): »Bonn sieht im Asylrecht Hebel gegen Gewalt«, in: Frankfurter Rundschau vom 27.08.1992

O.V. (2013): »Kohl verteidigt seine Äußerungen über Türken«, in: DER SPIEGEL vom 02.08.2013. https://www.spiegel.de/politik/deutschland/kohl-verteidigt-seine-aeusserungen-ueber-tuerken-a-914528.html [09.09.2022]

O. V. (2022): »Heiße Spur fehlt«, in: Süddeutsche Zeitung vom 05.05.2022. https://www.sueddeutsche.de/bayern/brandanschlag-kempten-rassismus-1.5578719 [06.06.2022]

Regierungserklärung vom 13.10.1982: https://dserver.bundestag.de/btp/09/09121.pdf [06.07.2022].

Röpke, Andrea (2012): Im Untergrund, aber nicht allein, in: Bundeszentrale für politische Bildung: Aus Politik und Zeitgeschichte (APUZ) Nr. 18–19/2012, S. 4–8.

Schedler, Jan (2021): Rechtsterrorismus. Radikale Milieus, Politische Gelegenheitsstrukturen und Framing am Beispiel des NSU, Wiesbaden: Springer.

Schönwälder, Karen (1996): Migration, Refugees and Ethnic plurality as issues of public and political debates in (West) Germany, in: Cesarani, David/Fulbrook, Mary (Hg.): Citizenship, Nationality and Migration in Europe, London: Routledge, S. 159–178.

Stadt Nürnberg, Rathaus (2022): Zeitzeugen eines rechtsterroristischen Verbrechens im Jahr 1982 gesucht, Pressemitteilung vom 14.02.2022. https://www.nuernberg.de/presse/mitteilungen/presse_77054.html [01.03.2022].

Steinke, Ronen (2020): Terror gegen Juden. Wie antisemitische Gewalt erstarkt und der Staat versagt, Berlin: Berlin Verlag.

Sturm, Michael (2021): Völkisch-rassistisches Traktat. Vor 40 Jahren – Das »Heidelberger Manifest« als akademischer Tabubruch, in: Lotta, Ausgabe 83. https://www.lotta-magazin.de/ausgabe/83/v-lkisch-rassistisches-traktat [18.01.2022]

Türkmen, Ceren (2020): Der Brandanschlag in Duisburg 1984. https://www.rosalux.de/fileadmin/rls_uploads/pdfs/sonst_publikationen/Erinnern_stoeren/03_Migration_und_Rassismus_in_der_Bonner_Republik.pdf [06.07.2022].

Virchow, Fabian (2020): Nicht nur der NSU. Eine kleine Geschichte des Rechtsterrorismus in Deutschland, herausgegeben von der Landeszentrale für politische Bildung Thüringen, 2. aktualisierte Auflage.

Wagner, Andreas (2010): Das »Heidelberger Manifest« von 1981. Deutsche Professoren warnen vor »Überfremdung des deutschen Volkes«, in: Klatt, Johanna/Lorenz, Robert (Hg.) (2010): Geschichte und Gegenwart des politischen Appells, Bielefeld: transcript, S. 285–314.

Weber, Kaja (2020): »Wie Hamburg den Mord an zwei jungen Vietnamesen verdrängte«, in: Hamburger Abendblatt, 21.08.2020. https://www.abendblatt.de/hamburg/article230224296/Gedenken-Chau-Lan-Hamburg-1980-Billbrook-Anschlag-Rechtsextremismus-Nguyen-Ngoc-Chau-und-o-Anh-Lan-Halskestrasse.html [02.03.2022].

Der Solinger Brandanschlag – eine biografische und gesellschaftspolitische Annäherung aus der Perspektive einer deutsch-türkischen Solingerin

Birgül Demirtaş

Es war Samstag, der 29. Mai 1993. Das höchste Fest der Muslim*innen, das Opferfest »Kurban Bayramı«, wurde in den muslimischen Familien vorbereitet. Zudem stand das Pfingstfest an. In dieser Nacht verübten vier *weiße* junge Solinger aus rassistischen und extrem rechten Motiven einen Brandanschlag auf das Haus der Familie Genç in der Unteren Wernerstraße 81 in Solingen. Sie begründeten das Verbrechen mit ihrem »Hass auf Türk*innen«.[1] Saime (4), Hülya (9) und Hatice Genç (18), Gürsün İnce (27) und Gülüstan Öztürk (12) überlebten den Anschlag nicht und sind qualvoll ums Leben gekommen. Hatice Genç, die Schwiegertochter von Mevlüde und Durmuş Genç, war die einzige Person, die in dieser Nacht noch wach war, die Explosion des Molotowcocktails hörte, das Feuer sah und direkt intervenierte, indem sie die 18 schlafenden Familienmitglieder weckte.[2] Der Brandanschlag hätte vermutlich ein noch verheerenderes Ausmaß angenommen, wenn Hatice Genç an diesem Tag – wie ihre anderen Familienmitglieder – ebenfalls geschlafen hätte. Aus diesem Grund kann Hatice Genç als Retterin angesehen werden, denn sie hat in dieser Nacht alles in ihrer Macht Stehende versucht, die Menschen im Haus zu retten.

Ich selbst war damals 19 Jahre alt und lebte mit meiner Familie ebenfalls in Solingen. An diesem Samstagmorgen verstand ich die Welt nicht mehr, noch weniger konnte ich das Motiv dieses Anschlags nachvollziehen. Zwar sprachen meine Eltern von »Rassismus«, jedoch konnte ich damals rational nicht erfassen, welche Dimension Rassismus hat und haben kann. Am 29. Mai 1993 wurde ich das erste Mal mit diesem Terminus konfrontiert. Meine Eltern erklärten, der Anschlag mit fünf Toten resultiere daraus, dass Deutschland ein rassistisches Land sei und dass

---

1 Urteil des Oberlandesgerichts Düsseldorf (unveröffent.).
2 Siehe den Beitrag von Hatice Genç in diesem Band.

Nazis jetzt Jagd auf Türk*innen machen. »Almanya ırkcı bir ülke«³ und »Almanlar Türkleri sevmiyorlar«⁴ hörte ich des Öfteren von meinen Eltern. Die Angst in der Familie war groß, dass jederzeit weitere Anschläge erfolgen und »wir« die Nächsten sein könnten. Heute weiß ich, dass nicht nur meine Eltern als Solinger*innen diese Angst seit 1993 in sich trugen und tragen, sondern dass Angst ein Kollektivgefühl deutsch-türkeistämmiger Solinger*innen ist. Die kollektive antizipierte Angst bleibt im Gedächtnis von vielen Solinger*innen, insbesondere nach einem erneuten Brandanschlag in Solingen am 20. Oktober 2021.

Abb. 2: »Das abgebrannte Haus der Familie Genç auf der Unteren Wernerstr. 81 in Solingen«.
© Michele Berardi (Juni 1993, Solingen)

Solidarisierung mit Familie Genç und die Teilnahme an den Protesten

Trotz des Verbotes unserer Eltern, das Haus zu verlassen, wollten mein Bruder und ich genau wissen, was sich unweit von uns abgespielt hat. Die Kommunikation in den 1990er-Jahren war anders als heute. Wir hatten keine Handys und konnten daher durch soziale Medien nichts erfahren. Also gingen wir in die Innenstadt, um

---

3   Dt.: »Deutschland ist ein rassistisches Land.«
4   Dt.: »Deutsche mögen keine Türk*innen.«

uns selbst die Informationen zu besorgen. An der Kreuzung Schlagbaum erblickten wir dann eine Menschenmenge und schlossen uns an. Die Sprechchöre der Betroffenen, der mitfühlenden und sich solidarisierenden Menschen, wurden immer lauter. An vielen Stellen weinten Menschen. Wir versuchten, in dem Gedränge vorwärtszukommen, um an den Tatort zu gelangen. Die Schweizerstraße und die Paulinenstraße, die zur Unteren Wernerstraße führen, waren durch Polizist*innen abgesperrt. Die Sperrung wurde jedoch von Gruppen von Menschen durchbrochen. Von Weitem konnten wir das vom Brand zerstörte Haus der Familie Genç sehen. Das Dach war abgebrannt, die Wände und Fenster verrußt und vor dem Haus drängten sich Menschen. Auf den Transparenten am Gebäude lasen wir deutliche politische Statements sowie Forderungen in deutscher und türkischer Sprache, die sich an die deutsche sowie türkische Regierung richteten. Banner mit den Aufschriften »30 yıllık emeğin karşılığı bu mu? Ist das die Belohnung für 30 Jahre Arbeit?« und »Sind denn nur Türken Ausländer?« waren unübersehbar. Einige handschriftliche Aufschriften am Gebäude waren direkt an die türkische Regierung gerichtet, unter anderem »Ankara, seçim bitti mi?«[5], »Sülo nerdesin?«[6], »Ankara uyuyor – Naziler bizi öldürüyor.«[7] Die Menschenmenge, die sich in Schritttempo bewegte, war die kurzfristig organisierte Demonstration verschiedener Institutionen und Vereine in Solingen. Es war die erste Demonstration in meiner Biografie und die erste Gelegenheit, mich mit der Familie Genç zu solidarisieren.

Die kollektive Wut der deutsch-türkeistämmigen Menschen zeigte sich deutlich in Solingen. Die Demonstrationen, die zunächst leise, aber fordernd gegenüber Institutionen, Politiker*innen und dem Staat waren, schlugen noch am gleichen Tag um. Der Solinger Brandanschlag führte über mehrere Tage hinweg zu heftigen Protesten von überwiegend Deutsch-Türkeistämmigen[8] – auch in mehreren anderen deutschen Städten. Dieser Anschlag, nur ein halbes Jahr nach dem von Mölln, wurde klar erkannt als rassistisch motivierter Angriff auf die Gruppe der in Deutschland lebenden deutsch-türkeistämmigen Menschen. Für viele von ihnen war unfassbar, dass die jahrzehntelang erfahrene Ausgrenzung durch die deutsche Mehrheitsgesellschaft schließlich zu Morden geführt hatte, die alle deutsch-türkeistämmigen Menschen in Deutschland treffen sollten. Auslöser der kollektiven Proteste waren nicht nur – wie in den Medien dargestellt – türkeistämmige Ultra-Nationalist*innen und extrem rechte Türkeistämmige, sondern vielmehr Türkeistämmi-

---

5   Dt.: »Ankara, sind die Wahlen vorbei?« (Ankara ist die Hauptstadt der Türkei und Sitz der türkischen Regierung).
6   Dt.: »Sülo, wo bist du?« (»Sülo«: Abkürzung des türkischen Vornamens Süleyman. Süleyman Demirel war 1993 Präsidentschaftskandidat in der Türkei und regierte ab Juni 1993).
7   Dt.: »Ankara schläft – die Nazis bringen uns um.«
8   Das Solinger Tageblatt berichtete im Zeitraum 01.06.–08.06.1993 ausgiebig über die Demonstrationen und Proteste.

ge aus der zivilen Solinger Bevölkerung. Die Beweggründe der kollektiven Gewalt aus der türkeistämmigen Zivilbevölkerung waren, insbesondere in Solingen, vielmehr die Wut über die Morde, die jahrzehntelang erlittene ungerechte Behandlung sowie ein Gefühl der Ohnmacht, des Alleingelassenseins und das Empfinden, dass auf die Morde nun endlich ein Aufschrei folgen müsse.[9] In der Innenstadt wurden zunächst Schaufensterscheiben zerschlagen. Die Inhaber*innen der Geschäfte nagelten ihre Fenster mit Brettern zu, um ihre Geschäfte vor weiteren Eskalationen zu schützen.[10] Nur einen Tag nach dem rassistischen Anschlag gab es eine Kundgebung in Solingen, bei der auch viele deutsch-türkeistämmige Nationalist*innen und extrem Rechte zusammenkamen und eine Bühne für ihre Zwecke genutzt und Gewalt ausgeübt haben. Aber auch *weiße* extrem Rechte haben Konfrontationen mit Türkeistämmigen in Solingen gesucht (vgl. o. V. 1993b: 4). Für den 5. Juni 1993 wurde eine weitere große Demonstration organisiert, bei der ca. 10.000 Menschen gegen Rassismus demonstrierten und sich mit den Betroffenen solidarisierten (vgl. o. V. 1993a: 21–30). Auf dieser Demonstration kam es auch zu Auseinandersetzungen zwischen deutsch-türkeistämmigen Linken, nationalistischen sowie extrem rechten Türkeistämmigen, die die Proteste und Demonstrationen für eigene Zwecke instrumentalisierten. Bei den zum Teil gewalttätigen Solinger Protesten wirkten auch verschiedene ethnische Akteur*innen mit (Demirtaş 2016), deren Perspektiven in den Medien vollständig fehlen. An den folgenden Abenden beteiligten sich mein Bruder und ich ebenfalls an den Solinger Protesten. Viele Menschen wurden dabei verhaftet (vgl. o. V. 1993d: 13). In der Innenstadt Solingens kam es zu Verwüstungen. Die Kreuzung Schlagbaum und der Platz vor dem Theater- und Konzerthaus glichen einem Kampfplatz. Das Matratzengeschäft an der Kreuzung wurde ausgeplündert, die Matratzen auf die Kreuzung getragen und angezündet. Die kollektive Gewalt nach dem Anschlag war insbesondere in Solingen massiv. Hegemoniale Berichterstattungen nahmen dies zum Anlass, breit über die kollektive Gewalt zu berichten. Die fünf Morde, die das Motiv dafür waren, gerieten in den Hintergrund. Es wurden kaum Verbindungen zwischen den rassistischen Morden als Auslöser und den Protesten als Reaktion darauf gezogen.[11]

Die Erfahrungen der öffentlichen Trauerfeier an der Kölner Moschee am 3. Juni 1993 prägten mich enorm. Vor der Moschee weinten sehr viele Menschen. Sie verbargen ihre Gesichter in ihren Händen, manche wischten ihre Tränen mit einem Zipfel ihrer Bekleidung ab. Um mich herum nahm ich Klagegesänge von Teilnehmer*innen wahr. Das Resultat des Brandanschlags mit fünf Toten war jetzt für uns alle dort Anwesenden deutlich sichtbar. Von Weitem sah ich die fünf aufgebahrten Särge, die

---

9   Siehe auch den Beitrag von Neşe, Fatma und Kâmil Genç in diesem Band.
10 Vgl. Solinger Tageblatt vom 01.06.1993.
11 Die lokale Zeitung »Solinger Tageblatt« berichtete vom 01.06.–08.06.1993 über die kollektive Gewalt.

alle mit der türkischen Flagge umhüllt waren. Als ich mich durch die Menschenmenge etwas nach vorne zu den Särgen durchdrängte, nahm ich die drei kleinen Särge der Kinder Saime, Hülya und Gülüstan wahr. Auch ich konnte daraufhin meine Emotionen nicht mehr zurückhalten. Die Erfahrungen mit dem Brandanschlag in Solingen politisierten mich als Solingerin. Ich sah keine andere Möglichkeit, denn ich hatte und habe nicht die Wahl, morgens aufzuwachen und zu überlegen, ob ich mich heute mit Rassismus(-kritik) auseinandersetzen will oder nicht. Dieses Privileg hatte und habe ich nicht.

Die kollektive und antizipierte Angst in der migrantischen und rassifizierten deutsch-türkeistämmigen Community nach dem Solinger Anschlag

Der rassistisch und extrem rechts motivierte Brandanschlag hat das Leben der Menschen, insbesondere der deutsch-türkeistämmigen Bevölkerung in Solingen, langfristig geprägt, sie geschockt und traumatisiert. Der Anschlag sorgte weit über das Städtedreieck Solingen-Remscheid-Wuppertal hinaus für Fassungslosigkeit, Wut und Schockstarre. Die Auswirkungen sowie die Folgen des Brandanschlags sind bis heute gegenwärtig, vor allem bei den deutsch-türkeistämmigen Menschen in Solingen, aber auch anderswo. Unmittelbar nach dem Anschlag in Solingen verbrachten sehr viele Deutsch-Türkeistämmige unruhige Nächte, die noch Jahre anhielten. Menschen hielten Nachtwache in ihren Wohnungen und Häusern, weil sie dachten, es könnte sie als Nächste treffen. Es wurde über nächtliche Rettungsaktionen nachgedacht und untereinander kommuniziert. Allianzen wurden gebildet für den Fall weiterer Anschläge. Viele türkeistämmige Solinger*innen hatten Angst, so behandelt zu werden wie jüdische Menschen in der NS-Zeit. Nach dem Anschlag wurde auf einer Demonstration in Solingen ein Transparent »Gestern Juden – heute Türken« gezeigt (vgl. Jansen 1993: 3). Diese Furcht hing auch mit dem rassistischen und extrem rechten Brandanschlag auf das Haus der Familie Arslan in Mölln nur ca. sechs Monate zuvor zusammen. Yeliz und Bahide Arslan sowie Ayşe Yılmaz kamen dabei ums Leben. Mölln hatte sich schon vor dem Anschlag in Solingen ins kollektive Gedächtnis eingebrannt.[12] Deutsch-türkeistämmige Bürger*innen Solingens installierten Rauchmelder in ihren Wohnungen. Mehrere Eimer Wasser wurden an verschiedenen Stellen in ihren Wohnungen platziert. Es wurden Strickleitern und Brandschutzfolien gekauft für den Fall weiterer Anschläge. Der Besitz einer Strickleiter im Haushalt war für viele Familien ein unbedingtes Muss. Nach dem Anschlag wurden Strickleitern hauptsächlich in der deutsch-türkischen Community beworben; es lief damals sogar Fernsehwerbung für Strickleitern, die ganz schnell an Hei-

---

12 Siehe den Beitrag von Neşe/Fatma und Kâmil Genç in diesem Band.

zungen befestigt werden konnten, um sie dann aus dem Fenster zu hängen. Viele migrantische Familien, auch meine Eltern, besorgten sich eine Strickleiter und übten mit ihren Kindern und Verwandten den Abstieg nach draußen. Für das eigene Sicherheitsgefühl wurden Bewegungsmelder außerhalb des Hauses installiert. Migrantisierte Menschen, die im ersten Stockwerk wohnten, parkten ihr Auto möglichst nah am Gebäude, legten Matratzen auf das Autodach und auf den Boden, um im Fall eines Brandanschlags aus dem Fenster springen zu können. Der Gedanke dahinter war, so wenig Verletzungen wie möglich davonzutragen. Denn Ahmet und Güldane İnce, Bekir Genç, die damals aus den Fenstern des brennenden Hauses in der Unteren Wernerstraße 81 sprangen, überlebten den Sprung aus den Fenstern schwerverletzt. Dies sollte mit der Auslegung der Matratzen verhindert werden. Kinder und Jugendliche mit einer Migrationsbiografie in Solingen durften damals für mehrere Wochen die Wohnung nicht verlassen, weil ihre Eltern Angst hatten, dass Rassist*innen und Neonazis jetzt »Jagd auf Türken« machen. Auch meine Geschwister und ich durften eine Zeit lang nicht die Wohnung verlassen. Nicht zu Unrecht, denn nach dem Solinger Anschlag gab es in Solingen – aber auch bundesweit – Bedrohungen und Anschläge gegen migrantisierte und rassifizierte Menschen (Deutscher Bundestag 1993/Drucksache 12/5586).[13] Ich erfuhr viel später in Gesprächen mit *weiß* positionierten Menschen aus Solingen, dass nicht nur migrantisierte Kinder und Jugendliche »Ausgehverbot« hatten, sondern auch *weiße* Kinder und Jugendliche. Der Hintergrund dieses Verbots war jedoch ein anderer: Viele *weiße* Solinger*innen hatten Angst, dass ihre Kinder durch die »kriminellen und brutalen Türken« verletzt werden könnten, die unmittelbar nach dem Anschlag ihre kollektive Wut über die Morde in Form von Protesten und Demonstrationen in Solingen zeigten. Nach dem Anschlag in Solingen war das Bedrohungsgefühl in der deutschtürkeistämmigen Community immens. Die Schlafzimmer- und Kinderzimmertüren wurden abends nicht mehr geschlossen, damit man im Fall eines Brandes den Qualm schnell wahrnehmen kann. Viele deutsch-türkeistämmige Solinger*innen schlafen heute noch mit offenen Türen. Die Fenster bleiben auch bei warmen Temperaturen oftmals geschlossen, damit bei einem Anschlag keine Brandsätze in die Innenräume gelangen können.[14] Die türkisch klingenden Namen wurden damals an vielen Klingeln entfernt oder gegen deutsch klingende Namen ausgetauscht, um

---

13   Seit dem 1. Januar 1986 führt das Bundeskriminalamt eine Statistik über rassistische und extrem rechte Straftaten und Aktivitäten extrem rechter Organisationen und Einzelpersonen in Solingen durch. Eine Auswahl dazu vom 01.01.1986 bis 28.06.1993 ist zu finden in: Deutscher Bundestag: Antwort der Kleinen Anfrage der Abgeordneten Ulla Jelpke und der Gruppe der PDS/Linke Liste. Der neofaschistische Brandanschlag von Solingen und der Zuständigkeitsbereich der Bundesregierung. Drucksache: 12/5586, 26.08.1993. https://dserver.bundestag.de/btd/12/055/1205586.pdf [17.02.2022].

14   Für mich als eine durch den Brandanschlag geprägte und politisierte Solingerin ist diese Vorsichtsmaßnahme nur eine von vielen.

nicht Ziel eines weiteren Brandanschlags zu werden.[15] Oft wurden Namensschilder an den Klingeln nicht beschriftet. Aus Erfahrungen und aus Gesprächen mit Deutsch-Türkeistämmigen weiß ich, dass auch gegenwärtig Bedenken kursieren, wenn Wohnungen von migrantischen Menschen inseriert werden, dass besser keine weiteren türkisch bzw. muslimisch gelesene Familien in einem Haus wohnen sollen, um keine Aufmerksamkeit auf sich zu ziehen und damit Rechtsgesinnte nicht in die »Versuchung« kommen, dort einen Brandanschlag zu verüben. Kurz nach dem Anschlag hatten Deutsch-Türkeistämmige ihre Familien zu Verwandten in andere Städte geschickt, um sie zu schützen. Die Ehemänner blieben und bewachten Wohnungen und Häuser. Sie waren mit Walkie-Talkies im Einsatz und wechselten sich ab. Die Solidarität innerhalb der Community war zu dieser Zeit groß, weil der Nenner derselbe war: Jeder und Jede kann als Nächstes betroffen sein.

Für einige Menschen war nach dem Anschlag ein Leben in Solingen nicht mehr vorstellbar. Nicht wenige deutsch-türkeistämmige Menschen zogen aus Solingen weg oder migrierten unmittelbar nach dem Anschlag aus Angst in die Türkei zurück. Mein Onkel, der 1968 mit meinem Vater zusammen als sogenannter Gastarbeiter nach Solingen kam, zog im September 1993 wieder zurück in die Türkei. Für meine Eltern kam diese Option nicht infrage, obwohl das Leben in Deutschland für sie nicht immer einfach war. Wir blieben in Solingen. Eine deutsche Nachbarsfamilie von Familie Genç zog unmittelbar nach dem Anschlag an die Grenze der Niederlande. Sie konnten die schmerzlichen Verluste, insbesondere der ermordeten Hatice Genç, nicht verkraften. Hatice Genç hatte sich sehr oft bei diesen Nachbarn aufgehalten. Sie hatten Hatice wie ihr eigenes Kind angenommen.[16]

Der erneute Anschlag in Solingen bestätigte unsere antizipierten Ängste

Man könnte denken, der rassistische und extrem rechte Brandanschlag sei weitgehend vergessen, weil der Anschlag doch 30 Jahre zurückliegt. Dem ist aber nicht so. Sehr viele deutsch-türkeistämmige Menschen haben immer noch Angst vor einem erneuten Anschlag und der Brandanschlag ist nach wie vor sehr präsent im kollektiven Gedächtnis. Nicht zuletzt haben sich die antizipierten Ängste insbesondere für Solinger*innen nach dem 20. Oktober 2021 verstärkt, denn an diesem Tag wurde erneut ein Brandanschlag auf ein Mehrfamilienhaus in Solingen verübt, in dem migrantisierte Menschen wohnen. Ziel des Molotowcocktails war der Balkon einer

---

15 Siehe auch den Beitrag von Neşe/Fatma in diesem Band.
16 Aus dem Gespräch mit Hatice Genç am 06.02.2022.

deutsch-türkeistämmigen Familie, in deren Wohnung nachts um zwei Uhr noch Licht brannte und deren Balkontür offenstand.[17]

Abb. 3: *Maske mit Hakenkreuzen und SS-Runen*
© Birgül Demirtaş (21.10.2021)

Nach über 28 Jahren wurden die antizipierten Ängste von migrantisierten und rassifizierten Menschen in Solingen wieder real. Betroffene Menschen aus Solingen informierten über den erneuten Anschlag innerhalb kurzer Zeit in den sozialen Medien, wo sich die Nachricht schnell verbreitete. Mein Sohn erfuhr die Nachricht über Facebook, und schnell war klar, dass der Anschlag auf das Haus seines Freundes verübt worden war. Sofort haben wir Kontakt mit Sibel İ. aufgenommen und sind dorthin gefahren. Die Auswirkungen und Folgen einer solchen Tat haben wir intensiv wahrgenommen. Sibel İ. und ihre Kinder waren zutiefst geschockt und in den ersten Tagen kaum handlungsfähig. Die 26-jährige Tochter hat die Angst und den Schock des Anschlags nicht überwunden und zog kurze Zeit später aus Solingen weg. Alle Familienmitglieder sind von dem Anschlag traumatisiert und haben monatelang Nachtwachen gehalten, um sich vor eventuellen weiteren Anschlägen zu schützen. Die *weiß*-dominierten Medien berichteten kaum über den Anschlag, Solidarität aus der *weißen* Mehrheitsgesellschaft blieb weitestgehend aus. Obwohl am

---

17   Aus dem Gespräch mit der Betroffenen Sibel İ. am 20. Oktober 2021; siehe auch hierzu den Beitrag von Sibel İ., Olivia Sarma und Abdulla Özkan in diesem Band.

nächsten Tag unmittelbar in der Nähe des Brandanschlagsorts von einem Passanten eine medizinische OP-Maske mit aufgezeichneten Hakenkreuzen und SS-Runen gefunden wurde, relativierte und trivialisierte die Wuppertaler Staatsanwaltschaft den Fall als einen »Dumme-Jungen-Streich« (Böhnke 2021).

Hier lässt sich eine Tradition der Relativierung erkennen, die bis heute wirkmächtig ist. Schon beim Brandanschlag auf das Haus der Familie Genç vor 30 Jahren wurde die Kategorie «Dumme-Jungen-Streich« benutzt. Der damalige Regierungssprecher Dieter Vogel aus Bonn entpolitisierte die Tat, denn sie sei von »asozialen Gewalttätern verübt« worden. »Solche Gewalttäter seien nicht in Parteien organisiert, zum Teil alkoholisiert, handelten spontan und zeigten radikale Symbole, deren Bedeutung ihnen wohl gar nicht klar sei« (o. V. 02.06.1993c: 1). Der unkritische mediale Umgang und der Umgang der Staatsanwaltschaft mit dem erneuten Brandanschlag 2021 in Solingen zeigen noch einmal ganz deutlich, dass nicht nur Strafverfolgungsbehörden und Institutionen zehn Jahre nach dem Bekanntwerden der NSU-Morde immer noch Schwierigkeiten haben, rassistische Tatmotivationen zu erkennen und insbesondere ernst zu nehmen – von der fehlenden Sensibilisierung und Solidarisierung ganz abgesehen. Auf der Seite der Überlebenden und Betroffenen des Anschlags von 1993 in Solingen wurden jedoch antizipierte und verdrängte Ängste wach. Familienmitglieder der Familie Genç solidarisierten sich mit Sibel İ. und besuchten sie vor Ort. Die Auswirkungen des Anschlags auf die eigene Familie wirken auch drei Jahrzehnte später bei Familie Genç noch weiter. Für sie war es wichtig, Solidarität und Mitgefühl zu zeigen.[18]

Bereits vor diesem erneuten Brandanschlag am 20. Oktober 2021 in Solingen war die Angst durch die Aufdeckung der NSU-Morde, die Attentate von Halle, Kassel und insbesondere von Hanau gewachsen (vgl. Data4U 2012; vgl. futureorg Institut Endax 2013; vgl. Dole 2019). Die Angst bleibt, weil Solingen, Mölln, Duisburg, Schwandorf, Kassel, Halle und Hanau nicht die letzten rassistischen, extrem rechten und antisemitischen Anschläge bleiben werden. Die schweren Auswirkungen und Folgen rassistischer, extrem rechter sowie antisemitischer Gewalt wie zum Beispiel Ängste und Retraumatisierungen der Betroffenen bleiben oftmals unsichtbar und werden in öffentlichen Diskursen kaum benannt. So auch in Solingen. Die Erinnerung an den Brandanschlag in Solingen vor 30 Jahren löst immer noch schmerzvolle Emotionen im sozialen Umfeld von BIPoC aus. Auswirkungen und Folgen sind etwa psychische Belastungen, die ausgelöst werden durch rassistische sowie problematische gesellschaftspolitische Diskurse, beispielsweise die Kolportagen über Familienangehörige der Familie Genç, Täter*innen-Opfer-Umkehr[19], Teilnahmslo-

---

18   Siehe Beiträge von Hatice und Kâmil Genç in diesem Band.
19   Vgl. Bericht der Jugendgerichtshilfe Solingen (1995). Das Verfahren zum Solinger Brandanschlag. Mai 1993 bis Oktober 1995. Stadt Solingen/Jugendamt (Hg.); vgl. Frankfurter Rundschau (09.12.1995, S. 4); Müller-Münch, Ingrid (1995): »Neuer Wirbel im Solingen-Prozeß:

sigkeit oder begrenzte Empathie überwiegend vonseiten der *weißen* Mehrheitsgesellschaft mit den Betroffenen des rassistischen und extrem rechten Anschlags in Solingen 2021. Betroffene Menschen in Solingen empfinden tiefe Trauer und Angst, wenn sie an den rassistischen Anschlag zurückdenken. Dies schwächt die Psyche von BIPoC.[20] Für Betroffene aus Solingen hat die Bedrohung durch den Brandanschlag am eigenen und dauerhaften Wohnort eine bleibende Bedeutung. Die oben erwähnten individuellen Schutzmaßnahmen sind verinnerlicht und werden auch unbewusst an die nächsten Generationen weitergegeben.

Unterschiedliche und intergenerationelle Perspektiven gesellschaftlicher Betroffenheiten

Rassismus und rechte Gewalt sind allgegenwärtig und alltäglich in Deutschland. Die zweite und die nachfolgenden Generationen sind mit dieser Gefährdungslage aufgewachsen, sodass rassistische und extrem rechte Gewalt in Deutschland für migrantisierte sowie rassifizierte Menschen fast zur Normalität geworden ist. Beim Umgang mit rassistischen und extrem rechten Anschlägen in Deutschland lässt sich ein eklatanter und erschreckender Mangel an Empathie und Solidarität vornehmlich der *weißen* Mehrheitsgesellschaft mit den Opfern und Angehörigen beobachten. Hierfür gibt es immer wieder Beispiele in der Politik, in Institutionen, Medien und der Mehrheitsgesellschaft.[21] Nicht nur die rassistischen Anschläge der extremen Rechten spalten Deutschland, sondern auch das vielfach distanzierte und emotionslose Verhalten von Politik und Medien, die selektive Empathie und das unsolidarische Verhalten eines großen Teils der *weißen* Mehrheitsgesellschaft wird von den Betroffenen als Affront erlebt. Da der Anschlag 1993 in Solingen schon 30 Jahre zurückliegt und viele Menschen sich nicht mehr an Einzelheiten erinnern, soll an dieser Stelle Bezug auf den Hanauer Anschlag genommen werden. Sehr viele BIPoC identifizieren sich mit den Ermordeten des rassistischen und extrem rechten Anschlags in Hanau, weil sie selbst hätten betroffen sein können, da sie oder ihre Kin-

---

Rechtsradikale Zeugen warten mit dubioser Tatversion«, in Frankfurter Rundschau vom 05.09.1995; vgl. Neubauer, Frank (1998): Fremdenfeindliche Brandanschläge – Eine kriminologisch empirische Untersuchung von Tätern, Tathintergründen und gerichtlicher Verarbeitung in Jugendstrafverfahren, Mönchengladbach: Forum Verlag Godesberg; vgl. Gür, Metin/ Turhan, Alaverdi (Hg.) (1996): Die Solingen-Akte, Düsseldorf: Patmos Verlag.

20   Siehe Beiträge von Familienangehörigen der Familie Genç und andere Beiträge von Betroffenen rassistischer und extrem rechter Gewalt in diesem Band.

21   Die Teilnahmslosigkeit und Desolidarisierung des Alt-Bundeskanzlers Helmut Kohl gegenüber den Betroffenen des Möllners und Solinger Brandanschlags sowie das nicht eingelöste Versprechen von Angela Merkel für eine lückenlose Aufklärung des NSU-Komplexes und der Morde in Hanau, die noch auf sich warten lässt, sind nur zwei Beispiele von so vielen.

der Shisha-Bars besuchen und diese als geschütztere Safer Spaces ansehen. Schnell kehrte nach dem Hanauer Anschlag wieder eine Art Normalität ein und die alltägliche politische Agenda wurde von anderen Themen überlagert. Für viele BIPoC war es erschreckend, zu sehen, dass kaum Menschen auf den Gedanken kamen, Karneval ausfallen zu lassen (Akbaba/Baum/Demirtaş 2022: 175). Unsolidarisches Verhalten innerhalb der *weißen* Mehrheitsgesellschaft verändert viele BIPoC, insbesondere der zweiten und dritten Generation, es beeinträchtigt ihr Vertrauen selbst in ihrem engen Umfeld. Viele bestehende Freundschaften und kollegiale Verhältnisse zu *weißen* Menschen zerbrachen oder bekamen aufgrund der fehlenden Solidarität Risse. Die Ignoranz sowie die Empathielosigkeit eines großen Teils der *weißen* Gesellschaft gegenüber Betroffenen zeigen, dass sogenannte Menschen mit Migrationshintergrund als nicht gleichwertig und als Teil der Gesellschaft betrachtet werden. Diesen Umstand machen BIPoC daran fest, dass die Betroffenheit der Menschen offenbar von der (vorgeblichen) Herkunftsidentität und der Zuschreibung von Nichtzugehörigkeit abhängig ist. Bei den Opfern des NSU wurde anfangs gemutmaßt, dass sie in kriminelle Machenschaften verwickelt gewesen seien und so gesehen zu ihrem Tod selbst beigetragen hätten. Das bedeutet, dass die NSU-Opfer als »kriminelle Fremde« gesehen wurden und der Umgang mit den Morden von Vorurteilen und Ideologien durchzogen war, was zu einer zwischenmenschlichen Distanz führte. Bei einem islamistischen Anschlag dagegen werden die getöteten von einem großen Teil der *weiß*-deutschen Bevölkerung als »unschuldige Deutsche« wahrgenommen, wodurch dann die emotionale Identifikation und Betroffenheit viel höher sind.[22] Das bedeutet Folgendes: Wenn Menschen in Deutschland in ihrer Empörung, Wut und Trauer Unterschiede aufgrund der (vermeintlichen) Herkunft und Stellung der Betroffenen machen, dann zeigt das, wie sehr unser Denken und Fühlen von Rassismus beherrscht ist und dass Rassismus einen wichtigen Sieg in unseren Köpfen errungen hat.

Unmittelbar nach dem Anschlag in Hanau 2020 entstand bei BIPoC das Bedürfnis, gemeinsam zu trauern und dem »kollektiven Schmerz« einen Raum zu geben. So haben engagierte BIPoC in diversen Städten Räumlichkeiten angemietet, um Safer Spaces zu schaffen,[23] da *weiße* Freund*innen, Bekannte und Kolleg*innen sich nach den Anschlägen in Hanau kaum oder gar nicht bei ihnen gemeldet

---

22 Hierfür ist der Anschlag auf dem Breitscheidplatz 2016 in Berlin ein gutes Beispiel, bei dem zwölf Menschen ermordet wurden. Monatelang berichteten die Medien über das islamistische Attentat. Die Betroffenheit der *weißen* Mehrheitsgesellschaft war groß und ebbte nicht so schnell ab. Im Umkehrschluss könnte dies auch bedeuten, dass die Betroffenheit der *weißen* Mehrheitsgesellschaft dann gegeben ist, wenn die phänotypischen Merkmale der Opfer und Betroffenen eine hohe Ähnlichkeit mit ihren eigenen aufweisen. Dies hängt wahrscheinlich mit der Identifikation mit den Betroffenen zusammen.

23 Am 01.03.2020 beispielsweise wurde von und für BIPoC ein Raum für Safer Spaces in Düsseldorf im Café »Grenzenlos« angemietet, um gemeinsam zu trauern.

und ihre Solidarität bekundet hatten. Für den 8. Mai 2020 gab es von migrantischen Selbstorganisationen den Aufruf zum »Tag des Zorns« und einen damit einhergehenden Generalstreik.[24] Der Sinn dahinter ist, nach dem Vorbild der Migrant*innenbewegung in den 1980er- und 1990er-Jahren nicht in die Rolle des »Opfers« zu fallen, sondern die Selbstorganisierung und Selbstverteidigung gegen den alltäglichen Rassismus zu setzen, dessen Kontinuität sichtbar zu machen und Solidarisierung, Erinnerung und den Kampf gegen jegliche Form von Rassismus, Antisemitismus und extrem rechte Gewalt voranzutreiben, denn: »Solingen und Hanau sind überall.«

Literatur

Akbaba, Yalız/Baum, Hava/Demirtaş, Birgül (2022): Curruculare Defizite, Wissenskrisen und Empowerment – Rassismus(kritik) an der Hochschule, in: Demirtaş, Birgül/Schmitz, Adelheid/Wagner, Constantin (Hg.): Rassismus in Institutionen und Alltag der Sozialen Arbeit – Ein Theorie-Praxis-Dialog, Weinheim/Basel: Beltz Verlag, S. 166–186.

Bericht der Jugendgerichtshilfe Solingen (1995): Das Verfahren zum Solinger Brandanschlag. Mai 1993 bis Oktober 1995, Stadt Solingen/Jugendamt (Hg.).

Böhnke, Manuel (2021): »14-Jähriger soll Brandsatz auf Haus geworfen haben«, in: Solinger Tageblatt vom 23.10.2021, S. 17.

Data4U (2012): Rassistische Neonazi-Morde in Deutschland. Eine Studie zur Gefühlslage und Meinungen der türkischen Migranten (Pressemitteilung). Hg. vom Zentrum für Migrations- und Politikforschung der Hacettepe Universi-

---

24 Der Aufruf: »Liebe Freund*innen, liebe Genoss*innen, wir migrantischen Selbstorganisationen rufen unsere Geschwister und Genoss*innen am 8. Mai 2020 zu einem Tag des Zorns und damit einhergehenden Generalstreik auf. Wir fordern Menschen mit Migrationserbe, jüdische Menschen, BIPoCs und alle solidarischen Menschen auf, mit uns zu streiken. Warum der 8. Mai? Das Datum gilt als Tag der Befreiung. [...] Am Donnerstag den 19. Februar 2020, wurden in Hanau neun Menschen mit Migrationserbe von einem Nazi erschossen, fünf weitere wurden verletzt. Da die Politik dabei zusieht wie unsere Geschwister und Freund*innen, auch unsere antifaschistischen Genoss*innen, bis heute sogar in staatlichen Institutionen ums Leben kommen, können wir uns nicht auf sie verlassen. Sei schützen uns nicht und spätestens seit dem NSU wissen wir, dass in Deutschland aller Wahrscheinlichkeit nach Täterschutz betrieben wird. Wir sind nicht still, wir lassen uns nicht einschüchtern, wir führen keine rassistischen Diskussionen, wir überlassen Nazis nicht die Straßen. Wenn Deutschland weiter mit Nazis schmusen möchte, geschieht das ohne uns! Angeregt durch die Ramazan Avcı Initiative tragen wir unsere Wut und unsere Trauer am 8. Mai auf die Straße. Organisiert euch und ruft mit uns zum Streik auf. Tag des Zorns, 8. Mai, deutschlandweit.« (Rechtschreibung und Grammatik wie im Original)

tät: https://www.data4u-online.de/wp-content/uploads/2012/02/Pressemitteil ung11012012-2.pdf [25.03.2022].

Demirtaş, Birgül (2016): Der Brandanschlag in Solingen und seine Wahrnehmung durch die zweite Generation von türkischstämmigen Migranten, Landesintegrationsrat NRW (Hg.).

Deole, Sumit S. (2019): Justice Delayed is Assimilation Denied. Rightwing Terror, Fear and Social Assimilation of Turkish Immigrants in Germany, in: CESfio Working Papers, S. 1–61. https://papers.ssrn.com/sol3/papers.cfm?abstract_id =3275409 [25.03.2022].

Deutscher Bundestag (1993): Antwort der Kleinen Anfrage der Abgeordneten Ulla Jelpke und der Gruppe der PDS/Linke Liste. Der neofaschistische Brandanschlag von Solingen und der Zuständigkeitsbereich der Bundesregierung, Drucksache 12/5586 (26.08.1993). https://dserver.bundestag.de/btd/12/055/1205586.pdf [17.02.2022].

Endax (2013): Ergebnisse der ersten Befragung zu den NSU-Morden. 2013-07-22_0 3_endaX_Auswertung_NSU_040713.pdf (taz.de) [25.03.2022].

Gür, Metin/Turhan, Alaverdi (1996): Die Solingen-Akte, Düsseldorf: Patmos Verlag.

Jansen, Frank (1993): »Gebete gegen Gewalt, Tränen gegen die Wut«, in: Der Tagesspiegel vom 02.06.1993, S. 3.

Meurer, Hans-Peter (1993): »Friedliche Demo, dann Randale. Erneut Ausschreitungen durch Protest-Profis«, in: Solinger Tageblatt vom 02.06.1993.

Müller-Münch, Ingrid (1995): »Neuer Wirbel im Solingen-Prozeß: Rechtsradikale Zeugen warten mit dubioser Tatversion«, in: Frankfurter Rundschau vom 05.09.1995.

Neubauer, Frank (1998): Fremdenfeindliche Brandanschläge – Eine kriminologisch empirische Untersuchung von Tätern, Tathintergründen und gerichtlicher Verarbeitung in Jugendstrafverfahren, Mönchengladbach: Forum Verlag Godesberg.

O. V. (1993a): »Solingen – sechs Monate danach. Verbrannt, verdrängt, vergessen«, in: Stern 1993, Nr. 48, S. 21–30.

O. V. (1993b): »Solingen ein Bild der Verwüstung«, in: Solinger Tageblatt 01.06.1992, S. 4.

O. V. (1993c): »BKA hält Einzeltat für möglich«, in: Solinger Tageblatt 02.06.1993, S. 1.

O. V. (1993d): »Wieder 79 Festnahmen trotz allgemein ruhiger Nacht«, in: Solinger Tageblatt 04.06.1993, S. 13.

Der V-Mann und der Brandanschlag

Hendrik Puls

Einleitung

Bereits wenige Tage nach dem tödlichen Brandanschlag auf das Haus der Familie Genç in der Unteren Wernerstraße geriet eine ortsansässige Kampfsportschule in den Blick der Öffentlichkeit. Am 5. Juni 1993 titelte die »Rheinische Post« mit Bezug auf die Festnahme von vier tatverdächtigen jungen Männern aus Solingen: »Welche Rolle spielt eine private Schule für Kampfsport?« (Stock 1993). Über die seit 1987 im Solinger Stadtteil Gräfrath beheimatete Kampfsportschule des »1. Hak-Pao Sportclub Solingen e. V.« (auch: 1. H.S.C. Solingen) war nicht nur lokalen Antifaschist*innen bekannt, dass dort regelmäßig Neonazis trainierten. Der Leiter des Jugendamts teilte der Zeitung mit, seine Behörde habe vor zwei oder drei Wochen Hinweise erhalten, wonach in der Kampfsportschule »Wehrsportübungen« mit Jugendlichen und Erwachsenen stattfänden. Nach Angaben von vormals dort trainierenden Sportler*innen sollen »Rechtsextremisten« in einer eigenen Gruppe in Nahkampftechniken ausgebildet und als Saalschutz eingesetzt worden sein (vgl. ebd.). Wenig später wurde im Zuge der Ermittlungen bekannt, dass drei der vier Tatverdächtigen zumindest zeitweise in der Kampfsportschule trainierten. Einer von ihnen, der ebenso wie die anderen drei jungen Männer 1995 vom OLG Düsseldorf für seine Beteiligung an dem Anschlag verurteilt wurde, hatte in seinem Tagebuch das freitags stattfindende Training in »Special Forces Combat Karate« mit den Worten »kanackenfreier Unterricht (gegen Kanacken)« (o. V. 1994a: 19) bezeichnet. Ein anderer Tatverdächtiger hatte seiner Mutter gegenüber seinen Austritt aus dem Club begründet mit den Worten. »Das ist ein richtiges Nazinest« (vgl. Müller-Münch 1994).

1994, zum Jahrestag des Brandanschlags, wurde dann der »Hak Pao«-Leiter Bernd Schmitt in den Medien mit dem nordrhein-westfälischen Verfassungsschutz in Verbindung gebracht. »Der Spiegel« sah einen »politische(n) Skandal« entstehen, wenn die »Landesbehörden im Fall des Solinger Brandanschlags auch nur in den Dunstkreis von Mitwisserschaft geraten sollten« (o. V. 1994a: 17). Ein Rücktritt des sozialdemokratischen Innenministers Herbert Schnoor ließe sich nicht vermeiden, sollte sich herausstellen, »daß der V-Mann die stramm rechten Jungen politisch verführt hat« (ebd.: 18). Als sich Schmitt wenig später, am 4. Juni 1994, in seiner Aussage vor dem OLG Düsseldorf als V-Mann enttarnte (vgl. Müller-Münch 1994), war dieser Skandal manifest geworden. Den verantwortlichen Innenminister kostete er allerdings ebenso wenig das Amt wie den Leiter der Verfassungsschutz-Abteilung, Fritz-Achim Baumann.

Auch 30 Jahre nach dem Brandanschlag stellen sich weiterhin die Fragen nach der Rolle des V-Manns Schmitt und seiner Kampfsportschule im Zusammenhang mit dem Anschlag, insbesondere bei der Radikalisierung der Täter. Der vorliegende Aufsatz widmet sich schwerpunktmäßig dem Umgang des Innenministeriums und dessen untergeordneter Verfassungsschutz-Abteilung mit dem durch die Enttarnung entstandenen V-Mann-Skandal. Dazu wird zunächst rekonstruiert, was zur Zeit des Anschlags über die Solinger Kampfsportschule »Hak Pao« und ihre Bezüge zur Neonazi-Szene öffentlich bekannt war. Im Anschluss folgt eine Auseinandersetzung mit der Verteidigungsstrategie des Innenministeriums, das ein Bild eines V-Mannes zeichnete, der »nachrichtenehrlich«, kein überzeugter Rechtsextremist und für die Arbeit des Verfassungsschutzes sehr wichtig gewesen sei (vgl. o. V. 1994b; Spiegel-TV 1994). Abschließend wird der Fall sowohl in den Kontext der in den 1990er-Jahren geltenden Rechtslage als auch der damals üblichen Praxis der Anwerbung und Führung von V-Leuten gestellt. Auf eine eigene Analyse der Verfassungsschutz-Akten muss im Rahmen der vorliegenden Fallstudie indes verzichtet werden, handelt es sich bei diesen Akten doch in der Regel um Verschlusssachen, wobei die die V-Leute betreffenden Dokumente, die sogenannten Beschaffungsakten, zudem höchsten Geheimhaltungsstufen unterliegen. Hinzu kommt, dass die Schutzfrist von 30 Jahren für die meisten Vorgänge noch nicht verstrichen ist. Somit wurde von einem Antrag auf Akteneinsicht mangels Erfolgsaussichten abgesehen. Dieser Artikel stützt sich auf Vorarbeiten von Gössner (2003: 82–101) und Stenke (1995) als Quellenbasis sowie vor allem auf parlamentarische Dokumente und Medienberichte sowie Primärquellen[1] und Veröffentlichungen antifaschistischer Initiativen.

»Hak Pao« und die Neonazi-Szene

Anfang Mai 1993, wenige Wochen vor dem Brandanschlag, erschien in der »Antifaschistischen Zeitung NRW« ein umfangreicher Bericht über die Aktivitäten von Bernd Schmitt und den von ihm gegründeten »Deutschen Hochleistungs Kampfkunstverband« (DHKKV). Darin hieß es, dass die »Hak Pao«-Sportschule »zunehmend von Rechtsextremisten frequentiert« (o. V. 1993a: 28) werde, darunter jugendlichen Skinheads. Aufgefallen war zudem, dass in der Sportschule zwei

---

1   Für die Möglichkeit der Sichtung von Primärquellen danke ich dem »Antirassistischen Bildungsforum Rheinland«.

»einschlägig bekannte« (ebd.) Solinger Neonazis verkehrten. Diese beiden Neonazis, Bernd Koch und Wolfgang Schlösser, hatten in den 1980er-Jahren eine lokale »Bürgerinitiative für Ausländerstopp« mitgegründet, zeitweise dem lokalen Kreisverband der FAP vorgestanden und waren unter dem Namen »Bergische Front« aufgetreten.[2] Nun sah man in ihnen die Verbindungslinie zur extrem rechten »Deutschen Liga für Volk und Heimat« (DLVH), deren Veranstaltungen »Hak Pao«-Leute geschützt hatten (ebd.: 28f.). In einer DLVH-Zeitung bewarb Schlösser die »Deutsche Kampfsportinitiative« (DKI) (vgl. ebd.: 29), ein »Zusammenschluß patriotisch denkender Kampfsportler, die es sich zum Ziel gesetzt haben, im nationalen Lager Kampfsport und Kampfkunst zu verbreiten« (Deutsche Rundschau 1992). Schmitt bescheinigte der Bericht, er sei »bisher eher durch profilneurotisches Verhalten als durch rechtsextremes Engagement aufgefallen«; »Aufschneiderei« und »unsaubere Praktiken« lauteten weitere gegen ihn erhobene Vorwürfe (vgl. o. V. 1993a: 28). Letztere gründen in den als wenig glaubhaft eingeschätzten Behauptungen Schmitts, in unzähligen Kampfkünsten eine Dan-Graduierung zu besitzen, zahlreiche Vollkontakt-Kämpfe bestritten und Meistertitel gewonnen zu haben. Bereits ein Jahr zuvor hatte der »Antifaschistische Bericht Wuppertal« über eine Veranstaltung der DLVH am 16. Juni 1992 in Köln berichtet, deren Sicherheitsdienst von »etwa 15 Mitgliedern der Solinger Thai-Box-Schule Hak Pao gestellt wurde« (o. V. 1992). Auch in der Zeitung der »Deutschen Liga« wurde den »Ordner(n) der Deutschen Liga unter Leitung von Bernd Schmitt« gedankt. Diese hätten sich »gezwungen« gesehen, »eine Reihe von Notwehr- und Nothilfemaßnahmen gegen die Randalierer zu ergreifen, die unter dem Strich mehr einstecken mußten, als sie austeilen konnten« (Kudjer 1992: 3). Damit waren bereits vor dem Brandanschlag die Verbindungen von Schmitt in die extreme Rechte öffentlich bekannt.

Den vermutlich ersten Auftritt als Saalschutz-Truppe hatten die »Hak Pao«-Kämpfer beim DLHV-»Herbstfest« 1991 in Solingen (vgl. o. V. 1994c: 8); es folgte der Schutz eines von der »Nationalistische Front« organisierten Vortrags des Holocaust-Leugners Ernst Zündel am 5. Juni 1992 in Bonn (vgl. NF o.J.). 1993 arbeitete Schmitts Truppe auch für die »Republikaner« (vgl. Konsch 1994; Landtag NRW 1994c: 6). Aufgabe der Ordner war es, etwaige Angriffe von Gegendemonstrant*innen abzuwehren; sie trugen damit zur gesicherten Durchführung der Veranstaltungen bei. Die Truppe trat ab 1992 unter dem Namen »Deutscher Hochleistungs- Kampfkunstverband« (DHKKV) auf.

---

2   Koch war vorbestraft, weil er 1983 Briefe mit Mord- und Vergewaltigungsdrohungen an Frauenhäuser, jüdische Gemeinden und Ausländerzentren verschickt hatte. Unterzeichnet waren diese Schreiben mit »NSDAP Gau Solingen« (vgl. Knoche 1989). Im September 1992 drohte er, »ein zweites Rostock hier in Solingen« könne er nicht ausschließen, sollten »Mißstände« in Asylbewerberheimen anhalten (zitiert nach o. V. 1993b).

Nach Angaben des Innenministeriums habe sich der DHKKV, der 1990 noch unter dem Namen »High Power Fight Society Germany« firmiert habe, im Jahr 1992 von einem »Registrierungsverband« in einen Mitgliederverein gewandelt, für den ein monatlicher Mitgliedsbeitrag entrichtet werden musste. Mit dem Sportverein »Hak Pao« bestanden zahlreiche Doppelmitgliedschaften, aber »die DHKKV-Mitglieder von außerhalb nahmen nicht am Sportbetrieb teil und waren von Herrn SCHMITT im Rahmen seiner Kontaktpflege zu rechtsextremistischen Organisationen für den DHKKV angeworben worden« (Landtag NRW 1994c: 8).[3] Laut einer Selbstdarstellung war die Zielsetzung des Verbands, »gerade uns Deutschen die unterschiedlichsten Kampfkünste aus aller Welt näherzubringen« (DHKKV o.J.). Weiter hieß es, es sollte zu denken geben, dass in den meisten Kampfsportschulen der »Ausländeranteil bei über 80 %« liege (vgl. ebd.). Dass Schmitt als gute Adresse für Neonazis galt, die sich in Kampfsporttechniken ausbilden lassen wollten, zeigt auch ein Hinweis des Herausgebers des Neonazi-Fanzines »Wehr' dich«, der 1992 einem Leser, der einen deutschen Kampfsportverband für Deutsche suchte, den Sportclub von »Kamerad Schmitt« nahelegte (zitiert nach Landtag NRW 2017: 734). In der Beweisaufnahme vor dem OLG Düsseldorf sagte Schlösser aus, die »Deutsche Kampfsportinitiative« (DKI) 1992 in Absprache mit Schmitt gegründet zu haben (vgl. Konsch 1994). Die DKI warb bundesweit in der rechten Szene um Mitglieder und führte zumindest zeitweise politische Stammtische in der Sportschule durch.

Sowohl die Gründung der DKI als auch die Umwandlung des DHKKV fallen in einen Zeitraum, als Schmitt bereits mit dem Verfassungsschutz zusammenarbeitete. Seit dem 25. März 1992 stand die Behörde in Kontakt zu Schmitt, der bereits acht Tage später als Gelegenheitsinformant verpflichtet wurde. Der übliche Forschungsvorgang, mit dem die Eignung der anzuwerbenden Person überprüft wird (vgl. Landtag NRW 2017: 702f.), fiel erstaunlich kurz aus. Auch seine 17 Vorstrafen fielen nicht negativ ins Gewicht. Eine Erklärung für die schnelle Verpflichtung könnte darin liegen, dass er vom polizeilichen Staatsschutz in Wuppertal vermittelt wurde, mit dem er seit einiger Zeit in Kontakt stand. Zudem hatte der Verfassungsschutz großes Interesse an Schmitts Zugang zu Meinolf Schönborn, dem Anführer der »Nationalistischen Front« (vgl. Landtag NRW 1994c: 7). Am 7. März 1992 hatte dieser in der Kampfsportschule über die Geschichte seiner Organisation referiert. Zuvor hatte sich Schmitt beim Staatsschutz versichert, ob aus polizeilicher Sicht etwas gegen diese Veranstaltung spricht (vgl. o. V. 1994c: 8; Landtag NRW 1994c: 5). Den Kontakt zu Schönborn vermittelte vermutlich ein NF-Mitglied, das bei »Hak Pao« trainierte (vgl. Jakobs 1994). Im Januar 1993 wurde Schmitt dann in die Stellung eines Vertrauensmannes (V-Mann) erhoben (Landtag NRW 1994c: 5). Nach Angaben des damaligen Leiters des Beschaffungsreferats war er ein »Selbstanbieter«, den

---

3   Hervorhebung im Original.

der Verfassungsschutz »natürlich eingekauft« habe (zitiert nach Landtag NRW 2017: 732).

Die 1985 gegründete »Nationalistische Front« galt als die »schlagkräftigste und bestorganisierte Neonazi-Gruppe in der alten Bundesrepublik« (Botsch 2016: 77), bis sie am 26. November 1992 vom Bundesinnenministerium verboten wurde. Parallel zum Verbotsverfahren lief seit Frühjahr 1992 ein Ermittlungsverfahren des Generalbundesanwalts gegen Schönborn und 13 NF-Mitglieder wegen des Verdachts der Bildung einer terroristischen Vereinigung (vgl. Landtag NRW 2017: 111). Anlass der Ermittlungen waren Pläne Schönborns zur Bildung von »kadermäßig gegliederten hochmobilen Verbänden« (zitiert nach Botsch 2016: 90), dem »Nationalen Einsatzkommando« (NEK), das sowohl als Ordnertruppe als auch zu »Planung und Koordination von überraschend durchgeführten zentralen Aktionen« (ebd.) dienen sollte. Auch Schmitt wurde im Zuge der Ermittlungen vom Bundeskriminalamt vernommen und sagte aus, dass er auf Bitte von Schönborn NF-Leute trainiert habe (vgl. Landtag NRW 2017: 111). 1994 war Schmitt zudem Beschuldigter in einem Ermittlungsverfahren der Staatsanwaltschaft Düsseldorf wegen Verstoßes gegen § 20 des Vereinsgesetzes. Vorgeworfen wurde ihm die Unterstützung der nunmehr verbotenen NF (Landtag NRW 1994b: 16744). Es war ein in diesem Zusammenhang erstellter Vermerk über eine Unterredung zwischen Beamt*innen des polizeilichen Staatsschutzes in Wuppertal und Vertreter*innen der Staatsanwaltschaft, der den Grundstein zu Schmitts Enttarnung legte. Die Polizist*innen hatten demnach mitgeteilt, dass Schmitt im Auftrag des Verfassungsschutzes arbeite (vgl. ebd.).

Umgang mit dem V-Mann-Skandal

Unmittelbar nach dem Anschlag verschwieg Verfassungsschutz-Chef Baumann zunächst »Hak Pao«. Im Innenausschuss erklärte er, der organisierte Rechtsextremismus habe in Solingen bisher nicht Fuß fassen können. Da die Namen bereits medial kursierten, erwähnte er zwar Schlösser und Koch, nicht aber die DKI und den DHKKV (vgl. Landtag NRW 1993: 10). Auf die ersten Forderungen nach Aufklärung einer möglichen V-Mann-Tätigkeit von Schmitt reagierte das Innenministerium mit Abwehr. Bereits am 26. Mai 1994 hatte Schnoor im Innenausschuss des Landtags erklärt, dass er weder in der Öffentlichkeit noch gegenüber dem für die Kontrolle des Verfassungsschutzes zuständigen Parlamentarischen Kontrollgremiums jemals eine Frage nach nachrichtendienstlichen Quellen des Verfassungsschutzes beantworten werde (vgl. Landtag NRW 1994a: 5f.). Als Schmitt wenige Tage später vor dem Oberlandesgericht die Frage bejahte, ob er eine Aussagegenehmigung des Innenministeriums benötige (vgl. Müller-Münch 1994), sah sich das Innenministerium gezwungen, die V-Mann-Tätigkeit von Schmitt zu bestätigen. Gegenüber dem Parlament gab das Innenministerium eine Erklärung ab, mit der die »haltlosen Verdächtigungen gegen den nordrhein-westfälischen Verfassungsschutz« (Landtag NRW 1994c: 3) öffentlich widerlegt werden sollten. Der Richter wurde kritisiert, das Ministerium überhaupt in eine solche Lage gebracht zu haben. Polizei und Staatsanwaltschaft wurde vorgeworfen, sich mit dem genannten Vermerk an »falschen Mutmaßungen« (Landtag NRW 1994c: 4) beteiligt zu haben. Vorwürfe, der Verfassungsschutz habe eine »rechtsextremistisch orientierte Institution gegründet, betrieben oder gefördert oder sonstwie unterstützt«, seien »haltlos« (Landtag NRW 1994c: 3).

Den Parlamentarier*innen blieb der Aktenzugang mit Verweis auf eine Gefährdung der Funktionsfähigkeit des Verfassungsschutzes (VSG NW, § 9 Abs. 2) verwehrt. Stattdessen beauftragte das Ministerium einen aufgrund seiner Mitgliedschaft in der CDU als neutral geltenden Gutachter mit der Sichtung. Der ehemalige Innenstaatssekretär Hans Neusel kam zu dem Ergebnis, dass sich die Darstellung von Schnoor mit den Akten des Verfassungsschutzes deckte (vgl. Voss 1994b). Er kritisierte lediglich die fehlende detaillierte Forschung zur Person und dass Schmitts Auftrag nicht schriftlich fixiert worden sei (vgl. Gössner 2003: 96).

Zugleich sollte mit der Erklärung vom 9. Juni 1994 ein Narrativ über Schmitts Tätigkeit geschaffen werden. Er sei einer der wichtigsten Informanten gewesen, der zwei Anschläge verhindert und Hinweise auf die Täter von Solingen geliefert habe. Später stellte sich heraus, dass der Hinweis auf die Anschläge nicht von Schmitt, sondern von Mitarbeiter*innen der Gerichtshilfe in Solingen kam, denen sich ein Jugendlicher anvertraut hatte (vgl. Meurer 1994). Zwar übergab Schmitt dem Verfassungsschutz eine Liste mit 20 Namen von Personen, denen er einen solchen Anschlag zutraute, und auf dieser Liste fand sich auch einer der Täter, der aber zu diesem Zeitpunkt bereits festgenommen worden war (vgl. Landtag NRW 1994c: 10). Die Namen der anderen 19 Personen wollte Schmitt vor Gericht nicht erinnern (vgl. Voss 1994a). Dort musste er ferner eingestehen, dass er Jugendliche aus der Clique der Täter am Tag nach dem Anschlag vor Hausdurchsuchungen gewarnt hatte. Dies will er bloß getan haben, damit sie keine Schwierigkeiten wegen ihrer Rechtsrock-Musik bekämen (vgl. Müller-Münch 1994; Stenke 1995: 57).

Das Innenministerium betonte stets, dass Schmitt kein Rechtsextremist gewesen sei. Folglich hätte er auch keine Jugendlichen agitiert. Für die Effekte, die seine Tätigkeit in der Kampfsportschule hatte, ist es aber unerheblich, welche ideologische Überzeugung er selbst vertrat oder ob er Flugblätter an Jugendliche verteilte. Denn während seiner Zeit als V-Mann entwickelte sich »Hak Pao« zu einem wichtigen Treffpunkt der rechten Szene in Solingen, wo jugendliche Skinheads auf überzeugte Neonazis wie Schlösser und Koch trafen. Diese Klientel wurde von Schmitt in Kampfsport- und Straßenkampftechniken geschult.[4] Als verharmlosend erscheint

---

4 Einer der bei »Hak Pao«-Trainierenden war im Dezember 1992 am Angriff auf Şahin Çalışır in Meerbusch beteiligt, der bei seiner Flucht von einem Auto erfasst und getötet wurde (vgl.

deshalb die Aussage des Innenministeriums, »Hak Pao« habe sich 1992 »zu einem Treffpunkt derjenigen in Solingen entwickelt, die ohnehin dem Rechtsextremismus zuzurechnen waren« (Landtag NRW 1994a: 9).

Das Innenministerium behauptete darüber hinaus, dass der DHKKV nicht dem organisierten Rechtsextremismus angehörte (vgl. Landtag NRW 1994c: 12). Die DKI wiederum wurde als lose, von Schlösser gegründete Gruppierung dargestellt, deren Stammtische Schmitt in seiner Sportschule unterbunden habe (vgl. ebd.: 8). Auch zu den Trainings der NF-Mitglieder soll es nie gekommen sein, da der V-Mann »weisungsgemäß die Angelegenheit immer wieder hinausgezögert hat« (ebd.: 5). Dies widerspricht nicht nur Schmitts Aussagen gegenüber dem BKA (vgl. Landtag NRW 2017: 111). Es ist auch deshalb wenig glaubhaft, da der V-Mann gerade auf die NF angesetzt war. Was den Kontakt zu Schmitt aus der Sicht von Schönborn für die NF und den geplanten Aufbau des »Nationalen Einsatzkommandos« wertvoll machte, dürften in erster Linie dessen Trainingsmöglichkeiten gewesen sein. Hätte sich Schmitt der Ausbildung der NF stets verweigert, so wäre damit der nachrichtendienstliche Zugang zur Zielperson gefährdet worden. Ein Indiz, dass die Zusammenarbeit bereits angelaufen war, findet sich in der Tatsache, dass der DHKKV dieselben Personalfragebögen benutzte wie Schönborn für das NEK (vgl. ebd.: 112).

Wenige Tage nach dem Anschlag, am 4. Juni 1993, ließ Schmitt mehrere Kisten mit Material aus der Sportschule in zwei Autos verladen. Ein Zeuge rief die Polizei, die Schmitt nach kurzer Kontrolle abfahren ließen. Warum ihm der Abtransport gestattet wurde, was in den Kisten war und welche Polizist*innen die Kontrolle durchführten, konnte das Innenministerium nicht mit Sicherheit sagen (vgl. Landtag NRW 1994c: 10). Silvester 1993 beschlagnahmte die Polizei allerdings 55.000 Aktenblätter in der Wohnung von Schmitts Schwiegervater, darunter Mitgliederlisten des DHKKV, Daten von Personen der linken Szene, Lageskizzen von Wohnungen und dem Autonomen Zentrum Wuppertal, rassistische Hetzschriften sowie Anleitungen zum Bau von Brandsätzen (vgl. Gössner 2003: 92).

Seit einiger Zeit ist bekannt, dass zu Schmitts Abschirmung auch ein in der linken Szene aktiver V-Mann eingesetzt wurde. Er sollte den Wissensstand der Antifa erheben und beobachtete unter anderem den Abtransport von Material aus der Sportschule (vgl. Zimmermann 2021; WDR 2022). Vor dem NSU-Untersuchungsausschuss sagte der damalige Leiter des Beschaffungsreferats aus, man habe wegen Schmitt »wirklich geschwitzt«, aber am V-Mann sei »nichts hängengeblieben« (zitiert nach Landtag NRW 2017: 733).

Lange 2022: 75f.). 1992 und 1993 wurden auch in Solingen mehrfach rechtsmotivierte Gewalttaten verübt (vgl. Solinger Appell 2001: 7–11).

Der Fall Schmitt im Kontext der V-Leute-Praxis

Es existieren keinerlei Hinweise, dass Schmitt Kenntnis von der konkreten Gefahr eines bevorstehenden Anschlags hatte und davon dem Verfassungsschutz berichtete. Der vor Gericht rekonstruierte Tatablauf, wonach sich die Tätergruppe erst am Abend der Tat spontan zusammenfand, spricht gegen eine Mitwissenschaft. Allerdings hatte Christian R. am Vortag gegenüber Jugendlichen angekündigt, das gegenüber seiner Wohnung liegende Haus der Familie Genç werde demnächst brennen – dafür würden er und zwei andere Skinheads sorgen. Der Hinweis dieser Jugendlichen führte zu seiner Festnahme (vgl. Müller-Münch 1998: 95). Die Sportschule »Hak Pao« besuchte Christian R. als einziger der vier Täter nicht. Der Lebensgefährte seiner Mutter war allerdings mit Schmitt bekannt und auch als Mitglied im DHKKV angemeldet, nach Angaben des Innenministeriums soll er aber nie zum Training erschienen sein (vgl. Landtag NRW 1994c: 9).

Gleichwohl bleibt problematisch, dass eine unabhängige Überprüfung der Verfassungsschutz-Akten nie stattgefunden hat. Ein parlamentarischer Untersuchungsausschuss (PUA) hätte hier eine Einsichtnahme erstreiten können.[5] Darüber hinaus zeigt sich eine grundlegende, mit dem Charakter des Verfassungsschutzes als Geheimbehörde verbundene Problematik. Um zu prüfen, welche Informationen ein V-Mann an seine Führung lieferte, reicht es nicht aus, die aufbereiteten und in ihrem Informationsgehalt gefilterten Deckblattberichte auszuwerten, die von dem mit der Führung der V-Leute befassten Beschaffungsreferat an die Sachbearbeiter*innen der »Auswertung« geliefert werden. Deshalb ist es notwendig, auch die internen Akten der »Beschaffung«, etwa Personalakten des V-Mannes, einzubeziehen. Untersuchungsausschüssen ist dies indes nicht ohne Weiteres gestattet – der vom Innenministerium eingesetzte Gutachter Neusel erhielt aber Zugang zu diesen Akten (vgl. Voss 1994b). Prinzipien der Geheimhaltung, Mündlichkeit sowie das spezifische Verhältnis zwischen V-Person und V-Person-Führung einerseits sowie die Stellung der V-Personen-Führer*innen innerhalb der Verfassungsschutzbehörde andererseits versetzen V-Personen-Führer*innen in mehrfacher Hinsicht in eine Gatekeeper-Position, wodurch eine erhebliche Einflussnahme auf in den Akten dokumentierten Informationen entsteht. Der Schlussbericht des NSU-Untersuchungsausschuss führt dazu aus:

> »In Kontakt mit den Quellen zeigt sich die mehrfache ›Gatekeeper‹-Funktion des VP-Führers. Erstens entscheidet der VP-Führer, ob die in einem Gespräch mit der Quelle erlangten Informationen die Wertigkeit besitzen, in einem Deckblattbericht niedergeschrieben zu werden. Zweitens liefert der VP-Führer kein Wortpro-

---

5 1994 wurde kein PUA eingesetzt. Der von 2015 bis 2017 tätige PUA III (NSU) befasste sich nur am Rande mit Schmitt.

tokoll seiner Quelle, sondern eine von ihm selbst verfasste Zusammenfassung, die notwendigerweise eine Komprimierung und Reduktion der Information darstellt. Der Geheimschutz setzt voraus, dass aus dem Deckblattbericht nicht die Identität der Quelle ersichtlich sein soll. Dies wirkt sich auf die Aufbereitung der Information aus, vor allem dann, wenn eine Quelle auch über sich selbst bzw. die eigenen Aktivitäten berichtet hat. Drittens ist aus dem Deckblattbericht in der Regel nicht ersichtlich, welche Fragen der Quelle seitens des VP-Führers gestellt wurden. Die Formulierung von Fragen obliegt ebenso wie die gesamte Gesprächsführung mit der Quelle der Entscheidung des VP-Führers. Dieser kann so auf die Themen des Gesprächs Einfluss nehmen und eigene Interessen einbringen.« (Landtag NRW 2017: 717)

Daraus ergeben sich erhebliche Schwierigkeiten bei der Kontrolle des Verfassungsschutzes, insbesondere dann, wenn geklärt werden soll, was Quellen berichtet haben. Diese Frage war nicht nur im Fall des Brandanschlags von Solingen zentral, sondern sie ist es ebenso hinsichtlich des NSU, weil zahllose V-Leute im Umfeld des untergetauchten Neonazi-Trios und dessen Unterstützungsnetzwerk platziert waren.

Die Bedeutung der Sportschule »Hak Pao« und die Verantwortlichkeit des Verfassungsschutzes liegen auch jenseits der Frage, ob der Verfassungsschutz im Vorfeld des Anschlags von einer konkreten Gefahr wusste. Problematisch ist die Rolle des V-Mannes als Nahkampfausbilder für gewaltbereite Neonazis aus Solingen und dem gesamten Bundesgebiet. Durch das DHKKV und die DKI war er an Gruppierungen beteiligt, die Neonazis gezielt für eine solche Ausbildung warben. Die abstrakte Gefahr rechter Gewalt wurde so gefördert.

Rechtlich war der Einsatz von V-Leuten damals nur vage geregelt. Das »Gesetz über den Verfassungsschutz in Nordrhein-Westfalen« von 1981 (VSG NW) enthielt lediglich allgemeine Aussagen zur Zulässigkeit der Anwendung nachrichtendienstlicher Mittel, worunter auch die nicht explizit erwähnten V-Leute fallen. Die »Dienstanweisung Beschaffung« von 1984 legte zwar fest, dass die V-Person die Zielsetzung und Tätigkeit des Beobachtungsobjekts nicht entscheidend bestimmen darf (Landtag NRW 2017: 704) – in der Praxis wurde diese Einschränkung aber umgangen. In großem Umfang warb der Verfassungsschutz Führungspersonen von Neonazi-Gruppen an und vertrat die Philosophie, die Gruppen von oben herab steuern und kontrollieren zu können (vgl. Puls 2019: 113ff.; Landtag NRW 2017: 723). Obwohl Schmitt keine Führungsperson war, fügt sich die Zusammenarbeit mit ihm in die damalige Praxis ein. Dass diese die Neonazi-Szene stärkte und die Gefahr von Gewalttaten erhöhte, sah das BKA schon 1997 sehr klar. In einem geheimen Vermerk wurde vor einem »Brandstifter-Effekt« durch sich gegenseitig zu Aktionen anstachelnde V-Leute gewarnt. Die Autor*innen beklagten ebenso, dass die V-Leute glaubten, »unter dem Schutz des VS im Sinne ihrer Ideologie ungestraft handeln zu können und die Exekutive nicht ernst nehmen zu müssen« (zitiert nach Baumgärtner/Röbel/Starke 2012: 39).

Welche Wirkung die Ausbildung und die Kontakte bei »Hak Pao« auf die drei dort trainierenden Brandstifter hatte, lässt sich nicht mit Bestimmtheit sagen. Täter und Tatkonstellation des Solinger Brandanschlags ähneln denen anderer rassistischer Brandstiftungen der Jahre 1990 bis 1994 (vgl. Neubacher 1998). Dennoch klingt es wie Hohn, wenn Innenminister Schnoor mit Bezug auf die Morde von Solingen die »Fixierung auf einen ›Rädelsführer‹, der junge Menschen verführt und angestiftet hat«, als »Selbstbetrug« bezeichnete, der von der Gewissheit ablenken soll, dass in der Gesellschaft »ein fremdenfeindliches Potenzial nistet, das sich gelegentlich unerwartet und schrecklich manifestiert« (Innenministerium des Landes NRW 1995: 194). Denn so soll der Frage nach der Mitverantwortung des Verfassungsschutzes und seiner V-Leute für die Entstehung gewaltbereiter Neonazi-Szenen sowie rassistischer Gewalt die Legitimität abgesprochen werden.

Literatur

Baumgärtner, Maik/Röbel, Sven/Stark, Holger (2012): Der Brandstifter-Effekt, in: Der Spiegel, 45/2012, S. 38–41.

Botsch, Gideon (2016): »Nationalismus – eine Idee sucht Handelnde«. Die Nationalistische Front als Kaderschule für Neonazis, in: Kleffner, Heike/Spangenberg, Anna (Hg.): Generation Hoyerswerda. Das Netzwerk militanter Neonazis in Brandenburg, Berlin: be.bra verlag, S. 74–97.

Deutsche Rundschau (1992): Verschiedenes, 10/92.

DHKKV (o.J.): Ein Verband stellt sich vor, Flugblatt.

Gössner, Rolf (2003): Geheime Informanten. V-Leute des Verfassungsschutzes: Kriminelle im Dienst des Staates, München: Knaur.

Innenministerium des Landes NRW (1995): Verfassungsschutzbericht des Landes Nordrhein-Westfalen über das Jahr 1994, Düsseldorf.

Jakobs, Walter (1994): »Viel heiße Luft um Solinger V-Mann«, in: die tageszeitung vom 4.08.1994.

Knoche, Frank (1989): Dokumentation: Neofaschismus in Solingen, Solingen: Selbstverlag.

Konsch, Albert (1994): »Der V-Mann als Initiator«, in: Wupper Nachrichten vom 13.08.1994.

Kudjer, Andreas (1992). »Triumph im Senatshotel. Deutsche Liga tagte trotz zahlloser Widerstände«, in: DomSpitzen. Berichte aus der Fraktion der DEUTSCHEN LIGA im Rat der Stadt Köln. Nr. 13.

Landtag NRW (1993): Protokoll 11/918 vom 7.06.1993.

Landtag NRW (1994a): Ausschußprotokoll 11/1249 vom 26.05.1994.

Landtag NRW (1994b): Plenarprotokoll 11/134 vom 15.06.1994.
Landtag NRW (1994c): Vorlage 11/3074, Stellungnahme des Innenministeriums des Landes Nordrhein-Westfalen vom 13.06.1994.
Landtag NRW (2017): Drucksache 16/14400, Schlussbericht des Parlamentarischen Untersuchungsausschuss III.
Lange, Felix (2022): Klassifikation von Todesopfern rechtsmotivierter Gewalt in Nordrhein-Westfalen. Untersuchung von Verdachtsfällen der Jahre 1992/93, Frankfurt: Verlag für Polizeiwissenschaft.
Meurer, Hans-Peter (1994):»Falsche ›Lorbeeren‹ für den V-Mann«, in: Solinger Tageblatt vom 9.11.1994.
Müller-Münch, Ingrid (1994):»Seit Freitag zehn Uhr hat der Minister ein Problem«, in: Frankfurter Rundschau vom 4.06.1994.
Müller-Münch, Ingrid (1998): Biedermänner und Brandstifter. Fremdenfeindlichkeit vor Gericht, Bonn: Verlag J. H. W. Dietz Nachf.
Neubacher, Frank (1998): Fremdenfeindliche Brandanschläge. Eine kriminologisch-empirische Untersuchung von Tätern, Tathintergründen und gerichtlicher Verarbeitung in Jugendstrafverfahren, Mönchengladbach: Forum Verlag Godesberg.
NF (o.J.): Veranstaltungsbericht über den 5. Juni 1992. Ernst Zündel in Bonn, Flugblatt.
O. V. (1992):»Solinger Thai-Box-Club schützt die Deutsche Liga«, in: Antifaschistischer Bericht Wuppertal, Sommer 92, S. 14.
O. V. (1993a):»Der DHKKV – Kampfsport für Neonazis?«, in: Antifaschistische Zeitung NRW, Nr. 1, S. 27–29.
O. V. (1993b):»Ihr werdet brennen ...«, in: Focus vom 14.06.1993, S. 32–33.
O. V. (1994a):»Das wäre eine Bombe«, in: Der Spiegel, Nr. 22/1994, S. 16–19.
O. V. (1994b): Politischer Stammtisch, in: Der Spiegel, Nr. 24/1994, S. 35–36.
O. V. (1994c):»DHKKV, NEK und der ›Kampf auf der Straße‹«, in: Antifaschistische Zeitung NRW, Nr. 6, S. 6–12.
Puls, Hendrik (2019):»Steinbruch mit Leerstellen« vs. dokumentarische Fleißarbeit. Ergebnisse und Grenzen der parlamentarischen Aufklärung in Nordrhein-Westfalen, in: Hoff, Benjamin-Immanuel et al. (Hg.): Rückhaltlose Aufklärung? NSU, NSA, BND – Geheimdienste und Untersuchungsausschüsse zwischen Staatsversagen und Staatswohl, Hamburg: VSA Verlag, S. 103–108.
Solinger Appell (2001): Der Brandanschlag von Solingen. Auswirkungen und Konsequenzen. Eine Dokumentation, Solingen: Selbstverlag.
Spiegel TV (1994): Der V-Mann von Solingen, in: Spiegel TV Magazin, ausgestrahlt am 12.6.1994 bei RTL, online 2014 auf YouTube eingestellt unter dem Titel »Vor 20 Jahren: Der V-Mann von Solingen«. https://www.youtube.com/watch?v=5K3DVpWHHjM [04.07.2022].

Stenke, Wolfgang (1995): Exkurs: Schmitteinander – V-Mann und Verfassungsschutz im Fall Solingen, in: Leggewie, Claus/Meier, Horst (Hg.): Republikschutz. Maßstäbe für die Verteidigung der Demokratie, Reinbek bei Hamburg: Rowohlt, S. 46–59.

Stock, Jürgen (1993): »Welche Rolle spielt eine private Schule für Kampfsport?«, in: Rheinische Post vom 05.06.1993.

Voss, Reinhard (1994a): »Des V-Mannes Motto: Nichts gehört, nichts gesehen, nichts sagen«, in: Frankfurter Rundschau vom 04.08.1994.

Voss, Reinhard (1994b): Gutachter bestätigt Schnoors V-Mann-Version. Ex-Staatssekretär Neusel spricht Nordrhein-Westfalens Verfassungsschutz von Vorwürfen in Sachen Solingen frei, in: Frankfurter Rundschau vom 17.08.1994.

WDR (2022): »Brandanschlag in Solingen: Innenministerium reagiert auf Vorwürfe«. wdr.de vom 22.04.2022. https://www1.wdr.de/nachrichten/rheinland/brandanschlag-in-solingen-ex-verfassungsschuetzer-erhebt-schwere-vorwuerfe-100.html[25.05.2022].

Zimmermann, Maike (2021): »Wir sind aus allen Wolken gefallen«, Analyse & Kritik vom 18.05.2021. https://www.akweb.de/politik/die-rolle-des-verfassungsschutzes-beim-rassistischen-brandanschlag-in-solingen/ [25.05.2022].

Rechte Ideologie der Täter aus Solingen, ein überzeugendes Urteil und kein Grund für Zweifel an der Täterschaft!

Eberhard Reinecke

Als am 13.10.1995 das Oberlandesgericht Düsseldorf nach 127 Verhandlungstagen alle vier Angeklagten wegen Mordes verurteilte, gab es teilweise erstaunte bis ablehnende Reaktionen. Lange Zeit hatte im Prozess und auch in Teilen der Öffentlichkeit die Frage nach den rassistischen und extrem rechten Auffassungen der Angeklagten im Hintergrund gestanden – stattdessen ging es immer mehr um kriminalistische Einzelheiten. Die Angeklagten hatten im Prozess den Anschlag selbst verurteilt. Zwei der Angeklagten hatten ferner ihre Beteiligung von Anfang bis Ende bestritten.

In der Rückschau wird man heute indes feststellen können, dass begründeter Zweifel an der Täterschaft der vier Angeklagten angesichts der sorgfältigen Darlegungen des Oberlandesgerichts in einem 350 Seiten langen Urteil nicht berechtigt ist. Dennoch wollen auch heute Zweifel an der Richtigkeit des Urteils nicht vollständig verstummen. Es ist mithin Zeit für eine zusammenfassende Würdigung der im Urteil aufgeführten Beweise. Es ist ebenfalls Zeit, die damals ansatzweise erkannte Bedeutung der extrem rechten Einstellung für die Tat deutlich zu machen, weil auch die Folgezeit immer wieder belegt werden kann, dass in der rechten Szene die Zeit von bloßen Worten bis hin zu Taten häufig nur sehr kurz ist.

Wer waren die verurteilten Täter?

Wie die rassistischen und extrem rechten Grundanschauungen der Angeklagten (die aus Gründen des Persönlichkeitsschutzes mit A, B, C und D abgekürzt werden) zur Mordtat führten, beschreibt das Urteil[1]:

---

1   Die Auszüge sind originalgetreu aus dem Urteil des Oberlandesgerichts Düsseldorf sowie in der alten Rechtschreibung beibehalten.

Alle Angeklagten befanden sich – trotz der zumindest bei B, C und D zu verzeichnenden Verärgerung über die Ereignisse auf dem Polterabend – in einer Verfassung, in der ihnen die offensichtliche, auf der Hand liegende Möglichkeit des Todes der Bewohner des Hauses als Folge der Brandlegung bewußt war, zumal sie wußten, welche Folgen die Taten in Mölln am 23. November 1992 gehabt hatten. Gleichwohl fuhren sie mit der Realisierung ihres Tatvorhabens fort und fanden sich mit den genannten Folgen wegen ihrer durch Fremdenfeindlichkeit und rassistisches Gedankengut geprägten Grundeinstellung ab. Sie wollten sich durch die als nicht fernliegend erkannten lebensgefährlichen Folgen ihres Vorhabens von ihrem Ziel,»»den Türken« einen »Denkzettel« zu verpassen, nicht abhalten lassen (S. 87f. des unveröffentlichten Urteils).

Das Gericht hatte sehr sorgfältig den Werdegang und die rassistischen sowie extrem rechten Auffassungen der vier Angeklagten untersucht und dargestellt.

Über den Angeklagten A heißt es im Urteil:

Der Angeklagte A schloß sich regelmäßig anderen, meist jugendlichen Schalke-Fans an und bekam auf diese Weise Kontakt zu den Gruppierungen gewaltbereiter Fußballfans, den »Hooligans«. [...] Die politisch-gesellschaftliche Einstellung des Angeklagten A war durch rechtsextremistisches Gedankengut und insbesondere durch Ausländerfeindlichkeit geprägt. [...] Auch während seiner Jahre in Neukirchen-Vluyn beschäftigte sich der Angeklagte immer wieder einmal mit rechtsextremistischen Positionen, zumeist ausgelöst durch Zusammenstöße mit ausländischen Jugendlichen, aber auch durch Begegnungen mit anderen Jugendlichen, die dem rechten Spektrum nahestanden. Schließlich fand der Angeklagte in dem Zeugen R. einen Mann, der – wie der Angeklagte A ausdrücklich betont hat – rechtsextremistische Ansichten vertrat. Vertieft wurde die hierdurch bedingte Weltsicht des Angeklagten noch dadurch, daß er jedenfalls in den Monaten vor der Tat häufig in der »Deutschen National-Zeitung« las. Auf diese Weise fühlte sich der Angeklagte der rechten Szene zugehörig, ohne daß er im eigentlichen Sinne politisch aktiv war oder einer entsprechenden Partei oder Organisation angehörte. Der Angeklagte traf sich jedoch mit gleichgesinnten anderen Jugendlichen, tauschte sich mit ihnen auf primitiv-einfachem Niveau aus und fühlte sich gelegentlich – so seine Formulierung in der Hauptverhandlung – wie ein »kleiner Hitler«: »Dann war ich rassistisch.« (S. 15f.) Aus dieser Einstellung machte der Angeklagte auch Dritten gegenüber keinen Hehl. Er schmückte [...] sein Zimmer entsprechend aus, hörte die Musik und die Lieder einschlägiger Gruppen wie z.B. »Störkraft«, »Kahlkopf«, »Werwolf« und »Radikahl« und verbreitete entsprechende Parolen und Sprüche. So äußerte er im Umgang mit Freunden und Bekannten häufig Gedanken und Wertungen wie z.B. »Ausländer raus«, »Scheißkanaken«, »die nehmen uns die Arbeit weg« oder »die müssen zusammengeschlagen werden«; er beschmierte Wände und Mauern gelegentlich mit Symbolen, Abkürzungen und Texten, wie z.B. dem Hakenkreuz, »SS«, »NF«, »Ausländer raus« oder »Rassenmischung ist Völkermord« und verteilte hier und da auch Flugblätter, Aufkleber u. ä. mit dem Hakenkreuz und Texten wie z.B. »Ausländer raus« oder »Warum Tierversuche, wenn es Ausländer gibt«. Dabei richtete sich seine Abneigung – der Angeklagte selbst hat in diesem Zusammenhang wiederholt das Wort »Haß« benutzt – vornehmlich gegen Türken; als Grund gab er an, er sei – auch wegen seiner skinheadartigen Kleidung – ständig von jungen Türken provoziert und beschimpft und von ihnen wiederholt auch tätlich – teilweise sogar mit einem Messer – angegriffen und bedroht worden (S. 16).

Über den Angeklagten B heißt es im Urteil:

Der Angeklagte übernahm, ohne dies im Einzelnen zu hinterfragen, die rechtsextremistische Einstellung dieser Leute. Er ließ sich zeitweise die Haare kurz schneiden und trug spätestens seit Anfang 1992 einschlägige Kleidung wie z.B. Doc-Martens-Stiefel, Bomberjacke u.ä.; stets hatte er Sprüche und Parolen wie z.B. »Sieg Heil«, »Deutschland erwache« oder »Juden raus« – nach seinen Worten in der Hauptverhandlung – »flott auf der Lippe«. Dabei zeigte der Angeklagte – er war inzwischen 15 Jahre alt – mit besonderer Deutlichkeit, daß er ungeachtet des kameradschaftlich-freundschaftlichen Umganges mit dem einen oder anderen ausländischen Mitschüler die Ausländerpolitik der Bundesregierung und vor allem die damalige Asylpraxis mißbilligte. [...] Seine gegen die »Scheißausländer« gerichtete Haltung unterstrich er durch Sprüche und Parolen wie »Ausländer raus« oder – mit spezieller Zielrichtung – »Türken raus« und durch die zumindest gelegentliche Teilnahme an entsprechenden Aktionen. [...] Er provozierte nicht nur durch Kleidung und Aussehen, sondern bezog auch in Gesprächen und Diskussionen rechtsextremistische Positionen. Er beschaffte sich im Fruhjahr 1992 eine Reichskriegsflagge und heftete sie an die Wand seines Zimmers, bis sein Vater sie im Zuge einer Auseinandersetzung nach einiger Zeit wieder herabriß und vernichtete. Er hörte gelegentlich Platten mit Hitler-Reden und andere Tonaufnahmen aus der NS-Zeit, die ihm von Freunden und Bekannten überlassen worden waren. Er bevorzugte die Musik rechtsgerichteter Gruppen wie »Störkraft«, »Wotan« oder »Endstufe« und insbesondere der jedenfalls früher durch nationalistische bzw. faschistoide Tendenzen hervorgetretenen Gruppe »Böhse Onkelz«, die mit ihrer aggressiven Musik und der in ihren Texten zum Ausdruck kommenden Lebenseinstellung bis heute eine große Anziehungskraft auf den Angeklagten ausüben (S. 22f.).

[...] Er verstand sich immer mehr als ein unpolitischer, nicht rassistisch eingestellter »Oi-Skin«, der, worauf im Zusammenhang mit dem Angeklagten C noch näher einzugehen sein wird, lediglich unabhängig und »gut drauf sein« wollte, und umriß diese neue Sicht, indem er in seinen Computer die Worte speicherte: »Wir die Oi Skin Front Solingen scheißen auf die Nazischweine, sharp glatzen mögen wir auch nicht. Linke penner überall. Deshalb die Parole Spaß und gut abfeiern. Raufen, saufen, Frauen kaufen.« (S. 24f.)

Auf der anderen Seite brachen jedoch – vor allem dann, wenn der Angeklagte »schlecht drauf« war – immer wieder seine alten rechtsextremistisch-rassistisch geprägten Verhaltens- und Denkweisen hervor. So wurden noch im Frühjahr 1993 in seinem Zimmer vor einer Reichskriegsflagge – der Angeklagte B hatte sie als Ersatz für die von seinem Vater vernichtete Flagge in seinem Bettkasten aufbewahrt – und einer dem Zeugen P. L. gehörenden »Keltenkreuz«-Fahne Farblichtbilder angefertigt, auf denen der Zeuge P. L., der Mitangeklagte D und der Angeklagte B – er mit einem selbst hergestellten Baseballschläger – in der Art »rechts« ausgerichteter Skinheads posierten. Noch nach den Brandanschlägen von Mölln – nämlich im Februar/ März 1993 – sang der Angeklagte B seiner Mutter in provozierender Weise einen Text der »Böhsen Onkelz« vor, den er, da er dessen Aggressivität »faszinierend« fand, aus dem Gedächtnis wie folgt in seinem Computer gespeichert hatte: »Türkenfotze abrasiert türkenfotze nasz rasiert türkenfotze abrasiert türkenfotze: türkenpack, türkenpack raus aus unserm Land, geh zurück nach Ankara denn du machst mich krank Nadelstreifenanzug, Plastiktütenträger, Altkleidersammler und Bazillenträger: Raus du alte Schlampe !!!« (S. 26)

Über den Angeklagten C heißt es im Urteil:

Obwohl der Angeklagte sich, wie er immer wieder betont hat, »nie für Politik interessiert« hatte, bildete er im Laufe der Zeit – vor allem aufgrund seiner engen Verbindungen zur Skinhead-Szene – eine nach rechts orientierte Grundeinstellung aus. [...] Andererseits gab es Situationen, in denen die verächtliche Haltung des Angeklagten gegenüber Ausländern hervortrat. Er verwendet bei seinen Tagebucheintragungen für Ausländer häufig den Begriff »Kanake«. Dieses Wort, das in der deutschen Umgangssprache ungeachtet seiner ursprünglichen Bedeutung die stark abfällige Bewertung eines Menschen zum Ausdruck bringt, benutzte der Angeklagte, wie er ausdrücklich eingeräumt hat, folgerichtig für »alle Leute«, »die mir feindlich gesinnt sind«, denen er mithin im Allgemeinen mit einer gewissen Abwehrhaltung gegenüberstand (S. 36f.). Rechtsextremistisch-rassistische Gesinnung dokumentierte der Angeklagte vor allem dann, wenn er betrunken und/oder provoziert worden war bzw. provozieren wollte. Alsdann benutzte er Parolen wie »Ausländer raus« und äußerte abwertend »Türkenpack«, »Mistpack« oder »Scheißtürken«. Dadurch fühlte sich insbesondere der Zeuge H. abgestoßen und veranlasst, zeitweise Abstand zu dem Angeklagten zu halten. Schrieb dieser sich Ohnmachts- und Wutgefühle in seinem Tagebuch von der Seele, kam es vor allem bei diesen Gelegenheiten vor, daß sich seine rassistischen Tendenzen ins Maßlose steigerten: Unter dem 2. Oktober 1992 ging der Angeklagte auf einen Türken ein, der ihn geärgert hatte (»Der schwule Kanake Ali machte mich blöd an«); er hätte ihn deshalb »am liebsten [...] nach Ankara getreten«, wenn er, der Angeklagte, sich nicht so »gut unter Kontrolle« gehabt hätte. Unter dem 2. Dezember 1992 beschäftigte er sich mit einer Gruppe marokkanischer Jugendlicher, die mit ihm und seinem Bruder S. im Streit lagen (»Kanaken, die meinen Bruder boxten, weil sie dachten, er wäre ich«); seine Aufzeichnungen enthalten die Drohung »Ihr werdet auch noch brennen [...] Niedertreten bis sie beten, Kanaken knacken. Fuck off«. Schließlich vertraute er dem Tagebuch unter dem (S. 37) 10. April 1993 – etwa 1 1/2 Monate vor der Tat – an, daß er an diesem Tage eine Tasche mit zuvor in Düsseldorf gekauften Sachen in einer Telefonzelle vergessen, nach ihm eine Ausländerin (»Kanakenmama«) die Zelle betreten habe und daß »dieses asoziale Kanakenschwein vom Cocktail noch nicht verbrannt worden ist«, »die gesammte Tasche« bereits »in eine Alditüte« »umgeräumt« gehabt habe, bevor er zur Telefonzelle zurückgekehrt sei (S. 38).

[...] und hörte nunmehr vorwiegend Stücke und Lieder der in der Skinhead-Szene bevorzugten Gruppen, darunter die durch rechtsextremistische Texte ausgewiesene Gruppe »Kahlkopf« und vor allem die zumindest in den 80er-Jahren ebenfalls durch nationalistische bzw. faschistische Tendenzen hervorgetretene Gruppe »Böhse Onkelz«. Deren Musik und deren sein eigenes Lebensgefühl widerspiegelnde Texte schätzt er wie der Mitangeklagte B bis heute. [...] (S. 38 f.).

Über den Angeklagten D heißt es im Urteil:

[...] schloß sich der Angeklagte etwa ab Sommer 1991 einer Gruppe deutlich – etwa fünf bis sieben Jahre – jüngerer Jugendlicher an, zu denen neben dem Mitangeklagten B u.a. die Zeugen P., L., W. und J. gehörten. Diese Gruppe neigte, wie bereits dargelegt, der Solinger Skinhead-Szene zu, hatte Kontakte zu extrem rechts ausgerichteten Personen und entwickelte eine rechtsextremistisch-rassistische Weltsicht. [...] Er trug nunmehr Bomberjacke und Doc-Martens-Stiefel, ließ sich – ab Frühjahr 1992 – die Haare extrem kurz scheren und war jetzt – im Gegensatz zu seiner früher vertretenen Meinung – ebenfalls der Auffassung, daß es in Deutschland »zu viele Ausländer« gebe und daß »alle Ausländer«, jedenfalls zumindest die »kriminellen Ausländer«, raus müßten. Der Angeklagte sprach jetzt auch von »Scheißtürken« und grüßte, wie auch die anderen gelegentlich, mit erhobenem rechten Arm und den Worten »Sieg Heil«. Er nahm an einschlägigen Aktionen der Gruppe teil, so auch an der im Lebenslauf des Angeklagten B bereits erwähnten Aktion gegen ein Asylantenheim in der Osterzeit des Jahres 1992. Seinen Musikgeschmack glich der Angeklagte im Laufe der Zeit ebenfalls der in der Gruppe bevorzugten Richtung an und begeisterte sich nun, ohne sich allerdings von dem früher favorisierten Musikstil ganz abzuwenden, an Stücken und Liedern der »Böhsen Onkelz« und der anderen einschlägigen Gruppen wie

> »Störkraft«, »Kahlkopf«, »Werwolf« und vor allem »Sturmtrupp« und »Wotan«. Seine Haltung stufte der Angeklagte – jedenfalls aus heutiger Sicht – nicht als »rechtsradikal« oder gar »rechtsextrem«, sondern als »rechts« ein. Seine politische Ausrichtung unterstrich er jedoch dadurch, daß er im April 1992 der »Deutschen Volksunion« (»DVU«) beitrat. Der Angeklagte D war durch den Zeugen P. L., ein Mitglied seiner Freundesclique, auf die als Sprachrohr der »DVU« angesehene »Deutsche National-Zeitung« hingewiesen worden, hatte die Zeitung verschiedentlich gekauft und zunehmend Gefallen an den dort propagierten Parteizielen gefunden, vor allem an den von ihm schlagwortartig auf die Parolen »Kriminelle Ausländer raus« und »Scheinasylanten raus« verkürzten ausländerpolitischen Forderungen [...] (S. 38f.).
>
> Im Sommer 1992 wandte sich der Angeklagte an den »Klartext-Verlag« – einen, wie er wußte, unter dem Dach der »Nationalistischen Front« (»NF«) angesiedelten Versandhandel – und bestellte Aufkleber mit den genannten oder ähnlichen Parolen sowie eine »Flagge des Deutschen Reiches in den Farben Schwarz/Weiß/Rot«. Die Aufkleber will der Angeklagte nicht erhalten haben; ihm wurden Informations- und Propagandamaterial sowie – gegen Nachnahme – die Flagge übersandt. Diese benutzte er ebenso wie die anderweitig beschaffte Reichskriegsflagge zur Ausgestaltung seines Zimmers (S. 50f.).

Nun sind die Angeklagten nicht wegen ihrer rassistischen und extrem rechten Auffassungen verurteilt worden, sondern für ihre Tat. Aber umgekehrt wäre diese Tat ohne die rassistische sowie extrem rechte Gesinnung der Angeklagten nicht möglich gewesen.

Die überzeugende Beweiswürdigung des Oberlandesgerichts

Entscheidend für das Oberlandesgericht waren das Geständnis des Angeklagten D sowie die Unglaubwürdigkeit des Angeklagten A. Im Prozess stand nie zur Diskussion, dass völlig andere Personen, mit denen die Angeklagten nichts zu tun hatten, den Brandanschlag begangen hätten. Zur Diskussion stand lediglich, ob der Angeklagte A den Anschlag allein verübt habe – oder alle vier Angeklagten gemeinsam. Auch der Angeklagte A hatte zunächst bei der Polizei eingeräumt, mit den anderen Angeklagten zusammen den Anschlag begangen zu haben. Später behauptete er dann in verschiedenen Varianten seine Alleintäterschaft, die allerdings nicht nachvollziehbar waren. Insbesondere seine Behauptung, ohne Brandbeschleuniger und lediglich mit Zeitungspapier das Haus in Brand gesteckt zu haben, war mit dem Spurenbild nicht zu vereinbaren.

Der Angeklagte D hatte bereits kurz nach der Tat diese in Einzelheiten gestanden und dieses Geständnis in einer Vielzahl von Äußerungen wiederholt. Noch vor Beginn des Verfahrens hatte er in einem persönlichen Schreiben an die Opfer von seiner unendlichen Scham über den Brandanschlag gesprochen. In der Hauptverhandlung hat er mehrfach das Geständnis wiederholt und dieses dann allerdings am 79. Verhandlungstag widerrufen.

Nun kann man allerdings ein Geständnis nicht dergestalt widerrufen, dass das Gericht frühere Angaben nicht verwerten dürfte. Diese sind in der Welt und es bedarf einer genauen Abwägung, ob das Geständnis selbst zutreffend war und ob es plausible Gründe dafür geben kann, dass immer wieder ein (angeblich) falsches Geständnis wiederholt wird und es dann einen plausiblen Grund für den Widerruf gibt. Dabei ist insbesondere zu berücksichtigen, dass der Angeklagte – als einziger Erwachsene unter den Angeklagten – sogar mit einer lebenslangen Freiheitsstrafe rechnen musste. Hier wird man davon ausgehen können, dass niemand freiwillig über einen so langen Zeitraum hinweg eine Tat gesteht, die er nicht begangen hat. Wir haben seinerzeit in einer Presseerklärung deutlich gemacht, warum nach unserer Auffassung die früher abgelegten Geständnisse glaubhaft sind, der Widerruf des Geständnisses hingegen nicht.[2] Das hat auch das Gericht so gesehen. Bisher gab es auch keine Kritiker*innen des Urteils, die auch nur im Ansatz eine Erklärung dafür haben, warum der Angeklagte D über lange Zeit hinweg immer wieder die gemeinsame Tat gestanden hat, obwohl es angeblich nicht stimmt. Dass darüber hinaus auch der Angeklagte A am Beginn des Ermittlungsverfahrens von mehreren Tätern gesprochen hat, rundete dann – neben vielen anderen Indizien – die Beweiswürdigung lediglich ab.

Bis heute empfinde ich es als schäbig, wenn von Zweifler*innen an der Täterschaft die These von der alleinigen Täterschaft desjenigen verbreitet wird, der sozial am untersten Ende der Gesellschaft stand, dem man also – anders als den Kindern aus soliden Familienverhältnissen – ohnehin alles zutrauen könne. Festzuhalten ist, dass bis zum heutigen Tage keine neuen Beweismittel aufgetaucht sind, die die Alleintäter-Theorie des Angeklagten A bestätigen könnten. Auch wurde kein halbwegs nachvollziehbares Motiv bekannt, weshalb der Angeklagte D über so lange Zeit hinweg die gemeinschaftliche Tat gestanden hat.

Ein Teil der Medien verhindert die Aufarbeitung des Rassismus

Von Anfang an war der Prozess durch eine starke Medienpräsenz gekennzeichnet. In einem kaum bekannten Maße war die Presse gespalten zwischen Veröffentlichungen, die eher die Anklage stützten und daher auch versuchten, die rassistischen und extrem rechten Hintergründe aufzudecken, sowie solchen Medien, die nicht glauben wollten, dass auch Jugendliche aus soliden Familienverhältnissen derartige Taten begehen können. Einzelne Journalist*innen fühlten sich berufen, eigene

---

2 Vgl. www.blog-rechtsanwael.de/wp-content/uploads/2014/04/SOLGART01.pdf.

Recherchen vorzunehmen, um den Nachweis zu führen, dass die Anklage nicht stimmen könne, zumindest aber so zweifelhaft sei, dass eine Verurteilung nicht möglich wäre. Journalist*innen fuhren Wege ab, um zu belegen, dass die Täter doch gar nicht am Tatort gewesen sein können, sie versuchten, Zeug*innen aufzutreiben, die angeblich Entlastendes vorbringen konnten. Gleichwohl waren auch diese Journalist*innen nicht in der Lage, auch nur einen Ansatz zu erklären, warum der Angeklagte die Tat gestanden hatte. Leider war auch der WDR an dieser einseitigen Einflussnahme mit einem kurz vor Ende des Verfahrens veröffentlichten Beitrag »Gesucht wird die Wahrheit von Solingen« beteiligt. Wir hatten uns damals bereits kritisch mit dieser Berichterstattung auseinandergesetzt.[3] So wurden selbst nach der Urteilsverkündung und ohne Auseinandersetzung mit den Gründen des Gerichts die Zweifel wiederholt. In Solingen wurden Flugblätter[4] verteilt, in denen die Schuld von drei Angeklagten bezweifelt wurde, auch die Sondersendung des WDR erweckte den Eindruck, als habe sich der Sender auf die Kommentierung eines Freispruchs vorbereitet. Wir hatten seinerzeit in einer Presseerklärung nach dem Urteil unter anderem Folgendes ausgeführt:[5]

> Es war uns bewußt, daß rechtsradikale Gruppen eine Verurteilung nie akzeptieren könnten. Erste Reaktionen in Radio und Fernsehen lassen aber befürchten, daß dies nicht auf solche Gruppen beschränkt ist. Radio Köln meinte, das Gericht hätte nur erneut die Anklageschrift verlesen, der WDR verblieb in der aktuellen Stunde bei der offenbar für den Fall des Freispruches vorbereiteten einseitigen Berichterstattung zu Gunsten der der 4 Angeklagten. Da wird als »Volkes Stimme« eine scheinbare Zuhörerin befragt, die sich als Zeugin im Prozeß bereits als enge Freundin der Familie K. zu erkennen gegeben hatte. Ein Strafrechtsprofessor wird als Beobachter des Prozesses seit 1 1/2 Jahren präsentiert, obwohl er nie im Gerichtssaal anwesend war. Nur im Nebensatz erwähnt er, den Prozeß »aus den Zeitungen« (aus welchen bitte) verfolgt zu haben. Mit dieser professoralen Aura wird dann das Urteil kritisiert. Seit Beginn des Prozesses warnen wir davor, rechtsradikale Jugendliche zu Märtyrern zu machen, doch offenbar vergeblich. Wer so dilettantisch daherschwadroniert wie dieser Professor, stellt sich letztlich in eine Reihe mit dem rechtsradikalen Frauenarzt Dr. B. (auch als Zeuge in diesem Prozeß vernommen), der nicht nur wußte, daß die Angeklagten des vorliegenden Prozesses unschuldig sind, sondern auch die mittlerweile rechtskräftig verurteilten Täter von Mölln.

---

3   Vgl. https://www.blog-rechtsanwael.de/pressemitteilung-von-nebenklagevertretern-zum-wdr-film-gesucht-wird-die-wahrheit-von-solingen-24-5-95-2145-uhr/.
4   Das Flugblatt befindet sich im Archiv von Birgül Demirtaş.
5   Vgl. www.blog-rechtsanwael.de/wp-content/uploads/2015/05/SolingenPresseerkl%C3%A4rungzuUrteil.pdf.

Täter*innen-Opfer-Umkehr

Der erhebliche öffentliche Druck, der durch die ständigen Presseveröffentlichungen auf das Verfahren ausgeübt wurde, ging auch nicht spurlos am Gericht vorbei. Ohne Zweifel war der Tiefpunkt der richterlichen Arbeit erreicht, als der Vorsitzende Richter Steffen, der das Verfahren leitete, am 100. Verhandlungstag davon sprach, es sei »eine Bombe geplatzt«. Er bezog sich damit auf ein via Fax eingegangenes Schreiben, das dann ungeprüft auf die Authentizität im Gerichtsaal in Anwesenheit der Familie Genç verlesen wurde. Diesem Schreiben zufolge sollen die vier Angeklagten unschuldig sein, und ein türkischer Geschäftsmann aus Berlin wurde bezichtigt, den Brandanschlag aus Rache begangen zu haben. Kâmil Genç, der bei dem Brandanschlag seine zwei Töchter, zwei Schwestern und eine Nichte verlor, wurde wegen einer privaten Fehde mit dem angeblich wahren Täter bezichtigt (vgl. o. V. Süddeutsche Zeitung, 01.06.1995). Schnell wurde klar, dass es sich hier um eine Fälschung handelte. Die Berliner Notarin, unter deren Briefkopf angeblich die eidesstattliche Versicherung abgegeben wurde, hatte eine solche Erklärung nie aufgesetzt. Es bleibt aber, dass das Gericht derartig rasch auf die Täter-Opfer-Umkehr hereingefallen ist und sich nicht einmal die Zeit genommen hatte, vor der Verlesung bei der Notarin nachzufragen. Mevlüde Genç, die Mutter des Beschuldigten Kâmil Genç, beklagte in einer persönlichen Erklärung, dass ihr Sohn »hier im Gericht noch mal gestorben sei«, sie fragte: »Muss man uns den Schmerz ins Gesicht werfen?« und »Ist das Gesetz und Gerechtigkeit?« (vgl. o. V. Süddeutsche Zeitung 02.06.1995: 5).

Keine Lehren aus dem Verfahren

Die Konzentration des Verfahrens auf die Frage der Täterschaft führte dann auch dazu, dass die rassistischen und extrem rechten Hintergründe der Tat und die gesellschaftlichen Bedingungen, unter denen diese Tat passieren konnte, weder im Prozess noch in der Berichterstattung eine wesentliche Rolle spielten. Wir haben in unserem Plädoyer als Nebenklagevertreter versucht, die Brand- und Mordspur« nachzuzeichnen, die sich von Rostock-Lichtenhagen über Mölln, die Veränderung des Asylrechts in Bonn (wenige Tage später) nach Solingen zog. Durch die unsägliche Asyldebatte und die (nicht vorhandene) strafrechtliche Reaktion auf die Vorgänge in Rostock-Lichtenhagen wurde der Rassismus in der Mitte der Gesellschaft hoffähig und wurde nicht bekämpft. Die Brandstifter aus Rostock-Lichtenhagen dienten den reaktionären Kräften zur Begründung ihrer Änderung des Asylrechts im Grundgesetz. Sie konnten durch ihre Tat Anerkennung erfahren.

Am Tag nach der Urteilsverkündung haben Fadime und Bekir Genç eine kurze Erklärung abgegeben:

> Wir, mein Bruder Bekir und ich, wenden uns heute, einen Tag nach dem Urteil, an alle jungen Leute in Deutschland und in der Türkei.
> Wir haben unsere Schwestern Gürsun und Hatice, unsere Nichten Hülya und Saime und unsere Cousine Gülüstan Öztürk bei dem Brandanschlag verloren. Bekir hat schwerste Brandverletzungen davongetragen.
> Der Richter hat das gestern richtig als sinnlose Tat bezeichnet, die auf Rassenhass beruht. Die jungen Leute, die den Brandanschlag verübten, sitzen im Gefängnis und werden noch lange da bleiben. Wir haben die Schmerzen und die Trauer. Niemand hat einen Vorteil.
> Dabei haben wir Jugendlichen, egal, ob wir Deutsche oder Türken sind, egal, welche Hautfarbe wir haben oder aus welchem Land wir kommen, gemeinsame Interessen.
> Wir alle haben Ängste, ob wir einen Ausbildungsplatz oder Arbeit finden. Wir alle sorgen uns um unsere Umwelt. Wir müssen uns gemeinsam für Verbesserungen einsetzen. Hass spaltet nur und führt im schlimmsten Fall zu solchen schrecklichen und sinnlosen Taten, wie wir sie erleben mussten. So etwas sollte sich nie mehr wiederholen.

Die weitere Entwicklung in der Bundesrepublik zeigt aber, dass der Wunsch von Fadime und Bekir nicht in Erfüllung gegangen ist. Weil die Gefahren des Rassismus sowie Rechtsextremismus nicht erkannt und vor allem nicht bekämpft wurden, konnten sich die extrem rechten Gruppierungen bis hin zum mordenden Nationalsozialistischen Untergrund (NSU) weiter ausbreiten. Der rassistische und extrem rechte Brandanschlag in Solingen zeigt vor allem eines: Rassismus und extrem rechte Gesinnung sind wie ein Pulverfass. Es bedarf oft nur einer Kleinigkeit (beim Solinger Anschlag war es Ärger über das Verhalten von Migrant*innen auf einem Fest im Kleingarten), um das Fass zur Explosion zu bringen. Rassismus tötet.

Literatur

O. V. Süddeutsche Zeitung (1995a): »Am 100. Verhandlungstag im Solingen-Prozess. Eklat um eidesstattliche Erklärung«, in: Süddeutsche Zeitung, 01.06.1995.

O. V. Süddeutsche Zeitung (1995b): »Notarin zu angeblicher Zeugenaussage im Solingen-Prozess. ›Jeder musste die Fälschung erkennen‹«, in: Süddeutsche Zeitung, 02.06.1995, S. 5.

Reinecke, Eberhard/Schön, Reinhard/Brüssow, Rainer/Erdal, Adnan Menderes (1995): Erklärung der Nebenklägervertreter zum Ausgang des Prozesses um den Solinger Brandanschlag (14.10.1995). https://www.blog-rechtsanwael.de/wp-content/uploads/2015/05/SolingenPresseerkl%C3%A4rungzuUrteil.pdf [27.05.2022].

Schön, Reinhard/Reinecke, Eberhard (1995a): Presseerklärung zum Widerruf des Geständnisses des Angeklagten Markus G. im Brandstifterprozeß Solingen. https://www.blog-rechtsanwael.de/wp-content/uploads/2014/04/SOLG ART01.pdf [27.05.2022].

Schön, Reinhard/Reinecke, Eberhard (1995b): Pressemitteilung von Nebenklagevertretern zum WDR-Film: »Gesucht wird die Wahrheit von Solingen!« (24.5.95, 21/45 Uhr). https://www.blog-rechtsanwael.de/pressemitteilung-von-nebenklagevertretern-zum-wdr-film-gesucht-wird-die-wahrheit-von-solingen-24-5-95-2145-uhr/ [27.05.2022].

»Wir hatten dann wirklich die Nase voll«
Proteste gegen die rassistische Gewalt im Anschluss an die Morde in Solingen

Fabian Virchow

»Bei dem Brandanschlag in Solingen an Pfingsten 1993 wurden fünf Türkinnen ermordet. Ihm folgten tagelange Auseinandersetzungen zwischen der Polizei und türkischen Gruppen.« So knapp und irreführend hieß es im März 1994 – knapp zehn Monate nach dem rassistisch motivierten Anschlag auf das Wohnhaus der Familie Genç – im Bericht der Beauftragten der Bundesregierung für die Belange der Ausländer über die Lage der Ausländer in der Bundesrepublik Deutschland 1993 (Bericht der Beauftragten 1994: 42).[1] Tatsächlich hatte es nach den Morden in Solingen,[2] die sich in eine lange Reihe der rassistischen Gewalttaten seit den 1980er Jahren einordnen, bundesweit Protestaktionen gegeben, die sich in ihrer Zahl und Durchführung von vorhergehenden Protesten unterschieden. Hiervon handelt der folgende Text.

Proteste

Die Proteste in Solingen begannen nur wenige Stunden nach dem Anschlag.[3] Am frühen Nachmittag des Pfingstsamstags demonstrierten etwa 2000 Menschen in der Innenstadt; ein nachfolgender Trauermarsch versammelte zunächst 4000, dann 5000 Teilnehmende – vor allem aus dem antifaschistischen Spektrum und der deutsch-türkischen Wohnbevölkerung. Ein Teil der Demonstrierenden zog am späten Nachmittag zur Brandruine in der Unteren Wernerstraße. Es kam zu ersten

---

1 Der Wikipedia-Eintrag zu den Berichten der Beauftragten für Migration, Flüchtlinge und Integration verlinkt zu einer Fassung des Berichts, der nicht textidentisch mit der Drucksache ist.
2 Bei dem Brandanschlag verloren Mevlüde und Durmuş Genç ihre Töchter Hatice Genç (18) und Gürsün İnce (27), Kâmil und Hatice Genç ihre beiden Töchter Hülya (9) und Saime (4) Genç. İdris und Şehri Öztürk haben ihre Tochter Gülüstan Öztürk (12) verloren.
3 Die Rekonstruktion der Ereignisse erfolgt vor allem auf Grundlage von Presseberichten sowie des Berichts im Ausschuss für öffentliche Verwaltung des Landtags von Nordrhein-Westfalen vom 7. Juni 1993 (Ausschuß für Innere Verwaltung 1993a).

Straßenblockaden, deren Symbolik vor allem darin lag, dass nach diesen Morden ein »Weiter so« nicht akzeptabel sei. Das Auftreten von Innenminister Rudolf Seiters, der aus Bonn mit dem Hubschrauber eingeflogen wurde, wurde von vielen Protestierenden als Provokation empfunden, da dieser in der Asylfrage eine harte Haltung vertreten und sich dabei auch rassistischer Stereotype bedient hatte. Von der Unteren Wernerstraße zog ein Demonstrationszug wieder in die Solinger Innenstadt. Auf dem Weg dorthin warfen Teilnehmer*innen einige Fensterscheiben bei der Ausländerbehörde sowie der Deutschen Bank ein.

Dieses Ansinnen stand auch im Mittelpunkt der in der Nacht zum Sonntag beginnenden temporären Blockaden von Autobahnen, insbesondere auf der A 3 in Richtung Köln in Höhe des Rasthofs »Ohligser Heide« sowie der A 46 bzw. der zentralen Verkehrsachse durch Solingen – dem Schlagbaum. Auf der A 3 löste sich eine Blockade auf, nachdem der Forderung nachgegeben wurde, eine Erklärung im Fernsehen abgeben zu können. Am Solinger Schlagbaum begann am Sonntagabend eine ca. 500-köpfige Sitzblockade, die vor allem von Menschen mit migrantischer Familiengeschichte getragen wurde und sich um mehrere Feuer versammelte, die u.a. aus Holz, alten Sofas und Autoreifen errichtet worden waren. Von den deutsch-türkischen Jugendlichen wurden religiöse Symbole gezeigt und die türkische Nationalhymne wurde gesungen. An anderer Stelle riefen Menschen Anti-Nazi-Parolen. Am Rande der Blockade kam es im Verlauf der Nacht zu erheblichen Sachbeschädigungen, insbesondere zur Zerstörung von Schaufensterscheiben. Polizeifahrzeuge wurden mit Flaschen und Steinen beworfen. Die Polizeieinheiten waren durch Angehörige des Spezialeinsatzkommandos verstärkt worden, die insbesondere Festnahmen durchführen sollten.

Am Pfingstmontag fanden erneut Protestversammlungen (mit jeweils bis zu 400 Beteiligten) und Autokorsos in Solingen statt. Erneut kam es an der Kreuzung Schlagbaum zu Auseinandersetzungen zwischen Protestierenden und der Polizei, die inzwischen auch durch Einheiten der GSG 9 verstärkt worden war. Im Laufe der Woche trafen zudem Polizeieinheiten aus mehreren Bundesländern sowie des Bundes ein. Den Versuch des Innenministeriums in NRW, durch die Steigerung der Zahl der eingesetzten Polizist*innen und den Einsatz von Spezialeinheiten die Proteste unter Kontrolle zu bringen, kommentierte eine Gruppe mit dem Namen »Büro für Ungewöhnliche Maßnahmen« in einem Flugblatt vom 1. Juni 1993 ironisierend wie folgt: »Sie haben ihre Polizei, um Autobahnen zu räumen, und ihre Feuerwehr, um brennende Barrikaden auf Straßenkreuzungen zu löschen. Sie werden ›unnachgiebig Plünderer und Randalierer verfolgen‹. Sie können natürlich nicht überall sein, wenn AusländerInnen bedroht werden« (BUM! 1993). Und mit Blick auf die eingeschlagenen Scheiben hieß es: »Ja, es trifft womöglich die Falschen. Der Solinger Ladenbesitzer, dessen Scheiben eingeworfen wurden, ist vermutlich kein Nazisympathisant. Ob ihn vielleicht ein kleines Solidaritätsplakat im Schaufenster verschont hätte? Ob die Wut der Opfer sich andere Ziele gesucht hätte, wenn nicht eine Handvoll, sondern zwanzigtausend deutsche Solinger Bürger mit den Opfern demonstriert hätten?«

Am 3. Juni fanden die Trauerfeierlichkeiten in Solingen sowie in Köln-Ehrenfeld statt. Der Forderung, Bundespräsident Richard von Weizäcker möge bei dieser Gelegenheit verkünden, er verweigere die Unterschrift unter das Gesetz zur Änderung des Art. 16 GG (Offener Brief 1993), kam dieser jedoch nicht nach.

Für den 5. Juni hatte ein Solinger Bündnis auf Initiative des Solinger Appells zu einer friedlichen Großdemonstration aufgerufen. Zu den unterstützenden Gruppen gehörten nicht nur der Flüchtlingsrat NRW, die Gewerkschaft ÖTV Solingen, der Bundesvorstand der IG Medien, sondern auch der Gesprächskreis türkischer Frauen aus Solingen, der Türkische Volksverein Solingen e. V. sowie die Föderation demokratischer Arbeitervereine aus der Türkei in der BRD e. V. (DIDF). Der Aufruf hob unter anderem hervor, dass es keine Einzeltäter gebe, kritisierte aber auch die wenige Tage zuvor im Bundestag beschlossene weitgehende Beschneidung des Asylrechts und forderte die sofortige Einführung einer doppelten Staatsbürgerschaft sowie des aktiven Wahlrechts für alle in Deutschland lebenden Menschen (Flugblatt 1993).

An der Demonstration nahmen etwa 15.000 Menschen teil. Eine ca. 300-köpfige Gruppe türkischer Nationalist*innen und Rechtsextremist*innen trat gewaltsam auf; bei der polizeilichen Durchsuchung der Gruppe wurden Schlag- und Stichwaffen sowie Gas- und Schreckschusswaffen gefunden. War es in den ersten Tagen nach den Morden noch gelungen, Nazi-Gewalt und rassistische Migrationspolitik öffentlich zum Thema zu machen, so waren zu diesem Zeitpunkt jedoch »die Randale« und die Sachbeschädigungen in den Vordergrund der Berichterstattung sowie der öffentlichen Debatte gerückt.

Weniger sichtbar (gemacht) wurden ein Streik deutsch-türkischer Eltern aus Solingen, deren Kinder aus Angst und Protest nicht zur Schule geschickt wurden, sowie Streiks deutsch-türkischer Arbeiter*innen in Solinger Betrieben. Bundesweit kam es zu Solidaritätsaktionen. In Hamburg demonstrierten beispielsweise am Abend des 29. Mai etwa 1300 Menschen, denen sich zahlreiche Taxifahrer*innen anschlossen. In den Folgetagen wurden auch dort Autobahnauffahrten blockiert. Am 2. Juni beteiligten sich in der Hansestadt viele von türkischen Inhaber*innen geführte Geschäfte an den Ladenschließungen. In vielen Großstädten kam es täglich zu Demonstrationen mit jeweils mehreren Tausend Protestierenden.

In einem Flugblatt, das von einem Bündnis antifaschistischer Gruppen 1998 anlässlich des fünften Jahrestages des Brandanschlags verteilt wurde, hieß es u.a. »Der Brandanschlag in Solingen löste eine bis dahin nicht erlebte Gegenwehr der türkischen Menschen in Deutschland aus, die trotz des Einflusses türkischer Rechtsextremisten auch ein Fanal gesetzt hat.« Weiter hieß es dort: »Solingen ist zwar nur ein Ort von vielen, an denen der zu neuen Kräften gekommene faschistische Terror wütete. Aber Solingen ist ein Ort, der auch zum Synonym für den Widerstand von

›Ausländerinnen‹ und Deutschen gegen die Rechtsentwicklung der Bundesrepublik geworden ist.« (Flugblatt 1998)

Motivationen

An den Protesten hatten sich auch türkische Faschist*innen beteiligt und die Konfrontation sowohl mit der Polizei als auch mit Antifaschist*innen gesucht. Insbesondere von linken türkischen Organisationen war jedoch schon länger auf die neonazistischen Aktivitäten, rassistische Gewalt und strukturelle rassistische Diskriminierung hingewiesen worden. Beispielsweise hatte die DIDF im Herbst 1992 zu einem europaweiten Marsch für gleiche Rechte sowie gegen Rassismus und Faschismus aufgerufen (vgl. Aufruf 1992).

Gegen die rassistische Gewalt, die sich bereits in den 1980er-Jahren an zahlreichen Orten in Form von nächtlichen Brandanschlägen, Überfällen und physischen Angriffen gezeigt hatte, gab es zum Teil erhebliche Proteste. Beispielsweise demonstrierten wenige Wochen, nachdem am 24. Dezember 1985 in Hamburg *Ramazan Avcı* an den Folgen schwerer Gewalt seitens neonazistischer Skinheads starb, 15.000 Menschen gegen Rassismus und rechte Gewalt (vgl. Speit 2020). Gleichwohl gelang es nicht, bundesweit und kontinuierlich eine wirksame Front gegen die rassistische Gewalt und strukturellen Rassismus zu bilden. In der Wahrnehmung großer Teile der türkischen Wohnbevölkerung blieben der vielfach auftretende aggressive Rassismus und die rechten Gewalttaten ohne durchgreifende Konsequenzen seitens des deutschen Staates – erst wenige Monate vor den Morden von Solingen waren in Mölln in der Nacht zum 23. November 1992 bei Brandanschlägen auf zwei von türkeistämmigen Familien bewohnte Häuser drei Menschen getötet und neun schwer verletzt worden. Man sah sich diesen Gewalttaten schutzlos ausgeliefert.

Dies haben auch Teilnehmer*innen der Proteste in Solingen Ende Mai/Anfang Juni 1993 formuliert.[4] Die Sichtweise auf die Ereignisse ähnelt sich dabei sehr, sie verbindet Erfahrungen von Diskriminierung, verweigerter Anerkennung, Nichtwahrnehmung und offen rassistisch motivierter rechter Gewalt. »Wir hatten in Solingen öfter Stress mit jungen Nazis; die wollten uns vertreiben. Wenn dann die Polizei kam, waren aber meist wir als Türken die, die die Papiere zeigen mussten

---

4   Die folgenden Zitate stammen aus Interviews, die ich im Frühjahr 2022 mit vier Männern führen konnte, die alle eine familiäre Migrationserfahrung aus der Türkei nach Deutschland haben und sich an den Protesten in/um Solingen beteiligt haben. Auf Wunsch der Gesprächspartner werden nur die Namenskürzel verwendet: Hamza, A. – geb. 1962, damaliger Wohnort Wuppertal, Interview am 14. Mai 2022; Kaya, A. – geb. 1975, damaliger Wohnort Solingen, Interview am 10. Mai 2022; Mehmut, T. – geb. 1943, damaliger Wohnort Solingen, Interview am 24. April 2022; Amir, Ö. – geb. 1966, damaliger Wohnort Hilden, Interview am 30. April 2022.

oder mitgenommen wurden auf die Wache« (Hamza, A., 12:13-12:24). Amir Ö. erinnert sich, dass es in seiner Familie und im Freundeskreis sehr genau zur Kenntnis genommen wurde, wenn über Aktivitäten von Nazis berichtet wurde oder es in der Umgebung zu rassistischen Gewalttaten kam: »Das fand ich einfach nur skandalös, wenn der Bürgermeister in Solingen immer so getan hat, als gäbe es das Problem in der Stadt gar nicht.«[5] Für die Gesprächspartner stehen nicht zuletzt die Kampfsportschule »Hak Pao« und deren Leiter Bernd Schmitt stellvertretend sowohl für neonazistische Strukturen und die von diesen ausgehende Gefahr als auch für die Verharmlosung solcher Aktivitäten durch staatliche Stellen: »Ich erinnere mich, dass der Imam uns mal darauf angesprochen hat und wir ihm gesagt haben, dass wir die Umgebung meiden, vor allem halt in den Abendstunden« (Mehmut, T., 8:32-8:43).

Aus verschiedenen biografischen Perspektiven – Vater, Bruder, Sohn – berichten die Interviewten darüber, wie in den Familien mit strukturellem Rassismus, Alltagsrassismus und rechter Gewalt umgegangen worden sei. Dominant war dabei lange eine Art des Umgangs, bei der es darum ging, nicht aufzufallen und keinen »Anlass« für negative Äußerungen zu geben oder einen Vorwand für rassistisches (Gewalt-)Handeln zu bieten. »Meine Eltern haben mich wiederholt gemahnt, dass ich fremdenfeindliche Sprüche nicht beachten soll; darauf auch nicht reagiere« (Kaya, A., 10:01-10:08). Bereits der Anschlag in Mölln habe aber dazu geführt, dass in der deutsch-türkischen Wohnbevölkerung Schutzmaßnahmen ergriffen wurden – vielfach wurde in Kleidung geschlafen, um sich im Fall eines nächtlichen Brandanschlags rasch in Sicherheit bringen zu können; andere haben sich in unterschiedlicher Weise bewaffnet – in der Erwartung und Hoffnung, Angriffen nicht schutzlos ausgeliefert zu sein. »Wir haben dann im Freundes- und Familienkreis tatsächlich auch über die Möglichkeiten diskutiert, wie wir uns angemessen wehren können« (Amir, Ö., 22:10-22:17). Die Erwartung, die Sicherheitsbehörden der Bundesrepublik Deutschland würden effektiv zum Schutz von Geflüchteten und Eingewanderten beitragen, hat sich zunehmend als Illusion erwiesen. Mit den nächtlichen Morden von Solingen war dann eine Schwelle erreicht, wo eine wachsende Zahl von Deutsch-Türk*innen ihrer Enttäuschung und ihrer Wut für einen kurzen Moment freien Lauf gelassen haben. Zwei der Befragten haben sich in den Tagen nach den Morden auch an Gewalt gegen Sachen bzw. an Blockadeaktionen auf Autobahnen beteiligt. »Wir waren so verzweifelt und wütend. Es konnte doch nicht sein, dass diese Anschläge und Gewalt immer weitergehen. Wir wollten irgendwie deutlich machen, dass es so nicht weitergehen kann. Der alltägliche Ablauf sollte

---

5   Für einen ersten Überblick zu rassistischer Gewalt in Solingen vgl. Re_Struct/IDA-NRW (2022): »Da war doch was!« – Der Brandanschlag in Solingen 1993. Rassismuskritische schulische und außerschulische Bildungsmaterialien zum rassistischen und extrem rechten Brandanschlag in Solingen. Düsseldorf: IDA-NRW, S. 76–77, sowie o. V. 1993.

zumindest ein wenig gestört werden. Die Blockaden schienen uns ein recht einfach zu machendes Mittel zu sein« (Mehmut, T., 14:12-14:33). Auch die Beschädigung von Ampelanlagen, an denen sich Kaya A. beteiligte, sollte diesem Zweck dienen: »Wir hatten dann wirklich die Nase voll. Wir haben uns so viel gefallen lassen, aber wir sind immer wieder angegriffen und schikaniert worden. Nach den Toten von Mölln nun auch noch Solingen. Das war zu viel« (Kaya A., 12:55-13:09). Auch die – fast ritualisiert wirkenden Äußerungen von Politiker*innen – wurden kritisch bewertet, fast als Zynismus angesehen: »Immer nach solchen Anschlägen wurde von Entsetzen, Scham, Trauer, Abscheu und so ähnlich geredet, aber das ist nichts wert, wenn keine Maßnahmen ergriffen werden, die solche Gewalt beenden«, erklärte Hamza A. (5:03-5:24). Tief in Erinnerung geblieben ist auch, dass in der medialen Berichterstattung das Thema Rassismus und rechte Gewalt rasch zurückgetreten ist und nun vor allem über die Gewalt bei den nachfolgenden Demonstrationen berichtet wurde.[6] »Für viele, die ich kenne, war das eine Ablenkung von dem, was wirklich wichtig war – die Nazi-Gewalt und der Rassismus. Manche haben auch vermutet, dass die Polizei das zugelassen hat, damit es Schlechtes zu berichten gibt« (Amir, Ö., 17:03-17:13).

Auch wenn die Interviewten unterschiedlichen Generationen zugehörig sind und sie im Frühjahr 1993 unterschiedlich lange in Deutschland gelebt hatten, so haben sie doch alle kritisiert, dass sie als »Bürger*innen zweiter« bzw. »dritter Klasse« behandelt wurden und ihnen grundlegende demokratische Beteiligungsrechte vorenthalten wurden. »Ich habe lange in einer Gießerei gearbeitet und dabei – wie viele meiner türkischen Kollegen – die schwersten und schmutzigsten Arbeiten machen müssen. Die Gesundheit ist dabei draufgegangen. Aber wählen durfte ich nie« (Mehmut, T., 04:10-04:21). Für die Befragten war die rassistische Gewalt insofern *ein* Ausdruck eines gesellschaftlich weitverbreiteten Rassismus, der sich im Alltag vielfältig gezeigt hat. Dass sich die Medien nach den Morden um Stellungnahmen und Stimmen der deutsch-türkischen Wohnbevölkerung bemühten, wurde auch als zynisch empfunden: »Müssen erst Menschen sterben, bevor Ihr Euch für unsere Situation interessiert?« (Hamza, A., 06:10-06:16).

Die Proteste in den Tagen nach den Morden von Solingen waren zahlreich[7] und von sehr großer Wut und Enttäuschung geprägt. Dies erklärt in starkem Maße die Dauer und die Entschiedenheit der Aktionen. So wurde Blockierern des Flughafens Köln/Bonn ein Gespräch angeboten, wenn sie die Aktion beenden würden. Stattdessen machte man aber das Gespräch vor Ort zur Bedingung für einen Abbruch des

---

6   Das Solinger Tageblatt überschrieb beispielsweise den Artikel am 1. Juni 1993 mit der Schlagzeile »Radikale machen Solingen zu ihrem Schlachtfeld«.

7   Innenminister Schnoor nannte 275 Demonstrationen mit über 150.000 Teilnehmer*innen (vgl. Ausschuß für Innere Verwaltung 1993a, S. 38). Andere Stellen beziehen diese Zahl auf das Land Nordrhein-Westfalen insgesamt.

Protests. Nachdem Innenminister Schnoor dann zu den Blockierenden gekommen war, löste sich diese Blockade auch auf.

Resonanzen

Betrachtet man die Proteste im Anschluss an die Morde in Solingen, so ist der Einschätzung zuzustimmen, dass sie in Umfang und Entschlossenheit gegenüber anderen Protesten herausgehoben sind. Das Auftreten der Protestierenden war entschlossen und selbstbewusst. In einer Sonderausgabe ihrer Zeitschrift »Tatsachen« schrieb die DIDF unter anderem: »Nein, Herrschaften, Ihre vorgetäuschte Trauer, Ihre Krokodilstränen und Ihr Mitleid brauchen wir nicht! Wir sind auch nicht Ihre *Mitbürger*! Wie sollten wirs auch sein? Sind *Sie* es nicht, die uns seit Jahrzehnten die einfachsten Bürgerrechte verweigern? [...] Lassen wir sie allein in ihren Lichterketten! Erheben wir unsere Stimme gegen diese Politik, die gegen uns alle gerichtet ist! Verwandeln wir die Schweigemärsche zu Protestmärschen, wo wir unsere Forderungen nach einem gleichberechtigten Zusammenleben von Deuschen und Ausländern« (DIDF 1993, S. 2; Hervorhebungen und Tippfehler im Original) auf die Straße tragen. Dem entsprach weitgehend der Charakter der Aktionen; türkische Rechtsextremist*innen versuchten, von der Empörung, der Wut und der Trauer zu profitieren, indem sie die rassistische Tat als spezifisch »gegen Türk*innen« gerichtete Aktion bezeichneten und – vor allem jungen Männern – einen organisierten Rahmen boten, gewalttätig zu agieren. Im Anschluss versuchten die Unionsparteien, die in Solingen stattgefundenen »Ausschreitungen« für eine schärfere Abschiebepolitik zu instrumentalisieren (Ausschuß für Innere Verwaltung 1993b).

In Solingen selbst stabilisierte sich rund um den Solinger Appell eine systematische Auseinandersetzung mit verschiedenen Facetten von Rassismus und extrem rechten Aktivitäten und Strukturen. Bereits im Dezember 1993 führte der Solinger Appell unter dem Motto »Kein Vergessen – HANDELN!« einen Kongress durch, der mit einem Vortrag von Fatima Hartmann vom Rom e. V. (Köln) eröffnet wurde, in dessen Rahmen auch Vertreter*innen einer Initiative aus Mölln zu Wort kamen und der Zusammenhang von Sexismus und Rassismus diskutiert wurde (vgl. Faltblatt 1993).

Im politischen Feld erkannten manche, dass – auch angesichts eines weiteren Anstiegs rechter Gewalttaten nach den Morden in Solingen – dringender Handlungsbedarf bestand. Nicht nur die im Juni 1993 beginnenden Verbote mehrerer neonazistischer Vereinigungen sollten staatliche Durchsetzungsfähigkeit gegen rassistische Gewaltmilieus demonstrieren. Auch gab es, wenn zum Teil auch nur kurzzeitig, aus unterschiedlichen politischen Lagern – bis in die CDU/CSU –, Gewerkschaften, Kirchen und anderen Teilen der Zivilgesellschaft die Forderung, dass eine Gleichstellung der deutsch-türkischen Wohnbevölkerung erfolgen müsse. Eine logistisch von Bündnis 90/Die Grünen unterstützte Unterschriftensammlung für ein erleichtertes Einbürgerungsverfahren brachte innerhalb weniger Monate über eine Million Unterstützer*innen zusammen. Freilich wurden diese Forderungen in den Folgejahren nicht umgesetzt. Erst mit der Reform des Staatsangehörigkeitsgesetzes aus dem Jahr 2000 wurde der völkische Grundtenor des entsprechenden Gesetzes aus dem Jahr 1913 modifiziert.

Eder und Stahl (2020) haben daran erinnert, dass die Morde von Solingen den aus der Türkei Eingewanderten und ihren Familien deutlich gemacht haben, dass der vorausgehende Anschlag von Mölln nicht singulär war. In Mölln hatten die polizeilichen Ermittlungen den/die Täter zunächst unter den Angehörigen der Opfer vermutet. In Solingen blieb die Rolle eines geheimdienstlichen V-Mannes ungeklärt – beides war nicht dazu geeignet, das Vertrauen in den Rechtsstaat zu stärken. Im Gegenteil. Zu den Reaktionen eines Teils der in Deutschland lebenden türkeistämmigen Menschen gehörte einerseits eine Rückbesinnung auf Religion und Nation und andererseits eine verstärkte Inanspruchnahme der politischen Partizipationsmöglichkeiten. »Wer die in Teilen der türkeistämmigen Community zu beobachtende Demokratieskepsis verstehen will, die nicht zuletzt in der Euphorie gegenüber Erdoğans Politik zum Ausdruck kommt, wird deren Erfahrungen mit dem deutschen Rechtsstaat und seinen Institutionen ebenso wie die verbale und physische Gewalt näher in den Blick nehmen müssen, mit der viele Deutsche die Teilhabe an diesem Gemeinwesen zu beschränken suchten« (ebd.: 332).

Quellen

Aufruf zu einem europaweiten Marsch für gleiche Rechte und gegen Rassismus und Faschismus vom 19. September bis zum 2. Oktober 1992, in: Tatsachen. Zeitschrift der Föderation der Demokratischen Arbeitervereine aus der Türkei in der BRD. e. V. (DIDF) Nr. 13 (Juli/August 1992), S. 4–5.

Ausschuß für Innere Verwaltung (1993a): Protokoll der 39. Sitzung (nicht öffentlich). Landtag Nordrhein-Westfalen Ausschussprotokoll 11/918 vom 7. Juni 1993.

Ausschuß für Innere Verwaltung (1993b): Protokoll der 41. Sitzung (nicht öffentlich). Landtag Nordrhein-Westfalen Ausschussprotokoll 11/961 vom 2. September 1993.

Bericht der Beauftragten der Bundesregierung für die Belange der Ausländer über die Lage der Ausländer in der Bundesrepublik Deutschland 1993. Deutscher Bundestag: Drucksache 12/6960 vom 11. März 1994. Bonn/Berlin 1994.

BUM! – Büro für Ungewöhnliche Maßnahmen (1993): Fluchblatt Nr. 1. Solingen 1993.

DIDF (1993): Unsere Wut übertrifft unsere Trauer!, in: Tatsachen (Sondernummer). Duisburg.

Faltblatt (1993): Kein Vergessen – HANDELN!. Solingen 1993.

Flugblatt (1993): Dies ist auch unser Land! Kommt zur friedlichen Großdemonstration in Solingen. Solingen 1993.

Flugblatt (1994): Ein Jahr danach … Gemeinsam und international – gegen Faschismus und Rassismus. Solingen 1994.

Flugblatt (1998): Demonstration gegen Naziterror und Rassismus. Solingen 1998.

Offener Brief von Günter Grass und Peter Rühmkorf an Bundespräsident Richard v. Weizäcker (1993), abgedruckt in Blätter für deutsche und internationale Politik 7/1993, S. 897.

O. V. (1993): Neofaschistische Gruppen in Solingen, in: Antifaschistische Nachrichten 12/1993, S. 5.

Speit, Andreas. 2020. Eine Tat, die politisierte. »die tageszeitung«, 21.12.2020.

Literatur

Eder, Jacob S./Stahl, Daniel (2020): »In Deutschland herrscht Apartheid«. Solingen, Mölln und der Kampf um politische Partizipation, in: Tim Schanetzky/Tobias, Freimüller/Kristina Meyer/Sybille Steinbacher/Dietmar Süß/Annette Weinke (Hg.): Demokratisierung der Deutschen. Errungenschaften und Anfechtungen eines Projekts, Göttingen, S. 318–332.

Rechtsextremismus hat viele Gesichter
Perspektivierungen auf den »deutschen« und »türkischen« Rechtsextremismus nach dem Brandanschlag in Solingen 1993

Kemal Bozay

Die 1990er-Jahre waren gekennzeichnet durch rassistische Stimmung und rechtsextreme Gewalt in der Nachkriegsgeschichte der Bundesrepublik. Politische Umbrüche und die Wiedervereinigung Deutschlands lösten in den 1990er-Jahren bundesweit eine pogromartige Stimmung gegen Geflüchtete und Migrant*innen aus, die ihren Höhepunkt 1993 in dem Brandanschlag von Solingen erreichte. Nach dem Solinger Brandanschlag zeigte sich ein antirassistischer Widerstand (bundesweite Demonstrationen, Lichterketten, Mahnwachen, Festivals etc.), der von verschiedenen demokratischen Parteien, Migrant*innenverbänden und Initiativen getragen wurde. Hinzu zeigte sich aus der Betroffenheit eine kollektive Wut von zahlreichen Türkeistämmigen – insbesondere Jugendlichen. Doch auch türkisch-rechtsextreme Netzwerke (»Graue Wölfe«) versuchten, diesen Brandanschlag für sich zu instrumentalisieren. Neben der kollektiven Wut vieler türkeistämmiger Jugendliche kam es dazu, dass beispielsweise Anhänger*innen der »Grauen Wölfe« abends Straßen in Brand legten und gegen antifaschistische Demonstrationen provozierten. Die Medien berichteten damals von angeblichen »rivalisierenden« türkischen Gruppen, ohne dabei auf das Ziel dieser Netzwerke und die kollektive Wut hinzuweisen. In diesem Sinne beleuchtet dieser Beitrag Perspektiven auf den »deutschen« und »türkischen« Rechtsextremismus im Zuge der Ereignisse in Solingen 1993.

Einleitung

In den 1990er-Jahren beherrschte bundesweit eine migrations- und geflüchtetenfeindliche Stimmung die Öffentlichkeit. Hierbei polarisierten insbesondere die deutsche Wiedervereinigung 1989/1990 und die damit verknüpfte sogenannte Asyldebatte, die zu einer pogromartigen Stimmung in Teilen der Öffentlichkeit führte. Den Gipfel dieser rassistisch konnotierten Debatte bildete 1993 der sogenannte »Asylkompromiss«, der von CDU/CSU, SPD und FDP politisch getragen wurde und die faktische Abschaffung des Asylrechts beinhaltete. Am 26. Mai 1993 wurde der »Asylkompromiss« im Bundestag verabschiedet. Drei Tage später ereignete sich der rassistische Brandanschlag in Solingen.

Gelenkt wurde diese politische Entscheidung durch eine vorher panikartig verbreitete flucht- und migrationsfeindliche Stimmung, die insbesondere von Politik, Eliten und Medien mit angeheizt wurde. Das Ergebnis war ein Anstieg rassistischer Gewalt, insbesondere gegen Geflüchtete und Migrant*innen. Den Beginn dieser Gewaltwelle bildeten die Brandanschläge auf Geflüchtete und Flüchtlingsunterkünfte in Hoyerswerda (1991) und Rostock-Lichtenhagen (1992). Dem folgten die Brandanschläge in Mölln (1992) und Solingen.

Bei dem rassistischen und rechtsextremen Brandanschlag am 29. Mai 1993 in Solingen wurden Gürsün İnce (27), Hatice Genç (18), Gülüstan Öztürk (12), Hülya Genç (9) und Saime Genç (4) getötet. Solingen, die Kleinstadt im Oberbergischen, wurde durch diesen Anschlag zum Zentrum der Auseinandersetzung mit rechter Gewalt in der Geschichte der Bundesrepublik.

Die Kehrseite der Medaille offenbarte, dass der rassistische Brandanschlag in Solingen insbesondere unter vielen Türkeistämmigen eine große kollektive Wut auslöste. Wut auf ein System, das den immer stärker werdenden Rassismus jahrelang ignorierte, gar ausblendete. Wut auf ein System, das politisch gesehen den Weg für diese rassistische Hetze geebnet hat. Nach dem Solinger Brandanschlag wurde bundesweit unter vielen (türkeistämmigen) Migrationsfamilien eine Welle der Angst und Panik sichtbar, ein Gefühl des Abgewertetseins und Nicht-Dazugehörens. Es zeigte sich ein Misstrauen gegenüber den staatlichen Institutionen. Rechtsextreme Organisationen mit Türkeibezug (»Graue Wölfe«)[1] instrumentalisierten diese Wut und dieses Misstrauen wiederum für ihre eigene politische Mobilisierung. Anhänger*innen der »Grauen Wölfe« und Ultranationalist*innen nahmen den Solinger Brandanschlag zum Anlass, um ein Klima der »Rache« zu verbreiten. Damit wurde Solingen 1993 nicht nur zum Aktionsfeld rechtsextremer Neonazi-Gruppen, sondern auch extrem rechter und ultranationalistischer Organisationen mit Türkeibezug.

Diese Wut insbesondere unter Türkeistämmigen verbreitete sich auch auf den Straßen Solingens und anderen Städten der Bundesrepublik. Insbesondere bei vielen türkeistämmigen Jugendlichen wandelte es sich in eine kollektive Wut

---

1 Rechtsextremismus ist im globalen Kontext eine Sammelbezeichnung für politische Parteien, Organisationen und Gruppierungen, aber auch Strömungen und Bewegungen, die – häufig unter Androhung und/oder Anwendung von Gewalt – demokratische Grundrechte einzuschränken bzw. ganz abzuschaffen, in der Regel sozial benachteiligte, von der gültigen »Standardnorm« abweichende Minoritäten ausgrenzen, abwerten oder – im Extremfall – auszulöschen versuchen. Im Kern stützt sich auch der türkische Rechtsextremismus auf diese Grundlagen.

gegen das System und die bislang gesammelten Diskriminierungserfahrungen und Rassismuspraktiken (vgl. antifaschistische Zeitung NRW 1993: 11). Im Umfeld der extrem rechten und ultranationalistischen Organisationen mit Türkeibezug wurde andererseits diese Wut- und Rachewelle als Anlass genommen, landes- und bundesweit nach Solingen zu mobilisieren und zu Provokationen aufzurufen. Den Höhepunkt dieser Mobilisierung bildete der Angriff auf eine Großdemonstration am 5. Juni 1993, zu der der neu gegründete Solinger Appell gemeinsam mit demokratischen Parteien, Initiativen und Migrant*innenorganisationen aufgerufen hatte. Bereits im Vorfeld kam es zu Provokationen und am Tag der Demonstration flogen Steine in die Menge. Zudem kam es zu Ausschreitungen. Für diese provokative Stimmung und die angestachelten Auseinandersetzungen waren Anhänger*innen aus dem Umfeld der extrem rechten »Grauen Wölfe« verantwortlich (vgl. ZAG 1993: 34; Antifaschistische Zeitung 1993: 13).

Diese Form der politischen Mobilisierung hat einerseits eine neue Dimension extrem rechter und ultranationalistischer Einstellungen in der Migrationsgesellschaft evoziert (vgl. Bozay 2003)[2] und andererseits die Frage aufgeworfen, welche politischen Inhalte und Aktionsformen hinter diesen als »rivalisierende« Gruppen dargestellten extrem rechten und ultranationalistischen Organisationen mit Türkeibezug auszumachen sind.

»Graue Wölfe« und die Mobilisierung des »Europäischen Türkentums«

Bei den »Grauen Wölfen« handelt es sich um eine seit sechs Jahrzehnten in der Türkei existierende rassistische und rechtsextreme Bewegung, die mit zahlreichen Vereinen und mehreren Dachverbänden auch in Deutschland aktiv ist. Sie nennen sich selbst »Ülkücü« (wörtliche Übersetzung: »Idealismus«). Ihr Symbol ist der »Graue Wolf« (»Bozkurt«), der aus einem alttürkischen Mythos stammt und Stärke, Militanz sowie Aggressivität der Bewegung symbolisieren soll. Sie propagieren einen »ethnischen Nationalismus«; ihr großes Ideal sind »Turan«, ein großtürkisches

---

2   Die Antwort der Bundesregierung auf die Kleine Anfrage der PDS im Bundestag vom 18.08.1995 verdeutlicht, dass die Aktivitäten der »Grauen Wölfe« und ihrer Umfeldorganisationen nach den Ereignissen von Solingen 1993 an Dynamik gewonnen haben. Hierin heißt es: »Vor allem nach den tödlichen Brandanschlägen von Mölln und Solingen durch deutsche Neonazis versuchen rechte, nationalistische und/oder islamisch-fundamentalistische türkische Gruppen [...] Einfluß auf ihre Landsleute auszuüben. [...] Insofern machen sich diese Gruppen den in der Bundesrepublik Deutschland herrschenden Rassismus und die daraus resultierenden Probleme für die aus der Türkei stammenden Menschen für ihre Ziele zunutze« (Deutscher Bundestag, Drucksache 13/2164, 18.08.1995, https://dserver.bundestag.de/btd/13/021/1302164.pdf).

Reich, sowie die Eliminierung der politischen Gegner*innen. Diese Bewegung formierte sich 1969 in der Türkei unter der Führung von Alparslan Türkeş zur »Partei der Nationalistischen Bewegung« (MHP – *Milliyetçi Hareket Partisi*) (vgl. Bozay 2021). Es handelt sich um türkisch-rechtsextreme und ultranationalistische Bewegungen, die seit Jahrzehnten auch in Deutschland existieren. Sie sind in zahlreichen lokalen Vereinen und verschiedenen Dachverbänden organisiert, überhöhen die türkische Nation und betonen angeblich vermeintlich islamische Werte. Ferner hetzen sie gegen tatsächliche oder vermeintliche Linke und alle Nicht-Türk*innen – wozu sie auch Armenier*innen, Kurd*innen, Jüdinnen und Juden, Alevit*innen, Ezid*innen oder Aramäer*innen zählen. Sie übertragen Konflikte aus der Türkei nach Deutschland.

Bereits in den 1970er-Jahren entstand in der Bundesrepublik eine Vielzahl türkisch-rechtsextremer Vereine. Viele von ihnen schlossen sich 1978 dem Dachverband ADÜTDF (Türkische Föderation der Idealistenvereine in Deutschland, bekannt als Türk Federasyon) an (vgl. Bozay 2021). Die Dachverbände und lokalen Mitgliedsvereine aus dem Umfeld der »Grauen Wölfe« verstehen sich häufig als türkische Selbsthilfeorganisationen, in denen auch Moscheegemeinden integriert sind. Gleichzeitig haben sie Einfluss auf zahlreiche Kultur- und Elternvereine, Unternehmer*innenverbände, Jugendgruppen, Fußballclubs und Moscheen – und damit auf das soziale Leben vieler türkeistämmiger Menschen in Deutschland. Ebenso wirken sie aktiv in Integrationsräten mit, und es gibt Bestrebungen von Funktionären der »Grauen Wölfe«, in deutsche Parteien einzutreten und aktiv mitzuarbeiten, um ihre Inhalte zu verbreiten.

»Neun Lichter«-Doktrin (Dokuz Işık), islamischer Nationalismus und türkisch-islamische Synthese

Im Zentrum der MHP-Politik steht die »Neun Lichter«-Doktrin von Alparslan Türkeş, die folgende Eckpunkte umfasst: Nationalismus, Idealismus, Ehrgefühl, Soziabilität, Wissenschaft, Einheit, Bauernschaft, Freiheit und Selbstständigkeit. Karl Binswanger und Fethi Sipahioğlu (1988: 65) stellen fest, dass »Diktion und Inhalt […] an Hitlers ›Mein Kampf‹ erinnern.« Auch dem Islam wird eine starke Bedeutung zugeschrieben. Die MHP und nationalistische Netzwerke haben einen aktiven Beitrag geleistet, dass die »Türkisch-Islamische Synthese« in den 1970er- und 1980er-Jahren zu einem Kernideologem des türkischen Rechtsextremismus und Nationalismus avancieren konnte. Zugleich dient die Betonung des Islam dazu, breitere religiös gesinnte Bevölkerungsgruppen stärker beeinflussen und leichter rekrutieren zu können (vgl. Zeller-Mohrlock 1992).

Mobilisierung des »Europäischen Türkentums«

Im Zuge der rassistischen Brandanschläge nach Mölln und Solingen sowie der polarisierenden migrationspolitischen Debatten kam es in den 1990er-Jahren in den Umfeldorganisationen der »Grauen Wölfe« in Deutschland zu Umstrukturierungen. Parallel hierzu prägte der damalige MHP-Vorsitzende Türkeş 1996 den Begriff des »Europäischen Türkentums« (*Avrupa Türklüğü*) als Sammelbegriff für die türkisch-nationalistische Identität in der Migration (vgl. Der Spiegel, 43/1996). Damit sind türkeistämmige Menschen gemeint, die zwar ihren Lebensmittelpunkt in (West-)Europa haben, aber dennoch ihre türkisch-nationalistische Identität weiterverbreiten und dafür aktiv mobilisieren sollen. Auch in Solingen zeigten sich zahlreiche »Graue Wölfe«-Anhänger*innen als Verfechter*innen des »Europäischen Türkentums«.

Funktion extrem rechter Organisationen mit Türkeibezug

Man kann hierzulande den Einfluss der extrem rechten Organisationen mit Türkeibezug nicht allein auf bundesdeutsche Rahmenbedingungen beschränken. Diese Strukturen sind zugleich von einer politischen Ideologie geprägt, die über die Politik in der Türkei bestimmt werden. Die Funktion der extrem rechten und ultranationalistischen Organisationen besteht neben der politischen Profilierung auch in der Vertretung gruppenspezifischer Interessen. Nach Gabriel Sheffer wirken ethnische Organisationen und Netzwerke häufig auf »Diasporasegmente« in verschiedenen Ländern. In der Wahrnehmung der ethnischen Interessen der Ursprungsbevölkerung in der Herkunftsregion funktionieren sie sowohl intrakommunal (Zielrichtung Aufnahmeländer) als auch extrakommunal (Zielrichtung Herkunftsländer). In beide Richtungen unterteilt Sheffer diese Funktionen in die Kategorien »Erhalten«, »Schützen« und »Fördern« (vgl. Sheffer 1993: 271).

Die Kategorie »Erhalten« bedeutet auf intrakommunaler Ebene die Unterstützung gemeinschaftlicher kultureller und sozialer Aktivitäten, ethnischer und religiöser Institutionen, Forschungs- und Bildungseinrichtungen sowie Aktivitäten im Gesundheits- und Wohlfahrtsbereich. Extrakommunal erfolgen diese Maßnahmen in Form finanzieller Unterstützung der Ursprungsbevölkerung durch Spenden, organisierte Besuche der Herkunftsregion oder anderer Segmente sowie der Koordination sozialer, kultureller und politischer Aktivitäten. So haben die Umfeldorganisationen der »Grauen Wölfe« von Deutschland aus beispielsweise Wahlkämpfe der MHP in der Türkei aktiv finanziell und ideell unterstützt.

Die Kategorie »Schützen« dagegen kann intrakommunal physischen und politischen Schutz vor den Mehrheitsgesellschaften sowie Angehörigen anderer Gruppen bedeuten, während sie extrakommunal gewöhnlich konkrete Interventionen und Einmischung in politische Vorgänge bedeutet.

Die Kategorie »Fördern« bedeutet nach Sheffer schließlich in intrakommunaler Sicht die Betreuung von Neuankömmlingen und die Anwerbung. In extrakommunaler Richtung erfolgt Förderung auf ähnliche Weise, jedoch mit der Zielstellung, der gesamten Weltöffentlichkeit ein positives Bild der eigenen Gruppe zu vermitteln und ihr somit auf möglichst hoher Einflussebene eine günstige politische Atmosphäre zu bieten (vgl. Sheffer 1993: 271ff.).

So ist davon auszugehen, dass extrem rechte Organisationen mit Türkeibezug im Rahmen der von Sheffer skizzierten Kategorien ihre eigenen Interessen vertreten, indem sie den Rassismus der anderen ablehnen, aber bezogen auf ihre eigene (politische) Identität die Abwertung von Kurd*innen, Alevit*innen und Armenier*innen legitimieren. Entwickelt haben sich diese Organisationen zu einer transnationalen Bewegung, die als Netzwerk korrespondierender Interessenvertretungen an verschiedenen Standorten agieren.

Rassismus und Rechtsextremismus haben viele Gesichter

Annita Kalpaka, Nora Räthzel und Klaus Weber (2017) konstatieren, dass Begriffe wie »Fremdenfeindlichkeit« oder »Ausländerfeindlichkeit« nicht den Kern treffen, zumal sie im Gegensatz zum Terminus »Rassismus« die Machtasymmetrien zwischen den stigmatisierenden und stigmatisierten Gruppen nicht problematisieren. Vielmehr stellt der Rassismus auf ideologischer Ebene einerseits ein Macht- und Herrschaftsverhältnis dar. Andererseits werden dadurch konstruierte »Wir-Gruppen« legitimiert und »Fremdgruppen« abgewertet. Der gegenwärtige Rassismus-Begriff bedient daher einen kulturalisierenden und ethnisierenden Diskurs, um letztendlich auf subtile Weise Ausgrenzungsformen zu legitimieren. Die Übergänge sind fließend. So müssen die rassistischen Gewalttaten und Mordanschläge in Mölln, Solingen, Kassel, Halle, Hanau sowie des NSU in diesem Lichte betrachtet werden.

Wie Christoph Butterwegge (2017: 66) es auf den Kern bringt, sind im Rassismus die Haltungen und Handlungen inhärent: »Rassismus ist ein Gattungsbegriff für Haltungen und Handlungen, durch die Personen aufgrund ihrer ethnischen Herkunft oder phänotypischer Merkmale [...] in Großgruppen [...] eingeteilt, deren Mitglieder bestimmte Charaktereigenschaften, Fähigkeit und Fertigkeiten zu- oder abgesprochen werden, was scheinbar rechtfertigt, sie gegenüber anderen zu bevorzugen bzw. zu benachteiligen.« Mit der Abwertung der »anderen« erfolgen zugleich die Glorifizierung und Aufwertung der »eigenen« Gemeinschaft oder Gruppe. Étienne Balibar und Immanuel Wallerstein (1988) sprechen hier von der »Konfiguration eines Neorassismus«, der sich insbesondere gegen Migrant*innen und Geflüchtete richtet. Letztendlich werden diese ausgegrenzten Gruppen zugleich zum Spielball für Projektionen sozialer Probleme gemacht.

Gerade am Beispiel der rassistischen und rechtsextremen Gewalt in den 1990er-Jahren und dem Brandanschlag von Solingen erkennen wir, wie gesellschaftliche Umbrüche mit dem Einhergehen von Verteilungskämpfen, Wirtschaftskrise und Arbeitslosigkeit den Weg für einen neuen Rassismus ebnen können. Eine andere Form des Rassismus zeigt sich wie am Beispiel von Solingen auch in den Positionen der »Grauen Wölfe« und ihrer Ableger-Organisationen in Deutschland. Auch wenn innerhalb der »Grauen Wölfe« aus taktischen Gründen eine offene rassistische Position ausgeblendet wird, bildet der Rassismus dennoch einen zentralen Grundpfeiler der Ideologie. Nihal Atsız, ein Vordenker der panturanistischen Bewegung, hat die wichtigsten Elemente des Turkismus wie folgt formuliert: »Türkismus ist Nationalismus. Rassismus und Turanismus gehören dazu. Entweder wird das Land sich auf diesen beiden Termini erheben oder untergehen. Rassismus und Turanismus widersprechen nicht der Verfassung. Da ich Rassist und Turanist bin, wird eine mögliche Verurteilung wegen Rassismus und Turanismus die größte Ehre meines Lebens darstellen« (zit.n. Saraçoğlu 2004). Hinzu kommen Aussagen wie von Alparslan Türkeş: »Das Wesentliche ist das Bewusstsein, aus dem gleichen Stamm zu kommen, der gleichen Nation anzugehören. Jeder [...], der sich selbst von Herzen als Türke fühlt und sich dem Türkentum verspricht, ist ein Türke« (zit.n. Hoffmann et al. 1981: 53). Nicht zuletzt offenbart sich der Rassismus von MHP und »Grauen Wölfen« gegenwärtig auch in der kurdenfeindlichen Positionierung, etwa der drohenden Aussage von Türkeş: »Wenn ihr Kurden weiterhin eure primitive Sprache sprecht [...], werdet ihr von den Türken auf die gleiche Weise ausgerottet, wie man schon Georgier, die Armenier und die Griechen [auf türkischem Boden] bis auf die Wurzeln ausgerottet hat« (zit.n. Werle/Kreile 1987: 90). So ist am Beispiel der Entwicklung von Solingen die Auseinandersetzung zwischen der Anhänger*innenschaft der »Grauen Wölfe« einerseits und der Anhänger*innenschaft der linken türkischen und kurdischen Gruppierungen andererseits im Lichte dieses Diskurses zu betrachten.

Präziser ausgedrückt, wird deutlich, dass der Rassismus viele Gesichter hat und auch in der Migrationsgesellschaft verschiedene Rassismen einen verstärkten Platz einnehmen. Hinzu kommt, dass Phänomene wie Rassismus, Antisemitismus, Rechtsextremismus und Ähnliches als globale Phänomene aufzufassen sind. So vereinen sich all diese Phänomene unter dem Dach der Ungleichwertigkeitsideologien (vgl. Bozay/Borstel 2017). In diesem Sinne können Ungleichwertigkeitsideologien als Ausdrucksweisen eines gesellschaftlichen Problems verstanden werden, indem durch menschenfeindliche Dynamiken fundamentale Werte und Rechte verletzt werden. Neben Rassismus und sozialer Ungleichwertigkeit geht es hier um die Abwertung und Ausgrenzung einer ganzen Reihe sozialer Gruppen. Dabei verläuft bei der Ungleichwertigkeit die Konstruktion sozialer Gruppen entlang negativ zugeschriebener Merkmale (kulturelle und ethnische Herkunft, Religion, Geschlecht, sexuelle Orientierung u.Ä.) (vgl. Borstel/Bozay 2020).

Fremd- und Selbstethnisierung in einer negativen Wechselbeziehung

Die Entwicklungen in und um Solingen 1993 haben gezeigt, dass mit der Zuspitzung sozialer und ökonomischer Probleme auch eine Ethnisierung sozialer Probleme einhergeht. Ethnische, religiöse und kulturelle Gruppenzugehörigkeiten werden aktiviert oder konstruiert, um sich Vorteile im sozialen und ökonomischen Verteilungskampf zu verschaffen (z.B. Asyldebatte, »Das Boot ist voll!«). Im gegenwärtigen gesellschaftlichen Klima, das von Verteilungsproblemen und Konkurrenz, Deprivation sowie knappen Ressourcen geprägt ist, findet unter den in der Bundesrepublik Deutschland lebenden sozialen Gruppen – mit und ohne Migrationsgeschichte – eine zunehmende Fremd- und Selbstethnisierung statt. Vor allem werden in Zeiten der Krise Migrant*innen und Geflüchtete verstärkt für anstehende Probleme verantwortlich gemacht. Frank-Olaf Radtke geht noch weiter: »›Deutsch sein‹ heißt unter den Bedingungen des modernen Wohlfahrtsstaates, den eigenen Wohlstand verteidigen und Ansprüche anderer Gruppen zu delegitimieren und abzuwehren.« (Radtke 1996: 14) Unter Bezug auf die Aussage Radtkes drückt sich diese Realität unter anderem in Form von Ausgrenzung und Rassismus in der Gesamtgesellschaft sowie in Polarisierungen verschiedener Migrant*innengruppen untereinander aus. Wo »deutsche Identität« an Profil gewinnt, werden vorhandene Selbstethnisierungstendenzen der Migrant*innen auch verstärkt. Gerade für die Migrant*innen kann Selbstethnisierung viele Funktionen besitzen: Instrument zur Selbstorganisation, aber auch den Rückzug aus gesellschaftlichen Strukturen und Schutzreaktion auf Diskriminierung sowie Ausgrenzung (vgl. Bozay 2005: 125f.).

Zweifelsohne ist davon auszugehen, dass gerade in solch einem »feindlichen Klima« Fremd- und Selbstethnisierung sich als Negativspirale gegenseitig bedingen und verstärken. Extrem rechte und ultranationalistische Organisationen mit Türkeibezug profitieren von dieser Negativspirale und fühlen sich in ihrer Politik und in ihrem Handeln bestätigt.

Dieser wechselseitige Prozess der Ethnisierung funktioniert beispielsweise auch durch die Medienberichterstattung, die ebenso verschiedenen »ethnisch« definierten sozialen Gruppen bestimmte Merkmale zuschreibt. Diese Merkmale verfestigen sich im öffentlichen Bewusstsein zu negativen Fremdbildern und werden als Klischees wahrnehmungs- und handlungsleitend. Während es in den 1990er-Jahren Bilder wie »Das Boot ist voll«, »Flüchtlingsströme« waren, spiegelt es sich gegenwärtig insbesondere in polarisierten Debatten rund um Identität, Anerkennung und Islam wider (vgl. Bozay 2008: 198ff.).

Die negative Spirale zwischen Fremd- und Selbstethnisierung zeigte sich bei Jugendlichen mit Türkeibezug auch nach dem rassistischen Brandanschlag in Solingen. In einem Biografiegespräch, das ich Anfang 2000 mit Jugendlichen aus ultranationalistischen Netzwerken geführt habe, kam diese Auseinandersetzung um Fremd- und Selbstethnisierung am Beispiel der Vorfälle in Solingen sehr gut zum Ausdruck. Servet, ein Interviewpartner, erzählte, dass der Brandanschlag von Solingen bei ihm eine »Gegenreaktion zur Integration« ausgelöst hat (Bozay 2005: 282f.). In dieser Darstellung kommt zum Ausdruck, welche Betroffenheit viele junge Menschen nach dem Brandanschlag in Solingen demonstrierten. Die gleiche Empfindung kam vor allem auch im Zuge der Mordserie und Bombenanschläge des rechtsterroristischen Netzwerks NSU (Nationalsozialistischer Untergrund) in den 2000er-Jahren und nach den rassistischen Gewalttaten in Chemnitz, Halle, Kassel und Hanau zum Vorschein. Die Kontinuität rassistischer und rechtsextremer Gewalt zieht sich weiter durch gesellschaftliche Entwicklungen, die auch die Ethnisierungsdiskussionen in den Fokus nehmen.

Mit Blick auf die aktuellen Migrations- und Fluchtdebatten ist zweifellos eine stärkere Ethnisierung sozialer Konflikte festzustellen. Je mehr die ökonomische Konkurrenz im gesellschaftlichen Prozess verschärft wird, desto leichter lässt sich die kulturelle sowie ethnische Differenz zwischen Menschen unterschiedlicher Herkunft aufladen und instrumentalisieren. Gerade in diesem Zusammenhang fungieren sogenannte ethnische und kulturelle Minoritäten als Feindbilder, auf die sich Frustrationserfahrungen und Hassgefühle projizieren lassen. Gerade die Konstruktion von Feindbildern und die Instrumentalisierung ethnischer und kulturell-religiöser Differenzen spielen gegenwärtig in Deutschland eine bedeutende Rolle. Am Beispiel der Flucht- und Migrationsbewegungen entsteht ein Negativbild des »anderen« durch die Betonung der Ungleichwertigkeit sowie die Verbreitung zugeschriebener Gruppenzugehörigkeit (vgl. Heitmeyer 2012). Dies äußert sich vor allem auch durch ablehnende und feindliche Einstellungen gegenüber Menschen, die als Muslime gelesen und ausgegrenzt sowie diskriminiert werden (vgl. Shooman 2014).

Von Mölln, Solingen über den NSU nach Hanau

Rassistische Anschläge sind wie eine tiefe Wunde, die immer wieder aufreißt. Diese tiefe Wunde ist nicht nur ein Schmerz, sondern zugleich ein Riss, der durch die gesamte Gesellschaft geht. Wir spüren diese Lücke sowohl in Hoyerswerda, Rostock, Mölln, Solingen als auch in Halle, Chemnitz, Kassel und Hanau.

So hat der Brandanschlag in Solingen damals viele Menschen (insbesondere Jugendliche mit Türkeibezug) betroffen gemacht. Ohne Weiteres lässt sich Folgendes sagen: Das, was damals Jugendliche in Solingen erlebt haben, haben viele Jugendliche in ihrem Kollektivbewusstsein nach den Morden des NSU und den Anschlägen in Hanau gefühlt. Rostock, Mölln, Solingen, Chemnitz, Halle, Kassel und Hanau haben gezeigt, dass rassistische Gewalt und rechtsextremer Terror hierzulande keinen Einzelfall bilden, sondern historisch und politisch gesehen immer schon Kontinuität besaßen. Genauso wie die NSU-Morde und der Mordanschlag in Hanau war auch Solingen ein Meilenstein dieser kontinuierlichen Gewaltwelle. Neben dieser Zäsur wurde Solingen in den 1990er-Jahren ebenso zum Symbol des antirassistischen Widerstands. Bereits am gleichen Tag wurden Demonstrationen gegen Rassismus und Rechtsextremismus angekündigt, und dem folgten wochenlang weitere Protestaktivitäten, die querbeet alle gesellschaftlichen Milieus und Altersgruppen umkreisten. Zu erinnern ist an die bundesweit initiierten Lichterkettenaktionen, die durch soziale Bewegungen, Kirchen, Migrantenorganisationen und Ähnliches organisiert und von Hunderttausenden begleitet wurden. Gerade auch nach den Morden in Hanau offenbart sich eine Politisierung unter Jugendgruppen.

Kritischer Rückblick: Der Rassismus der anderen?!

Die Auseinandersetzung mit Rassismus und rechtsextremer Gewalt benötigen gegenwärtig nicht nur einen gesellschaftspolitischen Umgang, sondern auch eine Betroffenenperspektive, die eine wichtige Säule in der Ver- und Bearbeitung rassistischer Gewalt bildet. Hier gilt es vor allem, aus der Betroffenenperspektive das Schweigen zu brechen und einen Raum für Mitsprache, Artikulation und Akzeptanz zu ermöglichen, insbesondere in der Auseinandersetzung mit neuen Rechtsextremismen und rechtspopulistischen Polarisierungen.

Die Kehrseite veranschaulicht, dass die erlebten Rassismus- und Diskriminierungserfahrungen bei zahlreichen Menschen mit Migrationsgeschichte das Vertrauen in gesellschaftliche Institutionen abbauen und das Zugehörigkeitsempfinden in die hiesige Gesellschaft verhindern. Gerade die Rassismuserfahrungen, negativen Klassifizierungen, Fremdzuschreibungen sowie Ausschlusspraxen fördern verstärkt den Rückzug von Jugendlichen »aus den Strukturen und Werten der Aufnahmegesellschaft. Gegenüber der Fremdethnisierung der Mehrheitsgesellschaft ist ein Rückzug von Migrant*innen in die eigenen ›ethnischen Nischen‹ zu verzeichnen – eine Art Selbstisolation« (Bozay/Mangıtay 2016: 72). Daher gilt es, in der »Gesellschaft der Vielen« Formen der Fremd- und Selbstethnisierung in ihrer Wechselwirkung entgegenzutreten und eine antirassistische Haltung einzunehmen.

Trotz allem kann die Antwort auf den »deutschen« Rechtsextremismus und Rassismus nicht ein »Rechtsextremismus« und »Rassismus« der türkischen oder migrantischen Version sein. Albert Memi formulierte zu Recht:

»Zunächst einmal müssen wir uns den Rassismus ins Bewusstsein rufen, ihn nicht nur bei den anderen suchen, sondern auch in uns, in jedem einzelnen und in uns allen. Ihn bei den anderen anzuprangern, ist leicht, bequem und überdies widersprüchlich. [...] Die Aufdeckung des Rassismus vor allem in uns selbst und ihn in unserem eigenen Verhalten zu bekämpfen, ist der beste Weg, um schließlich einen Rückgang bei den anderen zu erreichen.« (Memmi 1992: 139)

Anlehnend daran gilt es nicht nur, den Rassismus der anderen anzuprangern, sondern auch reflexiv einen (selbst-)kritischen Umgang mit den unterschiedlichen Rassismen und Ungleichwertigkeitsvorstellungen in der »Gesellschaft der Vielen« zu entwickeln.

Insbesondere für die kommenden Generationen von Migrationsjugendlichen bleibt die Antwort auf die Kontinuität der rassistischen Anschläge, des rechtsextremen Terrors und der rechtspopulistischen Mobilisierung in erster Linie im Engagement für Partizipation und einer aktiven Politik der Anerkennung, in der Unterschiedlichkeiten in der »Gesellschaft der Vielen« gefördert werden und nach dem gemeinsamen »WIR« und »UNSER« gesucht wird. Ferner geht es auch um den gesellschaftlichen Widerstand und die Auseinandersetzung mit den eigenen Rassismuserfahrungen und -einstellungen. Daher müssen Politik und Gesellschaft gemeinsam Räume schaffen, um allen Formen von Rassismus und Rechtsextremismus in der »Gesellschaft der Vielen« konsequent entgegenzuwirken.

Literatur

Antifaschistische Zeitung NRW (1993): Chronologie der Solinger Ereignisse, August-Oktober, S. 11–13.
Ballibar, Ètienne/Wallerstein, Immanuel (1988): Rasse, Klasse, Nation: ambivalente Identitäten, Hamburg: Argument Verlag.
Binswanger, Karl/Sipahioğlu, Fethi (1988): Türkisch-islamische Vereine als Faktor deutsch-türkischer Koexistenz, München: Rieß-Dr. u. -Verl.
Borstel, Dierk/Bozay, Kemal (Hg.) (2020): Kultur der Anerkennung statt Menschenfeindlichkeit. Antworten auf die pädagogische und politische Praxis, Weinheim/Basel: Beltz Juventa.
Bozay, Kemal (2021): Türkischer Rechtsextremismus in Deutschland – Die Grauen Wölfe. Antisemitisch, rassistisch und demokratiefeindlich. Hg. durch AJC. https://ajcgermany.org/system/files/document/AJC-Berlin_GrauenWolfe-Broschuere-RGB-A4.pdf [08.12.2022]
Bozay, Kemal (2008): Kulturkampf von rechts – Das Dilemma der Kölner Moscheedebatte, in: Häusler, Alexander (Hg.): Rechtspopulismus als »Bürgerbewegung«, Wiesbaden: Springer VS, S. 198–212.

Bozay, Kemal (2005): »... ich bin stolz, Türke zu sein!« Ethnisierung gesellschaftlicher Probleme im Zeichen der Globalisierung, Schwalbach:/ts: Wochenschau Verlag.

Bozay, Kemal/Borstel, Dierk (Hg.) (2017): Ungleichwertigkeitsideologien in der Einwanderungsgesellschaft, Wiesbaden: Springer VS.

Bozay, Kemal/Mangıtay, Orhan (2016): »Ich bin stolz, Türke zu sein!« Graue Wölfe und Türkischer (Rechts-)Nationalismus in Deutschland, Wuppertal.

Butterwegge, Christoph (2017): Rassismus im Zeichen globaler Wanderungsbewegungen und vermehrter Fluchtmigration nach Deutschland, in: Bozay, Kemal/Borstel, Dierk (Hg.): Ungleichwertigkeitsideologien in der Einwanderungsgesellschaft, Wiesbaden: Springer VS, S. 63–81.

Heitmeyer, Wilhelm (2012): Gruppenbezogene Menschenfeindlichkeit (GMF) in einem entsicherten Jahrzehnt, in: Heitmeyer, Wilhelm (Hg.): Deutsche Zustände, Bd. 10, Berlin: Suhrkamp Verlag, S. 15–41.

Hoffmann, Barbara/Opperskalski, Michael/Solmaz, Erdem (1981): Graue Wölfe, Koranschulen, Idealistenvereine. Türkische Faschisten in der Bundesrepublik, Köln: Pahl-Rugenstein.

Kalpaka, Annita/Räthzel, Nora/Weber, Klaus (Hg.) (2017): Rassismus. Die Schwierigkeit, nicht rassistisch zu sein, Hamburg: Argument Verlag.

Memmi, Albert (1992): Rassismus, Hamburg: Europ. Verl.-Anst.

Radtke, Frank-Olaf (1996): Fremde und Allzufremde – Prozesse der Ethnisierung gesellschaftlicher Konflikte, in: FES (Hg.): Ethnisierung gesellschaftlicher Konflikte, Bonn, S. 7–17.

Saraçoğlu, Cenk (2004): Nihal Atsız's World-View and Its Influences on the Shared Symbols, Rituals, Myths and Practices of the Ülkücü Movement, Leiden.

Sheffer, Gabriel (1993): Ethnic Diasporas – A Threat to Their Hosts?, in: Weiner, Myron (Hg.): International Migration and Security, Boulder: Westview Press, S. 263-287.

Shooman, Yasemin (2014): »... weil ihre Kultur so ist« Narrative des antimuslimischen Rassismus, Bielefeld: transcript Verlag.

Werle, Rainer/Kreile, Renate (1987): Renaissance des Islam. Das Beispiel Türkei, Hamburg: Junius.

ZAG – Zeitung antirassistischer Gruppen (1993): Dürfen faschistische ImmigrantInnen gegen rassistischen Terror protestieren? Erklärungen autonomer Gruppen zu den Ausschreitungen, in: ZAG, Nr. 8, 3. Quartal, S. 34.

Der Solinger Brandanschlag im Spiegel der Presse
Eine linguistische Analyse der Zeitungsberichterstattung mit Fokus auf Betroffene

Derya Gür-Şeker

Der Beitrag befasst sich medien- und diskurslinguistisch mit der Medienberichterstattung über den Brandanschlag in Solingen 1993. Dabei werden in Anlehnung an die Ziele des Sammelbandes, Betroffenenperspektiven in den Fokus zu rücken, akteursspezifische Perspektiven eingenommen, die mediale Praktiken der Berichterstattung über die Betroffenen beleuchten. Hierfür werden ausgewählte Zeitungsberichte korpuslinguistisch, das heißt unter Einbezug von Häufigkeiten, mit Fokus auf Sprachgebrauch, Kontexte von Wörtern sowie betroffenenspezifischer Benennungspraktiken untersucht – insbesondere mit Blick auf die Familie Genç. Ziel ist es, Regelhaftigkeiten und Mechanismen der medialen Darstellung im Zeitverlauf zu bestimmen und linguistisch zu analysieren.

Methodik und Zugang in Bezug auf Sprache in den Medien

Der Beitrag setzt eine linguistische Diskursanalyse um, die wortorientiert vorgeht und dabei gezielt Wörter und Kontexte herausarbeitet, um durch die Analyse des diskursspezifischen Sprachgebrauchs Bedeutungen und Einstellungen einer Zeit zu erschließen (vgl. Gür-Şeker 2015a). Zu Beginn der Datensichtung wird die Häufigkeit von Wörtern softwaregestützt bestimmt (sogenannte Frequenzanalyse). Die Wortanalyse zeichnet sich durch einen Zirkelprozess aus, bei dem Wörter abgefragt und Kontexte, Partnerwörter sowie Wortgruppen gesichtet werden, um anschließend Auffälligkeiten auf der Textoberfläche nachzugehen (vgl. Gür-Şeker 2015a).

Sind beispielsweise relevante Wörter bestimmt, erfolgt eine Kontextanalyse, bei der das Wort immer im jeweiligen Kontext näher untersucht wird. Dadurch können Schlüsselwörter, um die sich die Medienberichterstattung dreht, bestimmt und näher analysiert werden. Auf Wortebene können über diesen Zugang Wortbedeutungen, Alternativbezeichnungen und Einstellungen bzw. Konflikte im Diskurs ausgemacht werden (siehe Böke 1996; Klein 1989). Von Relevanz ist die Grundannahme, dass Wörter als Indikatoren für Einstellungen von Akteur*innen gewertet werden können. Stubbs (1996: 107) verdeutlicht in diesem Kontext: »[…] [n]o terms are neutral.« Mit der Wahl von Wörtern werden somit bestimmte Perspektiven auf das Bezeichnete eingenommen und Einstellungen sichtbar.

Im Rahmen des Beitrags werden daher Kontexte gesichtet, Wörter erschlossen und im Datenmaterial abgefragt, um wiederkehrende Muster und Einstellungen auf der Textoberfläche auszumachen. Ziel ist es, herauszuarbeiten, wie sich der Mediendiskurs über den Brandanschlag von Solingen in einer Zeitspanne von fast drei Jahrzehnten sprachlich auszeichnet und auf welche Weise über die Betroffenen berichtet wird.

Presseberichte von 1993 bis 2019

Die Datenbasis umfasst unterschiedliche Medien, die über einheitliche Kriterien (Untersuchungszeitraum, Suchwortkombinationen) erfasst und mittels des Analyse-Tools ›Maxqda‹ gebündelt und untersucht wurden. Die Datensammlung setzt sich insgesamt aus 1.009 Medientexten zusammen, die im Zeitraum 01. Juni 1993 bis 10. Mai 2019 veröffentlicht wurden und die Suchwörter ›Solingen‹ plus ›Brandanschlag‹ umfassen (siehe Tabelle 1).

Tabelle 1: Überblick Textsammlung ›Solingen‹-Korpus – 06/1993 bis 05/2019

Datensammlung	Texte	Laufende Wortformen	Wortarten
Zeitungskorpus	Medienartikel	449.957	10.211
Suchwörter	›Solingen‹ und ›Brandanschlag‹		
Texte insgesamt	1.009		

Das Zeitungskorpus mit Medienartikeln, nachfolgend auch ›Solingen‹-Korpus genannt, besteht insgesamt aus 1.009 Artikeln, die im Zeitraum Juni 1993 bis Mai 2019 erschienen und über die Datenbank ›Nexis Uni‹ mittels der Suchworteingabe ›Solingen‹ plus ›Brandanschlag‹ erschlossen wurden, um die systematische Erfassung des umfangreichen Datenmaterials über die Datenbank thematisch gezielter eingrenzen zu können. Ergänzend zum Spezialkorpus, das den Brandanschlag von Solingen fokussiert, wird auch das ›Digitale Wörterbuch der deutschen Sprache‹ (kurz: DWDS)[1] herangezogen, um Rückschlüsse auf den allgemeinen Sprachgebrauch zu ziehen.

Die Analyse – vom Brandanschlag zur Familie Genç

Die Analyse auf Basis des ›Solingen‹-Korpus geht wortorientiert vor, wobei zunächst die häufigsten Wörter mittels Frequenzanalyse ermittelt werden, um dann gezielt auf die im Diskurs vorkommenden Akteur*innen zu fokussieren. Dabei zeigt sich im Untersuchungszeitraum von 1993 bis 2019, dass insbesondere die Länder- und Städtenamen *Deutschland*[2] sowie *Solingen*, die Adjektive *türkisch* und *deutsch*, der Nachname *Genc/Genç*, der Vorname *Mevlüde*, aber auch das Wort *Anschlag* häufig vorkommen. Werden die ersten häufigsten Wörter nach minimaler Häufigkeit von 500 Treffern gesichtet, finden sich Schlüsselwörter wie *Politik* (566)[3], *Frau* (621), *Land* (638), *Haus* (639), *Opfer* (680), *Gedenken* (694), *Anschlag* (819), *Leben* (926), *Familie* (930) oder *Recht* (1.124). Auffällig ist indes auch das Pronomen *ich*, das mit 13.679 Treffern an zweiter Stelle der Trefferliste rangiert und einen Indikator für akteursspezifische Perspektiven mit Ich-Bezug repräsentiert. Ferner ist festzuhalten, dass im Mediendiskurs zwei unterschiedliche Schreibweisen des Nachnamens der Betroffenenfamilie *Genç* vorliegen. Als Nachnamen finden sich *Genc* (907) und *Genç* (920), wobei *Genç* die korrekte türkische Schreibweise ist.

---

1   Das ›Digitale Wörterbuch der deutschen Sprache‹ ist ein Projekt, das auf historischen und aktuellen öffentlichen Medientexten, Sachbüchern und historischen deutschsprachigen Quellen beruht. Über die Plattform können je nach Forschungsziel unterschiedliche digitale Textsammlungen abgefragt und linguistisch unter Rückgriff auf Kontextauszüge, Wortangaben etymologischer Art usw. erschlossen sowie analysiert werden (siehe hierzu https://www.dwds.de/d/ueber-uns [30.08.2022]).

2   Metasprache, das Sprechen über Sprache, wird in der Linguistik durch Kursivsetzung markiert, so auch in diesem Beitrag (z.B. das Wort *Brandanschlag*).

3   Worthäufigkeiten werden in runden Klammern angegeben. Das Wort *Politik* kommt insgesamt 566-mal vor, aufgeführt als *Politik* (566).

Abb. 4: ›Solingen‹-Korpus – Wortwolke (minimale Häufigkeit 500)

Kontexte von *Solingen*

Werden die Kontexte des Städtenamens *Solingen* erschlossen, tritt zutage, dass hier neben einer Ortsangabe eine metonymische Verschiebung deutlich wird, die Solingen zu demjenigen Ort werden lässt, mit dem der Brandanschlag untrennbar verbunden ist. Es ist der Ort, an dem der Brandanschlag verübt wurde. So finden sich feste Konstruktionen wie »Brandanschlag von Solingen«, »Brandanschlag in Solingen« und »Anschlag von Solingen«, die im Zeitverlauf wiederkehrend sind. In diesen Kontexten finden sich auch Medienartikel, die die Erinnerungskultur aus einer Ich-Perspektive reflektieren und den Brandanschlag aus der Betroffenenperspektive heraus als »zentrales historisches Ereignis« markieren, das aber nicht ins »kollektive Gedächtnis« der Mehrheitsgesellschaft eingegangen sei (vgl. Die Tageszeitung, 12.07.2018).

(1) »Vielleicht, weil der Brandanschlag von Solingen 1993, obwohl ich damals erst sechs Jahre alt war, in meiner Wahrnehmung ein so *zentrales historisches Ereignis* ist, dass ich immer annahm, alle wüssten davon. Weil der Anschlag nur *ein Tiefpunkt einer längeren Welle rassistischer Anschläge* war und fünf Menschen bei dem Brand in ihrem eigenen Zuhause ums Leben kamen, dachte ich, alle Deutschen kennen Solingen. Wissen, dass Solingen nicht im Ruhrgebiet liegt. Aber so ist

es anscheinend nicht. *Solingen ist im kollektiven Gedächtnis längst vergessen.*« (Die Tageszeitung, 12.07.2018; Herv. der Verfasserin)

Im TAZ-Artikel ordnet die Autorin Aydemir den Anschlag nicht nur als »rassistisch«, sondern sowohl in Bezug auf die eigene Biografie aus den Augen einer damals Sechsjährigen als auch gesamtgesellschaftlich als Zäsur historischen Ausmaßes ein. Dabei ist diese Einordnung subjektiv, denn in der Rückschau – auch in Relation zur Gegenwart – macht sie aus, dass der Brandanschlag als solcher nicht im »kollektiven Gedächtnis« verankert sei (vgl. ebd.). Dieser kurze Einblick in die Gefühlswelt der Autorin spiegelt zugleich das emotionale Spannungsfeld, in dem sich die migrantische und im Speziellen die deutsch-türkische Community bewegt, sehr eindrücklich wider und zeigt sich diskursiv auch wiederkehrend in der Berichterstattung über Veranstaltungen, die des Solinger Brandanschlags gedenken (siehe Belege 2 und 3).

(2) »Der Brandanschlag habe sich *tief ins kollektive Gedächtnis* der hier lebenden *Einwanderer eingebrannt* [...].« (Kölner Stadt-Anzeiger, 31.05.2018; Herv. der Verfasserin)

(3) »[...] [d]er Brandanschlag von Solingen war [...] *eine Zäsur für das Verhältnis von Einheimischen und Migranten* in Deutschland.« (Berliner Zeitung, 30.05.2018; Herv. der Verfasserin)

Diskursiv werden durch den Blick in die Kontexte Spannungsverhältnisse ersichtlich, widergespiegelt in Wörtern wie *Zäsur* oder Phrasen wie *tief in das kollektive Gedächtnis einbrennen*, wonach verdeutlicht wird, dass Solingen für die Mehrheitsgesellschaft längst vergessen ist (vgl. u.a. Die Tageszeitung, 12.07.2018). Im Gegensatz hierzu offenbart sich im ›kollektiven Gedächtnis‹ der deutschen Sprache, dass Solingen mit dem Brandanschlag sehr wohl assoziiert wird und sich feste Konstruktionen bilden, die sich im Zeitverlauf von fast drei Jahrzehnten zeigen – wie die nachfolgende Analyse veranschaulicht.

Kontexte von *Brandanschlag* im Sprachgebrauch

Wird das Wort *Brandanschlag* im ›Digitalen Wörterbuch der deutschen Sprache‹ (kurz: DWDS) untersucht, ist ersichtlich, dass *Brandanschlag* nicht nur mit typischen Wortverbindungen auftritt, sondern auch im Zeitverlauf den öffentlichen Diskurs prägt und verschiedene Höhepunkte aufweist, unter anderem im Jahr 1993 mit 2.299 Treffern (siehe Abbildung 4). *Brandanschlag* kommt im deutschen Sprachgebrauch konkret mit folgenden typischen Verbindungen vor (vgl. Abbildung 5) und ermöglicht somit über den Sprachgebrauch auch Rückschlüsse auf das kollektive

Gedächtnis, das ich an dieser Stelle als Mentalitäten[4] einer Zeit im Sinne Hermanns (1995) deute:

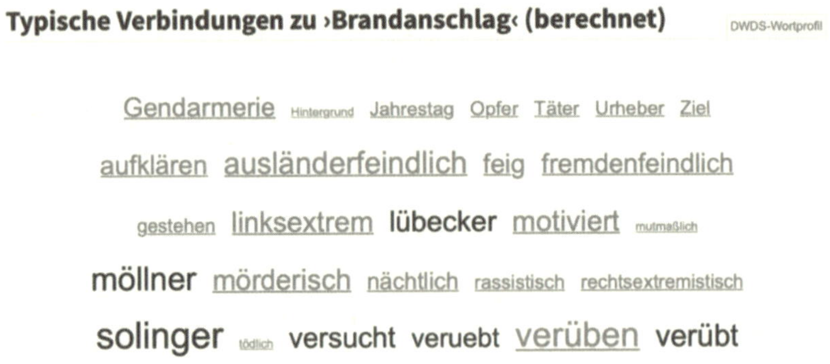

Typische Verbindungen zu ›Brandanschlag‹ (berechnet)   DWDS-Wortprofil

<u>Gendarmerie</u>   Hintergrund   <u>Jahrestag</u>   Opfer   Täter   Urheber   Ziel

<u>aufklären</u>   **ausländerfeindlich**   feig   <u>fremdenfeindlich</u>

gestehen   <u>linksextrem</u>   **lübecker**   <u>motiviert</u>   mutmaßlich

möllner   mörderisch   nächtlich   rassistisch   rechtsextremistisch

solinger   tödlich   versucht   veruebt   <u>verüben</u>   verübt

Abb. 5: DWDS – Suchabfrage ›Brandanschlag‹, typische Wortverbindungen

Brandanschläge sind ausländerfeindlich oder fremdenfeindlich, sie sind mörderisch, tödlich, nächtlich, rassistisch, rechtsextremistisch oder linksextrem und werden verübt und aufgeklärt, es gibt Täter*innen, Urheber*innen und Opfer. Das Wort *Brandanschlag* ist konkret verknüpft mit den Städtenamen *Solingen* und *Mölln*, was auf die beiden rechtsextremen Attentate sowohl 1993 als auch 1992 hinweist. Dieser Einblick in typische Wortverbindungen des Wortes *Brandanschlag* im deutschen Sprachgebrauch verdeutlicht, dass unabhängig von subjektiven Perspektiven das Wort mit den Städten *Mölln* und *Solingen* typischerweise in öffentlichen Diskursen erscheint und somit Assoziationen bildet. Gleichzeitig ist anhand des historischen Zeitverlaufs von 1946 bis 2021[5] eine Kontinuität hinsichtlich des öffentlichen Sprachgebrauchs zu sehen, denn sowohl die hier vorgenommene DWDS-Analyse als auch die in Abbildung 6 dargestellte Wortverlaufskurve basieren auf über 69.000 Dokumenten, die das DWDS-Zeitungskorpus mit unterschiedlichen Quellen von der Aachener Zeitung (2003 bis 2022) bis Die ZEIT (1946 bis 1918) umfassen.[6]

---

4   Unter »Mentalität« werden diskursspezifisch Einstellungen, Meinungen und Positionen einer Sprachgemeinschaft im Zeitverlauf gebündelt, die sich unter anderem über diskurslinguistische Analysen erschließen lassen (siehe hierzu ausführlicher Hermanns 1995 oder Gür-Şeker 2015a).

5   Mit 1.056 Treffern für das Jahr 2021, vgl. https://www.dwds.de [30.08.2022].

6   Für weitere Angaben zum Aufbau der digitalen Textsammlung siehe https://www.dwds.de/d/korpora/zeitungenxl [30.08.2022].

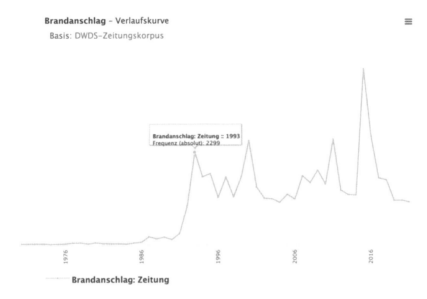

Abb. 6: DWDS – Verlaufskurve von *Brandanschlag* (Zeitraum 1946 bis 2021)

Über den Wortverlauf lassen sich zugleich gesellschaftliche Entwicklungen im Zeitverlauf erschließen, die das Thema *Brandanschlag* in der Öffentlichkeit aufgreifen bzw. darüber berichten. Insgesamt lässt sich festhalten, dass das Wort *Brandanschlag* unter Rückgriff auf die hier vorliegende Textsammlung allgemeingültige Rückschlüsse auf die deutsche Sprache ermöglicht[7] und mit Solingen oder Mölln sowie politisch motivierten Gründen kontextualisiert wird (hier insbesondere rechts- oder linksextrem). Doch wie zeichnet sich der Sprachgebrauch in dem nun heranzuziehenden Spezialkorpus bzw. ›Solingen‹-Korpus aus und wie werden die Betroffenen dargestellt? Schauen wir uns dazu nun zunächst die Kontexte des Wortes *Brandanschlag* genauer an, um dann Kontexte des Familiennamens *Genç* zu untersuchen.

Kontexte von *Brandanschlag* mit Fokus auf Betroffene

Fragt man das Suchwort ›Brandanschlag‹ im Untersuchungskorpus ab, finden sich im Kontext des Solinger Brandanschlags Adjektive bzw. Ausdrücke wie »rechts-

---

7   Zur Repräsentativität von Textsammlungen siehe ausführlicher Januschek (2022) oder Gür-Şeker (2014).

extrem«, »rechtsextrem motiviert«, »ausländerfeindlich«, »rassistisch motiviert«, »fremdenfeindlich«, »barbarisch« oder »mörderisch«. An den *Brandanschlag* wird diskursiv »erinnert«, unter anderem im Rahmen von Gedenkveranstaltungen, und er wird in Bezug gestellt zu anderen rechtsextremen Taten. Es finden sich im ›Solingen‹-Korpus verschiedene Kontexte, in denen Wörter mit ›*anschlag‹[8] vorkommen (siehe Belege 4 bis 7).

(4) »Damals war es eine unmittelbare Reaktion auf den rechtsextremen *Brandanschlag* von Solingen.« (Rheinische Post, 12.03.2019)

(5) »Bei dem von Rechtsextremen begangenen *Brandanschlag* in Solingen im Jahr 1993 hatte sie im Feuer zwei Töchter, zwei Enkelinnen und eine Nichte verloren.« (Kölner Stadt-Anzeiger, 29.01.2019)

(6) »›Wir brauchen aber nicht 80 Jahre zurückzuschauen, um Hass und Gewalt gegen Minderheiten zu erleben‹, sagte der Vorsitzende des Jugendstadtrates und erinnerte in diesem Zusammenhang an den *Brandanschlag* von Solingen vor 25 Jahren.« (Bergische Morgenpost, 10.11.2018)

(7) »Von den rassistisch motivierten Übergriffen 1991 in Hoyerswerda über den ausländerfeindlichen *Brandanschlag* 1993 in Solingen bis hin zum gezielten Überfall auf acht Inder in Mügeln 2007 reichte sein Rückblick.« (Gießener Anzeiger, 27.09.2018)

Im ›Solingen‹-Korpus finden sich Wörter wie *Brandanschlag, Gewaltanschlag, Mordanschlag, Anschlag* und *Nagelbombenanschlag*, wobei *Anschlag* nicht nur Bezug nimmt auf den Solinger Brandanschlag, sondern auch rechtsextreme Taten wie die des NSU-Trios werden kontextualisiert (siehe dazu Karakayali et al. 2017; Gür-Şeker 2015b). Diskursiv wird *Solingen* folglich mit anderen rechtsextremen Anschlägen und Mordserien verknüpft und spiegelt damit Kontinuitäten rechter Gewalt in Deutschland wider, die sich in der Berichterstattung über verübte rechtsextreme Anschläge bzw. Mordserien oder aber auch in Gedenkveranstaltungen, Auszeichnungen sowie literarischen Kontexten zeigen (siehe Belege 8 bis 13).

(8) »Der gebürtige Kölner wohnte in der Keupstraße, als eine rechte Terrorzelle hier 2004 einen *Nagelbombenanschlag* verübte.« (Bergische Morgenpost, 10.05.2019)

(9) »Der Solinger *Brandanschlag*, bei dem fünf Frauen und Mädchen der Familie Genç starben, jährt sich zum 26. [...]« (Solinger Morgenpost, 10.05.2019)

(10) »Yurtseven erinnerte an die Ausschreitungen in Rostock-Lichtenhagen und den *Brandanschlag* in Solingen. Wie damals sei Schweigen heute auch wieder zur Normalität geworden.« (Deggendorfer Zeitung, 21.03.2019)

---

8   Über die Suchwortabfrage lassen sich gezielt alle Wortbildungen mit *-anschlag* erschließen (z.B. Brand*anschlag*, *Anschlag*, Nagelbomben*anschlag* etc.).

(11) »Die ›Neonazi-Morde‹ an ihren unschuldigen Landsleuten in Deutschland haben sich in das kollektive Bewusstsein der Türkei eingebrannt wie der *Brandanschlag* von Solingen im Jahr 1993.« (Stuttgarter Zeitung, 12.07.2018)

(12) »Özlem Özgül Dündar hat das Wagnis auf sich genommen, den *Brandanschlag* von Solingen literarisch zu thematisieren‹.« (Kölner Stadt-Anzeiger, 01.09.2018)

(13) »Sie erinnerte an die Opfer, die vor 25 Jahren in Solingen bei einem fremdenfeindlichen *Brandanschlag* ums Leben gekommen waren, und verlas ihre Namen.« (Aachener Zeitung, 02.06.2018)

Der Brandanschlag von Solingen wird demnach nicht nur als rechtsextremer Anschlag kategorisiert. Er steht in einem gesamtgesellschaftlichen Zusammenhang auch in Relation zu danach erfolgenden Anschlagsserien rechter Gewalt (vgl. Belege 8, 10) und wird auch als solcher in verschiedenen Kontexten wiederkehrend in Erinnerung gerufen – sei es über Gedenkveranstaltungen (vgl. Belege 9, 13, 15), dem Verlesen von Opfernamen oder in Form literarischer Aufarbeitung (vgl. Beleg 12).

Kontext des Nachnamens *Genç*

Als wiederkehrende Dreiworteinheit im Kontext von *Genc/Genç* lassen sich die Phrasen *türkischstämmige Familie Genc/Genç* (108) oder *türkische Familie Genc/Genç* (76) ausmachen. Die Berichterstattung markiert die Familie Genç vorwiegend explizit als *türkischstämmig* oder *türkisch*. Im Zentrum der Berichterstattung steht insbesondere *Mevlüde Genç* (668), deren Vor- und Nachname in der Berichterstattung systematisch verwendet werden, wobei sie als »Mutter der türkischen Familie« (Agence France Presse, 23.05.2018) oder »Mutter und Großmutter der Getöteten« (General Anzeiger, 27.05.2008) bezeichnet und als Versöhnerin dargestellt wird, die für »Verständnis zwischen Deutschen und *Ausländern*« (Nürnberger Nachrichten, 28.02.1996; Herv. der Verfasserin) wirbt.

(14) »Genç hatte sich seit dem *Brandanschlag* von Solingen 1993, bei dem sie zahlreiche Familienmitglieder verlor, für Versöhnung und Dialog starkgemacht.« (Aachener Zeitung, 30.01.2019)

(15) »Im Mai 2018 noch hatte Genç beim Festakt zum 25-jährigen Gedenken an den *Brandanschlag* von Solingen erneut für Versöhnung geworben.« (Kölner Stadt-Anzeiger, 29.01.2019)

(16) »Die Überlebende des *Brandanschlags* von Solingen sollte von Ministerpräsident Armin Laschet für ihre Verdienste um die deutsch-türkische Freundschaft geehrt werden.« (Welt, 29.01.2019)

Schaut man sich die Medienberichterstattung im Zeitverlauf näher an, wird die Familie insbesondere in der früheren Berichterstattung zwischen 1993 bis 1998 explizit als »türkische« Familie bezeichnet; es sind »Türkinnen«, die sterben oder zu Besuch aus der Türkei gekommen waren. Gleichzeitig werden die Opfer explizit als »Ausländer« bezeichnet und somit von der Mehrheitsgesellschaft abgrenzt. Mevlüde Genç nimmt aufgrund ihrer Appelle zum Zusammenhalt eine Vorbildfunktion ein und wird 1994 von der ARD zur »Frau des Jahres« gewählt. Trotzdem bezeichnen die Nürnberger Nachrichten sie als die »*Türkin* Mevlüde Genc« (Herv. der Verfasserin):

(17) »Die Türkin Mevlüde Genc (51), die beim Brandanschlag von Solingen 1993 ihre beiden Töchter, eine Nichte und zwei Enkelinnen verloren hat, ist ›Frau des Jahres‹ 1994 der ARD-›Tagesthemen‹.« (Nürnberger Nachrichten, 28.12.1994)

Im Artikel der Nürnberger Nachrichten ist nicht nur der Familienname falsch geschrieben, sondern gleichzeitig wird auch die türkische Nationalität Mevlüde Gençs hervorgehoben, was eine medial konstruierte Abgrenzung zur Mehrheitsgesellschaft evoziert, denn Mevlüde Genç bleibt trotz ihres langen Aufenthalts in Deutschland und ihres Bemühens um Versöhnung ›Türkin‹.

In der Berichterstattung zwischen 2015 bis 2019 finden sich im Kontext des Nachnamens *Genç* jedoch auch Bezeichnungen wie »die Solingerin Mevlüde Genç« (Aachener Zeitung, 30.01.2019) oder Kontexte, in denen die Familie ohne Nationalitätsangaben als »Familie Genç« (Solinger Morgenpost, 15.10.2018) bezeichnet wird, was Indikatoren für Praktiken des Einschließens sind, die sich sprachlich nachweisen lassen. Insgesamt liegen auch in dieser Zeitspanne (2015–2019) Dreiworteinheiten wie *türkeistämmige Familie Genc/Genç* vor. Während medial Abgrenzung sowohl in Form von Berichterstattung als auch im Wortgebrauch sichtbar werden, konstruiert Mevlüde Genç diskursiv ein gegenteiliges Bild, indem sie während ihrer Zeugenaussage im Gericht beispielsweise explizit das ›Fremdsein‹ dekonstruiert und in diesem Zusammenhang medial wie folgt zitiert wird:

(18) »›Ich bin mit 27 Jahren nach Deutschland gekommen, habe seitdem in diesem Land meine Kräfte verbraucht und eingesetzt, habe dieses Land nie als Fremde betrachtet – warum werde ich als Fremde betrachtet?‹« (Nürnberger Nachrichten, 28.02.1996)

Auch wird Mevlüde Genç im Kontext vermeintlicher Instrumentalisierungen von Gedenkveranstaltungen durch den türkischen Staat im Jahr 2018 direkt, den Zusammenhalt in der Gesellschaft betonend, zitiert:

(19) »›Wir sollten in diesem Land friedlich und liebevoll zusammenleben und keinen Unterschied machen zwischen den Nationalitäten‹, sagte sie.« (Nürnberger Zeitung/epd, 30.05.2018)

Dies sind exemplarische Belege dafür, wie Praktiken des Einschließens durch die Betroffenen selbst realisiert und medial aufgegriffen werden. Mevlüde Genç kommt dabei eine zentrale Diskursrolle zu, die sich sprachlich insbesondere in Form direkter Zitate realisiert.

Fazit

Ziel des vorliegenden Beitrags war es, eine linguistische Analyse des Mediendiskurses über den Solinger Brandanschlag von 1993 ausgehend vom Wort *Brandanschlag* und mit Fokus auf die Familie Genç durchzuführen. Es konnte aufgezeigt werden, dass sich diverse diskursive Konfliktlinien ausmachen lassen, denen im Rahmen des Beitrags nur punktuell nachgegangen werden konnte. So wird diskursiv über ein angemessenes gesamtgesellschaftliches Nachdenken bzw. Wahrnehmen des rechtsextremen Brandanschlags von Solingen reflektiert. Während die deutschtürkische Community den Anschlag als Zäsur empfinde und als Teil ihres kollektiven Gedächtnisses kontextualisiere, finden sich Medientexte, in denen dies der Mehrheitsgesellschaft nicht zugesprochen wird – unter anderem aufgrund von Alltagserfahrungen oder der Kontinuität rechtsextremer Anschläge sowie Mordserien wie die des rechtsextremen ›Nationalsozialistischen Untergrunds‹ (NSU). Auf Grundlage des ›Solingen‹-Korpus sowie unter Rückgriff auf das DWDS-Korpus konnte die diskurslinguistische Analyse veranschaulichen, dass Solingen mittlerweile ins ›kollektive Gedächtnis‹ eingegangen zu sein scheint, da *Brandanschlag* im deutschen Sprachgebrauch unter anderem eng verknüpft ist mit *Solingen* und typische auf den Anschlag hinweisende und diesen näher spezifizierende Wortverbindungen aufweist.

Über einen Untersuchungszeitraum von 26 Jahren offenbaren sich auf Sprachebene Praktiken der Ausgrenzung, die sich nicht nur in politischen Dimensionen der Anteilnahmslosigkeit widerspiegeln und die diskursiv kritisch thematisiert werden (z.B. Bundeskanzler Helmut Kohls Abwesenheit während der ersten Solinger Trauerfeier). Praktiken der Ausgrenzung zeigen sich zugleich sprachlich unter anderem widergespielt in unreflektierten systematischen Falschschreibungen türkischer Nachnamen, hier am Beispiel des Nachnamens *Genç*, oder des nationalitätszuschreibenden Adjektivs *türkeistämmig* oder *Türkin*, die für die Bezeichnung der Betroffenen verwendet werden. Dem stehen Praktiken des Einschließens gegenüber, die medial, aber auch akteursspezifisch realisiert werden durch das wiederkehrende Benennen von Zusammenhalt – so wie es Mevlüde Genç fast drei Jahrzehnte lang praktizierte – oder durch Akteur*innen, die über Medien, Kunst und Literatur in die Öffentlichkeit hineinwirken und somit Erinnerungskultur in Bezug auf die Kontinuitäten rechter Gewalt prägen.

Literatur

Primärliteratur

DWDS – Digitales Wörterbuch der deutschen Sprache. Das Wortauskunftssystem zur deutschen Sprache in Geschichte und Gegenwart, hg. v. d. Berlin-Brandenburgischen Akademie der Wissenschaften. https://www.dwds.de [30. 08.2022].
Maxqda. Analysetool für quantitative und qualitative Analysen. www.maxqda.de [30.08.2022].
›Solingen‹-Korpus. Erschlossen über Nexis-Uni (https://advance.lexis.com [30.08.2022]) für den Untersuchungszeitraum 06/1993 bis 05/2019 mittels Suchwörter ›Solingen‹ und ›Brandanschlag‹. Nichtöffentliches Datenmaterial.
Suchwortabfrage ›Brandanschlag‹. https://www.dwds.de/wb/Brandanschlag [30.08. 2022].

Sekundärliteratur

Böke, Karin (1996): Politische Leitvokabeln in der Adenauer-Ära. Zu Theorie und Methodik, in: Böke, Karin/Liedtke, Frank/Wengeler, Martin (Hg.): Politische Leitvokabeln in der Adenauer-Ära, Berlin: de Gruyter, S. 19–50
Gür-Şeker, Derya (2014): Zur Verwendung von Korpora in der Diskurslinguistik, in: Angermuller, Johannes/Nonhoff, Martin/Herschinger, Eva/Macgilchrist, Felicitas/Reisigl, Martin/Wedl, Juliette/Wrana, Daniel/Ziem, Alexander (Hg.): Kompendium der interdisziplinären Diskursforschung, Bielefeld: transcript, S. 583–603.
Gür-Şeker, Derya (2015a): Das Wort im Diskurs, in: Haß, Ulrike/Storjohann, Petra (Hg.): Handbuch Wort und Wortschatz, Berlin: de Gruyter, S. 77–101.
Gür-Şeker, Derya (2015b): »In Deutschland die Soko Bosporus, in der Türkei die Soko Ceska.« Die Berichterstattung über die NSU-Morde in deutsch- und türkischsprachigen Medien im Vergleich, in: Friedrich, Sebastian/Wamper, Regina/Zimmermann, Jens (Hg.): Der NSU in bester Gesellschaft, Münster: UNRAST, S. 93–113.
Hermanns, Fritz (1995): Sprachgeschichte als Mentalitätsgeschichte. Überlegungen zu Sinn und Form und Gegenstand historischer Semantik, in: Gardt, Andreas/Mattheier, Klaus J./Reichmann, Oskar (Hg.): Sprachgeschichte des Neuhoch-

deutschen. Gegenstände, Methoden, Theorien, Tübingen: Max Niemeyer Verlag, S. 69–101.

Januschek, Franz (2022): »Qualitative« Diskursanalyse von Netzkommunikation, in: OBST 100/2022, S. 65–84.

Karakayalı, Juliane/Kahveci, Çağrı/Liebscher, Doris/Melchers, Carl (2017): Den NSU-Komplex analysieren: aktuelle Perspektiven aus der Wissenschaft, Bielefeld: transcript.

Klein, Josef (1998): Politische Kommunikation als Sprachstrategie, in: Jarren, Otfried/Sarcinelli, Ulrich/Saxer, Ulrich (Hg.): Politische Kommunikation in der demokratischen Gesellschaft. Ein Handbuch mit Lexikonteil, Opladen [u.a.]: Springer VS, S. 376–395.

Stubbs, Michael (1996): Text and Corpus Analysis, Oxford [u.a.]: Blackwell.

Opfer-Täter*innen-Umkehrungen, enteignete Verletzbarkeit und andere Affizierungsweisen

Çiğdem İnan

Auf der Trauerdemonstration nach dem Brandanschlag am 29. Mai 1993 rufen Demonstrierende »Gestern Mölln, heute Solingen«, um die gesellschaftliche Kontinuität rassistischer Gewalt anzuprangern und vor ihrer Normalisierung zu warnen. Rückblickend bezeugt dieses lautstarke Einfordern politischer Interventionen angesichts der Manifestationen von strukturellem Rassismus und rechtem Terror die ebenso manifeste Geschichte ihrer Verleugnungen. Dieses Einfordern verdeutlicht, dass die Nicht-Anerkennung von Rassismus Teil und Ausdruck struktureller Gewalt ist. »Gestern Mölln, heute Solingen« stellt daher auch einen Ausruf dar, der ein situiertes Wissen artikuliert, das inmitten der Verleugnungsgewalt operiert und als Ausdruck eines Spannungsverhältnisses von Gewalt und Widerstand, Vergangenheit und Zukunft entziffert werden muss. Noch heute, dreißig Jahre nach dem Brandanschlag, richten sich politische Forderungen antirassistischer Kämpfe gegen die wiederkehrenden Verleugnungsmechanismen, die der deutschen »Rassismusamnesie« (El-Tayeb 2016: 15) zu eigen sind. Gegenüber diesen Verdrängungsmechanismen wird »Rassismus als Kontinuitätslinie« (Alexopoulou 2018) aufgezeigt und damit eine Erkenntnis produziert, die sich aus dem multidimensionalen, auch affektiven Wissen speist, das vor allem den Kämpfen von Personen zu verdanken ist, die von Rassismus betroffen sind. In ihnen verschränken sich Intellektualität, Affektivität und Widerständigkeit und bilden ein Gefüge, dessen politische Interventionsmächtigkeit ich im Folgenden verhandeln möchte. Dabei gehe ich in meinem Beitrag auf die Gewalt ein, die mit der Verleugnung von Rassismus einhergeht, indem ich die Produktion von Trauer und Angst diskutiere, die vor allem durch Opfer-Täter*innen-Umkehrungen hervorgerufen werden und Trauererfahrungen verunmöglichen oder entwirklichen. Nach dem Brandanschlag in Solingen werden Affekte der Trauer und der Angst zum umkämpften Schauplatz, auf dem die Verletzbarkeit von Menschen, die von Rassismus betroffen sind, zugleich aberkannt, wieder angeeignet und ausgehandelt werden.

Wenn Erfahrungen von Verlust, Trauer und Angst abgesprochen werden, ereignet sich eine grundlegende Negation von Empfindsamkeit. Damit stellt sich die Frage, wie negative Affekte den Ausgangspunkt politischer Transformationen bilden können, die am Ort der Verletzung selbst operieren, ohne auf aneignungs- und repräsentationslogische Formen von Gemeinschaft und Subjektivität zurückzugreifen. Welche anderen Affizierungsweisen werden durch transversale Empfindsamkeiten und Solidaritäten ermöglicht? Inwiefern können Trauer-, Verlust- und Enteignungserfahrungen im Kontext rassistischer Gewalt eine politische Handlungsmacht induzieren, deren Kennzeichen es ist, in Zonen der Gewalt zu agieren, um dort die Kraft einer anderen sozialen Relationalität geltend zu machen, die sich nicht nur der Aufteilung in verletzbares und nichtverletzbares Leben widersetzt, sondern diese auch abzuschaffen sucht? Ich möchte zeigen, wie diese Akte, die das Trauma auf sich nehmen, Dimensionen eröffnen, die weniger als Trauer sind.

Migration als Krise: Angstregime, Sorgediskurse und rassistische Gewalt

Der Brandanschlag in Solingen stellt, wie migrationstheoretische Ansätze betonen, keinen Anfangspunkt rassistischer und rechter Gewalt dar, sondern den tödlichen Höhepunkt einwanderungsfeindlicher Diskurse und Praktiken Anfang der 1990er-Jahre. In einer durch sicherheitspolitische Narrative aufgeheizten Stimmung wird die Einwanderungsthematik medial, juridisch und politisch neu verhandelt und um die Frage des Asylrechts organisiert. Statt kritisch zu diagnostizieren, wie sich die Mechanismen und Artikulationsformen des strukturellen Rassismus im Kontext der postfordistischen Regulationsweise transformieren, entstehen – assistiert von den Medien – politisch-juridische Argumentationsschemata, die auf der affektiven Figur der »Überfremdungsangst« sowie »Überforderung« der Dominanzgesellschaft gründen. Solchen Belastungs- und Sorgesemantiken unterliegt eine Politik der Angst. Durch ihre »moralpanischen«[1] Adressierungen reduziert sie komplexe gesellschaftliche Umbrüche auf die Identifizierung einer vermeintlichen Ursache für gesellschaftliche Ängste und Verunsicherungen, indem sie abweichende, fremde und vor allem gefährlich-deviante Gruppen konstruiert, auf die die sozioökonomischen und politischen Krisenphänomene abprojiziert werden können. Ängste dienen hier affektiven und immunitären Grenzsicherungen, die in mehrfacher Weise operieren: Sie stabilisieren und fixieren hierarchische und hegemoniale Zugehörigkeitskonstruktionen; sie qualifizieren den Bruch im gesellschaftlichen Ordnungssystem mit dem Verlust einer früheren, vermeintlich stabilen Situation sozialen Friedens; sie erklären Migration und Einwanderung zu Faktoren sozialer Desintegration und des Verlusts gesellschaftlicher Kohäsion. Alle zusammen zählen sie zu den kontrollgesellschaftlichen Regierungsmechanismen, die als »Policing the Crisis« (Hall et al. 1982) bezeichnet werden und die durch soziale Etikettierungen

---

1   Siehe Konzepte der Moralpanik: S. Cohen (1972); S. Hall et al. (1982).

sowie statistische Erfassungen gesellschaftliche Krisenszenarien im Rückgriff auf die Konstruktion gefährlicher Gruppen und Orte interpretieren und damit hierarchische Aufteilungen von Verletzbarkeit und Affektivität erzeugen. Stuart Hall zufolge leistet die Produktion rassistischer Moralpaniken eine Massenmobilisierung von Ängsten, Sorgen und Schutzbedürftigkeiten, durch die die Wahrnehmung gesellschaftlicher Krisen auf den alleralltäglichsten Ebenen in affektiven Formen vermittelt wird (vgl. Hall et al. 2017: 151ff.). Das sicherheitspolitische Krisenmanagement impliziert die Produktion von Argumentationsschemata, in denen die Massen, wie Althusser schreibt, ein »imaginäres Verhältnis« zu ihren widersprüchlichen »Existenzbedingungen« (Althusser 2010) ausarbeiten – diese praktisch verstehen bzw. emotional erleben können –, indem Rassifizierung und Migration als ideologische Narrative und affektive Schauplätze der Kriseninterpretation angeboten werden. Insbesondere das Zusammenspiel offen agierender rassistischer Gewalt – Anfang der 1990er-Jahre ereignen sich täglich bis zu 78 Übergriffe (vgl. Herbert 2001: 304) – und ihrer gleichzeitigen Verleugnung verweist in Form der Verwandlung von Migrant*innen und Geflüchteten in die Figur der »gefährlich Fremden« auf die zentrale Bedeutung gesellschaftlicher Affektökonomien, deren symptomatologischstes Kennzeichen die Aberkennung der Verletzbarkeit ist. So manifestieren die politischen Debatten im Vorfeld des sogenannten Asylkompromisses auch die Affektivität, mit der rassistische »Klassifikationssysteme« und Konstruktionen »bestimmte Gruppen vom Zugang zu materiellen oder symbolischen Ressourcen ausschließen« (Hall 2000: 7) und die durch Entindustrialisierung und Globalisierung ausgelösten Kürzungen von »white wages«[2] (vgl. DuBois 1935) rechtspopulistisch »ausgleichen« wollen. Der »white unease« (Fortier 2010: 17) findet politische und wissenschaftliche Anerkennung, vor allem in modernisierungstheoretischer Hinsicht, während die »Ängste der Migrant*innen [...] vor sozialer Not, ethnischer Diskriminierung, Prekarisierung, permanenter Überwachung und Kontrolle« (Kahveci 2013: 12) nivelliert werden. Die faktische Abschaffung des Asylgesetzes[3] drei Tage vor dem Brandanschlag in Solingen wird durch die Störung des »sozialen Friedens« und die »Entlastung« der mehrheitsgesellschaftlichen Bevölkerung plausibilisiert. Die These einer durch Migrationsbewegungen ausgelösten »gesellschaftlichen Überforderung« legitimiert also einwanderungspolitische Restriktionen in Form der Verabschiedung des sogenannten Asylkompromisses (vgl. Karakayalı 2008). Diese »Entlastungsstrategien« setzen weniger an der rechtlichen und politischen Aufklärungsarbeit der rassistischen Gewaltwelle an, sondern

---

2   DuBois schreibt: »[...] white group of laborers, while they received a low wage, were compensated in part by a sort of public and psychological wage« (DuBois 1935: 700).
3   Am 26. Mai 1993 wurde die Neuregelung des Asylrechts beschlossen, die durch die Einführung von Drittstaatenregelung, sicheren Herkunftsländern und Flughafenverfahren in Transitbereichen die Schutzgarantie des ursprünglichen Asylrechts faktisch aufhob.

verfolgen die Strategie, die von Rassismus Betroffenen einer kriminalisierenden »Selbstverschuldungslogik« zu unterwerfen. Weniger als Opfer und Betroffene gelten sie als eigentliche Ursache von Gewalt, indem Migration in ein Krisenphänomen umgedeutet wird und durch hegemoniale Zuspitzungen sozialer Wahrnehmungs- und Affektstrukturen ein allgemeines »Bedrohungsgefühl« (Jäger 2015: 37) induziert wird. Diese Umkehrung basiert auf einem historisch gewachsenen Affekt-Gefüge, das sich als Affirmation der Angst *vor* anderen und zugleich als Verleugnung der Angst *der* anderen artikuliert, wodurch sich eine dominanzgesellschaftliche Inbesitznahme von Angst vollzieht. Wenn die den Angstnarrativen unterliegenden Rassismen ihr Fundament im Durchgang durch ein »set of mistaken perceptions« in den »real material conditions of existence« (Hall et al. 2017: 156) haben, folgt daraus, dass der sogenannte »Krisenrassismus« aus der Konstitution rassistischer Verhältnisse im Kontext europäischer Nationenbildung in historisch langer Dauer zu betrachten ist. Indem Étienne Balibar den modernen institutionellen Rassismus durch die Verbindung biopolitischer Vergesellschaftungsprozesse mit rassifizierenden Affektdynamiken zusammendenkt, zeigt er, dass der Rassismus »eine für den Nationalismus selbst kritische Konstellation« (Balibar 1993: 65) bildet. Er arbeitet heraus, inwiefern der moderne Staatsapparat auf einem »primären« Prozess massenbasierter Affektivität basiert, in dessen Verläufen »Liebe und Hass« (Balibar 2014: 116) gesellschaftlich und institutionell mobilisiert sowie in imaginären Selbst- und Fremdbildern fixiert werden. So kann er verdeutlichen, wie im Rahmen von staatlich katalysierten »Massen- und Individuationsphänomenen« (ebd.: 116) die »äußeren Grenzen« des Staates in die »inneren Grenzen« (ebd.: 117) einer kollektiven Identität übersetzt werden. Er führt uns auf die genealogischen Spuren, die den modernen Rassismus als »affektiven Schauplatz« erkennbar machen, auf dem kapitalistische Widersprüche neutralisiert werden, indem Nationalstaatlichkeit, imaginäre Vergemeinschaftung und Rassifizierung im Kontext der gewalt- und kolonialgeschichtlichen Expansion Europas sich herausgebildet und in Regimen des »governing through affect« (Fortier 2010: 20) institutionalisiert haben. Affekte als Ressource von Migrationspolitiken erzeugen individualisierende und rassifizierende Affektregime. Dass darin die Affektivität, Verletzbarkeit und Angst auf der Seite der Migrant*innen derealisiert bleiben, zeigen uns nicht nur politische und juristische Diskurse, sondern auch wissenschaftliche Auseinandersetzungen, in denen die rechte und rassistische Gewalt der 1990er-Jahre und ihre migrationsfeindliche Einwanderungspolitik entlang dichotomisierender Affektmobilisierungen analysiert werden, wenn sie mit Figuren wie der des Modernisierungsverlierers und seinem Pendant des Modernisierungsverweigerers argumentieren.

In wissenschaftskritischer Hinsicht haben Flam und Kleres erörtert, inwiefern modernisierungs- und deprivationstheoretische Ansätze im Sinne eines methodologischen Nationalismus ein emotionales Regime reproduzieren, »durch welches das Problem des Rechtsextremismus emotional entschärft und beschwichtigt wird, während gleichzeitig die Situation von Migrant*innen mittels spezifischer Gefühlsregeln ignoriert oder ihnen sogar mit Antipathie begegnet werden kann« (Flam/Kleres 2008: 78). Rechte Gewalt werde angesichts von Unsicherheiten und Entfremdungsängsten als Form der Selbstbehauptung interpretiert, mit der auf »desintegrative« Erfahrungen im Zusammenhang der Erosion gesellschaftlicher Institutionen und sozialer Bindungen reagiert wird (ebd.: 66). Solche Erklärungsmodi erzeugen Flam und Kleres zufolge nicht nur »Sympathien« mit rechten deutschen Jugendlichen, sondern lassen migrantische Subjekte als Objekte hervortreten, auf die die Entsicherungserfahrung überforderter »affective citizens« übertragen werden. Der gleichzeitigen Identifizierung und Entlastung der Täter als Modernisierungsopfer (vgl. Rommelspacher 1992) liegt ein Mechanismus zugrunde, der sich bis heute in der Figur der Einzeltäter- oder Einzelfallthesen artikuliert und die Verleugnung strukturellen Rassismus fortsetzt. Im Rahmen dieser affektiven Aufteilungslogiken werden die Täter zu Opfern ihrer gesellschaftlichen Bedingungen, während die Opfer zu Tätern ihrer Gewalterfahrung werden – Integrationsverweigerer, Modernisierungsbummler, gefährlich Fremde.

Verleugnung der Verletzbarkeit und die Ökonomie rassifizierender Affekte

Die Ereignisse der 1990er-Jahre von den rassistischen Anschlägen bis hin zu den politischen Debatten vermitteln die »Botschaft, dass die Migrant*innen keinen Schutz des Staates zu erwarten« (Kleffner 2014: 31) haben. Sie erzeugen nicht nur »das Selbstbewusstsein [...] jener ›Generation Terror‹ – junge Neonazis und Naziskins, aus der sich auch das Unterstützer*innen-Netzwerk und der Kern des NSU rekrutierte –« (Kleffner 2014: 31), sondern sie schaffen aufseiten der Betroffenen eine gesellschaftliche Verwundung. Sie deuten auf Ausgrenzungsprozesse des Ausgegliedert-Seins und Alleingelassen-Werdens (vgl. Kahveci/Sarp 2017), sei es durch »Stigmatisierung und Isolation«, in der Betroffene rassistischer und rechter Übergriffe und Anschläge »alleine das Trauma des Verlusts [zu] verarbeiten [haben] [...] [und] die von Täter-Opfer-Umkehr und institutionellem Rassismus geprägten Ermittlungen kompensieren« (Kleffner 2021: 29) müssen, sei es durch den im Migrationsdispositiv wirkmächtigen rassistischen Angst- und Sorgediskurs. Statt in den 1990er-Jahren einen »konsequenten Schutz der Migrant*innen und eine kompromisslose Verfolgung der Täter und Täterinnen« durchzusetzen, wurde, wie Dostluk Sıneması schreibt, von der Bundesregierung »Verständnis für die ›Sorgen vor Überfremdung‹« (Dostluk Sinemasi 2014: 6) gezeigt und diese dadurch verstärkt. Wenn in Bezug auf die rassistische Gewalt festgestellt wird, dass »die migrantische Gesellschaft« einer »latenten Bedrohung von Leib und Leben« sowie der »Aberkennung ihrer Lebenssituation« (Güleç/Hielscher 2015: 144) ausgesetzt ist, dann ist es wichtig, die Untersuchung dieser affektiven Dimensionen zu erweitern und die Aberkennung von Verletzbarkeit und Affizierbarkeit als Ausdruck der Immunisierung der Dominanzgesellschaft herauszustellen. Neben den rassistischen Übergriffen sind es diese affektiven Aufteilungslogiken, die nicht nur die verschiedenen Gewaltverhältnisse verbinden, sondern durch die Aberkennung der damit verbundenen Traumata eine Kette sekundärer Traumatisierungen auslösen. Die Verleugnung struktureller Rassismen, die Nicht-Wahrnehmung ihrer Gewalt erzeugen qua Derealisierung Grenzziehungen, durch die lebenswerte und nicht lebenswerte Existenzformen voneinander unterschieden und differenzierte Grade der Entmenschlichung eingeführt werden. Frantz Fanon erklärte bereits in den 1950er-Jahren, dass diese Grenzziehungen alltägliche und strukturelle »Zone[n] des Nicht-Seins« (Fanon 1980: 7) schaffen, in denen Menschen Gewaltverhältnissen ausgesetzt und zugleich jenseits von Anerkennungsansprüchen positioniert werden.

Die von Fanon dargestellte Anerkennungsverweigerung interpretiert Judith Butler als Verleugnung der Prekarität und Verletzbarkeit von Körpern. Butler zeigt, dass die Bindungen, in denen wir mit anderen verschränkt sind, nicht nur als bloße Relationalität zu begreifen sind, sondern als etwas, durch das wir in unseren Begründungen »enteignet werden« (Butler 2005: 41). Trauer, Verlust und Verletzbarkeit sind politikmächtig, weil sie diese Erfahrung unbesitzbarer Beziehungen zu anderen manifestieren und die Enteignung von sich selbst als existenziale Empfindung ausweisen. Wenn auf der Basis gesellschaftlicher Normen und Ausbeutungsverhältnisse rassifizierte Unterscheidungen zwischen betrauerbaren und nicht betrauerbaren Existenzweisen etabliert werden, entsteht ein im machtkritischen Sinne enteignetes Leben, das als sozial unzugehörig gilt und als untot im Raum sozialer Phänomene nicht erscheint (vgl. Butler 2005: 49–52). Mit Verweis auf Foucault zeigt Butler, wie die rassistischen Phantasmagorien untoten Lebens innerhalb einer biopolitischen »Metrik der Betrauerbarkeit« (Butler 2020: 149) negativ verlebendigt werden, indem das Bild von Populationen geschaffen wird, die durch »Ausschließung [von] der Lebendigkeit« (ebd.: 144) bestimmt sind. Diese »entbehrlichen Populationen« sind direkten und indirekten Tötungsweisen staatlicher und institutioneller Gewalten ausgesetzt, für die sie als »so gut wie tot oder bereits tot« (ebd.: 234) erscheinen. So impliziert die rassistische Immunisierung gegen die Existenz der anderen und ihren Tod gewalttätige Verleugnungen sozialer Relationalität. Zur zentralen Problemstellung antirassistischer Politiken der Trauer, des Verlusts und der Verletzbarkeit wird damit folgende Frage: Aufgrund welches Affekt- und Wahrnehmungsschemas wird die Zerstörungskraft rassifizierter Gewaltmechanismen gesellschaftlich unidentifizierbar und kann dadurch im Sinne vereinfachter Ideologiekritik nicht »aufgedeckt« oder »enttarnt« werden, weil die Tötung »nichtlebender Populationen« gar keine Tötung darstellt, sondern, wie Butler schlussfolgert, »nur die Beseitigung gewisser Störungen auf dem Weg der Lebenden« (ebd.: 143)?

Der Brandanschlag in Solingen bleibt bis heute ein in mehrfacher Hinsicht »höchst emotionales Thema« (2020: 28), wie Birgül Demirtaş schreibt. Diese Emotionalität umschließt ein Spannungsverhältnis, das das (Über-)Leben der rassistischen Gewalt in seiner gesamten Kontinuität prägt, denn die Praxis der Erinnerung selbst, der Akt, »an extrem rechte Gewalt, [...] insbesondere an die Opfer und Überlebenden«, zu denken, den damit einhergehenden Verlust zu vergegenwärtigen, ist »keine Selbstverständlichkeit« (Demirtaş 2020: 28). Überschattet, überlagert und im Butlerschen Sinne entwirklicht werden das gesellschaftliche Trauern und die Erinnerung an den Brandanschlag unter anderem durch die medialen und politischen Reaktionen auf die gewalttätigen Ausschreitungen, die sich nach dem tödlichen Anschlag in Solingen ereignen und die einen Index für das Ausmaß bilden, in dem sich angesichts der fortgesetzten Aberkennung von Trauer- und Verlusterfahrungen Angst, Wut und Entsetzen akkumulieren. Auf den Solinger Brandanschlag folgen zahlreiche Proteste, Trauermärsche und Demonstrationen, die mit »erheblich mehr Trauer, aber auch mehr Wut« (Neumann 1994: 192) als nach den Anschlägen in Hoyerswerda, Rostock-Lichtenhagen und Mölln einhergehen und antirassistische sowie migrantische Kämpfe bundesweit intensivieren. Wenn Solingen als traumatischer Wendepunkt in der migrantischen Lebens- und Erfahrungswelt gelten kann, weil »unter vielen Migrationsfamilien eine Welle der Angst und Panik sichtbar [wird], ein Gefühl des Abgewertetseins und Nicht-Dazugehörens« (Bozay 2021: 62), dann ist Solingen zugleich der Ort, von dem aus sich bundesweit multiple Formen von Protesten und Widerständen verbreiten. Neben der Anerkennung der Trauer- und Verlusterfahrungen fordern diese Widerstandsformen politische Teilhabe, Aufklärung sowie rechtlichen Schutz ein und kritisieren die Asyldebatte, indem sie sie in einen Zusammenhang mit der signifikanten Zunahme rassistischer Gewalt stellen. Diese Erfahrungen der Gefährdung, die Butler zufolge nie als private, sondern in einem »Rahmen verkörperter sozialer Beziehungen« zu begreifen sind, zu denen nicht zuletzt »auch Widerstandspraktiken gehören« (Butler 2020: 233), werden nach dem Solinger Brandanschlag von vielen Migrant*innen gemeinsam artikuliert und gegen die täglichen rechten und rassistischen Übergriffe sowie gegen die Verleugnung ihrer strukturellen Dimension auf die Straße getragen. In der medialen Darstellung dominieren hingegen »Bilder der Verwüstung«[4] mit brennenden Barrikaden, verrammelten Schaufenstern und Warnungen vor drohenden Selbstjustizakten sowie der Höhe der angerichteten Sachschäden, mit denen repressive Polizeieinsätze öffentlich legitimiert werden. Deutsch-türkische Netzwerke, die den »Grauen Wölfen« nahestehen, versuchen, den Brandanschlag ihrerseits »politisch zu instrumentalisieren« (Bozay 2021: 64), und attackieren

---

4   Siehe Tagesschau vom 31. Mai 1993.

antifaschistische und linke Demonstrationen. Diese Konflikte zwischen den unterschiedlichen politischen Gruppierungen werden nicht thematisiert, vielmehr wird in den Medien, wie Kemal Bozay bemerkt, von »angeblich ›rivalisierenden‹ türkischen Gruppen [berichtet], ohne dabei eine feine Unterscheidung zu machen, welche türkisch-rechtsextremen Gruppen dafür verantwortlich [sind]« (ebd.: 64). Medienberichte lenken die Aufmerksamkeit auf »türkische« Protestierende, ihre polizeiliche Erfassung und Verhaftung nach gewalttätigen Aktionen. Ausführliche Interviews[5] werden ausgestrahlt, die über die Ausschreitungen auf den Solinger Straßen berichten und von Chaos, kriegsähnlichen Zuständen sowie »geplanter Gewalt« sprechen. Dabei werden in den Medienberichten die einen zu Türk*innen und die anderen zu Solinger*innen gemacht. Mit Labeln wie »Bürgerkrieg« und »rivalisierende türkische Gruppen« werden nicht nur gesellschaftliche Konflikte entpolitisiert, sondern auch von dem eigentlichen Ereignis, dem rassistischen Brandanschlag, entkoppelt (vgl. Demirtaş 2020), sodass die Übersetzung von bürgerlicher Selbstsorge und sicherheitspolitischer Normalisierung in die Artikulation rassifizierender und rassistischer Angst ununterbrochen fortgesetzt werden kann. Diese Stereotypisierungen artikulieren hegemoniale Ängste vor einer angeblichen Abschottung migrantischer und türkischer Communities, die in den 2000er-Jahr im Zusammenhang mit der Integrationsdebatte unter fortgesetzter Beschwörung von sozialem Kohäsionsverlusts, Parallelgesellschaftlichkeit und mangelnden Sprachkenntnissen zugespitzt werden.

Angesichts dieser Kontinuitäten verwundert es wenig, wenn der Neuköllner Bürgermeister Heinz Buschkowsky 2012 auf einer Trauerfeier für die NSU-Opfer auf Integrationsprobleme und fehlende Deutschkenntnisse von Migrant*innen hinweist (vgl. Gensing 2012: 14f.). »Die NSU-Opfer wurden aber nicht erschossen«, schreibt Patrick Gensing, »weil sie besonders schlecht oder ausgesprochen gut integriert waren [...], nein, sie wurden mit Kopfschüssen exekutiert, weil sie Migranten waren. Und sie wurden postum öffentlich zu angeblichen Kriminellen gemacht, weil sie Migranten waren. Und weil sie Migranten waren, wurde sogar an dem Tag der Trauerfeier über ihre vermeintlichen Versäumnisse gesprochen [...].« (Gensing 2012: 26). Die Verleugnung rassistischer Traumatisierung artikuliert sich nicht nur im Zusammenhang sicherheitspolitischer Narrative, sondern auch blockierter politischer Partizipation, zum Beispiel hinsichtlich des Staatsbürgerschafts- und Wahlrechts. Nach dem Solinger Anschlag erhebt Nasrin Bassiri auf der Demonstration am 5. Juni 1993 Forderungen nach Wahlrecht, Selbstbestimmung und Teilhabe: »Wir wollen unsere vertrauten Politiker*innen in Deutschland selber wählen«, kritisiert sie, »[w]ir möchten mit an einem Antirassistischen Gesetz arbeiten. [...] Tut doch etwas, sammelt Unterschriften für die doppelte Staatsbürgerschaft. Statt

---

5   Siehe Tagesschau vom 31. Mai 1993.

Lichterketten, Unterschriftenketten [...].«[6] Anlässlich des fünften Jahrestages insistiert auch Mevlüde Genç immer noch auf Selbstbestimmung und Teilhabe: »Wo sind unsere Rechte, wo bleibt unser Wahlrecht?« (Eder/Stahl 2021: 329) Mit dieser Forderung trifft sie den Kern der Auseinandersetzungen, die 1998 die Bundestagswahl zur Zeit der Neufindungsphase der Bundesrepublik als Einwanderungsland prägt und sich an der Frage der doppelten Staatsbürgerschaft zuspitzt, die von den Unionsparteien unter dem Motto »Integration ja, doppelte Staatsbürgerschaft nein« negiert wird.

Mit diesen Affektverlagerungen wird die Verletzbarkeit von Rassismus betroffener Menschen in eine »Ökonomie der Angst« (Ahmed 2004a) eingebunden, in der durch Wiederholung, Sedimentierung und Ablagerung bestimmter Emotionen ein »affective value« (ebd.: 120) gebildet wird, der diese Verletztbarkeit negiert. Ahmed erklärt die Insistenz rassistischer Phobien, deren affektive Negativität bereits Fanon hervorhebt, unter Bezug auf ein Zirkulationssystem der Angst, in dem »beharrliche Zeichen« oder »sticky signs« (Ahmed 2004b: 92) – wie kriminelle Türk*innen, Bürgerkrieg, rivalisierende Gangs – entstehen und bestimmte Körper markieren, fixieren und rassifizieren. Die zerstörerische Performativität dieser *sticky signs* führt zu der verdrängten Geschichte rassistischer Gewalt, die – einer abwesenden Ursache gleich – nicht öffentlich anerkannt wird, sodass sich eine geteilte Artikulationsordnung der Affekte durchsetzt: Sichtbaren rassistischen Phobien stehen kaum artikulierbare Ängste der Betroffenen vor diesen Phobien gegenüber (vgl. Ahmed 2004; Fanon 1980). Durch die hier erzeugten affektiven Wertdifferenzen wird auf der einen Seite Angst anerkannt und mit Sicherheits- und Sorgediskursen verbunden. Auf der anderen Seite aber wird die Angst von rassifizierten Personen von den gesellschaftlichen Verhältnissen entbunden. Sie verwandelt sich in eine Form enteigneter Angst, die sich in einem »impossible or inhabitable body« (Ahmed 2004b: 62), der nicht sein darf, manifestiert. Die transgenerationale Angst in migrantischen Communities, in denen wie in Solingen Kinder lernen, mit Anziehsachen schlafen zu gehen, eine Strickleiter am Fenster hängen zu haben oder mit Funkgeräten ausgestattet zu sein, wird gesellschaftlich nicht reflektiert. Stattdessen werden diese Erfahrungen mit Narrativen von Integrations- und Sprachdefiziten überschrieben. Diese beharrlichen Affekt-Zeichen, die Ahmed zufolge sich immer an dieselben Körper heften, materialisieren sich in Form einer »Bindung«, eines »attachment that is taken on by the body, encircling it with a fear that becomes its own« (Ahmed 2004b: 64).

---

6 http://home.wtal.de/tacheles-Solingen/archiv/ausg29/seite6.html [10.10.2022].

Opfer-Täter*innen-Umkehrungen nach dem Solinger Brandanschlag

Die Ereignisse der 1990er-Jahre zeigen paradigmatisch, wie sich neoliberale Selbstverschuldungslogiken im Medium von Angstökonomien, Überlastungs- und Überforderungssemantiken mit den Schuldzuweisungen verbinden, die durch Opfer-Täter*innen-Umkehrungen produziert werden. Die Anschlagsserien der 1990er-Jahre haben auch erwiesen, dass sich diese Umkehrungen bis heute stets in Form der Verdächtigung der Opfer rechter und rassistischer Brandanschläge durch die Ermittlungsbehörden und Teile der Medien artikulieren: So ist die Familie Genç Entwirklichungsmechanismen ihrer Trauer ausgesetzt, die sich bis in den Gerichtsprozess fortsetzen: Neben medialen Behauptungen, die Familie habe den Brand im Rahmen eines geplanten Versicherungsbetrugs selbst gelegt, taucht ein notariell beglaubigtes Schuldbekenntnis auf, das den Verdacht auf einen Familienkonflikt lenken soll. Bis dieses Bekenntnis als eine Fälschung aufgedeckt wird, die von Angehörigen der rechten Szene Berlins lanciert worden ist, bestimmen Verdächtigungen der Familie und ihrer Kontakte die öffentliche Debatte. Bereits in einem Ausschussprotokoll des nordrheinwestfälischen Landtags vom Juni 1993 wurde die Frage aufgeworfen, ob die Täter dem Umfeld der PKK angehören (Demirtaş 2022b: 71). Wenige Tage, nachdem die rechten Täter ermittelt werden, setzen zunächst Routinen der Vertuschung und der Verharmlosung ein, mit denen die Täter außerhalb rechter Strukturen positioniert, als Einzeltäter psychologisiert, als Sozialfälle bzw. Personen, die »alkoholisiert« und »spontan [ge]handel[t]« hätten (Demirtaş 2022a: 67), ja rechtsradikale Symbole eigentlich gar nicht zu deuten wüssten, aus der Verantwortung entlassen werden. Die offensichtlichen Verwicklungen rechtsextremer Netzwerke manifestieren sich kurz später unter anderem durch die Mitgliedschaft dreier Täter in der Kampfsportschule »Hak Pao«, in der Neonazis trainieren, die zum Teil Saalschutz für verbotene rechtsextreme Organisationen wie die »Nationalistische Front« und die »Deutsche Liga für Volk und Heimat« organisieren (vgl. Kleffner 2014). Die Verwicklung des Verfassungsschutzes kommt schließlich durch die Tatsache ins Spiel, dass die Schule von einem V-Mann geleitet wird, der bei Verwandten rund 50.000 Blatt Unterlagen versteckte, darunter »Flyer mit Aufrufen zum Bau von Molotow-Cocktails, Lageskizzen von mehrheitlich von Migrant*innen bewohnten Häusern [...] [und] detaillierte[n] Observationsprotokolle[n] (Kleffner 2014: 31). Trotz der manifesten Täter*innen-Opfer-Verkehrungen und der »tödlichen Konsequenzen des V-Leute-Systems deutscher Geheimdienste« (ebd.: 31) werden die Stimmen Tausender Demonstrierender überhört, die »Nazis raus« rufen, auf Zusammenhänge rechter Netzwerke hinweisen, die Nivellierung eines »organisierten rechtsextremen Hintergrund« seitens der Ermittlungsbehörden kritisieren und zugleich öffentlich um die Ermordeten trauern, die Anerkennung ihrer Trauer fordern und ihre Namen aufrufen: Gürsün İnce, Hatice Genç, Gülüstan Öztürk, Hülya Genç, Saime Genç – Namen, die in den ersten Wochen nach dem Anschlag in den meisten Nachrichtensendungen nicht genannt werden. Die Perspektive der Opfer, ihre Traumatisierung und Trauer wurden auch im Rahmen öffentlichen Gedenkens übergangen und verdrängt, als zum Beispiel die Abwesenheit von Bundeskanzler Helmut Kohl, der bereits an den Möllner Trauerfeiern nicht teilgenommen hatte, mit dem Vorwand begründet wurde, keinem »Beileidstourismus« Vorschub leisten zu wollen. Diese gewollte mediale Entgleisung weist auf die sprachlichen Mechanismen hin, mit denen das Trauern abgespalten und übergangen wird. Das »Solinger Mahnmal«, das auf dem Gelände des Berufskollegs errichtet worden ist, gründet auf einer privaten Initiative. Ein Denkmal im Zentrum von Solingen wurde durch die Stadtverwaltung und den Stadtrat aus Angst vor negativer Aufmerksamkeit und vermeintlichen Imageschäden konsequent verhindert. Dass seit 2012 der Mercimek-Platz im Stadtzentrum an die Ermordung der Opfer des Brandanschlags erinnert, ist der Erfolg jahrelanger erinnerungspolitischer Kämpfe um ein offizielles Mahnmal. Bis heute sind Gedenkpolitiken in Bezug auf rechte und rassistische Übergriffe von kontinuierlicher Verleugnung und Immunisierung geprägt. Vielen Ermordeten bleibt ein offizielles Gedenken verwehrt, anderen dagegen wird erst nach Jahrzehnten selbstorganisierter Demonstrationen ein Gedenken zugestanden. Von der Kampagne um die Erinnerung an den Brandanschlag in Schwandorf 1988 über den selbstorganisierten Gedenkakt der »Möllner Rede im Exil« bis hin zur Gründung der Initiative 19. Februar Hanau sind selbstorganisierte Erinnerungsräume geschaffen worden, die auf die Verletzlichkeit und Prekarität der Erinnerung verweisen. Sie zwingen uns, die Notwendigkeit einer mehrheitlich immer noch ausstehenden gesellschaftlichen Auseinandersetzung mit strukturellem Rassismus anzuerkennen und die »melancholischen Spuren« aufzuzeigen, die davon zeugen, dass der Verlust des Lebens anderer in der deutschen Gesellschaft unbetrauert verneint wird.

Die Opfer-Täter*innen-Umkehrungen, die bis heute so oft in den Ermittlungsarbeiten nach rassistischen Übergriffen zu beobachten sind, sowie die Verharmlosung der Verwicklung rechter Netzwerke stimmen mit einer »national mood« (Ahmed 2014) überein bzw. mit einem migrationspolitischen Affekt-Regime, in dem Verletzbarkeiten abgesprochen, enteignet oder umgedeutet werden.

Enteignung, Trauer und widerspenstige Affizierungsweisen

Diese Derealisierungen von Trauer und Verlust sind zu einem signifikanten Ausgangspunkt für aktuelle Umarbeitungen des Politischen und Widerständigen geworden. Die Frage, wie die Nichtwahrnehmung rassistischer Gewalt und die Verkennung ihrer Verletzungen in die Trauer eingreifen und diese verunmöglichen, wodurch sekundäre Traumatisierungen ausgelöst werden, ist zu einem expliziten Handlungsfeld politischer Praktiken geworden.

Die Gründungen antirassistischer Initiativen gegen rechte und rassistische Gewalt haben politische Archive des Gedenkens, der Trauer, des Wissens, der Aufklärung, der alternativen Ermittlung und der antirassistischen Praxis geschaffen, die ihre Widerständigkeit aus dem Zusammenwirken dieser Aspekte gewinnen. Mit dieser Umwertung des Politischen geht auch die gesteigerte Fähigkeit einher, Rassismus als immunitäre Operation zu erkennen, in der das soziale Aufeinander-verwiesen-Sein verleugnet, diese Leugnung am anderen abreagiert und der Verlust aus dem gesellschaftlichen Wahrnehmungsfeld verbannt wird. Diese neuen Widerstandsformen zeigen die Potenziale affektiver Politiken auf, in denen sich Gesellschaftskritik, Erinnerungsarbeit, Verlusterfahrungen überkreuzen und Trauer als Ausgangspunk des Politischen ernst genommen wird. Sie bergen indes auch Fallstricke, auf die Butler aufmerksam macht, indem sie vor einer »Inbesitznahme der Verletzbarkeit« warnt, in der die »Gefährdung als Eigenschaft des Subjekts« (Butler 2020: 243) statt als soziale Beziehung verstanden würde. Sobald aber diese Relationalität anerkannt würde, bringe das »Beharren« auf dem Gefährdet-Sein eine eigene »Art der Stärke« (ebd.: 243) hervor, die weder als Identifikationsmuster dienen könne noch als Ursache der Politik zu verstehen sei, sondern als Medium, in dem neue Formen transversaler Solidaritäten produziert werden können. Diese gründen sich nicht auf der Idee einer neuen Unantastbarkeit oder Unverletzbarkeit, da damit »Formen der Dominierung« fortgesetzt und Modalitäten der »Empfänglichkeit und Ansteckung entwerte[t]« (ebd.: 243) würden.

Angesichts dieses Dilemmas geht es darum, zwei Gestalten der Enteignung zu unterscheiden: eine gewaltgeschichtlich vermittelte und eine existenzial-politische. In den Kontinuitäten der Gewalt ist die zweite nur durch die erste erreichbar und erfordert die »Verweigerung dessen, was verweigert worden ist« (Harney/Moten 2016: 118), das heißt der mächtigen Fiktionalität autonomer Subjektivität, um für Ansteckung, Affizierung, Empfänglichkeit offen zu sein, die transversale Solidarisierungen und Politisierungen erst ermöglichen. Es geht hier nicht um ein fatalistisches Sich-Abfinden damit, dass antirassistische Politiken gezwungen sind, in Gewaltverhältnissen zu operieren, sondern um die affirmative Forderung, Aufmerksamkeit für die Praktiken zu schärfen, die unterhalb der repräsentationslogischen Dimensionen von Subjekt, Sinn, Autonomie und Vollendung in Zonen organisierter Gewalt und Enteignung »handeln«, ohne Aneignung und Ententfremdung einzufordern. Wenn es darum geht, in Enteignungserfahrungen zu unterscheiden und sich von Logiken aneignender Selbstinbesitznahme zurückzuziehen, lassen sich in antirassistischen Politiken flüchtige und schwer repräsentierbare Akte der Trauerarbeit ausmachen, die den Freudschen Begriff der Trauerarbeit übersteigen. Dies erklärt sich daraus, dass es unter der Bedingung kontinuierter struktureller Rassismen in antirassistischen Politiken der Trauer darum geht, am Ort rassistischer Gewalt, an der Schwelle zur Enteignung einzugreifen. Die »excavate a wound« (Hartman 2007: 40) und die Bestätigung des Bruchs erweisen sich als Formen einer paradoxen Heilung, die aufdeckt, dass sie von Nicht-Zugehörigkeit bzw. von der Entortung im Geschichtlichen aus spricht. Daraus resultiert ein politisches Festhalten von »Verlust und Entfremdung« (Cvetkovich 2014: 66), das nicht das Leiden reproduzieren will, sondern versucht, den Verlust in desidentifikatorische Affektverhältnisse zu überführen, die in einem transformierten Enteignet-Sein, in transversalen Empfindsamkeiten und Solidaritäten zu verweilen suchen. Ohne neue Gruppenidentifikationen auskommend, werden Unvollständigkeit, Verbunden- und Affizierbar-Sein als politisch ermächtigend begrüßt, sodass die Erkennbarkeit von Opfergruppen oder das, was Butler »nekropolitische Zielgruppenerfassung« (Butler 2020: 232) nennt, mit der Mitleid und Paternalismus in politische Aktionen Eingang finden, unterlaufen werden.

Entlang antirassistischer Kritiken an derealisierter Trauer kann ausgelotet werden, wie in den Zonen der Nicht-Anerkennung und Entwirklichung von Leben Unterströmungen oder Fluchtlinien des Politischen entstehen. Zur Frage steht dabei, wie Angst und Trauer als widerständige Affekte erfahren werden können, ohne in Besitz genommen und als identifikatorisch-normatives Heilungsprinzip verschlossen zu werden, sodass sie weniger als Trauer werden. Heilung bezieht sich hier auf einen »erschöpften Standpunkt« (Harney/Moten 2016: 117) der Verletzbarkeit, der Sorge und der Gemeinschaft. Deshalb sprechen Fred Moten und Stefano Harney von »ekstatischer [...] Sozialität« (ebd.: 116). Sie insistieren dabei auf dem, was in nicht fixierten Bewegungen, transindividuellen Affekten, ungeformten Kräften die Subjektivität klassischer Befreiungskonzepte unterläuft. Sie stellen das »Füreinander-Fühlen« ins Zentrum widerständiger Praxis (ebd.: 121) und analysieren eine Affektivität minoritärer Aufstände, die in den Herrschaftsverhältnissen als Unterbrechungen, Störungen, Fluchten und Dissidenzen auftauchen, ohne Rechts-, Subjekt- oder Eigentumsform anzunehmen. Eine solche Auseinandersetzung mit enteigneter Trauer öffnet den Blick auf langjährige migrantische und antirassistische Kämpfe, in denen ein affektives Wissen um die Aberkennung von Verlust und Trauer eingelassen ist. Diese Widerstände artikulieren nicht nur erinnerungspolitische Forderungen, sondern verwandeln deren Gestalt. Das Affektive, Traurige und Enteignete wird als Signatur der Politik zugelassen und repräsentative Politik auf die Kraft des Unrepräsentierbaren geöffnet. An den Grenzen des Intelligiblen treten nichtidentische, widerspenstige Affizierungsverhältnisse hervor, die die Gewalt rassistischer Immunisierung und Entmenschlichung von innen übersteigen. Die Transformation gesellschaftlicher Bedingungen wird hier nicht allein auf ein Danach – nach der Befreiung, nach der Emanzipation, nach der Gleichheit – verlagert, sondern in einem mikropolitischen Jetzt der Abschaffungspraktiken und transversalen Solidaritäten angesiedelt.

Literatur

Ahmed, Sara (2004a): »Affective Economies«, in: Social Text, H. 22(2), S. 117–139.

Ahmed, Sara (2004b): The Cultural Politics of Emotion, London, New York: Routledge.

Ahmed, Sara (2014): »Not in the Mood«, in: new formations: a journal of culture/theory/politics, H. 82, S. 13–28.

Althusser, Louis (2010): Ideologie und ideologische Staatsapparate, Hamburg: VSA: Verlag.

Balibar, Étienne (1993): Die Grenzen der Demokratie, Hamburg: Argument Verlag.

Balibar, Étienne (2014): »Die Nation-Form: Geschichte und Ideologie«, in: ders., Wallerstein, Immanuel (Hg.): Rasse, Klasse, Nation. Ambivalente Identitäten, Hamburg: Argument Verlag, S. 107–130.

Bozay, Kemal (2021): »Die Wunden liegen tief. ›Unser‹ Solingen 1993«, in: Bozay, Kemal/Güner, Serpil/Mangıtay, Orhan/Göçer, Funda (Hg.): Damit wir atmen können. Migrantische Stimmen zu Rassismus, rassistischer Gewalt und Gegenwehr, Köln: PapyRossa, S. 60–71.

Butler, Judith (2005): Gefährdetes Leben: Politische Essays, Frankfurt a.M.: Suhrkamp.

Butler, Judith (2020): Die Macht der Gewaltlosigkeit: Über das Ethische im Politischen, Frankfurt a.M.: Suhrkamp.

Cohen, Stanley (2002): Folk Devils and Moral Panics: The Creation of the Mods and Rockers, London, New York: Routledge.

Cvetkovich, Ann (2014): »Depression ist etwas Alltägliches: Öffentliche Gefühle und Saidiya Hartmans *Lose Your Mother*«, in: Baier, Angelika/Binswanger, Christa/Häberlein, Jana/Nay, Yv Eveline/Zimmerman, Andrea (Hg.): Affekt und Geschlecht. Eine einführende Anthologie, Wien: Zaglossus, S. 57–85.

Demirtaş, Birgül (2020): »Erinnerungsarbeit nach rassistischen Anschlägen am Beispiel Solingen«, in: Drücker, Ansgar (Hg.): Kontinuitäten und neue Perspektiven. 30 Jahre IDA: Von der Antirassismusarbeit zur Rassismuskritischen Bildungsarbeit, Solingen: IDA Informations- und Dokumentationszentrum für Antirassismusarbeit e. V., S. 28–31.

Demirtaş, Birgül (2022a): »Der rassistische und extremrechte Brandanschlag 1993 von Solingen – ein Überblick«, in: »Da war doch was!« Der Brandanschlag in Solingen 1993. Rassismuskritische und Ausserschulische Bildungsmaterialien zum rassistischen und extrem rechten Brandanschlag in Solingen, Solingen: IDA Informations- und Dokumentationszentrum für Antirassismusarbeit NRW, S. 66–68.

Demirtaş, Birgül (2022b): »Gesellschaftliche, politische und mediale Schieflage: Täter*innen-Opfer-Umkehr«, in: »Da war doch was!« Der Brandanschlag in Solingen 1993. Rassismuskritische und Ausserschulische Bildungsmaterialien zum rassistischen und extrem rechten Brandanschlag in Solingen, Solingen: IDA Informations- und Dokumentationszentrum für Antirassismusarbeit NRW, S. 70–71.

Dostluk Sineması (Hg.) (2014): Von Mauerfall bis Nagelbombe. Der NSU-Anschlag auf die Kölner Keupstraße im Kontext der Pogrome und Anschläge der neunziger Jahre. Berlin: Amadeu Antonio Stiftung.

DuBois, W. E. B. (1935): Black Reconstruction. An Essay Toward a History of the Part Which Black Folk Played in the Attempt To Reconstruct Democracy in America, 1860–1880, New York: Harcourt, Brace and Company.

Eder, Jacob/Stahl, Daniel (2021): »In Deutschland herrscht Apartheid« – Solingen, Mölln und der Kampf um politische Partizipation, in: Schanetzky, Tim/Freimüller, Tobias/Meyer, Kristina/Steinbacher, Sybille/Süß, Dietmar/Weinke, Annette (Hg.): Demokratisierung der Deutschen Errungenschaften und Anfechtungen eines Projekts, Göttingen: Wallstein Verlag, S. 318–332.

Fanon, Frantz (1980): Schwarze Haut, weiße Masken, Frankfurt a.M.: Suhrkamp.

Flam, Helena/Kleres, Jochen (2008): »Ungleichheit und Vorurteil: Deutsche Sozialwissenschaftlerlnnen als ProduzentInnen von Gefühlsregeln«, in: ÖZS. Österreichische Zeitschrift für Soziologie, H.33(2), S. 63–81.

Fortier, Anne-Marie (2010): »Proximity by design? Affective citizenship and the management of unease«, in: Citizenship Studies, H.14(1), S. 17–30.

Gensing, Patrick (2012): Terror von rechts. Die Nazi-Morde und das Versagen der Politik, Berlin: Rotbuch Verlag.

Güleç, Ayşe/Hielscher, Lee (2015): »Zwischen Hegemonialität und Multiplität des Erinnerns. Suchbewegungen einer gesellschaftlichen Auseinandersetzung mit dem NSU«, in: Friedrich, Sebastian/Wamper, Regina/Zimmermann, Jens (Hg.): Der NSU in bester Gesellschaft. Zwischen Neonazismus, Rassismus und Staat, Münster: Unrast-Verlag, S. 144–158.

Hall, Stuart (2000): »Rassismus als ideologischer Diskurs«, in: Räthzel, Nora (Hg.): Theorien über Rassismus, Hamburg: Argument Verlag, S. 7–16.

Hall, Stuart/Critcher, Charles/Jefferson, Tony/Clarke, John/Roberts, Brian (1982): Policing the Crisis: Mugging, the State, and Law and Order, London, Basingstoke: Macmillan Press.

Hall, Stuart/Davison, Sally/Featherstone, David/Rustin, Michael/Schwarz, Bill (2017): Stuart Hall: Selected Political Writings. The Great Moving Right Show and Other Essays, Durham: Duke University Press.

Harney, Stefano/Moten, Fred (2016): Die Undercommons. Flüchtige Planung und schwarzes Studium, Wien, Linz, Berlin, London, Zürich: transversal texts.

Hartman, Saidiya (2007): Lose Your Mother: A Journey Along the Atlantic Slave Route, New York: Farrar, Straus, Giroux.

Herbert, Ulrich (2001): Geschichte der Ausländerpolitik in Deutschland. Saisonarbeiter, Zwangsarbeiter, Gastarbeiter, Flüchtlinge, München: Verlag C. H. Beck.

Jäger, Margarete (2015): »Skandal und doch normal. Verschiebungen und Kontinuitäten rassistischer Deutungsmuster im deutschen Einwanderungsdiskurs«, in: Friedrich, Sebastian/Wamper, Regina/Zimmermann, Jens (Hg.): Der NSU in bester Gesellschaft, Münster: Unrast Verlag, S. 30–48.

Kahveci, Çağrı (2013): »Mobilisierung emotiver Kräfte: Die Politik der Affekte«, in: Journal für Psychologie, H. 21(1), S. 1–25.

Kahveci, Çağrı/Sarp, Özge Pınar (2017): »Von Solingen zum NSU. Rassistische Gewalt im kollektiven Gedächtnis von Migrant*innen türkischer Herkunft«, in: Karakayalı, Juliane/Kahveci, Çağrı/Liebscher, Doris/Melchers, Carl (Hg.): Den NSU-Komplex analysieren, Bielefeld: transcript Verlag, S. 37–56.

Karakayalı, Serhat (2008): Gespenster der Migration: Zur Genealogie illegaler Einwanderung in der Bundesrepublik Deutschland, Bielefeld: transcript Verlag.

Kleffner, Heike (2014): »›Generation Terror‹. Der NSU und die rassistische Gewalt der 1990er Jahre in NRW«, in: Dostluk Sinemasi (Hg.): Von Mauerfall bis Nagelbombe. Der NSU Anschlag auf die Kölner Keupstraße im Kontext der Pogrome und Anschläge der neunziger Jahre, Berlin: Amadeu Antonio Stiftung, S. 25–34.

Kleffner, Heike (2021): »Eine furchtbare Bilanz: Kontinuitäten, Normalisierung und Solidarität. Drei Jahrzehnte rechte, rassistische und antisemitische Gewalt«, in: Cholia, Harpreet Kaur/Jänicke, Christin (Hg.): Unentbehrlich. Solidarität mit Betroffenen rechter, rassistischer und antisemitischer Gewalt, Münster: edition assemblage, S. 26–34.

Neumann, J. (1994): »Plötzlich war die Institution Stadt aus den Fugen geraten«, in: Krause, Manfred (Hg.): Eine Stadt und ihre ausländischen BewohnerInnen. Geschichte und jüngste Vergangenheit, Solingen: Solinger Geschichtswerkstatt e. V., S. 190–195.

Rommelspacher, Birgit (1992): »Rechtsextremismus und Dominanzkultur«, in: Foitzik, Andreas/Leiprecht, Rudi/Marvakis, Athanasios/Seid, Uwe (Hg.): Ein Herrenvolk von Untertanen. Rassismus – Nationalismus – Sexismus, Duisburg: DISS, S. 81–94.

Was bedeutet ein Strafverfahren für Betroffene, Angehörige und Überlebende?

Antonia von der Behrens

»Wenn ich gewusst hätte, wie das Gesetz eigentlich ist, hätte ich nicht zugelassen, dass sie mich so behandeln.« (NSU-Watch 2020b, 33:04-33:55) Das sagte Ahmed I., Überlebender eines rassistischen Mordanschlags im Jahr 2016, über den Umgang der Polizei mit ihm. Sein Umfeld und er waren anfänglich wie Verdächtige behandelt worden, er fühlte sich als Täter und nicht als Verletzter. Eine Notoperation hatte ihm nach einem Messerstich in den Rücken das Leben gerettet. Zwar war kurzzeitig auch in Hinblick auf ein mögliches rechtes Motiv ermittelt worden, aber so oberflächlich, dass relevanten Spuren nicht effektiv nachgegangen wurden. Erst nach drei Jahren – im Zuge der Ermittlungen zum Mord an Walter Lübcke im Jahr 2019 – wurde auch das Verfahren zum Angriff auf Ahmed I. wieder aufgenommen. Die Bundesanwaltschaft kam nunmehr zu dem Ergebnis, dass der in unmittelbarer Nähe von Ahmed I. lebende Neonazi Stephan E. nicht nur Walter Lübcke ermordet hatte, sondern auch für den Mordversuch an Ahmed I. verantwortlich war. Doch während Stephan E. der Mord nachgewiesen werden konnte, sprach das Gericht ihn im Jahr 2021 wegen des versuchten Mordes frei – zu schlecht befand das Gericht die Beweislage so viele Jahre nach der Tat.

Der Mordversuch an Ahmed I. fand fünf Jahre nach dem Jahr 2011, also dem Jahr der Selbstenttarnung des rechtsterroristischen Nationalsozialistischen Untergrunds (NSU), statt. Das sind fünf Jahre, in denen die Täter*innen-Opfer-Umkehr und der strukturelle Rassismus in Gesellschaft und Justiz auch aufgrund der Interventionen der Nebenkläger*innen im Münchner NSU-Verfahren gesellschaftlich breit diskutiert worden waren – aber offenbar ohne spürbare Konsequenzen für die konkrete Ermittlungsarbeit im Fall von Ahmed I.

Rückblick

Dass die Interessen und Rechte der Betroffenen in Strafverfahren überhaupt eine Rolle spielen und aktiv durch die Nebenkläger*innen vertreten werden können, ist eine aktuellere rechtliche Entwicklung. Noch bis Mitte der 1980er-Jahre hatten

Betroffene rechter Gewalttaten – wie auch alle anderen Verbrechensopfer – in Strafverfahren gegen die mutmaßlichen Täter*innen[1] so gut wie keine Handlungsmöglichkeiten. Sie wurden lediglich als reine Beweismittel wahrgenommen, das heißt, sie waren für die Justiz nur dann als Zeug*innen interessant, wenn sie für das Strafverfahren gegen die mutmaßlichen Täter*innen relevante Wahrnehmungen gemacht hatten. Ansonsten hatten sie – bis auf ganz wenige Ausnahmen – kein Recht, im Verfahren anwesend zu sein, sich durch einen anwaltlichen Beistand vertreten zu lassen, Anträge zu stellen oder Erklärungen abzugeben. Verletzte waren Objekte des staatlichen Strafanspruchs ohne eigene Rechtsposition. Darüber hinaus fehlte Betroffenen rechter Gewalt ein gesellschaftlicher Resonanzraum, in dem ihre Interessen hätten wahrgenommen und verhandelt werden können. Erst recht fehlte es an einer Erinnerungskultur, die der Opfer gedachte und den Charakter der Taten benannt hätte.

Dies gilt zum Beispiel für das rechte Münchner Oktoberfestattentat vom 26. September 1980, dem 13 Menschen zum Opfer fielen, und den antisemitischen Mord an Shlomo Levin und Frida Poeschke zwei Monate später in Erlangen: Die Taten führten zu keinem gesellschaftlichen Aufschrei, die Opfer und ihre Angehörigen waren völlig auf sich allein gestellt, und im Fall von Erlangen wurde aufgrund antisemitischer Annahmen erst das Umfeld der Ermordeten verdächtigt, bis ein rechter vermeintlicher Einzeltäter ermittelt wurde, der Kontakt zur damals bekannten Wehrsportgruppe Hoffmann hatte (Steinke 2020: 1ff.; Chaussy 2020: 250ff.). Auch der beim Oktoberfestattentat selbst ums Leben gekommene Täter hatte Kontakt zu dieser Wehrsportgruppe, und er wurde als – psychisch kranker unpolitischer – Einzeltäter dargestellt. Die Strafverfolgungsbehörden taten alles dafür, Hinweise auf Mittäter*innen oder Helfer*innen zu übergehen oder zu unterdrücken, und stellten das strafrechtliche Ermittlungsverfahren nach zwei Jahren sang und klanglos ein (vgl. Chaussy 2020: 213ff., 241ff.). Die Betroffenen hatten in diesem Ermittlungsverfahren, das vom staatlichen Interesse der Durchsetzung der Erzählung vom Einzeltäter geprägt war, keine Stimme und keine Rechtsposition. Und nicht einmal die Öffentlichkeit nahm die aus der Mitte der bayerischen Gesellschaft stammenden Opfer als solche eines rechten Terroranschlags wahr. Es waren die Vereinigung der Verfolgten des Naziregimes (VVN) und der Arbeiterbund für den Wiederaufbau der KPD, die am Tatort mit Gedenktafel und -stein an den Anschlag erinnerten. Diese Mahnmale wurden jedoch umgehend von der Polizei entfernt. Erst nach langen politischen Kämpfen wurde 28 Jahren nach der Tat ein Denkmal am Eingang zur Oktoberfestwiese errichtet (ebd.: 41f., 86ff.). Und erst 40 Jahre später, nach der Selbstenttarnung des NSU, nach drei Wiederaufnahmeanträgen eines unermüdlichen Anwalts der Betroffenen sowie nach der Anerkennung des

---

1 Die Verwendung einer geschlechtersensiblen Sprache in diesem Text soll nicht verschleiern, dass es sich bei den Täter*innen in einem deutlichen Großteil der Fälle um Männer handelt.

Anschlags als rechte Tat enthielten die Betroffenen im Jahr 2021 eine geringe finanzielle Entschädigung aus einem Opferentschädigungsfonds und die Anerkennung aus der Politik (Steinmeier 2020: 2; am Orde 2014, o. S.; Bauer 2020, o. S.).

Rechtsstellung

Anfang der 1980er-Jahre gelang es der Frauenbewegung, ein öffentliches Bewusstsein für die Probleme von Frauen zu schaffen, die Opfer von sexualisierter und häuslicher Gewalt geworden waren. Damit einher gingen Diskussionen um die fehlenden Rechte und die Objektstellung der von Gewalt Betroffenen in den Strafverfahren gegen die Täter. Diese Rechtskämpfe mündeten 1986 unter anderem in das erste Opferschutzgesetz.

Erstmals wurden Betroffene mit einer eigenen und effektiven Rechtsposition – mit Anwesenheits-, Schutz- und Gestaltungsrechten – ausgestattet (Herrmann 2010: 236; Schmitt 2022, Vor § 395, RN 1). Dabei unterscheidet das Gesetz zwischen Verletzten, also denjenigen, die durch die Tat geschädigt sind, und Nebenkläger*innen, also Verletzten, die sich einer staatsanwaltschaftlichen Anklage gegen einen mutmaßlichen Täter oder eine Täterin angeschlossen haben.[2] Mit zwei weiteren Opferrechtsreformgesetzen in den Jahren 2009 und 2015 wurden die Informationsrechte und Schutzansprüche weiter gestärkt. Heute haben Nebenkläger*innen weitgehend dieselben Rechte wie die Angeklagten und die Staatsanwaltschaft.

Verfahrensablauf

Nach einem rechten Anschlag – wie auch nach anderen Straftaten – ist die Polizei für Abwehr weiterer Gefahren zuständig. Außerdem werden umgehend Ermittlungen zu den Täter*innen aufgenommen; es wird also ein strafrechtliches Ermittlungsverfahren eingeleitet. Bei Anschlägen mit besonderer Bedeutung, beispielsweise des NSU oder auch bei den Anschlägen von Halle und Hanau, übernimmt die Bundesanwaltschaft das Verfahren und beauftragt das Bundeskriminalamt mit den Ermittlungen. Bereits in diesem Stadium haben Verletzte nunmehr Rechte und Einflussmöglichkeiten; hierzu gehören Informationsrechte sowie das Recht, einen Beistand – etwa zu Vernehmungen – hinzuziehen.

---

2   Dass Verletzte sich einer Anklage anschließen und somit den Status als Nebenkläger*in erhalten können, ist auf bestimmte Taten, die sich insbesondere gegen das Leben, die sexuelle Selbstbestimmung, die körperliche Unversehrtheit und die Freiheit richten, beschränkt; vgl. §§ 373b, 395 Strafprozessordnung.

Wurde ein (mutmaßlicher) Täter oder eine (mutmaßliche) Täterin ermittelt, wird von der Staatsanwaltschaft Anklage erhoben. Konnten diese mit der erforderlichen Sicherheit nicht ermittelt werden, wird das Ermittlungsverfahren ohne Anklage eingestellt. Sobald neue Beweise vorliegen, kann es jederzeit wieder eröffnet werden. Ebenfalls eingestellt werden die Ermittlungsverfahren, wenn die – mutmaßlich – Verantwortlichen tot sind und keine weiteren Mittäter*innen oder Helfer*innen ermittelt werden konnten.

Die Verletzten der angeklagten Straftaten haben das Recht, sich der Anklage der Staatsanwaltschaft anzuschließen, und erhalten dadurch den Status als Nebenkläger*innen. Nach diesem Anschluss sind sie indes in der Folge von der Staatsanwaltschaft unabhängig und können eigene Ziele verfolgen. Erst jüngst hat der Bundesgerichtshof diese eigenständige Rechtsstellung von Nebenkläger*innen betont und klargestellt, dass sie nicht nur die Verurteilung des bzw. der Angeklagten, sondern auch deren (Teil-)Freispruch anstreben können und nicht von den Anträgen der Staatsanwaltschaft abhängig sind (BGH, Beschluss v. 01.09.2020 – 3 StR 214/20).

Die Nebenklage kann für Betroffene ein Instrument sein, über eigene Beweisanträge und Erklärungen die eigenen Interessen, zum Beispiel Aufklärungs- und/oder Schutzinteressen, unabhängig von denjenigen der Strafverfolgungsbehörden und der durch sie repräsentierten staatlichen Interessen zu vertreten. Ein (Teil-)Freispruch oder eine (Teil-)Entlastung von Angeklagten kann dann ein Ziel der Nebenklage sein, wenn sie davon überzeugt ist, dass nicht der oder die wahre Täter*in auf der Anklagebank sitzt oder über die Einzeltäter*innenkonstruktion Fragen nach staatlichem Mitverschulden verhindert werden sollen (das Beispiel bei Voigts 2022, o. S.).

Rechtswirklichkeit

Was diese strafrechtlichen Verfahren gegen die Täter*innen für die von diesen Taten Betroffenen bedeuten, hängt von den Erwartungen und Interessen der Betroffenen ab, der Rolle, die sie einnehmen wollen, sowie der Art und Weise der Anwendung der opferschützenden Normen durch die Strafverfolgungsbehörden und Gerichte.

Unmittelbar nach den Taten sind Überlebende oder Angehörige von Getöteten vielfältigen Kontakten mit Polizei und Staatsanwaltschaft ausgesetzt. Diese reichen von ersten Kontakten am Tatort und Schutzmaßnahmen bis hin zu späteren Vernehmungen oder sogar Durchsuchungen bei den Betroffenen, wenn sie selbst oder ihr Umfeld verdächtigt werden oder schlicht Informationen zu den Getöteten erlangt werden sollen.

Gerade bei rechten Verbrechen, die die Sicherheitsbehörden nicht eindeutig als solche erkennen und die sich gegen Menschen, die nicht als Teil der Mehrheitsgesellschaft wahrgenommen werden, richten, ist es in Vergangenheit und Gegenwart immer wieder zu einer unverhohlenen Täter*innen-Opfer-Umkehr gekommen. Dies gilt in besonders eklatanter Weise für den Umgang mit den von den NSU-Taten Betroffenen in der Zeit vor der Selbstenttarnung des NSU. Alle neun migrantischen Opfer des NSU waren mit einer Česká-Pistole erschossen worden. Diese immer gleiche Tatwaffe war der – verkannte – Hinweis auf eine Botschaftstat; ein Bekennerschreiben zu dem rassistischen Motiv der Taten gab es hingegen nicht. Deshalb suchten die Ermittler*innen das Motiv nicht in der Opferauswahl, sondern fast ausschließlich in ethnisierenden Zuschreibungen, die einen bestimmten Migrationshintergrund mit einer vermeintlichen Zugehörigkeit zur organisierten Kriminalität verknüpften. Sie beklagten, bei den Angehörigen – angeblich – auf eine Mauer des Schweigens zu stoßen, weil diese beteuerten, nicht zu wissen, warum ihre Angehörigen ermordet worden seien, und mehrere angaben, sich nur Nazis als Täter*innen vorstellen zu können. Obwohl die Angehörigen rechtlich die Möglichkeiten gehabt hätten, zumindest zu versuchen, sich gegen diese Art der Ermittlungen zu wehren, fehlten ihnen das Wissen, die Ressourcen und die notwendige Solidarität, um die bestehenden Rechte auch wahrzunehmen – und durchzusetzen. Die Mehrheitsgesellschaft und die Öffentlichkeit folgten der Erzählung der Strafverfolgungsbehörden, das Motiv für die Česká-Morde sei in einer Verstrickung der Opfer in Kriminalität zu suchen, und entzogen somit jeglicher Solidarität den Boden. Die von den Angehörigen der Mordopfer in Dortmund und Kassel organisierten Demonstrationen, mit denen die Aufmerksamkeit der Mehrheitsgesellschaft auf die Mordserie gelenkt werden sollte, wurde von dieser nicht wahrgenommen. Es gab auch keine antifaschistische oder antirassistische Solidaritätsbewegung, die die Erzählung der Strafverfolgungsbehörden infrage stellte, oder Anwält*innen, die für Ermittlungen in Richtung eines rechten Motivs gekämpft hätten.[3]

Im NSU-Komplex zeigten sich diese Mechanismen besonders eklatant, weil das beschriebene Muster an allen Tatorten dasselbe war. Doch gelten sie faktisch für alle rassistischen und antisemitischen Taten, die vor dem NSU-Komplex begangen wurden, soweit ein rechtes Motiv und rechte Täter*innen nicht offenkundig waren. Die verbesserte Rechtsstellung hatte also kaum positive Auswirkung auf die Rechtspraxis im Umgang mit rechten Anschlägen und den Betroffenen.

---

3   Eine wichtige Ausnahme ist Rechtsanwalt Yavuz Selim Narin, der bereits ein halbes Jahr vor der Selbstenttarnung des NSU das Mandat der Familie Boulgarides, deren Ehemann und Vater durch den NSU ermordet worden war, übernommen und für Ermittlungen in Richtung Neonazis gekämpft hatte (vgl. Narin 2016, S. 207ff.).

Post NSU-Komplex

Eine zentrale Folge der Aufklärungsarbeit im NSU-Komplex ist die breite Diskussion über rechtsterroristische Taten und Strukturen in der Gesellschaft und in den Sicherheitsbehörden sowie über die im NSU-Komplex erfolgte Täter*innen-Opfer-Umkehr. Zu den Konsequenzen gehören unter anderem die gesetzliche Klarstellung, dass bei der Strafzumessung auch eine aus der Tat sprechende »rassistische, fremdenfeindliche, antisemitische oder sonstige menschenverachtende« Gesinnung zu berücksichtigen ist, und Änderungen in den Dienstvorschriften der Polizei, denen zufolge »in den Fällen von Gewaltkriminalität grundsätzlich rassistische, fremdenfeindliche, menschenverachtende und anderweitig politisch motivierte Hintergründe zu prüfen und die Ergebnisse zu dokumentieren sind« (Bundesregierung 2017: 18).

Auch dies änderte jedoch nichts daran, dass es zum Beispiel beim Anschlag am Münchner Olympia-Einkaufszentrum im Jahr 2016 erst eines langen Kampfes der Nebenklage bedurfte, bis der Anschlag 2019 in der Öffentlichkeit und von der Stadt München als eine rassistische Tat und nicht »nur« als ein Amoklauf eingestuft wurde (Janke & Hasselmann 2021, o. S.).

Dieses Wissen aus dem NSU-Komplex änderte auch nichts daran, dass Ahmed I. deutlich spürte, dass er von der Polizei mehr als Beschuldigter, denn als Opfer wahrgenommen wurde, und ihm nicht geglaubt wurde, als er betonte, keine Feinde zu haben und überzeugt zu sein, ein Nazi habe ihn angegriffen (NSU-Watch 2020b: 13:59ff. u. 35:00ff.; Steinhagen 2021: 215ff.). Im Unterschied zu den Angehörigen der vom NSU Ermordeten stand Ahmed I. mit seiner Überzeugung, Opfer eines rechten Angriffs geworden zu sein, jedoch nicht ganz allein. Er erhielt bald nach dem Angriff Unterstützung von einer Beratungsstelle für Betroffene rechter Gewalt. Diese half ihm auch, nachdem der heute verurteilte Mörder von Walter Lübeck, Stephan E., festgenommen worden war, die Strafverfolgungsbehörden erneut auf seinen Fall hinzuweisen und ihnen seinen Verdacht, Stephan E. könnte ihn angegriffen haben, mitzuteilen (NSU-Watch 2020b, 41:24). Die Ermittlungen wegen des versuchten Mordes an Ahmed I. wurden in der Folge wieder aufgenommen, und vier Jahre nach der Tat kam es zur Hausdurchsuchung bei Stephan E. Diese förderte ein Messer zutage, das zu der Stichverletzung passte und an dem mögliche DNA-Spuren von Ahmed I. gefunden wurden. Diese – vier Jahre nach der Tat sichergestellte – Spur wurde jedoch schließlich vom Gericht als zu schwach eingeschätzt und es sprach Stephan E. wegen dieses Mordversuchs frei (Steinhagen 2021: 221).

Ausgrenzende Behandlung

Selbst bei den rechten Anschlägen in jüngster Zeit, etwa bei den Anschlägen 2019 in Halle und 2020 in Hanau, wurden die Betroffenen, insbesondere im Zuge der ersten Polizeikontakte – auch aufgrund ihrer Religion –, ausgrenzend oder wie Beschuldigte behandelt. Hierzu gehört vor allem der Umgang mit den überlebenden Juden und Jüdinnen in der Synagoge nach dem Anschlag in Halle an Yom Kippur 2019: Ein Kleinkind wurde nicht zu seinen gerade dem Anschlag entkommenden Eltern gelassen, die Mitnahme koscheren Essens aus der Synagoge wurde anfänglich verwehrt, die gerade einem antisemitischen Anschlag Entkommenen wurden von der Polizei wie Beschuldigte durchsucht und befragt und mit Nummern versehen, sie wurden in einem Bus mit ungetönten Scheiben lange Zeit den Kameras der Presse ausgesetzt und ihr im Krankenhaus – in das sie gebracht worden waren – fortgesetzter Gottesdienst wurde für aufschiebbare polizeiliche Maßnahmen harsch abgebrochen (Borovitz 2021: 44ff.).

Als strukturell rassistisch-ausgrenzend muss auch die Beschreibung des Leichnams des blonden und blauäugigen Hamza Kurtović, der beim Anschlag in Hanau im Jahr 2020 ermordet worden ist, in einem polizeilichen Bericht als »orientalisch/südländisch« gewertet werden, sowie die überstürzte und rechtswidrig angeordnete Obduktion der Leichname ohne Benachrichtigung der Angehörigen und die um viele Tage verspätete Information zu dem Ort, an dem sich der Leichnam befand (Haschick 2021, o. S.).

Wie sehr auch in Zukunft Betroffene rechter Taten – insbesondere dann, wenn sie nicht als zur Mehrheitsgesellschaft Zugehörige wahrgenommen werden – damit rechnen müssen, eher wie Beschuldigte behandelt zu werden oder zumindest ausgrenzende Erfahrungen machen zu müssen, bleibt abzuwarten.

Die Bilanz der (versuchten) Aufarbeitung des NSU-Komplex ist insofern sehr gemischt. Seit der Selbstenttarnung des NSU werden sehr viel mehr rechte und rechtsterroristische Taten insbesondere auch von der Bundesanwaltschaft verfolgt. Dabei werden zum Teil auch Netzwerke in den Blick genommen, und mutmaßliche Täter*innen werden als Mitglieder terroristischer oder krimineller Vereinigungen angeklagt (Pietryzk/Hoffmann 2020: 311).

Unverändert sind indes weitgehend das Nichthören der Betroffenen – wie im Fall Ahmed I. – oder das obrigkeitsstaatliche vorurteilsgeleitete und ausgrenzende Verhalten wie in Halle und Hanau. Ein Grund hierfür könnte sein, dass die durchaus breite gesellschaftliche Diskussion um institutionellen Rassismus im Zuge des NSU-Komplexes in den Strafverfolgungsbehörden nie richtig angekommen ist – ihr ist vielmehr stets mit ausgeprägten Abwehrreflexen begegnet worden. Exemplarisch hierfür ist das Aussageverhalten der verschiedenen polizeilichen Ermittler*innen im NSU-Verfahren vor dem Oberlandesgericht München. Wenn auch in unterschiedlicher Vehemenz, rechtfertigten alle Ermittler*innen die stigmatisierenden, sich faktisch gegen die Opfer des NSU richtenden Ermittlungen.

Selbstermächtigung

Trotz dieser anhaltenden Tendenzen in einigen Strafverfolgungsbehörden fällt es der Mehrheitsgesellschaft heute schwerer als noch zur Zeit des Oktoberfestattentats, die Forderung der Überlebenden und Angehörigen nach Anerkennung und Aufklärung zu überhören. Die Betroffenen des Anschlags in Hanau haben erreicht, dass – obwohl sich der Täter selber erschoss – das Ermittlungsverfahren nicht nach kurzer Zeit sang- und klanglos eingestellt wurde. Sie haben sich organisiert, haben sich eigene Orte und Öffentlichkeit geschaffen, Verbündete gesucht und die ihnen zustehenden Rechte entschieden wahrgenommen. Auch wenn noch immer Fragen offen sind, ist es ihnen gelungen, dass sie als Betroffene und Verletzte wahr- und ernst genommen wurden, dass die Ermittlungsbehörden – zumindest die des Bundes – sie über die Ermittlungen informierten, ihren Ermittlungsanregungen nachgingen und nunmehr der Hessische Landtag einen Untersuchungsausschuss eingesetzt hat, weil die hessischen Behörden bisher nicht ihren Teil zur Aufklärung beigetragen haben. Sie haben sich eine Stimme in der Öffentlichkeit erkämpft, die nur schwer überhört werden kann.

Gerichtsprozess

Kommt es zu einer Anklage gegen die mutmaßlichen Schuldigen, wie es nach den Taten des NSU, dem Anschlag in Halle oder dem versuchten Mord an Ahmed I. der Fall war, stellt sich für die Betroffenen eine schwere Frage: Wollen sie sich in keiner (rechtlichen) Form an dem Strafverfahren beteiligen, oder wollen sie sich der Anklage der Staatsanwaltschaft als Nebenkläger*innen anschließen? Im letzten Fall stellt sich die weitere Frage, ob sie selbst eine aktive Rolle im Verfahren einnehmen oder sich lediglich durch einen anwaltlichen Beistand vertreten lassen wollen. Es kann eine weitreichende Entscheidung sein, als Nebenkläger*in aufzutreten. Die auf die Anklage folgende Hauptverhandlung gegen den oder die Angeklagte*n dauert in der Regel viele Wochen oder Monate und kann in Ausnahmefällen sogar Jahre in Anspruch nehmen.

Die Wünsche, Erwartungen und Ziele, die die Betroffenen rechter Anschläge an die Strafverfahren haben und die sie dazu bringen, als Nebenkläger*in aufzutreten, sind sehr unterschiedlich. Sie sind genauso unterschiedlich, so willkürlich die Opferauswahl durch die Täter*innen ist, die allein aufgrund von ihnen zugeschriebenen Merkmalen erfolgt. Und doch gibt es Fragestellungen, die die Betroffenen und

Angehörigen immer wieder umtreiben und die Elif Kubaşık, die Witwe des durch den NSU ermordeten Mehmet Kubaşık, exemplarisch für viele angesprochen hat: »Ich möchte Antworten auf meine Fragen haben. Ich möchte keine Fragen mehr im Kopf haben, über die ich immer wieder nachdenken muss, und Fragen, die ich immer wieder stellen muss. Ich möchte vom deutschen Staat, dass er aufklärt. […] Ich möchte wissen, warum wurde Mehmet umgebracht? Warum wurde Mehmet ausgewählt? Wie ist das alles passiert? […] Ich lebe in Dortmund. Ich sehe doch diese ganzen Nazis in Dortmund. Ich möchte einfach wissen, wie er umgebracht worden ist, weil ich auch keine Angst mehr haben möchte in Dortmund.« (NSU-Watch 2020, o. S.)

Auch wenn sich viele Betroffene häufig ähnliche Fragen stellen, ist das Einfordern von Antworten in einem Verfahren für einige von ihnen zu schmerzhaft. Dies schildert zum Beispiel die Ehefrau des vom NSU ermordeten Habil Kılıç: »Eigentlich will ich nicht mehr darüber reden, was damals passiert ist. Es tut zu weh. Jahrelang habe ich versucht, mit dem Geschehen und meinen Gefühlen abzuschließen. Ich will nicht, dass alles wieder hochkommt. Deshalb möchte ich auch nicht, dass hier mein voller Name genannt wird. Ich will nicht ständig auf das Schreckliche angesprochen werden, das passiert ist. Ich möchte endlich auch eine Zukunft sehen, und wenn ich jeden Tag aufs Neue an die Vergangenheit denken muss, kann ich keine Zukunft mehr erkennen.« (John 2014: 65)

»Wahrheitsfindung«

Auch der formalisierte Charakter des Strafprozesses kann für die Betroffenen eine erhebliche Belastung darstellen. Die Strafprozessordnung sieht klare Regeln dafür vor, wie das Gericht prüft, ob der oder die Angeklagte die Tat begangen hat und, wenn ja, wie er oder sie bestraft werden soll. Richter*innen müssen die Verfahrensregeln unparteiisch umsetzen, dürfen jedoch (in Grenzen) durchaus mit den Betroffenen empathisch sein. Doch auch heute noch gibt es Richter*innen, die die Nebenkläger*innen vollständig auf die eine Funktion reduzieren, nämlich ein Beweismittel zu sein, das zu »funktionieren« hat, das heißt, als Zeug*innen so auszusagen, wie es das Gericht hören will – nicht zu kurz, nicht zu lang, nicht zu emotional, nicht zu allgemein, nicht zu detailreich –, und einen souveränen Umgang mit unverständlichen juristischen Befragungstechniken zu haben. So erlebte es Ahmet I., als er als Zeuge vor dem Oberlandesgericht Frankfurt a.M. aussagte: »Ich hatte den Eindruck, der Richter hatte keine Lust auf meine Aussage. Ich wollte reden, aber er hat mich nicht ausreden lassen und hat ständig auf die Uhr geschaut. Oft hat er mich gar nicht angeschaut.« (Ahmed I. zit.n. Lohr 2022, o. S.; vgl. NSU-Watch 2020b, 31:53ff.; Steinhagen 2021: 220)

Angeklagte und ihre Verteidiger*innen haben umfassende Antrags-, Beanstandungs- und Fragerechte. Sie können diese Rechte nutzen, um Überlebende bedrängend oder diskriminierend zu befragen oder rechte politische Inhalte in die Hauptverhandlung zu transportieren. Soweit rechtliche Grenzen überschritten werden, kann den Angeklagten und ihren Verteidiger*innen durch den Beistand der Nebenkläger*innen Einhalt geboten werden. Doch auch das rechtlich Zulässige ist für die Betroffenen häufig schwer zu ertragen. Diese Art der Spannung zwischen Angeklagten- und Verletztenrechten ist nicht aufzulösen, sie ist notwendiger Teil eines rechtsstaatlichen Strafprozesses, von dem es wichtig ist, dass Betroffenen dieser bewusst ist.

Die Staatsanwaltschaft sieht ihre Aufgabe allerdings häufig maßgeblich darin, ihre Anklagekonstruktion zu verteidigen. Dies kann bedeuten, die Erzählung vom dem oder der vermeintlichen Einzeltäter*in zu vertreten oder staatliches Mitverschulden oder Mitwissen aus dem Verfahren herauszuhalten und die Nebenklage anzugreifen, die diese Konstruktionen infrage stellt, wie dies zum Beispiel im NSU-Verfahren geschehen ist.

Wählen Betroffene eine aktive Rolle, können eine Nebenklagevertretung, psychosoziale Betreuung und vor allem Solidaritätsstrukturen diese Belastungen zum Teil auffangen. Ein Beispiel für einen Prozess, in dem die Betroffenen sich den Raum genommen haben, die Bedeutung und Auswirkung der Tat selbst zu definieren und Kritik an den Ermittlungsbehörden zu formulieren, ist das Verfahren gegen den Täter des Anschlags in Halle (Spicker 2020, o. S.). Die Schuld des Angeklagten, der seine Taten – zu denen zwei Morde und 51 Mordversuche an Jüdinnen und Juden in der Synagoge in Halle gehörten – gefilmt hatte, war fraglos. Dementsprechend nahmen die Aussagen der Überlebenden und der Angehörigen einen breiten Raum in der Verhandlung ein; sie konnten Art und Inhalt ihrer Aussagen weitgehend selbst bestimmen. Zugleich hatten trotz der Corona-Pandemie Vertrauenspersonen und andere Unterstützer*innen Zugang zum Gerichtssaal. Vor dem Gerichtsgebäude gab es an jedem Prozesstag eine Solidaritätskundgebung, die den Nebenkläger*innen einen Treffpunkt und einen öffentlichen Raum bot, um auch außerhalb des Gerichtssaals ihre Stimmen erheben zu können, und immer wieder griffen die Medien die Schilderungen der Zeugen*innen auf. Doch die Berichterstattung konnte keine weitergehende gesellschaftliche Wirkung erzielen. Die Mehrheitsgesellschaft ließ sich nicht darauf ein, ihre stereotype Wahrnehmung und Marginalisierung jüdischen Lebens in Deutschland zu hinterfragen und die gesellschaftliche Verantwortung für einen aus der Mitte der Gesellschaft stammenden Täter wie den Attentäter von Halle zu übernehmen. Die Polizei wies die Kritik an ihrem Verhalten zurück und reduzierte die Schilderungen der Betroffenen auf Fragen der Befindlichkeit. Das Gericht – auch wenn es den Stimmen der Betroffenen Raum gegeben hatte – ließ es sich nicht nehmen, immer wieder die Arbeit der

Polizei am Tattag als vorzüglich zu loben, wohl wissend, dass deren Verhalten für einige Betroffenen traumatisierend gewesen war.

Öffentlichkeit

Den Nebenkläger*innen im Münchner NSU-Verfahren gelang es – soweit sie sich für eine öffentliche Rolle entschieden hatten – aufgrund der Besonderheiten des Falls und der viele Jahre andauernden Hauptverhandlung, sich eine gewisse Wirkungsmacht zu erkämpfen. Sie stellten die Erzählung der Bundesanwaltschaft vom NSU als einer abgeschotteten Dreierzelle, von deren Aufenthaltsort oder Taten keine der Sicherheitsbehörden etwas wusste, nachhaltig infrage. In der Öffentlichkeit hat sich die Überzeugung der Nebenkläger*innen vom NSU als einem Netzwerk mit vielen Täter*innen und Unterstützer*innen, die frühzeitig von den Sicherheitsbehörden hätten gestoppt werden können, durchgesetzt. Auch die Überlebenden des Anschlags in Hanau und die Angehörigen der Ermordeten haben erreicht, dass es eine Öffentlichkeit für ihre Fragen gibt und – wie schon geschildert – zumindest die Strafverfolgungsbehörden des Bundes ihre Fragen ernst genommen haben. Diesen öffentlichen Raum können Verletzte leichter besetzen, wenn sie im Ermittlungsverfahren oder in der Hauptverhandlung eine aktive Rolle einnehmen.

Grenzen

Trotz des Erfolgs der (öffentlichen) Interventionen der Nebenkläger*innen im NSU-Verfahren blieb das juristische Ergebnis weit hinter den Erwartungen zurück. André E., einer der engsten Unterstützer*innen des NSU, wurde weitgehend – nämlich vom Vorwurf des versuchten Mordes – freigesprochen. Auch im Fall des Mordversuchs an Ahmed I. wurde Stephan E. freigesprochen. Und ebenfalls konnte die Nebenklage der Angehörigen von Walter Lübcke nicht verhindern, dass der zweite Angeklagte, Markus H., vom Vorwurf der Beihilfe zum Mord an Walter Lübcke freigesprochen wurde (Steinhagen 2021, Bl. 277).

So schwierig Freisprüche häufig für die Nebenkläger*innen zu akzeptieren sind, ist es stets essenziell, dass ihnen und der Öffentlichkeit im Verfahren und in den Urteilsgründen vermittelt wird: Es gibt eine formelle Anerkennung dessen, was die Tat für die Betroffenen bedeutet, ihre Fragen sind gehört und ernst genommen worden und Fehler der Sicherheits- oder Strafverfolgungsbehörden werden nicht vertuscht. Wenigstens die ersten zwei Aspekte sollten heute eigentlich selbstverständlich sein – sie sind es aber leider nicht. In der mündlichen und schriftlichen Begründung des Urteils im NSU-Verfahren wurden die Nebenkläger*innen vollkommen übergangen: Im Urteil werden die Opfer des NSU bis auf ihre Namen mit keinem Wort gewürdigt. Die Fragen vieler Nebenkläger*innen zur Opferauswahl, dem Netzwerk des NSU oder der Rolle des Verfassungsschutzes werden übergangen, und die Ergebnisse der Beweisaufnahme zu diesen Fragen finden keine Erwähnung. Nichts von dem, was für die Nebenkläger*innen relevant gewesen wäre, findet sich in dem Urteil (vgl. Nebenklagevertreter*innen NSU-Prozess 2020, o. S.).

Gefährdung und Solidarität

Nebenkläger*innen, die sich aktiv an Strafverfahren wegen rechter Anschläge beteiligen und Einzeltäterthesen infrage stellen, denen es um die Aufklärung von rechten Netzwerken und möglicher staatliche und gesellschaftlicher Mitverantwortung geht, exponieren sich. Ihre Fragen werden häufig als Polizei-, Justiz- und Gesellschaftskritik wahrgenommen – oder sind es – und rufen schnell entsprechende Gegenreaktionen der Strafverfolgungsbehörden oder der Medien hervor. In dem Maß, in dem sie sich öffentlich äußern, werden ihre Gesichter bekannter und die Gefahr steigt, (erneut) von Nazis angegriffen zu werden.

Wie weit Betroffene mit diesen Gefahren leben wollen, ist individuell sehr unterschiedlich. So sagte Ahmed I., er habe Sorge, weil er jetzt bekannter sei, aber er werde sich nicht abhalten lassen, weiter öffentlich zu sprechen (vgl. NSU-Watch 2020b, 24:30ff.). Auch Elif Kubaşık äußerte sich ähnlich: »Aber ich muss sagen, ich habe keine Angst mehr vor denen. Wenn zum Beispiel Gegendemonstrationen stattfinden gegen die Naziaufmärsche, dann gehe ich zu fast allen Gegendemonstrationen. Die Polizei sagt dann oft, geht mal zurück oder kehrt mal zurück. Nein, das werde ich nicht tun. Ich werde gegen die kämpfen. Ich werde zu diesen Gegendemonstrationen gehen.« (NSU-Watch 2020a, o. S.)

Soweit Betroffene rechter Gewalt bereit sind, diese Gefahr auf sich zu nehmen, tun sie dies häufig, um die Mehrheitsgesellschaft – aus deren Mitte oder von deren Rand der Angriff geschah – mit dem Geschehen zu konfrontieren und ihr die Möglichkeit zu geben, Veränderungen voranzutreiben. Indem die Betroffenen ihre Rechte einfordern, erhält die Gesellschaft die Chance, sich mit den in ihrer Rechtsordnung garantierten Rechten in Bezug auf den Schutz des Lebens, die körperliche Unversehrtheit und die diskriminierungsfreie Gleichbehandlung auseinanderzusetzen und selbst auf die Wahrung dieser Rechte hinzuwirken zu können. Es bedarf eines verlässlichen solidarischen Netzwerks, um die Mehrheitsgesellschaft auf diese Weise zu konfrontieren, das heißt, ihr den Spiegel vorhalten zu können. Dass dies gelingen kann, zeigt sich zum Beispiel in Dortmund, wo die Familie Kubaşık zumindest seit der Selbstenttarnung NSU auf ein solides Solidaritätsnetzwerk und die Unterstützung der kommunalen Behörden zählen kann (Şirin 2016: 280).

So wichtig, wie die Solidarität mit den Betroffenen ist, so entscheidend ist auch die Vernetzung der von rechten Anschlägen und Taten Betroffenen untereinander (Coffey/Laumann 2021: 140f.). Diese Vernetzung hat mit der Selbstenttarnung des NSU und dem Entstehen einer Erinnerungskultur an frühere und bis dahin in der Öffentlichkeit vergessene rechte Taten begonnen und entwickelt sich fortwährend. Exemplarisch für diese Vernetzung und Stärkung der Betroffenen untereinander stehen das »Festival of Resilience«, organisiert von Überlebenden des Anschlags in Halle, in das auch die Überlebenden und Angehörigen des Anschlags in Hanau einbezogen waren (Opuku 2021, o. S.). Diese Solidarität spricht auch aus der Botschaft der Initiative »Keupstraße ist überall« anlässlich des 25. Jahrestages des Gedenkens an den Anschlag in Solingen (Schmidt 2018, o. S.) oder aus der Botschaft zum Gedenken an die Ermordung Mehmet Kubaşık am 4. April 2022 in Dortmund: »Wir – die Überlebenden des rassistischen und antisemitischen Anschlags in Halle vom 9. Oktober 2019, wir, die Soligruppe Tekiez – wir stehen heute hier mit Euch – in diesem schwierigen Moment. 16 Jahre. 16 Jahre ohne Mehmet. Ohne Gerechtigkeit, ohne Aufklärung, ohne Frieden.« (Feldman 2022, o. S.) Es sind aber auch 16 Jahre, in denen sich die Überlebenden und Angehörigen der Mordopfer gesellschaftliche Sichtbarkeit und Anerkenntnis erkämpft und die Voraussetzungen dafür geschaffen haben, dass die Mehrheitsgesellschaft ihre Forderungen nicht mehr überhören kann und sie diese auch in Strafverfahren verfolgen können.

Literatur

Am Orde, Sabine (2014): »Opferanwalt über Oktoberfestattentat: ›Es kann so nicht gewesen sein‹«. Interview mir Rechtsanwalt Werner Dietrich, in: taz vom 16.12. 2014, https://taz.de/Opferanwalt-ueber-Oktoberfestattentat/!526106/ [04.06.2022].

Baur, Domink (2020): »Oktoberfest-Attentatsopfer über Behördenversagen: ›Kaltschnäuzig und pietätlos‹«, in: taz vom 26.09.2020, https://taz.de/Oktoberfest-Attentatsopfer-ueber-Behoerdenversagen/!5714309/ [04.06.2022].

Borovitz, Jeremy (2021): »Ich glaube auch weiterhin an jüdisches Leben in diesem Land« und »Jeden Tag müssen wir unsere Stimme erheben«, in: Esther Dischereit (Hg.): Hab keine Angst, erzähl alles! Das Attentat von Halle und die Stimmen der Überlebenden, Freiburg i. B.: Verlag Herder, S. 44–54 und S. 124–126.

Brugsmüller, Claudia (2013): »§ 1 Verletztenrecht und Nebenklage«, in: Gudrun Doering-Striening (Hg.): Opferrechte. Handbuch des Anwalts für Opferrechte, Baden-Baden: Nomos, S. 21–64.

Bundesregierung (2017): Nationaler Aktionsplan gegen Rassismus – Positionen und Maßnahmen zum Umgang mit Ideologien der Ungleichwertigkeit und den darauf bezogenen Diskriminierungen, Juni 2017 https://www.bmfsfj.de/resour

ce/blob/116798/5fc38044a1dd8edec34de568ad59e2b9/nationaler-aktionsplan-ra ssismus-data.pdf [05.06.2022].

Chaussy, Ulrich (2020): Das Oktoberfest-Attentat und der Doppelmord von Erlangen«, 4. Auflage, Berlin: Ch. Links Verlag.

Coffey, Judith/Laumann, Vivien (2021). Gojnormativität: Warum wir anders über Antisemitismus sprechen müssen, Berlin: Verbrecher Verlag.

Deutscher Bundestag (1986): Erstes Gesetz zur Verbesserung der Stellung des Verletzten im Strafverfahren (Opferschutzgesetz) vom 18. Dezember 1986, Bundesgesetzblatt, Jahrgang 1986, Teil I, S. 2496ff.

Feldman, Talya (2022): Redemanuskript zum Gedenken an Mehmet Kubaşık in Dortmund am 4. April 2022 (unveröffentlicht).

Haschnik, Georg (2021): »Ich werde nicht ruhen« [Bericht über Armin Kurtović], in: FR online vom 19.02.2021. https://www.fr.de/politik/ich-werde-nicht-ruhen-9 0201841.html [05.06.2022].

Herrmann, Joachim (2010): »Die Entwicklung des Opferschutzes im deutschen Strafrecht und Strafprozessrecht – Eine unendliche Geschichte«, in: Zeitschrift für Internationale Strafrechtsdogmatik 3/2010, S. 236–245.

Janke, Carsten/Hasselmann, Donata (2021): »5 Jahre OEZ-Attentat. Der verkannte Anschlag«, in: Mediendienst Integration vom 19.07.2021; https://mediendienst-integration.de/artikel/der-verkannte-anschlag.html [05.06.2022].

John, Barbara (Hg.) (2014): Unsere Wunden kann die Zeit nicht heilen: Was der NSU-Terror für die Opfer und Angehörigen bedeutet, Freiburg i. B.: Herder Spektrum.

Lohr, Matthias (2022): »Ahmed I. über den Angriff auf ihn: ›Man hat mir mein Recht nicht gegeben‹«, in: HNA vom 06.01.2022, https://www.hna.de/kassel/man-hat-mir-mein-recht-nicht-gegeben-91218721.html [05.06.2022].

Narin, Yavuz Selim (2016): »Eine düstere Parallelwelt«, in: Kemal Bozay/Bahar Aslan/Mangıtay, Orhan/Özfırat Funda (Hg.): Die haben gedacht, wir waren das: MigrantInnen über rechten Terror und Rassismus, Köln: PapyRossa Verlag, S. 207–212.

Nebenklagevertreter*innen NSU-Prozess (2020): Ein Mahnmal des Versagens des Rechtsstaates. Das NSU-Urteil negiert die Dimension des NSU-Terrornetzes und ignoriert die Ergebnisse der Beweisaufnahme, Presseerklärung von Nebenklagevertreter*innen vom 30.04.2020, https://www.nsu-nebenklage.de/bl og/2020/04/30/30-04-2020-presseerklaerung-ein-mahnmal-des-versagens-de s-rechtsstaates/ [05.06.2022].

Nobrega, Onur Suzan (2021): »Es ist das Recht eines jeden Menschen. Onur Suzan Nobrega im Gespräch mit Elif Kubaşık und Gamze Kubaşık«, in: Onur Suzan Nobrega/Matthias Quent/Jonas Zipf (Hg.) (2021): Rassismus. Macht. Vergessen, Bielefeld: transcript Verlag, S. 61–76.

NSU-Watch (2020a): »›Ich möchte Antworten auf meine Fragen haben. Interview mit Elif Kubaşık zum Tag der Urteilsverkündung im NSU-Prozess« vom 11. Juli 2020, in: NSU-Watch, https://www.nsu-watch.info/2020/07/ich-moechte-antworten-auf-meine-fragen-haben-interview-mit-elif-kubasik-zum-tag-der-urteilsverkuendung-im-nsu-prozess/ [05.06.2022].

NSU-Watch (2020b): Aufklären & Einmischen # 59. Vor Ort mit Achmed I. und response. Gegen Rassismus, Antisemitismus und rechte Gewalt in Hessen. Schwerpunkt: Der Angriff auf Ahmed I., Podcast vom 05.12.2020.

NSU-Watch (2022): Aufklären & Einmischen # 73. Vor Ort bei der Open Lecture Series # 3: Zwei Jahre nach Halle – Perspektiven und Antisemitismus und Rassismus als Problem der Strafverfolgungsbehörden, Podcast vom 12.10.2022.

Opoku, Nene (2021): »Festival of Resilience. Mit solidarischer Perspektive gegen rechtsextremen Terror«, in: Belltower News vom 21.09.2021, https://www.belltower.news/festival-of-resilience-mit-solidarischer-perspektive-gegen-rechtsextremen-terror-121463/ [05.06.2022].

O. V. (2021): »Gemeinsame Erklärung von Nebenklägerinnen und -klägern im Prozess gegen den Attentäter von Halle« vom 20.7.2020, in: Esther Dischereit (Hg.): Hab keine Angst, erzähl alles! Das Attentat von Halle und die Stimmen der Überlebenden, Freiburg i. B.: Verlag Herder, S. 25.

Pietrzyk, Kristin/Hoffmann, Alexander: »Die Rolle von Generalbundesanwalt und Nebenklage in exemplarischen Rechtsterror-Verfahren«, in: Kritische Justiz, H. 3, S. 311–327.

Pook, Linus/Stanjek, Grischa/Wigard, Tuija (Hg.) (2021): Der Halle-Prozess. Mitschriften, Leipzig: Spector Books.

Schmidt, Ursula (2018): »Eine Erinnerung an den 25 Jahre zurückliegenden mörderischen Brandanschlag in Solingen«, Belltower News vom 28.05.2018, https://www.belltower.news/eine-erinnerung-an-den-25-jahre-zuruckliegenden-moerderischen-brandanschlag-in-solingen-47994/ [07.06.2022].

Schmitt, Bertram (2022): »Dritter Abschnitt. Nebenklage. Vorbemerkung zu § 395«, in: Lutz Meyer-Goßner/Bertram Schmitt: Strafprozessordnung: StPO. Gerichtsverfassungsgesetz, Nebengesetze und ergänzende Bestimmungen. Kommentar, München: C. H. Beck, S. 1771.

Şirin, Ali (2016): »Ein Land im Unbehagen – Sehnsucht nach Solidarität«, in: Kemal Bozay/Bahar Aslan/Mangıtay, Orhan/Özfırat Funda (Hg.): Die haben gedacht, wir waren das: MigrantInnen über rechten Terror und Rassismus, Köln: PapyRossa Verlag, S. 280–283.

Spicker, Rachel (2020): »Halle-Prozess ›Nebenklägerin zu sein bedeutet für mich, die Deutungshoheit über meine Erinnerung zu haben‹«, Interview mit Rabbinerin Rebecca Blady, Belltower News vom 17. Juli 2020, https://www.belltower.news/halle-prozess-nebenklaegerin-zu-sein-bedeutet-fuer-mich-diedeutungshoheit-ueber-meine-schmerzhafte-erinnerung-zu-haben-101719/ [05.06.2022].

Steinhagen, Martin (2021): Rechter Terror. Der Mord an Walter Lübcke und die Strategie der Gewalt, Hamburg: Rowohlt.

Steinke, Ronen (2020): Terror gegen Juden: Wie antisemitische Gewalt erstarkt und der Staat versagt. Eine Anklage, Berlin: Berlin Verlag.

Steinmeier, Frank-Walter (2020): »Rede von Bundespräsident Dr. Frank-Walter Steinmeier«, in: Bulletin der Bundesregierung, Nr. 95–6 vom 27.09.2020, https://www.bundesregierung.de/resource/blob/975954/1791960/b8da157553f07c0844f1a7e677003091/95-6-bpr-oktoberfestattentat-data.pdf?download=1 [04.06.2022].

Voigts, Hanning (2022): »Frankfurt: War ein Polizist Teil des ›NSU 2.0‹?«, in: FR vom 19.03.2022, https://www.fr.de/frankfurt/frankfurt-war-ein-polizist-teil-des-nsu-91421115.html [05.06.2022].

Das kollektive Gedächtnis vergisst nicht[1]
Transgenerational vererbte Traumata

Ali Kemal Gün

Einleitung

In den 1990er-Jahren geschahen in Deutschland folgenschwere ausländerfeindliche Ausschreitungen und Anschläge mit vielen Toten und Verletzten. Diese Ereignisse haben bei den Betroffenen, deren Angehörigen sowie den migrantischen Communities schwere psychische Spuren hinterlassen. Bei den Anschlägen in Hoyerswerda (17.09.1991), Hünxe (03.10.1991) und Rostock (August 1992) hatte man den Eindruck, dass sich die ausländerfeindlichen Aktionen »nur« gegen Flüchtlinge bzw. Asylsuchende richteten. Andere in Deutschland ansässige Migrant*innen schienen nicht gemeint zu sein. Nach dem Brandanschlag in Mölln (23.11.1992) änderte sich diese Wahrnehmung, denn es war ein von Türkeistämmigen bewohntes Haus in Brand gesteckt worden. Nach dem Brandanschlag in Solingen (29.05.1993) verfestigte sich der Eindruck, dass gezielt Zugewanderte aus der Türkei Zielscheibe der Anschläge waren. Die mit der Tötung von Enver Şimşek (09.09.2000) beginnende Mordserie des rechtsextremen »Nationalsozialistischen Untergrunds« (NSU) zeigte eine neue Qualität ausländerfeindlicher Anschläge im Nachkriegsdeutschland. Es führte bei Menschen mit Flucht- und Migrationshintergrund zu einem kollektiven Gefühlszustand der Angst, selbst Opfer werden zu können, umso mehr, wenn sie sich persönlich mit den Opfern identifizieren konnten (vgl. Gün 2014a: 100). Diese Ereignisse hatten – je nach Nähe und Betroffenheit der Person, gekoppelt mit deren Vulnerabilität – primär- und/oder sekundärtraumatisierende Auswirkungen zur Folge.

Traumata und ihre Folgen

Traumatisierende Ereignisse können auf Opfer, deren Angehörige und Menschen, die sich aufgrund bestimmter Merkmale mit ihnen identifizieren und daraus ein

---

1 Der vorliegende Artikel zitiert an manchen Stellen aus unveröffentlichten Reden, Vorträgen und veröffentlichten Interviews mit dem Autor.

Bedrohtheitsgefühl entwickeln, kurz- und langfristige Auswirkungen haben. Es handelt sich um lebensverändernde Ereignisse. Besonders nahe Angehörige und Überlebende politisch motivierter Anschläge fühlen sich in tiefer Überlebensschuld. Die Traumatisierung kann in eine posttraumatische Belastungsstörung (PTBS) übergehen und Traumafolgestörungen wie etwa Depressionen, Angst- und Somatisierungsstörungen, Suchterkrankungen, dissoziatives Erleben bis hin zu einer andauernde Persönlichkeitsänderung verursachen. Viele primär und sekundäre Traumatisierte leiden unter Albträumen, Flashbacks, Gleichgültigkeit, emotionaler Stumpfheit, Schreckhaftigkeit, Schlafstörungen, emotionalem Rückzug, Depressionen oder Suizidgedanken. Selbst nach traumatherapeutischen Behandlungen zeigen sich manchmal lebenslang anhaltende psychische Beeinträchtigungen. Die Zeit kann eben nicht immer alle Wunden heilen.

Nazim Arslan, Großvater von İbrahim Arslan, sagte am 23. Juni 1993 in der Verhandlung des Brandanschlags in Mölln vor dem II. Strafsenat, Oberlandesgericht Schleswig:

»Ich kann es immer noch nicht fassen, was am 23. November 1992 mit meiner Familie geschehen ist. Es ist so schrecklich und grausam. Meine Frau Bahide ist tot, Enkelin Yeliz und Ayşe Yılmaz sind tot. Meine Schwiegertöchter sind […] behindert und haben Schmerzen, die Familie ist überhaupt nicht mehr, was sie war. Meine Frau Bahide war der Mittelpunkt meiner Familie – meines Lebens. […] Man hat uns hergebeten, wir sind gekommen, weil in Deutschland Arbeitskräfte gesucht wurden – und wir haben gearbeitet. Beide haben wir gearbeitet. […] Das Grauen und der Schrecken sind für mich noch immerzu da. Jedes Mal, wenn ich in die Mühlenstraße gehe und das ausgebrannte Haus sehe, denke ich an diese grausame Nacht. […] Ich höre die Schreie, sehe das Flackern vom Feuer und das blaue Licht der Feuerwehr, höre das laute Getöse von dem Feuer und sehe immer wieder das Bild, wie meine Frau im Rauch und Feuer verschwindet. […] Es ist mir auch so unverständlich, wofür, warum meine Frau und die zwei Mädchen sterben mussten. Weil sie Türkinnen waren?! Weil diese Männer unmenschliche politische Ideen ausführen wollten? Man hat uns doch hergebeten, wir kamen als Gastarbeiter. Wir waren hier Gäste! Wissen Sie, was Gastfreundschaft in der Türkei bedeutet? […] So ein bösartiges Verbrechen kann ich nicht verstehen.« (Zitiert nach Akhanlı 2016)

Mehrfach war von Mevlüde Genç, Mutter und Großmutter der Opfer des Solinger Brandanschlages, Folgendes zu hören, wenn sie den vorbeifahrenden Autos und Menschen auf dem Bildschirm der Überwachungsanlage zuschaute: »Es ist beruhigend, zu sehen, was vor dem Haus passiert. Und sei es nur ein Vogel, der vorüberfliegt.« Sie sagt, dass an jedem Tag, an dem sie in das Gesicht ihres Sohnes Bekir schaut, sie an das Inferno erinnert wird. Er ist für die Familie ein lebendes Denkmal für das schreckliche Ereignis. Sie sehen und kennen seine Qualen, seine noch bestehenden Wunden, Brandnarben, die ihn trotz vieler Operationen ein Leben lang zeichnen werden – auch die, die man nicht sehen kann (vgl. Kölner Stadtanzeiger, 10./11.02.1996). Deswegen sagt sie: »Für uns ist jeder Tag ein Jahrestag« (Kölner Stadtanzeiger, 29.05.1998).

Familie Genç wurde durch den starken Drang der Öffentlichkeit so sehr unter Druck gesetzt, dass ihnen kein Raum für Verarbeitungsmöglichkeiten des traumatischen Erlebnisses gelassen wurde. Herausgerissen aus ihrer Privatsphäre, fühlten sie sich überrannt und überfordert, all diese Auszeichnungen, Einladungen und Begegnungen mit höchsten Persönlichkeiten in ihren Alltag zu integrieren. Das Interesse der Öffentlichkeit bot sich für die Familie nur als eine vorübergehende »Schein-Kompensation« an. Erst nach dem Prozess und der Abnahme des öffentlichen Interesses begann der Verarbeitungsprozess und damit auch die Trauerarbeit. »Mevlüde Genç's ungeheure Stärke, die sie nach dem Anschlag zur Versöhnung befähigte, scheint sie verloren zu haben. Sie, die mit dem Bundesverdienstkreuz und dem türkischen Tapferkeitsorden ausgezeichnet wurde, muß bekennen, daß die Zeit ihre Wunden nicht heilen kann« (Kölner Stadtanzeiger, 29.05.1998).

Unvorstellbar schwer muss es fallen, die Geschehnisse zu kompensieren. Oder könnte man von İbrahim Arslan, dem Enkelsohn von Nazım Arslan, der in Deutschland geboren, aufgewachsen und sozialisiert ist, erwarten, er könnte das Geschehen irgendwann »vergessen« und so weiterleben, als ob es nicht passiert wäre? »Die Jahre dort«, wird İbrahim Arslan im Spiegel vom 20.11.2012 zitiert, »waren die Hölle. Immerzu musste ich über die Stelle laufen, wo meine Oma lag, im Zimmer schlafen, wo Yeliz und Ayse gestorben sind, aus dem Fenster schauen, aus dem meine Mutter sprang«. Und sein Vater Faruk Arslan hielt anfangs jede Nacht Wache, bis die Kinder aufgewacht sind – aus Angst vor einem erneuten Anschlag (vgl. Spiegel, 20.11.2012).

Auch die Opfer des rechtsextremen NSU kämpfen mit den Folgen, die in nachfolgenden Sätzen deutlich werden:

- »Keiner wird uns garantieren können, dass es nicht zusätzliche Leute gibt, die morgens vor der Tür stehen. Ganz ausgeschlossen ist es nicht.« (Masliya M., 19.01.2001, Probsteigasse, Köln, Kölner Stadtanzeiger, 05.06.2014)
- »Ich hatte damals nach diesem Ereignis Angst, wenn ich jemanden mit einem Fahrrad gesehen habe, wenn ich durch diese Straße ging, wenn ich dieses Lokal gesehen habe, wenn ich diesen Friseursalon gesehen habe. Ich traute mich nicht, durch diese Straße zu gehen.« (Treff von Keupstraße Initiative, Juni, 2014, eine Anwohnerin der Keupstraße, die anonym bleiben wollte)
- »So einen Tag vergisst man sein Leben lang nicht.« (Özcan Yıldırım, Kölner Stadtanzeiger, 04.06.2013)
- »Wir fingen an, an uns selbst zu zweifeln. Das Vertrauen zwischen Türken und Deutschen ging kaputt, aber auch das Vertrauen innerhalb der Straße. Jeder

misstraute jedem. Die Kundschaft blieb weg, viele Geschäfte schlossen.« (Meral Şahin, IG Keupstraße, Kölner Stadtanzeiger, 04.06.2014)

Ein anonymes Opfer des Attentats sagte, dass ihm erst mit dem Erhalt der Vorladung bewusst geworden sei, dass er/sie die Geschehnisse »nur verdrängt, aber nicht verarbeitet« hatte. Eigentlich habe er/sie sich nie als Opfer bezeichnen wollen, obwohl er/sie gemeinsam mit Angehörigen der vom NSU Ermordeten zu einer Begegnung ins Kanzleramt eingeladen war: »Jetzt weiß ich, dass ich ein Opfer bin.« Plötzlich sind sie wieder da, die chaotischen Bilder von blutenden Nachbarn und aufgewirbeltem Staub und die unbestimmte Angst, es hätte eine zweite Bombe hochgehen können (vgl. Biskup 2015).

Die Ehefrau eines Betroffenen berichtete einem Psychologen, dass ihr Mann leicht reizbar sei und sich anders bzw. aggressiv verhalte. Und dass er keine Lust mehr habe, einzukaufen und ungern Bekannte oder Verwandte besuche. »Was ist mit meinem Mann los?«, fragte sie. Erst durch wiederholte Nachfragen stellte sich heraus, dass ihr Ehemann ein Opfer des Nagelbombenanschlags auf der Kölner Keupstraße war. Nur durch Zufall ist damals niemand gestorben, aber eines der Opfer, das durch den Anschlag verletzt worden war, hat sich später umgebracht. Herr M. hat nach dem Anschlag das Geschäft, in dem er arbeitete, verlassen und ist weggezogen. Er erzählte, dass sich sein Leben nach dem Anschlag sehr verändert hätte. Seine Erzählungen bestätigten in großen Teilen die Theorie über die Einflüsse solcher traumatischen Ereignisse auf den Menschen. Er hatte – wie jeder andere Mensch auch – Probleme, aber dieses Ereignis hatte diese so sehr verstärkt, dass er nicht mehr leben wollte und sich schließlich suizidierte. Auch Atilla Özer ist – nach den Angaben der Angehörigen – an den Spätfolgen des Nagelbombenanschlags gestorben (vgl. Kölner Stadtanzeiger, 11.06.2022).

Man könnte denken, dass es einem Gelehrten wie Professor Dr. Jan Philipp Reemtsma[2], der Entführungsopfer war, leichter fiele, das Erlebte zu kompensieren:

»Es ist vorbei und ist doch nicht vorbei, noch lange nicht, und wird nicht einmal vorbei sein, wenn die Verbrecher hinter Schloß und Riegel sitzen. Der Keller bleibt in meinem Leben.« (Reemtsma 1997: 154)

In seinem Vortrag auf dem Kongress »Trauma und kreative Lösungen« verdeutlicht Reemtsma (1998), dass man »[e]in Trauma [...] aus seiner Biographie nicht entfernen, [...] nicht heilen (kann). Aber man kann damit umgehen, verstört, aber nicht zerstört weiterleben«. Und ebendies hat Bekir Genç, ein Opfer des Brandanschlags in Solingen, in seiner zehnjährigen Psychotherapie geschafft. Das gibt die Hoffnung auf ein Leben, in das die Folgen der traumatischen Ereignisse integriert sind. Wie

---

2   Jan Philipp Reemtsma wurde am 25. März 1996 entführt und 33 Tage in einem Keller gefangen gehalten.

bei jedem derartigen Anschlag hat auch der Solinger Brandanschlag schwerwiegende Narben hinterlassen. Auch die stark traumatisierte Familie Genç, insbesondere Bekir Genç, der nicht nur körperliche, sondern auch psychische Narben trägt, wird noch lange, wenn nicht lebenslang mit den Folgen kämpfen müssen. Bekir Genç hatte 24 Operationen – und weitere sind auch nach 30 Jahren nicht ausgeschlossen. Wie soll er das Geschehene ungeschehen machen, unwiderruflich vergessen? 36 Prozent seiner Haut sind verbrannt, er schaut täglich in den Spiegel und sieht sein verbranntes Gesicht; er schaut auf seine Hände und sieht seine verbrannten Hände; er schüttelt die Hände und spürt seine entstellten Hände und Finger; er streichelt seine Kinder und spürt seine Narben.

Die transgenerationale Weitergabe des traumatischen Erbes

In seiner Schrift »Totem und Tabu« erwähnt Sigmund Freud den Begriff der »Gefühlserbschaft«, in der eine Generation an die nächste ihre Erfahrungen weitergibt – und zwar unabhängig davon, ob sie dies will oder nicht (vgl. Freud 1912–1913: 191). In der Psychologie wird heute von »transgenerationaler Weitergabe« gesprochen. Damit sind unbearbeitete Traumata gemeint, die von Generation zu Generation weitergegeben werden. Findet keine kollektive Verarbeitung statt, kann dieser Prozess Jahre, Jahrzehnte und sogar Jahrhunderte andauern.

Die besagten Anschläge und Ausschreitungen in Deutschland hatten in der Konsequenz nicht nur einzelne Personen zum Ziel, sondern gesellschaftliche Gruppen, etwa Menschen mit Flucht- und Migrationshintergrund. Die erlittenen Traumata werden unweigerlich im kollektiven Gedächtnis gespeichert und transgenerational weitergegeben. Das kollektive Gedächtnis vergisst nichts. Dies gilt für unzählige Massaker, Völkermorde und Gräueltaten in der Geschichte der Menschheit und über alle Nationen, kollektiven Gruppen etc. hinweg. Nach den ausländerfeindlichen Ausschreitungen und Anschlägen der 1990er-Jahre hat der NSU zwischen 2000 und 2007 einen griechisch-, acht türkeistämmige Migranten und eine Polizistin getötet und dazu 43 Mordversuche und drei Sprengstoffanschläge (Nürnberg 1999, Köln 2001 und 2004) verübt. Diese Ereignisse und das Verhalten der Politik und Ermittlungsbehörden führten gerade bei Menschen mit Migrationshintergrund zu einer starken Verunsicherung, das Vertrauen in den Staat wurde erschüttert. Das Aufeinandertreffen von rassistisch motivierter Gewalt und der Wegfall sicherheitsgebender Instanzen des Rechtsstaats führten zu massiver Verunsicherung bis hin zu schweren Traumatisierungen bzw. Retraumatisierungen. Der Psychiater und Psychoanalytiker Hartmut Radebold verdeutlicht diesbezüglich:

> »Zum einen gibt es Trauma-Reaktivierungen: Das heißt, die Leute sehen ein Foto oder einen Film, lesen ein Buch über den Krieg oder unternehmen eine Rei-

se zurück in die frühere Heimat. Und plötzlich werden sie überrollt von diesen lange verdrängten und abgewehrten Erinnerungen, haben schwere Angstzustände, träumen wieder die alten Bilder und sind hilflos ausgeliefert. Zum anderen gibt es Re-Traumatisierungen: Das heißt, eine erneute, oft eher kleine Traumatisierung, die mit den Kriegserlebnissen nichts zu tun hat, aber ein ähnliches Gefühl der Hilflosigkeit und des Schreckens hervorruft. Es wird den Betroffenen zum Beispiel die Handtasche entrissen oder sie erleben einen unverschuldeten Autounfall oder müssen akut operiert werden. Und plötzlich ist alles wieder da.« (Radebold 2012)

Die hier beschriebenen Reaktionen sind auch bei Menschen zu beobachten, die direkte und/oder indirekte traumatisierende Erfahrungen gemacht haben. Dies gilt auch für Menschen mit Flucht- und Migrationshintergrund, gerade dann, wenn sie sich mit der Ziel- bzw. Opfergruppe von Ausschreitungen und Anschlägen identifizieren. Es ist eine Tatsache, »[...] dass nicht nur der unmittelbar erlebte Schaden, sondern auch dessen Antizipation ein traumatisierender Stressor sein kann« (Gierlichs et al. 2003, zitiert nach Özkan/Sachsse/Streeck-Fischer 2012: 173). Diese Art der »sekundären Traumatisierung« kann kurz- oder langanhaltende Verstörungen hervorrufen. Obwohl man selbst nicht in einem direkten Kontakt mit einer belastenden, traumatischen Situation war, zeigt man ähnliche Symptome der Übererregung, der Vermeidung, des Wiedererlebens usw. Auch wenn die Erscheinungsformen einer sekundären Traumatisierung in der Regel mit der Komplexität eines primären Traumas nicht vergleichbar sind und in der Auswirkung einen eher milderen Verlauf aufweisen, müssen diese ernst genommen und entsprechend behandelt werden. Selbstverständlich haben auch in diesem Zusammenhang die vulnerabilitätsbedingten Faktoren einen erheblichen Einfluss auf das Verhalten der Betreffenden. Zu erwähnen sind hier neben der persönlichen Vulnerabilität auch migrations- und akkulturationsbedingte Faktoren (vgl. Özkan/Sachsse/Streeck-Fischer 2012: 174). Die Auseinandersetzung mit den Folgen für die Überlebenden und die nachfolgenden Generationen gibt unzählige Hinweise auf die primären und sekundären Traumatisierungen. In Hinblick auf diesen Hintergrund ist es nachvollziehbar, wenn zum Beispiel die Türkeistämmigen Rückkehrabsichten als mögliche Option ins Auge fassen. Dann gibt es eine transgenerationale Weitergabe des Traumas. Dies zeigt sich in Unsicherheit der Migrant*innen in Beziehung zur Mehrheitsgesellschaft und kann bei jedem neuen Ereignis getriggert werden. Sowohl einzelne Personen wie auch kollektive Opfergruppen geben die gesammelten Erfahrungen transgenerational weiter. Nach dem Motto, was gestern passiert ist, kann morgen auch passieren, was heute dem einen widerfahren ist, kann morgen auch mir passieren, leben die Menschen in einem latenten Angstzustand. Zudem ist bei den Opfern, den Traumatisierten und deren Angehörigen das Sicherheitsgefühl zutiefst zerstört. Sie haben ihr Vertrauen verloren. Das macht die betreffenden Menschen unsicher, schafft Misstrauen und versetzt sie in Angst. Dies kann unter Umständen zu emotionaler Stumpfheit, Reizbarkeit und Gleichgültigkeit gegenüber der Mehrheitsgesellschaft führen. Daher ist es von großer Bedeutung, diesen Menschen ein Gefühl von Sicherheit und Vertrauen zu vermitteln. Die Wiederherstellung des Grundvertrauens zwischen verschiedenen gesellschaftlichen Gruppen ist das »Betriebsgeheimnis« jeder Einwanderungsgesellschaft. Dafür bedarf es maximaler Transparenz.

Um diese Transparenz herzustellen, sind der Aufbau einer kollektiven Empathie und die Herstellung einer unmissverständlichen Gerechtigkeit, die durch den Rechtsstaat repräsentiert wird, erforderlich. Die Grundlage hierfür ist die lückenlose Aufklärung der begangenen Taten, die Aufdeckung der Hintergründe sowie die gerechte Bestrafung der Täter*innen. Von den Sicherheitsbehörden wie etwa der Polizei wird in diesem Zusammenhang erwartet, dass sie für Schutz sorgen und den Rechtsstaat stark erscheinen lassen. Das Gefühl zu bekommen, dass der Rechtsstaat Gerechtigkeit schafft, ist angesichts des Bedrohtheitsgefühls, das diese Taten auslösten, von immenser Bedeutung. Bei den Taten des NSU-»Trios« und ihrer Bearbeitung durch die Ermittlungsbehörden wurde dies offenkundig. Die Ermittlungsverfahren haben zu einer noch schwereren Traumatisierung bzw. Retraumatisierung geführt, weil sich die Menschen völlig schutzlos und ausgeliefert fühlten. Die scheibchenweise ans Tageslicht gekommenen »Neuigkeiten« wirkten auf die Betroffenen und deren Angehörige retraumatisierend und waren wie ein Schlag ins Gesicht. »Die eigentliche Bombe explodierte doch erst nach dem Anschlag« (Özcan Yıldırım, Kölner Stadtanzeiger, 09.10.2013). Die Betroffenen waren es satt, von den Ermittlungsbehörden beschuldigt zu werden. Es standen Angst, Verzweiflung und Skepsis im Raum – jeder konnte Verdächtige*r sein. Schließlich wurden durch die Organe des Rechtsstaats die Täter*innen im Betroffenenmilieu gesucht. In solch einer Atmosphäre kam heraus, dass der NSU für die Taten verantwortlich war. Aber die Aufklärung resultierte nicht aus den Ermittlungen der Behörden zu den Attentaten und Morden, sondern war ein Zufallsbefund nach dem Selbstmord von zwei der Täter. Dies erschütterte das Vertrauen in den Staat.

Beim NSU-Prozess in München wurde leider eine historische Chance verpasst, die Hintergründe der Taten restlos aufzuklären und den Betroffenen, deren Angehörigen und gesellschaftlichen Gruppen ein Sicherheitsgefühl zurückzugeben. Diese Chance ist durch die Ergebnisse des Münchener Prozesses leider verpasst worden. Dabei sollte es nicht nur darum gehen, die Täter*innen zu verurteilen, sondern die tieferliegenden Hintergründe – so wie es die ehemalige Bundeskanzlerin Angela Merkel versprochen hatte – zu klären.

Was den Brandanschlag auf Aleviten in der türkischen Stadt Sivas mit rassistisch motivierten Anschlägen in Deutschland verbindet – ein Brückenschlag

Dass die rechtsextremen Brandanschläge, Ausschreitungen und auch die NSU-Mordserie in einem gesamtgesellschaftlichen und transnationalen Zusammenhang betrachtet werden müssen, soll nachfolgend skizziert werden.

Nach dem Brandanschlag in Solingen wurden der Familie Genç eine Wohnung und ein Psychologenteam zur Verfügung gestellt. Man bot der Familie Unterstützung an. Man vermittelte ihr das Gefühl, sie gehöre zu diesem Land, sie sei in Sicherheit und werde geschützt. Es kann angenommen werden, dass die Familie nur darum in Deutschland geblieben ist, weil ihr dieses Zugehörigkeitsgefühl vermittelt werden konnte. Denn im Kontext solcher Ereignisse ist es von großer Bedeutung, dass sofort bzw. möglichst zeitnah geholfen wird. Es waren nicht nur viele Helfer*innen da, die tagtäglich unterstützten, sondern es gab auch Ansprechpartner*innen seitens der Stadt Solingen bzw. der Landesregierung.

Dagegen war der Umgang mit den Betroffenen und Angehörigen nach den NSU-Morden und Attentaten ein völlig anderer. Diese haben sehr viel emotional Belastendes über sich ergehen lassen müssen. Sie sind unter Druck gesetzt, beschuldigt, verdächtigt und gedemütigt worden. Von Unterstützung war keine Rede. Erst nach der Selbstenttarnung des NSU hat man versucht, den Betroffenen Unterstützungen anzubieten, die teilweise unangemessen, unverhältnismäßig und nicht zielführend waren. Die kommunalen, Landes- und Bundesbehörden wären gut beraten gewesen, nachhaltige, strukturell verankerte und fachlich vertretbare Angebote zu unterbreiten und sich darum zu bemühen, das Vertrauen dieser Menschen zu gewinnen. Dies scheint – auch nach Jahren – nicht erfolgt zu sein.

Am 2. Juli 1993, 33 Tage nach dem Brandanschlag in Solingen, verbrannten in der türkischen Stadt Sivas im Hotel Madımak 33 Menschen zumeist alevitischen Glaubens sowie zwei Hotel-Mitarbeiter*innen bei lebendigem Leib. Viele wurden verletzt. Es handelte sich um einen Anschlag gegen eine alevitische Kulturveranstaltung. Sowohl Polizei als auch Militärkräfte waren wohl »nicht in der Lage«, die über acht Stunden andauernden Ausschreitungen zu verhindern und die im Hotel untergebrachten Kinder, Jugendlichen, Schriftsteller*innen und Künstler*innen vor dem aufgebrachten islamisch motivierten Mob von geschätzt 20.000 Menschen zu schützen.

Währenddessen war die türkische Regierung nach dem Solinger Brandanschlag sehr aktiv. Fast jedes Jahr reisen noch immer Politiker*innen aus Ankara nach Solingen (ca. 3.000 km) und halten flammende Reden, appellieren an Menschenrechte, Gerechtigkeit, Vertrauen und Beziehungsbrücken. Bisher war aber kein einziger türkischer Regierungsvertreter in Sivas (ca. 400 km von Ankara entfernt), um sich mit den Opfern zu solidarisieren, geschweige denn, sich zu entschuldigen. Deutschland hat sich zu den rassistisch motivierten Taten bekannt, insbesondere in Solingen war die Unterstützung enorm groß. Die überlebenden Opfer von Sivas und deren Angehörige haben noch nicht einmal die Kosten für ihre ärztliche Behandlung erhalten. Der Prozess gegen die Täter dieses brutalen Anschlags wurde so sehr in die Länge gezogen, bis er verjährte.

Vor diesem Hintergrund haben die ausländerfeindlichen Ausschreitungen und Anschläge in Deutschland bei den türkeistämmigen Migrant*innen, die in der Türkei einer ethnischen bzw. religiösen Minderheit angehören, ebenfalls den Grad der Traumatisierung erhöht. Denn diese Ereignisse haben bei ihnen das Gefühl verstärkt, in keinem der Länder sicher zu sein.

Die Verantwortung der Politik und die Verhaltensweise der Ermittlungsbehörden

Die ausländerfeindlichen Ausschreitungen und Anschläge können und dürfen nicht als singuläre Ereignisse betrachtet werden. Sie haben dem Verhältnis zwischen Migrant*innen und Mehrheitsgesellschaft tiefe Wunden zugefügt. Anfang der 1990er-Jahre waren die Zeitungen voll mit Überschriften wie: »Jede Minute kommt ein Ausländer nach Deutschland, wir können dies nicht mehr ertragen«, »Das Boot ist voll« oder »Ansturm der Armen« (Titel des Spiegel 1991). Es kursierten Aussagen wie »Ausländer leben auf unsere Kosten«, »Sie sollen hingehen, wo sie hergekommen sind« oder »Wir müssen das Asylgesetz verschärfen«. Hier sind als politisch verantwortliche Debattenführer die Namen Wolfgang Schäuble, Otto Schily oder Günther Beckstein zu erwähnen. So wurde der Boden bereitet, der Ausschreitungen in dieser Form möglich machte. In jedem Land der Erde gibt es Diskriminierung. Das ist eine Tatsache, mit der wir leben müssen. Aber wenn die Politik dafür den Nährboden bereitet, ist dies nicht tolerabel – und es darf nicht stillschweigend hingenommen werden.

Die Ermittlungsbehörden waren insbesondere bei der Aufklärung der NSU-Mordserie und deren Anschläge durch eine konsequente Blindheit auf dem rechten Auge geprägt. Von Anfang an wurde in alle Richtungen ermittelt, nur nicht in eine, in die eigentlich richtige Richtung, dass der rechtsextreme NSU für diese Taten verantwortlich sein könnte. Die immer noch offene Frage lautet, weshalb es so weit kommen musste. Warum ist es den Ermittlungsbehörden nicht gelungen, die Schuldfrage früher zu klären? Eine mögliche Antwort könnte in dem berühmt-berüchtigten Satz des damaligen Bundesinnenministers Otto Schily zu finden sein, den er einen Tag nach der Explosion auf der Keupstraße gesagt hatte: »Die Erkenntnisse der Sicherheitsbehörden deuten nicht auf einen rechtsterroristischen Hintergrund, sondern auf ein kriminelles Milieu.« Dieser Satz impliziert, dass der Innenminister Kenntnisse darüber hatte, wer hinter dieser Tat stand. Ein Innenminister würde sich nicht in der Öffentlichkeit dazu äußern, ohne genauere Kenntnisse darüber zu haben. Denn tiefenhermeneutisch analysiert, bedeutet dieser Satz: »Ich weiß, womit es zu tun hat, indem ich sage, womit es nicht zu tun hat.« Was wollte er mit diesem Satz verdecken, was durfte nicht gesagt werden, was musste verheimlicht und verleugnet werden? In diesem Zusammenhang ist das Gesagte ein starkes Indiz auf das Nicht-Gesagte.

Später im NSU-Untersuchungsausschuss sagte Schily: »Ich habe lediglich Lagebilder der Ermittlungsbehörden weitergegeben.« Man muss sich aber fragen, woher und wie diese Lagebilder zustande kamen, wer dafür verantwortlich war, welche Konsequenzen daraus folgten, welche strukturellen Defizite zu dieser »Fehleinschätzung« führten. Unterstellt man ihm eine nicht bewusste Täuschung und Böswilligkeit, muss man sich fragen, um welche Struktur es sich im Innenministerium handelte, die den Minister, das heißt den obersten Verantwortlichen, wie es sich ja später herausstellte, zu falschen Aussagen geführt hat. Es ist bis heute nicht geklärt, wer dieses erwähnte »Lagebild« erstellt hat und welche Absicht dabei verfolgt wurde.

Wir brauchen ein »inklusives Wir«, müssen die Scherben aufsammeln und sie kitten

Ausgehend von der Beobachtung kann festgestellt werden, dass es eine Spaltung zwischen der Mehrheitsgesellschaft und den Zuwandernden gibt und beide Seiten sich in gewisser Hinsicht voneinander abschotten. Das darf aber kein Dauerzustand sein. Das Gefühl bei einem Teil der Migrant*innen, insbesondere bei den Türkeistämmigen, »Wir sind in Deutschland nicht mehr sicher«, darf sich nicht dauerhaft verfestigen. »Angst darf uns nicht leiten. [...] Wir brauchen ein ›inklusives Wir‹, das Einheimische und Zugewandte gleichermaßen umfasst, und ein Verständnis von Zugehörigkeit, das nicht allein auf der Vergangenheit, auf historischen Wurzeln gründet, sondern nach vorne gerichtet ist und die künftige gemeinsame Gestaltung der Gesellschaft in den Blick nimmt« (Uslucan 2011).

Es ist zwar die Saat des Zweifels und der Verunsicherung gesät worden, aus der ein ungeheures Klima des Misstrauens erwachsen ist, aber wir können es uns nicht erlauben, in einem depressiven Tief zu verharren. Beide Seiten müssen sich aufeinander zubewegen. Dies wird durch ein ernst gemeintes Beziehungsangebot, einen offenen und intensiven Dialog, Toleranzerziehung, Zivilcourage, mehr Betonung der Multikulturalität und mehr interkulturelle Öffnung als gesamtgesellschaftliches Projekt möglich sein. Wir dürfen nicht vergessen, dass man sich umso fremder fühlt, je länger man vor der Tür wartet. Bleiben Angst, Sorge und Misstrauen, wird diese Wunde ihre Spuren hinterlassen und Auswirkungen auf das Zusammenleben in Deutschland haben. Im Zuge aller fremdenfeindlichen und rassistisch motivierten Ausschreitungen sowie der NSU-Mord- und Anschlagsserie ist sehr viel Porzellan zerschlagen worden. Wir müssen nun die Scherben aufsammeln und versuchen, sie zu kitten.

Obwohl wir seit Jahrzehnten ein multikulturelles, multiethnisches und multireligiöses Land sind, sind wir erst seit 2005 per Gesetz ein Einwanderungsland. Dies haben wir aber gesamtgesellschaftlich und politisch nicht verinnerlichen können. In vielen Köpfen ist immer noch »Deutschland den Deutschen« die herrschende Meinung. Deswegen scheint es eine wichtige zukünftige Herausforderung zu sein, uns auf die Erfordernisse eines Einwanderungslandes einzustellen und alle gesellschaftlichen Strukturen daraufhin zu überprüfen. Erst recht müssen wir die multikulturelle Vielfalt unseres Landes als unseren Reichtum betonen und als solchen verinnerlichen. Dazu gehören zum Beispiel die Senkung der Zugangsbarrieren zu allen Regeldiensten, die interkulturelle Öffnung aller Einrichtungen der sozialen und gesundheitlichen Dienste sowie die Aneignung interkultureller Kompetenz in allen Bereichen (vgl. Gün 2018: 140ff.). Damit kann man den Menschen mit Migrationshintergrund das Gefühl vermitteln, dass sie über Teilhabe und Chancengleichheit verfügen, gleiche Rechte und Pflichten wie die Einheimischen haben und aufgrund der Strukturen nicht diskriminiert werden.

Von Bedeutung ist, dass der Mehrheitsgesellschaft die unmissverständliche Botschaft (i. S. v. kollektiver Empathie) vermittelt wird, dass die Anwesenheit der Menschen mit Migrationshintergrund eine klare Bereicherung ist, die zu unserem Wohlstand maßgeblich beiträgt. Dabei kommt es auf ein alternatives Geschichtsnarrativ und die Transformation der gelebten Geschichten für die nächsten Generationen an. Es darf nicht außer Acht gelassen werden, dass die Erinnerungskultur die wirksamste Prävention zur Verhinderung solcher Gräueltaten in der Zukunft ist (vgl. Gün 2014b: 338). Die Museen und Kultureinrichtungen spielen in der Vermittlung der Geschichte und Gegenwart eine immense Rolle. Eine multiperspektivistische Geschichtsdarstellung, die Migration als Normalfall betrachtet und die Geschichte der Einwanderung als einen Teil der deutschen Geschichte darstellt, würde für die Migrant*innen eine identitätsstiftende Wirkung haben und ihnen ein stärkeres Zugehörigkeitsgefühl vermitteln. Daher wird die vom DOMID (Dokumentationszentrum und Museum über die Migration in Deutschland e. V.) angestrebte Gründung des »Zentralen Migrationsmuseums Deutschlands« in Köln eine große Lücke in der Geschichte des Einwanderungslandes Deutschland schließen.

Literatur

Akhanlı, Doğan (20.11.2016): Rede zum Jahrestag des Anschlags in Mölln – »Mölln fühlt sich unschuldig und wir?«

Biskup, Harald (2015): Bilder des Schreckens kehren immer wieder, NSU-PROZESS, Opfer aus der Keupstraße leiden unter psychischen Folgen, Kölner Stadtanzeiger: 23.01.2015.

Freud, Sigmund (1912–1913): Totem und Tabu, Gesammelte Werke Bd. IX, Anna Freud/Edward Bibring/Ernst Kris (Hg.), 1. Auflage 1944, S. Fischer Verlag.

Gün, Ali Kemal (2014a): »Es standen Angst, Verzweiflung und Skepsis im Raum – jeder konnte Verdächtiger sein«, in: Von Mauerfall bis Nagelbombe. Der NSU-Anschlag auf die Kölner Keupstraße im Kontext der Pogrome und Anschläge der neunziger Jahre. Dostluk Sineması (Hg.). Amadeu Antonio Stiftung. Berlin, S. 98–103.

Gün, Ali Kemal (2014b): Solingen ve NSU Örneğinde Bireysel ve Kollektif Travmalar ile Toplumsal Yansımaları, in: Dokumentation der Symposium: 2. Uluslararsı Tunceli (Dersim) Sempozyumu Bildiriler Kitabı. Tunceli Üniversitesi 2014, S. 327–341.

Gün, Ali Kemal (2018): Interkulturelle therapeutische Kompetenz. Möglichkeiten und Grenzen psychotherapeutischen Handelns. Verlag W. Kohlhammer, Stuttgart.

Özkan, İbrahim/Sachsse, Ulrich/Streeck-Fischer, Anette (Hg.) (2012): Zeit heilt nicht alle Wunden. Kompendium zur Psychotraumatologie. Vandenhoeck & Ruprecht. Göttingen.

Radebold, Hartmut (2012): Interview zum Thema »Auslöser traumatischer Kriegserlebnisse«, in: Mindener Tageblatt, 28.11.2012.

Reemtsma, Jan Philipp (1997): Im Keller, Hamburger Edition.

Reemtsma, Jan Philipp (1998): Vortrag »Das Recht des Opfers auf die Bestrafung des Täters als Problem, Auf dem Kongress »Trauma und kreative Lösungen«, Kölner Stadtanzeiger, 07./08.03.1998.

Uslucan, Hacı Halil (2011): Rede am 13. Dezember 2011 im Bayerischen Landtag.

Weiße Flecken, selektive Solidarität
und selbstbestimmte Erinnerungspraxen

Von der rechten Gewalt, die es nicht geben durfte
Gedenken als solidarische Praxis

Katharina Rhein

Der folgende Beitrag befasst sich mit der Frage, wie in Deutschland seit 1945 mit rechter Gewalt und ihren Opfern umgegangen wurde und weshalb ein Gedenken an die Opfer wichtig ist. Er beinhaltet auch Vorschläge für ein kritisches Erinnern, das ein Gedenken an die Opfer mit dem Kampf gegen rechte Gewalt und Strukturen verbindet.

Bis heute ist die genaue Zahl rechter Tötungsdelikte aus rassistischen, antisemitischen, antiziganistischen oder sozialchauvinistischen Motiven nicht ganz klar und die Liste muss immer wieder auch um Fälle aus der Vergangenheit ergänzt werden. Die Amadeu Antonio Stiftung zählt seit 1990 mindestens 219 Todesopfer sowie weitere 16 Verdachtsfälle. In der offiziellen Statistik des Bundes sind es für den gleichen Zeitraum – erst seit 1990 erfasst das Bundeskriminalamt rechter Tatmotive bei Tötungsdelikten – deutlich weniger. Die Dunkelziffer liegt bedeutend höher, da in vielen Fällen die rechten Motive nicht ermittelt wurden oder zumindest keinen Eingang in die Akten fanden (vgl. auch Brausam 2021; Speit 2013: 109). Thomas Billstein kommt für den Zeitraum von 1970 bis Juli 2020 auf 315 Opfer, darunter 41 Verdachtsfälle (vgl. Billstein 2020: 20). Die Morde sind allerdings nur die Spitze des Eisbergs angesichts von jährlich mehr als 20.000 rechtsmotivierten Straftaten – und das sind nur die, die überhaupt in der polizeilichen Kriminalstatistik erfasst sind. 2018/19 wurden fast täglich Anschläge auf Unterkünfte für Geflüchtete verzeichnet (vgl. ebd.: 7).

Billstein hat nicht nur die Opfer dokumentiert, sondern den Blick auch auf die Täter*innen[1] gerichtet. Individualtäter*innen wie die in München, Halle und Hanau, bei deren Radikalisierung rechte Internetnetzwerke offenbar eine große Rolle spielten, stellt er erst seit 2016 fest (vgl. ebd.: 23). Für die rechten Morde zuvor gilt, dass die Täter*innen vielfach in extrem rechten Parteien, Strukturen oder Subkulturen verankert waren und über die Hälfte der Taten in Gruppen verübt wurde. Es

---

1 Unter den 263 bekannten Haupttäter*innen tödlicher rechter Gewalt sind nur fünf Frauen, was einem Anteil von 2 % entspricht.

stellt sich die Frage, wieso sich die Mär vom Einzeltäter dennoch so lange konsequent gehalten hat.

Postnationalsozialistische Gesellschaft

Spricht man in Deutschland über rechte Gewalt und Erinnerung, geschieht dies in einem bestimmten historischen Kontext: in der postnationalsozialistischen Gesellschaft.[2] Postnationalsozialistisch meint dabei nicht einfach ein Danach, sondern dass dieses Danach bis in die Gegenwart beeinflusst ist von dem, was war. Dies zeigt sich auch deutlich am Umgang mit rechter Gewalt, die es in der Bundesrepublik[3] immer gab, aber nicht geben durfte.

Der Nationalsozialismus war ein Kulminationspunkt rechter Ideologien und Praktiken, die im systematischen, industriell durchgeführten Völkermord an der jüdischen Bevölkerung sowie an Sinti* und Roma* gipfelten. Die vom NS-Staat begangenen Verbrechen waren spätestens mit Kriegsende weltweit bekannt. Der deutsche Umgang mit der Verbrechensgeschichte und den Nachwirkungen ist geprägt durch den internationalen Druck der Alliierten, der bewirkte, dass sich die Deutschen als demokratiefähig beweisen mussten. Ohne diesen Druck hätte die NS-Ideologie vermutlich wesentlich ungebrochener fortbestehen können.

Rechte Gewalt, die als Beleg für das Fortwirken des Nationalsozialismus gedeutet werden konnte, durfte es folglich nicht geben oder musste als marginal, eben als Tat von Einzelnen, die mit der deutschen Gesellschaft insgesamt nichts zu tun haben, interpretiert werden. Darüber hinaus gab es offiziell auch keinen Antisemitismus oder Rassismus mehr, obwohl beides in der gesellschaftlichen Realität fortbestand. Deshalb stellt sich die Frage, welche Kontinuitäten und welche Brüche es hinsichtlich der NS-Ideologie nach 1945 gab und wie sich ein aktuell hegemoniales nationales Selbstbild als »Erinnerungsweltmeister« entwickeln konnte, sodass man in der BRD trotz der Tatsache, Nachfolgestaat des NS-Staates zu sein, nationales Selbstbewusstsein daraus zieht, sich angeblich besonders gut mit der NS-Vergangenheit befasst und daraus gelernt zu haben (vgl. Rhein 2019).

Betrachtet man die Frage nach Kontinuitäten und Diskontinuitäten bezogen auf Antisemitismus, Rassismus und Antiziganismus, so ist feststellbar, dass die

---

2   Die deutsche Gesellschaft ist auch eine postkoloniale Gesellschaft – auch dies gilt es zu berücksichtigen. In diesem Beitrag steht der postnationalsozialistische Kontext im Vordergrund, weil dieser zentraler für die Art und Weise ist, wie in Deutschland mit rechter Gewalt umgegangen wird.

3   Im Weiteren geht es vor allem um die BRD und weniger um die DDR, weil das bundesrepublikanische Modell des Umgangs mit den NS-Verbrechen und der Erinnerung letztlich das dominierende ist.

NS-Ideologie – trotz aller lange vorherrschenden Behauptungen einer »Stunde Null« – nicht aus den Köpfen verschwunden war.

Beim Antisemitismus fanden sich andere Wege der Artikulation. Zunächst wurden öffentliche Äußerungen vermieden und ins Private verlagert. Außerdem entwickelten sich sogenannte sekundäre Formen des Antisemitismus, in denen die Feindschaft gegen Jüdinnen und Juden nur noch vermittelt zum Ausdruck kommt (vgl. Stern 1991; Bergmann 1997: 175ff.).

Rassismus wurde entweder als unmittelbar mit dem NS verbunden und in der Folge auch als »abgeschafft« betrachtet oder – wie etwa auch im Fall von Forschung und Wissenschaft – in erster Linie allein als Teil des Rechtsextremismus begriffen und untersucht, wodurch die Dominanzgesellschaft aus dem Blick geriet. Der Begriff »Rassismus« wurde aufgrund des mit dem NS identifizierten Begriffs »Rasse« nach Möglichkeit vermieden. Man sprach nicht von Rassismus, sondern lieber von Fremden- oder Ausländerfeindlichkeit. Damit wurden diejenigen, die von Rassismus betroffen sind, als Fremde oder Ausländer*innen deklariert und ihnen abermals das Deutschsein abgesprochen (vgl. Mecheril 2010: 241). Eine umfassendere Kritik am Rassismus erfolgte erst allmählich über den Umweg der Rezeption von Rassismustheorien vor allem aus dem englischsprachigen Kontext.[4]

Bis heute ist es oft schwierig, auf Antisemitismus und Rassismus im Alltag aufmerksam zu machen. Dies hängt auch mit diesem über Jahrzehnte tradierten Abwehrreflex zusammen, selbst nichts mit Antisemitismus und Rassismus zu tun zu haben, um jede Nähe zum NS negieren zu können (vgl. Messerschmidt 2008).

Beim Antiziganismus haben wir es noch mal mit einem ganz anderen Problem zu tun. Denn er war und ist letztlich bis heute sehr beständig und konnte zunächst weitgehend ungebrochen fortgeführt werden. Die rassistische Verfolgung während des Nationalsozialismus wurde lange nicht anerkannt und etwa vom Bundesgerichtshof noch 1956 als »sicherheitspolizeiliche Maßnahme« aufgrund angeblich krimineller Eigenschaften der Verfolgtengruppe legitimiert. Der Völkermord wurde als solcher erst 1982 offiziell von der Bundesregierung anerkannt, und zwar nachdem sich eine Bürgerrechtsbewegung gegründet und ihre Rechte erkämpft hatte (vgl. Clausen/Strauß 2020: 37).

Generell lässt sich festhalten: Auch wenn die Erinnerung an die NS-Verbrechen und insbesondere an die Shoah heute eine vergleichsweise große Selbstverständlichkeit zu haben scheint, so ist dies alles andere als selbstverständlich und vor

---

4   Durch die Tabuisierung von Rassismus war es für Betroffene lange schwierig, eine positive Identität etwa als Schwarze Deutsche zu entwickeln. Erst Mitte der 1980er-Jahre veränderte sich dies, nicht zuletzt durch die Rezeption Schwarzer Feministinnen aus dem Ausland. Ein Markstein war das Buch »Farbe bekennen – afrodeutsche Frauen auf den Spuren ihrer Geschichte« (Ayim/Oguntoye/Schultz 1986). Damals gründete sich auch die *Initiative Schwarzer Menschen in Deutschland* (ISD) (vgl. Fehrenbach 2009: 48ff.; Kraft 2015: 16ff.).

allem durch die unermüdlichen Kämpfe von Überlebenden, ihren Angehörigen und Verbündeten so möglich geworden. Angesichts der Wahlerfolge der AfD und deren populistisch vorgetragenen geschichtsrevisionistischen Positionen offenbart sich deutlich, wie fragil dieser erinnerungskulturelle Konsens letztlich ist. Darüber hinaus weisen zahlreiche Studien seit Jahren nach, wie fest menschenfeindliche Einstellungen in der Bevölkerung verankert sind.⁵

Von Einzeltaten, Einzeltätern und anderen Strategien, sich der gesellschaftlichen Mitverantwortung zu entziehen

Die beständigen Versuche, sich als demokratisch und weitestmöglich distanziert vom Nationalsozialismus zu beweisen, führten auch dazu, dass rechte Gewalt nicht existieren durfte. Rechte Gewalt wurde und wird noch immer häufig nicht als solche wahrgenommen oder als Taten Einzelner dargestellt. Dass sie gerade von den Ermittlungsbehörden nicht wahrgenommen wurde, zeigt sich unter anderem bei den Ermittlungen zu den Morden des NSU, die sich lange gegen die Angehörigen der Opfer richteten und die eigentlichen Täter*innen völlig ausblendeten. So war es bereits beim Mord am Vorsitzenden der jüdischen Gemeinde Erlangen, Shlomo Levin, und seiner Partnerin Frida Poeschke im Dezember 1980 – monatelang wurde im Umfeld der Opfer ermittelt (Steinke 2021: 8ff.; Steinhagen 2021: 163ff.).

Um internationale Aufmerksamkeit zu vermeiden und die Ausmaße von Antisemitismus sowie Rassismus möglichst zu verharmlosen bzw. um die Mehrheitsgesellschaft von entsprechenden Vorwürfen zu befreien, wurden diese immer wieder abgrenzbaren Problem- oder Täter*innengruppen zugewiesen. Dies lässt sich anhand von Beispielen wie der sogenannten antisemitischen Schmierwelle zu einem relativ frühen Zeitpunkt der BRD (1959/60) belegen. Es kam zu einer Häufung antisemitischer Straftaten – von Hakenkreuzschmierereien über Schändungen jüdischer Friedhöfe und Denkmäler bis hin zu tätlichen Übergriffen.⁶ Am politischen Umgang damit wird deutlich, wie sich deutsche Mehrheitsgesellschaft und Politik vom Vorwurf des Antisemitismus distanzierten: Die Straftaten wurden zu einem

---

5   Vgl. etwa die zwischen 2002 und 2011 unter Leitung von Wilhelm Heitmeyer durchgeführte Langzeitstudie »Deutsche Zustände« oder die seit 2014 ebenfalls an der Universität Bielefeld von Andreas Zick geleitete Mitte-Studie sowie die seit 2002 von Elmar Brähler, Oliver Decker und Johannes Kiess an der Universität Leipzig durchgeführte Leipziger Mitte-Studie.

6   Ob es wirklich eine Häufung gab oder ob primär die Aufmerksamkeit gestiegen war, wurde schon damals problematisiert (vgl. Bergmann 1997: 190). Zudem hat die Rede von der »antisemitischen Schmierwelle« verharmlosenden Charakter, denn bei den vermerkten antisemitischen Straftaten handelt es sich keineswegs nur um Kritzeleien (vgl. Rhein 2019: 165; Steinke 2021: 146).

Problem von Jugendlichen, die den Nationalsozialismus selbst nicht mehr miterlebt hatten, erklärt.

Die Vorkommnisse erregten internationales Aufsehen und Protest (vgl. Bergmann 1997: 236f.; Bergmann 1990: 256f.; Buschke 2003: 312ff.). Angesichts des wachsenden öffentlichen Drucks bedurfte es Schuldiger, zumal insbesondere von vielen jüdischen Organisationen, aber auch von einigen deutschen Medien wie FR, SZ, SPIEGEL oder DIE ZEIT (vgl. Buschke 2003: 356f.) auf die vielfältigen personellen Kontinuitäten in der Bundesregierung aufmerksam gemacht wurde, die als Teil des Problems gesehen wurden. Den Antisemitismus betrachteten sie als gesamtgesellschaftliches Problem, weshalb zum einen die Regierungsapparate (Politik, Verwaltungen und Justiz) von alten Nazis gereinigt werden müssten. Zum anderen sollten für einen langfristigen Erfolg erzieherische Maßnahmen ergriffen werden.

Eine Thematisierung der personellen Kontinuitäten in der Regierung sollte aus deren Perspektive allerdings vermieden werden. Die Bundesregierung unter Adenauer hatte von Beginn an versucht, die Vorfälle als »Flegeleien« Jugendlicher herunterzuspielen. Dies erschien gerade deshalb Erfolg versprechend, weil unter den Täter*innen tatsächlich überdurchschnittlich viele junge Menschen waren. In einer Rundfunkrede vom 16. Januar 1960 ließ Bundeskanzler Adenauer verlautbaren: »Wenn ihr irgendwo einen Lümmel erwischt, vollzieht die Strafe auf der Stelle und gebt ihm eine Tracht Prügel. Das ist die Strafe, die er verdient.« (Adenauer 1960) Außer dieser fragwürdigen Handlungsempfehlung für den Umgang mit Jugendlichen wird hier der Eindruck erweckt, deren Verhalten stünde in keinem Zusammenhang zum Rest der Gesellschaft. Zugespitzt formuliert: Alte Nazis und Mitläufer*innen sollten hier den Antisemitismus der Jugendlichen wegprügeln. Weiter heißt es in der Rede:

> »Unseren Gegnern im Ausland und den Zweiflern im Ausland sage ich, die Einmütigkeit des gesamten deutschen Volkes in der Verurteilung des Antisemitismus und des Nationalsozialismus hat sich in der denkbar geschlossensten und stärksten Weise gezeigt. Das deutsche Volk hat gezeigt, dass diese Gedanken und Tendenzen bei ihm keinen Boden haben.« (Adenauer 1960)

Aus der beschönigenden Rede über die deutsche Gesellschaft der 1950er-Jahre, über die es heißt, dass hier »Einmütigkeit des gesamten deutschen Volkes in der Verurteilung des Antisemitismus und des Nationalsozialismus« (ebd.) bestanden habe, spricht ganz offensichtlich das deutliche Verlangen, das Ansehen der Deutschen bzw. der BRD im Ausland zu retten. Zudem wird der entschuldende Diskurs über die unterdrückten Deutschen, die nur zum Nationalsozialismus gezwungen wurden, bedient, denn weiter ist die Rede davon, dass die meisten Deutschen »nur unter dem harten Zwang der Diktatur gedient« hätten:

»Keineswegs war jeder Deutsche ein Nationalsozialist. Ich glaube, das sollte man allmählich doch auch draußen erkannt haben. In dem deutschen Volke hat der Nationalsozialismus, hat die Diktatur keine Wurzel, und die wenigen Unverbesserlichen, die noch vorhanden sind, werden nichts ausrichten. Dafür stehe ich ein.« (Adenauer 1960)

Mit der Abwehr von Verantwortung für die Vergangenheit und der Zuweisung der Verantwortung für die antisemitischen Straftaten an einzelne »Unverbesserliche« und vor allem an Jugendliche wurde die Mehrheitsgesellschaft entlastet und damit diejenigen, die tatsächlich in die NS-Gesellschaft involviert waren. Eine Kritik an der Eingliederung der vielen alten Nazis in die Staatsapparate konnte ausbleiben, während politischer Handlungswille unter Beweis gestellt wurde, indem man politische Bildung für Jugendliche forderte. Rechte Gewalt ging mithin somit nur von vielen Einzeltätern aus – der Rest der Gesellschaft hatte damit nichts zu tun.

Zu einem frühen Zeitpunkt wurde die deutsche Nation bereits als positives Gegenbild zu – in diesem Falle – antisemitischen Jugendlichen entworfen, und das noch keine 15 Jahre nach der Befreiung, die in den Augen der deutschen Dominanzgesellschaft damals und noch für Jahrzehnte eine Niederlage darstellte. Die gesellschaftlichen Zusammenhänge und eine Mitschuld der Gesellschaft wurden negiert, die Probleme externalisiert.

Dieses Muster lässt sich auch am Beispiel der massiven rassistischen Gewalt Anfang der 1990er-Jahre erkennen. Die bekanntesten Beispiele unter ungezählten sind in Ostdeutschland die Pogrome in Hoyerswerda und Rostock-Lichtenhagen. In Westdeutschland waren die Brandanschläge auf von Türk*innen bewohnte Häuser im November 1992 in Mölln und am 29. Mai 1993 in Solingen besonders schockierend, die insgesamt acht Tote (Bahide Arslan, Yeliz Arslan und Ayşe Yılmaz in Mölln sowie Gürsün İnce (27), Hatice Genç (18), Gülüstan Öztürk (12), Hülya Genç (9) und Saime Genç (4) in Solingen) sowie zahlreiche Verletzten forderten und auch international großes Entsetzen auslösten.

Das alles erfolgte in einem gesellschaftlichen Klima rassistisch aufgeladener migrationspolitischer Debatten schon seit den 1980er-Jahren.[7] Auch bei der Debatte um das Grundrecht auf Asyl Anfang der 1990er-Jahre wurden zahlreiche rassistische Ressentiments bedient (vgl. Prenzel 2015: 308). Vielfach wurde auch die damalige mediale Berichterstattung kritisiert (vgl. etwa Pagenstecher 2008; DISS 1993; Jäger 1992).

Diese politische Stimmung blieb nicht ohne Auswirkungen auf die Bevölkerungsmeinung. Laut Umfragen des Meinungsforschungsinstituts Emnid vom September 1991 gaben 21 Prozent der Ost- und 38 Prozent der Westdeutschen

---

7   Vgl. hierzu den Beitrag von Adelheid Schmitz in diesem Band.

an, dass sie »›Verständnis‹ für jene ›rechtsradikalen Tendenzen‹ hätten, die das vermeintliche Ausländerproblem überall aufkommen lasse« (Speit 2013: 102).

Nur zwei Wochen nach dem Anschlag in Mölln vereinbarten CDU/CSU und die nicht mitregierende SPD eine massive Verschärfung des Asylrechts. Die indirekte Botschaft an die gewaltbereite Naziszene lautete: Wir nehmen euch ernst, wir gehen auf eure politischen Forderungen ein.[8] Am 26. Mai 1993 – drei Tage vor dem Anschlag in Solingen – verabschiedete der Bundestag den sogenannten Asylkompromiss, mit dem eine Grundgesetzänderung einherging, die das Asylgesetz und das Recht auf Asyl in Deutschland stark einschränkte.

Die rassistische Gewalt brachte allerdings auch eine außenpolitische Herausforderung mit sich: internationale Aufmerksamkeit. Der Eindruck, beim Rassismus in Deutschland handele es sich um ein gesamtgesellschaftliches Problem, musste vermieden werden. Rechtsextremismus wurde als Problem vor allem bei ostdeutschen Jugendlichen isoliert und Dominanzgesellschaft sowie Politik wurden weitgehend vom Vorwurf des Rassismus befreit. Zwar wurden als gesellschaftliche Ursachen auch Arbeitslosigkeit, Armut und soziale Verunsicherung geltend gemacht. Die ideologische und funktionale Verschränkung mit bürgerlichem Rassismus und staatlicher Ausländer- und Asylpolitik konnte dadurch aber ausgeblendet werden. Die Ursachen der Gewalt in Ostdeutschland konnten zudem auch als Nachwirkung des Sozialismus der DDR betrachtet werden – schließlich galt man in Westdeutschland als geläutert und fern aller Verbindungen nach rechts.

Da wiederum Jugendliche zu Hauptträger*innen des Problems erklärt wurden, lag es nahe, erneut mit pädagogischen Maßnahmen zu reagieren. Neben der historisch-politischen Bildung wurde nun vor allem Jugendarbeit und Sozialpädagogik eine größere Bedeutung beigemessen und die sogenannte akzeptierende Jugendsozialarbeit etabliert. Diese wurde vielfach kritisiert, weil sie die rechte Szene und ihre Strukturen eher unterstützte als sie zu bekämpfen. So erfuhr die Naziszene nicht nur durch die Verschärfung der Asylgesetze Bestätigung, sondern ebenfalls durch das von der damaligen Bundesjugendministerin Angela Merkel angestoßene »Aktionsprogramm gegen Aggression und Gewalt (AgAG)«. Mit dessen Hilfe entstanden vielerorts von Sozialarbeiter*innen betreute Räume, die oft zu Treffpunkten der Naziszene wurden, während alternative Jugendszenen verdrängt wurden. Eine Vorgehensweise, die schon damals polemisch als »Glatzenpflege auf Staatskosten« kritisiert wurde (vgl. Quent 2016: 183ff.). Auch der NSU hat sich in diesem Umfeld entwickelt.

Es handelt sich hier zwar nicht direkt um die These vom Einzeltäter oder von der Einzeltäterin, aber es wird wieder eine abgrenzbare Gruppe ausgemacht, die die

---

8   In Rostock z.B. wurden zudem die vietnamesischen Bewohner*innen des angegriffenen Heims ausquartiert und die Zentrale Aufnahmestelle für Geflüchtete wurde verlegt, eine Entschädigung erhielten die Angegriffenen nicht.

westdeutsche Dominanzgesellschaft vom Vorwurf der Nähe zum NS befreit. Die extrem rechte und rassistische Gewalt in Westdeutschland und die westdeutschen Nazikader, die am Aufbau der Strukturen in Ostdeutschland beteiligt waren, wurden kaum gesehen. Die Ursachen für rechte Gewalt allein bei Einzelnen oder abgrenzbaren Gruppen zu verorten, lässt rechte Gewalt als Problem von Einzelnen oder wenigen erscheinen und ermöglicht die Ausblendung der gesellschaftlichen Mitverantwortung, der Fehler von Behörden etc. Rechte Gewalt findet in der Regel jedoch in einem gesellschaftlichen Klima statt, das die Täter*innen ermutigt, ihrem Hass Ausdruck zu verleihen. Abwehrreflexe verhindern eine ernsthafte Auseinandersetzung und politische Konsequenzen.

Erinnerung als solidarische Praxis

Erinnerung an die Opfer rechter und rassistischer Gewalt ist wichtig. Es ist eine Frage von Gerechtigkeit, weil das Vergessen der Opfer und der Ereignisse letztlich den endgültigen Sieg von Unrecht bedeuten würde. Das Gedenken an die Opfer gibt ihnen einen Platz in der Gesellschaft, den ihnen die Täter*innen nicht zugestehen. Erinnerung im Sinne einer kontinuierlichen Auseinandersetzung mit dem Geschehenen kann das Unrecht nicht ungeschehen, aber zumindest eine Gegenposition sichtbar machen. Sie zeigt, dass das, was geschehen ist, nie hätte geschehen dürfen. Erinnerung kann dabei für diejenigen, die mit dem Akt der Gewalt zu Objekten degradiert wurden, ein Akt der Selbstermächtigung sein. Und sie enthält die Hoffnung und die Forderung, dass sich derartige Verbrechen nicht wiederholen.

Um rechte Gewalt und ihre gesellschaftlichen Bedingungen nachhaltig kritisieren zu können, muss auch die Dominanzgesellschaft bereit sein, sich mit ihren eigenen Voraussetzungen kritisch auseinanderzusetzen. Bezogen auf die NS-Verbrechen, ist dies heute eher möglich – zumindest deutlich weniger umstritten als noch in den ersten Jahrzehnten der Bundesrepublik. Dennoch kommen Fragen auf, wenn sich eine nationale Erinnerungsgemeinschaft auf ihre angeblichen Erfolge beruft, während rechte Gewalt fortbesteht. Mit Blick auf die NS-Geschichte gibt es einige Fortschritte, zum Beispiel können bei Gerichtsverfahren inzwischen NS-Täter*innen verurteilt werden, die zuvor nicht als Täter*innen gegolten hätten. Auch Entschädigungszahlungen beispielsweise für Zwangsarbeiter*innen konnten nach Jahrzehnten – wenn auch viel zu spät – endlich durchgesetzt werden.

Kritische Erinnerungspraktiken müssen die Frage nach Gerechtigkeit fokussieren und zeigen, welche Kämpfe hier geführt werden mussten, welche Erfolge es gibt, aber auch, welche verlorenen Kämpfe mitzudenken sind.[9] Auch eine offiziel-

---

9   Gedenkstätten zur Erinnerung an die NS-Verfolgung sind in Westdeutschland nicht ohne zivilgesellschaftliche Initiativen und politischen Druck entstanden. Viele Opfergruppen wur-

le staatliche Anerkennung der Verbrechensgeschichte ist ein Erfolg der von Opfern rechter Gewalt und ihrer Verbündeten geführten Kämpfe. Erinnerung darf allerdings nicht erstarren und zu bloßen Ritualen verkommen – Auseinandersetzungen müssen weitergeführt werden. Auch wenn einige positive Entwicklungen erkennbar sind, zeigen die politischen Angriffe von rechts, dass diese Prozesse nicht abgeschlossen sind. Die Geschichte rechter Gewalt in Deutschland unterliegt weiterhin Deutungskämpfen, die es sichtbar zu machen gilt. In diese Deutungskämpfe muss mit einer Praxis interveniert werden, die solidarisch mit den Opfern rechter Gewalt ist – historisch wie aktuell.

Ausblick

Eine Strategie kritischer Erinnerung umfasst die Ahndung der Verbrechen und sollte auch die Kämpfe um Wahrnehmung sowie Anerkennung der Opfer und Betroffenen, um Entschädigung, um Aufklärung sowie konkrete Erinnerungspraktiken sichtbar machen. Sie sollte sich vergegenwärtigen, welche Widerstände es gegen ein Vergessen auf der einen Seite, aber auch gegen ein vereinnahmendes Erinnern, das sich vermeintlich auf die Seite der Opfer stellt, ohne daraus Konsequenzen zu ziehen, auf der anderen Seite gibt.

Mit Blick auf die Vergangenheit, aber auch bei gegenwärtigen Kämpfen um Erinnerung wird deutlich, was kritisches Erinnern bewirken kann. Denn viele Opfer wären ohne dieses Erinnern vergessen, Entschädigungen wären nie gezahlt und das Unrecht, das NS-Verfolgten angetan wurde, wäre bei vielen Personen gar nicht erst anerkannt worden. Auf die Gegenwart bezogen, tritt zutage, wie durch beständiges Erinnern auch die Einzeltäterthese zunehmend ins Wanken gerät. Dank der Initiativen, die beständig Aufklärung fordern, die Praktiken der Erinnerung an die Opfer etabliert haben, daran festhalten und sie weiterentwickeln, weil solidarische Praktiken entwickelt werden, die es verhindern sollen, dass Opfer rechter Gewalt und ihre Angehörigen alleingelassen werden.

Eine wirksame Strategie gegen rechte Strukturen und rechte Gewalt müsste verschiedene Kämpfe zusammenzudenken, denn rechte Gewalt hat unterschiedliche Zielrichtungen. Die Leugnung oder Verherrlichung der NS-Verbrechen geht einher mit Rassismus gegen Muslime, gegen Schwarze, gegen PoC, mit Antisemitismus und Antiziganismus sowie mit Feindschaft gegen politische Gegner*innen.

Kritische Erinnerung heißt daher auch, nach Anknüpfungspunkten der Kämpfe, nach Allianzen und solidarischen Beziehungen zu suchen. Die Opfer dürfen da-

den jahrzehntelang nicht als NS-Verfolgte anerkannt. Die Erinnerung an die Opfer rechter Gewalt nach 1945 wird, wenn überhaupt, in der Regel von kleinen Initiativen aufrechterhalten, um einige Beispiele zu nennen.

bei nicht instrumentalisiert, nicht zu Objekten der Erinnerung gemacht werden. Der Anspruch muss vielmehr sein, sie in ihren individuellen, historisch konkreten Beziehungen zu erinnern. Opferkonkurrenzen, die mit einer Missachtung der bisherigen Kämpfe einhergehen, sind dabei ebenso wenig zielführend wie instrumentalisierende historische Vergleiche oder vereinnahmende Formen der Erinnerung, die die Opfer in ihrem konkreten Leid nicht ernst nehmen oder hinter Selbstvergewisserungsbemühungen verschwinden lassen.

Wenn man die Erinnerung an Opfer rechter Gewalt als Frage von Gerechtigkeit betrachtet und als Beitrag dazu sowohl das Unrecht als auch Gegenpositionen zum Geschehen sichtbar machen möchte, dann müssen die bisherigen Kämpfe um Aufarbeitung, Auseinandersetzung und Erinnerung gewürdigt und Verbindungslinien gesucht werden. Hier gilt es, die konkreten Ereignisse im Blick zu behalten und die Opfer nicht erneut zu Objekten zu machen, sondern in ihrer historisch konkreten Subjektivität ernst zu nehmen.

Ein konkretes Beispiel für Verbindungslinien der Kämpfe ist das Engagement der Auschwitz-Überlebenden Sintezza Anna Mettbach. Sie schaffte es lange nicht, über das Erlebte zu sprechen. Als am 23. November 1992 in Mölln Kinder verbrannten, weil Rassisten ihr Haus angesteckt hatten, begann sie zu sprechen und war bis zu ihrem Tod als Zeitzeugin aktiv. In einem Videointerview sagte sie: »Als man Kinder verbrannte, da musste ich raus, darüber reden, seitdem habe ich es mir zur Aufgabe gemacht, Zeitzeugin in Schulen zu sein.«[10]

Die vielschichtigen Beziehungen und Dimensionen der Kämpfe zu berücksichtigen, ist komplex und bleibt sicherlich eine andauernde Suchbewegung in sich verändernden erinnerungspolitischen Konstellationen. Diese muss aber Teil der Auseinandersetzung mit rechter Gewalt in all ihren Ausprägungen sein, die wohl bis auf Weiteres notwendig bleiben wird.

Literatur

Adenauer, Konrad (1960): Erklärung im Fernsehen am 16. Januar 1960 zur Schändung der Synagoge in Köln: Im deutschen Volk hat der Nationalsozialismus keine Wurzel, abgedruckt in: Bulletin des Presse- und Informationsamts der Bundesregierung Nr. 11, 19. Januar 1960, S. 89. https://www.konrad-adenauer.de/seite/16-januar-1960 [16.05.2022].

Ayim, May/Oguntoye, Katharina/Schultz, Dagmar (Hg.) (1986): Farbe bekennen. Afro-deutsche Frauen auf den Spuren ihrer Geschichte, Berlin: Orlanda.

---

10 Anna Mettbach im Film »Danach«. Der kurze Film des Hessischen Landesverbandes Deutscher Sinti und Roma berichtet über Anna Mettbach und ihr Leben. https://www.youtube.com/watch?v=-qKVjC2-6NQ [13.07.2022].

Bergmann, Werner (1997): Antisemitismus in öffentlichen Konflikten. Kollektives Lernen in der politischen Kultur der Bundesrepublik 1949–1989, Frankfurt a.M.: Campus.

Bergmann, Werner (1990): Antisemitismus als politisches Ereignis. Die antisemitische Schmierwelle im Winter 1959/60, in: ders., Rainer Erb (Hg.): Antisemitismus in der politischen Kultur nach 1945, Opladen: Westdeutscher Verlag, S. 253–275.

Billstein, Thomas (2020): Kein Vergessen. Todesopfer rechter Gewalt in Deutschland nach 1945, Münster: Unrast.

Brausam, Anna (2021): Todesopfer rechter Gewalt seit 1990 (Stand 10.12.2021). https ://www.amadeu-antonio-stiftung.de/todesopfer-rechter-gewalt/ [17.11.2022].

Buschke, Heiko (2003): Deutsche Presse, Rechtsextremismus und nationalsozialistische Vergangenheit in der Ära Adenauer, Frankfurt a.M./New York: Campus.

DISS (Hg.) (1993): SchlagZeilen. Rostock: Rassismus in den Medien, Duisburg: DISS.

Fehrenbach, Heide (2009): Black Occupation Children and the Devolution of the Nazi Racial State, in: Chin, Rita/Fehrenbach, Heide/Eley, Geoff/Grossmann, Atina (Hg.): After the Nazi Racial State. Difference and Democracy in Germany and Europe, Michigan: University of Michigan Press, S. 30–54.

Jäger, Siegfried (1992): BrandSätze. Rassismus im Alltag, Duisburg: DISS.

Kraft, Marion (Hg.) (2015): Kinder der Befreiung. Transatlantische Erfahrungen und Perspektiven Schwarzer Deutscher der Nachkriegsgeneration, Münster: Unrast.

Mecheril, Paul (2010): Politische Bildung und Rassismuskritik, in: Lösch, Bettina/ Timmel, Andreas (Hg.): Kritische politische Bildung. Ein Handbuch, Schwalbach/Ts.: Wochenschau-Verlag, S. 241–252.

Messerschmidt, Astrid (2008): Postkoloniale Erinnerungsprozesse in einer postnationalsozialistischen Gesellschaft – vom Umgang mit Rassismus und Antisemitismus, in: PERIPHERIE 28, H. 109–110: »Vom Erinnern und Vergessen«, Münster, S. 42–60.

Pagenstecher, Cord (2008): »Das Boot ist voll« – Schreckensvision des vereinten Deutschland, in: Netzwerk MiRA (Hg.): Kritische Migrationsforschung? Da kann ja jedeR kommen, o. O., S. 123–136. edoc.hu-berlin.de/bitstream/handle /18452/18546/mira.pdf [28.06.2022].

Quent, Matthias (2016): Rassismus, Radikalisierung, Rechtsterrorismus. Wie der NSU entstand und was er über die Gesellschaft verrät, Weinheim/Basel: Beltz Juventa.

Rhein, Katharina (2019): Erziehung nach Auschwitz in der Migrationsgesellschaft. Nationalismus, Rassismus und Antisemitismus als Herausforderungen für die Pädagogik, Weinheim/Basel: Beltz Juventa.

Speit, Andreas (2013): Der Terror von rechts – 1991 bis 1996, in: Röpke, Andrea/Speit, Andreas (Hg.): Blut und Ehre. Geschichte und Gegenwart rechter Gewalt in Deutschland, Bonn: Ch Links, S. 94–121.

Steinhagen, Martín (2021): Rechter Terror. Der Mord an Walter Lübcke und die Strategie der Gewalt, Hamburg: Rowohlt.

Steinke, Ronen (2021): Terror gegen Juden. Geschichte und Gegenwart antisemitischer Gewalt in der Bundesrepublik, Bonn: Bundeszentrale für politische Bildung.

Stern, Frank (1991): Im Anfang war Auschwitz. Antisemitismus und Philosemitismus im deutschen Nachkrieg, Gerlingen: Bleicher.

Winter, Bernd (2004): Gefährlich fremd. Deutschland und seine Einwanderung, Freiburg i.Br.: Lambertus.

»Der Auftrag, der sich daraus ergibt ...«
Von der Notwendigkeit eines interventionistischen Erinnerns an den Solinger Brandanschlag

Tanja Thomas

Das »Gefühl, dass es auch uns hätte treffen können«. Der »Aspekt der Geschichte, der sich wiederholt«. Das »Wie erinnern wir uns, wie verändern wir die Erinnerung und wie verändert sich das Erzählen darüber«. Mit diesen Worten beschreibt die Autorin Özlem Özgül Dündar, was ihr im Prozess des Schreibens für das Hörspiel »türken, feuer« wichtig war.[1] Sie lebte als Zehnjährige 1993 in Solingen, und sie erinnert sich an eine Fahrt mit ihren Eltern zu dem Haus in der Unteren Wernerstraße 81. Und an die Trauer.

Seit dem 29. Mai 1993, der Nacht des Brandanschlags, betrauern Mevlüde und Durmuş Genç den gewaltsamen Tod ihrer beiden Töchter, zweier Enkelinnen und ihrer Nichte: Gürsün İnce starb mit 27 Jahren, die Schwester Hatice Genç war 18 Jahre alt. Saime Genç war gerade vier Jahre alt, Hülya Genç neun Jahre. Die zwölfjährige Gülüstan Öztürk war anlässlich des islamischen Opferfestes zu Besuch. Verletzt, teilweise sehr schwer, wurden 14 weitere Menschen.

Als »lebendiges Denkmal«[2] wird das Hörspiel gelobt und ausgezeichnet, denn es »konfrontiert eindringlich mit der grauenvollen Realität rassistischer Gewalt in Deutschland«[3]. Es erzählt aus der Perspektive der Frauen: Eindrücklich versetzt die Fiktion die Hörer*innen in Gürsün İnces Gedanken in den letzten Minuten, als sie sich im obersten Stockwerk des brennenden Hauses entscheidet, zunächst ihr Kind Güldane aus großer Höhe in die Hände und den Schoß der Großmutter fallen zu lassen. Das Kind überlebt schwer verletzt; sie selbst stirbt nach dem Sprung. Das Stück

---

1   26.01.2021, WDR-Produktion »türken, feuer« ist bestes Hörspiel 2020. https://www1.wdr.de/unternehmen/der-wdr/unternehmen/tuerken-feuer-bestes-hoerspiel-100.html [30.01.2023].
2   Vgl. o. V. (2022): Ein lebendiges Denkmal, in: taz vom 04.07.2020. https://taz.de/WDR-Hoerspiel-tuerkenfeuer/!5693586/ [04.07.2022].
3   Das Stück (WDR, Regie: Claudia Johanna Leist) wird von der Deutschen Akademie der Darstellenden Künste (DADK) ausgezeichnet als Hörspiel des Jahres 2020, vgl. Begründung der Jury, vgl. https://hoerspielkritik.de/hoerspiel-des-jahres-2020/ [04.07.2022].

erzeugt Bilder und zieht hinein in die Gefühle und Gedanken von Mevlüde Genç, mit denen sie die toten Familienmitglieder verabschiedet und von dem Schmerz erzählt. Das Leid in dem brennenden Haus wird mit hoher Intensität aus der Ich-Perspektive einer Sterbenden geschildert, gebrochen durch die hastige Stimme der Mutter einer der Täter, die ringt mit dem Begreifen, Abwehren, Leugnen, und erneut verbunden durch die nachdringliche Suche der trauernden Mutter nach einer Möglichkeit der Verständigung: »Da bleiben die Worte in mir stecken. Um mich herum schwirren die Worte deiner Sprache, [...] ich will mit dir sprechen, ich will etwas sagen, und dann nicken wir einander zu und der Moment streift so an uns vorbei.«

Das Stück endet mit einem Originalzitat einer weithin bekannten Stimme: »Wir sind beschämt, wir sind aufgerüttelt und wir sind aufgefordert, alles zu tun, damit in unserem Land Rassismus, Extremismus, Fremdenhass, Antisemitismus keinen Platz haben, leider haben wir dafür noch sehr viel zu tun.« Es ist die Stimme der ehemaligen Bundeskanzlerin Angela Merkel.

»türken, feuer« begreife ich als eine der vielen notwendigen und notwendig interventionistischen Praktiken eines »Doing Memory« an rechte Gewalt für eine »Gesellschaft der Vielen«, deren Bedeutung ich erläutern und entlang weiterer Beispiele des Erinnerns an den Brandanschlag in Solingen diskutieren will. Ein »Doing Memory« für eine »Gesellschaft der Vielen« muss, so meine These, multiperspektivisch intervenieren in eine hegemoniale, institutionell abgesicherte »Basiserzählung« einer Gesellschaft, die vielfach – in der alten Bundesrepublik, der ehemaligen DDR und der Postwenderepublik – auf spezifische Weisen als eine geschildert wurde und wird, in der Rassismus in seiner Alltäglichkeit und strukturellen Verankerung nach der Überwindung des Nationalsozialismus nicht vorkommt. Die historische Kontinuität von Rassismus und rechter Gewalt ist inzwischen vielfach von Menschen aus der Perspektive des »migrantisch situierten Wissens« (Perinelli 2017) gesehen und angeklagt worden – sie wurde aber sehr lange in einer dominanzkulturellen Öffentlichkeit nicht gehört. Daher sind es bis heute Kontroversen, die durch den Einsatz zumeist aktivistischer und zivilgesellschaftlicher Akteur*innen ausgelöst werden, sowie alte und neue (mediale und digitale) Räume, die genutzt werden können, um Auseinandersetzungen um die Erinnerung an Erfahrungen rechter Gewalt in Gang zu setzen, die ein solidarisches Zusammenleben einer »Gesellschaft der Vielen« in der Gegenwart und Zukunft ermöglichen kann.

»Doing Memory« für eine »Gesellschaft der Vielen«

Tausende Stahlringe. In sie eingraviert sind Namen von Menschen, die ein Zeichen setzen wollen gegen Rassismus. Die Ringe sind Teil des Mahnmals, das am ersten Jahrestag des Brandanschlags am 29.05.1994 eingeweiht wird. In das Zentrum des Mahnmals hat die Künstlerin und Kunstpädagogin Sabine Mertens zwei Figuren aus

Stahl gestellt. Sie ringen mit einem kupfernen Hakenkreuz, zerren an den Enden, um es zu zerreißen. Jugendliche in der Jugendhilfe-Werkstatt Solingen e. V. haben es unter Anleitung von Heinz Siering am Mildred-Scheel-Berufskolleg umgesetzt. Offenbar stieß die Idee bei der Stadt zunächst auf wenig Unterstützung, und auch einen Standort für das Mahnmal wollte man nicht zur Verfügung stellen.[4] Auf Eigeninitiative und mittels Spenden umgesetzt wurde es schließlich an der Beethovenstraße in Mittelgönrath – in 2,5 Kilometern Entfernung zur Stadtmitte. Dem Solinger Stadtrat und der Stadtverwaltung war das wohl sehr recht – denn trotz des Beschlusses vom 03.03.1994, zum Gedenken an den Brandanschlag zu Pfingsten ein Mahnmal in der Innenstadt zu errichten, und trotz des ausdrücklichen Wunsches der Familie, in der Innenstadt zu erinnern, wurden damit für Jahre alle Aktivitäten eingestellt. Denn »Viele fanden [...]: Nun ist genug.«[5] Und man wolle den »sozialen Frieden in der Stadtmitte nicht gefährden, hieß es von Seiten der Politik«[6].

Das einst beschlossene städtische Mahnmal, für das Rita Süssmuth als Schirmherrin schon zugesagt hatte und dessen Ausschreibung auf einen »möglichst wenig umstrittenen Entwurf«[7] zielte, gibt es bis heute nicht. Dafür hat das Mahnmal der Jugendhilfe-Werkstatt viel Lob und medial auch international Aufmerksamkeit erregt.

Es ist seither stetig gewachsen; wer möchte, kann bis heute einen Ring anfertigen lassen. Mehrere Tausend Ringe sind über die Jahre hinzugekommen. Erst 2013 erfährt der Vater von Güldane İnce, dass es das Mahnmal gibt.[8] Dass Figuren und Hakenkreuz über die Jahre durch die Ringe verdeckt werden, sollte ursprünglich symbolisch stehen für die Überwindung von Rassismus. Im Jahr 2018 wurde entschieden, weitere Ringe nur am unteren Teil des Mahnmals hinzuzufügen. Wie bitter realistisch diese Entscheidung war, haben nicht nur die Anschläge in Halle am 09.10.2019 und der Anschlag in Hanau am 19.02.2020 gezeigt. Doch der »öffentliche Auftrag«, der sich aus Solingen mit einem immer wieder nach außen getragenen Selbstverständnis als »Integrationsstadt« ergibt, auch mahnend nicht nur »im

---

4 So nachzulesen auf der Seite der Jugendhilfe-Werkstatt, vgl. https://jugendhilfe-werkstatt.de/das-solinger-mahnmal/ [25.06.2022].

5 Flugblatt »Zwei Jahre danach«, Solinger Appell 1993.

6 Vgl. u.a. Daily Sabah Deutschland, https://www.dailysabah.com/deutsch/deutschland/2017/05/29/der-vergessene-brandanschlag-von-solingen-1993-gedenkfeier-in-kleiner-runde [30.06.2022].

7 Vgl. Kob, Stefan M. (1994): Ringe wurden zu Pflöcken. Was wird aus dem »offiziellen Mahnmal«?, Solinger Tageblatt, 01.06.1994.

8 In der WDR-Dokumentation »Alle sind noch da, nur die Toten nicht – 20 Jahre nach dem Brandanschlag in Solingen« (27.05.2013) berichtet davon die Tochter und fertigt mit Heinz Siering einen Ring mit der Inschrift »Ahmet İnce, Güldane İnce« (Minute 00:37). https://www1.wdr.de/mediathek/video/sendungen/die-story/video-alle-sind-noch-da-nur-die-toten-nicht----jahre-nach-dem-brandanschlag-in-solingen-100.html [04.07.2022].

Klein-Kleinen innerhalb dieses Ortes«, sondern auch »nach außen zu treten«, den habe man bis heute nicht ausreichend begriffen, so bedauert Winfried Borowski als Leiter der Jugendhilfe-Werkstatt.[9]

Öffentliches »Doing Memory« an rechte Gewalt und ihre Opfer wird realisiert durch ein Hörstück wie das von Özlem Özgül Dündar oder das Mahnmal vor der Mildred-Scheel-Schule und ist – so soll hier betont werden – zentral für die Anerkennung des erfahrenen Leids, es ist notwendig für die Betrauerbarkeit, es ist unabdingbar für eine plurale Gesellschaft, die sich als demokratisch versteht. Als Praxis des öffentlichen Erinnerns und Vergessens ist »Doing Memory« – so zeigt auch schon das Eingangsbeispiel – deutlich erkennbar mehr als das Archivieren und Speichern abgeschlossener und damit statisch gewordener Vergangenheiten.

Abb. 7: Mahnmal an der Mildred-Scheel-Berufsschule in Solingen
©Frank Vincentz, CC BY-SA 3.0

Unsere Konzeptualisierung eines »Doing Memory« (vgl. auch Rudolph/Thomas/Virchow 2019; Thomas/Virchow 2021; Virchow/Thomas 2022) orientiert sich an Parallelen zwischen Praktiken des Erinnerns und Vergessens sowie geschlechtertheoretischen Überlegungen zu Doing Gender, auf die Meike Penkwitt bereits im Jahr 2006 aufmerksam gemacht hat. Ihr zufolge ist individuelles Erinnern erstens ganz ähnlich wie eine individuelle Auffassung von Geschlecht von hegemonialen Diskursen und Praktiken geprägt: Der Anrufung des Subjekts durch die heterosexuelle

---

9   Vgl. »Und dann waren sie weg« – Solingen 25 Jahre nach dem Brandanschlag (WDR, 2018, Minute 40:30). https://www.youtube.com/watch?v=wueMGBsvS9g [04.07.2022].

Matrix in der Gender-Debatte entspricht im Kontext der Erinnerungsdiskussion die Rahmung der individuellen Erinnerungen durch – in unserer Argumentation – die hegemoniale Basiserzählung, auf die ich im folgenden Abschnitt zurückkommen werde. Diese »Rahmung« macht individuelle Erinnerung öffentlich anerkennbar oder erschwert deren Wahrnehmbarkeit. Zweitens lässt sich argumentieren, dass das Gedächtnis durch konkrete Erinnerungsakte hervorgebracht wird – ganz ähnlich wie der Geschlechtskörper durch die konkreten performativen Akte des »Doing Gender«. »Doing Memory« an rechte Gewalt muss Resonanz finden, wenn es gesellschaftliche Veränderungen für eine »Gesellschaft der Vielen« in Gang setzen soll. Drittens befördern Einsichten in Prozesse des »Doing Gender« auch erkenntnisfördernde Perspektiven auf Erinnern als in einer konkreten Gegenwart stattfindende (und kreative) Prozesse, die als »situierte Wissensproduktion« (Haraway 1988) verstanden werden können: Betont werden damit die historische Spezifität und Verbindlichkeit von Wissensproduktion sowie deren Verbundenheit mit einer Welt raumzeitlicher Körper, was einen Zugang zu Emotion (ver-)unmöglichen kann. Opfer, Überlebende, Be- und Getroffene müssen gehört werden, wenn ein »Doing Memory« an rechte Gewalt begreifbar gemacht werden soll. Historisch vorausgegangene Akte des »Doing Gender« bzw. »Doing Memory« materialisieren sich im vermeintlich rein biologischen Körper bzw. der vermeintlich historischen »Wahrheit« – öffentliches »Doing Memory« an rechte Gewalt ermöglicht Verstehen und Lernen aus der Vergangenheit für Gegenwart und Zukunft. Performativ sind aber nicht nur die Akte der Individuen; Judith Butler (2001) hat immer wieder auf die Performativität des Diskursiven – auch der Kleinsterzählungen bis hin zu einer metanarrativen Basiserzählung – hingewiesen, der die Individuen ausgesetzt sind. Auf die Anrufung oder das Beschweigen in Erinnerungsdiskursen reagieren Individuen mit dem Akt der Subjektwerdung unter Bedingungen der Macht, durch die sie gesellschaftlich positioniert werden und die Möglichkeiten gesellschaftlicher Teilhabe – Michael Rothberg und Yasemin Yıldız (2011) sprechen von »Memory Citizenship« – erweitern oder verschließen.

Feministische und postkoloniale Ansätze der Erinnerungsforschung haben vielfach gezeigt, wie das »offizielle« politische Gedächtnis marginalisierte Subjektpositionen hervorbringt und insbesondere Frauen immer wieder unsichtbar gemacht hat. Erinnern an rechte Gewalt aus der Perspektive der meist marginalisierten Betroffenen ist bis heute vielfach strukturell und institutionell verunmöglicht. Dennoch wird die Anerkennung der sozialen Realität der Einwanderungsgesellschaft auch im öffentlichen Erinnern immer häufiger eingefordert (vgl. z.B. Lierke/Perinelli 2020). Ein auch öffentliches, gesellschaftliches Erinnern in der Bundesrepublik als de facto Einwanderungsland, auf das sich Menschen mit und/oder ohne eigene oder familiäre Migrationserfahrung beziehen können und wollen, gibt es zwar immer (noch) nicht. Gleichwohl ist die Debatte durch Interventionen vielfältig angestoßen – und es ist, wie exemplarisch gezeigt, meist der Verdienst insbesondere aktivistischer, künstlerischer und zivilgesellschaftlicher Akteur*innen, die die vermachteten Prozesse des hegemonialen Erinnerns und Vergessen nun auch öffentlich herausfordern. So kommentiert der Kurzfilm »Deine Straße« der Schweizer Filmemacherin Güzin Kar (2020)[10] auf kritische Weise die Benennung einer Straße nach der vierjährigen Saime Genç. Aktivist*innen des Bonner Integrationsrates hatten seit Jahren für eine Straßenbenennung in Erinnerung an die Opfer des Solinger Brandanschlags gekämpft. Seit 1998 – Saime wäre zehn Jahre alt geworden – trägt nun eine neu gebaute Straße in einem dezentral gelegenen Industriegebiet in Bonn-Drahnsdorf den Namen »Saime-Genç-Ring«. Der Film von Güzin Kar stellt die Hässlichkeit und Trostlosigkeit des gewählten Ortes mit seinen Autowaschanlagen und Betrieben bloß, die Schriftstellerin Sybille Berg spricht den Text aus dem Off. Zu sehen gegeben werden nasser Asphalt, Fabrikgebäude, Schornsteine und Gewächshäuser, darüber ein grauer Regenwetterhimmel. Zu hören gegeben werden Geräusche vorbeifahrender Lastwagen und – unter anderen – diese Sätze: »Das ist deine Straße. Sie trägt deinen Namen. 556 Meter lang, sechs Komma sechs Meter breit, 50 km/h Höchstgeschwindigkeit.« »Straßen werden nach Toten benannt. Du wurdest vier Jahre alt. Andere in deinem Alter bekommen Fahrräder oder Puppenstuben. Du hast eine Straße, nur weil du tot bist.« »Sie ist etwas abgelegen. Im Zentrum der Städte sorgen Namen und Geschichten wie deine für Unbehagen.« »Fünf Menschenleben, deine Familie, wurden ausgelöscht. Dir blieb die Wahl, zu ersticken, zu verbrennen oder aus dem Fenster in den Tod zu springen. Kinder sollten keine solch großen Entscheidungen treffen.« »Jahre später dachte jemand an dich. Sein rastloses Herz gab keine Ruhe, bis man dir eine Straße widmete. So kamst du ins Niemandsland, das einen Namen suchte und deinen fand« – schließlich: »Es wird Abend in deiner Straße, […] benannt nach einem Kind, das für immer vier Jahre alt bleibt. Ewiges Leben in Asphalt und Gewohnheit. Schlaf gut, kleine Saime.«

»Der in Asphalt gegossene Erinnerungsort am Rande der Stadt führt den beschämten – und beschämenden – Umgang mit der Erinnerung an die Opfer rechter Gewalt vor«, so kommentiert das Ann Katrin Mogge (2021, o. S.), und sie findet: »Güzin Kar hat ihr mit ihrem Kurzfilm ein stärkeres Denkmal gesetzt, als es der Saime-Genç-Ring je sein kann.«

In Solingen selbst wurde übrigens – trotz des bereits erwähnten städtischen Ratsbeschlusses aus dem Jahr 1994 – erst 2012 ein kleiner, abseits gelegener Platz umbenannt. Mercimek-Platz heißt er jetzt und erinnert an den türkischen Geburtsort der Familie Genç – 3.500 Kilometer entfernt von Solingen, wo Familienmitglieder bis heute oder nun wieder leben. In der Unteren Wernerstraße ist eine Baulücke

---

10   Der Film wurde zunächst vorgestellt im Rahmen der Berlinale 2021 (berlinale shorts) und ist abrufbar unter https://www.youtube.com/watch?v=Qd9YMspH1T4 [04.07.2022].

geblieben. Eine Gedenkplakette erinnert. Und auf Wunsch der Familie wachsen auf dem Grundstück fünf Kastanien.

Abb. 8: Aus dem Dokumentarfilm »Deine Straße«
© Güzin Kar (2020)

Agonistisches »Doing Memory« als Intervention in die hegemoniale Basiserzählung

Es braucht noch viel mehr Interventionen in die hegemonialen Erinnerungspraktiken und das Verschweigen der Kontinuität von rechter Gewalt sowie von täglich erlebtem, strukturell verankertem Rassismus, um das institutionalisierte Metanarrativ über das Selbstverständnis einer Gesellschaft zu verändern, die mit Trutz von Trotha (1995) als »Basiserzählung« bezeichnet werden kann. Diese Basiserzählung begreift er als zentralen Teil der politischen Kultur einer Gesellschaft; er beschreibt sie als diejenige Konstruktion der Geschichte einer Gesellschaft und Kultur, »die die beherrschenden legitimatorischen Konstruktionen der Vergangenheit enthält und deshalb in den Konflikten um die Konstruktion der Vergangenheit unausweichlicher Bezugspunkt ist« (Trotha 1995: 6f.). Die Basiserzählung strukturiert aus seiner Sicht ein Grundverständnis, durch das die Menschen in einer Gesellschaft der Welt der Gegenstände und den Beziehungen zwischen ihnen einen Sinn geben. Sie ist einerseits präsent in Institutionen und damit in der Sozialisierung von Individuen und Generationen, zudem in der Definition von zu lösenden Problemen, in Sprache, Ideen, Normen und Werten. Andererseits liefert sie mit den Konstruktionen der Vergangenheit Legitimationen auch für politisches Handeln in Gegenwart und Zukunft.

An anderer Stelle habe ich gemeinsam mit Fabian Virchow (Virchow/Thomas 2022) ausführlicher veranschaulicht, wie Thomas Herz und Michael Schwab-Trapp (1997) das Konzept der Basiserzählung in den frühen 1990er-Jahren für eine Auseinandersetzung mit der (Nach-)Geschichte des Nationalsozialismus und dem Auftreten rassistischer Gewalt fruchtbar gemacht haben. Sie legen dar, dass die Geschichte des Nationalsozialismus der zentrale Bezugspunkt für die Basiserzählung der Bundesrepublik Deutschland ist und wie dieser in zahlreichen gesellschaftlichen Kontroversen aufgerufen und zur Legitimierung der jeweiligen Perspektive sowie Argumentation genutzt wird. Deutlich wird, dass in der BRD und der ehemaligen DDR trotz aller Unterschiedlichkeit der beiden Basiserzählungen, die durch eine entsprechende Institutionalisierung in Schulbüchern, Gesetzen, Gedenktagen und anderen öffentlichen Inszenierungsweisen jeweils hegemonial wurden, eine Botschaft zentral ist: »Wir haben aus der NS-Vergangenheit gelernt.« Um ihrer Konsistenz willen gründet diese institutionalisierte Basiserzählung in dem »Beschweigen« der langen Tradition und gesellschaftlichen Verankerung des Rassismus im Allgemeinen und rechter Gewalt im Besonderen in der Geschichte der beiden deutschen Staaten: Rassismus wurde entsprechend immer wieder entweder in die Vergangenheit verlegt, das heißt im Kontext der beiden deutschen Staaten in den Nationalsozialismus, nicht jedoch in den deutschen Kolonialismus (Zimmerer 2013; Terkessidis 2019). Oder er wurde im Außen des eigenen Nationalstaats verortet (Attia 2014), und rassistische sowie antisemitische Gewalt wurden entweder entpolitisiert, pathologisiert oder pädagogisiert (Funke 1995; Herz 1996; Steinke 2020) – in zahlreichen Fällen fand gar eine Täter*innen-Opfer-Umkehr statt (Schellenberg 2013) und die Erfahrungen und Sichtweisen der Betroffenen in der Mehrheitsgesellschaft blieben weitestgehend ungehört. Ferner führte die Vereinigung der beiden deutschen Staaten zu Renationalisierungsprozessen, die verbunden mit einer massenhaften rassistischen Gewaltpraxis Anfang der 1990er-Jahre Prozesse »des institutionellen Vergessens und der institutionellen Stigmatisierung« (Herz 1996: 496) von rassistischer Gewalt und der von ihr Be- und Getroffenen weiterführten. Institutionell verankerte Lehren aus dem Nationalsozialismus wie Artikel 16 GG (»Politisch Verfolgte genießen Asyl«) wurden in ihrer Bedeutung relativiert und zunehmend infrage gestellt, um sie schließlich – wie im Anschluss an das rassistische Pogrom in Rostock-Lichtenhagen Ende August 1992 – substanziell zurücknehmen zu können.

Unterdessen wird für eine intensive Auseinandersetzung mit den Erfahrungen, Deutungen und Reaktionen von Menschen, die aus der Türkei nach Deutschland eingewandert sind, in verschiedenen wissenschaftlichen Disziplinen plädiert. Was Jacob S. Eder und Daniel Stahl (2020) als Leerstelle in der Geschichtswissenschaft ausmachen, ist jedoch noch immer auch eine im öffentlichen Diskurs: Es fehlt daran, überhaupt nur zu fragen, wie die von Rassismus Be-/Getroffenen die Gewalt, die Reaktionen der Mehrheitsgesellschaft und des Staates wahrgenommen haben und was dies aussagt über die Demokratie und die Demokratisierung seit 1989/90 (vgl. Eder/Stahl 2020: 320). Mit Blick auf die Anschläge in Mölln in der Nacht auf den 23. November 1992, bei dem die 51-jährige Bahide Arslan und ihre beiden Enkelinnen, die zehnjährige Yeliz Arslan und die 14-jährige Ayşe Yılmaz, ermordet wurden, und den Brandanschlag in Solingen am 29. Mai 1993 muss beispielsweise erinnert werden an die Täter*innen-Opfer-Umkehr durch die Verdächtigung von Angehörigen, die Tat selbst begangen zu haben. An die im Begriff des ›Beileidstourismus‹ kulminierte Botschaft nicht nur von Ignoranz und Empathielosigkeit, sondern auch von politischer Programmatik des damaligen Bundeskanzlers Helmut Kohl, dem eine Kabinettssitzung zur Verhandlung eines Gesetzes zur Reform des Weinrechts wichtiger war (vgl. Eder/Stahl 2020: 323). Es muss erinnert werden an die zu jener Zeit der beginnenden 1990er-Jahre im politischen Diskurs zentralen Auseinandersetzungen. Wie Maren Möhring (2015: 401) darlegt, stand weniger die sogenannte ›Wiedervereinigung‹, sondern der sogenannte ›Asylmissbrauch‹ auf spezifische Weise – und forciert nicht allein durch die ›Republikaner‹, sondern auch Teile der Unionsparteien – folgenreich im Zentrum: »Im Sommer 1991 sahen laut Umfragen fast 80 Prozent das Thema ›Asyl/Ausländer‹ als wichtigstes Problem« (ebd.). Der Diskurs war geprägt durch »sprachliche Brandsätze« (Jäger 1993) auch in der medialen Berichterstattung. So diagnostiziert der Journalist Heribert Prantl rückblickend für diese Jahre einen »Katastrophenjargon« in Politik und Presse und zitiert in einem Kommentar anlässlich des 20. Jahrestages des Brandanschlags in Solingen den früheren nordrhein-westfälischen Innenminister Herbert Schnoor (SPD). Jener hatte 1993 seinen langen Widerstand gegen die Grundgesetzänderung aufgegeben und konstatierte: »Wenn Menschen erleben, wie Politik über Flüchtlinge und Ausländer spricht, dann muss sie sich nicht wundern, wenn Jugendliche diese verbale Gewalt in brutale Gewalt übersetzen«[11] – die Politik habe »eine Art Beihilfe zur Stärkung der Gewalt« geleistet.

Aber was waren und sind die Folgen des »mörderischen Infernos« in Solingen in jenen 1990er-Jahren und bis heute mit Blick auf die von Rassismus Be-/Getroffenen? Rassistische Gewalt im kollektiven Gedächtnis von Migrant*innen türkischer Herkunft, ein »Wissen aus einer leiblichen, situierten Erfahrung« (Kahveci/Sarp 2017: 40) der traumatischen Ereignisse zum Teil einer Basiserzählung einer postmigrantischen Gesellschaft zu machen, ist bis heute eine noch viel zu wenig als gesamtgesellschaftliche Herausforderung verstandene Aufgabe.[12] Vielfach wird diese Aufgabe zivilgesellschaftlichen Akteur*innen und sehr häufig allein denjenigen zugemutet, die durch rechte Gewalt und Rassismus Leid erfahren haben und die zugleich mit

---

11 Heribert Prantl (2013): »Erst stirbt das Recht, dann stirbt der Mensch«, Süddeutsche Zeitung, 29.05.2013. https://www.sueddeutsche.de/politik/brandanschlag-von-solingen-1993-rechtsextremismus-1.1683458 [04.07.2022].

12 Nur wenige Publikationen eröffnen bislang wichtige Einblicke, vgl. Bozay/Aslan/Mangıtay/Özfırat (2016).

wenig (Macht-)Ressourcen ausgestattet sind oder werden, um ihre Perspektive mit Reichweite zu versehen. Ansatzpunkte liefern dennoch aktivistische und künstlerische Praktiken des Erinnerns, die Anna Cento Bull und Hans Hauge Hansen (2016) als »agonistisches Erinnern« beschrieben haben. Ein solches »agonistisches Erinnern« stört. Zugleich erfordert es nach Bull/Hansen (2016: 399) idealiter ein Überwinden von Feindbildern; es votiert für Vielstimmigkeit und Multiperspektivität. Zudem situiert es das Erinnerte in seiner historischen, politischen und sozioökonomischen Bedingtheit und umfasst sowie wertschätzt Affekte und Emotionen als Ausgangspunkte für Verstehen und Verständigung. Agonistisches »Doing Memory« an rechte Gewalt, so möchte ich hinzufügen, benötigt zudem Öffentlichkeit, politischen Willen und Ressourcen, um ein anerkennendes Erinnern in der nötigen »radikalen Multiperspektivität« (Bull/Clarke 2020: 5), die Konflikte freilegt, in Gang zu setzen.

Rassismus anklagen: Erinnern in solidarischen Netzwerken

Im Jahr 2012 reisen Mevlüde und Durmuş Genç nach Berlin, um gemeinsam mit den Angehörigen der Ermordeten des sogenannten Nationalsozialistischen Untergrunds zu trauern.[13] Seit dem Bekanntwerden des NSU, angesichts der so offenkundigen Kontinuität rechter Gewalt und angesichts des offensichtlichen Widerwillens, sich in angemessener Weise politisch mit organisiertem Rechtsterrorismus und strukturellem Rassismus auseinanderzusetzen, werden Formen migrantischer Selbstorganisierung (vgl. Kahveci 2017) auch für ein »Doing Memory« an rechte Gewalt verstärkt fortgeführt und neue etabliert.

Im Rahmen der Gedenkfeierlichkeiten zum 25. Jahrestag des Brandanschlags in Düsseldorf steht Mevlüde Genç im Mai 2018 neben Bundeskanzlerin Angela Merkel, neben dem damaligen Ministerpräsidenten des Landes Nordrhein-Westfalen Armin Laschet und weiteren Politiker*innen. Seit 25 Jahren leide sie unter dem Schmerz, sagt sie. Dennoch verspüre sie keinen Hass. Und sie wendet sich an das Publikum und sagt, dass sie ihnen die Zukunft der Kinder anvertraut. Angela Merkel sagt, Mevlüde Genç habe auf eine unmenschliche Tat mit menschlicher Größe reagiert. Niemals dürfe man vergessen, was ihrer Familie angetan worden ist. Und einmal mehr sagt sie: Solche Gewalttaten sind beschämend, eine Schande für unser Land und wir dürfen uns damit nicht abfinden.

---

13 Vgl. hierzu die WDR-Dokumentation »Alle sind noch da, nur die Toten nicht – 20 Jahre nach dem Brandanschlag in Solingen« (Erstausstrahlung 27.05.2013. https://www1.wdr.de/mediathek/video/sendungen/die-story/video-alle-sind-noch-da-nur-die-toten-nicht----jahre-nach-dem-brandanschlag-in-solingen-100.html [04.07.2022].

Bislang kommen diejenigen, die sich nicht nur nicht verbal, sondern handelnd nicht abfinden wollen, weniger aus der Politik als aus den Strukturen der aktivistischen und künstlerischen Selbstorganisation. Sie organisieren ein postmigrantisches, ein neues ›Wir‹ (Plamper 2019) durch den Austausch unter von Rassismus Be- und Getroffenen sowie solidarischen Unterstützer*innen. Durch Bildungsarbeit und Erinnerungspolitik entstehen neue Kommunikationsräume und -weisen. Unter dem Motto »Anerkennen. Aufklären. Verändern«[14] werden beispielsweise Projekte wie #telltheirstories und (digitale) Mahnmale für das Leben der Todesopfer rechter Gewalt entwickelt. Künstler*innen, Theater-, Film- und Medienschaffende vernetzen sich in Kollektiven und organisieren Festivals wie fluctoplasma[15]. Podcaster*innen sprechen in Formaten wie ›Rice & Shine‹, ›halbe Katoffl‹ oder ›Bin ich süsssauer‹ über Rassismuserfahrungen, sie schaffen neue Öffentlichkeiten, ›safer spaces‹ und Empowerment. Sie zerren an der hegemonialen Basiserzählung – und die verändert sich, wenn auch schleppend. Politik, Institutionen und Strukturen müssen handelnd hinterherkommen. Dringend.

Literatur

Altun, Burak (2017): Der vergessene Brandanschlag von Solingen. Gedenkfeier in kleiner Runde, in: Daily Sabah Deutschland vom 29.05.2017, o. S.

Attia, Iman (2014): Rassismus (nicht) beim Namen nennen, in: Aus Politik und Zeitgeschichte 64/13-14, S. 8–14.

Bozay, Kemal/Aslan, Bahar/Mangıtay, Orhan/Özfırat Funda (Hg.) (2016): Die haben gedacht, wir waren das. MigrantInnen über rechten Terror und Rassismus, Köln: Papyrossa.

Butler, Judith (2001): Eine Welt, in der Antigone am Leben geblieben wäre. Interview mit Judith Butler (geführt von Carolin Emcke und Martin Saar), in: Deutsche Zeitschrift für Philosophie, 49/4, S. 587–599.

Cento Bull, Anna/Clarke, David (2020): Agonistic interventions into public commemorative art: An innovative form of counter-memorial practice?, in: Constellations. An International Journal of Critical und Democratic Theory, online first (2020), S. 1–15.

Cento Bull, Anna/Hansen, Hans Hauge (2016): On Agonistic Memory, in: Memory Studies 9/4, S. 390–404.

Eder, Jacob S./Stahl, Daniel (2020): »In Deutschland herrscht Apartheid«. Solingen, Mölln und der Kampf um politische Partizipation, in: Tim Schanetzky/Tobias Freimüller/Kristina Meyer/Sybille Steinbacher/Dietmar Süß/Annette Weinke

---

14 https://www.nsu-tribunal.de [04.07.2022].
15 https://www.fluctoplasma.com [04.07.2022].

(Hg.): Demokratisierung der Deutschen. Errungenschaften und Anfechtungen eines Projekts, Göttingen: Wallstein, S. 318–332.

Funke, Hajo (1995): Rechtsextremismus – Zeitgeist, Politik und Gewalt, in: Richard Faber/Hajo Funke/Gerhard Schoenberger (Hg.): Rechtsextremismus. Ideologie und Gewalt. Berlin: Edition Hentrich, S. 14–51.

Haraway, Donna (1988): Situated Knowledges: The Science Question in Feminism and the Privilege of Partial Perspective, in: Feminist Studies 14/3, S. 575–599.

Herz, Thomas (1996): Rechtsradikalismus und die ›Basiserzählung‹. Wandlungen in der politischen Kultur Deutschlands, in: Politische Vierteljahresschrift Sonderheft 27. Opladen: VS, S. 485–501.

Herz, Thomas/Schwab-Trapp, Michael (1997): Umkämpfte Vergangenheit. Diskurse über den Nationalsozialismus seit 1945, Opladen: VS.

Jäger, Siegfried (1993): BrandSätze. Rassismus im Alltag, Duisburg: Diss.

Kahveci, Çağrı (2017): Migrantische Selbstorganisierung im Kampf gegen Rassismus. Die politische Praxis ausgewählter antirassistischer Gruppen türkeistämmiger Migrant*innen, Münster: Unrast.

Kahveci, Çağrı/Sarp, Özge Pınar (2017): Von Solingen zum NSU. Rassistische Gewalt im kollektiven Gedächtnis von Migrant*innen türkischer Herkunft, in: Juliane Karakayalı/Çağrı Kahveci/Doris Liebscher/Carl Melchers (Hg.): Den NSU-Komplex analysieren, Bielefeld: transcript, S. 37–56.

Kob, Stefan M. (1994): Ringe wurden zu Pflöcken. Was wird aus dem »offiziellen Mahnmal«?, in: Solinger Tageblatt vom 01.06.1994, o. S.

Lierke, Lydia/Perinelli, Massimo (Hg.)(2020): Erinnern stören. Der Mauerfall aus migrantischer und jüdischer Perspektive, Berlin: Verbrecher Verlag.

Mogge, Ann-Kathrin (2021): Erinnerung im Niemandsland. Der Kurzfilm »Deine Straße« besucht einen Gedenkort für Opfer rechten Terrors in der Bundesrepublik, in: Zeitgeschichte-online, Juni 2021. https://zeitgeschichte-online.de/film/erinnerung-im-niemandsland [04.07.2022].

Möhring, Maren (2015): Mobilität und Migration in und zwischen Ost und West, in: Frank Bösch (Hg.): Geteilte Geschichte. Ost und Westdeutschland 1970–2000, Göttingen: Vandenhoeck & Ruprecht, S. 369–410.

Penkwitt, Meike (2006): Erinnern und Geschlecht. In: Freiburger FrauenStudien 12/19, S. 1–26.

Perinelli, Massimo (2017): Situiertes Wissen vs. korrumpiertes Wissen. Warum die migrantische Perspektive in die Wissenschaft gehört. Und der Verfassungsschutz raus, in: Juliane Karakayalı/Çağrı Kahveci/Doris Liebscher/Carl Melchers (Hg.): Den NSU-Komplex analysieren, Bielefeld: transcript, S. 145–162.

Plamper, Jan (2019): Das neue Wir. Warum Migration dazugehört. Eine andere Geschichte der Deutschen, Frankfurt a.M.: Fischer.

Prantl, Heribert (2013): »Erst stirbt das Recht, dann stirbt der Mensch«, in: Süddeutsche Zeitung vom 29.05.2013, o. S.

Rothberg, Michael/Yıldız, Yasemin (2011): Memory Citizenship: Migrant Archives of Holocaust Remembrance in Contemporary Germany, in: Parallax, 17:4, S. 32–48.

Rudolph, Steffen/Thomas, Tanja/Virchow, Fabian (2019): Doing Memory and Contentious Participation. Remembering the Victims of Right-Wing Violence in German Political Culture, in: Tanja Thomas/Merle-Marie Kruse/Miriam Stehling (Hg.): Media and Participation in Post-Migrant Societies, Lanham: Rowman & Littlefield, S. 181–196.

Schellenberg, Britta (2013): Die Rechtsextremismus-Debatte. Charakteristika, Konflikte und ihre Folgen, Wiesbaden: Springer VS.

Steinke, Ronen (2020): Terror gegen Juden. Wie antisemitische Gewalt erstarkt und der Staat versagt, Berlin/München: Piper.

Terkessidis, Mark (2019): Wessen Erinnerung zählt? Koloniale Vergangenheit und Rassismus heute, Hamburg: Hoffmann und Campe.

Thomas, Tanja/Virchow, Fabian (2021): Hegemoniales Hören und Doing Memory an rechte Gewalt. Verhandlungen politischer Kultur in (medialen) Öffentlichkeiten, in: Leviathan. Berliner Zeitschrift für Sozialwissenschaft, Jg. 49, Sonderband 37: Ein neuer Strukturwandel der Öffentlichkeit?, Baden-Baden: Nomos, S. 205–226.

Trotha, Trutz von (1995): Politische Kultur, Fremdenfeindlichkeit und rechtsradikale Gewalt. Notizen über die politische Erzeugung von Fremdenfeindlichkeit und die Entstehung rechtsradikaler Gewalt in der Bundesrepublik Deutschland, Beitrag zur Tagung ›No Justice – No Peace?‹, Penn State University Sept. 1993 (stark gekürzte engl. Fassung in: Crime, Law and Social Change 24/1, S. 37–47.

Virchow, Fabian/Thomas, Tanja (2022): Doing Memory an rechte Gewalt in Medienkulturen. Grundzüge eines interdisziplinären Forschungsprogramms, in: Lorenz, Matthias/Tanja Thomas/Fabian Virchow (Hg.): Rechte Gewalt erzählen. Doing Memory in Literatur, Theater und Film, Stuttgart: Metzler, S. 29–52.

Zimmerer, Jürgen (Hg.) (2013): Kein Platz an der Sonne. Erinnerungsorte der deutschen Kolonialgeschichte, Frankfurt a.M.: Campus Verlag.

Film- und Hörspielverzeichnis

»Alle sind noch da, nur die Toten nicht – 20 Jahre nach dem Brandanschlag in Solingen« (2013) (WDR-Dokumentarfilm, Reihe: die story).

»Deine Straße« (2020) (Schweiz, R: Güzin Kar).

»türken, feuer« (2020) (WDR-Hörspiel von Özlem Özgül Dündar, R: Regie Claudia Johanna Leist).

»Und dann waren sie weg« – Solingen 25 Jahre nach dem Brandanschlag (2018) (WDR-Dokumentarfilm).

Erinnerung, Gedenken und die Sinfonie der Solidarität aus der kritischen Perspektive eines Zeitzeugen

İbrahim Arslan

Neben der direkten Hilfe und Stabilisierung von Opfern und Angehörigen, neben der sozialen Wiedereingliederung, neben dem Strafprozess gegen die Täter*innen, neben der Anerkennung und Benennung der rechtsterroristischen Gewalt gibt es die Dimension der Erinnerung als politische Praxis. Es gilt, die Erinnerung zurückzuerkämpfen an das Geschehene, an das Vergessene, an das Verschwiegene, an die Ursachen und die Folgen, an das Davor und das Danach. Diese Forderungen sind aktueller denn je. Es ist also auch wichtig, damit Orte des Sprechens über rassistische Gewalterfahrungen, Gedenken und eine kritische Auseinandersetzung zu schaffen. Erst wenn Betroffene ihre Geschichten erzählen, ihnen zugehört wird und wir uns darüber austauschen, was Ungerechtigkeit ist und wie die Gerechtigkeit aussehen kann, können wir auch die Spielregeln dieser Gesellschaft und die gegenwärtigen Erzählungen verändern.

Gedenken bedeutet, den vielfältigen Erfahrungen und Geschichten, den ungeheuerlichen Verletzungen, den ignorierten Wünschen und Bedürfnissen zuzuhören, sie aus der Isolation herauszuholen, sie miteinander zu verbinden und so die hegemoniale Erinnerungspolitik infrage zu stellen.

Wir sollten eng mit Betroffenen zusammenarbeiten, um diesen Zustand zu verändern. Die Betroffenen sollten daher nicht für ein respektvolles Gedenken kämpfen müssen. Es ist die Pflicht der gesamten Gesellschaft, Verantwortung zu tragen, denn wir gedenken ja nicht nur, um den Familien und Betroffenen einen Gefallen zu tun, sondern weil Rassismus ein gesamtgesellschaftliches Problem ist, das nicht unter den Teppich gekehrt werden darf und woran man immer und immer wieder erinnern muss.

Daher müssen wir gemeinsam schauen, dass wir in allen Bereichen der Intervention die Betroffenen und Angehörigen mit einbeziehen, explizit in Bildungseinrichtungen. Kritisch anzumerken ist, dass viele Multiplikator*innen betonen, dass die von rassistischer Gewalt Betroffenen im Bildungskontext nicht immer Zugang zu den Schüler*innen finden und dass die Zielgruppe oft nicht erreichbar ist. Es gibt allerdings ein anderes Problem, das hier nicht angesprochen wird: Was ich aus meiner Perspektive sagen kann, ist, dass ich nicht von einer *weißen* Person beraten werden möchte, die selbst keine Rassismuserfahrungen gemacht hat und die nicht eng mit Migrationserfahrungen verknüpft ist. Deshalb müssen die Bildungseinrichtungen unbedingt migrantisiert werden, und es müssen gezielt Menschen mit Rassismuserfahrungen angestellt werden, damit eine Diversität erreicht wird, die den Betroffenengruppen auch entspricht. Die von Institutionen erwarteten sogenannten Qualitätsstandards bei Beratungsarbeit sowie Bildungsarbeit sollten in einer Gegenüberstellung mit dem Wissen von Betroffenen gegengeprüft, ergänzt, diskutiert, erweitert und auch kritisiert werden können, wenn der Ansatz der situationsgebundenen Beratungsarbeit noch weiter effektiv und arbeitsorganisatorisch eingesetzt und erweitert werden soll. Ich sage Ihnen, um professionell zu werden, sollten die Bildungsbereiche noch gezielter Betroffene in der Wissensproduktion partizipieren lassen.

Der »Dreiklang« von Wissen, Können und Haltung kann nur im Dialog mit dem Wissen der Betroffenen funktionieren. Sie werden ohne das Wissen der von Rassismus Betroffenen keine rassistische Gewalt und ihre Dimension erfassen können oder gar eine politische Intervention organisieren.

Ich möchte auch nicht von Institutionen beraten werden, die auch Täter*innen beraten!

Die Gefahr der seelischen und körperlichen Verletzung und der sich damit durch die Hintertür einschleichenden Täter*innen-Opfer-Gleichstellung ist bedrohlich. Wir leben in einer Gesellschaft, in der eine systematische Täter*innen-Opfer-Umkehr stattfindet. Deshalb gilt es, hier ein Ausschlusskriterium aufrechtzuerhalten.

Ich denke, dass sich die Mehrheit der Sprechenden und der Zuhörenden in den Medien und der Politik sowie der Sozialen Arbeit sowie im Bereich Bildung mit ihren eigenen weiß-privilegierten, von Rassismus nicht betroffenen, jedoch Rassismus reproduzierenden Perspektive auseinandersetzen müssen. Gleichwohl ist es bemerkenswert, zu beobachten, dass gleichzeitig keinerlei Akzeptanz über rassistisches Verhalten anerkannt wird. Es ist aber auch einfacher, sich mit der Vergangenheit der Täter*innen zu beschäftigen, da man dadurch die Fragen der Gegenwart nicht beantworten muss, oder sich auch gleichzeitig anmaßt, sich dadurch selbst betroffen zu fühlen, um so die Direktbetroffenen mit ihren Erlebten zu deformieren.

Eigentlich ist es eine Positionierung, die Schuld von sich abzuweisen und sich gleichzeitig »vor« die Betroffenen und ihre Geschichten zu stellen, denn jeder, der nicht von Rassismus betroffen ist, profitiert vom strukturellen Rassismus.

Der strukturelle Rassismus der Gesellschaft ist immer noch Rassismus, genauso wie der tödliche Rassismus des rechten Terrors.

Es könnten sicher Möglichkeiten gefunden oder geschaffen werden, wie man institutionelle sowie wissenschaftliche Arbeit mit dem Wissen der Betroffenen kombiniert, jedoch muss man bereit sein und akzeptieren, dass dieses Wissen existiert.

Die Betroffenen und ihre Angehörigen müssen angehört werden und aus dem Gehörten müssen Handlungsmöglichkeiten abgeleitet werden.

Erinnern Sie sich an die Worte der Nebenklage zum NSU-Prozess, die davor warnte, dass die milden Urteile ein falsches Signal an weitere rechte Täter*innen senden könnten, dass Menschen, die nicht in ein nationalsozialistisches Weltbild passen, in diesem Land weiterhin bedroht, belästigt, verängstigt und sogar ermordet werden könnten.

Dieses Signal wurde leider wahrgenommen

Nur zwei Jahre nach dem Urteil mussten wir wieder weitere Opfer des rechten Terrors beklagen. Walter Lübcke wurde im Juni 2019 mit größter Wahrscheinlichkeit von demselben Täter*innen-Netzwerk des NSU hingerichtet, das während des langjährigen Gerichtsprozesses in München nicht offengelegt wurde. Die Täter in Halle und Hanau nahmen sich den NSU als Beispiel.

Lübcke musste sterben, weil er sich wie viele andere hierzulande für Menschenrechte und ein demokratisches Zusammenleben mit geflüchteten Menschen in Deutschland einsetzte. Jana L. und Kevin S. aus Halle an der Saale, Ferhat Unvar, Gökhan Gültekin, Hamza Kurtović, Said Nesar Hashemi, Mercedes Kierpacz, Sedat Gürbüz, Kaloyan Velkov, Fatih Saraçoğlu, Villi Viorel Păun aus Hanau und noch sehr viele mehr mussten ermordet werden, weil sie nicht in das Weltbild der rassistischen Ideologie passten.

Gleichzeitig möchte ich betonen, dass es Rassismus und Hass gegen Migranten*innen, People of Color und Schwarze Menschen nicht erst seit dem NSU-Terror und auch nicht erst seit dem Tod von Walter Lübke gibt. Die offiziellen Zahlen der durch rassistische Gewalt ermordeten Menschen in Deutschland seit den 1990er Jahren liegt bei weit über 200. Die Morde davor sind in diesen Statistiken nicht einmal erhalten. Rassismus gab es schon vor den 1990er Jahren und wird es leider auch in Zukunft geben.

Die Botschaft an uns ist erstens, dass eine akute lebensbedrohliche Gefahr durch den Rechtsterrorismus besteht, zweitens, dass Verantwortliche staatlicher Organe uns nicht ausreichend schützen können, und drittens, dass Opfer und Betroffene weiterhin ignoriert und nicht ernst genommen werden.

Dazu wollen wir nicht schweigen. Die von Rassismus, von rechter, rassistischer Gewalt Betroffenen und ihre Angehörigen haben eine Stimme. Wir können dieser Schande, an der der Staat ebenso schuldig ist, nicht tatenlos zusehen.

Wir fordern daher die Bundesregierung auf, sich konsequent dafür einzusetzen, von Rassismus Betroffene und ihre Angehörige in Entscheidungsprozesse einzubeziehen und ihre Expertise für die Entstehungsprozessen einzuholen.

Wir fordern die Bundesregierung sowie ihre Minister*innen ebenfalls auf, repressive, ausgrenzende und entmenschlichende Migrationspolitiken zu beenden und gegen den alltäglichen und strukturellen Rassismus, dem Millionen Menschen in Deutschland ausgesetzt sind, Maßnahmen zu ergreifen und diese durchzusetzen. Zu den menschenverachtenden migrationspolitischen Maßnahmen gehört derzeit die Abschottung von Geflüchteten an den europäischen Außengrenzen und in griechischen Lagern.

Wir fordern Sie auf, die Stimmen der Betroffenen und ihrer Angehörigen in den Mittelpunkt des Gedenkens zu rücken und gemeinsam mit den Betroffenen eine neue Gedenkkultur in Deutschland zu etablieren. Dazu möchten wir Sie mitnehmen zu einer Symphonie der Solidarität, die eine Matrix für respektvolles Gedenken ist.

Symphonie der Solidarität

Wir gedenken jeden Tag an unsere Ermordeten Ayşe, Yeliz und Bahide. Aber was bedeutet es, zu gedenken? Dieser Frage wollen der Freundeskreis im Gedenken an die rassistischen Brandanschläge von Mölln 1992, die Familien Arslan und Yılmaz und unsere Verbündeten weiter nachgehen. Eine Frage, die wir uns und anderen in den vergangenen Jahren immer wieder gestellt haben. Und die wir als Teil einer Auseinandersetzung ansehen, die andauert. Zu unseren Gedanken und Fragen möchten wir Sie einladen. Und zu einer Symphonie der Solidarität, die wir mit Ihnen anstimmen wollen.

In einer Symphonie wird aus vielen einzelnen Stimmen ein neuer, gemeinsamer Klang. Und so wollen wir die vielen Stimmen hörbar machen und zusammenbringen. Wir wollen die Betroffenenperspektive in den Vordergrund rücken und zu einer Vervielfältigung selbstorganisierter, selbstbestimmter, solidarischer und empowernder Gedenkpraxen für eine gerechtere Gesellschaft aufrufen.

Gedenken bedeutet für mich

Gedenken ist für mich die reinste Form des Erinnerns. Für mich bedeutet das, dass ich mich an die Ermordeten erinnern kann.

Yeliz Arslan, Ayşe Yılmaz, Bahide Arslan.

An all die schönen Momente mit ihnen, an die gemeinsamen Ausflüge, an die vielzähligen Picknicke, an die gemeinsamen fröhlichen, aber auch traurigen Lebenssituationen, an die gemeinsamen Kämpfe, an die Verluste und an die Erfolge, an das Davor. Aber leider nicht mehr an das Danach. Für mich bedeutet Gedenken, daran zu denken, dass sie nicht mehr bei uns sind, aber dennoch mit uns.

Gedenken ist unser alltäglicher Begleiter, es ist quasi ein Bestandteil unseres Lebens, es bestimmt für mich Raum und Zeit. Dennoch gibt es für das Gedenken keine Amtszeit, so dass wir es ersetzen oder absetzen können. Das Gedenken bestimmt unseren Zeitgeist, mal tut es uns weh, mal ist es befreiend. Es ist Wut, Trauer, Widerstand, aber auch Ruhe und Gelassenheit.

Gedenken bedeutet, sich nicht zu beugen, trotz der fehlenden Staatsbürgerschaft, der ungleichen Rechte, der verweigerten Anerkennung ohne Privilegien. Gedenken heißt, trotz all dem für Gerechtigkeit und Freiheit zu kämpfen.

Gedenken ist für mich Solidarität mit den Betroffenen auf Augenhöhe, es ist eine politische Auseinandersetzung mit der Gesellschaft, aber auch mit uns selbst. Es bedeutet, die Betroffenen und ihre Angehörigen anzuerkennen. Es bedeutet, heute über das Vergangene zu sprechen, das Gegenwärtige in den Vordergrund zu rücken und die Zukunft einzufordern.

Es gibt viele Erfahrungen und Geschichten, viele Verletzungen, viele Wünsche und Bedürfnisse, viele Perspektiven. Gedenken bedeutet, sie zu hören, aus der Vereinzelung zusammenzubringen, zu vernetzen und so Erinnerungspolitiken herauszufordern.

Gedenken bedeutet, Verantwortung zu tragen, zu wissen, dass wir nicht nur der Ermordeten gedenken, sondern auch an die Überlebenden denken. Denn Rassismus ist weiterhin ein gesamtgesellschaftliches Problem, von dem die Minderheiten immer noch betroffen sind.

Gedenken ist Vertrauen. Vertrauen in diejenigen, die mit dir gemeinsam das Gedenken einfordern.

Für mich bedeutet Gedenken: »Mit uns, aber nie wieder ohne uns.«

Gedenken bedeutet für uns ...
...das Gedenken im Sinne der Überlebenden, Betroffenen, Angehörigen, Freund*innen und Verbündeten zu gestalten. Selbstbestimmt, selbst, organisiert, solidarisch und empowernd. Aber was bedeutet das? Welche Veränderungen braucht es?

Gedenken bedeutet für uns ...
... die Vielstimmigkeit der Verletzlichkeiten zu verbinden und zu verstärken. Aber wie können wir uns noch mehr verbinden? Welche Stimmen verstärken? Und welche überhören wir noch?

Gedenken bedeutet für uns ...
..., dass Betroffene beginnen, ihre Geschichten zu erzählen, und dass ihnen zugehört wird, weil eure/unsere Geschichten so viel verändern und bereits beginnen zu beschreiben, wie Gerechtigkeit aussehen könnte. Wer erzählt? Wer hört zu? Wie kann es mehr Platz für diese Geschichten geben? Und wie sieht die Gerechtigkeit aus?

Gedenken bedeutet für uns ...
... sich auf einen Prozess einzulassen und nicht an Vorstellungen und Plänen festzuhalten. Zu akzeptieren, dass Trauer und Schmerz Zeit und Raum brauchen. Wie können wir das schaffen? Und euch und uns Zeit lassen?

Gedenken bedeutet für uns ...
... nicht davon auszugehen, dass alle Betroffenen das Gleiche fühlen und wünschen, sondern zu lernen, dass die Formen des Gedenkens, der Trauer, des Erinnerns sich unterscheiden und widersprechen können und dennoch Gemeinsames möglich ist. Wie können wir widersprüchliche Bedürfnisse Raum bekommen? Wie können wir auch in den Unterschieden verbunden sein? Wie können wir das Gemeinsame und das Unterschiedliche zusammen sichtbar werden?

Gedenken bedeutet für uns ...
... »not about us without us«, also nicht ohne uns über uns zu sprechen, zu planen, zu handeln. Wer übersetzt dieses Prinzip wirklich in die eigene künstlerische, politische, kulturelle Praxis?

Gedenken bedeutet für uns ...
... uns Vereinnahmungen von verschiedenen Seiten entgegenzustellen. Wie sehen diese Vereinnahmungen aus? Wie erkennen wir sie? Wie können wir ihnen entgegentreten?

Gedenken bedeutet für uns ...
... sich mit Überlebenden und Betroffenen zu verbünden. Die Zeug*innenschaft für die erfahrene Gewalt zu vervielfältigen. Wie kann das praktisch aussehen? Und wer wird als Zeug*in anerkannt?

Gedenken bedeutet für uns ...
... dem Schweigen auf den Grund zu gehen. Wer schweigt und warum? Wann wird Schweigen akzeptiert? Und wem ist es möglich, das Schweigen durchzubrechen?

Gedenken bedeutet für uns ...
... den Versuch, das Unsagbare auszudrücken. Wie können wir diese Versuche noch mehr ermutigen? Welche Sprachen/Formen/Ausdrucksweisen können wir voneinander lernen?

Gedenken bedeutet für uns ...
... gemeinsam die Trauer zu halten und auszuhalten. Was bedeutet es, Trauer zu halten? Wie können wir selbstbestimmte und stärkende Trauerrituale gestalten?

Gedenken bedeutet für uns ...
... sich verbunden zu fühlen: mit den Verstorbenen und den Lebenden. Ihnen zuzuhören, Lebensgeschichten und Verletzlichkeiten über Zeit und Raum hinweg zu verbinden. Wie kann so eine Verbindung aussehen?

Gedenken bedeutet für uns ...
... ganz viel Dankbarkeit. Dankbarkeit dafür, dass Betroffene und Angehörige ihre Geschichten, Erinnerungen und Erfahrungen mit uns teilen, und dass wir zusammen über Vergangenes und Gegenwärtiges weinen, gemeinsam wütend sein, aber auch zusammen über so vieles lachen können. Gedenken bedeutet für uns auch, dass wir zusammen lecker essen und gedenken, zusammen an den Gedenktagen in Hoyerswerda, Rostock, Mölln, Solingen Halle, Hanau ... in der Kälte, unter der brühenden Sonne oder unter Regen und Schnee zu stehen. Aber unser Zusammensein und unsere Solidarität wärmen uns.

Gedenken bedeutet für uns ...
... mitzufühlen, Gefühle zuzulassen und sie zu teilen. Wie können wir Gefühle als Teil der politischen Praxis begreifen?

Gedenken bedeutet für uns ...
... einen ständigen Weckruf, die Vergangenheit in eine solidarische und gerechtere Gegenwart und Zukunft zu übersetzen und Zeit gleichzeitig zu denken. Was bedeutet das für unsere Vorstellungen von Zeit?

Gedenken bedeutet für uns ...
... mehr als bloßes Erinnern. Es bedeutet, die Vergangenheit im Heute zu betrachten. Welche Aufgaben übergibt uns das Geschehene? Welche Verantwortung erwächst daraus? Und was heißt das für die Zukunft?

Gedenken bedeutet für uns ...
... »wir werden immer wieder da sein«, wie Faruk Arslan sagt. Aber was bedeutet dieses Da-Sein? Wer mit wem und wann und wie lange?

Gedenken bedeutet für uns ...
... Haltung zu zeigen, indem Verantwortung für die Vergangenheit übernommen wird, um eine solidarische Zukunft zu gestalten. Gelingen kann das nur mit respektvollem Einbezug der Betroffenen und Angehörigen. Wie können wir dafür sorgen, dass unsere kraftvolle Solidarität untereinander in noch mehr gesellschaftliche Wirkungsräume ausstrahlt, damit unser Verständnis vom selbstbestimmten, partizipativen Gedenken nachhaltig Akzeptanz erlangen kann?

Gedenken bedeutet für uns ...
... kollektive Prozesse zu gestalten und Gemeinsamkeiten zu schaffen. Wie können wir diese Erfahrungen auf weitere Kämpfe übertragen?

Gedenken bedeutet für uns ...
... öffentliche Räume wahrnehmbar umzugestalten, anders zu besetzen und zu beschreiben. Wie können wir Orte der Solidarität, des Austauschs, der Trauer, der Wut und der Ermutigung gestalten? Wie können wir viele dieser Orte schaffen?

Gedenken bedeutet für uns ...
... sich mit den gesellschaftlichen Bedingungen und Kontinuitäten auseinanderzusetzen, die zu den Taten führen. Wie kann sich diese Auseinandersetzung im Alltag widerspiegeln?

Gedenken bedeutet für uns ...
... Gesellschaftskritik. Die dringenden Fragen nach Gerechtigkeit, nach ausgegrenzten Geschichten und nach der Gewalt unserer gegenwärtigen Gesellschaft zu stellen. Wem hören wir zu? Was stellen wir der strukturellen Gewalt entgegen? Und welche Gerechtigkeit brauchen wir heute?

Gedenken bedeutet für uns ...
... etablierte Erinnerungsdiskurse herauszufordern, die oft ohne Betroffene entstanden sind und eher staatstragenden Zwecken dienen. Welche Erzählungen gilt es zu verändern? Wie können wir darin beharrlich bleiben?

Gedenken bedeutet für uns ...
... Zuschreibungen zu hinterfragen und Begriffe mit neuen Bedeutungen zu füllen. Was bedeutet es, »ein Opfer« zu sein? Was bedeutet es, eine Familie zu sein? Was bedeutet es, betroffen zu sein?
Gedenken bedeutet daher so viel und noch viel mehr.

Für uns ist es wichtig, die Erinnerung zurückzuerkämpfen – und uns an die zu erinnern, die wir durch Rassismus und Antisemitismus verloren haben, an das Geschehene, an das Vergessene, an das Verschwiegene, an das unter den Teppich Gekehrte, an die Ursachen und die Folgen, an das Davor und das Danach.

Indem wir die Erinnerung lebendig halten, rücken wir die Perspektive der Betroffenen in den Vordergrund. »Gedenken ist die reinste Form des Erinnerns.« Bis heute versuchen Andere, zu bestimmen, wie an das Geschehene gedacht wird. Bis heute versuchen Andere, zu vereinnahmen, wie über das Geschehene gesprochen wird. Sie diffamieren damit die Opfer und ihre Geschichten.

Die Vorstellung von Betroffenen und ihrer Angehörigen über Erinnerung soll der Maßstab für das Gedenken sein.

»Sie sind keine Statisten, sondern die Hauptzeugen des Geschehenen«

Erinnern bedeutet für mich, zu kämpfen und nicht zu vergessen, die junge Generation zu sensibilisieren und Handlungsmöglichkeiten zu schaffen.

Auch wenn es irgendwann mal keine Überlebenden der Shoah mehr gibt und ihre Familien nicht mehr die Kraft haben, auch noch Jahrzehnte später zu gedenken, müssen wir das Gedenken fortsetzen.

Warum wir erinnern müssen
»Unsere« Kämpfe ...

Bengü Kocatürk-Schuster und Kutlu Yurtseven im Gespräch mit A. Schmitz

> Bengü Kocatürk-Schuster und Kutlu Yurtseven engagieren sich seit vielen Jahren in Initiativen zur Unterstützung von Betroffenen rassistischer Gewalt und deren Angehörige. Kutlu ist aktuell aktiv in der Initiative »Herkesin Meydanı – Platz Für Alle« und »Tatort Porz«. Davor engagierte er sich in der Initiative »Keupstraße ist überall« und hat das Tribunal »NSU-Komplex auflösen« mitgestaltet und -organisiert. Bengü unterstützt die Initiative Duisburg 1984. Kutlu ist bekannt als Mitglied der Kölner Rap-Gruppe Microphone Mafia, die lange gemeinsam mit der Auschwitz-Überlebenden Esther Bejarano und deren Familie aufgetreten ist. Nach dem Tod von Esther Bejarano gehen die gemeinsamen Konzerte mit ihrem Sohn Joram weiter. Als Aktivisten beleuchten Kutlu und Bengü die Kämpfe gegen Rassismus und Diskriminierung, schildern ihre Erfahrungen und skizzieren die Bedeutung von Vernetzung, Solidarität und Erinnerungsarbeit. Die rassistischen Brandanschläge in Mölln und Solingen, die sie persönlich als Zäsur in der langen Tradition von Rassismus und Diskriminierung wahrnahmen, haben sie politisiert.

Moderation und Redaktion: Adelheid Schmitz

Die Anschläge in Mölln und Solingen haben uns politisiert

Adelheid Schmitz: *Ganz herzlichen Dank, dass ihr über eure Erfahrungen und Einschätzungen berichtet. Warum ist es euch wichtig, dieses Buchprojekt zum 30. Jahrestag des Brandanschlags in Solingen zu unterstützen?*

Kutlu Yurtseven: Die Erfahrung mit Rassismus hat mich seit jungen Jahren stark geprägt. Mit meinen Freunden haben wir 1989 die Band TCA gegründet und daraus ist Microphone Mafia entstanden. Mit unserem Song »STOP« reagierten wir musikalisch auf die Eskalation rassistischer Gewalt in Hoyerswerda, Rostock-Lichtenhagen und vielen anderen Orten – auch im Westen –, an denen asylsuchende Menschen gejagt und ihre Wohnheime in Brand gesetzt wurden. Wir waren gegen Rassismus, aber wir waren keine politische Band. Aufgrund unserer eigenen Geschichte und Lebenserfahrungen waren wir einfach dagegen, den selbst erlebten Rassismus haben wir nicht verstanden. 1993 wurde mit dem rassistischen Brandanschlag in Solingen in unmittelbarer Nähe unseres Wohnortes migrantisches Leben angegriffen, nur sechs Monate nach dem Anschlag in Mölln am 23. November 1992. Der Solinger Anschlag war wieder ein Schock. Aber wir haben es kommen sehen, das hatte mit der Wiedervereinigung zu tun und auch mit der Migrationsgeschichte. Dies muss in Zusammenhängen gesehen werden. Es hat etwas damit zu tun, wie mit den sogenannten Gastarbeitern umgegangen wurde und auch der Idee, dass wir nicht lange bleiben sollten. Wir waren immer hin- und hergerissen. Wir wurden oft als »Assis« beschimpft, haben uns auch scherzhaft selbst so bezeichnet, aber wir haben niemanden umgebracht. Wir sind nicht nach Solingen gelaufen und haben Häuser angezündet. Und wir haben auch erst nach Solingen Scheiben eingeschlagen. Das war nicht unser Politikverständnis. Die Anschläge haben uns jedoch verändert. Einige sind nur wütend geworden, manche haben ihre Wut kreativ verarbeitet, wieder andere haben sich abgeschottet.

Bengü Kocatürk-Schuster: Meine Erfahrung war etwas anders. Ich kam erst Ende 1989 nach Deutschland. Aufgewachsen und zur Schule gegangen bin ich in der Türkei. In Deutschland war ich nur einige Wochen in den Sommerferien, um meine Eltern zu besuchen, die hier arbeiteten. Rassismus kannte ich also nicht aus eigener Perspektive, in der Türkei gehörte ich zur Mehrheitsgesellschaft. Meine Eltern erlebten Ausgrenzung und Rassismus. Darüber wurde jedoch nicht gesprochen. Während der Ferien in der Türkei wollten wir eine gute Zeit miteinander verbringen. Meine Eltern kamen immer mit vielen Geschenken, sodass alle dachten, es ginge ihnen gut. Sie haben sich nie über die Arbeit oder das Leben beschwert, obwohl sie zeitweise parallel drei Jobs machten. Das habe ich alles später erst erfahren. Die meisten Arbeiter*innen haben nie über ihre schweren Arbeitsbedingungen oder ihre Probleme in Deutschland geredet. Als ich nach Deutschland kam, war ich erst mal nur mit mir beschäftigt, ich kannte die Sprache nicht und hatte hier keine Freunde, ich hatte niemanden außer meinen Eltern und meiner Schwester. Von Rassismus hatte ich keine Ahnung, ich hatte auch keine Sprache, keine Begriffe dafür. Es gab jedoch erste Erfahrungen, die ich allerdings zu der Zeit nicht einordnen konnte. Schon in den ersten Tagen nach meiner Ankunft musste ich zur »Ausländerpolizei«, so hieß das damals. Da ich nicht im Rahmen des Familiennachzugs einreisen konnte, bin ich als Studierende gekommen und war verpflichtet, in regelmäßigen Abständen meinen Pass vorzuzeigen und die Aufenthaltsberechtigung zu verlängern. Die Bezeichnung »Ausländerpolizei« war für mich schon erschreckend. Das sitzt mir noch heute in der Brust. Damals habe ich mich gefragt, warum muss ich zur Polizei, wenn ich nichts gemacht habe. Ein Termin dort war immer mit Anspannung verbunden, die Eltern drängten darauf, unbedingt pünktlich, besser noch überpünktlich zu sein.

Bloß nicht auffallen und alles mitnehmen, damit nichts schiefgeht. Das hat etwas mit institutionellem Rassismus zu tun, den Migranten in diesen Ämtern oft erleben. Ich habe dort Vieles beobachtet, konnte es jedoch nicht einordnen. Heute weiß ich, es waren meine ersten Begegnungen mit Rassismus in Deutschland. Die rassistische Gewalt, die Anschläge im Zuge der Wiedervereinigung habe ich in meinen ersten Jahren in Deutschland mitbekommen. Der Anschlag in Mölln schockte mich besonders. Danach habe ich an meiner allerersten Demo in Deutschland teilgenommen. Ich erinnere mich, dass mein Vater vor dem Fernseher bei Mölln und Solingen weinte. Ich habe gespürt, dass bei meinen Eltern eine große Angst entstanden ist. Das hat sowohl die Elterngeneration als auch die Kindergeneration sehr geprägt, weil sie danach noch vorsichtiger waren. Wenn wir Kinder uns eine halbe Stunde verspäteten, waren sie sofort besorgt. Mein Vater lief nachts noch mal um die Wohnung, um zu schauen, ob alles okay ist. Wir wohnten im Erdgeschoss. Unsere Gedanken waren makaber: Einerseits war es gut, um schnell wegkommen zu können, falls Brandsätze die Wohnung trafen. Aber andererseits wären wir die Ersten gewesen, die es wahrscheinlich getroffen hätte. Die Fensterläden wurden nachts immer geschlossen und alles wurde mehrfach von meinem Vater kontrolliert. Diese Angst oder Sorge steckt bis heute in dieser Generation. Und Solingen kurz nach Mölln, ich kann kaum beschreiben, was in uns vorging damals, es hat uns komplett erschüttert.

Adelheid Schmitz: *Erinnert ihr euch noch, wann und wie ihr von dem Brandanschlag in Solingen gehört habt und was dann passierte?*

Kutlu Yurtseven: Erfahren habe ich es durch die Medien. Damals studierte ich an der Bergischen Universität in Wuppertal und da waren auch Kommilitonen und Freunde, die in Solingen lebten und die sich an den Protesten in Solingen beteiligten. Einer von ihnen wohnte in der Nähe des Hauses von Familie Genç. Unser Schmerz und unsere Wut waren enorm. Für uns war das alles so unfassbar. Ich war bei den Protesten auf der A 3 dabei. Die Polizei ging hart gegen uns vor und versuchte, die Blockade der Autobahn aufzulösen. Bei den Protesten auf der A 3 hat sich alles Aufgestaute einen Ausdruck gesucht. Bengü sagt, wir hätten schon im frühsten Kindesalter gemerkt, dass Menschen glauben, dass wir nicht hierhin gehören. Ich erinnere mich bis heute, dass ich im Kindergarten gezwungen wurde, christlich zu beten, obwohl ich muslimisch war. Anders als Bengü musste ich jedoch nicht zur »Ausländerpolizei«, sondern zur »Ausländerbehörde«. Da musste ich regelmäßig hin, obwohl ich in Köln geboren bin. Auch in der Ausländerbehörde habe ich ähnlich wie Bengü Diskriminierung und Rassismus erlebt. Mölln und Solingen war für uns eine Art Zäsur. Später, als ich die erste »Möllner Rede im Exil« halten durfte, habe ich meinen Vater zitiert, der kurz nach dem Brandanschlag gesagt hat: »Wir werden nur noch im Sarg in die Türkei zurückkommen, aber nicht so.« Es hat viel mit uns gemacht und wir haben auch erlebt, was es mit unseren Eltern gemacht hat. Auch das hat uns sehr geprägt. Es war auch ein zweischneidiges Schwert. Auf der einen Seite dachten wir, sie wehren sich nicht, deshalb müssen wir krasser sein, mehr tun gegen die Diskriminierung, den Rassismus. Andererseits haben wir auch gesehen, wie unsere Eltern weinten, das alles hat sie sehr mitgenommen. Und wir jungen Leute waren unglaublich wütend und wollten das auch zeigen: Es wurden Laternen rausgerissen, Ampeln kaputt geschlagen. Und ich sage immer noch, in Solingen war es genau richtig, weil gezeigt wurde, bis hierhin und nicht weiter. Warum dann in Köln Scheiben eingeschlagen wurden und in München, darüber können wir diskutieren. Im Nachhinein und als heute 49-Jähriger muss ich aber auch sagen: Damit haben wir auch viele Menschen verschreckt, die eigentlich auf unserer Seite waren. Ich sehe das aber auch als eine Form von Verteidigung und dass wir eigentlich recht hatten, denn wir fühlten, dass uns niemand schützt. Auch in den Familien haben die beiden Anschläge so kurz nacheinander viele Diskussionen ausgelöst. Unsere Eltern, meine Freunde und Brüder haben gesagt, wir fahren jetzt nach Solingen. Die Proteste waren sehr wichtig, denn sie hatten eine Botschaft: »Ihr schützt uns nicht. Es kann immer wieder passieren. Wir schützen uns selbst.« Das kann ich alles sehr gut nachvollziehen. Ich habe aber auch die Reaktion von Frau Mevlüde Genç mitbekommen, die zu Mäßigung und Versöhnung aufrief. Unglaublich stark in dieser Situation. Ich meine, Frau Genç hatte noch weitere Kinder. Und so hart es jetzt klingen mag, sie musste ja auch für sie da sein. Und wenn du dich deinem Hass und deiner Wut hingibst, glaube ich, bist du dann irgendwann für deine anderen Kinder nicht mehr da. Und auch nicht mehr zugänglich. Ich glaube auch, dass niemand seinen eigenen Kindern Hass, Wut und Verzweiflung anerziehen möchte. Und deswegen: Alle Reaktionen von Schlagen, Sperren, Zerstören bis zu Vergeben waren einfach ganz natürliche Reaktionen von verschiedenen Charakteren.

Bengü Kocatürk-Schuster: Mir selbst sind die Augen erst 2011 so richtig aufgegangen, nach der zumindest teilweisen Aufdeckung des NSU-Komplexes. Wir hatten schon immer das Gefühl, gerade auch nach dem Anschlag in Köln, dass es Rechte sein müssen. Aber irgendwie waren wir trotzdem noch nicht so aktiv. Seit 2011 bin ich politisch ziemlich aktiv. Das hat vielen von uns die Augen geöffnet. In dieser Zeit wurden auch viele Initiativen gegründet, von der Keupstraße bis zu allen anderen Initiativen, die es in Deutschland gibt, die auch mit Betroffenen extrem rechter, rassistischer und antisemitischer Gewalt arbeiten. Damals hat sich gezeigt, dem Staat ist nicht mehr zu vertrauen. Bis zu diesem Zeitpunkt hatten wir wahrscheinlich noch Hoffnung, dass es irgendwie noch Recht und Gerechtigkeit in Deutschland geben kann, geben muss. Aber das war dann eine wirkliche Zäsur. Uns war klar, wenn wir nicht kämpfen, wer soll das denn sonst machen? Wir mussten das in unsere Hand nehmen und sowohl für uns selbst kämpfen, als auch die Menschen unterstützen, die bis dahin ihre Stimmen nicht in die Öffentlichkeit bringen konnten.

Aktives Zuhören und Unterstützung der Betroffenen

Kutlu Yurtseven: Bis dahin hatten die Betroffenen kaum gesprochen. Auf der Keupstraße gab es nach der sogenannten Selbstenttarnung plötzlich eine ganz andere Entwicklung und unsere Herangehensweise änderte sich. Die Betroffenen waren plötzlich Nachbarn aus der Jugendzeit, dies ermöglicht andere Zugänge. Aber es waren auch unsere Nachbarn, die von 2004 bis 2011 gelitten haben, ohne dass wir Anwohner an der Keupstraße und im Viertel dies gesehen haben. Durch die Kinoreihe »Dostluk Sineması« nach der sogenannten Selbstenttarnung des NSU und den Berichten der Betroffenen nach den Filmabenden begann das Umdenken, weil wir das seelische Leiden dieser Menschen sahen. Und auch die Folgen der Stigmatisierung und Kriminalisierung durch die Behörden, wie sie seelisch gequält wurden. Da hat sich unser Bewusstsein dafür entwickelt, dass wir zuhören müssen. Der persönliche Zugang vor Ort hat es ermöglicht, mit den Betroffenen über ihre schmerzvollen Erfahrungen zu sprechen. Das haben auch andere gesehen und es kam zu größeren Zusammenschlüssen, bei denen auch die Betroffenen ein Forum bekamen. So änderte sich auch die Wahrnehmung der Initiativen und deren Bedeutung. Wir entwickelten zunehmend die Fähigkeit des Zuhörens. Die Aktivist*innen haben nicht für Menschen gesprochen, sondern mit ihnen und wie İbrahim Arslan es immer sagt, die Betroffenen sind die Hauptzeug*innen des Geschehenen und sie müssen erst Vertrauen aufbauen, für das wir gute Rahmenbedingungen schaffen sollen, damit diese Menschen erzählen und berichten. Und dadurch konnten wir auch den roten Faden, die Traditionslinie erkennen, dass die rassistische Gewalt nicht erst nach dem Mauerfall begann. Der Blick veränderte sich, da Betroffene plötzlich geredet haben, auch viele junge Betroffene. Und ältere Betroffene wurden so motiviert, über ihre Fälle zu reden. Wir sind aufmerksamer geworden auch in unserer Arbeit mit den Betroffenen. Ich glaube tatsächlich, dass 2011 die Zeit des Umdenkens war und auch der Veränderung innerhalb der Initiativen und bei den Aktivist*innen.

Adelheid Schmitz: *Welche Erfahrungen sind dabei prägend und warum sind Initiativen wichtig, die die Betroffenen unterstützen?*

Bengü Kocatürk-Schuster: Kutlu, Du hast schon das Zuhören angesprochen. Das ist das Schlüsselwort, bei dem was wir tun. Es geht nicht nur um Hören, sondern um richtiges Zuhören mit allen Sinnen. Besser mit dem Herzen. Wenn man die Perspektive der betroffenen Menschen hört, dann ist das eine ganz andere Welt. Deren Meinung wird meist nicht eingeholt. Sie werden nicht gefragt, wie es ihnen geht oder was sie brauchen. Ihre Wünsche nach einem würdigen Gedenken werden nicht berücksichtigt. Das sind bedeutsame Fragen, das ist emotionales Wissen, das wir durch sie bekommen, das für die politische Arbeit essentiell ist. Zuhören und Räume öffnen ist das, was wir tun. Wir öffnen Räume, damit ihre Stimmen mehr wahrgenommen werden, mehr Gehör finden. Falls nötig, treten wir einen Schritt zurück, um ihnen den Vortritt zu geben, damit sie die nötige Öffentlichkeit bekommen. Ich bin in der Initiative Duisburg 1984 und Kutlu ist in Köln sehr aktiv. Unsere Arbeit ist jedoch mehr als Gedenkveranstaltungen zu organisieren, es ist eine politische Aufgabe, die die Stadtgesellschaft dazu zwingt, sich mit Rassismus auseinander zu setzten. Bei der Initiativenarbeit geht es auch darum, eine psychosoziale Stütze zu sein. Dabei ist Vertrauen wichtig. Wenn das Vertrauen erstmal da ist, dann werden uns die Türen geöffnet zu den ganz persönlichen Geschichten, die den Kern unserer Kämpfe ausmachen. Darauf bauen wir Schritt für Schritt unsere Arbeit auf.

Kutlu Yurtseven: Wenn ich das noch ergänzen darf, Bengü. Ich habe vor dem NSU-Tribunal mal gesagt, wir müssen es schaffen, beim Tribunal eine so »intime« Situation zu ermöglichen, dass die Menschen sich trauen, an die Öffentlichkeit zu gehen und sich durch uns gestützt fühlen. Und früher war es eher so, zumindest meiner Meinung nach, dass politische Arbeit mit Betroffenen eine Art Agenda hatte, eine politische Agenda. Viele Betroffene spüren das. Jetzt geht es um Menschlichkeit, persönlichen Kontakt, zum Teil auch Freundschaft und diese Elemente bestimmen dann die politische Agenda. Und nicht die politische Agenda das Verhältnis zu Betroffenen. Und das haben wir geschafft. Wir lernen auch immer noch dazu. Nach dem Anschlag in Hanau wurde sofort erkannt, die Menschen brauchen einen Raum, wo sie sich treffen und austauschen können. Wir haben in Köln zwar keinen solchen Raum, aber zur Gedenkveranstaltung in Köln am 9. Juni kommen immer viele Menschen aus ganz Deutschland und sprechen dort. Auch über Vorfälle, von denen vorher noch niemand etwas gehört hat. So haben Mitglieder der Initiative Qosay Khalaf in Köln gesprochen. In Hanau haben sie sehr schnell einen Raum geschaffen, wo die Familienangehörigen und ihre Unterstützer*innen sich treffen, miteinander reden können. Und das hat eine Stärke. Das sehen auch viele andere Initiativen. In Hanau haben wir gesehen, wie wichtig das ist. Inzwischen gibt es auch in Duisburg einen Raum, in dem sich auch die Initiative 1984 treffen kann. Wenn es solche Räume gibt für Gespräche, Begegnung und Solidarität, erfahren andere davon. So kam auch z.B. die Familie von Giorgos Zantiotis, der in Wuppertal im Polizeigewahrsam gestorben ist, mit uns in Kontakt. Wir reden, tauschen uns aus, frühstücken gemeinsam. Die Menschlichkeit muss immer über der Politik stehen. Es wird keine Politik geben ohne Menschlichkeit. Und dies kann bei unserem Engagement nur mit den betroffenen Menschen gehen. Wir können dankbar sein, wenn sie sich öffnen. Sie erzählen ihr größtes Leid. Und wir müssen dafür einfach nur gute Rahmenbedingungen schaffen.

Bengü Kocatürk-Schuster: Ja genau. Das ist das A und O. Die Menschlichkeit steht ganz oben. Und auch die uneingeschränkte intensive Aufmerksamkeit, die den Menschen geschenkt wird. Dass sie endlich das Gefühl haben, erzählen zu können und dass ihnen endlich geglaubt wird. Sie sind in Räumen, in Gruppen mit Menschen zusammen, die ihnen glauben. Dadurch erweitert sich unser Wissen über Rassismus, über die Verflechtungen, Bilder, Gefühle und Linien, die sich zusammenfügen. Auch die Kontinuitäten werden dadurch verständlicher, vor allem sichtbarer. Wenn Familien aus unterschiedlichen Jahrzehnten ihre Erlebnisse erzählen, dann fallen viele Parallelen auf – egal wie unterschiedlich die Fälle sind oder wie unterschiedlich die politisch-gesellschaftlichen Rahmenbedingungen waren. Es gibt immer wieder Muster, Blaupausen, die sich wiederholen wie z.B. der Umgang mit den Betroffenen nach rassistischen/antisemitischen Ereignissen, zum Beispiel ihre Kriminalisierung, Opfer-Täter-Umkehr, Ignoranz und nicht Ernstnehmen ihrer Wünsche. Wir stellen fest, dass wir als Bürger*innen dieses Landes nicht gleichwertige Behandlung erfahren. Das Vertrauen in die staatlichen Instanzen ist dadurch bei vielen verloren gegangen und Rückzug schien eine Zeit lang eine Alternative zu sein. Das Vertrauen ist nicht nur gegenüber der Polizei oder der Justiz verloren gegangen, sondern teilweise auch gegenüber Ärzten, die in ihren Untersuchungen oder beim Erstellen von Gutachten das migrantische Wissen ignorieren und sich von ihren rassistischen Denkmustern leiten lassen. Dann fühlen Betroffene sich komplett allein. Durch richtiges Zuhören entwickelt sich Empathie. Empathie führt zu Solidarität und Solidarität ist der einzige Weg, wie wir aus diesem Schlamassel rauskommen können. Das können wir nur erreichen, indem wir die Perspektiven der Betroffenen, ihre Erfahrungen und Erlebnisse hören, fühlen und ernst nehmen.

Kutlu Yurtseven: Und es fängt mit »Kleinigkeiten« an. Zum Beispiel mit einer Übersetzung. Dass ihnen bei einer Erzählung keiner vorwirft: »Kannst du kein Deutsch?« Was oft vorkommt. Wichtig ist, dass die Dolmetscher auch wirklich eins zu eins das übersetzen, was die Betroffenen sagen, und das in ihren Aussagen nicht beschönigen oder weichzeichnen. Und Bengü hat das eben sehr gut dargestellt mit dem Vertrauen und Solidarität. Ich möchte noch mal betonen, da hat sich auch unsere Arbeit verändert. Früher haben wir diese Menschen nach ihren Erfahrungen gefragt und dann sind sie gegangen. Es gab keine weiteren Schnittstellen oder zwischenmenschlichen Austausch. Das hat sich inzwischen geändert, denn in vielen Initiativen entstehen auch freundschaftliche Verbindungen – trotz aller Schwierigkeiten. Es wird manchmal auch schwieriger bei Freundschaftsgeflechten. In manchen Momenten braucht es auch Abstand. Man darf auch als Initiative oder als Mensch, der in einer Initiative tätig ist, nicht vergessen, was das mit einem selbst macht, und das ist nicht immer positiv. Ich rede nicht von Angst, sondern von Frustration. Wenn du dich zu sehr einbringst, hast du bald selbst keine Kraft mehr. Meine Mutter hat immer gesagt, du brauchst sogar Distanz zu dir selbst. Diese Distanz bedeutet aber nicht Kälte, eher Vorsicht. Wenn du zu distanzlos bist, dann sagst du vielleicht etwas, das sie kränken könnte. Oder sie sagen etwas, was dich kränken könnte. Im

Endeffekt sind sie aber die Betroffenen. Und manchmal wirken sie für uns irrational. Also, ich meine es gar nicht despektierlich, sondern es gibt Situationen, in denen sie total hart werden und alles und jeden als Feind sehen. Weil sie das Schlimmste erlebt haben, was sie erleben konnten. Und weil sie immer damit leben müssen, ist das ganz normal. Sie wurden schon oft genug enttäuscht. Im Endeffekt kennen sie uns ja auch nicht, egal, wie freundschaftlich wir ihnen begegnen. Mir ist sehr wichtig, dass auch wir einschätzen können, welche Art von Nähe das ist. Das heißt nicht, dass wir weniger empathisch, solidarisch oder freundlich sein sollen.

Wir dürfen von diesen Menschen nicht zu viel verlangen, oder dass sie uns mögen oder toll finden müssen. Es sollte deutlich werden, dass wir da sind, um diese Menschen zu unterstützen, wenn sie in uns freundschaftliche Züge sehen, dann können wir uns geehrt fühlen. Aber wir können nicht davon ausgehen, dass dies passieren wird. Wir dürfen deswegen nicht enttäuscht sein oder uns zurückziehen.

Warum ist das Engagement für Betroffene und mit ihnen so wichtig?

Bengü Kocatürk-Schuster: Der Antrieb für mein Engagement ist zum einen tiefe Trauer, aber vor allem Wut und Solidarität. Diese Wut hat sich 2011 verstärkt, ebenso wurde mein Engagement seitdem intensiver. Es ist mir wichtig und mittlerweile ein Teil von mir, eine Art Lebenseinstellung. Deshalb engagiere ich mich. Wir versuchen dadurch, den Täter*innen die Bühne wegzunehmen, denen gehörte lange genug die Bühne. Wenn man auf Schulveranstaltungen fragt, wer kennt die Opfer des NSU, da geht kaum eine Hand hoch. Von solchen Erfahrungen berichtet İbrahim Arslan immer wieder. Ähnliches habe ich bei einer Veranstaltung mit Schüler*innen einer Schule in Köln-Mühlheim erlebt, die ca. 700 Meter von der Keupstraße entfernt ist. Die Mehrheit der Schüler*innen wusste nichts über den NSU. Wusste nicht, was die Betroffenen des Anschlags auf der Keupstraße erlebt und gesehen haben. Solange wir in einem Staat leben, in dem Betroffenenperspektiven nicht ein selbstverständlicher Teil der Bildung sind, müssen wir sie auf die Bühne bringen, sodass wir den Tätern die Bühne wegnehmen. Die Opfer sollen diesen Raum haben. Zwar ist der Opferbegriff für mich in diesem Fall ambivalent, aber er verändert sich in diesem Prozess. Es geht um die Menschen, mit denen wir zusammenarbeiten, denen wir zuhören. Sie verwandeln den Opferbegriff ins Umgekehrte. Sie sind nicht mehr die schwachen Opfer, sondern sie füllen dieses Wort mit aktiver und mutiger Stärke.

Kutlu Yurtseven: Nach 2011 hat sich auch meine Wahrnehmung verändert. Ich sehe verschiedene Ebenen. Zunächst möchte ich eine Erfahrung aus der Zeit kurz nach dem Nagelbombenanschlag berichten. Etwa ein Jahr danach drehten wir einen Musikclip im Rahmen einer SWR-Sendung, es wurden auch Sequenzen auf der Keupstraße gefilmt. Dabei erlebten wir Menschen, die das nicht wollten. Ein Bekannter und Anwohner sagte sehr wütend, er habe keinen Bock mehr, dass die Menschen auf der Keupstraße wieder als Kriminelle, Asoziale und Mörder dargestellt werden. 2011 und 2012 wurde mir dann bewusst, was alles im Zuge der Ermittlungen auf der Keupstraße passiert ist, wie die Menschen dort behandelt, wie sie kriminalisiert wurden.

Es gab allerdings einen Schlüsselmoment, warum ich so aktiv geworden bin. 2011 oder 2012 wurde ich bei einer Veranstaltung in Dortmund Gamze und Elif Kubaşık, der Tochter und Witwe des am 4. April 2006 vom NSU ermordeten Mehmet Kubaşık, vorgestellt, mit dem Hinweis, ich sei ein sehr aktiver Mensch, der sich für Gerechtigkeit und Solidarität einsetzen würde. Daraufhin stellte mir Elif Kubaşık eine Frage: »Warst du bei unserer Demo damals dabei?« 2006 hatten in Kassel im Mai 2006 ca. 4.000 Menschen demonstriert unter dem Motto »Kein 10. Opfer«, in Dortmund waren es im Juni nur 300 Menschen. Und ich habe Nein gesagt. Da hat sie nur gesagt: »Es wäre schön gewesen, wenn du schon damals bei uns gewesen wärst.« Und das war für mich eine prägende Erfahrung und hat mich tatsächlich verändert. Damals wurde mir zum ersten Mal bewusst, dass mein Leben nach den Anschlägen einfach weitergegangen war. Für Elif Kubaşık und ihre Familie war das ganz anders. Sie machte mir keine Vorwürfe, es waren rein menschliche Worte. Ich habe in dem Augenblick aus ihr gehört, wie enttäuscht sie war. Es hat fast sieben Jahre gedauert, bis es Veranstaltungen gab, bei denen sie auch hätten reden können, aber an diesem Tag wollten sie nicht so viel reden. Dieser Schmerz war spürbar. Der hat etwas in mir ausgelöst.

Nun komme ich noch mal zu Köln 2011. Zwei Wochen, nachdem klar war, dass der NSU den Anschlag verübt hatte, gab es in der BILD eine Serie mit dem Titel »Zehn Probleme zur Integration«. Und an allen zehn Problemen waren die Migranten schuld, vor allem die Türken. Und in Köln begann eine Kampagne »Meine Tochter, die Extremistin« – »Mein Sohn, der Extremist«. Es wurden Aufkleber und Flyer verteilt mit Hinweisen, wohin man sich wenden sollte, wenn die eigene Tochter plötzlich ein Kopftuch trägt und immer wieder in die Moschee geht. Es gab die Aufforderung: »Melden Sie sich, damit es keine Terroristin wird oder ein Terrorist.« Das war die Antwort der Stadt Köln. Und das hat auch was mit den Menschen gemacht. Oder dann wurden diese Bilder von den Tätern des NSU aufgehängt. Ich werde es nie vergessen. Auf der Keupstraße und überall waren diese Plakate vom NSU mit der Aufforderung, wer Informationen hätte, solle sich an die Polizei wenden. An welche Polizei? An die, die die Betroffenen und Anwohner jahrelang terrorisiert hat? Für die Menschen auf der Keupstraße war das ein Affront.

Kämpfe um Gedenken und Erinnerung

Adelheid Schmitz: Ihr habt eben schon darüber gesprochen, wie wichtig Menschlichkeit und Sensibilität beim Umgang mit den Betroffenen und bei deren Unterstützung ist. Dieses Beispiel zeigt genau das Gegenteil, es steht für behördliches und funktionales Handeln. Auch dies erleben die Betroffenen immer wieder als Verletzung. Nach den rassistischen Anschlägen in Hanau haben sich die Betroffenen und Angehörigen sehr schnell dazu zu Wort gemeldet. Und zwar trotz des Schmerzes und der Trauer. Dies kostet viel Kraft und es bleibt kaum Zeit zu trauern. Und sehr schnell wurde klar, welche Fehler während und nach dem Anschlag seitens der Polizei passiert sind, dass der Notruf nicht erreichbar war, Familien ihre Angehörigen suchten und keine Informationen bekamen, Eltern sich nicht von ihren getöteten Kindern verabschieden konnten. Vor Kurzem hat sich Serpil Temiz Unvar mit einem offenen Brief an die Politik gewandt, auch Niculescu Păun hat sich öffentlich geäußert. Habt ihr mitbekommen, wie mit den Angehörigen bei der Gedenkveranstaltung umgegangen wurde? Wie seht ihr solche »offiziellen« Gedenkveranstaltungen und den Umgang mit den Betroffenen?

Kutlu Yurtseven: Am 19. Februar war ich nicht persönlich auf dem Friedhof, kann also nur berichten, was mir erzählt wurde. Zum offiziellen Gedenken am Friedhof, an den Gräbern, durfte die Initiative niemanden einladen, sie wurde nicht gefragt. Das hat die Politik selbst bestimmt. Und die Betroffenen standen nicht im Friedhof an der Mauer, sondern außerhalb des Friedhofs an der Mauer. Sie wurden dann von Polizeieinheiten mit Pferden von dort weggeschickt, wegen Corona, hieß es.

Bengü Kocatürk-Schuster: Nicht alle, die wollten, konnten auf dem Friedhof trauern. Das war sehr hart für die Betroffenen.

Kutlu Yurtseven: Ja. Und am Nachmittag haben diese Menschen dann einen eigenen Besuch am Friedhof gemacht. Was soll ich dazu sagen? Einer der Betroffenen hat gesagt, die Polizei hat in diesem Augenblick einfach nur ihre Stärke gezeigt. Die Politik hat gezeigt, wir machen das, was wir für richtig halten. Ihr interessiert uns nicht. Auch über eure Köpfe hinweg und eure Gefühle hinweg. Inzwischen haben die Initiativen einiges dazugelernt, bei der Politik kann ich das nicht erkennen, ich erkenne auch keine Bereitschaft dazu. Es geht nicht nur um das Nicht-dazulernen-Können oder um das langsame Lernen, sondern einfach zu glauben, dass man über den Dingen steht und über den Menschen steht, dass sie gar nicht dazulernen möchten. Dies ist das eigentliche Problem.

Bengü Kocatürk-Schuster: Ich glaube, solche Gedenkveranstaltungen sind für Politiker dafür da, damit sie sagen können, hier, an einem Tag des Jahres zeigen wir uns. Etwas anderes können sie sich mittlerweile nicht mehr erlauben. Es geht ihnen vor allem um Imagepflege, um Wahlkampf usw. An den tatsächlichen Gefühlen und an den tatsächlichen Problemen der Menschen sind sie weniger interessiert. Ich sehe das Problem, dass sie sich gar nicht auf die menschliche Ebene einlassen und immer aus ihrer Sicht, mit ihren Interessen und Bedürfnissen das Ganze betrachten. Das ist in vielen Städten so. Solingen wollte auch weiterhin am liebsten als Klingenstadt bekannt bleiben. Aber bei den meisten klingelt was anderes, wenn sie Solingen hören. Und Mölln hat seit dem Anschlag auch seinen Ruf als Till Eulenspiegels Stadt verloren. Für viele Städte gilt, dass sie eher um ihr Image kämpfen, also Imagepolitik betreiben, anstatt wirklich auf die Menschen zuzugehen und zu versuchen, sie zu verstehen.

Adelheid Schmitz: *In Solingen gibt es mehrere und sehr unterschiedliche Gedenkveranstaltungen. Der Ort des Trauerns für die Familie ist die Untere Wernerstraße, denn dies ist der Ort des größten Schmerzes und auch des Gebets, das der Familie sehr wichtig ist. Auch für sie ist es ein Affront, wenn andere bestimmen, wer kommen und sprechen soll und wer nicht. Ihr bekommt mit, was es mit den Betroffenen macht, wenn – wie zuletzt in Hanau – das Zusammenkommen, das gemeinsame Trauern erschwert wird. Wie seht ihr das?*

Kutlu Yurtseven: Ich würde nicht einmal erschwert sagen. Es wird ihnen weggenommen. Mölln ist genauso: Die Familie wird von den offiziellen Gedenkveranstaltungen der Stadt ausgeschlossen, weil sie andere Wünsche hat. Und so war das auch in Hanau. Die Familien möchten nicht als Statisten beteiligt sein. Sie sind die Zeugen des Erlebten und sie möchten bestimmen, mindestens mitbestimmen, wie das Gedenken durchgeführt wird. Die Familien Arslan und Yilmaz aus Mölln haben inzwischen die selbstbestimmte Erinnerung erkämpft und die »Möllner Rede im Exil« ins Leben gerufen, die auch Vernetzung und Solidarisierung mit anderen Betroffenen ermöglicht. In Hanau ist eine große Gruppe von Menschen betroffen, die sich sehr schnell zur »Initiative 19. Februar« zusammengeschlossen haben. Die Angehörigen und Unterstützer melden sich öffentlich zu Wort, fordern Aufklärung, wehren sich gegen Stigmatisierungen und Kriminalisierung, kämpfen für selbstbestimmte Erinnerung und solidarisieren sich ebenfalls mit anderen Betroffenen. Bei allen rassistischen Morden sehen wir immer wieder dieselben Muster: Es gibt eine politische Agitation, die Hetze, dann fühlen sich Nazis auserkoren zu morden. Dann werden die Betroffenen stigmatisiert und kriminalisiert und zu Tätern gemacht. Dann kommt doch raus, dass die Familien und die Betroffenen jahrelang recht hatten in dem, was sie sagten, und schließlich wird ihnen das Gedenken aus der Hand gerissen und gesagt, wir können das besser als ihr, und es sind auch unsere Opfer. Nein. Das ist echt ein perfides Spiel. Dazu passt ein türkisches Sprichwort: »Ihre Entschuldigung ist schlimmer als die eigentliche Tat.« Oder ich sage mal, das eigentliche Vergehen, diese Qual, diese Missachtung der Gefühle und der Forderungen der Betroffenen.

Wahrnehmen, Zuhören und Unterstützung

Adelheid Schmitz: *Hierbei geht es auch um das Wahrnehmen und Zuhören, das ihr schon mal angesprochen habt, aber auch um konkrete Unterstützung. Im Oktober 2021 gab es wieder einen Brandanschlag in Solingen. In den Medien wurde kaum darüber berichtet. In der türkeistämmigen Community löste dies allerdings großes Entsetzen aus, es kamen bei vielen die schrecklichen Bilder von 1993 hoch, auch Ängste und Retraumatisierungen. Ihr seid auf die betroffene Familie zugegangen. Wie habt ihr davon erfahren und warum war es euch wichtig, die Familie zu kontaktieren?*

Bengü Kocatürk-Schuster: Also, das erste Mal habe ich die Nachricht von Birgül Demirtaş über Twitter gelesen. Das wurde dann in unseren Kreisen und Initiativen schnell weiterverbreitet. Das erste Gefühl war natürlich, nicht schon wieder Solingen, bitte nicht Solingen. Es wäre woanders natürlich genauso schlimm gewesen. Aber Solingen steckt uns noch immer in unseren Knochen. Und dann haben wir uns zunächst in kleinen Kreisen gefragt, können wir was tun? Haben wir Kontakt zu der Familie? Wie können wir unterstützen? Das war der erste Impuls. İbrahim Arslan hat sich bei mir gemeldet. Sibel, auf deren Familie der Anschlag verübt wurde, hatte ihn kontaktiert. Er war sehr schockiert und wollte die betroffene Familie unbedingt unterstützen. Da wir näher an Solingen sind, hat er uns vernetzt. Er sagte Sibel, dass er uns vertraue, und hat ein Treffen vorgeschlagen. Wir haben sie kurz darauf kontaktiert und uns getroffen. Für uns war es selbstverständlich, sie zu besuchen, um ihr in erster Linie das Gefühl zu geben, sie ist nicht allein. Das war der erste Schritt. Wichtig ist auch, dass ihrer Perspektive zugehört wird, was alles geschah und wie sie sich als Familie fühlen. Wir haben auch den Kontakt zur Opferberatungsstelle hergestellt.

Kutlu Yurtseven: Uns war sehr wichtig, ihr zu zeigen, hier sind Menschen, die glauben dir. Und hier sind Menschen, die können nachvollziehen, was die Behörden gerade mit dir machen, was die Polizei gerade mit dir macht. Wir haben inzwischen auch dazugelernt. Wir haben tiefere Strukturen, die sich auf die Wünsche der betroffenen Menschen beziehen, und daher haben wir auch engere Kontakte zu den Opferberatungsstellen. Eigentlich gibt es dafür Anlaufstellen, dort sind Profis, die viele andere Andockpunkte sehen, die wir gar nicht sehen, weil wir Aktivist*innen sind. Diese Profis sind aber natürlich auch Aktivist*Innen und diese Eigenschaften verbinden sie mit ihrem Tun. Aber wir haben inzwischen eine besondere Art der Vorgehensweise, damit kein Druck für die Betroffenen entsteht, sie nicht reden müssen. In Sibels Fall gab es kaum Öffentlichkeit. Wir haben ein paar kleinere Veranstaltungen organisiert, Birgül und ich haben Texte für Sibel verfasst. So konnten wir zumindest ein bisschen Öffentlichkeit herstellen und für Vernetzung sorgen. Sie war dann bei mehreren Veranstaltungen dabei, beim Gedenken an Şahin Çalışır in Solingen oder beim Protest am Tatort Köln-Porz, wo ein CDU-Politiker auf einen migrantisierten Jugendlichen geschossen hat. Damit konnten wir sie vernetzen. Wir haben ihr zugehört, aber auf Augenhöhe, ohne irgendwelche Repressionen befürchten zu müssen oder dass ihr nicht geglaubt und sie verhöhnt wird. Sie konnte dabei auch ihre Wut herauslassen. Sibel weiß, dass sie uns bei Fragen kontaktieren kann, wir haben auch den Kontakt zur Opferberatung. Wenn es Veranstaltungen gibt, werden wir sie fragen, ob sie genannt werden möchte oder sogar selbst reden möchte. Es ist auch nicht unser Anspruch, dass wir nun alles besser machen. Das darf auch nicht der Anspruch sein. An diesem Anspruch würden wir zerschellen.

Angriffe ernst nehmen – Rassismus und Ungleichbehandlung thematisieren

Bengü Kocatürk-Schuster: Wir haben sie auch in ihrer Vermutung gestärkt, denn sie sagte, sie kann Rassismus nicht ausschließen. Seit Jahrzehnten betonen wir, wenn Menschen mit migrantischem Hintergrund oder PoC einen solchen Anschlag erleben, dann muss in Richtung Rassismus ermittelt werden, bis eventuell das Gegenteil bewiesen ist. Vielleicht war es kein rassistisches Motiv, das kann zu diesem Zeitpunkt keiner von uns hundertprozentig behaupten. Aber es gibt Hinweise, dass es Rassismus sein kann. Und das reicht für uns aus. Solange das Gefühl da ist, dass es einen rassistischen Zusammenhang gibt, solange stärken wir Sibel und ihre Familie auch darin, nach ihren Rechten zu verlangen. Wir haben oft genug erlebt, dass Menschen mit ähnlichem Vorwissen ignoriert wurden, das sich später bewahrheitete. Es gibt eine hohe Dunkelziffer an Angriffen und Morden seit den 1970er-Jahren, bei denen wir Rassismus als Tatmotiv erahnen. Aus diesem Grund sind wir sensibilisiert und halten Augen und Ohren offen und versuchen Menschen zu unterstützen, die dieses Gefühl haben.

Adelheid Schmitz: *Sind euch in diesem konkreten Fall denn Besonderheiten aufgefallen?*

Bengü Kocatürk-Schuster: Vor allen Dingen, dass noch nicht einmal die Feuerwehr am Tatort war, das ist für mich komplett unverständlich. Genau hingucken ist wichtig. Warum wurde da keine Feuerwehr hingeschickt? Solche Fragen hängen vielleicht nicht direkt mit der Tat zusammen, verweisen aber schon auf eine bestimmte Umgangsweise: Gibt es Opfer erster und zweiter Klasse? Es geht hier um Gleichbehandlung und Gleichberechtigung. Solange wir das Gefühl haben, dass nicht gleichwertig behandelt wurde, müssen wir genauer hingucken und dürfen auch ein bisschen skeptischer sein. Das sind einfach Erfahrungswerte aus der Vergangenheit.

Adelheid Schmitz: *Ihr habt sehr deutlich beschrieben, wie wichtig die Unterstützung von Menschen ist, zu denen die Betroffenen Vertrauen haben oder entwickeln können. Habt ihr eine Vorstellung, wie es weitergehen sollte, und was ist aus eurer Sicht nötig?*

Bengü Kocatürk-Schuster: Wir unterstützen sie so lange, wie es für sie nötig ist und sie das wünscht. Wenn die Ermittlungen ergeben, dass tatsächlich Rassismus dahintersteckt, dann werden wir sicher andere Kämpfe führen müssen. Dann wird es wieder eine andere Unterstützung brauchen, andere Netzwerke, Solidarisierungen.

Kutlu Yurtseven: Hier ist politische Arbeit wichtig. Die Erfahrungen zeigen, dass wir, die Betroffenen und auch die Aktivist*innen oft wissen oder zumindest ahnen, wer es war, aber selbst beschuldigt werden und das Gefühl haben, wir werden nicht geschützt. Noch schlimmer, wir werden beschuldigt und die Täter sagen, wir können machen, was wir wollen, und nichts passiert.

Adelheid Schmitz: *Diese Linie zieht sich tatsächlich auch weit in die 80er-Jahre hinein. Da gab es eine Untersuchung des Journalisten Bernd Siegler, der damals Ermittlungen und Prozesse gegen Neonazis untersucht hat, noch vor Mölln und Solingen. Er kam zu dem Ergebnis, dass bei extrem rechten Straftaten oft fahrlässig ermittelt wurde, Strafen verhängt wurden, die weit unter dem lagen, was möglich gewesen wäre, und damit die extrem rechte und rassistische Gewalt auch oft verharmlost wurde, z.B. als Taten von alkoholisierten Jugendlichen o. ä. Bei genaueren Untersuchungen zeigt sich, dass viele Fehler gemacht wurden aufseiten der Ermittlungsbehörden und der Justiz.*

Kutlu Yurtseven: Ich würde das nicht als Fehler bezeichnen. Hier beginnt schon das Problem bei der Begrifflichkeit. Wenn ein Staatsanwalt in einem Prozess extrem rechte und rassistische Gewalttaten nicht als solche wahrnimmt oder einordnet, dann ist das kein Fehler. Wenn einem Neonazi erlaubt wird, dass er im Gerichtssaal aufsteht und den Zeugen beeinflusst, ist das kein Fehler. Wenn im Münchner Prozess Neonazis Familienangehörige auf der Empore bedrohen und niemand sie davon abhält, dann ist das kein Fehler. Dann hat das eine Systematik. Ich habe echt ein Problem mit diesem Begriff. Fehler machen Kinder, Fehler machen wir in der Rechtschreibung. Aber wenn es um Menschen geht, haben wir nicht den Luxus, Fehler zu machen. Wenn ich einmal an einem Stein hängen bleibe, das ist ein Unfall. Wenn ich an dem gleichen Stein ein zweites Mal hängen bleibe, ist es Dummheit. Und wenn ich zum dritten Mal daran hängen bleibe, dann will ich es nicht anders. Dann will ich, dass es immer wieder passiert.

Heute schauen wir zurück und die Generation danach ist aktiv, Freundinnen und Freunde organisieren sich, dass wir alles aufdecken. Und dabei frage ich mich immer, was hat das denn mit den Familien gemacht, die direkt betroffen waren und sind? Sie spüren die Auswirkungen über so viele Jahre, wir waren eigentlich nur Beobachter dieser ganzen unglaublichen Vorfälle – ganz ekelhafter und menschenverachtender Vorfälle. Unsere Erfahrungen waren eher geprägt vom Alltagsrassismus. Ich will das nicht kleinreden, aber im Gegensatz zu den Betroffenen von Mölln und Solingen haben wir diese Extreme nie direkt erleben müssen. Was bedeutet es für eine Familie, die jahrelang mit diesen schmerzvollen Erfahrungen leben muss, wie z.B. auch die Familie in Kempten, wo erst nach 30 Jahren rauskam, dass der fünfjährige Sohn bei einem Brandanschlag durch Neonazis umgekommen ist. Und 30 Jahre lang sagt es ihnen keiner, obwohl die Polizei und die Medien es wissen. Solche Nachrichten machen etwas mit einem Menschen.

Adelheid Schmitz: *Damit sind wir dann auch bei dem Thema institutioneller Rassismus. Das bedeutet auch die Weigerung, Rassismus wahrzunehmen und Zusammenhänge auszublenden.*

Bengü Kocatürk-Schuster: Oder zum Teil zu unterstützen. Im besten Falle ist es Ignoranz. Noch immer ist die Frage z.B. beim NSU-Komplex nicht untersucht, welche Verknüpfungen, welche Zusammenhänge und welche Verbindungen gab und gibt es noch. Die NSU-Akten sind weiter unter Verschluss, zumindest die, die übrig geblieben sind und nicht geschreddert wurden. Warum können solche Akten geschreddert werden? Und warum schreit die Gesellschaft nicht nach Konsequenzen? Warum kümmern solche Fragen nicht die Mehrheit unserer Gesellschaft?

Kutlu Yurtseven: Warum wird ein behördliches Dokument gefälscht, wird dann trotzdem vom Staatsanwalt als regelkonform anerkannt, obwohl die Protokollfälschung vorsätzlich war wie in dem Fall des vordatierten Protokolls eines Mitarbeiters des Verfassungsschutzes im Kontext der geschredderten NSU-Akten?

Erinnerungsarbeit ist politisch und braucht Gerechtigkeit

Adelheid Schmitz: *Auch diese Aspekte sind im Zusammenhang mit Erinnerung und Erinnerungskultur wichtig. Was ist euch bei Erinnerungsarbeit wichtig?*

Bengü Kocatürk-Schuster: Erinnern ist höchst politisch. Sowohl die Betroffenen selbst als auch die Initiativen übernehmen im Grunde die Pflichten des Staates. Erinnern heißt zunächst, den Opfern zu gedenken. An sie zu erinnern und sie zu ehren, ihre Geschichten zu kennen und weiterzuerzählen. Aber das Erinnern ist auch dafür da, um zu mahnen und zu verändern, und das ist eine höchst politische Aufgabe. Der Einbezug der Betroffenen und Angehörigen ist dabei sehr wichtig und das ist ein Demokratisierungsprozess. Diese Partizipation trägt zur Demokratisierung der Gesellschaft bei. Erinnerungsarbeit ist eine gesamtgesellschaftliche

Herausforderung. Wir fordern die Erinnerung an die Personen, die ermordet wurden, ein. Wir erinnern uns jedoch auch, indem wir Aufklärung fordern. Das ist uns sehr wichtig, denn ohne Aufklärung gibt es keine Konsequenzen und ohne Konsequenzen können jederzeit, jeden Tag, jede Minute, wieder Morde passieren. Egal wo.

Heute, wenn Anschläge passieren, schockt es uns tatsächlich leider nicht mehr. Es trifft uns unglaublich, aber es schockt uns nicht mehr. Weil wir gelernt haben, mit dieser Kontinuität zu leben. Und wenn jetzt nach Hanau noch ein großer Anschlag kommen würde, dann würde es uns nicht überraschen. Eigentlich hat sich diesbezüglich nicht viel geändert. Eine richtige Aufklärung, Aufarbeitung und Konsequenzen gab es nach den Anschlägen der 1980er- und 1990er-Jahren nicht, auch später nicht. Weshalb wir einfach davon ausgehen müssen, dass rassistische und antisemitische Gewalt sich jederzeit wiederholen kann.

Also, wir fragen uns nicht mehr, ob es wieder passiert, sondern wo es passiert. Oder wen von uns rassistische/antisemitische Gewalt trifft und genau darum geht es. In Hanau geht es darum, in Duisburg auch und dies immer noch und nach fast 40 Jahren. Aktuell trauen sich wieder viele Menschen, sich rassistisch zu äußern. Vor zehn Jahren hätten sie sich in der Öffentlichkeit eher nicht so offen geäußert wie heute. Das haben wir u.a. der AfD, aber auch anderen Parteien zu verdanken, die ihre menschenverachtenden Positionen und Aktivitäten unter dem Deckmantel der Meinungsfreiheit anpreisen. Dies ermutigt andere Menschen, die Hemmschwelle sinkt zunehmend, viele merken das noch nicht einmal.

Kutlu Yurtseven: Erinnern heißt Gedenken. Es heißt auch gemeinsames Kämpfen und Erkämpfen von Rechten und von Forderungen. Und wir gedenken und erinnern, um zu mahnen und somit für die Zukunft eine Veränderung zu schaffen. Das ist auch wichtig, damit die Menschen sehen, dass die Nazis es nicht geschafft haben. Rechte, Konservative, die Werteunion, die AfD, wie sie auch alle da zusammensitzen, wollten migrantisches Leben in Deutschland verhindern und sie haben es nicht geschafft. Trotz der Anschläge, trotz der Politik, trotz des Systems, trotz der Behörden, trotz der Ermittlungen. Und das zeugt auch von Kraft, und auf diese Kraft muss auch hingewiesen werden, dass Menschen ihr Liebstes verloren haben oder selbst verletzt wurden. Und trotzdem reden und zeigen sie, wir haben keine Angst, wir formen die Zukunft mit. Eine Zukunft der Vielen.

Adelheid Schmitz: *Ihr habt davon gesprochen, dass es auch darum geht, Räume zu besetzen, in die Öffentlichkeit zu gehen, Foren zu schaffen. Erstens, damit die Betroffenen auch die Möglichkeit bekommen zu sprechen, ihre Perspektiven deutlich zu machen. Aber auch, damit diese Räume, diese öffentlichen Räume nicht belegt werden von denen, die eine ganz andere Vorstellung haben. Die nur bestimmten Menschen das Recht geben zu sprechen, wie jetzt bei Gedenkveranstaltungen, oder die sich möglicherweise selbst nur in Szene setzen wollen. Das NSU-*

Tribunal in Köln war ein gutes Beispiel dafür. Denn hier wurden und werden auch kulturelle Räume wie z.B. das Schauspielhaus genutzt. Politische und kulturelle Räume fließen zusammen. Wie seht ihr diese Entwicklung?

Bengü Kocatürk-Schuster: Also, es geht hier nicht nur um Räume, sondern um öffentliches und kollektives Trauern. Es ist wichtig, dass dies sichtbar wird. Und dass viele sich auch daran beteiligen. Weil Rassismus, Antisemitismus und rassistische Gewalt nicht nur das Problem der Familien sind, die ihre Lieben verloren haben, sondern unser aller Problem. Es geht auch um die Frage: »In welcher Gesellschaft wollen wir leben?« Wollen wir in einer Gesellschaft leben, wo wir das Ganze einfach wegschieben und ignorieren können? In Duisburg ist das zum Beispiel so. 35 Jahre lang hat die Familie geschwiegen und nicht öffentlich trauern dürfen. Das schmerzt sie bis heute. Es ist wie ein Knoten in ihnen und die Erfahrung hat Traumatisierungen verursacht, die sie an ihre Kinder weitergegeben haben. Deshalb braucht es Gerechtigkeit, öffentliches kollektives Sehen und Aufarbeiten, Übernahme von Verantwortung. Dafür reicht nicht eine Veranstaltung an dem Jahrestag. Die Betroffenen in Duisburg möchten zum Beispiel, dass die Stadt sich immer wieder mit diesem Thema beschäftigt, Räume und Möglichkeiten dafür schafft, Veranstaltungen durchführt. Sie möchten, dass das Thema in die Schulen getragen wird und dass die ganze Stadt erst mal davon erfährt und sich immer wieder damit auseinandersetzt. Ziel ist es, eine Aufarbeitung in der Stadtgesellschaft zu erreichen und dadurch auch eine Art Gerechtigkeit für die Überlebenden und betroffenen Familienangehörigen zu erreichen. Remziye Satır Akkuş, die beim rassistischen Brandanschlag in Duisburg 1984 sieben ihrer Familienmitglieder verlor, sagt, dass sie zusammen mit anderen Betroffenen ihren Kampf nicht bloß für sich führt, um zu erinnern, sondern sie alle möchten auch verhindern, dass es anderen ähnlich ergeht. In ihrem tiefsten Schmerz denkt sie noch an das große gesellschaftliche Ziel, den übergeordneten Wunsch vieler betroffener Familien. Mit dem Wunsch, dass solche Ereignisse sich nicht wiederholen sollen, verbindet sie die Hoffnung auf Veränderung in der Gesellschaft und dass sie dadurch ein Stück ihrer Würde zurückbekommen und Gerechtigkeit erfahren kann. Gesehen und gehört zu werden heißt, dass sie am gesellschaftlichen Leben teilhaben. Das wiederum schafft Gleichberechtigung, z.B., dass sie nach fast vier Jahrzehnten im Rathaus der Stadt Duisburg ihre Meinung laut sagen können und mutig ihre Forderungen aussprechen, für Veränderung sorgen.

Kutlu Yurtseven: Es ist auch eine Selbststärkung, den Leuten zu sagen, ich erzähle meine Geschichte und ihr hört zu. Ihr hört zu, was ihr falsch gemacht habt. Ihr hört zu, wie ihr uns stigmatisiert und kriminalisiert habt. Ihr hört zu, wie ihr unser Leben traumatisiert habt. Und ihr haltet jetzt alle mal den Mund. Auch wenn sich nach der Stunde vielleicht nichts ändert. Dann haben sie diese Stunde gehabt und diese Stunde wird ihnen niemand nehmen. Niemand! Und das gibt auch Kraft. Und dient dazu, die Angst loszuwerden, die sie jahrelang auch hatten. Die Angst, Nazis könnten sich rächen. Die Behörden könnten unsere Schmerzen und Leiden relativieren und verhöhnen. Dieses innere Tabu wird dann plötzlich auch aufgebrochen und die Betroffenen mit ihren Geschichten kommen zu Wort.

Bengü Kocatürk-Schuster: Deshalb kann es auch keinen Schlussstrich geben. Es gibt kein Verfallsdatum fürs Gedenken. Wir müssen immer weiterkämpfen und weiter gedenken. Auch weil viele in der *weißen* Mehrheitsgesellschaft immer wieder sagen, irgendwann muss man auch das Ganze vergessen, verzeihen oder einen Schlussstrich darunterziehen. Nein, das kann es nicht geben.

Kutlu Yurtseven: Warum es das auch nicht geben kann, das haben wir nach Mölln gehört, nach Solingen gehört, es ist wieder passiert. Wir haben es nach dem NSU gehört, es ist wieder passiert. Wir haben es nach Halle gehört, es ist wieder passiert. Und darum wird es kein »Es muss mal gut sein« geben. Und selbst wenn – was sehr utopisch ist – es keinen Rassismus in den Köpfen in der Gesellschaft geben sollte, dann muss trotzdem gedacht werden und die Kämpfe müssen gezeigt werden, die hierhergeführt haben. Und wenn wir das Gedenken und diese Kämpfe nicht aufrechterhalten, kann es wieder so sein wie vorher. Und deswegen darf es nie ein Ende des Gedenkens geben. Wir müssen vielmehr das Gedenken vertiefen und stärker im Bildungsbereich verankern, in den Schulbüchern. Und zwar nicht erst mit den Anfängen der Anschläge beginnen, sondern mit der Geschichte der sogenannten Gastarbeiter*innen. Wie sie geschuftet und Rassismus gespürt haben, wie sie aber auch ihr Leben aufgebaut haben. Unser Leben besteht nicht nur aus Trauer, Wut und Schmerz, sondern unsere Eltern hatten und haben ein Leben, in dem gelacht, geweint, gefeiert, getrauert, einfach gelebt und genossen wird. Ja, sie haben Musik gemacht, gesungen und getanzt, haben hier ihren Kindern eine neue Existenz und Zukunft ermöglicht. Und dieses Leben wurde angegriffen, für viele Menschen zerstört. Es wurde ein ganzes Lebensgefühl von Menschen aus der Türkei, aus Italien, aus Portugal, die hierhergekommen sind und sich Freiheit und Selbstbestimmung erkämpft haben, zerstört. Auch das gehört zur Erinnerungsarbeit und dafür ist mehr Unterstützung nötig.

Bengü Kocatürk-Schuster: Und all das ist nur durch Selbstorganisierung und Solidarisierung machbar, weil wir uns auf andere Strukturen nicht verlassen können.

Solingen hat uns verändert –
literarisch-künstlerische Erinnerungen

türken, feuer

Özlem Özgül Dündar

Ein Auszug aus einer unendlichen Geschichte, so scheint mir dieser Text zu sein. Ein Auszug aus einem Roman, der noch im Entstehen ist. Ein Auszug aus einer langen gewaltsamen Geschichte in Deutschland. Es geht um die sprachliche Verhandlung eines Verbrechens. Ein historisches Ereignis dient mir als Vorlage für den Text, das ein Verbrechen an einer türkischen Familie in Solingen ist. Dieses Verbrechen ging als »Brandanschlag von Solingen« im Jahr 1993 in die Geschichte ein. Es geht in diesem Text jedoch nicht explizit um diesen historischen Fall. Es geht vielmehr um die Wiederholung von Geschichte. Die Figuren kreisen in ihrer Sprache um das Ereignis, um somit näher an die Sache selbst zu kommen. Sie sind immer wieder auf der Suche nach der Wahrheit, währenddessen reden sie sich um Kopf und Kragen. Überhaupt im Reden begreifen sie erst, was passiert ist in jener Nacht. Es geht um die Wiederholung von Geschichte. Wie rassistische Gewalt sich immer fortsetzt und scheinbar nichts gelernt wird aus Vergangenem. Wie Gewalt ein Kontinuum ist, das sich immer wieder behauptet, das einfach nicht weggeht. Es geht um Nicht-sprechen-Können. Es geht um physische Gewalt und psychische Gewalt, die Menschen durch Rassismus angetan wird.

türken, feuer

mutter 2: ich möchte mit dir sprechen ich möchte mit dir sprechen auch wenn ich keine stimme in diesem stück oder irgendeinem stück bekomme auf die straße will ich gehen und mit dir sprechen in einem raum der nicht hier ist in diesem stück wo alle auf uns starren uns anstarren wo alle uns hören ich möchte mich mit dir unterhalten mich mit dir austauschen ich möchte mehr reden mit dir mit menschen um mich herum ich möchte eine stimme haben eine stimme in dieser sprache und ich möchte mich mitteilen können meine gedanken aussprechen in der sprache die du verstehst ich möchte sprechen können ich möchte auf die straße gehen und sprechen können wir sollten uns mehr unterhalten wir sollten auch smalltalk führen ohne die ohren die uns jetzt zuhören außerhalb dieses stücks außerhalb dieser kunstblasen ich will da auf der straße mit dir sprechen mich unterhalten smalltalk führen mit meiner stimme die ich in dieser sprache kriege auf der straße und zwischen unseren vier wänden wenn wir alleine sind wenn nicht diese leute da sind die mit ohren an unseren worten kleben an unseren mündern kleben dort wo wir unbelauscht sind wo wir unter uns sind dort will ich reden mit dir über einfach alles in einem raum in dem wir nicht angestarrt werden wo wir alles sagen können einfach wo unsere stimmen sein können wie sie sind wo unsere stimmen aufeinander treffen und wir sind wer wir sind ohne diese zeugen unserer worte zu haben

mutter 1: was passiert war wusste ich nicht als die polizei kam und vor der tür stand das wusste ja niemand wie soll einer so etwas wissen und einfach sitzen und warten wir wussten es nicht geahnt dass etwas passiert ist das ja das war klar dass etwas passiert ist das war klar das lag so klar in der luft zum greifen fast die luft war so dick als ob es nicht mehr luft sei sondern eine feste materie also so fest eine dickflüssige masse eine schwimmende dickflüssige masse die im raum still stand praktisch auf uns saß uns alle heruntergedrückt diese schwere in der luft sie drückte auf uns das war klar also das war so klar dass etwas passiert ist nur was also das was das wussten wir nicht also ich wusste es nicht wie soll man so etwas wissen wie soll man so etwas erahnen also das übersteigt ja jede vorstellungskraft das versteht ja keiner wie auch wir sind ja auch nur menschen und was stellt man sich vor wenn der sohnemann nach hause kommt und diese masse diese schwere mit sich trägt ins haus hereinbringt was stellt man sich da vor man stellt sich so sachen vor die junge leute eben machen die so junge heranwachsende so jungs eben anstellen was können die schon machen ja was machen die schon so die prügeln sich eben mit anderen jungs so etwas stellt man sich vor die prügeln sich eben und was sonst ja da verletzt sich einer schlimm ja so etwas wie eine gebrochene nase oder so so etwas kommt dabei raus oder eben zwei gebrochene nasen oder eine gebrochene rippe oder so oder ja schlimmstenfalls zieht einer von den jungs ein messer oder so im aller schlimmsten fall denkt man ist einer erstochen worden oder so und der sohnemann ist zeuge gewesen oder so halt solche dinge stellt man sich vor oder was weiß ich oder die haben irgendwo was geklaut oder so verstehst‹ so etwas stellt man sich vor was denn sonst was kann man sich schon groß vorstellen das ist so das übliche an schlimmem was ein kind ein junge der vielleicht etwas hitzig im kopf ist machen kann das was er nach hause tragen kann was schwer wiegt das so die luft verdickflüssigt die luft zur materie macht die uns heruntergedrückt die so auf uns sitzt was stellt man sich bei so einer schwere vor was kann man sich vorstellen so etwas halt so etwas oder so in der art oder diebstahl oder einbruch oder so oder eine prügelei

mutter 2: wir gehen so aneinander vorbei wir streifen einander und weil wir uns kennen grüßen wir einander so mit einem nicken zeigen wir dass wir einander kennen dass wir uns schon begegnet sind vorher einmal und unsere gesichter wiedererkennen wenn wir nicken dann ist das dieses zeichen es sagt ich erkenne dein gesicht du läufst mir oft über den weg du wohnst auch hier in dieser gegend das steckt in diesem nicken es sagt ich kenne dich ich nicke nicht jedem zu menschen die ich nicht kenne noch nie gesehen habe denen nicke ich nicht zu außer es sind ganz alte menschen bei alten menschen ist das was anderes die sind so alt und gebrechlich die können nicht anders als gut sein weil sie eben auch nichts mehr machen können ihre körper können nicht anders sie können vielleicht gerade mal gehen so spazieren gehen und noch ihren alltag etwas bewältigen sich selbst waschen das können sie schon nicht mehr im alter wird man wieder zu einem baby als solches wird man geboren und dahin verfällt man wieder zurück bei alten menschen ist das anders denen nicke ich auch so zu so als zeichen meiner achtung vor ihrem alter jemand der schon so alt geworden ist der hat meinen respekt irgendetwas hat dieser alte mensch richtig gemacht da steckt eine weisheit drin vor der ich achtung habe und ein bisschen solidarisiert man sich ja auch mit den alten denn man weiß ja irgendwann in nicht allzu langer zeit werde ich auch alt sein und wenn ich dich annicke dann bedeutet das eben schon was und du nickst zurück und das bedeutet auch was und dann begegnen wir uns wir kommen so von weitem aufeinander zu wir gehen und gehen und begegnen uns in dem moment wo unsere schritte genau so stehen dass wir vollen blick aufeinander haben uns praktisch gegenüberstehen da nicken wir da passiert dieser gruß und dann ist der moment vorbei dann gehen wir schon aneinander vorbei und der moment ist verflogen genau diesen moment ergreifen wir um uns zu grüßen also alle menschen machen das so man grüßt sich wenn man von angesicht zu angesicht steht wenn man zu weit weg voneinander ist dann geht es nicht dann würde man sich grüßen und noch in diesem gesicht zu gesicht verharren müssen bis man endlich aneinander vorbeigelaufen ist und damit das nicht passiert damit kein verharren entsteht wartet man den moment ab wo die gesichter die perfekte entfernung voneinander haben dass sie sich voll sehen und erkennen auch die mimik des gesichts gegenüber voll erkennbar ist und dann nickt man oder sagt hallo und der moment vergeht dann auch sofort wo dieses grüßen passiert ist und man geht aneinander vorbei und hat kurz mitgeteilt ich kenne dich ich erkenne dich du läufst hier umher wie ich und du läufst dieselben wege wie ich tagein tagaus wir leben hier das hat man damit gesagt und das machen wir oft denn wir begegnen uns oft und manchmal da sag ich so etwas wie guten tag denn richtig kann ich das nicht sagen und du nickst dann zurück und dann sagst du auch guten tag und dann haben wir so ein wort gewechselt aber dann ist der moment schon vorbei und ich kann nicht stehen bleiben und weiterreden so etwas wie einen fetzen smalltalk zwischen uns werfen so etwas beiläufiges wie über das wetter reden ach wie schön ist das wetter heute oder ach heute ist es aber kalt und dann kommt man vom hölzchen aufs stöckchen und man betreibt konversation so ein richtiges gespräch man redet über das wetter und beiläufig über die kinder oder den einkauf und dann führt man längere gespräche und dann kommt man auf die idee einen kaffee zu trinken oder tee und dann sitzt man zwischen seinen vier wänden und spricht über alles zwischen seinen vier wänden da spricht man dann einfach über alles ohne die zeugen auf der straße ohne die zeugen im treppenhaus ohne zeugen die an einem vorbeigehen oder um einen herumstehen und einen anstarren und den worten lauschen und nur in diesem text kann ich diese dinge sagen in diesem raum den jeder betreten kann den jeder hören kann hier wo alles offen liegt wo keine vier wände meine worte verstecken die nur für dich gedacht sind in diesem raum kann ich sprechen wo alle auf meine auf unsere worte starren wo alle an unseren lippen kleben um die worte die wir sagen zu hören wo meine stimme bis in die ohrmuscheln und die tiefen des gehörs und bis in die zellen jeder und jedes einzelnen dringt und meine stimme zu den wänden den tischen den stühlen und bis zu den körpern reicht wo nichts entgeht wo kein wort zwischen vier augen bleibt

mutter 1: sie stehen vor unserer tür und schauen uns an ja eigentlich nur mich in dem moment aber was macht einer in so einer situation die stehen da und schauen mich an ja natürlich denke ich da ist was falsch die fragen jetzt nach dem freund oder so etwas also so etwas denke ich ja nach dem freund den kumpels oder so und dann ist er schlimmstenfalls ein paar stunden auf dem revier und dann kommt er wieder ja so etwas in der art denke ich was soll man da schon denken was würden sie denken das blaulicht draußen so viele polizisten dann klingelt es plötzlich bei einem selbst ich denke natürlich in dem moment ja das ist ein fehler das muss ein fehler sein ja und dann klingelt es noch einmal und ich denke das muss ein schlimmer traum oder so etwas sein ja ein traum ein wirklich schlimmer traum aber es wird alles gut werden mein junge der wird sich verwickelt haben in einen blödsinn den jungs eben machen und ich sehe die ganzen polizisten und ich versuche zu denken vielleicht haben sie was geklaut vielleicht waren sie in einer prügelei vielleicht wurde jemand verletzt oder so oder ein anderer hitziger teenager hat etwas dummes gemacht ja einer wurde verletzt im eifer des gefechts hat jemand versehentlich einen anderen verletzt oder jemand hat ein messer gezogen ja hat einen angegriffen jemand ist erstochen worden nein also so weit will ich jetzt nicht denken ja man muss nicht gleich vom schlimmsten ausgehen und so viele polizisten und sie starren mich an und ich kann die gesichter nicht lesen was ist es nun was ist es diebstahl oder was was ist es nun und ich sehe all die polizisten und ist es eine prügelei um gottes willen ist einer erstochen worden was ist es und ich denke der sohnemann der wird sicher nur zeuge sein der wird jetzt ein paar stunden befragt werden das wird schlimm für ihn ja aber da muss er nun durch was auch immer es ist wenn jemand erstochen ist dann dann müssen wir weitersehen was man da tun soll ja wie man sich da so verhält bei so etwas oder es ist eben doch nur diebstahl oder vielleicht ja auch raub aber vom schlimmsten muss man ja nicht gleich ausgehen ein paar stunden sitzt er da jetzt im revier und wird befragt und dann ja dann kommt er wieder nach hause

mutter 2: und vor dem tuch dem für den körper der toten bevor wir sie mit dem tuch bedecken vorher waschen wir sie alle zusammen die ganze familie wäscht ihre toten kennst du das wir machen das alle zusammen denn die toten gehören nicht einem menschen sie gehören überhaupt niemandem und gleichzeitig gehören sie allen verstehst du was ich meine wir waschen sie alle zusammen sie sollen ein letztes mal gewaschen werden was auch immer sie getötet hat soll von ihnen gewaschen werden der staub der schweiß der schmutz ihres letzten tages unter den lebenden in der mitte liegen die toten und wer will der wäscht sie ihre haare und arme und beine und einfach alles und in diesem moment liegt keine scham verstehst du der tod macht alles weg und sie sollen frisch sein ein letztes mal frisch sein bevor der tod sie ganz einnimmt ein letztes mal sollen sie so etwas menschliches durchleben ihr körper soll es erleben dieses waschen dieses so alltägliche waschen bevor sie für immer verschwinden verstehst du sie sind dann für einen kurzen moment sauber von den düften und belägen dieser welt und dann werden sie in ein weißes tuch gehüllt und sie sehen einfach frisch aus wenn man sie anschaut dann ist da dieses ich bin bereit verstehst du sie sind dann bereit und auch wir sind bereit für einen moment sind wir alle bereit die toten und die lebenden wir die um die toten herum stehen und dieses angesicht ein letztes mal erleben können in aller weltlichen frische die noch möglich ist und dann kommt der moment in dem wir die toten dem tod überlassen vorher aber kriegen wir noch diesen einen blick auf das angesicht verstehst du und ein tuch gibt es am ende für die körper der toten und wir wickeln die toten darin ein und dieses tuch ist weiß und es ist ganz schlicht ohne jedes muster so schlicht wie ein tuch sein kein und es ist glatt und weich und das ist das einzige was sie noch mitkriegen von dieser welt und das ist der letzte moment in dem sie noch menschen sind in dem sie noch ihr angesicht haben ihre gesichter bevor die verwesung überhand gewinnt bevor ihre gesichter verschwinden bevor die haut ihre farbe ändert und das leben so gänzlich aus ihnen heraus ist und der tod sich so in sie hineingepresst hat und ihren ganzen körper eingenommen hat und wenn man sie ansieht nur noch der tod zu sehen ist bis zu diesem moment gehen wir mit ihren körpern so um wie zu ihren lebzeiten wobei das ist nicht das richtige wort das passt nicht die lebzeiten waren viel früher also viel viel früher als sie noch so richtig lebendig waren bis zu diesem moment sind sie noch da als die person die sie waren und das ist so gestern oder vorgestern und dann übernimmt der tod sie übernimmt meine mutter

mutter 1: das haben wir dann natürlich erfahren vier tage später die kommen herein und fragen nach ihm und wir sind schon die ganze zeit nervös dass da was los ist konnte man in der luft fast schon greifen das war so da diese nervosität die war in der luft ja zum greifen die klingeln an der tür und ich stehe da also wir stehen da und da fragen sie nach ihm und nehmen ihn mit wirkt er überrascht oder nicht so richtig weiß ich das nicht wie wirkt er auf uns das weiß ich nicht ja und dann nehmen sie ihn mit der eine gestand sofort dann zieht er sein geständnis zurück dann gesteht er wieder und dann zieht er wieder zurück da waren alle verwirrt aber mehrmals gesteht er es dann letztendlich doch einer gesteht der andere nicht einer gesteht und zieht zurück mehrmals die wussten ja nicht wie sie sich verhalten sollten was ist da wahr was nicht wie können wir das wissen ich weiß nur ihn haben sie vier tage später geholt

mutter 2: meine mutter starb im hohen alter an multiplem organversagen so nennt man das wenn die organe eins nach dem anderen nicht mehr können erst schaltet das eine organ ab und der körper ist so schwach dass er nichts mehr ausgleichen kann sie lag im krankenhaus ins krankenhaus haben wir sie gebracht natürlich weil wir sie retten wollten mit ihren neunzig jahren haben wir gedacht sie sei krank und bräuchte einen arzt das sehen die ärzte sicher jeden tag im krankenhaus familien ja eigentlich die kinder oder die kinder der kinder die ihre alten ins krankenhaus bringen weil sie sie retten wollen oder viel eher weil sie wollen dass die ärzte sie retten weil wenn ein mensch nicht mehr aufstehen kann dann muss er ja krank sein so dachten wir wir bringen sie mit ihren neunzig jahren ins krankenhaus und lassen sie einweisen stationär so heißt das und dann lag sie da drei wochen hat es gedauert zwischendurch war sie wach die meiste zeit bewusstlos lag sie da von der welt sich eigentlich schon verabschiedet während wir versucht haben sie heilen zu lassen meine mutter neunzig ist sie geworden drei wochen lang ist die ganze familie an ihr krankenhausbett gekommen die ärzte was haben die gemacht die haben so getan als ob sie sie retten oder ihr etwas gutes tun und ich weiß jetzt dass sie eigentlich nur uns was gutes getan haben das sind versteckte methoden der psychologie man bringt seine alten die im sterben liegen ins krankenhaus um dort dann noch mal drei wochen zeit zu bekommen sich an den gedanken zu gewöhnen dann muss man nicht mit der ohnmacht der mutter in der küche zu hause schon allen bescheid geben dass es jetzt soweit ist dann kann man für einen moment noch so tun als ob alles schon wieder wird und man in ein paar tagen oder einer woche oder zwei wieder nach hause gehen kann und alles beim alten ist dann kommen die diagnosen und die ärzte reden in diesem ton mit einem so ruhig und ernst und verständnisvoll und dann nach zwei oder drei diagnosen merkt man schon von selbst ohne dass es jemand richtig ausspricht es könnte jetzt so weit sein und dann kommt das verwandte und freunde anrufen und bescheid geben dass es jetzt so weit sein könnte und alle pilgern zum krankenbett und sprechen ganz vorsichtig zur mutter und zu uns den kindern und alle sind andächtig und ehrfürchtig vor dem was bevorsteht diese andacht und auch eine art ehrfurcht vor dem tod der sich so ankündigt und alle wissen bald ist er da und holt wieder einen von uns und irgendwann dann nennen wir es das sterbebett und dann wenn es passiert in dem moment wird es zum totenbett und diese ehrfurcht aber auch vor der mutter dass sie nun da durch muss und dass sie das nun erlebt diese ehrfurcht im raum sie galt auch der mutter dass sie diese erfahrung nun macht die wir alle machen müssen und insgeheim weiß ich wie ich denke wenn ich sterbe dann kommen auch alle und sind ehrfürchtig vor dem tod vor mir und ich weiß insgeheim wünsche ich mir dass auch alle zu mir pilgern zu meinem krankenbett was dann zum sterbebett und dann zuletzt zum totenbett wird und das wünsche ich mir vielleicht nicht drei wochen aber eine weile genug dass alle bis zu mir pilgern können und dann kann ich gehen

»Tägliche Angst« – Ballade zum Solinger Brandanschlag / »Günlük korku« – Solingen kundaklamasına dair Balad
Ballade in Deutsch und Türkisch

Kübra Gamze D.

»Tägliche Angst« – Ballade zum Solinger Brandanschlag

1993 Solingen, hat jeder gehört,
Vielen geht das Gedenken vorbei,
Schließen die Ohren,
Wollen davon nichts hören.

Es war schrecklich, entsetzlich, erzählt man sich,
Fünf Menschen qualvoll verbrannt
Bis zur Unkenntlichkeit
Wie bitter ist es! Wie böse sind Menschen? Warum muss man so sein?

Eingesperrt in der Schublade,
Wir wollen hier raus.
Klopfen und klopfen,
Doch keiner macht auf.

Wir verbiegen uns, versuchen, anzukommen,
Doch ich merke mehr,
Bin innerlich verstummt.
Klopfen und klopfen, doch sie drücken von oben drauf.

Egal, was ich tu, es hört niemals auf.
Verjagen tut man uns mit den Sprüchen:
Musst du ein Kopftuch tragen? Wirst du zwangsverheiratet?
Die Seelen gehen zu Brüchen.

Rechtsextreme Jugendliche waren das.
Das Haus, ohne entkommen zu können,
Brannte wie ein Fass.
19 Menschen waren in dem Haus.

Voller Todesangst schmiss die Mutter das Kind hinaus.
In welchen Zustand werden wir versetzt, ich glaub es kaum.
Fünf Menschen müssen sterben in dieser Nacht,
Und das alles wegen dem rechtsextremen Hass!

Noch immer haben Menschen Zweifel, ob es die richtigen waren.
Anderthalb Jahre lief das Verfahren.
Viele meinen, die Regierung habe sich ein Sündenbock gesucht.
Die Türken waren es selber – Versicherungsbetrug.

Obwohl zuvor so viele Städte lichterloh brannten – Mölln, Hoyerswerda, Hünxe,
Ich habe es nicht verstanden, doch keiner glaubte uns.
Das Einzige, was ich mir erträume: Frieden, mein größter Wunsch.
Rassismus – ein ständiger Begleiter von mir.

Wir haben Angst jeden Tag, und das kriegen wir zu spüren hier.
Meine Eltern prägten mich:
Das Fenster über Nacht öffnen?
Dürfen wir nicht.

Es ist anstrengend, wir haben keine Kraft.
Es ist uns zu viel, was habt ihr nur gemacht?
Warum will man uns nicht hier?
Weil ich anders aussehe als ihr?

Familie Genç erlebte unbeschreibliches Leid.
Es gibt keine Worte, die das richtig beschreiben.
So viel durchleben müssen wegen den Mördern hat anscheinend nicht gereicht.
Bei Opfern die Schuld suchen, ist leider viel zu leicht!

24 Jahre, Solingerin (2021)

»*Günlük korku*« – Solingen kundaklamasına dair Balad

1993 Solingen, herkes duydu,
Birçoğu anmayı umursamaz,
Kulaklarını kapatır,
Duymak istemez bunu.

Dehşet doluydu, korkunçtu, diye anlatılır,
Beş insan yanarak cefalı can verdi
Tanınmanın ötesinde
Ne kadar acı! İnsanlar ne kadar kötü olabilirler? Neden böyle olmak zorundalar?

Basmakalıp çekmecesinde hapis,
Çıkmak istiyoruz buradan.
Vuruyoruz da vuruyoruz (kapısına),
Ama kimse açmıyor.

Bükeriz kendimizi, varmaya çalışırız,
Ama daha fazlasını fark ediyorum,
Sessizliğe kapandı içim.
Vuruyoruz da vuruyoruz, ama yukarıdan bastırıyorlar.

Ne yaparsam yapayım, asla bitmez.
Sözlerle kovalanırız:
Başörtüsü takmak zorunda mısın? Zorla evlendirecekler mi seni?
Ruhlar paralanıyor.

Aşırı sağcı gençlerdi yapanlar.
Ev, kaçamadan,
Bir varil gibi yanıyordu.
19 insan vardı o evde.

Ölüm korkusuyla anne çocuğu dışarı attı.
Nasıl bir duruma terk ediliyoruz, inanmakta zorluk çekiyorum.
O gece beş insan öldürüldü,
Ve bunların hepsi aşırı sağ nefret yüzünden!

İnsanların hala şüpheleri var, doğru kişi olup olmadıkları konusunda.
Bir buçuk yıl sürdü mahkeme süreci.

Pek çok kişi hükümetin bir günah keçisi seçtiğini düşünüyor.
Türklerin kendileriydi – sigorta dolandırıcılığı.

Oysa önceden, pek çok şehir ateşler içinde yanmıştı – Mölln, Hoyerswerda, Hünxe,
Anlamadım, kimse bize inanmadı.
Tek hayalim: Barış, en büyük dileğim.
Irkçılık – Benim sürekli yoldaşım.

Her gün korkuyoruz ve bunu burada hissediyoruz.
Ailem beni şekillendirdi:
Pencereyi geceleyin açmakmı?
Müsade yok.

Yorucu, gücümüz yok.
Bizim için çok fazla, ne yaptınız öyle?
Neden bizi burada istemiyorlar?
Sizlerden farklı göründüğüm için mi?

Genç ailesi anlatılmaz acılar yaşadı,
Bunları doğru bir şekilde tanımlayan kelimeler yok.
Onca şeyleri yaşamak katiller yüzünden yeterli değildi demek.
Suçu kurbanlarda bulmak maalesef çok kolay!

24 yaşında, Solingenli (2021)
Çeviri Levent Kesik (2022)

Niemals vergessen

Heinz Siering

Heinz Siering (72) führten verschiedene Wege vom Schweißer zum Elektriker und nach dem Studium zum Sozialarbeiter. Angetan durch die Jugendhilfe Köln, gründete Heinz Siering den Verein und 1985 die Jugendhilfewerkstatt Solingen mit dem Ziel, junge Menschen zu fördern, die nicht auf der Sonnenseite des Lebens stehen. In den 32 Jahren seiner beruflichen Sozialarbeit förderten er und seine Mitarbeiter*innen mehr als 700 junge Menschen aus 36 verschiedenen Ländern. Jungen und Mädchen fanden größtenteils ihren Weg. Manche erlangten den Hauptschulabschluss, andere stiegen ins Berufsleben ein und gründeten Familien. Unsere gemeinsame Arbeit war davon beseelt, sich schätzen zu lernen und Vorurteile zu beseitigen. Auch in Solingen gab es immer wieder sichtbare rassistische Zeichen wie Hakenkreuzschmierereien. Wir haben ständig das Thema Rassismus schulisch und außerschulisch bearbeitet. Als am 29. Mai 1993 der Brandanschlag verübt wurde, waren alle Jugendlichen und Mitarbeiter*innen geschockt, und spürbar wurde eine immense Ohnmacht!

Und so entstand 1993 die Idee, mit dem Mahnmal an der Mildred-Scheel-Schule in Solingen ein Zeichen gegen rechte Gewalt, Rechtsextremismus und Rassismus zu setzen, das mit Wut, Trauer und Ohnmacht einherging. Niemals vergessen und immer daran erinnern! Dem Rassismus keine Chance bieten. Fast ein Jahr haben junge Menschen und Erwachsene damals an dem Solinger Mahnmal gearbeitet, das am 29. Mai 1994 eingeweiht wurde. Es wird bis zum heutigen Tage weiterhin von der Jugendhilfewerkstatt Solingen lebendig gehalten.

Auszug aus der Dokumentation: »Ein langer Weg: Scham und Ohnmacht – Mut und Hoffnung. Die Entstehung des Solinger Mahnmals« (1994) von der Jugendhilfe-Werkstatt Solingen e. V. (unveröffent.):

Fünf türkische Mädchen und Frauen wurden ermordet und weitere Mitglieder der Familie Genç schwer verletzt. Ihr Schmerz ist nicht auslöschbar, ihr Leid wiegt schwer. Unser Herz ist erfüllt von Trauer, und wir bekennen uns zu unserer Scham. Es war ein langer und windungsreicher Weg, der zum Mahnmal an der Mildred-

Scheel-Schule führte. Ein Mahnmal, das uns nie vergessen lassen soll, was der Familie Genç in unserer Stadt angetan wurde.

Als in der Nacht vom 24. Mai 1990 der Schwarze Amadeo Antonio in Eberswalde von rechten Schlägern zu Tode getreten wurde, galt dies noch als eine Ausnahme. Die rechte Gewalt hatte ihr erstes Opfer. Seit fast fünf Jahren durchziehen gewalttätige Aktionen gegen »Ausländer« und engagierte Menschen unser Land. An die 80 Morde erschüttern human gesinnte Menschen. Die rechtsradikale Gewalt hat eine Dimension erreicht, die die soziale Gemeinschaft gefährdet.

Durch den schonenden staatlichen Umgang konnte sich der rechte Rand ungehindert in unserer Gesellschaft ausbreiten. Ob in Talk-Shows oder in TV-Beiträgen hofiert, ob unter polizeilichem »Geleitschutz«, wie in Fulda oder in staatlich geförderten Filmen dargestellt, unzählige Projekte, tonnenweise wissenschaftliche Literatur im Bemühen um Beschreibung des »rechtsradikalen Phänomens« als Jugendproblem oder Revolte – verharmlost, verkannt und unterschätzt – all dies hat Morde und Brandanschläge nicht verhindern können, dies scheint eher erreicht zu haben, dass damit mit allmählicher Gewöhnung an rechte Gewalt im Alltag ein Weg bereitet wurde. Eine fatale Entwicklung, die für ein friedliches Miteinander von Menschen unerträglich geworden ist. Die Angst vor rechtsradikalen Übergriffen ist real geworden. Auch der Solinger Brandanschlag hat sich in die erschreckende Bilanz rechtsextremistischer Gewalttaten eingereiht. Menschen erzählen von ihrer Angst, Angst um ihr Leben. Was vor fünf Jahren noch unvorstellbar war, ist heute Realität geworden.

Schon vor dem Brandanschlag gab es Gewalttaten aus der rechten Ecke, gab es Wehrsportübungen im Bärenloch, gab es brutale Übergriffe gegen Menschen, gab es Hakenkreuz-Schmierereien, die monatelang nicht beseitigt wurden. Der Eindruck von Ignoranz und Gleichgültigkeit darf nicht zur alltäglichen politischen Praxis werden. Wenn auch das Vertrauen in die Politik geschwächt ist, ist es dennoch notwendig, einen Dialog zu finden, der es uns ermöglicht, unsere Stärke zu zeigen. Nur gemeinsam kann es gelingen, dem Verlust an humaner Orientierung entgegenzutreten. Umso mehr sind alle demokratischen Kräfte gefordert, dem Rechtsradikalismus und dessen Menschenverachtung durch unser Tun, nicht durch Reden, eine Aussage zu erteilen. Wir müssen zu Vorbildern für junge Menschen werden, wir müssen Zivilcourage erlernen, wir müssen den Mut haben, unsere Angst zu überwinden. Schaffen wir dies nicht, werden andere unseren Platz einnehmen – eine bittere Erfahrung aus der Geschichte.

Nach dem fürchterlichen Brandanschlag in Solingen vom 29. Mai 1993 zeigte sich, dass die politischen Endscheidungsträger sich sehr schwer mit unserem Engagement taten. Für uns war es ein langer Weg, und wir haben alle Schattierungen menschlichen Unvermögens kennengelernt: Entscheidungsschwäche, Verschleppungsstrategie, Aussagelosigkeit, Überempfindlichkeit bei kritischen Aussagen und Angst, eindeutig Stellung zu beziehen. Gerade Menschen in politischen Positionen müssen sich ihrer Verantwortung bewusstwerden, weil sie sonst jedes demokratische Engagement blockieren und jede Überzeugung zunichtemachen. Die Erfahrung von Zurückhaltung und Skepsis bewirkt bei Menschen, die etwas tun möchten, dass sie sich nicht ernst genommen, sondern allein gelassen fühlen und den Mut verlieren; Verlust an Vertrauen in Verwaltung und Politik wird dadurch gefördert.

Es gilt, ein ehrliches Bündnis mit allen zu schließen, die sich gegen radikale Gewalt wehren und für eine menschengerechte Gesellschaft eintreten. Zeigen wir denen die Stirn, die nichts dazugelernt haben – den menschenverachtenden Schlägern, den Hakenkreuz-Schmierern, den rechte Sprüche Kloppern, den ewig gestrigen, den geistigen Biedermännern. Unser Mut ist stärker – er wird ihre Feigheit bloßstellen. Weichen wir nicht aus in die endlos geführten Debatten über Gewalt, machen wir nicht den rechten Rand zum sozialpädagogischen Problem, entschuldigen wir nicht Brutalität und Menschenverachtung, lenken wir nicht ab durch gesellschaftliche Schuldzuweisungen. Kein Mensch hat das Recht, einen anderen zu demütigen oder zu erniedrigen; die Würde des Menschen ist unantastbar.

Schließen wir uns lieber zusammen, überwinden wir unsere Angst durch Gemeinsamkeit. Zeigen wir unseren Kindern unser engagiertes Eintreten und nicht unsere Ratlosigkeit. Greifen wir ein, und verhindern wir jegliche Gewalt. Dulden wir nicht Hakenkreuzschmierereien, sondern machen wir sie selber weg. Seien wir wachsam und fordern wir verantwortliches Handeln von Staat und Justiz. Stellen wir uns schützend vor unsere ausländischen Mitmenschen. Lasst uns Vorbilder sein an Zivilcourage – auch das müssen wir lernen –, nur so werden wir der Gefahr von rechts entgegentreten. Wir sind mehr – wir müssen es nur zeigen. Es gibt sie, die Menschen – in unserer Stadt, in unserem Land, überall, sie ließen keinen Zweifel daran, der Gleichgültigkeit durch ihren Mut und ihr Engagement entgegenzutreten – es waren Tausende.

Es war die Politikerin, die spontan ihr Herz entscheiden ließ und symbolisch den ersten Ring schweißte; es waren jungen Menschen aus vielen Ländern, die ausdauernd und beharrlich ein Mahnmal schufen; es war die Lehrerin, die zu uns kam und Ringe für Schüler ihrer Klasse bezahlte; es war die Erzieherin, die mit ihren Kleinen unsere Werkstatt besuchte und einen Geldbetrag spendete; es war das ältere Ehepaar aus Höhscheid, dem es wichtig war, mit ihrem Namen gegen Menschenverachtung dabei zu sein; es war die Mutter mit ihren drei Töchtern, die für jede einen Ring haben wollte; es war der Unternehmer, der seine Fabrikantenkollegen ansprach und Geld für uns sammelte; es war der ältere Herr, der immer wieder in unsere Werkstatt kam und seine Hilfe anbot; es war die türkische Großmutter und Mutter, der so viel Leid angetan wurde, die selbst ihren Ring fertigte und weinend für jedes Mitglied ihrer Familie einen Ring wünschte.

Es waren wunderbare, ehrliche Menschen, die gezeigt haben, dass wir alle zusammengehören. Ihre tiefe Mitmenschlichkeit hat uns Hoffnung, Mut und Kraft gegeben.
Familie Genç, wir werden Sie nie vergessen.

»Die Kastanienbäume in der Unteren Wernerstraße 81« / »Untere Werner Caddesi 81'deki kestane ağaçları«
Gedicht in Deutsch und Türkisch

Levent Kesik

Die frühen 1990er-Jahre waren für mich als jungen Erwachsenen inmitten historischer Veränderungen und gesellschaftlicher Umbrüche sehr aufwühlend. Ablehnung und Gewalt aufgrund meiner Herkunft habe ich schon in frühen Kindheitstagen erleben müssen, konnte sie aber nicht verstehen und einordnen. Die unmittelbar spürbaren fremdenfeindlichen und rassistischen Auswüchse der Wendezeit haben mich tief getroffen und fortan geprägt. Die lyrische Konfrontation mit diesen Gewalttaten war mein Mittel der persönlichen Auseinandersetzung. Dieses Bestreben konnte nie eine Befreiung von bösen Geistern und schon gar nicht eine Traumabewältigung sein. Die Ohnmacht vor diesen monströsen Verbrechen blieb. Rostock, Hoyerswerda, Mölln und Solingen sind Brandmale in meinem Herzen, die nicht heilen. Ich habe lange gezögert, diesen für mich sehr beklemmenden Ort in Solingen aufzusuchen.

Das Gedicht »Die Kastanienbäume in der Unteren Wernerstraße 81« ist entstanden, als ich den für mich eine Zeitenwende symbolisierenden Tatort dann doch, weil es mir ein tiefstes Bedürfnis war, besucht habe.

Die Kastanienbäume in der Unteren Wernerstraße 81

Das Rot des Flusses zwingt mich innezuhalten.
... während ich warte,
lasse ich der Straße zu,
mir zu begegnen:

Ein Mädchen spiegelt sich in einem Schaufenster,
gelassen mustert sie sich im Vorbeigehen.

Ihr hellbraunes Haar tanzt lichtdurchflutet im Wind,
es ist gelockt und lang.

Ich erlaube mir für einen Moment,
ein Stück von ihrem fröhlichen Geist zu stehlen und
meinen drückenden Gedanken zu entkommen.

Eine Frau schiebt schnaubend einen Kinderwagen die Straße hoch.
Ihr Schatz döst an diesem Maitag vor sich hin,
wohl behütet, wohl zufrieden und
wohl versunken in einem unschuldigen Traum.

Ein Kaufhaus, eine Teestube und ein kleiner Park,
kurz und belanglos
entfliehen sie meinen Augen.

Ein altes Haus wird zum Kauf angeboten.
Schmal und leer starren mich
seine staubverhangenen Fenster an und
ich frage es nach dem Erlebten.

»Ein ganz normaler Ort ...!«,
denke ich und tauche tiefer ein.
Nie war ich hier und war doch nirgends anders ...

Diesen Weg heute gehe ich allein ...,
weil an diesem Tag im Mai
ich nur mit mir sein will!

Diesen Weg hier gehe ich allein ...,
weil an diesem Ort
nur ich mir ehrlich sein kann.

Einsam überlasse ich dem Augenblick das Drehbuch und
nehme hin,
dass es mir die Rolle des Beobachters verweigert ...

Dem Sog des Unvermeidlichen ergeben,
lasse ich mich in das Zentrum des Leids führen.

Je näher ich ihnen komme,
umso schwerer werden meine Gedanken.

»Seltsam ruhig ist es hier ...!«,
bin ich überrascht, als sie vor mir auftauchen.

Eingebettet in die Idylle der Straße,
klafft mir das Stück Welt entgegen,
das mein ständiger Begleiter ist.

Mein Weg verneigt sich vor diesem Ort, und
nicht nur er wird es mir schwer machen,
ihn wieder zu verlassen ...

Fünf Kastanienbäume wachsen jetzt hier,
auf der Asche in der Unteren Wernerstraße 81.

In meiner und der Straße Wunde verwurzelt
wachsen sie
... wie zum Trotz.

Der Wind umschmiegt sie und lässt sie erzählen,
nur begleitet vom Rauschen ihrer Blätter und
dem Gesang der Vögel ...

Ich koste von dem Moment ...
Schließe die Augen und
öffne die Tür zu meinem Schmerz ...

Das Gefühl des Unwiderruflichen nimmt Besitz von mir und
ich merke,
es sind keine süßen Kastanien,
sie sind bitter ...

Mai 2013

Untere Werner Caddesi 81'deki kestane ağaçları

Nehirin kızıllığı duruksamak zorunda bırakıyor beni.
... beklerken,
sokağa benimle
karşılamasına izin veriyorum:

Bir kız bir vitrine yansıyor,
rahatça geçerken kendi kendini gözlemliyor.
Açık kahve rengi saçları ışık dolu dans ediyor rüzgarda,
uzun ve kıvırcıklar.

Karamsar düşüncelerimden kaçına bileyim diye
bir anlık olsun kendime müsaade veriyorum
onun neşeli ruhundan bir parçacık çalmaya.

Bir kadın zorlanarak bir çocuk arabasını sokakta yokuş yukarı iteliyor.
Hazinesi ise pinekliyor bu mayıs gününde,
güvende,
pek memnun ve
pek dalmış masum bir rüyaya.

Bir mağaza, bir çay ocağı ve küçük bir park,
kısa ve önemsiz kaçıyorlar gözlerimden.

Eski bir ev satılığa çıkarılıyor.
Dar ve boş bakıyorlar bana,
toz kapmış pencereleri ve
ben ona neler yaşadığını soruyorum.

›Sıradan bir yer ...!‹,
deyip ve daha derine dalıyorum.

Burada hiç değildim ama olmadım da hiç başka bir yerde ...

Bu yolu bugün yalnız gideceğim ...,
çünkü bu mayıs gününde
sadece kendimle olmak istiyorum!

Bu yolu tek başıma yürüyeceğim...,
çünkü bu mekanda
sadece ben dürüst olabilirim bana karşı.

Yavaşça an'a bırakıyorum senaryoyu ve
katlanıyorum,
bana izleyici rolünü esirgediğini ...

Kaçınılmazlığın akışına kapılmış,
kendimi acının merkezine yönlendiriyorum.

Ne kadar yaklaşırsam,
o kadar ağırlaşıyor düşüncelerim.

›Tuhaf bir sessizliğe bürünmüş burası ...!‹,
diye şaşıyorum birden karşıma çıktıklarında.

Sokağın ferahlığına eklenmiş,
Daim yoldaşım olan Dünyanın bu parçası
bir yara açığı gibi çarpıyor beni.

Yolum eğiliyor bu yerin önünde ve
sadece o mehil zorlaştırmayacak
orayı tekrar bırakmayı ...

Beş kestane ağacı büyüyor şimdi burada,
Untere Wernerstraße 81'in külünde.

Benim ve caddenin yarasında kök salmış
büyüyorlar
... sanki inadına.

Rüzgar sarılmış ve anlattırıyor onları
sadece yapraklarının hışırtısı ve
kuşların şarkıları eşliğinde ...

Bu an'ın tadını alıyorum ...
Gözlerimi yumup ve
ağrımın kapısını açıyorum ...

Geri dönülmezlik duygusu beni ele geçiriyor ve
farkına varıyorumki,
tatlı kestane değilmiş onlar,
acılarmış ...

Mayıs 2013

Es ist nie vorbei: Erinnerungen und Forderungen von Betroffenen und Angehörigen

»Kampf für Aufklärung und Gerechtigkeit in Hanau – und darüber hinaus«
Offener Brief an die Bundesregierung

Serpil Temiz Unvar

Hanau, 17. Februar 2022

Sehr geehrter Herr Bundespräsident Steinmeier,
sehr geehrter Herr Bundeskanzler Scholz,
sehr geehrter Herr Minister Habeck,
sehr geehrter Herr Minister Lindner,

am Samstag werden zwei Jahre vergangen sein, seit mein Sohn und acht weitere junge Menschen in Hanau aus rassistischen Motiven ermordet wurden. Zwei Jahre sind vergangen, und noch immer warten wir auf Antworten. Antworten auf Fragen, die uns quälen.

Der Untersuchungsausschuss im Hessischen Landtag hat mittlerweile seine Arbeit aufgenommen. Nachdem wir fast zwei Jahre von den Verantwortlichen in Hessen mit Worten vertröstet, aber doch wie Menschen zweiter Klasse behandelt wurden, gibt es jetzt eine kleine Chance, dass Versäumnisse und Fehler eingestanden werden. Wenn dies tatsächlich passieren sollte, dann nur, weil wir seit zwei Jahren jeden Tag kämpfen, anstatt in Ruhe trauern zu können. Hätten wir nicht gekämpft, hätte sich nichts bewegt.

Und selbst das ist nicht selbstverständlich. Nach Hanau geschah etwas, das sehr häufig in der jüngeren deutschen Geschichte nicht geschah: Dieses Mal hörte man den Hinterbliebenen zu, man sagte die Namen der Opfer und sprach über ihre Geschichten. Schauen Sie auf die vielen Morde, die von Neonazis in Deutschland verübt werden: Wer kennt die Namen der Getöteten und Verletzten? Was machen die Hinterbliebenen? Haben sie Gerechtigkeit erfahren, haben sie Unterstützung bekommen? Viel zu oft lautet die Antwort: Nein. Wir, die Familien aus Hanau, sind nicht die ersten, die kämpfen, aber vielleicht die Ersten, denen man wirklich zuhört.

Ich wende mich heute an Sie, weil Sie als Repräsentanten der neuen Bundesregierung und als wiedergewählter Bundespräsident für uns die Hoffnung verkörpern, dass sich etwas ändert. Der letzte deutsche Innenminister sagte noch »Migration ist die Mutter aller Probleme«, seit ein paar Monaten sprechen wir stattdessen endlich über Rechtsextremismus. Das ist gut.

Und dennoch: Die Veränderung hat zwar begonnen, aber sie steht noch am Anfang und muss weitergehen. Denn es reicht nicht, dass man mit uns Interviews führt, dass man uns die Hände schüttelt, uns Beileid ausspricht und sich Politiker mit uns fotografieren lassen. Es ist noch nichts geschafft.

Wie soll es weitergehen? Es gibt viele Wege und auch viele Vorschläge. Doch heute, wenige Tage vor dem 19. Februar, möchte ich Sie an eine Sache erinnern, die in Zeiten des Aufbruchs gerne vergessen wird: Es wird keine bessere Zukunft geben, wenn das Vergangene nicht aufgeklärt wird, wenn es keine Gerechtigkeit gibt für die, die angegriffen und ermordet wurden. Denn das Vergangene lebt in uns allen fort, in den Hinterbliebenen und Zurückgelassenen, aber auch in der Geschichte unserer Gesellschaft. Und wenn wir über mangelnde Aufklärung sprechen, dann geht es um mehr als um Hanau, dann müssen wir auch über die Aufklärung der rassistischen Taten der letzten 30 Jahre sprechen.

Ich bitte Sie heute: Unterstützen Sie uns in bei unserem Kampf für Aufklärung und Gerechtigkeit in Hanau – und darüber hinaus. Hören Sie endlich auch all die anderen Betroffenen und Hinterbliebenen rechter Gewalt und rechten Terrors, gerade jetzt, wo die dreißigsten Jahrestage der vielen Anschläge der Jahre 1992 und 1993 anstehen. Wagen Sie einen Neuanfang, rollen Sie die Geschichten neu auf, sorgen Sie für das, was viel zu lange nicht geschah: Verteidigen Sie, anders als Ihre Vorgänger, die Opfer und Hinterbliebenen gegen den Rechtsextremismus. Sorgen Sie für einen Neuanfang und sorgen Sie endlich für angemessene Entschädigung und Unterstützung der Hinterbliebenen.

Viele Mütter haben geweint. Viele haben zu uns gesprochen, aber ihnen wurde nicht zugehört. Wenn Sie es ernst meinen, wenn Sie tatsächlich »Fortschritt wagen« wollen, müssen Sie zurückschauen, zurück in ihre Geschichten und auf das, was in den letzten Jahrzehnten geschehen ist. Denn Hanau war nicht der Anfang.

Mit freundlichen Grüßen
Serpil Temiz Unvar

»Ich führe so viele Kämpfe …«

Kommentar von Niculescu Păun

Abb. 9: *Niculescu Păun mit Portrait des ermordeten Sohnes Vili Viorel Păun.*
© Initiative 19. Februar Hanau

Niculescu Păun ist der Vater von Vili Viorel Păun. Ein extrem rechter Täter erschoss den damals 22-jährigen Vili Viorel am 19. Februar 2020 aus rassistischen Motiven in Hanau. Vili Viorel Păun war Rom und arbeitete bei einem Kurierdienst. Er war der einzige Sohn von Niculescu und Iulia Păun, die er unterstützte. In der Tatnacht hat Vili Viorel nach den ersten Morden den Täter mit seinem Auto verfolgt, um ihn zu stoppen. Mehrfach hat er versucht, die Notrufnummer 110 zu erreichen, war aber nie durchgekommen.

Heute kämpft sein Vater zusammen mit den Angehörigen von Gökhan Gültekin, Sedat Gürbüz, Said Nesar Hashemi, Mercedes Kierpacz, Hamza Kurtović, Fatih Saraçoğlu, Ferhat Unvar und Kaloyan Velkov in der Initiative »19. Februar Hanau« für Aufklärung, angemessene Erinnerung und Gerechtigkeit.

In seinem Kommentar[1] zum Abschlussbericht des Bundesopferbeauftragten Prof. Dr. Edgar Franke beschrieb Niculescu Păun am 2. November 2021, wie sehr ihn – neben dem Verlust seines einzigen Kindes – auch die zermürbenden bürokratischen Prozesse, die Kämpfe mit dem Versorgungsamt belasten. Seine Erfahrungen ähneln denen vieler Betroffener rassistischer Gewalt und deren Angehörige.

»Ich führe so viele Kämpfe: ich muss für die Aufklärung kämpfen von Vili's Tod. Für die Gesundheit meiner Frau. Und dann muss ich mich auch noch um so viel Bürokratie kümmern. Erst haben wir zumindest noch Krankengeld bekommen. Seit August kriegen meine Frau und ich auch kein Krankengeld mehr. Wir können beide nicht mehr arbeiten. Bis heute ist nicht klar, wer jetzt für uns zuständig ist. Seit August bekommt meine Frau, die Mutter von Vili, keinerlei Geld mehr.

Wir haben mit allen politisch Verantwortlichen geredet: Steinmeier, Bouffier, Fünfsinn – alle sagen das Versorgungsamt ist zuständig für die Versorgung der Familien. Keiner entscheidet über die Kosten für unseren Lebensunterhalt und auch nicht über die Reha. Keiner will für uns zuständig sein. Aber bis heute (600 Tage nach der Tat) ist vom Versorgungsamt nichts entschieden worden. So wissen wir bis heute nicht, wer zuständig ist für uns.

Die Politiker nehmen sich Zeit für öffentliche Stellungnahmen. Alle sagen, dass es wichtig ist, dass wir Hilfe bekommen. Aber wieso brauchen sie so lange, um einfach ihre Arbeit zu tun?

Wir haben vielmals gefragt, was wir machen sollen, wenn das Krankengeld ausläuft – und wir haben uns schon Monate vorher mit der Bürokratie und allem beschäftigt, aber bis heute schieben die Behörden die Verantwortung hin und her.

Es ist genug. Wie lange wollen sie noch warten und die Verantwortung hin und her schieben?«

---

[1] https://19feb-hanau.org/2021/11/02/ein-kommentar-von-niculescu-paun-opferangehoeriger-des-rassistischen-terroranschlags-in-hanau-zum-abschlussbericht-des-bundesopferbeauftragten-prof-dr-edgar-franke/ [19.04.2022]. Rechtschreibung und Grammatik im folgenden Zitat sind aus dem Original übernommen.

»Muss man erst sterben, damit sich die Mehrheitsgesellschaft interessiert?«
Rede vom 27.12.2021 anlässlich der Gedenkkundgebung für Şahin Çalışır in Solingen

Sibel İ.

Heute gedenken wir Şahin Çalışır, der am 27.12.1992 nach einer rassistischen Hetze auf der Autobahn von drei Rechtsextremen aus dem Leben gerissen wurde. Ich bedanke mich, dass ich heute mit Euch gedenken und meine Geschichte erzählen kann.

Mein Name ist Sibel, ich bin Mutter von drei Kindern. Ich bin keine Aktivistin und auch nicht dafür bekannt, öffentlich politisch zu reden oder aktiv zu sein. Wie gesagt, ich bin eine Mutter, und mein Leben hat zwischen Familie, Arbeit und Freundschaft stattgefunden. Dies änderte sich in der Nacht vom 20.10.2021.

Auf meine Wohnung wurde ein Brandaschlag mit zwei Brandsätzen verübt. Mein Balkon stand in Flammen, und mit viel Glück konnten ich und meine Kinder die Brandherde löschen. Eigentlich hätte ich an diesem Tag bzw. in dieser Nacht nicht zu Hause sein sollen, ich wäre nämlich eigentlich verreist und meine Kinder wären allein zu Hause gewesen. Es wäre auch wahrscheinlicher gewesen, dass ich wie meine Kinder um 02:00 nachts geschlafen hätte. Habe ich nicht, und das war unser Glück.

Ich wünsche niemandem, eine derartige Erfahrung machen zu müssen.

Was ich heute fühle: *Ich habe Angst, Angst um meine Kinder und Angst, ob es wieder passieren kann! Ich bin wütend, dass ich immer noch in dieser Wohnung leben muss, in der mich der Balkon jeden Tag an diesen Anschlag erinnert. Ja, ich habe die Stadt darum gebeten, dass mir eine neue Wohnung vermittelt wird. Ich möchte keine Geschenke, nur eine neue Wohnung, damit ich die Rußflecken nicht mehr ertragen muss und ich immer wieder erinnert werde, dass wir Glück hatten, überlebt zu haben.*

Die Antwort: *Ich könne ja zu Verwandten ziehen, damit ich den Anblick nicht ertragen muss.*

Wie können Behörden derart unmenschlich, empathielos sein? Kann mir irgendeine Person der Stadt Solingen diese Fragen beantworten? Wenn sich jemand dazu bereiterklären sollte, hätte ich viele weitere Fragen:

- *Wie kann es sein, dass die Feuerwehr zu keiner Zeit erschienen ist?*
- *Warum befragt mich die Polizei zu einer eventuellen Beziehungstat?*
- *Obwohl in der unmittelbaren Nähe zum Tatort eine Maske mit rassistischen Motiven gefunden wurde, wird der rassistische Hintergrund bereits am Folgetag ausgeschlossen. Warum?*
- *Wie ist es möglich, dass die Behörden das rassistische Motiv ausschließen, obwohl eine OP-Maske in unmittelbarer Nähe zum Tatort gefunden wurde, auf der rassistische Motive zu sehen sind?*
- *Was bewegte den Staatsanwalt dazu, diesen Anschlag als »jugendliche Dummheit« abzutun?*
- *Warum wird aus versuchtem Mord auf »versuchte schwere Brandstiftung« herabgestuft?*
- *Auf welcher Grundlage kam es zur Änderung des Tatvorwurfs?*

Wer kann mir meine Fragen beantworten bzw. wer wird mir diese Fragen beantworten? Noch einmal, damit die Behörden endlich ein wenig Empathie entwickeln:

- *Was wäre gewesen, wenn ich wie geplant in der Türkei gewesen wäre und ich den Brand nicht bemerkt hätte?*
- *Was wäre gewesen, wenn wir alle geschlafen hätten?*

Ich möchte betonen, dass mir klar ist, dass es nicht sicher ist, ob es ein rassistischer Anschlag war, obwohl es einige Indizien dafür gibt. Keine Indizien gibt es aber dafür, dass es eine Beziehungstat war oder eine Familienfehde, weil es keine gibt. Es ist also die Pflicht der Behörden, in alle Richtungen zu ermitteln. Vor allem sollte ein rassistisches Motiv im Zentrum der Ermittlungen stehen. Der Fall Şahin Çalışır, der Brandanschlag 1993 in Solingen und zahlreiche andere Anschläge und Morde haben uns gezeigt, dass solange uns keine handfesten Beweise vorgelegt werden, ich und meine Familie ein rassistisches Motiv nicht ausschließen dürfen und nicht werden.

Danke

Erinnerung an Şahin Çalışır am 27. Dezember 2021 in Solingen

Rede von Orhan Çalışır

Wir stehen vor dem Haus, in dem früher die Kampfsportschule »Hak Pao« untergebracht war, ein Treffpunkt der rechten Szene in Solingen. Unter der Leitung von Bernd Schmitt trainierte hier auch Lars Gerhard Sch., der Kopf des Trios, das vor 29 Jahren für den Tod meines Cousins Şahin verantwortlich war. Die anderen beiden Täter sind Klaus E., ein mehrmals vorbestrafter rechter Hooligan, und Marco H.[1]

Nur gegen Klaus E. wurde eine Anklage erhoben. Er fuhr damals den Wagen, und die Tat sollte als ein Verkehrsdelikt verhandelt werden und nicht als ein rassistischer Angriff mit Todesfolge, auch wenn alles dafür sprach. Die Beweise gegen die Täter, sogar deren Aussagen bei der Polizei wurden vom Gericht ignoriert. In diesem Verein verkehrten auch diejenigen, die sechs Monate später, am 29. Mai 1993, das Haus der Familie Genç anzündeten. Dabei wurden fünf Mädchen und Frauen getötet und 14 andere Familienangehörige zum Teil sehr schwer verletzt. Der Trainer des Vereins »Hak Pao«, Bernd Schmitt, war ein V-Mann des Verfassungsschutzes NRW. Es kann nicht sein, dass die Sicherheitsbehörden nichts davon mitbekommen haben, was hier in diesem Verein passierte. Spätestens nach der Ermordung von Şahin war der Solinger Mordanschlag vom Mai 1993 ein angekündigter Mordanschlag, wie wir durch Gabríel Garcia Márquez ihn in seinem Roman »Chronik eines angekündigten Todes« beschreibt. Es hätte nach dem Tod von Şahin irgendein gut besoldeter Beamter nur seine Finger zu rühren brauchen, um dieses Verbrechen zu verhindern.

Es gibt in Deutschland keine Neonazi-Struktur, wo nicht mindestens ein V-Mann der Sicherheitsbehörden mit dabei ist. In der Regel sind sie in Führungspositionen, wie wir durch die Verbotsverfahren gegen die NPD zwischen 2000 und 2003 erfahren haben. Dass der Staat gegen rechte Gewalt, gegen Morde und Pogrome nichts unternommen hat bzw. nichts unter-

---

1   Die Namen der Täter sind hier aus juristischen Gründen abgekürzt. Die gängige Praxis, persönliche Daten der Täter*innen aufgrund von Persönlichkeitsrechten in vielen Veröffentlichungen zu anonymisieren, führt aus unserer Sicht allerdings auch dazu, dass es eher einen Täterschutz statt eines Schutzes der Opfer gibt. Die Täter, die für den Tod von Şahin Çalışır verantwortlich sind, haben Namen und Gesichter, sie haben seiner Familie und seinen Freunden großes Leid zugefügt, das diese auch 30 Jahre später noch spüren.

nimmt, liegt nicht daran, dass er nicht genug Informationen über die Täter und deren Strukturen hat, sondern daran, dass er diese Verbrechen nicht verhindern will.

Obwohl Dutzende, wenn nicht Hunderte bezahlte V-Männer in den rechten, neonazistischen Strukturen aktiv sind, ist mir persönlich kein Fall bekannt, wo ein Anschlag oder ein Mord von den Sicherheitsbehörden durch die Arbeit dieser V-Leute verhindert wurde. Man fragt sich, wer arbeitet eigentlich für wen in diesen Strukturen.

Abb. 10: Grabstätte von Şahin Çalışır, er wurde zwischen seinen Großeltern im Heimatort seiner Familie beerdigt.
© Orhan Çalışır 2022

Am 10. Juni 2004, einen Tag nach dem Nagelbombenanschlag in der Keupstraße in Köln, erklärte der damalige Innenminister Otto Schily der Presse, dass nichts auf einen terroristischen Hintergrund deute, sondern auf ein kriminelles Milieu. Womit die Opfer, deren Angehörige und andere Migranten zu Tätern erklärt wurden.

Der ehemalige RAF-Advokat Schily war nicht der einzige Politiker, der die Öffentlichkeit täuschte und die Attentate verdunkelte. Der bayerische Innenminister Günther Beckstein wollte 2008 die Belohnung für Hinweise auf die Serienmorde an ausländischen Kleinunternehmern auf 300.000 Euro verzehnfachen. Aber nicht, um die Morde aufzuklären, sondern um das Schweigen der Türken zu brechen, wie sein Chefermittler damals erklärte. Beckstein wird seit Jahren als der Politiker beschrieben, der als Erster den rechten Hintergrund der Morde erkannt haben soll.

Ohne die Selbstenttarnung – wenn sie eine Selbstenttarnung war – hätte die Öffentlichkeit vermutlich bis heute nicht erfahren, wer diese Menschen zwischen 2000 und 2007 kaltblütig ermordete.

Die Nicht-Ermittlung gegen die anderen Tatbeteiligten der NSU-Morde, denn ohne ein großes Netzwerk sind die NSU-Morde nicht möglich gewesen, oder die Einstellung der Ermittlungen zur Mitwisser- und Mittäterschaft durch die Bundesanwaltschaft im Hanauer Fall zeigt uns, dass dieser Staat nicht willens oder in der Lage ist, rechte Gewalt zu stoppen.

Genau deshalb ist es sehr wichtig, dass wir heute etwas unternehmen, damit solche Taten sich nicht wiederholen, und um zu verhindern, dass die Opfer rassistischer und rechter Gewalt in Vergessenheit geraten.

Ich danke euch!

Anhang

Autor*innenverzeichnis

Faruk Arslan hat bei dem rassistischen und extrem rechten Brandanschlag am 23. November 1992 in der Mühlenstraße 9 in Mölln seine Tochter Yeliz Arslan (10), seine Mutter Bahide Arslan (51) und seine Nichte Ayşe Yılmaz (14) verloren. Er setzt sich seitdem unermüdlich gegen Rassismus und Rechtsextremismus ein. Faruk Arslan solidarisierte sich nach dem Brandanschlag in Solingen 1993 mit fünf Toten mit den Überlebenden und Betroffenen der Familie Genç in Solingen und setzte auch dort ein Zeichen für Zusammenhalt und Solidarität.

İbrahim Arslan, Opfer und Überlebender der rassistischen Brandanschläge von Mölln 1992, Bildungsaktivist und mitwirkende Person beim Freundeskreis im Gedenken an die rassistischen Brandanschläge von Mölln 1992, Botschafter für Demokratie und Toleranz.

Kemal Bozay (Dr. phil.), geb. 1969, Professor für Sozialwissenschaften und Soziale Arbeit an der IU Internationale Hochschule (Standort Köln). War davor als Vertretungsprofessor an der Fachhochschule Dortmund und als Lehrbeauftragter an der Humanwissenschaftlichen Fakultät der Universität zu Köln tätig. Zu seinen Arbeits- und Forschungsschwerpunkten gehören: politische Bildung, rassismuskritische Bildung, Ungleichwertigkeitsideologien, Rechtsextremismus, türkischer Ultranationalismus und religiöser Extremismus.

Orhan Çalışır arbeitet als freier Journalist und Dokumentarfilmer. Schwerpunkt seiner Arbeit ist die Migration und die von Migranten*innen geschaffene Kultur in Deutschland. Er ist Co-Kurator des Projekts »Lebenswege«, das die Arbeitsmigrant*innen der ersten Generation porträtiert. Er war viele Jahre in der Selbstorganisation der Migrant*innen tätig und war einer der Herausgeber*innen der Zeitung köXüz, die zwischen 1995 und 2001 erschien. In seiner Erwerbsarbeit ist er als Ausbildungsberater tätig.

Birgül Demirtaş ist Zeitzeugin des Solinger Brandanschlags und studierte Sozialpädagogik und Soziale Arbeit sowie Empowerment Studies im Master. Ihre Schwerpunkte sind unter anderem Rassismus(-kritik), rechte sowie rassistische Gewalt aus der Betroffenenperspektive und antimuslimischer Rassismus. Im Rahmen von Re_Struct (IDA-NRW) konzipierte und veröffentlichte sie rassismuskritische schulische und außerschulische Bildungsmaterialien zum Solinger Brandanschlag (www.da-war-doch-was.de), das dazugehörige Fachbuch (Beltz-Verlag 2023) und ein Kartenset zu extrem rechter und rassistischer Gewalt und Rassismuskritik (Beltz-Verlag 2023). Sie ist Mitherausgeberin des Sammelbandes »Rassismus in Institutionen und Alltag der Sozialen Arbeit«, der 2022 beim Beltz-Verlag veröffentlicht wurde.

Özlem Özgül Dündar ist freie Autorin und studierte Literatur und Philosophie in Wuppertal und am Deutschen Literaturinstitut Leipzig. Sie schreibt Lyrik, Prosa, Theaterstücke, Hörspiele und Essays. Neben ihrer schriftstellerischen Arbeit übersetzt sie vorwiegend aus dem Türkischen und ist Mitherausgeberin zuletzt zum Beispiel der Anthologie *Flexen – Flâneusen* schreiben Städte* (Verbrecher Verlag 2019).

Fatma ist Solingerin und war zum Zeitpunkt des rassistischen und extrem rechten Brandanschlags 20 Jahre alt. Sie und ihre Familie kannten die Familie Genç. Fatma solidarisierte sich nach dem Anschlag mit der Familie Genç und nahm an den Solinger Demonstrationen und Protesten teil. Sie engagiert sich aktiv gegen Rassismus und gegen rassistische und extrem rechte Gewalt. Der Brandanschlag politisierte Fatma.

Kübra Gamze D., 25 Jahre alt, Solingerin. Sie komponiert lyrische Texte zu gesellschaftspolitischen Themen. Kübra Gamze verfasste mehrere Gedichte und Balladen zum Solinger Brandanschlag.

Cihat Genç wurde 1997 in Solingen geboren. Er ist Informatiker. Seine Eltern Hatice und Kâmil Genç überlebten den rassistischen Brandanschlag auf das Haus seiner Familie. Sie verloren zwei Töchter durch den Brand: Hülya war neun und Saime vier Jahre alt. Seine Tanten Hatice Genç und Gürsün İnce sowie seine Cousine Gülüstan Öztürk starben ebenfalls in der Brandnacht. 14 weitere Familienmitglieder erlitten zum Teil lebensgefährliche Verletzungen. Cihat Genç setzt sich auch weiterhin mit den Folgen des Brandanschlags auseinander und möchte präventive Ansätze stärken.

Hatice Genç war 15 Jahre alt, als sie nach Deutschland kam. Sie verlor beim rassistischen und extrem rechten Brandanschlag am 29. Mai 1993 ihre beiden damals einzigen Kinder Saime und Hülya. Sie war die einzige Person, die in dieser Nacht noch wach war und die Explosion des Molotowcocktails gehört hat. Sie weckte die anderen Familienmitglieder und rettete somit vielen Menschen das Leben. Fünf Menschen starben bei dem Anschlag. Seit 1994 erinnert Hatice Genç mit ihrer Familie zusammen jedes Jahr auf der Unteren Wernerstraße 81, am Erinnerungsort, an die fünf ermordeten Menschen.

Kâmil Genç war 29 Jahre alt, als der Brandanschlag auf sein Haus in der Unteren Wernerstraße in Solingen verübt wurde. Er hat seine beiden damals einzigen Kinder, Saime und Hülya, zwei Schwestern und eine Nichte bei dem Anschlag verloren. Zusammen mit seiner Frau, Hatice Genç, rettete er vielen Familienmitgliedern das Leben. Er erinnert seit 1994 jedes Jahr am Erinnerungsort in der Unteren Wernerstraße 81 in Solingen an die verstorbenen Familienmitglieder.

Ali Kemal Gün, Dr., ist Psychologischer Psychotherapeut, Psychodramatherapeut, systemischer Familientherapeut, Lehrbeauftragter, Fachautor, Integrationsbeauftragter, Mitglied des Integrationsgipfels im Bundeskanzleramt. Zugleich engagiert er sich in bundesweiten und kommunalen Arbeitskreisen und setzt sich mit der gesundheitlichen Versorgung von Migrant*innen auseinander. Seine Arbeits- und Forschungsschwerpunkte reichen von interkulturellen Missverständnissen bis hin zur interkulturellen Kommunikation und Sensibilisierung. Sein Buch »Interkulturelle therapeutische Kompetenz – Möglichkeiten und Grenzen psychotherapeutischen Handelns« erschien 2018 im Kohlhammerverlag.

Derya Gür-Şeker (PD Dr. phil.), geb. 1981, ist Diskurs- und Medienlinguistin. Sie lehrt und forscht in der Germanistischen Linguistik an der Universität Duisburg-Essen. Ihre Schwerpunkte sind Sprache und Kommunikation in (Online-)Medien, Praktiken des Ein- und Ausschließens und Sprache des Rechtspopulismus. Ihre Habilitationsschrift befasst sich mit »Linguistischen Zugängen vom Medientext zu Social Media im Kontext von Rechtsextremismus, Rechtspopulismus, Gender und Arbeit«.

Çiğdem İnan ist Soziologin. Ihre Lehr- und Forschungsschwerpunkte sind Affekttheorie, Poststrukturalismus, kritische Migrationssoziologie, queer-feministische Theorie, kritische Rassismusforschung und postkoloniale Gesellschaftstheorie. Als Verlegerin ist sie Teil des Verlagskollektivs b_books (Berlin), in dem sie eine Neuauflage von C.L.R. James »Die schwarzen Jakobiner. Toussaint Louverture und die Haitianische Revolution« mitherausgegeben hat. Aktuelle Publikationen sind: »›Diesmal nicht.‹ Zur Enteignung der Trauer« (2022), »NSU, rassistische Gewalt und affektives Wissen« (2021), sowie »C.L.R. James und die flüchtigen Widerstände der Haitianischen Revolution« (2021).

Sibel İ. ist 49 Jahre alt, hat drei Kinder und wohnt in Solingen. Am 20. Oktober 2021 wurde nachts um zwei Uhr ein Brandanschlag auf ihr Haus in Solingen verübt. Sie weckte die Kinder und intervenierte sofort und begann das Feuer zu löschen, dabei verletzte sie sich an der Hand. Einer der Jugendlichen wurde gefasst und angeklagt. Der Prozess läuft. Sibel İ. und ihre Kinder wurden durch den Brandanschlag traumatisiert und leiden gegenwärtig unter den Auswirkungen und Folgen.

Çağrı Kahveci (Dr. phil.), geb. 1979, ist Sozialwissenschaftler und Mitherausgeber des Buches »Den NSU-Komplex analysieren. Aktuelle Perspektiven aus der Wissenschaft« (2017). Er lehrte Soziologie und war bei Allmende e. V. engagiert. Seine Arbeitsschwerpunkte sind kritische Migrationsforschung, Rassismus/Antirassismus, transnationale Mobilität und Affektforschung.

Levent Kesik (geb. 1970 in Duisburg, Ingenieur) ist ein deutsch-türkischer Autor. Das Schreiben versteht er als Reflex auf das Leben, als Befreiung aus dem Alltag und Flucht in Fantasiewelten. Seine Publikationen spiegeln sowohl die nachdenkliche als auch die humorvolle Seite des Autors wider. In seiner Anthologie »Reise ins Ich …« durchlebt er im historischen Kontext auf sehr persönliche Weise den Schmerz der realen Welt um sich herum. In dem Gedicht »Die Kastanienbäume in der Unteren Wernerstraße 81« verarbeitet der Autor den Solinger Brandanschlag von 1993, der sein ständiger Begleiter ist.

Bengü Kocatürk-Schuster, »Gastarbeiterkind«, geb. 1972 in München, studierte nach Schulbesuch und Abitur in Ankara/Türkei an der Universität Essen und an der University of Sunderland Anglistik, Germanistik und Kunstwissenschaften. Seit vielen Jahren arbeitet sie bei DOMiD in Köln, Dokumentationszentrum und Museum zu Migration in Deutschland, wo sie bei zahlreichen Projekten bzw. Ausstellungen zur Migrationsgeschichte mitwirkte. Zuletzt war sie Mitkuratorin des Online-Museums »Virtuelles Migrationsmuseum«. Derzeit ist sie für die Sammlungserweiterung und Betreuung der Leihgebenden zuständig. Privat ist sie aktives Mitglied der »Initiative Duisburg 1984« und engagiert sich bundesweit gemeinsam mit weiteren antirassistischen Initiativen und Betroffenen rassistischer und antisemitischer Gewalt bei diversen Projekten.

Neşe ist Solingerin und war 16 Jahre alt, als der rassistische und extrem rechte Brandanschlag auf das Haus ihrer damals besten Freundin Hatice Genç verübt wurde. Sie konnte es damals nicht fassen, dass Hatice Genç bei dem Anschlag qualvoll verstarb. Insgesamt sind fünf Menschen bei dem Anschlag ums Leben gekommen. Ihre Wut zeigte sie mit ihren Freund*innen zusammen bei den Demonstrationen und Protesten in Solingen. 28 Jahre nach dem Solinger Anschlag verübten zwei

Jugendliche einen Brandanschlag auf das Haus ihrer Freundin Sibel İ. in Solingen. Schmerzhafte Erinnerungen wurden wach.

Abdulla Özkan wohnt in Köln und ist Betroffener des Nagelbombenanschlags in der Kölner Keupstraße. Er ist Elektrotechniker und Protagonist des Films »Der Kuaför aus der Keupstraße«. Seit Aufdeckung des NSU spricht Abdulla in der Öffentlichkeit darüber, wie er durch die Ermittlungsbehörden zum Täter gemacht wurde. Er ist aktiv in der rassismuskritischen politischen Arbeit und spricht bei Veranstaltungen über die Betroffenenperspektive.

Niculescu Păun ist der Vater von Vili Viorel Păun, der am 19. Februar 2020 in Hanau von einem extrem rechten Täter aus rassistischen Motiven erschossen wurde. Vili Viorel hatte zuvor noch versucht, den Täter zu verfolgen und die Polizei zu erreichen. Der Notruf war jedoch nicht besetzt. 2015 ist Niculescu Păun aus Rumänien nach Deutschland gekommen, seine Frau Iulia und Vili Viorel, ihr einziges Kind, folgten ihm etwas später. Niculescu Păun engagiert sich in der »Initiative 19. Februar Hanau« und kümmert sich um seine kranke Frau.

Hendrik Puls, Soziologe, Doktorand am Lehrstuhl für Kriminologie der Ruhr-Universität Bochum. Mitglied der Nachwuchsforschungsgruppe »Rechtsextreme Gewaltdelinquenz und Praxis der Strafverfolgung« der Hans-Böckler-Stiftung. Puls, Hendrik (2019): Rechtsmotivierte »Einzeltäter« in Deutschland, in: Wissen schafft Demokratie, 6, S. 132–141. Puls, Hendrik, Max Laube & Claudia Tutino (2019): Wandel der Altersstruktur von Tatverdächtigen und Opfern rechtsmotivierter Gewalt? Entwicklung in Nordrhein-Westfalen (2007 bis 2017), in: Zeitschrift für Jugendkriminalrecht und Jugendhilfe, 3/2019, S. 196–204.

Eberhard Reinecke ist nach Studium und Referendariat in Freiburg, Göttingen und Hamburg seit 1974 als Rechtsanwalt tätig, bis 1979 in Hamburg und seit 1980 in Köln. Neben strafrechtlicher Tätigkeit (so als Nebenklagevertreter im Prozess um den Solinger Brandanschlag und zuletzt im NSU-Verfahren) lagen Schwerpunkte im Bereich Mietrecht und Medienrecht.

Katharina Rhein, Dr., ist Erziehungswissenschaftlerin und Soziologin. Derzeit arbeitet sie als wissenschaftliche Mitarbeiterin für den Hessischen Landesverband Deutscher Sinti und Roma. Bis März 2020 war sie Ko-Leiterin der Forschungsstelle NS-Pädagogik an der Goethe-Universität und vorher unter anderem Bildungsreferentin in der Bildungsstätte Anne Frank. Arbeitsthemen sind unter anderem: NS-Geschichte und ihre Nachwirkungen, Nationalismus, Rassismus, Antisemitismus und Antiziganismus sowie entsprechende diskriminierungskritische Bildungsansätze. Zuletzt erschien der Sammelband: »Rassismus, Antisemitismus und Antiziganismus in der postnationalsozialistischen Gesellschaft. Erziehungswissenschaftliche und pädagogische Auseinandersetzungen.«

Olivia Sarma arbeitet als Referentin, Trainerin und Beraterin zu den Themen Rassismus, Diskriminierung, Migration und Bildungsgerechtigkeit. Bis 2020 hat sie die hessische Opferberatungsstelle response in der Bildungsstätte Anne Frank in Frankfurt geleitet. Heute ist sie für das SABA-Bildungsstipendium für Migrant*innen der Crespo Foundation verantwortlich. Seit 2020 ist sie Mitglied im Vorstand des Verbands der Beratungsstellen für Betroffene rechter, rassistischer und antisemitischer Gewalt VBRG e. V.

Adelheid Schmitz ist Diplom-Sozialpädagogin und wissenschaftliche Mitarbeiterin am Forschungsschwerpunkt Rechtsextremismus/Neonazismus (FORENA) sowie des Erinnerungsortes Alter Schlachthof der Hochschule Düsseldorf. Ihre Arbeitsschwerpunkte sind rassismuskritische Weiterbildung von Multiplikator*innen sowie historisch-politische Bildungsarbeit. Sie ist Mitherausgeberin des Sammelbandes »Rassismus in Institutionen und Alltag der Sozialen Arbeit« (Beltz-Verlag, 2022).

Heinz Siering, geb. in Sangerhausen, wohnt seit 1956 in Solingen und ist Sozialarbeiter. Angetan durch die Jugendhilfe Köln, gründete Heinz Siering den Verein und 1985 die Jugendhilfewerkstatt Solingen mit dem Ziel, junge Menschen zu fördern, die nicht auf der Sonnenseite des Lebens stehen. Als am 29. Mai 1993 der Brandanschlag verübt wurde, entstand 1993 seine Idee, mit dem Mahnmal an der Mildred-Scheel-Schule in Solingen ein Zeichen gegen rechte Gewalt, Rechtsextremismus und Rassismus zu setzen, das mit Wut, Trauer und Ohnmacht einherging. Er hat fast ein Jahr mit jungen Menschen und Erwachsenen damals an dem Solinger Mahnmal gearbeitet, das am 29. Mai 1994 eingeweiht wurde. Es wird bis zum heutigen Tage weiterhin von der Jugendhilfewerkstatt Solingen lebendig gehalten.

Serpil Temiz Unvar ist ehemalige Journalistin und Gründerin der Bildungsinitiative Ferhat Unvar. Am 19.02.20 verlor sie ihren Sohn Ferhat beim rassistischen Attentat von Hanau. Heute bekämpft sie den Rassismus an Schulen. Die Bildungsinitiative für antirassistische und empowernde Bildungsarbeit trägt den Namen ihres Sohnes.

Tanja Thomas ist Professorin für Medienwissenschaft mit dem Schwerpunkt Transformationen der Medienkultur an der Eberhard-Karls-Universität Tübingen. Sie lehrt und forscht unter anderem zu Rassismus, Partizipation und Protest aus einer Gender-, Memory- und Cultural (Media) Studies-Perspektive.

Fabian Virchow (Dipl.-Soz.; Dr. rer. pol.), geb. 1960, ist Professor für Theorien der Gesellschaft und politischen Handelns an der Hochschule Düsseldorf und Leiter des Forschungsschwerpunkts Rechtsextremismus. Er forscht und publiziert zu Protest und sozialen Bewegungen, zu Geschichte, Weltanschauung und politischer Praxis der autoritären/extremen Rechten sowie zu Praktiken der Erinnerung an rechte Gewalt (www.doing-memory.de).

Antonia von der Behrens ist seit 2003 als Rechtsanwältin in Berlin mit Schwerpunkten im Straf- und Migrationsrecht tätig. Sie hat unter anderem im NSU-Verfahren und in weiteren Verfahren wegen rechter Anschläge die Nebenklage mit vertreten.

Kutlu Yurtseven ist Sozialarbeiter und Mitbegründer der Hip-Hop-Gruppe »Microphone-Mafia«. Seit mehr als 32 Jahren tourt er mit der Band durch Deutschland. Bis zu ihrem Tod 2021 gab es viele gemeinsame Auftritte mit der Auschwitz-Überlebenden Esther Bejarano und ihrem Sohn Joram Bejarano. Sein Engagement gegen Rassismus, Antiziganismus, Antisemitismus sowie extrem rechte Gewalt ist vielfältig. Aktuell ist er aktiv in den Initiativen »Herkesin Meydanı – Platz Für Alle« und »Tatort Porz«. Als Aktivist hat er zuvor die Initiative »Keupstraße ist überall« mitgegründet und das Tribunal »NSU-Komplex auflösen« 2017 in Köln mitgestaltet und mitorganisiert. Zudem wirkt er als Schauspieler in dem Stück »Die Lücke« im Rahmen der Kölner-Keupstraßen-Trilogie von Nuran David Calis mit.